KB049736

假想資産 判例百選

가상자산 판례백선

-민사·신청편-

이정엽·이석준·김성인

박영사

발간사

비트코인이 열어젖힌 블록체인혁명은 현재 진행형이다. 혁신적인 기술은 전통적인 시스템과 조직을 파괴적으로 혁신하기 때문에 기존의 시스템과의 충돌은 필연적이다. 작고한 하버드대 경영학 교수인 크리스 크리스텐슨은 이를 '파괴적 혁신'이라고 불렀다. 파괴적 혁신이기에 기존 시스템의 재구성은 필연적이고 이러한 과정을 통해 사회의 시스템은 진보하지만, 그 과정에서 신흥세력과 구세력의 충돌은 여러 가지 사회적 문제를 발생시킨다. 새로이 등장한 혁신은 아직 그에 걸맞는 제도와 법률을 갖추어 사회에 수용되지 못했기 때문이다.

비트코인을 포함한 가상자산이 그 가치를 충분히 사회에 입증하기 전에 가상자산의 잠재력을 인식한 사람들이 투기세력이 되어 의도적이든 의도하지 않았든 2017년부터 가상자산을 이용하여 많은 거품을 만들어 내었다. 그 과정에서 비트코인 억만장자라고 하는 사람들이 많이 생겼고 비트코인 억만장자의 탄생을 본 많은 사람들이 그들을 따라 가상자산에 묻지마 투자를 하였다. 코로나 19로 전세계적으로 경쟁적으로 자국의 법정화폐를 풀었기 때문에 지구상의 모든 자산 역시 급격하게 가격이 상승하였다. 생산되는 가치 이상으로 많은 돈이 풀린 결과 인플레이션이 통제가능한 범위를 넘어섰고, 이를 막기 위해 미국은 근래 보기 힘든 속도로 기축통화인 달러의 금리를 올리고 있고, 부채를 이용해 자산투자를 한 사람들은 썰물처럼 자산시장에서 빠져나가고 있다. 가장 먼저 가상자산군에 겨울이 찾아왔고, 수많은 투자실패자들이 생겨났다. 2017년부터 지금까지의 짧은 기간에도 전세계적으로 가상자산거래소가 수없이 탄생하고 소멸하였으며, 블록체인기술과 그 생태계를 구성하는 인프라기술도 많이 발전하였다. 2017년 초기에 10개 정도에 불과한 코인과 토큰이 5년간 수만개로 증가하였고, 디파이 프로토콜과 NFT 혁신이 뒤따랐다. 주식회사를 대체하겠다는 생각으로 많은 탈중앙 자율조직(DAO, Decentralized Autonomous Organization)이 시도되고 있다.

엄청나게 빠른 기술발전에 따라 전 지구적으로 수없이 많은 블록체인프로젝트가 시도되었고, 또 시도되고 있지만 그 와중에 많은 가상자산 부자들뿐 아니라 많은 피해자 역시 발생되었다.

블록체인혁명이 가져온 파괴적 혁신은 진행중이다.

비트코인, 이더리움을 포함한 가상자산이 무엇인지, 현행 법과 제도에서 어떻게 다루어야 하는지 전통적인 법률을 공부한 사람들이 연구를 하지도 못한 상태에서 많은 법적 분쟁이 발생하였다. 자신이 투자하는 가상자산의 가치에 대해 알지 못한 상태에서 수많은 사람들이 인터넷에 올라온 과장, 허위의 글을 보고 가상자산에 투자를 하였고, 그로 인해 많은 투자피해자가 생겼다. 가상자산을 획득하기 위하거나 가상자산을 판매하기 위한 목적으로 많은 계약관계가 맺어졌고, 또 해당 계약관계에서의 채무불이행과 불법행위가 생겨났다.

새로운 개념은 컨텍스트, 즉 맥락 속에서 자신만의 정의를 만들어가면서 그 개념이 공고해진다. 가상자산 역시 각각의 참여자들이 많은 컨텍스트의 어느 지점에서 자신의 관점에서 가상자산 사용, 해석론을 만들어 내고 그 과정에서 가상자산에 대한 개념을 인정한 네트워크에서 가상자산에 대한 최선, 최적의 개념이 도출되어 진화하게 된다.

가상자산과 관련하여 개인들 사이에, 개인과 사회적 조직 사이에, 전통 조직들 사이에서 일어난 다양한 상호작용의 결과로 나타난 불협화음, 해석의 차이로 나타난 법적 분쟁의 유형을 분류해보고 전통적인 법과 제도의 관점에서 해당 법적분쟁을 해결한 법원의 판결과 결정을 살펴보는 것은 이러한 점에서 매우 의미 있는 일이다.

블록체인법학회의 회원인 서울회생법원의 이석준 판사와 같은 법원에 있다가 창원지방법원 밀양지원으로 전출한 김성인 판사와 같이 2017. 4.부터 2022. 7.까지의 가상자산과 관련한 가상자산 판례백선 민사·신청편을 공동집필하고, 뒤이어 위 두 판사와 서울중앙지방법원의 한웅희 판사, 서울회생법원의 장민석 판사와 함께 위 기간 동안의 가상자산 판례백선 형사·행정·가사·도산편을 공동집필하게 된 것은 영광스럽고, 또 블록체인법학회장으로서 정말 감사한 일이다.

물론 책을 출간하기 전에 보다 더 엄밀한 학술적 연구가 필요한 것은 아닐까 고민도 하였지만, 아직 가상자산과 관련한 법적 해석이나 제도가 완비되지 않았고, 블록체인과 가상자산과 관련한 기술이 빠르게 개발되고 확산되고 있는 사정을 감안하면 아직 미흡하더라도 빠르게 법원에 제기된 법적 분쟁에 대한 개략적인 분류 및 해석을 하여 정리하는 것이 한국의 블록체인생태계에 도움이 되리라고 생각하였다. 이러한 이유로 가상자산 판례백선에 나타난 저자들의 평석은 저자 개인의 생각이 많이 포함된 것이고, 향후 가상자산과 관련하여 지속적인 연구를 통해 정립될 가상자산과 관련한 법리와는 다를 수도 있다는 점을 첨언하여 둔다. 그럼에도 가상자산과 관련한 법적인 분쟁을 실무에서 다루는 사람들에게는 가상자산 판례백선을 통해 가상자산이 사회에 등장하여 어떠한 법적인 문제가 발생했는지를 살펴볼 수 있는 지도를 제공하고, 또한 입법자들에게도 가상자산과 관련한 전체적인 규제안을 만드는 데에도 큰 도움이 되리라 생각한다.

이 책은 먼저 2017. 4.부터 2022. 7.까지의 가상화폐, 가상자산, 코인, 토큰, 비트코인, 이더리움, 채굴 등의 검색어가 포함된 민사판결을 추출하고, 추출된 민사판결을 셋이 나누어서 판결에 대한 해석이 필요한 판결을 추려낸 후 이를 분배하였고, 나를 포함한 이석준 판사, 김성인 판사가 각자 중요판결에 대한 평석을 하였다.

여러 가지 업무로 바빠 각자의 평석에 대해 많은 교차토론을 하지는 못했음을 밝혀둔다. 독자들이 엄격한 잣대로 많은 비판을 해 주시길 진심으로 바란다. 가상자산 판례백선 민사편은 완성된 책이 아니라 열려 있고, 계속해서 진화할 책이기 때문이다. 신랄한 비판과 새로운 연구결과를 더하여 다시 새로운 가상자산 판례백선이 탄생할 것이다

이 책의 필요성에 공감하고, 정말 바쁜 와중에도 가상자산 판례백선 민사편을 쓰는 작업에 동참해준 블록체인법학회 이석준 판사, 김성인 판사에게 진심으로 감사의 말을 공동 집필자로서 전하고 싶다.

2023. 2.

블록체인법학회장

서울회생법원 이정엽 부장판사

차례

제 1 장 가상자산의 채굴

제 2 장 가상자산의 발행

제 3 장 가상자산의 상장

제 4 장 개인간의 가상자산 거래 및 투자

제 6 장 가상자산 관련 범죄 등

제 7 장 신청사건

제 8 장 기타

제1장

가상자산의 채굴

[1] 가상자산 채굴업을 영위하기 위한 임대차 계약의 해지

—부산지방법원 2020. 8. 18. 선고 2019가단12455 판결, 2021. 7. 3. 항소기각 확정—

[사실 개요]

1. 원고는 2017. 6. 12.경 피고에게 이 사건 부동산을 임대차보증금 1,000만 원, 월차임 80만 원, 기간 2017. 7. 1.부터 2019. 7. 1.까지 24개월 정하여 임대('이 사건 임대차계약')하였다. 이 사건 임대차계약에는 특약사항('이 사건 특약사항')으로 '옥상 컨테이너 사용, 전기승압 자유 인정, 법적 임대 보장기간 임대료 인상 없음'이 기재되어 있다.
2. 원고는 이 사건 임대차계약 체결시 피고가 단순히 컴퓨터 판매업을 한다고 하였음에도, 계약 체결 이후에 이 사건 부동산에 가상자산 채굴장을 만들기 위해 채굴기 수백 대와 대형 환풍기 수십 대를 설치하였을 뿐만 아니라 이 사건 부동산의 내부 천장, 벽, 외부 창문을 철거하고 구조까지 변경하였고, 임의대로 이 사건 특약사항을 삽입한 다음 승압공사를 하기 위해 이 사건 임대차계약의 대상이 아닌 원고 소유의 1층 공장에 무단침입하여 전선을 연결하여 2층으로 끌어 썼고, 승압공사를 위한 원고의 인감을 받아내기 원고를 형사고소하였을 뿐만 아니라, 원고 소유의 1층 공장의 주차장과 도로를 굴착기로 굴착한 다음 2개월 동안 방치하여 원고의 재산권을 침해하고 일상생활에 불편을 끼쳤다고 주장하며, 이 사건 임대차계약을 해제하고, 그렇지 않더라도 위 계약은 임대차계약 갱신 거절의 의사표시로 인해 기간 만료로 종료되었으므로 피고는 보증금을 지급받음과 동시에 위 부동산을 인도할 의무가 있다고 주장하였다.
3. 이에 대해 피고는 오히려 위와 같은 사실을 고지하고 임차하였음에도 원고의 방해행위로 인해 계약의 목적을 달성할 수 없게 되었다면서 이 사건 소송 중 계약의 해지를 통보하고 유익비와 이 사건 임대차계약이 갱신되지 못함으로 인해 발생한 손해 중 일부인 6천만 원의 지급을 반소로 구하였다.

[판결 요지]

1. 임대차계약의 종료 원인에 관한 판단

피고가 이 사건 임대차계약을 체결할 당시 원고에게 이 사건 부동산의 임차목적이 가상자산 제조 및 판매 등에 있다는 점을 알리지 않았고, 이 사건 특약사항 중 '전기 승압 자유'라는 조항을 임의로 집어넣었으며, 이 사건 임대차계약을 체결한 이후 이 사건 부동산에 가상자산 채굴장을 만들기 위해 채굴기 수백 대와 대형 환풍기 수십 대를 설치하고 이 사건 부동산의 내부 천장, 벽, 외부 창문을 철거하고 구조까지 변경하며, 승압공사를 하기 위해 이 사건 임대차계약의 대상이 아닌 원고의 소유의 1층 공장에 무단침입하여 전선을 연결하여 2층으로 전기를 끌어 쓰고 승압공사를 위한 원고의 인감을 받아내기 위해 원고를 형사고소하며, 승압공사를 위해 원고 소유의 1층 공장의 주차장과 도로를 굴착기로 굴착한 다음 2개월 동안 방치하여 원고의 재산권을 침해하고 일상생활에 불편을 끼쳤다는 점에 관하여는 이를 인정할 증거가 부족하고, 달리 피고가 임차인으로서의 의무를 현저히 위반하거나 이 사건 임대차계약을 계속하기 어려운 중대한 사유가 있음을 인정할 증거가 없다.

오히려 피고가 이 사건 임대차계약 체결 당시 원고에게 이 사건 부동산을 가상자산 제조 및 판매 등을 위해 사용한다고 밝힌 사실, 위 영업을 위해서는 많은 전기가 필요한데 당시 전력으로는 이를 감당할 수 없어 피고는 원고에게 이 사건 부동산에 대한 승압공사가 필요하다는 것을 알리고 전기 승압을 자유로이 허용한다는 뜻으로 이 사건 특약사항에 '전기 승압 자유 인정'이라는 조항을 넣은 사실, 피고는 승압공사 중 부족한 전기 사용을 위해 1층 공장에서 전기를 끌어 쓰고 그에 따른 전기료를 원고에게 지급하였음에도 원고는 피고가 주거를 침입하여 전기를 절취하였다는 이유로 피고를 고소하기도 하였으나 무혐의처분이 내려진 사실, 피고는 2017. 9. 1. 추가 승압공사를 시행하려 하였으나 원고가 사무실에 들어와 고성을 지르며 욕설을 하여 원고를 주거침입죄 등으로 형사 고소하였고, 그로 인해 원고가 약식명령을 발령받은 사실, 피고는 이 사건 소송 중 준비서면의 송달을 통해 임대차계약의 해지통보를 하였고 위 통보는 2019. 12. 30. 원고에게 도달한 사실이 인정되는바, 이러한 점을 종합하여 보면, 피고가 이 사건 임대차계약상의 의무를 위반함으로 인해 이 사건 임대차계약이 해제되었다거나 피고가 임차인으로서의 의무를 현저히 위반하는 등 이 사건 임대차계약을 계속하기 어려운 중대한 사유가 있어 이 사건 임대차계약의 갱신을 거절하였기에 이 사건 임대차계약이 기간 만료로 종료되었다는 원고의 주장은 받아들일 수 없고, 오히려 이 사건 임대차계약은 피고가 임대인인 원고가 임차인인 피고로 하여금 임차목적물인 이 사건 부동산을 사용수익하게 할 의무를 이행하지 않음을 이유로 해지의사를 표시함으로 인해 2019. 12. 30.자로 적법하게 해지되었다고 할 것이다.

2. 원상회복 의무에 대한 판단

(1) 원상회복으로 원고는 피고로부터 이 사건 부동산을 인도받음과 동시에 피고에게 1,000만 원을 지급할 의무가 있다.

(2) 또한 피고는 전기승압공사 비용을 유익비로서 상환을 구하나, 이 사건 부동산의 컴퓨터 관련 시설에 투입된 비용은 향후 동일업종이 입주하지 않은 경우 사용할 수 없는 시설로 보이는 점 등에 비추어 보면, 위와 관련된 원고의 공사는 원고의 가상자산 제조 등의 영업을 위한 공사로서 이 사건 건물 자체를 보존 또는 개량하기 위한 공사라 할 수

없어 유익비 상환 대상이 되지 않는다.

(3) 피고는 최소 5년의 임대기간을 보장하기 위해 '법정 임대차 보장 기간 임대료 인상 없음'이라는 특약사항을 기재하였는데 이 사건 임대차계약이 2년 만에 종료되었으므로 원고는 피고에게 공사비 및 누진전기세를 지급할 의무가 있다고 주장한다. 피고가 가상자산 제조 등의 영업을 위해 68,995,155원의 공사비를 지출한 사실, 2,069,000원의 누진전기세를 납부한 사실은 인정되나, 위 '법정 임대차 보장 기간 임대료 인상 없음'의 특약사항의 취지가 피고가 주장하는 바와 같이 이 사건 임대차계약이 최소한 5년 이상 보장되지 않을 때에는 원고가 피고에게 이 사건 부동산과 관련하여 지출한 공사비 등을 손해배상을 하여 준다는 것이었다는 점에 관하여는 이를 인정할 증거가 부족하다(더구나 이 사건 임대차계약은 이미 2019. 7. 1.자로 계약이 갱신되었으므로 피고의 계약 해지 의사표시가 없는 한 기간은 보장되게 되어 있었다).

해설

Ⅰ. 대상판결의 쟁점

대상판결에서 피고는 가상자산 채굴업을 영위하기 위해 원고로부터 이 사건 부동산을 임차하였는데 원고는 피고가 임차인으로서의 의무를 위반하였다고 주장하며 피고를 상대로 이 사건 임대차계약의 해제를 통보하고 그 부동산의 반환을 구하였다. 이에 대해 피고는 오히려 원고의 방해행위로 이 사건 임대차계약의 목적(가상자산 채굴업 영위)을 달성하지 못하게 되었다면서 역시 계약의 해지를 주장하고 보증금 반환 및 유익비와 손해배상청구를 함께 구하였다. 대상판결은 원고의 주장을 배척하고 피고의 해제 및 보증금반환 청구(부동산 인도 의무와 동시이행)는 받아들였지만 유익비, 손해배상청구는 받아들이지 않았다.

대상판결에서는 이 사건 임대차계약의 해제와 관련하여 원고와 피고 중 누가 그 의무를 위반하였는지가 특히 가상자산 채굴업의 특성과 관련하여 문제되었고, 가상자산 채굴업 영위를 위한 공사비가 유익비에 해당하는지 등이 쟁점이 되었다.

Ⅱ. 대상판결의 분석

1. 임대차계약의 해제 여부

(1) 임대차계약의 의의, 요건 등

임대차는 당사자 일방이 상대방에게 목적물을 사용·수익하게 할 것을 약정하고 상대방이 이에 대하여 차임을 지급할 것을 약정함으로써 그 효력이 생기는 계약으로(민법 제618조), 임대인은 목적물을 임차인에게 인도하고, 임대차 기간 임차인이 목적물을 사용·수익하게 할 의무가 있으며, 임차인은 그 대가로 임대인에게 차임을 지급할 의무가 있다. 본래 보증금의 지급은 임대차계약의 성립 요건은 아니지만 보증금이 지급된 경우 임대차계약 종료 시 임대인은 그 보증금에서 미지급차임, 기타 임대차계약과 관련하여 발생한 손해배상채무, 부당이득반환채무 등을 공제한 잔액을 임차인에게 반환할 의무가 있고 이러한 의무는 임차인의 목적물반환의무와 동시이행관계에 있게 된다.

임차인이 목적물을 계약 또는 목적물의 성질에 따라 정하여진 용법으로 이를 사용·수익하지 않은 경우, 임대인이 임차인으로 하여금 목적물을 사용·수익하게 할 의무를 이행하지 못하게 되는 경우 등에는 각 임대인, 임차인은 임대차계약을 해지할 수 있다.

(2) 이 사건 임대차계약의 종료 원인

원고의 해제 주장은, 피고가 가상자산 채굴장을 하려는 것을 숨기고 임대차계약을 하였다거나 또는 목적물의 구조변경 등을 통해 임대차계약에서 정한 목적물 사용 의무를 위반하였다는 것으로 보인다.

대상판결은 원고의 위와 같은 주장을 대부분 받아들이지 않았다. 이 사건 특약사항에는 '전기 승압 자유 인정'이라고 기재가 있는데, 가상자산 채굴업은 고성능의 컴퓨터를 장시간 계속하여 작동시켜야 하므로 컴퓨터 작동, 발열 방지 등을 위해 많은 전기량을 소모하게 되는 점을 고려하면, 피고는 이 사건 임대차계약의 목적을 밝히고 위 특약사항을 특별히 정하여 처분문서에 기재한 것으로 봄이 타당해 보이므로 이를 숨겼다는 원고의 주장은 받아들이기 어려워 보인다.

반면, 대상판결은 피고의 계약 해제 주장을 받아들여 원고가 임대인으로서의 사용·수익하게 할 의무를 위반하였다고 판단하였다. 이 사건 임대차계약에는 임대 목적이 가상자산 채굴업 영위라는 점에 대한 내용이 명시되어 있지는 않은 것으로 보이나, 특약사항에 '전기 승압 자유 인정'이라는 문구를 기재하였는바, 당사자 사이의 사용목적 및 위와 같은 조건이 포함된 임대차계약이 체결된 것으로 볼 수 있고, 가상자산 채굴업에서의 전기 승압은 영업을 영위하기 위해 필수적인 조건이므로 전기 승압을 원고가 방해하는 경우 피고로서는 이 사건 임대차계약의 목적을 달성할 수 없다고 봄이 타당하다. 그런데, 대상판결에서 인정된 사실관계에 의하면, 원고는 지속적으로 전기 승압 공사 등을 방해하였고, 이 사건 소송 중에도 계약 종료 의사가 확고하였던 것으로 보이는바 결국 원고는 임대인으로서 갖는 사용·수익의무를 이행하지 않았다고 봄이 타당할 것이다.

이에 따라 대상판결은 피고의 해지통보로 이 사건 임대차계약은 해지되었으므로 원상회복으로 원고는 피고로부터 이 사건 부동산을 인도받음과 동시에 피고에게 보증금 1,000만 원을 지급할 의무가 있다고 판시하였다.

2. 유익비상환청구

(1) 유익비의 의의, 요건 등

임차인은 임대차관계로 목적물을 사용·수익하던 중 그 객관적 가치를 증가시키기 위해 투입한 비용(유익비)이 있는 경우 임대차 종료 시에 그 가액의 증가가 현존한 때에 한해 임대인에게 임대인의 선택에 따라 임차인이 지출한 금액이나 그 증가액의 상환을 청구할 수 있다(민법 제626조). 임대인이 임차인의 유익비 지출로 인한 임대차목적물의 가치 증가에 따른 이익을 얻게 될 경우 이를 임차인에게 반환하는 것이 타당하다. 따라서 유익비는 목적물의 객관적 가치를 증가시키기 위해 투입된 비용이어야 하고, 주관적 이익이나 특정한 영업을 위한 목적으로 지출한 비용은 유익비에 포함되지 않는다.

(2) 대상판결에의 적용

대상판결에서는 가상자산 채굴업을 영위하기 위해 피고가 투입한 전기승압공사비용이 유익비에 해당하는지가 문제되었다. 이를 위해 감정인에 의한 감정이 이루어지기도 하였는데, 감정결과 위 비용은 향후 동일업종이 입주하지 않는 경우 사용할 수 없는 시설로 감정되었다.

유익비로 인정되기 위해서는 투입된 비용으로 인해 목적물의 객관적 가치가 증가하여야 하는데, 보통의 영업의 경우 가상자산 채굴업에서 필요한 만큼의 전기가 필요하지 않을 것이므로 전기승압공사비용은 특정한 영업을 위한 목적으로 지출된 비용에 해당하여 유익비에 포함되지 않는다고 봄이 타당하다. 그러나 유익비는 상대적인 개념이므로 만일 임대차목적물이 가상자산 채굴업을 영위하기 위한 목적으로 특수 설계된 건물이라는 등의 사정이 있다면 전기승압공사비용은 유익비에 해당할 수도 있을 것이다.

대상판결 역시 해당 공사는 이 사건 건물 자체를 보존 또는 개량하기 위한 공사라 할 수 없다고 보아 유익비 상환의 대상이 되지 않는다고 판시하였다.

3. 피고의 손해배상청구

피고는 이 사건 임대차계약 체결 당시 법정 보장 임차기간인 5년 이내에 계약이 종료될 경우 원고에게 승압공사비용을 청구할 수 있도록 하는 내용의 계약을 체결하였다고 하며 그 비용을 손해배상청구를 구하면서, 이 사건 특약사항에 '법정 임대차 보장 기간 임대료 인상 없음'이라는 문구를 근거로 들었다.

이는 당사자 사이의 의사해석에 관한 문제인데, 처분문서는 진정성립이 인정되면 특별한 사정이 없는 한 처분문서에 기재되어 있는 문언의 내용에 따라 당사자의 의사표시가 있었던 것으로 해석하여야 한다. 그러나 당사자 사이에 계약의 해석을 둘러싸고 이견이 있어 처분문서에 나타난 당사자의 의사해석이 문제 되는 경우에는 문언의 내용, 그와 같은 약정이 이루어진 동기와 경위, 약정으로 달성하려는 목적, 당사자의 진정한 의사 등을 종합적으로 고찰하여 논리와 경험의 법칙에 따라 합리적으로 해석하여야 한다(대법원 2002. 6. 28. 선고 2002다23482 판결, 대법원 2017. 2. 15. 선고 2014다19776, 19783 판결 참조).

위 특약사항 '법정 임대차 보장 기간 임대료 인상 없음'이라는 문구는 문언 그대로 임대료를 위 기간 내에 인상하지 않겠다는 의미로 해석이 되고, 그 의미를 넘어 법정 기간 안에 임대차계약이 종료되는 경우 원고가 피고에게 지출한 공사비 등에 상당하는 돈을 무조건 손해배상으로 지급한다는 합의가 있었다고 해석하기는 어려워 보인다. 만일 그러한 합의가 있었다면 해당 약정의 중요도에 비추어 이를 특별히 계약서에 기재하였을 것이라고 봄이 합리적이다.

다만, 피고는 위와 같은 공사비용 등을 지출하였음에도 원고의 계약상 의무 위반 또는 방해행위 등 불법행위로 인해 임대차계약의 목적을 달성하지 못한 채 계약을 종료하게 되었으므로 위와 같은 이유로 발생한 영업상의 손해 등에 대하여는 손해배상청구가 가능할 것으로 생각되지만, 이 사건에서 피고는 그러한 주장은 하지 않은 것으로 보인다.

Ⅲ. 대상판결의 평가

추측건대 대상판결에서 원고는 가상자산 채굴업에 대한 이해도가 부족해 본인이 생각했던 것보다 과도한 공사와 구조 변경 등이 수반되자 이를 저지하는 과정에서 여러 분쟁이 발생했던 것으로 보인다. 앞서 본 바와 같이 가상자산 채굴업을 영위하는 경우 해당 채굴장은 소음이 심하고 막대한 전기가 소요된다는 점에서 일반 컴퓨터를 활용하는 영업과는 다른 특수성이 있다. 이러한 분쟁을 막기 위해서는 채굴업을 하는 자가 사전에 채굴업의 특성을 임대인에게 충분히 고지하고, 당사자 사이에 필요한 공사의 내용, 정도 등 구체적인 사항에 관한 명확한 의사합치가 필요할 것이다.

대상판결은 가상자산 채굴업의 임대차계약에서의 분쟁사안에서 계약종료의 책임소재, 가상자산 채굴업을 위한 전기승급공사비용의 유이비 해당 여부 등에 대한 판단이 이루어졌고, 특히 판단과정에서 가상자산 채굴업의 특수성이 충분히 고려된 것으로 보여 채굴장을 위한 임대차 계약 사례에서 참고할 만한 판결이라고 생각된다.

[2] 채굴기 구매 및 운영대행계약의 확정 및 관리비 정산 문제

—서울중앙지방법원 2021. 1. 20. 선고 2019가단5074863 판결, 2021. 2. 5. 확정—

[사실 개요]

1. 원고는 피고들과, 원고가 피고들에게 가상화폐 채굴기를 판매하되 위 채굴기를 피고들에게 직접 인도하지 않고, 원고가 그 운영을 위탁받아 채굴기를 가동하여 이더리움(ETH) 등의 가상화폐를 채굴하기로 하는 내용의 '가상화폐 채굴기 운영대행 계약'(이하 '1차 계약')을 체결하였다. 원고는 위 1차 계약에 따라 2017. 11. 27. 피고 A와 중고 채굴기 20대(AMD 채굴기 및 P106 채굴기)를 4,500만 원에, 2017. 12. 7. 피고 B와 중고 채굴기(P106 채굴기) 5대를 1,150만 원에, 2017. 11. 30. 피고 C와 중고 채굴기(P106 채굴기) 10대를 2,300만 원에 판매하였다.
2. 원고가 실질적 대표자로서 운영하는 주식회사 **테크는 2017. 12. 19. 임**과 주식회사 **테크가 중고 가상화폐 채굴기 15대를 합계 4,000만 원에 임**에게 판매하고 위와 동일한 내용의 운영대행계약을 체결하였다.
3. 피고 B와 임**은 피고 A가 대표로 있는 주식회사 ****의 직원이고, 피고 C는 피고 A의 지인이다.
4. 원고는 1차 계약을 체결할 무렵인 2017. 11. 25. 피고 A에게, 채굴되는 가상화폐를 지급할 전자지갑 주소를 알려달라고 하였고, 피고 A는 원고에게 자신의 전자지갑 주소로 뒷번호 5***인 지갑주소(이하 '5*** 전자지갑')를 알려주었으며, 피고 B, C의 채굴기에서 채굴되는 가상화폐도 위 5*** 전자지갑으로 지급받기로 하였다.
5. 1차 계약의 각 계약 당시 원고와 피고들은 채굴기의 운영비용의 지급 등과 관련하여 다음과 같이 합의하였다.
   가. 채굴기의 운영비용은 채굴기를 운영하는데 투입되는 전기료, 임대료, 관리비를 말한다. 나. 채굴기의 운영비용 중 전기료는 피고가 원고에게 실비로 제공하며, 임대료와 관리비는 상호합의하여 별도로 정한다.
   다. 원고는 피고의 채굴기 대수에 비례하여 실제 사용한 전기료를 피고에게 서면으로 공유한다.
   라. 원고가 전기료를 포함한 채굴기의 운영비용을 매월 납부할 것을 요청할 경우, 피고는 요청을 받은 날 이후 5영업일 이내에 운영비용을 원고에게 지불해야 한다.
6. 원고는 피고들에게 1차 계약을 체결할 당시 견적서를 보내면서 채굴기별 1개월의 관리비(전기료, 인건비, 임대료를 합한 금액) 합계액을 보내주었다.
7. 원고는 2017. 12.부터 2018. 3.까지의 채굴기 운영에 대한 관리비와 관련하여 채굴리포트 관련이라는 제목으로 피고 A에게 피고 별 관리비 내역이 기재된 이메일을 보냈다. 피고 A는 위 이메일에 대

하여 2018. 2. 4. '비용 송금했습니다. 감사합니다'는 내용의, 2018. 3. 2. '입금했습니다-20대-. 나머지 분들도 각자 입금 예정입니다.'라는 내용의 답장을 보낸 바 있다. 피고들은 2017. 12.부터 2018. 3.까지의 관리비로 원고가 보낸 위 이메일에 기재된 금원을 모두 지급하였다.

8. 원고는 2018. 3. 피고 A에게 '바로 채굴이 가능한 채굴기 30대가 저렴한 가격에 나왔다'고 이야기하면서, 채굴기 30대에 관한 운영대행계약서를 첨부하여 이메일을 보냈고, 피고 A는 같은 날 채굴기 30대의 매매대금으로 1억 원을 위 계약서에 기재된 원고 명의의 우리은행 계좌로 송금하였다.

9. 임**은 자신이 매수한 채굴기에서 채굴된 가상화폐를 지급받던 전자지갑을 2018. 3.경 피고 A의 5*** 전자지갑으로 변경하기로 하였고, 임**은 2018. 3. 1.부터 2018. 3. 21.까지의 채굴기 관리비로 100만 원을 지급하였다. 원고는 임**이 매수한 채굴기 15대 및 피고 A가 추가로 매수한 위 채굴기 35대 등 합계 50대의 채굴기에 관하여, 5*** 전자지갑을 해당 채굴기에서 채굴되는 가상화폐가 지급될 전자지갑으로 지정해 놓았다.

10. 피고 A는 2018. 4. 1. 원고에게, 피고들 및 임**이 처음 매수한 채굴기 합계 50대 및 추가로 매수한 채굴기 30대 등 합계 80대의 채굴기에서 채굴되는 가상화폐를 지급할 전자지갑을 변경해달라고 요청하였고, 원고는 곧바로 4*** 전자지갑을 위 80대의 채굴기에서 채굴되는 가상화폐가 지급될 전자지갑으로 지정해 놓았다.

11. 피고 A는 2018. 3. 5. 원고에게, '채굴기 40대를 계약하겠다'고 하였는데, 이는 피고 A가 자신이 진행하던 사업의 투자자들에게 채굴기를 판매할 것을 계획하고 한 것이었다. 원고는 피고 A의 위 제안에 따라 판매할 채굴기를 선발주하였고, 피고 A가 2018. 3. 24. '4월 둘째주에 40대를 추가했으면 한다'고 하자 2018. 3. 26. 피고 A에게 채굴기 40대에 관한 운영대행계약서를 첨부하여 이메일을 보냈다. 피고 A는 2018. 4.초 및 2018. 4. 30. 위 채굴기의 매매대금 148,000,000원을 자신이 보유한 위 금액 상당의 이더리움으로 지급하였다.

12. 피고 A는 2018. 4. 2. 원고에게, 추가된 40대의 채굴기에 대하여는 전자지갑 주소를 D*** 전자지갑으로 하여 달라고 요청하였다. 원고는 2018. 4. 6. 피고 A에게 위 전자지갑의 주소링크를 공유하며 '채굴이 시작 되었다'는 취지의 메시지를 보냈다.

13. 원고는 2018. 4. 6. 피고 A에게 추가된 채굴기 40대에서 채굴이 시작되었다고 알리면서 '관리비는 어느 분이 내는 것이냐'라고 물었고, 피고 A가 '애매해요'라고 하자 이에 대해 원고는 '일단은 제가 내겠다'라고 하였고, 피고 A는 '월말에 같이 드릴게요'라고 대답하였다.

14. 원고는 2018. 5. 3. 피고 A에게 '80대 및 40대의 채굴기 관리비를 누구한테 보내고 비용을 받으면 되느냐'고 물었고, 피고 A는 '우선 저에게 메일주세요. 제가 포워드할게요'라고 대답하였다. 원고가 2018. 5. 7. 피고 A에게 관리비 청구 내역이 기재된 이메일을 보내자, 피고 A는 원고에게 이**의 이메일 주소를 알려주며 '여기 이**님에게 보내주시면 됩니다'라고 답장을 보냈다. 원고는 2018. 6. 5. 피고 갑에게 2018. 5.분 채굴기 120대의 관리비 지급과 관련하여, '지난달과 마찬가지로 제가 관리비를 지불하고, 향후 정산하는 방법으로 진행하도록 하겠다'는 내용의 이메일을 보냈다.

15. 원고는 피고 A가 마지막으로 추가한 40대를 제외한 나머지 채굴기의 매월 관리비에 월 2%의 연체료를 합산한 금액을 관리비로 청구하고 있는데, 피고들은 현재까지 원고에게 2018. 4. 이후의 관리비를 지급하지 않고 있다.
16. 원고의 피고들에 대한 위 관리비 청구에 대해 위 법원은 2021. 1. 20. 연체료 약정은 없었음을 이유로 연체료 부분에 대한 원고의 청구를 인정하지 않고 나머지 청구는 모두 인정하는 원고 일부승소판결을 선고하였고, 위 판결은 그 무렵 확정되었다.

[판결 요지]

1. 원고가 피고들이 구매한 채굴기를 마련한 후 채굴기를 운영하여 채굴한 가상자산을 피고들에게 지급하였는지에 관하여 원고 및 원고 운영의 **테크가 피고들이 구매한 수량 이상의 중고 또는 신품 채굴기를 구매하였던 점, 원고는 피고들이 구매한 채굴기 이외에도 상당한 수량의 채굴기를 함께 보유하고 있었던 점, 원고가 사실은 채굴기를 구입하거나 운영한 사실이 없음에도 피고들을 기망하여 채굴기 대금 명목으로 금원을 편취하였다는 내용으로 피고들이 원고를 고소하였으나 현장검증결과에 따라 원고가 140대의 채굴기를 보관하고 있는 사실이 확인되어 무혐의처분을 받은 점 등에 비추어 보면, 원고는 피고들에게 판매한 매매목적물인 채굴기를 실제로 보유하였다고 인정된다.

2. 원고가 피고들을 제외한 다른 사람들로부터 채굴기 관리비를 지급받았다는 계좌거래내역에 의하면 원고가 일부의 채굴기만을 보유하면서 다수의 사람들에게 중복하여 채굴기를 판매하고 관리비를 지급받아왔다는 피고들의 주장은 이를 인정할 증거가 없다.

3. 원고가 피고들과의 계약에 기초하여 피고들이 매수한 채굴기를 2018. 8.까지 가동하여 가상자산을 채굴하였는지에 관하여 살피건대, 원고 및 **테크는 파주 및 청주 등에 있는 채굴장에서 자신들이 관리하는 채굴기를 가동하면서 채굴장 운영 회사 명의의 계좌로 가동한 채굴기에 상당하는 돈을 지급한 점, 원고가 가동한 채굴기에서 채굴된 가상자산이 피고 A가 원고에게 요청한 전자지갑주소에 입금된 점에 형사고소사건에서의 진술, 채굴화면, 카카오톡 대화내용을 종합하면, 원고가 피고들을 상대로 관리비를 청구하는 기간 동안 피고들이 매수한 120대의 채굴기에서 채굴된 가상자산은 피고들이 지정한 전자지갑으로 지급되었음을 추인할 수 있다.

4. 원고가 채굴된 가상자산을 송금한 전자지갑 주소인 4**** 주소와 D*** 주소의 전자지갑은 피고 A의 것이 아니라는 주장에 대하여 피고 A가 원고에게 원고로부터 채굴기를 매수하여 이를 바로 다른 사람에게 판매할 것이라고 이야기한 바는 있었으나 그 매매대금은 모두 피고 A가 지급하였고, 원고 역시 피고 A의 채굴기 발주 요청에 따라 피고 A를

계약당사자로 한 계약서를 송부한 점 등에 비추어 보면 위 전자지갑 주소에 송금되는 가상자산을 채굴한 채굴기 역시 피고 A가 매수한 채굴기라고 인정된다. 피고들이 제3자에게 원고로부터 판매한 채굴기를 재판매하여 소유권을 변경시키려고 하였다면 그에 대해 원고의 동의 내지 승낙이 필요한데 이 사건에서는 그러한 동의 및 승낙이 없었으므로 피고들과 제3자 사이에서는 피고들이 원고에 대해 부담하는 관리비를 제3자가 부담하기로 하는 약정이 있을 뿐이라고 해석된다.

5. 원고가 속한 채굴장을 운영하는 회사에서는 매월 발생한 전기료, 임대료, 인건비 등을 계산하여 이를 채굴장에 있는 채굴기의 대수별로 나누어 관리비를 청구하였고, 원고 또한 위와 같이 청구받은 관리비 중 피고들의 채굴기 대수에 해당하여 관리비를 청구한 점, 원고가 피고들에게 청구한 관리비의 단가는 원고가 채굴장 운영회사에 지급한 관리비 단가와 동일하거나 거의 유사한 점, 원고는 피고 갑에게 채굴기 대당 전기료, 임대료, 인건비 합계가 135,000원이라고 고지하였고 이에 대해 피고 갑이 '네'라고 인정한 사정에 비추어 보면 원고와 피고들은 매월 발생한 전기료에 임대료 및 인건비를 합산한 금액을 채굴기 대수에 비례하여 지급하기로 합의하였다고 인정된다.

해설

Ⅰ. 문제의 소재

본 사건은 블록체인과 가상자산과 관련한 이해가 많이 필요한 사건은 아니다. 이더리움 등 가상자산의 가격이 상승하면서 가상자산을 채굴하려는 사람이 많아졌고 그와 관련하여 가상자산 채굴기와 관련된 분쟁도 많아졌다. 실제로 비트코인이나 이더리움 채굴기를 임대하거나 구입하면 매월 일정 수익을 보장하겠다고 사람들을 기망하여 투자금을 편취한 후 잠적하는 사기사건도 많이 발생하였다. 사진이나 영상을 통해 가상자산을 채굴하는 모습을 보여주고 채굴기를 구매하거나 임차하도록 기망하는 경우가 많다. 많은 채굴장이 전기료가 싸서 채굴생산성이 높은 몽골이나 중국, 카자흐스탄 등에 있기 때문에 투자자들이 직접 가기 어려워 투자자들이 사기범의 말만 믿고 투자금을 보내게 되는데 상당기간 투자에 따른 이자나 가상자산이 송금되기 때문에 바로 사기가 발각되지는 않는다.

가상자산 채굴기의 경우 채굴기를 구매하기도 어렵고, 효율을 위해서는 채굴장인 소위 마이닝 풀이라고 하는 풀에 자신의 채굴기를 예치하는 경우가 많다. 이러한 채굴기 구매 및 예치의 경우 직접 채굴장에 있는 채굴기를 보고 채굴기 구매계약을 하는 경우는 드물고 오히려 인터넷을 통해 돈이나 비트코인 등 가상자산을 송금하면 바로 채굴기 구매계약 및 예치, 운영대행계약이 이루어지는 경우가 많다. 따라서 본 사건과 같이 채굴기를 구매하면 해당 채굴기에서 채굴된 가상자산을 자신의 전자지갑 주소로 보내주는데 과연 이렇게 송금된 가상자산이 자신이 구매한 가상자산에서 나오는 것인지 아니면 금전을 편취할 목적으로 채굴기에서 채굴된 가상자산이 아니라 매도인이 가지고 있는 가상자산을 송금하여 주는 것인지도 알기 어렵고, 향후 계약이 해지되거나 종료되었을 때 자신이 구매한 채굴기를 특정하여 인도를 구하기도 어렵다.

채굴기 구매와 관련하여 계약 대상인 채굴기 확정, 계약당사자 확정과 관련한 문제, 운영대행에 있어 관리비 정산문제 등에 관한 여러 쟁점이 나타난 사건이어서 가상자산 고유의 문제와 크게 관련이 없더라도 이를 소개하는 것이 의미가 있다고 생각한다.

Ⅱ. 채굴기 구매계약 및 운영대행과 관련한 여러 문제

1. 채굴기

채굴기란 가상자산을 채굴하기 위해 사용하는 컴퓨터이다. 가상자산 채굴기는 그 성능에 따라 채굴되는 가상자산이 동일하므로 일종의 대체물이라고 할 수 있다. 따라서 투자자가 가상자산 채굴기를 매수하거나 임차하는 경우 그 채굴기의 대수가 중요할 뿐 부대체물로서 특정 채굴기를 거래하는 것은 아니다.

2. 채굴기 거래

채굴기는 사실 가상자산을 채굴하기 위해 다량의 동일한 연산을 하도록 디자인된 컴퓨터이므로 그 사양이 동일하다면 대체물로서 거래된다. 본 사건에서도 원고와 피고들은 중고 채굴기의 사양만으로 거래를 하였는데 거래당시 연식을 기재하지 않은 것은 거래한 중고 채굴기는 연식에 따른 성능 차이가 없었기 때문으로 판단된다.

채굴기의 가격은 가상자산 거래소에서 채굴되는 가상자산의 가격에 연동되어 움직인다. 채굴자들은 사실 가상자산을 채굴함으로써 가상자산의 생성 및 유통에 대한 장부를 기재하는 역할을 하기 때문에 POW[1](PROOF OF WORK)의 합의알고리즘을 채택한 블록체인네트워크의 운영을 위해 채굴자의 존재는 반드시 필요하다. 블록체인 생태계에서 채굴자의 이러한 중요성으로 대량의 컴퓨터를 조합하여 채굴업무만 하는 채굴장이 다수 존재하고 이

1) 새로운 블록을 블록체인에 추가하는 작업을 완료했음을 증명하는 합의알고리즘으로, 블록체인에서 거래기록 정보를 무작위 특성을 가진 논스값과 해시 알고리즘을 적용시켜 설정된 난이도를 충족하는 해시값을 도출하는 방식이다. 블록 생성자들(채굴자와 검증인)이 컴퓨터 연산을 통해 블록체인의 블록 헤더에 제시된 난이도 조건을 만족하는 블록 해시값을 경쟁을 통해 찾으면 블록을 추가하는 작업이 완료되고 그에 따라 보상으로 가상자산을 받게 된다.

러한 채굴장의 채굴기에 대한 권리 역시 다수의 이해당사자들이 연관되어 점점 복잡해지고 있다. 본 사건과 같이 대부분 채굴기의 소유자와 운영대행업자가 채굴기로 채굴된 가상자산을 나누고, 채굴을 위해 필요한 전기료, 인건비, 기타 잡비 등의 비용을 분담하는 형식으로 계약이 이루어진다.

3. 채굴기 구매 및 운영대행계약에서 주로 문제되는 이슈들

(1) 실제 구매 혹은 임차한 채굴기의 존재여부

채굴기의 구매 및 임차의 경우 채굴장에서 이미 가동이 되고 있는 채굴기를 거래대상으로 하는 경우가 많다. 그런데 해당 채굴기의 권리관계에 대해서는 따로 공시방법이 없으므로 채굴기 구매자로서는 매도인이 제시한 채굴기가 매도인 소유이거나 매도인이 처분가능한 채굴기라고 믿을 도리밖에 없다. 실제로 채굴기가 인도된 이후 거래대금을 지급하는 것이 아니라 채굴장에서 가동되는 채굴기를 점유개정의 방식으로 인도하고 실제 채굴기를 직접 인도받는 것은 아니기 때문이다.

본 사건에서도 피고들은 원고가 채굴기를 이중으로 매도하였거나 혹은 존재하지 않는 채굴기를 매도하는 것처럼 피고들을 기망하였다고 주장하였는데 계약이 해지되어 채굴기의 인도를 구하였으나 이를 인도하지 못한 경우나 같은 사양의 채굴기에서 채굴된 가상자산을 송금 받지 못하는 경우가 아닌 이상 매도인이 존재하지 않는 채굴기를 매수인에게 매수한 것처럼 기망하였다는 것을 입증하기는 매우 어렵다.

(2) 채굴기 운영대행계약의 당사자

채굴기를 매수하는 구매자를 대행해서 다른 사람이 채굴기 매도인과 구매협의를 하는 경우나 채굴기를 매수한 이후 채굴기 매수자가 다른 사람에게 채굴기를 다시 매도한 경우 등 많은 경우 채굴기 운영대행계약의 당사자로서 관리비를 부담하는 자가 누구인지가 문제된다. 채굴기 매수자로서는 자신이 지배하고 있는 지갑에 채굴된 가상자산이 송금받기만 하면 되지만 채굴기 운영을 대행하는 자는 해당 채굴기를 운영하기 위해 관리비를 지급받아야 하기 때문이다. 통상 관리비를 지급받지 않더라도 자동으로 채굴기에서 채굴된 가상자산이 이미 지정된 매수인의 전자지갑주소로 송금되기 때문에 관리비를 누구에게 지급받아야 하는 것은 위탁자로서는 중요한 문제이다.

(3) 채굴기 운영대행계약에서 채굴기의 운영을 맡긴 위탁자의 전자지갑주소

채굴기의 운영대행계약은 다양한 형태로 체결되는데 본 사건과 같이 위탁자가 채굴기를 소유하면서 채굴기의 운영을 위탁하고 수탁자는 운영경비 및 수수료만을 지급받기로 하는 경우는 오히려 드물고, 채굴된 가상자산을 분배하는 형태가 오히려 많은 것으로 보인다.

이 사건 운영대행계약의 해석상 운영을 위탁받은 수탁자는 채굴된 가상자산을 위탁자가 사전에 고지한 전자지갑주소로 송금하면 수탁자의 의무는 다한 것이 된다. 은행계좌의 명의와 달리 가상자산전자지갑의 경우 이메일만 있으면 생성이 되므로 명시적으로 위탁자가 가상자산을 송금받을 전자지갑을 분명하게 고지하는 것이 필요하고, 이후 가상자산을 송금받을 전자지갑의 비밀번호를 잃어버리는 등 기존의 전자지갑주소에 대한 지배권이 상실되었다고 하더라도 이를 고지하지 않는 경우 그에 대한 책임을 수탁자에게 부담시킬 수는 없다.

(4) 채굴된 가상자산의 개수

위탁한 채굴기에서 채굴된 가상자산의 개수에 대해 분쟁이 생길 여지가 있으나 보통의 경우 채굴기 사양에 따라 월 채굴되는 가상자산의 개수는 인터넷 등에서 그 정보를 취득할 수 있다. 따라서 채굴기를 위탁받아 운영을 대행하는 자로서는 위탁받은 채굴기가 어떠한 이유로 가동되지 못하였음을 미리 알리고 이에 대한 양해를 얻지 아니하였다면 위탁한 채굴기 개수에 따라 채굴이 예상되는 가상자산을 송금하여야 할 것이고 이에 대한 분쟁이 생길 여지는 거의 없을 것이다.

(5) 전기료, 인건비 등 운영비 액수에 대한 분쟁

전기료나 인건비 등은 매월 조금씩 변경되는 것이어서 사전에 이에 대한 계산방식 등에 대한 합의가 필요하다. 통상의 경우 이메일이나 메신저를 통해 채굴기를 위탁한 사람에게 매월 소요된 전기료 및 인건비 등 비용을 알리고 위탁자는 이에 대해 이의가 없으면 그 비용을 위탁자에게 송금한다. 위탁자와 수탁자가 가상자산 채굴을 동업하는 경우에는 채굴된 가상자산을 매도하여 전기료 및 운영비를 충당하는 경우도 있다.

분쟁을 막기 위해서는 해당 채굴장에 대한 전기요금 고지서, 인건비 지급 내역 등 금융자료를 잘 갖추고 있어야 한다. 그럼에도 채굴장에서 운영을 하고 있는 채굴기가 많은 사람들의 소유로 분산되어 있는 반면 전기료나 인건비는 단일한 채굴장 운영자에게 부과되는 경우 해당 채굴기 소유자별로 부과받은 전기료나 필요 인건비를 나누는 정산과정이 분명하지 않을 수 있다. 채굴기 일부의 운영을 위탁한 자로서는 전체 채굴기의 수, 각 채굴기별 사양, 필요 인건비 등에 대한 정보가 충분하지 않기 때문이다.

Ⅲ. 이 사건에서의 적용

1. 매매목적물인 채굴기를 원고가 보유하고 있었는지 여부

원고가 피고들에게 매도한 채굴기를 원고가 보유하고 있었는지와 관련하여 대체물인 채굴기의 경우 계약 당시 반드시 원고가 보유할 필요는 없다. 그러나 채굴장에 추가로 채굴기를 넣지 않으면 채굴되는 가상자산이 증가하지 않으므로 원고로서는 이 사건 운영대행계약 시작 시점에는 본인이 운영하는 채굴장에 피고들이 매수한 채굴기만큼을 추가하여야 한다.

이 경우 채굴기를 구매하여 채굴장에 추가한 시점 무렵의 전기요금의 증가 여부에 대한 조사를 해보면 좋고, 피고들 지갑에 채굴기에서 송금된 가상자산 외에 거래소나 기타 다른 지갑을 통해 가상자산이 송금되어 왔는지를 확인하여 보면 실제로 피고들이 매수한 채굴기가 채굴장에 공급되어 원고가 운영대행을 했는지를 보다 확실하게 알 수 있다. 채굴기 1대당 채굴생산성이 알려져 있으므로 채굴기가 없음에도 그 생산성에 따른 가상자산을 피고들 지갑에 공급하려면 채굴기 외의 다른 지갑에 있는 가상자산을 별도로 피고들에게 송금해야 하기 때문이다.

본 사건에서는 관련 형사사건에서 현장검증결과 원고가 피고들이 매수한 채굴기 이상 보관하고 있었던 점, 원고가 상당한 수량의 채굴기를 미리 구매하여 보관하고 있었고, 다른 곳에서 채굴기를 구매한 내역이 있었던 점을 이유로 매매목적물인 채굴기를 보관하고 있었다고 인정하였다.

2. 피고들이 원고에게 위탁받은 채굴기에서 채굴된 가상자산을 피고들이 사전에 원고에게 고지한 전자지갑주소로 송금하였는지 여부

피고들은 채굴기 운영대행계약을 통해 가상자산을 취득하는 것이 목적이었으므로 가상자산을 송금받지 못하였다면 바로 운영대행계약을 해지하거나 운영대행계약상의 채무불이행 책임을 물었을 것인데 그러한 주장을 한 바는 없다.

다만 피고 A가 다른 제3자로부터 채굴기를 구매해달라는 부탁을 받고 구매계약을 대행하였다는 취지의 주장을 하였으나 법원은 거래대금을 피고 A가 지급하였고, 가상자산을 송금받는 전자지갑주소도 피고 A가 원고에게 알려주었으며, 피고 A가 명시적으로 제3자와 원고와의 운영대행계약을 대행할 뿐이라는 점에 대해 원고에게 분명하게 고지한 바 없고, 피고 A가 원고로부터 매수한 채굴기를 제3자에게 매도하였다고 하더라도 운영대행계약을 이전하기 위해서는 원고의 승낙이 필요한데 이러한 승낙을 받은 바 없다는 이유로 운영대행계약의 당사자를 피고 A라고 판시하고 운영대행계약에서 정한 관리비 지급의무 역시 피고 A라고 판시하였다.

3. 전기료, 채굴장 임대료, 인건비를 지급하기로 합의하였는지 여부

이 사건 운영대행계약의 해석에 있어 전기료, 채굴장 임대료, 인건비 등에 대한 명확한 약정이 없었으나 계속적 계약에 있어 전기료, 채굴장 임대료, 인건비에 더한 금액을 관리비로 고지하고 이에 대해 피고들이 별다른 이의를 하지 않았던 점을 고려하여, 법원은 원고와 피고들 사이에 매월 전기료 외에 임대료 및 인건비 등을 합한 금액을 지급하기로 합의하였다고 의사해석을 하였다.

채굴기를 매수하고 그 운영위탁을 매도인에게 맡기면서 가상자산 채굴을 위한 인건비 및 기타 비용을 매도인이 그대로 부담하는 것은 상정하기 어려우므로 법원의 위와 같은 해석은 당연하다고 보인다.

Ⅳ. 결론

1. 채굴기 구매 및 운영대행계약의 거래목적물인 채굴기 확정은 가상자산 송금내역을 추적하여 채굴기로부터 채굴된 가상자산 외에 거래소 등을 통한 가상자산이 입금되었는지, 채굴기 1대당 채굴생산성으로 알려진 양의 가상자산이 매월 송금되어 왔는지를 비교해보면 알 수 있다. 매도인이 채굴기를 소유한 바 없음에도 매수인을 기망하여 채굴기 대금 명목으로 금원을 지급받고 운영대행계약에 따라 채굴기에서 채굴된 가상자산이라고 하면서 매수인 전자지갑주소에 가상자산을 송금하였는데 그 내역이 채굴기로부터 송금된 가상자산이 아니라 거래소 등을 통해 구입한 가상자산인 경우 매도인의 주장이 사실이 아니라는 강력한 증거가 된다.

2. 채굴기 운영대행계약의 계약당사자 확정은 위탁의 전제가 된 채굴기를 누가 매수하였다고 볼 수 있는지, 채굴된 가상자산이 송금되는 전자지갑주소의 지배권이 누구에게 있으며 이 전자지갑주소를 누가 채굴기 운영대행자에게 알려주었는지 등 정황에 따라 일반론에 따라 확정하여야 한다.

3. 대상판결은 피고들이 구매하여 운영위탁을 맡긴 채굴기에서 채굴될 것으로 예상되는 가상자산에 해당하는 양의 가상자산이 피고들이 고지한 전자지갑주소에 송금된 이상 특별한 사정이 없으면 그 채굴기의 가동에 필요한 전기료, 인건비 등 비용은 피고들이 지급하는 것이 맞다는 취지의 판결이다.

[3] 가상자산 채굴기 판매자의 구매자에 대한 의무

—광주고등법원(전주) 2021. 7. 8. 선고 2021나10192 판결, 2021. 7. 24. 확정—

[사실 개요][1)]

1. 피고는 2017. 12. 14. 원고들에게 가상자산 채굴용 컴퓨터 P104 모델 200대('이 사건 제1차분 컴퓨터')를 대금 1대당 3,548,000원, 합계 7억 960만 원(= 3,548,000원 × 200대)에 매도(이하 '이 사건 제1차 계약')하고, 원고들로부터 매매대금을 지급받고, 위 컴퓨터를 인도하였다.
2. 피고는 이 사건 제1차 계약 체결 이후에 원고 A, B, C, D, E, F 및 소외 G, H에게 위 P104 모델의 컴퓨터 169대('이 사건 제2차분 컴퓨터')를 대금 1대당 436만 원, 합계 7억 3,684만 원(= 436만 원 × 169대)에 매도('이 사건 제2차 계약')하고, 위 원고들로부터 매매대금을 지급받고, 위 컴퓨터를 인도하였다.
3. 피고는 이후 원고 F에게 위 P104 모델의 컴퓨터 8대(이하 '이 사건 제3차분 컴퓨터')를 대금 1대당 410만 원, 합계 3,280만 원(= 410만 원 × 8대)에 매도하고(이하 '이 사건 제3차 계약'), 2018. 8. 6. 소외 I의 은행 예금계좌를 통하여 위 돈을 지급받았다. 피고는 2018. 8. 8. 위 원고에게 위 컴퓨터를 인도하였다.
4. 원고들은 선택적으로, 1) 이 사건 각 컴퓨터에는 각 하자가 있고 이로 인해 이 사건 각 계약의 목적을 달성할 수 없다면서 민법 제580조, 제575조 제1항에 따른 하자담보책임을 원인으로 한 이 사건 각 계약의 해제 및 원상회복청구, 2) 피고가 ① 보증한 채굴성능을 갖춘 컴퓨터 인도 의무불이행(이더리움 채굴성능 월 1.2~1.3개 보증), ② 컴퓨터 원격 관리 의무 불이행, ③ 수리 대행 의무 불이행, ④ 보증보험증권을 교부할 의무 불이행, ⑤ 무상수리의무 불이행 여부, ⑥ 부품 재설치 의무 불이행 등의 주된 채무의 이행을 확정적으로 거절하고 있고 이를 이유로 한 이 사건 각 계약을 해제 및 원상회복청구, 3) 이 사건 각 컴퓨터의 채굴성능에 대해 기망행위에 의해 이 사건 각 계약이 체결되었으므로 이를 이유로 한 취소 및 매매대금의 반환청구를 하였다.
5. 이에 제1심(전주지방법원 2019가합4822)은 먼저 이 사건 소 중 하자담보책임에 기한 매매계약 해제에 따른 원상회복청구 부분에 대하여는 제척기간이 도과되었다는 이유로 이 부분 소를 각하하고, 나머지 채무불이행에 따른 매매계약해제를 원인으로 한 청구와 기망행위에 따른 매매계약취소를 원인으로 한 청구에 대하여는 원고의 청구를 기각하였고, 이에 원고들이 항소하였다.

1) 쟁점을 명확히 하기 위해 사실관계를 일부 축소, 수정하였다.

[판결 요지][2)]

1. 본안 전 항변에 대한 판단

민법 제580조에 의한 권리는 민법 제582조에 따라 매수인이 그 사실을 안 날로부터 6월내에 행사하여야 하는바, 원고들이 2019. 1. 22.경 이 사건 각 컴퓨터에 하자가 존재한다는 것을 안 사실은 당사자 사이에 다툼이 없고, 원고들은 그 때로부터 6개월이 경과하였음이 역수상 분명한 2019. 10. 24.이 되어서야 이 사건 소를 통하여 이 사건 각 계약을 해제한다는 의사를 표시한 사실은 기록상 명백하므로, 이 사건 소 중 하자담보책임에 기한 매매계약 해제에 따른 원상회복청구 부분은 제척기간을 경과하여 부적법하다.

2. 본안에 대한 판단

가. 채무불이행에 따른 매매계약해제를 원인으로 한 청구에 관한 판단

1) 피고의 채무불이행 여부에 관한 판단

가) 보증한 채굴성능을 갖춘 컴퓨터 인도 의무불이행 여부

원고들은, 피고가 이 사건 각 계약을 체결하면서 이 사건 각 컴퓨터의 가상자산 '이더리움' 채굴성능을 월 1.2 내지 1.3 이더 정도로 보증하였는데, 이 사건 각 컴퓨터는 그러한 성능을 갖추지 못하였으므로, 피고가 이 사건 각 계약에 따른 채무를 불이행하였다는 취지로 주장한다.

그러나 다음 사정들을 고려하면, 피고가 이 사건 각 계약을 체결할 때 원고들이 주장하는 이더리움 채굴성능을 '보증'하였다는 사실을 인정하기에 부족하다.

① 피고 직원이 원고 측에 'P104 6Way 채굴량 * 이더리움 월 1.2~1.3', '기존 P106 6Way 채굴량 * 이더리움 월 0.7~0.8'이라는 문자메시지를 보낸 사실은 인정되나 이는 전체적으로 종전 제품인 P106 모델과 이 사건 각 컴퓨터의 성능을 상대적으로 비교하는 내용일 뿐, 그 내용상 어떤 모델의 성능을 보장한다는 내용은 전혀 없다.

② 이더리움 채굴량은 채굴 당시의 채굴 난도, 채굴 참여자의 수 등에 따라 매우 유동적이므로, 피고가 이 사건 각 컴퓨터의 이더리움 채굴량을 일률적으로 보증하는 것은 상식에 부합하지 않고, 원고 측도 2017년 초경부터 이더리움 등 채굴사업을 하면서 이를 잘 알고 있었을 것으로 보인다.

③ 원고 측은 이 사건 각 계약을 체결하면서 상당히 구체적인 특약을 요구하였음에도, 그 특약에는 이 사건 각 컴퓨터의 채굴량 보증에 관하여 아무런 내용이 없다.

④ 원고 측이 이 사건 각 컴퓨터를 납품받은 이후 피고에게 그것의 채굴량에 관하여 이의를 제기하였다고 볼 만한 사정은 전혀 드러나지 않고, 오히려 원고 측은 피고로부터

---

2) 항소심은 본안 전 항변에 관한 판단, 기망행위에 따른 매매계약취소를 원인으로 한 청구에 대하여는 원고의 청구에 대한 판단 부분은 제1심판결을 그대로 인용하였다.

이 사건 제1차분 컴퓨터를 납품받은 후 제2, 3차분 컴퓨터를 추가로 납품받기도 하였다.

나) 컴퓨터 원격 관리 의무 불이행 여부

원고들은, 원고 측이 이 사건 각 컴퓨터를 매수할 당시 컴퓨터 원격 관리 프로그램('마리오넷')을 함께 매수하면 피고가 이를 이용하여 위 각 컴퓨터의 채굴성능이 저하되는 등의 장애 발생 시 원격으로 언제든지 신속하게 수리하여 준다고 약정하였는데, 정작 피고는 마리오넷을 통하여 위 각 컴퓨터의 정지·가동 등의 명령만을 내림으로써 위 각 컴퓨터의 오류 발생만을 증대시켰을 뿐, 위 약정은 이행하지 아니하였다는 취지로 주장한다.

원고 측이 이 사건 각 컴퓨터를 매수하면서 마리오넷을 함께 매수한 사실은 당사자 사이에 다툼이 없다. 그러나 다음 사정들 고려하면, 원고들이 제출한 증거만으로 피고가 마리오넷을 이용하여 이 사건 각 컴퓨터의 채굴성능이 저하되는 등 장애 발생 시 원격으로 수리하여 준다는 약정을 하였다는 사실을 인정하기에 부족하다.

① 마리오넷을 통한 이 사건 각 컴퓨터의 원격 관리는 그 프로그램의 특성상 원고 측의 요청과 승인을 전제로 이루어지는 것이어서 피고가 자체적으로 이 사건 각 컴퓨터에 발생한 장애를 파악하여 이를 곧바로 처리하는 것이 불가능한 것으로 보이고, 원고들이 피고에게 원격 관리를 요청하였다고 볼 만한 아무런 증거가 없다.

② 원고 측 J는 원고 측이 피고로부터 이 사건 각 컴퓨터를 구매하게 된 경위 등에 관한 자세한 사실확인서를 작성하면서도 마리오넷에 관하여 '마리오넷이 가동 중 제품의 채굴성능이 저하되는 등의 장애가 발생되면 원격 자동으로 신속하고 확실한 대응이 가능하여 원고들이 별다른 신경을 쓰지 않고도 정상적으로 위 시스템을 운영할 수 있다고 설명하여 구매하였다'라고만 기재하였을 뿐 피고가 이 사건 각 컴퓨터에 장애 발생 시 원격으로 관리해 주기로 약정하였다는 주장은 하지 않고 있다.

③ 피고도 컴퓨터 도소매 및 소프트웨어 개발·판매업을 목적으로 설립된 회사에 불과하여 이 사건 각 컴퓨터의 채굴성능 등을 관리하는 용역을 제공하는 영업을 하지 않는 것으로 보인다.

다) 수리 대행 의무불이행 여부

(1) 원고들은, 피고가 이 사건 각 컴퓨터의 내구기간인 3년 내지 5년 동안의 유·무상 수리를 대행하여 주기로 하였음에도, 이 사건 제2차분 각 컴퓨터를 공급한 이후 어느 무렵부터인가 이 사건 각 컴퓨터에 관한 관리를 사실상 중단하여 원고 측의 가상자산 채굴공장이 정상적으로 운영되지 아니하였고, 또 원고 측은 위 공장의 전력사용량이 급격하게 증가하게 되자 2018. 10. 30.경부터 피고에게 이 사건 각 컴퓨터의 수리를 요구하였는데 피고가 종전과 달리 수리를 해주지 아니하였으며, 피고는 2019. 1.경 제3의 업체를 소개하여 주면서 위 업체에 비용을 부담하고 수리를 받으라고 통보만 하여 이 사건 각 컴

퓨터에 관한 유·무상 수리의무를 이행하지 아니하였다는 취지로 주장한다.

(2) 살피건대, 피고가 이 사건 각 컴퓨터에 관하여 이 사건 각 계약의 체결일로부터 그 내구기간에 상당하는 3년 내지 5년 동안의 유·무상 수리를 대행하여 주기로 한 사실을 인정할 아무런 증거가 없다. 다만 피고는 원고 측에게 이 사건 각 컴퓨터에 관하여 그 구입일로부터 1년간 사후수리를 대행하여 주기로 약정한 사실을 인정할 수 있는데, 피고는 원고 측에 제3의 업체를 소개하여 원고 측에서 2019. 1. 22.부터 2019. 2. 26.까지 위 업체로부터 그래픽카드 쿨러 등을 구입 및 교체하는 방법 등으로 이 사건 각 컴퓨터를 수리한 사실이 인정되는 반면, 피고가 위와 같은 사후수리 대행 업무를 제대로 이행하지 아니하였다는 점에 관하여는 이를 인정할 만한 증거가 없으며, 오히려 원고 측은 이 사건 각 계약에서 정하 바에 따른 사후수리 신청을 하지 않은 사실이 인정되는바, 이 부분 주장도 받아들이지 않는다.

라) 보증보험증권을 교부할 의무불이행 여부

(1) 피고가 원고 측에게 이 사건 제1, 2차분 각 컴퓨터의 사후수리와 관련하여 이 사건 제1, 2차 각 계약의 특약사항에서 정한 바에 따라 보증금액 2,000만 원 상당의 보증보험증권을 발행하기로 하였으나 이를 발행하지 않은 사실이 인정되므로 피고는 원고 측에게 이 사건 제1, 2차 계약에 따른 보증보험증권 발행 의무를 불이행하였다.

(2) 다만, 원고들은 피고가 이 사건 제3차분 컴퓨터에 관해서도 사후수리에 관하여 보증금액 2,000만 원 상당의 보증보험증권을 발행하기로 하였다는 취지로 주장하나 이를 인정할 아무런 증거가 없다. 따라서 원고들의 이 부분 주장은 이유 없다.

마) 무상수리의무 불이행 여부

(1) 무상수리 보증기간 주장에 관한 판단

원고들은 이 사건 각 컴퓨터 부품에 관한 무상수리 보증기간은 해당 부품의 수리일로부터 다시 갱신되어 진행하므로, 원고들이 2019. 1. 22. 또는 2019. 1. 26. 컴친구로부터 유상수리를 받은 부품 역시 각 수리 시로부터 5개월의 무상수리 보증기간이 다시 진행하는데, 원고 측은 위 무상수리 보증기간이 도과하기 전에 피고에게 위 부품에 관한 수리를 요청하였으므로, 피고는 위 부품에 관하여 무상수리를 해줄 의무가 있음에도 이를 불이행하였다는 취지로 주장하나, 이 사건 각 컴퓨터 부품에 관한 무상수리 보증기간이 해당 부품의 수리일로부터 다시 갱신되어 진행한다고 인정할 아무런 증거가 없다. 따라서 원고들의 위 주장은 이유 없다.

(2) 별도의 무상수리의무 약정 주장에 관한 판단

원고들은, 피고가 2019. 6. 19. 원고 측의 공장을 방문하여 2019. 7. 30.까지 이 사건 각 컴퓨터에 관하여 전면적으로 무상수리를 해주겠다는 약정을 하였는데, 이를 이행하지 아니하였다는 취지로 주장하나, 위와 같은 약정을 하였다는 사실을 인정하기에 부족하고 달리 이를 인정할 증거가 없다. 따라서 원고들의 이 부분 주장도 이유 없다(설령 피고가 위와 같은 무상수리 약정을 하였다고 하더라도, 이는 이 사건 각 계약과는 별개의 약정이므로, 그 의무불이행에 따라 이 사건 각 계약에 관한 해제권이 발생한다고 볼 수도 없다).

바) 부품 재설치 의무 불이행 여부

원고들은 이 사건 각 계약에 따르면 정품이 아니 제품에 대해서는 언제든지 피고에게 재설치를 요구할 권리가 있는바, 이에 따라 원고들은 피고가 무상으로 수리하면서 설치한 그래픽카드 등 부품에 대하여 정품으로 재설치하여 줄 것을 요구하였는데 피고가 이를 이행하지 아니하였다는 취지로 주장한다.

살피건대, 이 사건 제1, 2차 계약 당시 제공된 '사후수리(After/Service) 이용 약관'에 첨부된 특약사항에 '제품은 계약한 내용대로 반드시 납품하고 이를 어길 시 매수인은 재설치를 요구할 수 있다'는 기재가 있는 사실은 인정할 수 있으나, 위 인정사실만으로는, 피고가 최초로 원고 측에 납품한 제품에 관하여 정품으로 재설치하여 줄 것을 청구할 수 있는 권리를 넘어, 원고 측이 직접 또는 원고 측의 동의하에 피고가 이 사건 각 컴퓨터를 수리하는 과정에서 설치한 기존 부품과 호환이 되는 부품에 대해서까지 원고 측이 정품으로 재설치하여 줄 것을 요구할 수 있는 권리가 발생한다고 볼 수 없다. 따라서 원고들의 위 주장은 이유 없다.

사) 소결론

피고는 이 사건 각 계약에 따른 의무 중 이 사건 제1, 2차 계약에 따른 보증보험증권 발행 의무를 불이행하였다.

2) 계약해제의 가부에 관한 판단

가) 관련 법리

민법 제544조에 의하여 채무불이행을 이유로 계약을 해제하려면, 당해 채무가 계약의 목적 달성에 있어 필요불가결하고 이를 이행하지 아니하면 계약의 목적이 달성되지 아니하여 채권자가 그 계약을 체결하지 아니하였을 것이라고 여겨질 정도의 주된 채무이어야 하고 그렇지 아니한 부수적 채무를 불이행한 데에 지나지 아니한 경우에는 계약을 해제할 수 없다. 또한, 계약상의 의무 가운데 주된 채무와 부수적 채무를 구별함에 있어서는 급부의 독립된 가치와는 관계없이 계약을 체결할 때 표명되었거나 그 당시 상황으로 보아 분명하게 객관적으로 나타난 당사자의 합리적 의사에 의하여 결정하되, 계약의 내용·목적·불이행의 결과 등의 여러 사정을 고려하여야 한다(대법원 2005. 11. 25. 선고 2005다53705, 53712 판결 등 참조).

나) 판단

위 보증보험증권 발행 의무가 주된 채무라고 볼 증거가 없다. 오히려 다음과 같은 사정들, 즉 ① 피고는 원고 측에 이 사건 각 계약에 따라 이 사건 각 컴퓨터를 모두 인도한 점, ② 피고가 발행하기로 한 보증보험증권의 보증금액은 총 4,000만 원으로 이 사건 제1, 2차 계약금액의 합계 1,446,440,000원에 훨씬 못 미치는 점, ③ 원고 측은 피고가 보증보험증권을 발행하지 아니하였음에도 이 사건 제2, 3차 계약을 다시 체결한 점, ④ 위 보증보험증권은 피고의 이 사건 각 컴퓨터에 관한 수리의무를 담보하기 위한 것인데, 이 사건 각 컴퓨터에 장애가 발생하는 경우 피고가 아닌 컴퓨터 수리업체나 해당 부품의 제조업체를 통하여도 수리할 수 있을 뿐만 아니라, A/S 절차나 비용 등의 측면에서도 피고를 통한 수리와 다른 수리업체 등을 통한 수리가 크게 다를 것이 없는 점 등을 종합하면, 피고의 원고 측에 대한 이 사건 제1, 2차 각 계약에 따른 보증보험증권 발행 의무가 이 사건 매매계약의 목적 달성에 있어 필요불가결하고 이를 이행하지 아니하면 계약의 목적이 달성되지 아니하여 원고가 그 계약을 체결하지 아니하였을 것이라고 여겨질 정도의 주된 채무라고 보기는 어렵고, 부수적 채무에 해당한다고 봄이 상당하다. 따라서 피고가 부수적 채무인 보증보험증권 발행 의무를 위반한 데 불과하므로 원고로서는 이 사건 각 매매계약을 해제할 수 없다.

다) 소결론

따라서 원고들이 피고의 채무불이행으로 인하여 이 사건 각 계약에 관한 해제권을 취득하였다고 볼 수 없으므로, 이를 전제로 하는 원고들의 이 부분 주장은 이유 없다.

나. 기망행위에 따른 매매계약 취소를 원인으로 한 청구에 관한 판단

원고들은, 이 사건 각 컴퓨터의 채굴성능은 계약의 중요부분에 해당하는데, 피고는 이 사건 각 계약을 체결할 당시 이 사건 각 컴퓨터의 채굴성능이 자신이 원고 측에 보증한 월 1.2에서 1.3 이더리움 정도에 한참 미치지 못한다는 사실을 알면서도 채굴성능에 관한 허위의 정보를 제공하였고, 원고 측은 이에 속아 이 사건 각 계약을 체결하였는바, 따라서 이 사건 각 계약의 체결은 피고의 원고 측에 대한 기망행위에 의하여 이루어진 것이고 원고들은 위 각 계약을 취소하였으므로, 피고는 원고들에게 그 원상회복으로 이 사건 각 계약에 따른 매매대금을 반환할 의무가 있다는 취지로 주장한다.

K가 2017. 12. 8. 원고 측에 'P104 6Way 채굴량 * 이더리움 월 1.2~1.3'이라고 기재한 휴대전화 문자메시지를 보내었고, 원고 측은 실제 위 문자메시지의 내용보다 적은 양의 이더리움을 채굴하였던 것으로 보이기는 한다. 그러나 다음 사정들 고려하면, 위 인정사실이나 그 밖에 원고들이 제출한 증거만으로 K가 제공한 이 사건 각 컴퓨터의 이더리움 채굴성능에 관한 위 정보가 허위라는 사실을 인정하기에 부족하다.

① 원고들은 이 사건 각 컴퓨터로 이더리움을 채굴한 결과가 위 문자메시지상 이더리움 채굴성능에 미치지 않았다는 주장만 할 뿐, K가 원고 측에 위 휴대전화 문자메시지를 보낸 2017. 12. 8.이나 그 직전에 이 사건 각 컴퓨터와 같은 모델 컴퓨터의 이더리움 채굴량에 관한 자료를 전혀 제출하지 못하고 있다.

앞서 살핀 바와 같이 이더리움 채굴량은 채굴 당시의 채굴 난도, 채굴 참여자의 수 등에 따라 매우 유동적이다. 원고 측이 피고로부터 이 사건 각 컴퓨터를 납품받은 후 이 사건 각 컴퓨터로 위 문자메시지의 내용보다 적은 양의 이더리움을 채굴하였더라도, 그것만으로 위 문자메시지의 내용이 허위라고 단정할 수는 없다. 이는 아래에서 보는 바와 같이 2018. 1.경 이 사건 각 컴퓨터와 같은 모델 컴퓨터의 이더리움 채굴량이 상당히 줄어들었던 점을 고려할 때 더욱 그러하다.

② 반면, 피고는 2017. 11. 말경 그래픽카드 제조사로부터 P104 모델 컴퓨터에 설치되는 그래픽카드를 제공받은 후 위 모델 컴퓨터 구매 고객에 대한 정보제공 목적으로 위 모델 컴퓨터를 자체적으로 가동하여 이더리움 채굴량을 테스트하였고, 위 테스트 결과 2017. 12. 15. 기준 채굴량은 일 0.032~0.035 이더리움이었다. 이에 따르면, P104 모델 컴퓨터는 2017. 12. 15.경 위 휴대전화 문자메시지의 내용보다 약간 적은 채굴량(월 0.992~1.085 이더리움)을 보이고 있었다. 이후 위 테스트에 따른 이더리움 채굴량이 상당히 줄어들었던 점을 고려하면, 2017. 12. 8. 당시에는 위 휴대전화 문자메시지와 유사한 채굴능력을 보였을 가능성이 있다.

③ 2017. 12. 무렵은 이더리움 등 가상자산 가격이 상승하던 시기로 가상자산 채굴용 컴퓨터의 수요가 공급을 상당히 초과하던 시기였고, 위 컴퓨터와 부품의 가격은 수시로 상승하고 있었다. 또 당초 원고 측이 구매를 원하였던 P106 모델 컴퓨터는 재고가 없었을 뿐만 아니라, 재입고 일정조차 확인할 수 없는 상황이었고, 원고 측이 구입할 수 있는 컴퓨터는 이 사건 각 컴퓨터밖에 없었다. 피고가 이와 같은 매도인 절대 우위의 시장상황에서 원고 측에 이 사건 각 컴퓨터의 이더리움 채굴성능을 허위로 고지하면서까지 이 사건 각 컴퓨터를 판매하였을 것으로 보이지는 않는다.

원고의 이 부분 청구도 받아들이지 않는다.

해설

Ⅰ. 대상판결의 쟁점

대상판결에서 원고들은 피고들로부터 이더리움 채굴기를 매수하였으나 그 성능이 자신들이 생각하는 만큼 나오지 않자 피고를 상대로 채굴기의 하자와 여러 약정불이행에 따른 해제 및 원상회복청구, 기망을 원인으로 한 계약 취소 및 부당이득반환청구를 하였다.

이 중 민법 제580조에 의한 하자담보책임을 원인으로 한 주장은 제척기간(하자 발생 사실을 안 날로부터 6월내 행사)이 도과되었다는 이유로 각하되었다. 나아가, 본안과 관련하여서는 먼저 채굴기가 통상 갖추어야 할 성능, 개별적인 약정의 존부에 대한 사실인정, 채굴기 매매계약에서의 주된 의무와 부수적 의무의 구별, 그리고 부수적 의무 불이행의 경우 이를 이유로 계약 자체를 해제할 수 있는지가 문제되었다.

Ⅱ. 대상판결의 분석

1. 채무불이행에 따른 계약 해제

(1) 피고가 보증한 채굴성능을 갖춘 채굴기 인도 의무 불이행 여부

'하자'라 함은 매매의 목적물이 거래통념상 기대되는 객관적 성질·성능을 결여하거나 당사자가 예정 또는 보증한 성질을 결여한 경우를 의미한다(대법원 2018. 7. 12. 선고 2015다64315 판결 등 참조). 매매의 목적물에 하자가 있는 경우 매도인의 하자담보책임과 채무불이행책임은 별개의 권원에 의하여 경합적으로 인정된다(대법원 2004. 7. 22. 선고 2002다51586 판결 참조). 하자가 있는 물건을 인도한 경우에는 이른바 불완전이행에 해당하여 이를 이유로 계약의 해제, 손해배상청구 등 채무불이행책임을 물을 수 있다. 대상판결의 경우 이미 제척기간 도과로 하자담보책임에 기한 계약해제 주장에 관한 소는 각하되었지만, 경합적으로 인정되는 채무불이행책임에 기한 계약해제 여부가 문제되었다.

특히 대상판결의 경우 채굴기 하자의 존재와 관련하여 특히 매도인인 피고가 원고 측에 'P104 6Way 채굴량 * 이더리움 월 1.2~1.3', '기존 P106 6Way 채굴량 * 이더리움 월 0.7~0.8'이라는 문자메시지를 보내 위와 같은 성능을 '보증'한 것인지가 특히 문제되었다. 그러나 대상판결은, 위 내용은 이전 모델과의 성능을 상대적으로 비교하는 내용일 뿐 특정 성능을 보증하는 내용이라고는 보지 않았다. 또한 이더리움 채굴의 특수성도 고려하였는데, 이더리움은 채굴 당시의 채굴난도, 채굴 참여자 수 등에 따라 채굴량이 매우 유동적이어서 채굴량을 일률적으로 보증하는 것은 상식에 반하고, 원고 측도 과거에 채굴사업을 하여 이를 알고 있었다고 보았다. 더군다나 대상판결에서 인정된 사실관계에 의하면, 당사자들은 계약을 체결하면서 여러 구체적인 특약을 하였음에도 정작 채굴량에 관하여는 아무런 특약을 하지 않았고, 1차 계약 후 추가 계약을 체결하기도 하였고, 채굴량에 관한 이의도 제기한 적이 없었던 것으로 보인다. 즉 원고들로서도 이더리움 채굴의 특성을 고려하여 채굴량을 정하는 것이 큰 의미가 없거나 불가능하다고 인식한 것으로 보인다. 결국 피고는 원고들에게 이더리움의 채굴량을 보증한 적이 없고 그러한 보증 약정은 거래통념에 부합하지 않으며 원고들 역시 그러한 사정을 충분히 알고 있었으므로 채굴량이 원고들이 생각한 것보다 다소 부족하더라도 이는 하자로 보기는 어려울 것이다.

다만, 대상판결은 채굴기의 채굴량이 거래통념상 기대되는 객관적 성질·성능을 보유하고 있는지 여부에 대하여는 판시를 하지 않았는데, 원고들이 해당 부분에 대하여는 크게 다투지 않은 것으로 보이는바 일반적인 성능은 보유하고 있었던 것으로 추측된다.

(2) 기타 채무불이행 책임 여부 및 부수적 의무 위반을 이유로 한 계약의 해제 가부

원고들은 하자 존재 외에도 컴퓨터 원격 관리 의무불이행, 수리 대행 의무불이행, 보증보험증권을 교부할 의무불이행, 무상수리의무 불이행도 주장하였다.

법원은 위 주장 중 컴퓨터 원격 관리 의무불이행, 수리 대행 의무불이행, 무상수리의무 불이행에 대하여는 위 판시요지에 기재된 바와 같은 이유로 받아들이지 않았지만, 보증보험증권 교부 의무불이행 주장에 대하여는 1, 2차 각 계약의 특약사항에 정한 바에 따라 보증금액 2천만 원 상당의 보증보험증권을 발행하지 않아 위 의무를 위반하였다고 보았다. 다만 의무 내용의 중요성에 비추어 보증보험증권 교부 의무 불이행을 이유로 계약 자체를 해제할 수 있는지가 문제되었다.

채무는 주된 채무와 부수적 채무로 나눌 수 있고, 주된 채무는 계약의 목적 달성에 있어 필요불가결하고 이를 이행하지 아니하면 계약의 목적이 달성되지 아니하여 채권자가 그 계약을 체결하지 아니하였을 것이라고 여겨질 정도여야 하고, 그렇지 않은 채무는 부수적 채무만을 불이행한 경우에는 계약을 해제할 수 없다고 보는 것이 학설과 판례의 입장이다. 계약의 주된 목적의 달성에 필수의 것이 아닌 부수적 채무의 불이행이 있다 하더라도, 계약 목적의 달성에는 아무런 영향이 없으므로 해제가 허용되지 않는다. 이러한 주된 채무와 부수적 채무의 구별은 급부의 독립된 가치와는 관계없이 계약을 체결할 때 표명되었거나 그 당시 상황으로 보아 분명하게 객관적으로 나타난 당사자의 합리적 의사에 의하여 결정하되, 계약의 내용·목적·불이행의 결과 등의 여러 사정을 고려하여야 한다(대법원 2005. 11. 25. 선고 2005다53705, 53712 판결 등 참조). 따라서 당사자 사이에 당해 계약에서 주된 계약으로 합의된 내용은 실제 계약 이행 가능과 무관하게 주된 계약으로 볼 수 있을 것이다. 만일 그러한 의사가 분명하게 드러나 있지 않았다면 결국 여러 제반사정을 고려한 당사자들의 합리적인 의사를 추단할 수밖에 없다.

대상판결의 경우 각 계약은 일정한 성능을 보유한 채굴기를 인도하고 그에 대한 대가를 지급하는 것이 당사자 사이의 가장 중요한 의무로 보인다. 그런데 피고는 앞서 본 바와 같이 하자가 없는 통상의 성능을 가진 채굴기를 원고들에게 모두 인도하였고, 반면 피고가 발행하기로 보증보험증권의 보증금액은 4천만 원으로 1, 2차 계약금액의 합계 1,446,440,000

원에 훨씬 못 미치는 금액이었다. 또한 원고들은 1차 계약에 대한 보증보험증권이 발행되지 않았음에도 2, 3차 계약을 체결하는 등 원고들도 계약 체결시 보증보험증권 발행 의무를 주된 채무로 보지 않은 것으로 볼 만한 사정도 존재하였다. 보증보험증권은 채굴기의 수리의무를 담보하기 위한 것인데, 장애 발생시 피고가 다른 절차와 방식을 통한 수리도 충분히 가능한 것으로 보이는 등 위 채무의 불이행의 결과 역시 계약 자체의 목적을 달성하기 어려운 정도는 아니었던 것으로 생각된다. 결국 보증보험증권 교부 의무는 부수적 의무에 불과하다고 보아야 할 것이므로 같은 판단을 한 대상판결은 타당하고, 이에 의하면 이 사건 계약 자체의 해제는 허용되지 않는다고 보아야 할 것이다.

2. 기망행위를 이유로 한 계약 취소

사기나 강박에 의한 의사표시는 취소할 수 있다(민법 제110조 제1항). 원고들은 피고가 계약의 중요부분인 채굴기의 성능이 자신이 보증한 성능에 현저히 미치지 못하는 사실을 알면서도 원고들을 기망하여 계약체결에 이르게 하였다는 이유로 계약의 취소를 주장하였다.

원고는 특히 피고 측이 2017. 12. 8.경 원고 측에 보낸 'P104 6Way 채굴량 * 이더리움 월 1.2~1.3'이라는 문자메시지를 주된 기망행위의 내용으로 주장하였다. 그러나 피고가 위 문자메시지를 통해 채굴기의 성능을 보증하지 않았다는 점은 앞서 본 바와 같다. 또한 법원은 2017. 12. 15.경 실시한 테스트 결과 채굴량이 일 0.032~0.035 이더리움 이었는데 이후 이더리움 채굴량이 줄어든 점에서 피고 측이 문자메시지로 보낸 2017. 12. 8.경에는 실제 위 메시지와 유사한 성능을 보였을 가능성도 있다고 보았다. 또한 당시는 가상자산 가격 상승기로 채굴기의 수요가 증가하던 시기였는데, 이러한 매도인 우위 시장에서 피고가 기망행위를 하면서까지 채굴기를 매도하려고 하지는 않았을 것으로 보이고, 대상판결 역시 이러한 점도 고려하였다.

Ⅲ. 대상판결의 평가

이른바 작업방식에 따른 채굴의 경우 채굴기의 성능이 중요하나, 채굴의 난이도는 일정하지 않고 오히려 의도적으로 난이도를 상승하는 경우도 있는 등 채굴기의 채굴량을 일률적으로 보증하는 것은 사실상 어려운 것이 현실이다. 위와 같은 특수성을 고려하면 채굴기의 하자를 증명하는 것은 쉽지 않은 과제이다.

대상판결 역시 이러한 배경 하에 발생한 분쟁이다. 대상판결은 특히 매도인이 특별히 일정한 성능을 보증하였는지를 중심으로 공방이 이루어졌고, 이를 부정하는 판시를 하였다.

나아가 채굴기 매매계약에서의 주된 채무와 부수적 채무를 구별하고 부수적 채무 위반만으로는 계약을 해제할 수 없다고 판시하였다. 최근 환경 이슈를 비롯한 다양한 이유로 이더리움의 채굴 방식도 종전 작업증명에서 지분증명으로의 전환을 준비하고 있는 등 채굴에 대한 수요가 다소 떨어진 것으로 보이나, 여전히 가상자산 발행에 있어 채굴은 중요하고 향후에도 이에 따른 관련 분쟁이 발생할 것으로 생각된다.

대상판결은 채굴기의 성능과 채굴기 매매계약에서 통상 이루어질 수 있는 하자와 채무불이행에 대한 내용에 대해 판단함으로써 특히 주된 채무와 부수적 채무의 기준을 세웠다는 점에서 의미가 있다.

[4] 가상자산 채굴장 운영을 목적으로 한 건물 매매계약의 취소 가부

—서울중앙지방법원 2021. 7. 20. 선고 2020가합506603 판결—

[사실 개요]

1. 원고는 2017. 12. 1.부터 2018. 1. 10.까지 사이에 피고와 A일반산업단지에 위치한 지식산업센터인 'B' 건물 중 이 사건 각 호실에 관하여 매매가계약 또는 매매계약을 체결하고, 가계약호실에 관하여 가계약금을, 매수호실에 관하여 계약금 및 잔금을, 계약호실에 관하여 계약금원을 지급하였고, 원고는 매수호실에 관하여 소유권이전등기를 마쳤다(나중에 매매가계약 해제하고 가계약금 반환).
2. 한편 피고는 그 이전인 2017. 7. 14.경 원고의 인터넷 홈페이지 게시판 및 이 사건 매매계약 체결 무렵 B건물 홈페이지나 가상자산 인터넷 커뮤니티 게시판 등에, 각각 B건물이 가상자산 채굴에 특화된 지식산업센터로 많은 혜택을 주고 분양한다는 내용의 광고를 하였고, 원고에게 'Mining Room으로 사용'이라고 기재되어 있는 입주제안서를 보낸바 있다.
3. △△광역시장은 2017. 5. 22. △△광역시 고시로 'A일반산업단지 관리기본계획'을 고시하였는데, 위 관리기본계획에서 '지식산업센터의 입주 가능 업종은 산업단지 개발계획 및 실시계획의 승인을 받은 업종에 한함.'이라고 명시하고, 입주대상 업종에 정보통신산업을 포함시키지 않았다. 또한, 산업통상자원부는 2017. 12. 15. '가상통화 채굴업의 산업단지 불법 입주 단속 이행 협조요청', 2018. 2. 9. 전국 시장 및 도지사에게 '산업집적법 제2조에 의거, 산업단지 내 공장에는 제조업을 영위하는 사업장만 입주가 가능하므로, 가상통화 채굴업의 입주는 불가하다.'는 내용의 공문을 보냈고, 위 각 공문은 2017. 12. 18.과 2018. 2. 14. A일반산업단지의 관리기관인 A일반산업단지관리공단에 전달되었다.
4. 원고는 2018. 1. 22.경 △△광역시 관할 산업단지에서 가상자산 채굴업에 대한 단속이 이루어지고 있다는 기사 등을 본 후 피고에게 B건물에 입주하는 데 문제가 없는지 문의하였는데, 피고는 원고에게 '가상자산 채굴업도 입주가능한 코드가 나오기 때문에 문제가 없다.'는 취지로 답변하였던 것으로 보인다. 또한 피고는 B건물 홈페이지 '자료실'에 '산자부(산업통상자원부)로부터 블록체인기술 정보통신에 포함'이라는 제목으로 글을 게시하기도 하였다.
5. 산업통상자원부는 2018. 4. 18. 전국 시장 및 도지사에게 '가상통화 채굴업체의 산업단지 및 지식산업센터 내 입주 요청 시 유의사항 안내'라는 제목으로 '가상통화채굴업(행위)은 산업집적법 제2조 제18호, 같은 법 시행령 제6조 제3항에 따른 정보통신산업에 해당되지 않는다.'는 내용의 공문을 보냈고, 위 공문은 A일반산업단지관리공단을 통해 2018. 4. 19. 피고에게도 전달되었다.

6. A일반산업단지관리공단은 2020. 3. 23. 원고에게 '원고의 요청으로 2018. 11. 27. 블록체인 기술 관련 기타 정보기술 및 컴퓨터 운영 서비스업(표준산업분류코드: 62090-1)으로 산업단지 입주계약 신청을 받아 통계청에서 고시한 블록체인기술 산업분류 고시에 의거하여 원고의 원활한 사업운영을 위해 2018. 11. 28. 산업단지 입주계약을 완료하여 주었으나, 산업통상자원부의 산업단지 내 지식산업센터 입주가능업종 질의에 대한 회신 내용에 의거하여 입주가 제한됨을 통지한다.'는 내용의 공문을 보내는 등 수차례 위 지식산업센터 입주가 제한됨을 통지하였다. 산업통상자원부도 원고에게 원고의 산업집적법에 따른 산업단지 내 입주자격 등에 관한 문의에 대하여 '산업단지 내 가상통화 채굴업은 산업집적법 제2조 제18호, 같은 법 시행령 제6조 제5항에 따른 입주기업체와 산업직접법 제2조 제19호, 같은 법 시행령 제6조 제6항에 따른 지원기관의 범위에 포함되지 않으므로 산업단지에서 해당 행위는 허용되지 않는다.'고 답변하였다.
7. 이에 따라 원고는 '피고는 B건물에 가상자산 채굴업의 입주가 불가능하거나 불확실함을 알면서도 원고에게 가상자산 채굴업의 입주가 가능하다고 적극 홍보하여 원고를 기망하였다. 또는 원고는 가상자산 채굴장을 운영할 수 있다고 착오하여 이 사건 매매계약을 체결하였고, 가상자산 채굴장을 운영하려고 한 동기는 피고에게 표시되어 이 사건 매매계약의 중요내용으로 편입되었으며, 원고의 위 착오는 피고에 의하여 유발된 것이다. 따라서 피고는 원고에게 이 사건 매매계약의 취소에 따른 부당이득반환에 따른 금원 등을 지급할 의무가 있다(이행불능 계약해제에 따른 원상회복, 불법행위에 기한 손해배상 주장도 있으나 이 부분 생략).'는 등의 주장을 하며 피고를 상대로 이 사건 소를 제기하였다.

[판결 요지]

1. 상품의 선전, 광고에서 거래의 중요한 사항에 관하여 구체적 사실을 신의성실의 의무에 비추어 비난받을 정도의 방법으로 허위로 고지한 경우에는 기망행위에 해당할 것이나, 그 선전, 광고에 다소의 과장이 수반되었다고 하더라도 그것이 일반 상거래의 관행과 신의칙에 비추어 시인될 수 있는 것이라면 이를 기망행위라고 할 수 없다(대법원 2001. 5. 29. 선고 99다55601, 55618 판결 참조).

동기의 착오가 법률행위의 내용의 중요부분의 착오에 해당함을 이유로 표의자가 법률행위를 취소하려면 그 동기를 당해 의사표시의 내용으로 삼을 것을 상대방에게 표시하고 의사표시의 해석상 법률행위의 내용으로 되어 있다고 인정되면 충분하고 당사자들 사이에 별도로 그 동기를 의사표시의 내용으로 삼기로 하는 합의까지 이루어질 필요는 없지만, 그 법률행위의 내용의 착오는 보통 일반인이 표의자의 입장에 섰더라면 그와 같은 의사표시를 하지 아니하였으리라고 여겨질 정도로 그 착오가 중요한 부분에 관한 것이어야 한다(대법원 2000. 5. 12. 선고 2000다12259 판결 등 참조).

민법 제109조에서 규정한 바와 같이 의사표시에 착오가 있다고 하려면 법률행위를 할 당시에 실제로 없는 사실을 있는 사실로 잘못 깨닫거나 아니면 실제로 있는 사실을 없는 것으로 잘못 생각하듯이 표의자의 인식과 그 대조사실이 어긋나는 경우라야 하므로, 표의자가 행위를 할 당시 장래에 있을 어떤 사항의 발생이 미필적임을 알아 그 발생을 예기한 데 지나지 않는 경우는 표의자의 심리상태에 인식과 대조의 불일치가 있다고 할 수 없어 이를 착오로 다룰 수는 없다(대법원 2012. 12. 13. 선고 2012다65317 판결 참조).

2. 다음의 사정들에 비추어 보면, 위 인정사실이나 원고가 주장하는 사정 및 제출한 증거만으로는 피고가 이 사건 매매계약 체결 당시 이 사건 각 호실에서 가상자산 채굴장을 운영하는 것이 관련 법령상 불가능하거나 그 가부가 불확실함을 알면서도 확정적으로 가능한 것으로 원고를 기망하여 이 사건 매매계약을 체결하게 하였다거나, 원고에게 착오를 유발하였다고 인정하기 어렵다. 오히려 원고는 이 사건 매매계약 체결 당시 이 사건 각 호실에서 가상자산 채굴장을 운영하는 것이 관련 법령상 불가능할 수도 있음을 알았거나 알 수 있었음에도 이 사건 매매계약을 체결한 것으로 보이고, 원고가 이 사건 각 호실에서 가상자산 채굴장 운영이 가능할 것으로 생각하였다고 하더라도 이는 장래에 대한 단순한 기대에 지나지 않는 것이어서 그 기대가 이루어지지 아니하였다고 하더라도 이를 법률행위의 중요부분에 착오가 있는 것으로 볼 수 없다. 더구나 원고는 2018. 5. 25. 피고에게 매수호실 중 일부의 잔금 대부분을 지급하고 소유권이전등기를 마쳤고, 2018. 12. 28. 피고와 사이에 일부 호실의 미지급 잔금 지급기한을 연장하기로 하는 내용으로 별도의 합의를 하였고, 원고가 잔금을 지급하고 2018. 12. 28. 합의를 할 당시에는 매수호실과 계약호실에서 가상화폐 채굴장을 운영하는 것이 관련 법령상 불가능할 수 있다는 사정을 알았던 것으로 보이므로, 설령 이 사건 매매계약에 원고 주장의 의사표시상 하자가 있었다고 하더라도 원고는 위 잔금 지급 및 합의로써 매수호실과 계약호실에 관한 매매계약을 추인하였다고 봄이 타당하다.

3. 원고의 주장을 기각하는 사정들

가. 피고는 2016. 2. 22.경 △△광역시장으로부터 'A일반산업단지 관리기본계획에서 지식산업센터에 대하여 제시된 20개 업종은 제조업 중 입주 가능한 업종을 의미하며, 산업집적법 제28조의5에서 규정한 지식산업센터에 입주할 수 있는 시설도 입주 가능하다'고 회신을 받았다. 피고는 2017. 10. 10.경 통계청에 가상자산 채굴을 위한 컴퓨터 자료처리 시설 관리, 컴퓨터 시스템 설치 등 통합서비스를 제공하는 활동이 산업분류상 무엇으로 분류되는지를 질의하여, 2017. 10. 24.경 통계청으로부터 '기타 컴퓨터 관리 및 운영 관련 서비스를 제공하는 산업활동으로서 컴퓨터 시스템에 관련한 전문적, 기술적 서비스를 제공하는 것이 주된 산업활동인 경우 62090 기타 정보 기술 및 컴퓨터 운영 관련 서비스업

으로 분류한다.'는 답변을 받았다. 피고는 위 △△광역시장의 회신과 통계청의 답변을 기초로 가상자산 채굴업이 B건물에 입주할 수 있는 업종에 해당한다고 판단하고, B건물이 가상자산 채굴장 운영에 적합한 환경을 갖추고 있다는 홍보를 하였던 것으로 보인다.

나. 한편 통계청은 2018. 1. 22. 통계기준과-225 공문 '한국표준산업분류 질의 관련 회신(가상통화 채굴 서비스)'에서 '가상통화 채굴과 관련하여 컴퓨터 시스템 관리 및 운영에 관련한 전문적, 기술적 서비스를 제공(채굴 서비스)하는 것이 주된 산업 활동인 경우 62090 기타 정보 기술 및 컴퓨터 운영 관련 서비스업으로 분류한다.'고 하였고, 2018. 7. 27. 통계청 고시 제2018-269호 '62090-1 블록체인 기술 관련 기타 정보기술 및 컴퓨터 운영 서비스업'에서 '분산원장 및 암호화 기술 등으로 대표되는 블록체인 기술을 적용한 암호화 자산 취득을 위해 컴퓨터 시스템을 설치, 관리하고 운영하는 산업활동을 말한다.'고 하였으며, 산업통상자원부는 2018. 10. 17. '블록체인산업이 정보통신산업에 포함되는지'를 묻는 질의에 대하여 '블록체인산업의 사업내용이 산업집적법 시행령 제6조 제3항 각 호에 해당하는 경우에는 산업집적법상 정보통신산업에 포함된다.'라고 답변하기도 하였다. 또한 △△광역시장은 2018. 7. 30. A일반산업단지 관리기본계획을 개정 고시하였는데, 위 고시에서 지식산업센터에 입주할 수 있는 업종으로 '산업집적법 제28조의5에 따라 입주할 수 있는 시설'이 추가되어 정보통신산업도 A일반산업단지 내 지식산업센터인 B건물에 입주 가능한 업종에 포함되었고, 검단일반산업단지관리공단은 2018. 11. 말경 원고와 일부 호실에 관하여 입주계약을 체결하기도 하였다. 위와 같은 사정에 비추어 보면, 이 사건 매매계약 체결 당시 블루텍에 가상자산 채굴업의 입주가 가능한지에 관하여 관련 기관에서도 확립된 기준이 마련되지 않았던 것으로 보인다.

다. 이 사건 매매계약은 이 사건 각 호실의 소유권 이전을 목적으로 하는 계약이고, 다만 산업단지에서 사업을 하려는 자는 산업통상자원부령으로 정하는 바에 따라 관리기관과 입주계약을 체결하여야 한다고 정한 산업집적법 제38조에 따라 원고가 이 사건 각 호실에서 가상자산 채굴업을 하기 위해서는 관리기관과 입주계약을 체결하여야 하는 것이며, 원고가 입주계약을 체결하지 못하더라도 이 사건 매매계약의 사법상 효력에는 아무런 영향이 없다.

라. 피고의 광고가 B건물에서 가상자산 채굴장 운영이 가능함을 전제로 하기는 하였으나 산업집적법 등 관련 법령상 이를 확정적으로 보장한다는 의미는 아니었고, 광고의 주된 취지는 B건물이 가상자산 채굴업에 적합한 시설로서 충분한 전력 공급이 가능하다는 등 가상자산 채굴장 운영에 필요한 시설을 갖추고 있다는 내용이다.

마. 이 사건 매매계약서 제6조는 '을(원고)은 산업집적법 및 A일반산업단지 관리기본계획 내 지식산업센터에 입주 가능한 업종이어야 하며'라고 정하고 있어, 원고는 이 사건

매매계약 체결 당시 이 사건 각 호실에서 가상자산 채굴장을 운영하기 위해서는 이 사건 매매계약 체결로 충분하지 않고 가상자산 채굴업이 산업집적법에서 정한 입주 가능 업종에 해당되어야 함을 알았거나 알 수 있었을 것으로 보인다. 더구나 거래의 기초가 되는 정보의 진실성은 스스로 검증하여 거래하는 것이 원칙이고, 일정한 목적을 위해 부동산을 매수하는 경우 해당 부동산이 그러한 매수 목적에 부합하는지 여부를 관련 법령 등의 검토를 통해 스스로 확인할 주의의무가 있다고 보아야 하는데, 원고는 이 사건 매매계약을 체결할 당시 가상자산 채굴장 운영을 전문으로 하였던 회사이고, 이 사건 매매계약은 매매대금이 수십억 원에 이르는 중요한 자산에 대한 거래로서, 당사자가 당해 거래의 특질이나 관련 법령에 따른 제약사항 등을 사전에 조사하여 거래에 임하는 것이 통상적이므로, 원고는 이 사건 매매계약 체결 당시 이 사건 각 호실에 관한 입주계약 체결이 불가능할 수도 있음과 입주계약 미체결에 따른 제한 내용을 알았거나 알 수 있었을 것으로 보인다.

바. 원고는 2018. 1. 22.경 △△광역시 관할 산업단지에 가상자산 채굴장 입주가 불법이어서 단속이 이루어지고 있다는 내용의 기사를 보았을 뿐만 아니라 법무법인에 'B건물에서 채굴기를 통해 가상자산을 채굴하는 업체로 향후 강화되는 정부 규제를 대비하여 법인등기부에 사업목적으로 추가할 업종'에 관한 법률자문을 요청하여 2018. 4. 6. 위 법무법인으로부터 '향후 정부는 가상자산 채굴업에 대해 명확한 업종 정의를 내릴 것으로 보이나 공식적인 업종 분류가 확정되더라도 업종 분류는 통계청이, 산업단지 입주 가능 여부는 산업통상자원부가 각각 판단하는 것이므로 결국 산업통상자원부의 구체적 가이드라인이 발표되기 전까지는 입주상태 지속 여부를 확신하기는 어렵다. 통계청이 가상자산 채굴을 명확히 정보 기술(IT) 업종으로 분류하더라도 산업통상자원부가 산업단지 입주를 허용하지 않을 가능성이 있다'는 등의 답변을 받았다.

사. 위 바.항의 사정에 비추어 보면, 원고는 적어도 법무법인로부터 법률자문을 받은 2018. 4. 6.경에는 산업통상자원부의 조치에 따라 이 사건 각 호실에서 가상자산 채굴장 운영이 불가능하거나 불가능할 수 있음을 알았던 것으로 보이고, 2018. 5. 16.경 피고에게 계약호실에 관하여 매매대금 반환을 요구하기도 하였음에도, 그 후인 2018. 5. 25. 피고에게 별다른 이의제기 없이 매수호실 중 일부의 잔금 대부분을 지급하고 소유권이전등기를 마쳤으며, 2018. 12. 28.에는 피고와 사이에 계약호실에 관하여 계약을 유지하면서 전매할 수 있도록 잔금 납부기한을 2019. 10. 30.까지 연장하고, 매수호실 중 다른 일부의 미지급 잔금 지급기한을 2019. 6. 30.까지 연장하기로 하는 내용의 합의를 하였다.

해설

I. 대상판결의 의의 및 쟁점

1. 가상자산 채굴장의 의의

비트코인을 비롯하여 작업 증명방식을 도입한 상당수의 가상자산의 경우 해당 블록체인을 운용하기 위하여 일련의 연산 과정을 거치고 그 결과 새로운 가상자산이 형성되는데 이를 채굴(Mining)이라고 한다. 애초에 위 가상자산을 형성하기 위한 채굴기는 CPU 또는 GPU를 이용하였는데, 비트코인의 가격이 급등하면서 가상자산 채굴붐이 발생하게 되었고 ASIC,[1] FPGA[2]를 이용한 채굴기가 등장하면서 그 채굴 양상이 전문화·기업화되기 시작하였다.

가상자산 채굴장은 이러한 전문화·기업화의 모습을 단적으로 보여주는데 위 채굴장을 운용하기 위하여 수백 대의 컴퓨터들을 비치할 장소, 위 컴퓨터를 구동하기 위한 막대한 양의 전기 등이 필요하게 되었는바 위 채굴장의 운영하려는 자들은 이에 적합한 장소를 찾게 되었다.

2. 대상판결의 쟁점

이 사건에서도 가상자산 채굴장 운영자인 원고 측에서는 △△광역시에서 마련한 A일반산업단지의 B건물의 일부 호실들을 매수하려고 하였는데 A산업단지는 산업집적법에 근거한 지식산업센터이므로, 그 입주 기업은 취득세와 재산세 및 종합부동산세 등이 감면되며 전기세 등의 제세공과비도 일정한 요건 하에 절감되기 때문인 것으로 보인다.

그런데 이 사건 당시 가상자산이나 블록체인 관련 산업은 새롭게 등장하였고 관할관청에서도 그 등장을 미처 예상 못하였는바 통계청이 작성·마련하는 표준산업분류에 기입되어 있지 않아 표준산업분류코드를 부여 받지 못한 상태였다(2018. 7.경 가상자산 및 블록체인에 대한 산업분류코드가 새롭게 부여됨). 사업을 개시하려는 자들은 위 표준산업분류코드를 토대로 어떠한 사업을 영위하고, 지식산업센터 등 일정한 시설에 입주할 수 있는지 여부 등을 명확하게 알 수 있는데 그것이 불분명한 상태에서 결국 가상자산 또는 블록체인 관련 계약의 목적을 달성하지 못하게 되어 이를 이유로 위 계약에 대하여 착오 또는 사기를 이유로 취소할 수 있는지 문제될 수 있다.

---

1) Application－Specific Integrated Circuit, 특정 목적을 위하여 설계된 집적회로라고 한다.

2) Field－Programmable Gate Array, 회로 변경이 불가능한 일반 반도체와 달리 여러 번 회로를 다시 새겨넣을 수 있는 반도체.

대상판결은 가상자산 채굴장 산업이 위 표준산업분류코드를 부여받지 못한 2017. 12. 경부터 2018. 1.경까지 사이에 체결된 산업집적법에 따른 지식산업센터 입주계약에 관한 것으로, 애초에 위 계약 당시 피고는 인터넷 홈페이지에 가상자산 채굴업을 영위하는 회사도 위 지식산업센터에 입주할 수 있음을 광고하였고 나아가 적극적으로 원고에게도 이러한 취지의 입주제안서를 보냈는데, 나중에 가상자산 채굴업이 지식산업센터에 입주할 수 있는 업종에 해당하지 않음이 밝혀져 그 계약의 목적을 달성할 수 없게 되자 원고가 피고로부터 기망당하였는지, 혹은 피고로부터 착오가 유발되었는지 문제된 사안이다.

Ⅱ. 대상판결의 분석

1. 사기 취소 여부에 관하여

대상판결이 인용한 대법원 2001. 5. 29. 선고 99다55601, 55618 판결은 허위·과장광고에 관한 사안으로 거래의 중요한 사항에 관하여 구체적 사실을 신의성실의 의무에 비추어 비난받을 정도의 방법으로 허위로 고지한 경우에는 기망행위에 해당한다고 보면서도 이와 달리 다소의 과장 허위가 수반되는 것은 그것이 일반 상거래의 관행과 신의칙에 비추어 시인될 수 있는 한 기망성이 결여된다고 본 것이다. 결국 허위·과장광고를 하였다고 반드시 기망행위에 해당한다고 보는 것이 아니라 '① 중요한 사항에 관하여, ② 구체적 사실을, ③ 신의성실의 의무에 비추어 비난받을 정도의 방법으로, ④ 허위로 고지'하여야 할 것이다.

이러한 법리가 적용되는 사안으로 아파트 또는 상가 분양계약이 다수로서 대법원 2001. 5. 29. 선고 99다55601, 55618 판결, 대법원 2009. 3. 16. 선고 2008다1842 판결, 대법원 2010. 4. 29. 선고 2009다97864 판결, 대법원 2015. 9. 10. 선고 2014다56355 등 판결[3] 등 다수의 판결이 이러한 요건이 해당하지 않는다고 보아 사기의 기망성을 부인하고 있다.

이 사건에서도 당시 가상자산 채굴업이 지식산업센터에 입주할 수 있는 업종에 해당하는지 불분명한 상황이므로, 위 지식산업센터에 입주 가능하다는 피고의 광고가 단순히 과장행위에 해당함에 불과하고, 허위 광고로 판단하기는 어렵다고 보이는바 대상판결은 이러한 취지에서 원고의 주장을 기각한 것으로 보인다.

2. 착오 취소 여부

대상판결은 '원고가 가상자산 채굴장 운영이 가능할 것으로 생각하였다고 하더라도 이

3) 피고들의 광고에 입지조건으로 나오는 대규모 문화 및 레저시설, 상업지구, 공원 등의 내용은 ΔΔ시의 도시기본계획 등에 포함되어 있거나 ΔΔ시와 각 개발주체들에 의하여 실제로 추진되고 있던 사업들이었던 점, 피고들의 광고내용은 이 사건 아파트의 부지를 분양한 ΔΔ도시공사와 한국토지주택공사의 광고내용을 그대로 인용한 것인 점.

는 장래에 대한 단순한 기대에 지나지 않는 것이어서 그 기대가 이루어지지 아니하였다고 하더라도 이를 법률행위의 중요부분에 착오가 있는 것으로 볼 수 없다'고 판시하면서, 표의자가 행위를 할 당시 장래에 있을 어떤 사항의 발생이 미필적임을 알아 그 발생을 예기한 데 지나지 않는 경우는 표의자의 심리상태에 인식과 대조의 불일치가 있다고 할 수 없어 이를 착오로 다룰 수는 없다는 대법원 2012. 12. 13. 선고 2012다65317 판결을 인용하였다.

이 사건과 비교할 수 있는 것은 위 법리를 적용한 유사 사건인 대법원 2010. 5. 27. 선고 2009다94841 판결 사안인데, 공장을 설립할 목적으로 매수한 임야가 도시관리계획상 보전관리지역으로 지정됨에 따라 공장설립이 불가능하게 된 사안에서, 매매계약 당시 매수인이 위 임야가 장차 계획관리지역으로 지정되어 공장설립이 가능할 것으로 생각하였다고 하더라도 이는 장래에 대한 단순한 기대에 지나지 않고 중대한 사실에 관한 착오에 해당하지 않는다고 본 것이다. 대상판결 사안과 위 판결 사안 모두 법률적인 이유로 해당 부동산에 입주할 수 없게 된 공통점이 있는데, 대상판결의 경우 블록체인 관련 사업이 새롭게 나타난 신산업으로서 표준산업분류를 받지 못하여 위 지식산업센터에 입주할 수 있는지 불명확한 사안에 해당하여 구체적 사실관계에 있어 차이가 있다.

대상판결 사안의 경우 2017. 12. 1.부터 2018. 1. 10.까지 사이에 지식산업센터인 위 각 호실에 대한 매매계약이 있었고 비록 그 전인 2017. 5. 22. 있었던 △△광역시의 관리기본계획이나 2017. 12. 15 산업통상자원부의 공문에서 가상자산 채굴업의 지식산업센터 입주 가능 여부에 관하여 불분명하거나 금지하는 취지로 기재되어 있었기는 하나 그러한 관리기본계획이나 공문의 존재 여부와 내용을 원고가 알고 있었다고 보이지 않는다. 위 각 계약의 체결이 종료된 2018. 1. 22.이 되어서야 비로소 관련 기사를 통하여 위 각 호실에 입주하는데 문제가 될 수 있음을 인식하였던 것으로 보인다.

그럼에도 불구하고 원고가 일반 부동산이 아닌 위 산업단지에 입주하려는 것은 전기료 등 제세공과금, 세금 등이 감면되는 등의 이익이 있음을 감안한 것으로 지식산업센터의 성격, '산업단지'의 명칭 등을 덧붙여 볼 때 지식산업센터인 위 산업단지에 입주하기 위한 업종 제한이 있을 것이라는 점은 다소간에라도 인식하였을 것으로 추단된다. 대상판결에서도 설시하다시피 이 사건 매매계약서 제6조에는 '산업단지 관리기본계획 내 지식산업센터에 입주 가능한 업종이어야 하며'라고 기재되어 있어 원고로서도 위 산업단지에서 가상자산 채굴장을 운영하기 위해서는 위 매매계약 체결로 충분하지 않고 가상자산 채굴업이 산업집적법에서 정한 입주 가능 업종에 해당되어야 함을 알았거나 알 수 있었을 것으로 보인다.

대상판결은 이와 관련하여 '해당 부동산이 그러한 매수 목적에 부합하는지 여부를 관련 법령 등의 검토를 통해 스스로 확인할 주의의무가 있다'고 설시하여 착오 취소 여부를 판단함에 있어 매수인인 원고에게 주의의무가 있음을 판시하였던 것은 주목할 만하다. 이 사건과 같이 가상자산, 블록체인 관련 신산업이 생겨나고 활성화되면 산업단지 입주, 세금, 전기료, 보조금 등 여러 쟁점에 있어 선례가 없고 그 가부에 관하여 견해 대립이 생기게 되는데 위 사업들이 가능할 것으로 만연하게 단정짓지 말고 계약 체결 이전에 관할관청에 질의를 하거나 법률조력인의 도움을 받는 등(이 사건의 경우 계약 이후에야 비로소 법무법인에 관련 질의를 하였을 뿐이다) 필요한 조치를 취할 필요가 있다는 취지로 볼 수 있다.

참고로 위 각 호실에서 가상자산 채굴업을 하겠다는 원고의 동기가 표시된 것인지 문제될 수 있는데, 대상판결의 "계약 해제 여부 판단 부분"에서 '원고는 계약호실에서 가상자산 채굴장을 운영하는 것이 법령상 불가능할 수도 있음을 알았거나 알 수 있었음에도 이에 관한 매매계약을 체결하였으므로 가상자산 채굴장 운영이 가능할 것이 계약내용으로 되었다고 볼 수 없다'는 취지로 판시하였는바 법률행위의 내용이 되는 표시된 동기라고도 보지 않는 듯하다.

Ⅲ. 대상판결의 평가

대상판결은 새로운 산업으로 떠오르고 있는 가상자산 채굴장과 관련하여 그 채굴장 용도로 사용할 부동산 매매계약의 취소 여부 등의 쟁점들을 종합적으로 정리 · 판단한 것으로 가상자산 채굴장, 가상자산 관리, 블록체인 기반 온라인 게임, 블록체인 기반 컴퓨터 프로그래밍 등 다양한 방면에서 법적 규율이 명확하지 않은 상황에서 계약당사자의 법적 책임에 관하여 설시하였다. 그리고 이 사건과 같이 새롭게 나타난 산업과 관련한 선례 미비로 인한 계약 취소 여부에 대하여는 기존 판결 중에는 전무한 것으로 보여 앞으로 다른 사안에 있어서도 참고가 될 것으로 보인다.

결국 이 사건은 새롭게 나타난 산업과 관련한 법률관계에서 누구에게 위험부담을 지울 것인지 문제된 사안으로 개인적으로는 과실에 의한 불법행위 손해배상책임 등을 석명하여 어느 정도 법익 균형성을 맞춰야 하지 않았나 하는 생각도 있다. 매매계약 교섭 당시 위 산업단지에서 가상자산 채굴업을 영위할 수 있다는 단정적 취지로 된 피고의 광고행위가 잘못된 정보제공에 해당하고 원고도 이를 믿은 것으로 보이는바 피고의 행위에 완전히 과실이 없다고 보기 어렵기 때문이다.[4)]

4) 김상중, "매매계약 교섭 당사자의 잘못된 정보제공에 관한 상대방의 보호－대판 1995.3.28, 93다62645 등을 계기로 한 체계적 논의의 발전을 위한 일 고찰－", 민사법학 제29호, 한국민사법학회.

[5] 독보적 기술과 노하우를 가진 가상자산 채굴장의 근로자 이직이 전직금지규정에 위반되는지 여부 및 전직시 손해배상금 약정의 유효 여부

— 서울중앙지방법원 2021. 12. 17. 선고 2020가단5008107 판결,

서울중앙지방법원 2022나4013로 항소 중 —

[사실 개요]

1. 원고는 '소프트웨어 개발 및 공급업' 등을 영업으로 하여 2018. 11.경 설립된 주식회사이고, 소외 카자흐스탄의 'A' 재단은 카자흐스탄 소재 법인으로 카자흐스탄 내에서 가상자산 채굴센터 등을 운용하고 있으며, 피고는 2018. 10.경부터 원고의 근로자로 근무하였다가 2019. 9. 이후부터는 A의 근로자로 근무한 자이다.
2. 원고는 2018. 10. 5. 피고와 계약기간을 2018. 10. 10.부터 2019. 10. 10.까지로 하는 이 사건 근로계약을 체결하였고, 비밀유지서약(이하 '이 사건 서약서')을 하였다. 이 사건 서약서에는 전직금지 규정(이하 '이 사건 전직금지 규정')과 함께 위반시 손해배상금 10억 원을 지급하도록 정하고 있다(이하 '이 사건 손해배상금 약정').
3. 피고는 이 사건 근로계약 체결 무렵부터 원고의 채굴장 팀장으로 근무하였다. 피고는 2019. 4.부터 A와 '가상자산 채굴단지 조성사업 등'에 관한 제휴업무(이하 '이 사건 제휴업무')를 진행하였는데, 피고가 위 업무 전반을 수행하였다.
4. 피고는 2019. 8. 24. 무렵 원고를 퇴사하였다. A는 2019. 8. 29. 원고에게 'A는 원고의 약정 위반 등을 이유로 향후 이 사건 제휴업무를 진행하지 않겠다, 채굴단지 운영 시점에서 운영 미숙 및 총책임자 부재로 인한 막대한 손실을 막기 위해 대처 방안을 고심한 결과 원고에서 퇴사한 전 직원 피고에게 입사 권유를 할 예정이다'라는 취지의 통지를 하였고, 그 직후 원고와 A 사이의 이 사건 제휴업무는 종결되었으며, 피고는 A에 입사하여 근무하였다.
5. 원고는 피고가 전직금지 규정을 위반하였으므로 이 사건 서약서에 따른 10억 원 중 일부로써 2억 원의 지급을 구하였다. 이에 대해 피고는, 피고와 전직 및 A의 계약 해제는 피고의 전직과 무관하며 A가 원고와 동종업종의 회사라고 볼 수도 없고, 이 사건 전직금지 규정은 민법 제103조 및 근로기준법 제20조의 위약예정 금지에 위반하여 무효이며, 위 규정에 기한 손해배상금 지급의 요건인 '피고가 A에서 근무함으로써 원고의 영업비밀 및 영업자산이 누설되거나 이용될 수 있다는 점'에 대한 입증도 부족하다며 다투었다.

[판결 요지]

1. 피고의 전직금지 규정 위반 여부

제반사정 고려하면, 피고가 원고에서 퇴사한 직후 A에 취직한 행위는 이 사건 전직금지 규정에 기한 전직금지 의무를 위반한 경우에 해당한다고 봄이 상당하다.

2. 이 사건 전직금지규정 무효 여부

사용자와 근로자 사이에 전직금지약정이 존재한다고 하더라도, 그와 같은 약정이 헌법상 보장된 근로자의 직업선택의 자유와 근로권 등을 과도하게 제한하거나 자유로운 경쟁을 지나치게 제한하는 경우에는 민법 제103조에 정한 선량한 풍속 기타 사회질서에 반하는 법률행위로서 무효라고 보아야 한다. 그리고 이와 같은 전직금지약정의 유효성에 관한 판단은 보호할 가치 있는 사용자의 이익, 근로자의 퇴직 전 지위, 경업 제한의 기간·지역 및 대상 직종, 근로자에 대한 대가의 제공 유무, 근로자의 퇴직 경위, 공공의 이익 및 기타 사정 등을 종합적으로 고려하여야 하고, 여기에서 말하는 '보호할 가치 있는 사용자의 이익'이라 함은 부정경쟁방지 및 영업비밀보호에 관한 법률 제2조 제2호에 규정된 '영업비밀'뿐만 아니라 그 정도에 이르지 아니하였더라도 당해 사용자만이 가지고 있는 지식 또는 정보로서 근로자와 이를 제3자에게 누설하지 않기로 약정한 것이거나 고객관계나 영업상의 신용의 유지도 이에 해당한다고 할 것이다(대법원 2013. 10. 17.자 2013마1434 결정, 대법원 2010. 3. 11. 선고 2009다82244 판결 등 참조).

제반 사정들을 고려하여 보면, 이 사건 전직금지 규정이 헌법상 보장된 근로자의 직업선택의 자유와 근로권 등을 과도하게 제한하거나 자유로운 경쟁을 지나치게 제한한다거나 민법 제103조에 정한 선량한 풍속 기타 사회질서에 반하는 법률행위로서 무효라고 인정하기 부족하고 달리 이를 인정할 증거가 없다.

3. 이 사건 손해배상금 약정의 무효 여부

근로기준법 제20조는 '사용자는 근로계약 불이행에 대한 위약금 또는 손해배상액을 예정하는 계약을 체결하지 못한다'라고 규정하고 있다. 위 규정의 취지는, 근로자가 근로계약을 불이행한 경우 반대급부인 임금을 지급받지 못한 것에 더 나아가서 위약금이나 손해배상을 지급하여야 한다면 근로자로서는 비록 불리한 근로계약을 체결하였다 하더라도 그 근로계약의 구속에서 쉽사리 벗어날 수 없을 것이므로 위와 같은 위약금이나 손해배상액 예정의 약정을 금지함으로써 근로자가 퇴직의 자유를 제한받아 부당하게 근로의 계속을 강요당하는 것을 방지하고, 근로계약 체결시의 근로자의 직장선택의 자유를 보장하며 불리한 근로계약의 해지를 보호하려는 데 있다(대법원 2004. 4. 28. 선고 2001다53875 판결, 대법원 2008. 10. 23. 선고 2006다37274 판결 등 참조).

이 사건 전직금지 규정은 근로계약의 일부인데 근로기준법 제20조 근로계약을 '근로계약 중 근로기간에 관한 규정'으로 한정 해석할 이유가 없는 점, 위 규정은 피고가 원고와 피고 사이의 근로계약의 내용인 전직금지 규정을 불이행한 경우 원고의 손해 발생 여부와 무관하게 바로 10억 원을 배상하도록 약정한 것인데 위 금원은 합리적이고 타당하다고 보기 어려운 점, 위 규정을 그대로 적용할 경우 근로자로 하여금 직·간접적으로 자신의 의사에 반해 원고에서의 계속 근로 강제위험성이 있는 점, 별도의 소송을 통해 손해배상 가능한 점 등을 고려하면, 이 사건 손해배상금 약정은 근로기준법 제20조를 위반한 것으로 무효라고 봄이 상당하다.

해설

Ⅰ. 대상판결의 의의 및 쟁점

최근 몇 년간 가상자산 시장이 급격히 커지면서 거래나 ICO 등의 방식 외에도 채굴을 통한 가상자산의 취득에도 많은 관심이 증가했고 이에 채굴을 전문을 하는 자들도 등장하는 등 가상자산 채굴업이 급격히 성장하였다. 특히 가상자산 채굴기는 기본적으로 24시간 운영되며 소음과 발열이 심하고, 전기를 많이 소모하며 채굴기에 오류 등이 발생하는 경우 이를 즉시 해결할 필요가 있다는 점에서 채굴기 소유자들로부터 채굴기를 관리 위탁받아 소유자 대신 대량의 채굴기를 관리, 운영하여 주고 그 대가로 일정 비용을 지급받는 채굴장업이 증가하게 되었다. 이러한 채굴장 영업은 채굴기가 많은 전기를 소모하고 열이 많이 발생한다는 점에서 장소 선정과 전기배선 등의 시설에서부터 채굴기의 조달, 고객들 관리, 채굴한 가상자산의 이전 등 가상자산 채굴업을 영위하기 위한 전문적인 지식이 필요로 한 반면, 이러한 전문지식을 갖춘 인력의 수는 매우 적다. 이러한 상황에서 이러한 전문인력들에 대한 기업들의 쟁탈전도 증가하고 있는 것으로 보인다. 대상판결은 가상자산 채굴장의 핵심 근로자인 피고의 동종업계로의 이직이 문제된 사안이다.

대상판결에서 근로자인 피고는 원고와 전직금지규정 및 손해배상금 약정을 하였는바, 특히 위 전직금지규정과 손해배상금 약정의 효력이 문제되었는데, 결론적으로 대상판결은 이 사건 전직금지규정은 유효이나, 손해배상금 약정은 무효라고 판단하였다.

Ⅱ. 대상판결의 분석

1. 이 사건 전직금지 규정의 효력

(1) 경업금지약정이란 '근로자가 사용자와 경쟁관계에 있는 업체에 취업하거나 스스로

경쟁업체를 설립, 운영하는 등의 경쟁행위를 하지 아니할 것을 내용으로 하는 약정'을 말하는 것으로(대법원 2003. 7. 16.자 2002마4380 결정 등 참조), 전직금지약정은 위 경업금지약정의 일종으로 볼 수 있다. 이러한 약정은 사적자치 원칙에 따라 허용될 것이나, 그러한 약정이 헌법상 보장된 근로자의 직업선택의 자유와 근로권 등을 과도하게 제한하거나 자유로운 경쟁을 지나치게 제한하는 경우에는 민법 제103조에 정한 선량한 풍속 기타 사회질서에 반하는 법률행위로서 무효라고 보아야 한다.

이러한 약정의 유효성을 판단하는 요소로 대법원은 일반적으로 보호할 가치 있는 사용자의 이익, 근로자의 퇴직 전 지위, 경업 제한의 기간·지역 및 대상 직종, 근로자에 대한 대가의 제공 유무, 근로자의 퇴직 경위, 공공의 이익 및 기타 사정 등을 종합적으로 고려하여야 한다고 설시하고 있다(대법원 2010. 3. 11. 선고 2009다82244 판결 등 참조).

특히 실무에서 가장 중요하고 빈번하게 쟁점이 되는 요소는 '보호할 가치 있는 사용자의 이익'인데, 이는 부정경쟁방지법 제2조 제2호에 규정된 '영업비밀' 뿐만 아니라 그 정도에 이르지 아니하였더라도 <u>당해 사용자만이 가지고 있는 지식 또는 정보로서 근로자와 이를 제3자에게 누설하지 않기로 약정한 것이거나 고객관계나 영업상의 신용의 유지</u>도 이에 해당한다고 보는 것이 대법원의 태도이다(위 2009다82244 판결 등 참조).

(2) 가상자산 채굴업을 영위하기 위해서는 성능이 보장된 채굴기의 안정적인 조달이 필요하고, 많은 발열의 발생과 전기량 소모가 필요한 채굴기의 적정한 운영을 위한 관리, 채굴에 관한 고객들의 관리, 채굴한 가상자산의 송금 등의 업무가 중요한 부분에 해당한다. 따라서 이 사건 전직금지 규정의 유효성을 판단함에 있어서도 위와 같은 가상자산 채굴업의 업무내용이 중요하게 고려되어야 할 것이다.

<u>대상판결의 경우, 피고는 원고의 채굴팀장으로 근무하면서 원고와 거래한 가상자산 채굴 관련 고객들의 정보나 가상자산 채굴기 조달, 가상자산 채굴을 위한 전기공급, 환기, 배기 기술 등 가상자산 채굴에 있어 핵심적인 업무를 사실상 전담하였다. 그 과정에서 피고는 원고의 위 업무 내용에서 원고의 핵심 영업비밀과 원고만이 알고 있는 고객관계, 노하우 등을 모두 파악하고 있었던 것으로 보인다. A도 위와 같은 원고만의 영업비밀, 노하우 등을 얻기 위하여 이 사건 제휴업무를 진행하였는바, 이러한 피고의 지위나 업무 내용 등은 유출될 경우 원고의 영업에 중대한 지장을 미칠만한 내용으로 이 사건 전직금지 규정의 유효성을 긍정하는 요소로 작용된다.</u>

또한 경업제한의 기간, 지역 및 대상 직종은 근로자에게 과도한 부담이 되지 아니 하고 사용자의 이익의 보호를 위해 합리적으로 필요한 범위 내여야 할 것인데, 이 사건 전직금지 규정에는 전직제한 기간이 퇴직 후 1년으로 되어 있어 비교적 단기였고, 그것도 원고의 사전 서면 동의를 얻는 경우에는 취업이 가능하도록 정하고 있어 그 제한의 정도도 중하지 않

았다.

더군다나 피고는 원고와 제휴업무를 맺어 계약이 진행 중이던 A로 전직하였는바, 이러한 사정은 법원의 판단에 있어 피고에게 매우 부정적인 요소로 작용하였을 것으로 보인다.

(3) 가상자산 산업 전반이 태동기에 있고, 채굴업 역시 마찬가지인 상황으로 채굴업을 위한 전문가 양성 교육기관이나 전문기관 등이 존재하지 않는 상황에서 가상자산의 채굴 전반에 관한 다양한 전문적인 지식을 보유하고 있는 직원이 차지하는 중요도는 이루 말할 수 없다. 더군다나 피고는 원고 채굴장의 채굴기의 구매 관련 각종 정보나 고객들의 정보 등 채굴업을 영위하는 원고의 핵심 영업비밀을 보유하고 있었던 만큼 피고 역시 그에 상응하는 범위의 전직금지규정이 일반적으로 적용됨이 타당해 보인다. 결국 피고는 대법원이 설시하는 판단요소 중 가장 핵심으로 볼 수 있는 보호할 가치 있는 사용자의 이익은 존재한다고 봄이 상당하므로 이와 같은 결론에 이른 대상판결의 태도는 타당해 보인다.

2. 이 사건 손해배상금 약정의 효력

(1) 근로기준법 제20조는 '사용자는 근로계약 불이행에 대한 위약금 또는 손해배상액을 예정하는 계약을 체결하지 못한다'라고 규정하고 있다. 이는, 근로자가 근로계약을 불이행한 경우 반대급부인 임금을 지급받지 못한 것에 더 나아가서 위약금이나 손해배상을 지급하여야 한다면 근로자로서는 비록 불리한 근로계약을 체결하였다 하더라도 그 근로계약의 구속에서 쉽사리 벗어날 수 없을 것이므로 위와 같은 위약금이나 손해배상액 예정의 약정을 금지함으로써 근로자가 퇴직의 자유를 제한받아 부당하게 근로의 계속을 강요당하는 것을 방지하고, 근로계약 체결시의 근로자의 직장선택의 자유를 보장하며 불리한 근로계약의 해지를 보호하려는 데 그 취지가 있다. 만일 이를 위반하여 근로계약 불이행에 대한 위약금 또는 손해배상액을 예정하는 계약을 체결하는 사용자는 형사처벌을 받을 수도 있다(근로기준법 제114조 제1호, 제20조).

다만, 그 약정이 사용자가 근로자의 교육훈련 또는 연수를 위한 비용을 우선 지출하고 근로자는 실제 지출된 비용의 전부 또는 일부를 상환하는 의무를 부담하기로 하되 장차 일정 기간 동안 근무하는 경우 그 상환의무를 면제해 주기로 하는 취지인 경우(대법원 2008. 10. 23. 선고 2006다37274 판결) 또는 일정한 돈을 지급하면서 의무근로기간을 설정하고 이를 지키지 못하면 전부 또는 일부를 반환하기로 약정한 경우(대법원 2022. 3. 11. 선고 2017다202272 판결) 등에는 근로기준법 제20조에 위반되지 않는다.

(2) 대상판결의 경우, 손해배상금 약정 금액은 10억 원으로 매우 과다하다. 그에 반해 그 지급의 요건은 원고의 손해발생 여부를 묻지 않고 피고의 전직금지규정 위반시 곧바로 배상하도록 정하고 있어 그 금액과 지급요건이 합리적인 것으로 보기는 어려워 보인다. 만

일 이를 인정하는 경우 자칫 피고로 하여금 의사에 반하여 원고에서의 계속적인 근로가 강제될 위험성도 있어 보인다. 또한 예외를 인정하는 판례 사안과 같이 퇴사 또는 근무 중 그에 상응하는 대가를 지급해 주는 약정도 존재하지 않는다. 결국 이 사건 손해배상금 약정은 근로기준법 제20조의 원칙으로 돌아가 무효로 봄이 타당하다. 대상판결 역시 이러한 사정들을 고려하여 이 사건 손해배상금 약정을 무효로 판단하여 원고의 청구를 받아들이지 않았다.

다만, 전직금지약정의 경우에는 일부 무효의 법리를 적용하여, 그 문언대로의 효과를 발생시킨다면 합리성을 인정하기 어려우나 한정적으로 해석하면 합리성을 인정할 수 있는 경우에, 보호할 가치 있는 사용자의 이익이 결여되어 있거나 극히 미미한데도 경업금지의 범위가 지나치게 광범위한 경우와 같은 특별한 사정이 없는 한, 법원은 최종적으로 합리성을 인정할 수 있는 범위 내로 경업금지약정을 제한 해석하여 일부 유효로 할 수 있고(대법원 2007. 3. 29.자 2006마1303 결정 등 참조), 민법상 손해배상액의 예정의 경우에는 법원이 직권으로 일부 또는 전부를 감액할 수 있으며, 위약벌의 경우도 대법원은 일부 무효 법리를 적용해 위약벌의 액수를 감액하고 있는데 반해(대법원 2015. 12. 10. 선고 2014다14511 판결 등), 근로기준법 제20조의 손해배상금 약정에 대하여는 위와 같은 법리를 채택하고 있지 않다. 이는 민법의 규정과는 달리 직권 감액 규정을 두지 않은 입법취지, 위 근로기준법 규정 자체가 근로자를 보호하기 위한 것인 점이 고려된 것으로 보인다.

Ⅲ. 대상판결의 평가

대상판결은 가상자산 채굴업을 영위하는 회사의 근로자가 경쟁 업체로 이직한 경우 근로계약에서 정한 전직금지 규정과 손해배상금 약정의 효력과 구체적인 위반 행위에 관하여 판단이 이루어졌다. 특히 대상판결은 전직금지 규정 위반만으로 거액의 손해배상을 하도록 정한 이 사건 손해배상금 약정은 그 액수 등에 비추어 근로기준법 제20조에 반하여 무효라고 판단하였는바, 대법원 법리에 비추어 그 결론은 타당해 보인다. 다만 손해배상금 약정이 무효라 하더라도 피고가 이 사건 전직금지 규정을 위반하여 경쟁업체로 이직한 이상 그로 인해 손해가 발생하였다면 원고는 피고와 경우에 따라서는 A를 상대로도 손해배상청구를 할 수 있을 것이다.

다만, 가상자산 산업 전반에서 인력 영입 경쟁을 벌이고 있는 만큼 이와 유사한 분쟁은 늘어날 것으로 보이는 상황에서 대상판결의 경우와 같이 손해배상금 약정이 무효로 되는 경우 실제 손해배상을 구하는 것은 시간과 비용을 다수 소비하게 되고, 또한 손해액을 증명하기 곤란한 경우가 많을 것이다. 따라서 합리적이고 세밀한 내용의 손해배상금 약정을 하는 것이 분쟁을 사전에 방지하고 해결하는데 필요해 보인다.

[6] 보관 중인 채굴기의 무단 판매(횡령)에 따른 소유자에 대한 손해배상책임

— 광주지방법원 2022. 4. 12. 선고 2021가단520743 판결, 2022. 5. 4. 확정 —

[사실 개요]

1. 피고는 원고 소유 가상자산(이더리움) 채굴기 5대를 보관하던 중, 그 중 2대를 2021. 4. 17.경 성명불상자에게 1,860만 원에 이를 판매하였다.
2. 피고는 위 제1항 기재 사실로 기소되어 2021. 12. 15. 징역 6월을 선고받았고, 위 판결에 항소하여 현재 항소심 계속 중이다.
3. 원고는 피고를 상대로 불법행위에 따른 손해배상청구를 하며, 적극적 손해(채굴기 시가 상당), 소극적 손해(휴업손해), 위자료의 지급을 구하였다.

[판결 요지]

1. 적극적 손해

원고가 채굴기 2대를 1,680만 원에 구입한 사실을 인정할 수 있으므로, 위 채굴기 2대의 위 불법행위(2021. 4. 17.) 당시의 시가를 1,680만 원으로 평가한다. 그렇다면 피고는 원고에게 적극적 손해에 대한 배상으로 1,680만 원 및 그 지연손해금을 지급할 의무가 있다.

2. 소극적 손해

불법행위로 영업용 물건이 멸실된 경우, 이를 대체할 다른 물건을 마련하기 위하여 필요한 합리적인 기간 동안 그 물건을 이용하여 영업을 계속하였더라면 얻을 수 있었던 이익, 즉 휴업손해는 그에 대한 증명이 가능한 한 통상의 손해로서 그 교환가치와는 별도로 배상하여야 하고, 이는 영업용 물건이 일부 손괴된 경우, 수리를 위하여 필요한 합리적인 기간 동안의 휴업손해와 마찬가지라고 보아야 할 것이다(대법원 2004. 3. 18. 선고 2001다82507 전원합의체 판결 등 참조).

피고의 횡령행위로 인해 원고가 2021. 4. 18.부터 채굴기 2대를 운영하지 못하게 되어 그로 인한 운영이익 상당의 손해를 입게 되었는데, 위 채굴기 1대당 월 60만 원의 운영이익이 발생하는 사실을 피고가 자인하고 있으며, 채굴기 2대를 구입하기 위해 필요한 합리적인 기간을 4개월로 봄이 상당하므로 피고는 원고에게 480만 원을 지급할 의무가 있다.

한편 피고는 이 사건 불법행위로 인한 원고의 손해는 피고가 판매한 위 채굴기 2대의 대금 1,860만 원을 초과하지 못한다고 주장하나, 적극적 손해에 대한 배상과 별도로 소극적 손해에 대한 배상도 청구하는 이 사건에서, 피고의 위 주장과 같이 해석할 근거를 찾을 수 없으므로, 피고의 위 주장은 이유 없다.

그렇다면 피고는 원고에게 소극적 손해에 대한 배상으로 480만 원을 지급할 의무가 있다.

3. 위자료

일반적으로 타인의 불법행위에 의하여 재산권이 침해된 경우에는 그 재산적 손해의 배상에 의하여 정신적 고통도 회복된다고 보아야 할 것이므로 재산적 손해의 배상에 의하여 회복할 수 없는 정신적 손해가 발생하였다면 이는 특별한 사정으로 인한 손해로서 가해자가 그러한 사정을 알았거나 알 수 있었을 경우에 한하여 그 손해에 대한 위자료를 인정할 수 있다고 할 것이다(대법원 1991. 12. 10. 선고 91다25628 판결 등 참조).

원고가 제출한 증거들만으로는 이 사건에서 원고가 앞서 인정한 재산상 손해의 전보로도 회복되지 않는 정신적 고통을 입었다거나 그러한 사정을 피고가 알았거나 알 수 있었다고 인정하기에 부족하고, 달리 이를 인정할 증거가 없다. 따라서 원고의 이 부분 주장은 이유 없다.

해설

Ⅰ. 대상판결의 의의 및 쟁점

대상판결에서 피고는 1일당 이더리움 0.1개에 해당하는 돈을 지급하겠다고 하여 원고로부터 이더리움 채굴기 5대를 빌려 이를 보관하던 중 2대를 임의로 판매하였고, 이에 원고가 피고를 상대로 손해배상청구를 하였다.

원고는 채굴기의 구입대금 상당(1,700만 원)을 적극적 손해로, 월 120만 원의 비율로 계산한 운영이익 상당을 소극적 손해로 각 청구하였고, 1,000만 원의 위자료도 청구하였는바, 각각의 손해 성립 여부 및 손해액이 문제되었다.

Ⅱ. 대상결정의 분석

1. 손해의 의미, 종류 등

고의 또는 과실로 인한 위법행위로 타인에게 손해를 가한 자는 그 손해를 배상할 책임이 있다(민법 제750조). 여기서 손해란 법익의 침해로 피해자가 입은 불이익을 의미한다. 특히 불법행위 제도의 목적은 무엇보다도 손해의 전보에 있으므로 손해의 사실이 증명되지 않으면 불법행위책임 자체가 인정될 수 없다. 이러한 손해의 종류는 그 구별기준에 따라 여러 가지가 있으나, 일반적으로 손해 3분설에 따라 ① 적극적 손해, ② 소극적 손해, ③ 정신적 손해로 나눌 수 있다. 적극적 손해는 적극적으로 재산이 감소하는 형태를 취하는 손해를, 소극적 손해는 소극적으로 얻을 수 있었던 이익을 얻지 못하게 되는 형태를 취하는 손해를 의미하고, 정신적 손해는 일반적으로 정신적 고통에 대한 손해를 의미하나 수량적으로 산정할 수 없으나 금전평가가 가능한 무형의 손해를 포함한다(대법원 2020. 12. 24. 선고 2017다51603 판결 등 참조).

한편, 불법행위로 인한 손해배상은 통상의 손해를 그 한도로 하고, 특별한 사정으로 인한 손해는 채무자가 그 사정을 알았거나 알 수 있었을 때에 한하여 배상책임을 부담한다(민법 제393조). 위 두 개념은 특히 증명책임의 소재와 손해배상책임의 범위에서 의미를 가진다.

손해배상의 방법은 원상회복과 금전배상이 있다. 그런데 우리 민법은 '다른 의사표시가 없으면 손해를 금전으로 배상한다'고 규정하여 금전배상을 원칙으로 하고 있다(민법 제763조, 제394조, 대법원 1997. 3. 28. 선고 96다10638 판결 등 참조). 불법행위 책임이 인정되는 경우 구체적인 배상액의 산정 시점과 관련하여, 판례는 원칙적으로 불법행위시를 기준으로 판단한다.

2. 적극적 손해

대상판결에서 원고는 자신이 채굴기 2대를 실제 구입한 대금(1,700만 원)을 적극적 손해액으로 주장하였다.

그런데 앞서 본 바와 같이 불법행위로 인한 손해배상채권은 불법행위시에 발생하고 그 이행기도 도래하므로 원칙적으로 손해액은 불법행위시를 기준으로 산정하여야 한다. 나아가 불법행위로 인한 재산상 손해는 위법한 가해행위로 인하여 발생한 재산상 불이익, 즉 그 위법행위가 없었더라면 존재하였을 재산상태와 그 위법행위가 가해진 현재의 재산상태의 차이를 말하는 것인데(대법원 2010. 4. 29. 선고 2009다91828 판결 등 참조), 특정물에 대한 소유권을 침해하고 그 목적물이 현존하지 아니함을 원인으로 하는 손해배상청구에 있어서는 원칙적으로 불법행위시를 기준으로 하여 그 때의 교환가격에 의하여 손해액을 산정하여야 한다(대법원 1997. 3. 28. 선고 95다48025 판결 등 참조). 이는 손해의 개념을 불법행위가 없었더라면 피해자가 현재 가지고 있었을 이익상태와 불법행위로 인하여 피해자가 현재 가지고 있는 이익상태 사이의 차이를 손해라고 보는 이른바 차액설의 관점이기도 하다.

대상판결의 경우 원고의 적극적 손해는, 피고의 불법행위로 볼 수 있는 채굴기에 대한 피고의 무단 판매 시점을 기준으로 산정하여야 하는데 대상판결에서는 위 시점에서의 정확한 시가 산정을 감정 등의 절차를 거치지 않고, 원고의 채굴기 매수대금 1,680만 원을 불법행위 당시의 시가로 평가를 하여 해당 금액을 적극적 손해액으로 인정하였다. 그런데 대상판결에 인정된 사실관계에 따르면 피고는 채굴기 2대를 1,860만 원에 임의 매도한 것으로 보여 불법행위 당시 시가를 위 1,860만 원으로 평가하는 것도 가능하였을 것으로 보이나, 대상판결은 원고의 매수 시점이 불법행위 시점과 크게 차이나지 않고, 무엇보다 원고가 채굴기 구매대금(1,700만 원)을 손해액으로 주장하여 처분권주의, 변론주의 원칙상 위 1,680만 원을 손해액으로 인정한 것이 아닌가 생각된다.

3. 소극적 손해

원고는 피고의 횡령행위로 인해 채굴기의 운영이익 상당의 손해가 발생하였다면서 운용이익 상당을 소극적 손해로 청구하였다. 이에 대해 피고는 불법행위로 인한 원고의 손해는 피고가 판매한 채굴기 2개의 대금을 초과하지 못한다고 주장하였는데, 이는 영업용 물건이 전부 멸실된 경우 장래의 사용이익은 교환가치에 포함되어 별도로 청구할 수 없다는 취지의 주장으로 보인다.

쟁점은 불법행위로 영업용 물건이 전부 멸실된 경우, 장래의 사용이익(휴업손해)이 교환가치에 포함되어 부정되는지, 아니면 별도로 인정될 수 있는지이다. 종래에는 이를 부정하는 판결이 다수였으나, 대법원 2004. 3. 18. 선고 2001다82507 전원합의체 판결은, '불법행위로 영업용 물건이 멸실된 경우, 이를 대체할 다른 물건을 마련하기 위하여 필요한 합리적인 기간 동안 그 물건을 이용하여 영업을 계속하였더라면 얻을 수 있었던 이익, 즉 휴업손해는 그에 대한 증명이 가능한 한 통상의 손해로서 그 교환가치와는 별도로 배상하여야 하고, 이는 영업용 물건이 일부 손괴된 경우, 수리를 위하여 필요한 합리적인 기간 동안의 휴업손해와 마찬가지라고 보아야 할 것이다'라고 하여 이를 긍정하였다.[1] 또한 위 전원합의체 판결은 휴업손해를 특별손해가 아닌 통상손해로 보았는바, 위와 같은 태도는 수리가 가능한 경우에서의 손해의 취급과 동일하다.

위 판결의 법리에 비추어 보면, 결국 대상판결에서 채굴기 2대를 마련하기 위하여 필요한 합리적인 기간 동안의 휴업손해를 인정함이 타당하다. 이에 대상판결도 채굴기 1대당 월 60만 원의 운영이익을 얻을 수 있었고, 채굴기 2대를 구입하기 위한 합리적인 기간은 4개월로 사실인정을 하여 총 480만 원의 휴업손해를 인정하였는바, 합리적인 결론이라 생각

---

1) 종전의 주류적 판례의 태도는, 수리 가능 여부를 기준으로 손해배상항목을 차별적으로 분류하는 것은 이를 뒷받침할 만한 이론적 타당성을 찾기 어렵고, 원상회복은 물건을 종래와 같은 상황에서 경제적으로 사용할 수 있는 상태로 회복시키는 것으로 이해해야 하며, 수리가 가능한 경우에는 휴업손해를 인정하면서 수리가 불가능할 정도의 경우에는 오히려 이를 제외시키는 것은 손해의 공평부담의 측면에서도 불합리하다는 등의 비판이 있었다(장상균, "영업용 물건의 멸실로 인한 손해배상의 범위", 대구판례연구회 15집, 2007, 510쪽 이하).

된다.

4. 위자료

불법행위에 의하여 재산권이 침해된 경우 그 재산적 손해에 대한 배상 외에도 정신적 고통에 대한 위자료 청구도 가능한가. 이 경우 그 재산적 손해의 배상에 의하여 정신적 고통도 회복된다고 보아 재산적 손해의 배상에 의해 회복할 수 없는 정신적 손해가 발생한 경우 이를 특별손해로 보아 가해자가 그러한 사정을 알았거나 알 수 있었을 경우에 한하여 그 손해에 대한 위자료가 인정된다는 것이 확립된 판례의 태도이다(대법원 1991. 12. 10. 선고 91다25628 판결 등 참조).

대상판결은 피고의 횡령으로 인해 원고가 재산상 전보로도 회복되지 않은 정신적 고통을 입었다거나 그러한 사정을 피고가 알았거나 알 수 있었다고 인정하기 부족하다고 판단하여 이 부분 청구는 배척하였다. 원고가 입은 채굴기 시가 상당의 손해, 휴업손해 등은 재산적 손해배상으로 충분히 회복될 수 있는 성질의 것이므로 이를 특별손해로 보아 이에 대한 증명책임을 원고에게 있다는 전제하에 이에 대한 증명이 부족하다는 이유로 위자료 청구를 배척한 대상판결의 태도는 타당하다.

Ⅲ. 대상판결의 평가

대상판결은 가상자산 채굴기를 횡령한 자에 대한 손해배상책임에 관한 판결이다. 특히 채굴기를 이용해 가상자산 채굴업을 영위하는 자에 대해 채굴기의 멸실, 작동 불능 등의 경우에 있어 휴업손해를 인정한 점에서 의미가 있다.

[7] 채굴기 위탁관리업을 영위하는 회사의 직원이 무단으로 중복채굴을 한 경우 회사에 대한 법적 책임

— 수원지방법원 2022. 7. 8. 선고 2019가단533952 판결, 2022. 7. 30. 확정 —

[사실 개요]

1. 원고는 암호화폐 채굴기(이하 '채굴기') 구매대행 및 위탁관리업 등을 영위하는 법인이고, 피고는 2017. 9. 13.부터 2018. 7. 25.까지 원고와 근로계약을 체결하고 원고의 채굴장 총괄관리팀장으로 근무하며 원고가 고객들로부터 위탁받은 채굴기의 관리 및 유지·보수 등의 업무를 담당하던 자이다. 원고는 고객들로부터 매월 관리비 명목으로 채굴기 1대당 14만 원을 받기로 하고 고객들 소유의 채굴기를 위탁받아 관리하면서, 고객들의 채굴기를 암호화폐 채굴장인 '마이닝풀허브'에 접속시켜 암호화폐 일종인 '이더리움'을 채굴해 각 고객들의 계정(소위 '전자지갑')으로 자동이체해 주는 서비스를 제공하고 있다.
2. 피고는 2017. 12. 30. 원고의 사무실에서, 컴퓨터 등을 이용해 암호화폐 채굴장인 '마이닝풀허브' 등에 원고 몰래 피고의 개인 계정을 개설한 후, 2018. 1. 무렵부터 2018. 4. 무렵까지 위 사무실에서 '크레모어'라는 암호화폐 채굴프로그램을 이용하여(원고는 본래 '이더리움' 코인을 단일채굴하기 위해 고객들의 채굴기에 '이더마이너'라는 프로그램을 설치하였는데, 피고는 중복채굴 범행을 위해 위 '이더마이너'를 무단으로 삭제하고 중복채굴에 필요한 프로그램인 '크레모어'를 설치하였음), 고객 소유 채굴기에 '마이닝풀허브 등 채굴장에서 이더리움을 채굴해 해당 고객의 계정으로 집어넣으라.'는 취지의 기존 명령어에, '마이닝풀허브 등 채굴장에서 시아코인 내지 디크레드코인을 채굴해 피고의 계정으로 집어넣으라.'는 취지의 명령어를 삽입하는 방법으로 고객들의 채굴기에서 '이더리움'과 함께 '시아코인' 내지 '디크레드코인'을 중복채굴한 후, '시아코인' 내지 '디크레드코인'이 피고의 개인 계정으로 들어가게 하는 방법으로, 원고의 고객 345명의 채굴기 793대에 권한 없이 정보를 입력하여 정보처리를 하게 함으로써 고객들의 채굴기가 채굴한 '디크레드코인' 29.94755856개, '시아코인' 44,348.57056545개를 피고의 계정으로 집어넣게 하여 재산상 이익을 취득하는 컴퓨터등사용사기 범행을 저지르고, 위와 같은 방법을 통해 재산상 이익을 취득하고, 원고에게 중복채굴로 인해 증가된 전기요금 상당의 손해를 가하는 업무상 배임 범행을 저질렀다(모든 범행을 통틀어 '이 사건 범행').
3. 원고는 2018. 1. 15. 채굴기 관리업무를 할 직원 A를 추가 채용하였는데, 피고는 A 몰래 이 사건 범행을 계속하였다.
4. 원고는 2018. 5. 무렵 채굴기 관리를 위해 B로부터 채굴기 자동관리 전문 프로그램(이하 '이 사건 프로그램')을 도입하려고 계획하고 피고에게도 이를 통보하였다. 이에 피고는 원고에게, 2018. 6. 19. 본인이 그동안 중복채굴 행위를 하였음을 알리면서 퇴직의사를 밝혔고, 2018. 6. 23. 다음과

같은 내용이 포함된 '비밀 계정 운영 사실 확인 경위서'(이하 '이 사건 경위서')를 작성하여 교부하였으며, 원고는 피고와 논의 끝에 피고가 2018. 7. 7.까지 채굴기를 종전 상태로 원상복구 시키기로 협의하였다.

○ 피고는 원고와 채굴기 소유주들인 고객들의 허락이나 승인 요청 없이 독단적으로 피고만 알 수 있는 비밀계정을 개설하여 고객들 소유 채굴기를 위 계정에 연동하여 2018. 4. 1.부터 2018. 6. 14.까지 이더리움 0.74638194개를 채굴하고, 2018. 5. 17.부터 2018. 5. 24.까지 이더리움클래식 0.00033135개를 채굴하고, 2018. 1. 26.부터 2018. 4. 13.까지 시아코인 44,348개를 채굴하고, 2017. 12. 30.부터 2018. 6. 23.까지 디크레드코인 약 30개를 채굴하였다.

○ 피고는 총 807대의 채굴기를 이용하여 무단 불법채굴하였고, 현재도 채굴하고 있다.

○ 피고는 퇴사 전까지 불법채굴을 중단하고 원상복구를 하여야 한다.

○ 원고는 2018. 6. 25. 피고에게 지급할 급여는 위 상황으로 인해 재조정이 불가피하다 판단하여 불법채굴 건이 정상화되기까지 보류하며 정상화 과정을 위해서 출근하여 근무하는 것은 근무일수에 포함되지 않으며, 후임자가 업무를 수행함에 있어서 어려움이 없도록 인수인계에 성실히 임한 후 급여를 지급한다.

○ 불법채굴된 코인은 피고의 거래소 지갑으로 인출한 이후 현금화하여 별도로 정한 지정일에 원고 법인 통장으로 입금 처리해야 한다.

5. 피고는 2018. 7. 13. 원고에게 다음과 같은 내용이 포함된 '비밀 계정 운영으로 인한 채굴 수익 반환 사실 확인서'(이하 '이 사건 확인서'라고 한다)를 작성하여 교부하였고, 2018. 7. 17. 이 사건 경위서와 위 확인서 등에 관하여 공증을 받았다.

○ 피고는 비밀 계정 운영 사실 확인 경위서에서 밝힌 바와 같이 불법채굴한 가상화폐를 2018. 7. 13. 아래 사항과 같이 산정하여 해당 금액인 2,822,480원을 2018. 7. 13. 원고 법인 계좌로 입금 반환하고, 불법채굴을 위해 만든 비밀계정은 피고 소유로 하며 계정에 있는 가상화폐는 피고가 소유하는 것으로 한다. 당초 채굴한 가상화폐를 판매한 이후 원고에게 입금하기로 하였으나 개인적인 사정으로 금전적인 어려움이 있어 지난 달 지급 보류하였던 급여 중에서 일부 300만원을 선지급받아 사건의 금액을 바로 원고에게 입금한다.

* 채굴 가상화폐 가치산정 기준 업비트 2018. 7. 13. 11시 40분 기준
불법채굴 이더리움 0.74638194개 × 494,850원 = 369,347원
불법채굴 이더리움클래식 0.00033131354개 × 18,930원 = 6원
불법채굴 시아코인 44,356개 × 11.80원 = 523,400원
불법채굴 디크레드코인 30.3655개 × 63,550원 = 1,929,727원

6. 피고는 위 2018. 7. 13. 이 사건 확인서에 따라 원고로부터 2018. 6월분 급여 중 300만 원을 선지급받아 해당 선지급금으로 피고가 중복채굴하여 취득한 가상화폐 가액 합계 2,822,480원을 원고에게 전액 반환하였고, 2018. 7. 25. 퇴사하였다.

원고는 위 2018. 7. 25. 피고를 퇴사처리 하면서, 피고가 근무한 2018. 6. 26.부터 2018. 7. 25.까지 기간 중 2018. 6. 26.부터 2018. 7. 7.까지를 채굴기 원상복구 작업일수로 책정하여 이를 근무일수에서 제외한 나머지 18일만 근무하였음을 전제로 기본급과 상여금 및 식대를 산정한 후, 여기에서 각종 제세공과금과 위 사.항 기재 공증 관련 도장 제작비 및 공증비용을 공제한 나머지 3,254,180원을 2018. 7월분 급여로 피고에게 지급하였고, 같은 날 이 사건 경위서 작성 당시 유보해 두었던 2018. 6월분 급여 총액 4,322,460원에서 피고에게 선지급금으로 지급한 300만 원을 제외한 나머지 1,322,460원을 2018. 6월분 급여로 지급하였다.

7. 피고는 2020. 7. 23. 이 사건 범행으로 인한 컴퓨터등사용사기 및 업무상배임죄로 징역 8월의 유죄 판결을 선고받았고, 피고가 항소, 상고 하였으나 모두 기각되어 그대로 확정되었다(수원지방법원 2019고단6622호 판결, 수원지방법원 2020노4159호 판결, 대법원 2021도1648호 결정).
8. 이 사건 변론종결일 현재 원고의 기존 채굴기로는 더 이상 피고가 중복채굴한 '디크레드코인'의 채굴이 불가능한 상태이다.
9. 원고는 피고를 상대로, 불법행위를 원인으로 한 손해배상청구를 하면서 피고의 범행으로 인해 원고가 입은 손해 즉, ① 중복채굴로 인한 추가 전기료, ② 이 사건 프로그램 설치비용, ③ 채굴기 정상화를 위한 추가 인력 채용비용 등 합계 76,523,468원의 지급을 구하였고, 부당이득반환청구를 통해 피고의 근로 미제공 또는 불완전근로 제공을 이유로 피고가 수령한 급여에 대한 반환을 구하였다.

[판결 요지]

1. 불법행위를 원인으로 한 손해배상청구에 관한 판단

가. 손해배상책임의 발생

(1) 피고가 이 사건 범행을 통해 중복채굴한 암호화폐 가액 상당의 재산상 이익을 얻고 원고에게 전기 사용량 증가에 따른 증가된 전기요금 상당의 재산상 손해를 가함으로써, 고의로 원고에 대한 불법행위를 저지른 사실을 인정할 수 있으므로, 피고는 원고가 입은 손해를 배상할 책임이 있다.

(2) 피고는 채굴기 작동오류, 고장 등에 신속하게 대응하여 맡은 바 업무를 원활하게 수행하고자 중복채굴을 하였다거나, 피고의 중복채굴로 인해 전기 사용량이 증가하여 추가 전기료 상당의 손해가 발생하였다고 볼 수 없다는 취지로 주장한다.

그러나 피고의 중복채굴 시점과 이후 경과, 피고가 작성한 이 사건 경위서와 확인서의 내용 및 그 작성 경위(피고는 원고의 강압 내지 협박 등에 의해 위 경위서 등을 작성하였다고 주장하나, 이를 인정하기에 부족하고 달리 이를 인정할 증거가 없다.), 피고가 원고나 다른 직원 몰래 중복채굴을 하여 왔고, 중복채굴을 통해 실시간으로 채굴기의 손상이나 작동오류, 고장 등에 적극 대응하여 문제를 처리하였다고 볼 만한 정황은 없는 점, 원고가 중복채굴이 아닌 단일채굴 방식을 선택한 연유, 피고와 관련자들이 형사사건에서 진술한 중복채굴 및 전력 사용량의 상관관계 등 제반 사정에 비추어 보면, 피고가 그 주장처럼 채굴기 고장 등에 신속하게 대응하거나 그 밖에 고의·과실 내지 위법성이 없는 정당한 이유로 이 사건 범행을 하였다고 볼 수 없고, 이 사건 범행으로 인하여 원고의 전기 사용량이 증가되었으며, 이로 인해 원고가 증가된 전기요금 상당의 재산상 손해를 입었음은 명백하다(설령 피고의 주장처럼 채굴기의 전력 사용량 증가에 채굴기와 주변 온도, 계절, 채굴기의 대수 변화, 채굴기의 감가상각에 따른 성능 저하 등 여러 가지 다양한 원인들이 영향을 미칠 수 있다 하더라도, 피고의 중복채굴 행위가 채굴기의 전력 사용량 증가에 하나의 원인이 된 이상, 이 사건 범행과 전기 사용량 증가 및 그에 따른 전기요금 증가 사이에 상당인과관계를 부정할 수는 없다). 따라서 피고의 이 부분 주장은 이유 없다.

나. 손해배상책임의 범위

(1) 추가 전기료 상당의 손해

불법행위로 인한 손해배상청구소송에서 재산적 손해의 발생사실이 인정되나 구체적인 손해의 액수를 증명하는 것이 사안의 성질상 곤란한 경우, 법원은 증거조사의 결과와 변론 전체의 취지에 의하여 밝혀진 당사자들 사이의 관계, 불법행위와 그로 인한 재산적 손해가 발생하게 된 경위, 손해의 성격, 손해가 발생한 이후의 제반 정황 등 관련된 모든 간접사실들을 종합하여 적당하다고 인정되는 금액을 손해의 액수로 정할 수 있다(민사소송법 제202조의2, 대법원 2020. 3. 26. 선고 2018다301336 판결 등 참조).

이 사건 범행과 원고에게 발생한 재산적 손해의 특수성, 증가된 전력량 측정을 위해 필요한 여러 조건과 환경의 변화, 피고가 중복채굴한 채굴기의 규모와 중복채굴 기간, 중복채굴과 전력 사용량 증가 및 그 정도에 관한 피고와 관련자들의 진술 내용, 이 사건 범행 전후로 관련 채굴기들이 보관된 호실의 전력량 변동 추이, 피고가 중복채굴한 암호화폐의 규모와 가액, 그 밖에 당사자들의 관계, 손해 발생 경위, 손해의 성격, 손해가 발생한 이후의 제반 정황 등 관련된 모든 간접사실들을 종합해 보면, 이 사건 범행으로 인하여 원고가 입게 된 추가 전기료 상당의 손해액 산정은 손해가 발생한 사실은 인정되나 구체적인 손해의 액수를 증명하는 것이 사안의 성질상 매우 어려운 경우로서, 그 손해액을 1,500만 원으로 정함이 타당하다.

(2) 이 사건 프로그램 설치비용 상당의 손해

이 사건 프로그램 설치 전후의 제반 사정과 위 프로그램의 특성, 원고의 주된 업무 내용과 수익 구조 등에 비추어 볼 때, 위 프로그램 구매 및 설치 관련 비용은 원고가 향후 회사 운영을 위한 경영상의 판단에 따라 채굴기의 신속하고 효율적인 관리를 위해 투입한 비용 등으로 볼 여지가 있고, 피고의 중복채굴 행위가 없었다면 원고가 위 프로그램을 구매하여 설치하지 않았을 것이라고 단정하기도 어려우며, 실제로도 원고는 위 프로그램과 그에 필요한 컴퓨터 등 각종 장비를 설치한 후 상당기간 원고의 법인 자산으로 보유하며 이를 운용하여 채굴기 관리 업무 등을 함으로써 매출을 올렸던 것으로 보이는바, 위 프로그램 구매 및 설치 관련 비용을 중복채굴 행위 자체로 인하여 원고가 입게 된 직접적인 손해 내지 그와 상당인과관계가 있는 손해에 해당한다거나 위 프로그램과 컴퓨터 등 장비구입을 위해 지출한 비용만을 따로 분리하여 원고의 손해라고 평가할 수는 없다 [원고가 주장하는 위 프로그램 설치를 결정하게 된 주된 계기(피고가 이 사건 범행을 하던 기간 동안 채굴기 수리를 하여야 하는 경우가 자주 발생하였고 이로 인해 위 프로그램 설치를 결정하게 되었다는 주장)를 감안하더라도, 그러한 사정만으로 이 사건 범행과 위 프로그램 설치 사이에 사실적 인과관계를 넘어서 법률적 인과관계, 즉 상당인과관계가 있다고 인정하기는 부족하다].

(3) 채굴기 정상화를 위한 추가 인력 채용비용 상당의 손해

원고가 피고에게 급여를 지급하지 아니한 2018. 6. 26.부터 2018. 7. 7.까지의 기간 동안 다른 인력에게 피고가 종전에 하던 채굴기 관리 등 업무를 하게 하고 피고 대신 해당 인력에게 그에 관한 급여를 지급한 것은 이 사건 범행으로 인하여 원고가 입게 된 손해라고 볼 수 없다. 마찬가지로 피고가 퇴사한 2018. 7. 25. 이후 피고가 하던 채굴기 관리 등 업무를 퇴사한 피고 대신 신규 인력이 하였고 원고가 이에 대해 신규 인력에게 급여를 지급한 것 역시 이 사건 범행으로 인하여 원고가 입게 된 손해라고 볼 수 없다. 나아가 피고가 급여를 지급받은 2018. 7. 8.부터 퇴사한 2018. 7. 25.까지 사이에 피고가 계속 채굴기 원상복구 작업을 위해 근무하였고, 이로 인해 종전에 피고가 하던 채굴기 관리 등 업무를 다른 인력에게 하게 함으로써 급여가 이중으로 지출되었다는 점을 인정할 증거도 없다(원고는 피고가 약속한 2018. 7. 7.까지 채굴기 원상복구 작업을 완료하지 못하여 이후에도 원상복구 작업이 계속 진행되었으나, 피고를 배려하는 차원에서 2018. 7. 7.까지만 근무일수에서 제외하고 나머지 근무일수에 대하여 정상 급여를 지급하는 것으로 합의하였다는 취지로 주장하나, 이를 인정할 증거가 없을뿐더러, 원고의 주장 자체에 의하더라도 원고가 피고에게 당초 약정에 따라 지급하지 않아도 될 급여를 사후적으로 피고를 배려하는 차원에서 자발적으로 지급해 주었다는 것이어서, 그 기간 중에 원고가 피고 외에 신규 인력에게 지출한 급여를 이 사건 범행으로 인하여 원고가 입게 된 손해라고 보기도 어렵다).

2. 부당이득반환청구에 관한 판단

피고가 원고 회사에서 근무하면서 이 사건 범행을 저질렀고 이로 인하여 앞서 본 것과

같이 원고가 재산상의 손해를 입은 사정만으로 원고와 피고 사이의 근로계약이 당연 무효라고 볼 수 없을뿐더러, 근로계약관계가 성립한 이상 원고는 근로자인 피고에게 임금 등을 지급할 의무가 있으므로, 피고가 근무한 기간 동안 근로의 대가로 지급받은 급여가 곧바로 법률상 원인 없는 부당이득이 된다고 볼 수는 없다.

더욱이 피고는 중복채굴을 하는 기간 중에도 계속 출근하여 근무시간 동안 원고의 지시에 따라 고객들의 채굴기 관리 등 통상적인 업무를 지속적으로 하여 왔고, 피고가 행한 중복채굴은 그 특성상 컴퓨터에 명령어를 삽입하는 방식으로 범행이 이루어지는 것으로서, 그 범행을 함에 있어 물리적으로 상당한 시간과 노력이 소요된다고 보기도 어려우며, 피고가 정해진 근무시간 중에 중복채굴 행위를 함으로써 원고의 주장처럼 아예 근로를 제공하지 않은 것과 마찬가지로 근로제공의무를 불이행하였다거나 이에 준할 정도로 불완전이행하였다는 점을 인정할 만한 객관적인 정황도 보이지 않는다. 오히려 원고는 피고로부터 이 사건 경위서와 확인서를 작성 받으면서 피고와 합의 하에 일부 급여의 지급을 보류하고 근무일수 산정방식 및 급여지급 조건과 일정을 협의하였고, 최종적으로 피고의 퇴사일에 상호 간에 조정한 근무일수를 토대로 각종 제세공과금과 원·피고 사이에 이 사건 범행과 관련하여 수수된 일련의 비용 등을 공제한 나머지 급여를 지급함으로써, 피고와의 사이에 급여 정산을 완료한 것으로 보일 뿐이다. 따라서 원고의 이 부분 주장은 이유 없다.

해설

Ⅰ. 대상판결의 의의 및 쟁점

최근 몇 년간 가상자산의 가격이 급등하면서 가상자산을 채굴하고자 하는 사람의 수도 증가하였고, 이러한 수요로 소유자 대신하여 채굴기를 구매하고, 나아가 소유자로부터 채굴기를 위탁받아 관리하면서 채굴된 가상자산을 소유자에게 지급하고 그 대가로 일정 수수료를 받는 채굴기 구매대행 및 위탁관리업도 등장하게 되었다. 이러한 채굴기 위탁관리업의 등장은, 일반적으로 채굴기가 많은 열을 발생시키고 전력소모량이 많은 특성으로 충분한 열 배출과 전력 공급이 가능한 장소가 필요하고, 채굴기 관리에 전문적인 지식이 필요하므로 가상자산 채굴을 원하는 사람들과 채굴기를 대신 관리하고 수익을 얻으려는 사람들의 이해관계가 맞아 떨어진 현상일 것이다.

대상판결은 이러한 채굴기 구매대행 및 위탁관리업을 영위하는 회사인 원고가 원고의 직원으로써 채굴기의 관리, 유지보수 등의 업무를 담당하던 피고의 불법행위(이더리움의 채굴만을 위하여 위탁받은 채굴기에 피고 개인의 이익을 위해 중복채굴 프로그램을 설치하여 재산상 이익을 취득한 행위)로 인해 손해 등을 입었다면서 불법행위에 기한 손해배상청구(추가 전기료, 이 사건 프로그램 설치비용, 추가 인력 채용비용)와 근로의 미제공 또는 불완전 제공을 이유로 한 부당이득반환청구를 한 사안이다. 일반적으로 한 종류의 가상자산만을 채굴하는 단일채굴 방식에 비해 여러 개의 가상자산을 동시에 채굴하는 중복채굴 방식이 전력소모량이 더 크고, 채굴에 사용되는 그래픽카드에 과부하가 걸릴 가능성이 높으며, 이로 인해 부품의 내구성과 수명이 저하되는 결과가 초래될 수 있어 중복채굴은 채산성, 채굴기의 성능 등을 충분히 고려되어야 한다. 대상판결에서 원고는 위와 같은 문제점을 고려해 중복채굴을 하지 않았는데, 피고가 무단으로 중복채굴을 한 것이다.

결과적으로 대상판결은 손해배상책임은 인정하면서도 추가 전기료 상당의 손해만을 손해의 범위로 인정하였고, 나머지 손해배상청구와 부당이득반환청구는 모두 받아들이지 않았다.

대상판결에서는 손해배상청구와 관련하여서는 피고가 이 사건 범행으로 형사처벌을 받아 불법행위에 기한 손해배상책임이 성립한다는 점은 크게 문제되지 않았고 손해배상책임의 범위와 관련하여 손해액의 구체적인 증명 여부, 인과관계의 존부가 문제되었고, 이 사건 범행 기간 동안 받은 급여가 부당이득이 되는지와 관련하여서는 법률상 원인의 존부가 특히 문제가 되었다.

Ⅱ. 대상판결의 분석

1. 손해배상책임의 범위

(1) 추가 전기료 상당의 손해

중복채굴은 단일채굴에 비해 많은 전기가 소모되고 이러한 점은 업계에서 일반적인 사실로 받아들여지고 있는 것으로 보이고, 대상판결에서도 피고 역시 자신의 행위로 인해 전기료가 증가하였다는 점은 크게 다투지 않은 것으로 보인다. 다만, 손해로 인정할 수 있는 구체적인 액수를 산정이 문제되었다.

원고는 구체적인 손해액의 증명을 위해 나름의 노력을 한 것으로 보인다. 원고는 이 사건 소송에서 2018. 1.부터 2018. 12.까지의 각 호실별 전기료, 2017. 8.부터 2017. 12.까지의 일부 호실의 전기료에 관한 자료를 제출하였고, 2019. 3. 19.에는 원고의 직원들이 참석한 상태에서 기종별로 1대씩 6대의 채굴기를 선정해 각 채굴기를 통해 단일채굴과 중복채굴할 때의 각 전력소비량을 체크하여 기록한 자료도 증거로 제출하였다. 원고는 이를 근거로 단일채굴과 중복채굴시의 전력소비량의 차이에 따른 전기료를 계산하여 이를 손해액으로 주장하였다.

그러나 불법행위로 인한 손해액 산정의 기준시점은 원칙적으로 불법행위시인데, 불법행위 기간 동안의 소모전력량은 채굴 당시의 채굴난도, 채굴기의 성능, 온도와 같은 여러 환경적 요소 등에 따라 다를 것이므로 위 기간 동안 소모전력량을 정확히 특정하는 것을 매우 어려운 일이다. 나아가 원고의 직원들만 참석한 상태에서 이루어진 전력소비량 측정을 통해 이를 기초한 손해액을 산정하는 것도 객관적이고 합리적인 방법이라고 보기도 어려울 것이다.

대상판결 역시 이러한 사정을 고려해 원고가 주장하는 손해액 주장을 배척하고, 민사소송법 제202조의2[1]를 적용하여 손해액을 산정하였다. 앞서 본 바와 같이 단일채굴 방식에 비해 중복채굴 방식의 경우 전력소모량이 더 많다는 것은 일반적으로 받아들여지는 사실이고 당사자 사이에서도 크게 이견이 없었던 것으로 보인다. 나아가, 위와 같은 특정 기간, 특정 시점에서 단일채굴에 비해 추가로 발생하는 전기량과 전기료를 정확히 산정하는 것은 그 성격상 매우 어려운 사안일 것이므로 민사소송법 제202조의2를 적용한 대상판결의 태도는 합리적인 결론이라고 생각된다.

대상판결은 최종적으로 손해액을 1,500만 원으로 정하였는데, 이는 원고가 해당 부분 손해액으로 주장한 45,680,357원의 약 1/3에 해당하는 금액이다.

(2) 이 사건 프로그램 설치비용 상당의 손해

원고는 2018. 7.경 이 사건 프로그램을 구입하고 설치한 것이 이 사건 범행과 관련된 것이라고 주장하며 구입 및 설치 비용 상당액을 손해배상으로 구하였는데, 이 사건 프로그램의 설치 경위, 목적, 기능 등과 관련하여 위 비용 지출이 손해에 해당하는지, 이 사건 범행과 인과관계가 있는지 등이 문제되었다.

채굴장이 대형화 되고, 산업화 되면서 채굴장 개설을 위한 컨설팅, 채굴기를 보다 쉽고 효과적으로 관리할 수 있게 해주는 관리프로그램 등 다양한 관련 산업이 등장하고 있다. 특히 채굴기는 보통 24시간 동안 실행되면서 연산작업을 통해 가상자산을 채굴하게 되는데, 만일 채굴기가 고장이 나거나 과부하로 작동이 멈추는 경우에는 막대한 손해가 발생할 수 있으므로 자동 절전모드, 적절한 성능 유지, 스케쥴 관리 등을 통해 채굴기를 보다 편리하고 안전하며 효율적으로 사용할 수 있도록 도와주는 관리 프로그램이 많이 사용되고 있다. 특히 대규모 채굴장을 운영하는 자들이나 채굴기 위탁관리업을 영위하는 자들에게는 그 필요성이 더 클 것이다.

대상판결에서 원고가 구입한 이 사건 프로그램 역시 위와 같은 관리 프로그램인 것으로 보이는데, 원고는 이 사건 범행으로 인해 이 사건 프로그램을 구입 및 설치하였다고 주

---

1) 손해가 발생한 사실은 인정되나 구체적인 손해의 액수를 증명하는 것이 사안의 성질상 매우 어려운 경우에 법원은 변론 전체의 취지와 증거조사의 결과에 의하여 인정되는 모든 사정을 종합하여 상당하다고 인정되는 금액을 손해배상 액수로 정할 수 있다.

장한 것으로 보인다. 그러나 대상판결에서 인정된 사실관계에 의하면, 원고는 보다 효율적인 채굴기 관리를 통한 수익의 극대화를 위해 이 사건 범행 발각 이전부터 위 프로그램의 도입을 계획한 것으로 보인다. 또한 위 프로그램은 채굴기의 효율적인 관리를 도와주는 프로그램이지 이 사건 범행 전 상태로 채굴기를 원상회복하거나 정상화해주거나 중복채굴 행위나 그로 인한 채굴기의 고장 등을 직접 방지하는 프로그램은 아니다. 결국 원고의 이 사건 프로그램 구입 및 설치비용은 손해라고 보기 보다는 오히려 보다 큰 수익창출을 위한 투자 내지 비용이라고 보이고, 이 사건 범행과 직접적인 인과관계도 없는 것으로 봄이 상당하다 할 것이므로 이 부분 원고의 주장을 배척한 대상판결은 타당하다.

(3) 채굴기 정상화를 위한 추가 인력 채용비용 상당의 손해

원고는 마지막으로 피고의 이 사건 범행 이후 이를 정상화하기 위해 지출한 인력들에 대한 비용도 이 사건 범행으로 인한 손해라고 주장하였다.

위 추가 인력들에 대한 비용 지출은 피고가 원고가 피고에게 급여를 지급하지 아니한 2018. 6. 26.부터 2018. 7. 7.까지의 기간 다른 인력에게 피고가 종전에 하던 채굴기 관리 등 업무를 하게 하고 피고 대신 해당 인력에게 그에 관한 급여를 지급하였고, 피고 퇴사 후 신규 인력에게 인건비를 지급한 비용이었다. 그런데 대상판결에서 인정된 사실관계에 의하면, 원고는 피고에게 불법채굴 건이 정상화될 때까지 급여 지급을 보류하고 채굴기 정상화를 위한 출근은 근무일수에서 제외하였고, 추가 인력들이 이 사건 범행으로 인한 채굴기 원상복구 및 정상화를 위한 업무에서 투입된 사정은 없었다. 결국 추가 인력 채용비용은 피고의 채굴기 관리 업무 중단(급여 미지급) 및 퇴사로 인해 필요한 인력의 충원을 위한 비용에 불과하고, 이 사건 범행의 원상 복구는 모두 피고가 무보수로 진행하였을 뿐 추가 인력들이 해당 업무를 수행하지 않은 이상 원고로서는 인건비를 중복 지출한 사실이 없어 해당 비용은 손해가 아니라고 봄이 상당하다. 대상판결 역시 위와 같은 사정들을 고려하여 이 부분 원고 주장을 배척하였는바 타당한 결론이라 생각된다.

2. 부당이득반환청구의 성부

피고는 원고의 직원으로 2017. 9. 13.부터 2018. 7. 25.까지 근무하였고, 2018. 1.무렵부터 이 사건 범행을 시작하였는데, 원고는 2018. 1.부터 2018. 7.까지의 7개월 동안은 원고의 채굴기 유지·관리업무를 수행하지 않고 이 사건 범행을 통해 원고의 영업을 방해하였으므로 위 범행 기간 동안 피고는 근로계약에 따른 근로를 전혀 제공하지 않았거나 불완전제공 하였다고 주장하며 위 기간 지급한 급여 상당액을 부당이득반환청구를 통해 지급을 구하였다. 이는 '법률상 원인 없이' 피고가 이익을 취득하였는지가 쟁점이다.

근로자의 임금은 근로 제공의 대가로 지급되는 것이므로 근로를 제공하지 않거나 근로

를 불완전하게 제공하는 경우에는 무노동 무임금의 원칙에 따라 임금이 지급되지 않거나 일정 비율 감액된 임금만이 지급되어야 할 것이다.[2)] 만일 임금이 모두 지급된 후 위와 같은 근로 미제공 또는 불완전 제공 사실이 밝혀지는 경우 사용자는 근로자를 상대로 임금 전부 또는 일부에 대하여 부당이득반환을 구할 수 있을 것이다.

대상판결의 경우 이 사건 범행 기간 동안 피고가 위와 같이 근로 미제공 또는 불완전 제공에 해당한다고 볼 수 있는지가 문제되는데, 중복 채굴을 위한 프로그램 설치 및 실행은 명령어를 삽입하여 실행하는 방식으로 이루어져 일반적으로 이를 위한 많은 노력과 시간이 소요된다고 보기 어려우므로 그 자체만으로는 근로자가 자신의 통상적인 업무를 수행할 수 없다거나 업무 수행에 큰 방해가 될 정도가 된다고 평가하기는 어려울 것이다. 대상판결에서도 이 사건 범행 기간 피고의 업무태만으로 문제된 적은 없어 보이고, 피고는 이 사건 범행 기간 중 계속 출근하여 원고의 지시에 따른 업무를 수행하였던 것으로 보인다. 결국 피고는 이 사건 범행 중에도 근로계약에 따른 근로를 정상적으로 모두 제공하였으므로 수령한 임금이 법률상 원인 없이 지급받은 것이라고 보기는 어려울 것이다.

Ⅲ. 대상판결의 평가

대상판결은 채굴기 위탁관리업을 하는 회사의 직원이 불법 프로그램을 설치하여 중복 채굴을 통해 자신의 이익을 취득한 사안으로 특히 회사인 원고가 피고의 불법행위로 인해 추가로 지출한 전기세 상당을 손해로 인정하고, 손해액의 증명이 성질상 어려운 점을 고려해 민사소송법 제202조의2를 적용해 손해액을 인정한 면에서 의미가 있다. 만일 중복채굴로 인해 원래 채굴을 위탁받은 이더리움 채굴량이 감소하였다거나 채굴기 과부하로 인해 채굴기가 고장이 발생이 하는 등의 추가 피해가 있었다면 채굴기 소유자와 원고, 피고 사이에 보다 다양한 형태의 법적 분쟁이 발생하였을 것이다.

주요 가상자산 중 하나이자 대상판결에서 채굴의 원래 대상이었던 이더리움의 경우 작업증명(PoW)에서 지분증명(PoS) 체제로의 변환이 본격 시행되었고, 최근 환경문제 등으로 가상자산 채굴에 대한 비판적 시선이 있기는 하나, 블록체인 네트워크를 이용하는 이상 가상자산 채굴산업은 여전히 중요하고 가상자산의 발전과 함께 형태가 보다 다양해지고 세분화될 가능성이 높은바, 대상판결과 같은 범행에 대한 유혹도 더 커질 수 있다. 이러한 불법적인 중복채굴을 막기 위한 기술적 조치, 프로그램의 개발, 임직원들에 대한 철저한 교육 등을 통한 예방 역시 중요해 보인다.

---

2) 쟁의행위의 일종인 태업의 경우 무노동 무임금 원칙이 적용된다는 대법원 2013. 11. 28. 선고 2011다39946 판결 참조.

제2장

가상자산의 발행

[8] 가상자산 거래소가 자체 발행한 토큰이 자본시장법상 투자계약증권에 해당하는지 여부

— 서울남부지방법원 2020. 3. 25. 선고 2019가단225099 판결 —

[사실 개요]

1. 피고 회사는 'A거래소'라는 가상자산 거래소를 운영하는 주식회사인데, A거래소에서 사용할 수 있는 'A토큰'이라는 명칭의 자체 토큰(token)을 만들었다. 그리고 피고 회사는 'A토큰 보유자에게 거래소 수수료 수익 중 일정액을 배당하는 방법(수익금 배당)과 거래행위에 사용한 수수료에 따라 토큰을 지급하는 방법(트레이드 마이닝) 등으로 이익을 취득할 수 있다. 거래소 자체 토큰의 단점을 극복하기 위하여 다양한 프로모션 및 사용자 인센티브를 제공하고, 토큰 바이백 및 소각을 통해 인플레이션을 감소시킨다'라는 취지로 광고하면서 A토큰 매수인을 모집하였다.
2. 피고 회사는 2018. 10.경 1이더리움당 170만 개(보너스 5% 적용)의 A토큰을 제공하는 조건으로 제한된 사람들에게 비공개로 A토큰을 판매하였다(이하 '프라이빗 판매'). 프라이빗 판매 당시, 원고 甲는 785이더리움을, 원고 乙은 150이더리움을 피고 회사에 각 지급하고, 그에 해당하는 A토큰을 할당받았다. 그러다가 피고 회사는 2018. 12.경 1이더리움당 125만 개의 A토큰을 제공하는 조건으로 120억 개의 A토큰을 판매하였다(이하 '사전 판매'라 한다). 사전 판매 당시, 원고 甲은 50이더리움을, 원고 乙은 110이더리움을 피고 회사에 각 지급하고, 그에 해당하는 A토큰을 할당받았다. 그리고 피고 회사는 2018. 12.말 A토큰을 발행하여 A거래소에 상장하였다.
3. 이와 관련하여 원고들은 ① A토큰은 자본시장법(이하 '자본시장법')에서 정한 투자계약증권에 해당하므로, 자본시장법에서 정한 증권발행절차에 따라 발행되어야 함에도 피고 회사와 그 대표이사인 피고 E는 이러한 절차를 따르지 않고 A토큰을 발행하였고(여기 글에서는 이하 '이 사건 주장'이라 한다), ② 피고들은, ㉠ 프라이빗 판매 및 사전 판매 당시 공지했던 A토큰 지급시기를 임의로 연기하고, ㉡ 자전거래를 하면서 거래수수료율을 임의로 낮춤으로써 수익금 배당액을 감소시켰으며, ㉢ A토큰 거래와 관련한 장부조작 및 시세조종행위를 하고, ㉣ A거래소 자체 토큰을 임의로 추가 발행하는 등의 불법행위로 인하여 A토큰의 시세가 하락하고, 원고들이 A토큰의 적절한 매도 시점을 놓치게 되어 손해를 입었다는 이유로, 피고들을 상대로 불법행위를 이유로 한 손해배상청구의 소를 제기하였다.

[판결 요지]

자본시장법상 투자계약증권은 '특정 투자자가 그 투자자와 타인 간의 공동사업에 금전 등을 투자하고 주로 타인이 수행한 공동사업의 결과에 따른 손익을 귀속받는 계약상의 권리가 표시된 것'을 말한다(자본시장법 제4조 제6항).

A토큰을 보유함으로써 피고 회사가 운영하는 거래소의 수익을 분배받기는 하지만, 그러한 수익 분배는 피고 회사가 A토큰의 거래를 활성화하기 위하여 토큰 보유자에게 부수적으로 제공하는 이익일 뿐 A토큰에 내재된 구체적인 계약상 권리라거나 본질적 기능이라고 볼 수 없는 점, 토큰 자체 거래로 발생하는 시세차익의 취득이 A토큰 매수의 가장 큰 동기이고, 이에 관하여 토큰보유자(투자자) 사이에 이해관계가 상충하는 점 등에 비추어 볼 때, A토큰을 자본시장법상 투자계약증권이라고 볼 수 없다.

(이 사건 주장에 대한 판단 부분만 기재하고 이하 판단 부분은 생략)

해설

Ⅰ. 대상판결의 의의 및 쟁점

대상판결은 가상자산 거래소가 자체적으로 발행한 토큰이 자본시장법상 투자금융상품의 일종인 투자계약증권에 해당하는지 여부에 관하여 민사상 최초로 판결한 것으로 비록 해당 토큰이 자본시장법상의 금융투자상품으로 인정되지 않았지만, 그에 대한 논거를 제시하였다는 점에서 의의가 있다고 할 것이다.

대상판결이 선고된 이후 가상자산의 법적 성질에 관하여 다양한 논의가 있게 되었고, 그 이후 금융감독당국에서 가상자산의 일부분을 자본시장법에 포섭하려는 시도가 이루어지게 되었다.

Ⅱ. 대상판결의 분석

1. 자본시장법상 증권의 의의

자본시장법 제4조 제1항에서는 금융투자상품[1)]의 일종인 증권에 관하여 '투자자가 취득과 동시에 지급한 금전 등 외에 어떠한 명목으로든지 추가로 지급의무(투자자가 기초자산에 대한 매매를 성립시킬 수 있는 권리를 행사하게 됨으로써 부담하게 되는 지급의무를 제외)를 부담하지 아니하는 것'이라고 규정한다. 위 제4조 제2항에서는 증권을 다시 여섯 가지로 구분하는데, 채

1) 자본시장법 제3조 제1항에서는 금융투자상품에 대하여 '이익을 얻거나 손실을 회피할 목적으로 현재 또는 장래의 특정 시점에 금전, 그 밖의 재산적 가치가 있는 것을 지급하기로 약정함으로써 취득하는 권리로서, 그 권리를 취득하기 위하여 지급하였거나 지급하여야 할 금전 등의 총액이 그 권리로부터 회수하였거나 회수할 수 있는 금전등의 총액을 초과하게 될 위험이 있는 것을 말한다.'라고 규정하면서 같은 조 제2항에서는 위 금융투자상품을 증권과 파생상품으로 분류하고 있다.

무증권, 지분증권, 수익증권, 투자계약증권, 파생결합증권, 그리고 증권예탁증권이다.

우선 채무증권은 국채증권, 지방채증권, 특수채증권, 사채권, 기업어음증권, 그 밖에 이와 유사한 것으로서 지급청구권이 표시된 것을 말한다(자본시장법 제4조 제3항). 지분증권은 주권, 신주인수권이 표시된 것, 법률에 의하여 직접 설립된 법인이 발행한 출자증권, 상법에 따른 합자회사·유한책임회사·유한회사·합자조합·익명조합의 출자지분, 그 밖에 이와 유사한 것으로서 출자지분 또는 출자지분을 취득할 권리가 표시된 것을 말한다(자본시장법 제4조 제4항). 수익증권은 자본시장법 제110조의 수익증권, 제189조의 수익증권, 그 밖에 이와 유사한 것으로서 신탁의 수익권이 표시된 것을 말한다(자본시장법 제4조 제5항).

그리고 투자계약증권은 특정 투자자가 그 투자자와 타인 간의 공동사업에 금전 등을 투자하고 주로 타인이 수행한 공동사업의 결과에 따른 손익을 귀속받는 계약상의 권리가 표시된 것을 말한다(자본시장법 제4조 제6항). 한편 파생결합증권이란 기초자산의 가격·이자율·지표·단위 또는 이를 기초로 하는 지수 등의 변동과 연계하여 미리 정하여진 방법에 따라 지급하거나 회수하는 금전 등이 결정되는 권리가 표시된 것으로서 위 법에서 명시하는 일정한 권리 등을 제외한 것을 말한다(자본시장법 제4조 제7항). 마지막으로 증권예탁증권이란 위 제2항 제1호부터 제5호까지의 증권을 예탁받은 자가 그 증권이 발행된 국가 외의 국가에서 발행한 것으로서 그 예탁받은 증권에 관련된 권리가 표시된 것을 말한다.

2. 문제의 제기

가상자산에 대하여 자본시장법상 증권에 해당한다고 보아 위 법률 규정을 적용할 수 있는지 여부에 관하여 다양한 논의가 있다. 만약 가상자산이 투자계약증권 등 자본시장법상 증권에 해당한다고 본다면 불공정거래규제, 금융투자업규제 등의 다양한 규제를 받게 된다.

예를 들어, 위 가상자산의 발행자가 이에 대한 모집 또는 매출을 하는 경우 자본시장법 제119조에 의하여 그 모집 또는 매출에 대한 신고서를 금융위원회에 제출하여 수리되어야 하고, 위 가상자산을 매매하는 자가 누구든지 자본시장법 제178조의 부정거래행위 등의 금지 규정 등의 규제를 받아 가상자산을 투자하려는 고객들을 보호할 수 있는 법적 장치를 두게 될 것이다.

3. 외국의 동향

(1) 영국

영국의 경우 가상자산을 공식적으로 유형화시켰는데 영국의 금융감독청(Financial Conduct Authority, 이하 'FCA')은 가상자산을 교환토큰(exchange token), 유틸리티토큰(utility token), 증권토큰(security token)으로 분류한다.[2] 교환토큰은 유통·교환을 목적으로 발생한 가상자산으로, 대표적으로 비트코인을 들 수 있다. 교환토큰은 일반적인 증권과 달리 탈중앙화된 분산원장에서 거래되는 특징을 갖고 있다.[3)]

유틸리티토큰이란 블록체인 플랫폼상에서 다양한 재화 및 서비스에 사용될 수 있는 가상자산으로 투자자산이 아니므로 그 보유자는 의결권 또는 이익배당청구권을 갖지 않는다. 영국 FCA는 일반적으로 유틸리티토큰에 대하여 증권법의 규율을 받지 않는다고 보고 예외적으로 이머니토큰(E-Money Token)은 증권법의 규제대상으로 본다.[4)]

마지막으로 증권토큰은 특정 투자에 대한 권리 또는 의무를 수반하는, 일반적으로 배당 등 이익을 얻으려 보유하려는 가상자산으로 증권법상 주식 또는 채권에 해당할 수 있다. 이에 따라 전통적인 의미의 증권과 마찬가지로 증권법의 적용을 받아 발행 및 공시, 투자 등에 있어서 위 증권법의 규제를 받게 된다. 규제의 강도는 보통 증권토큰이 가장 높고, 그 다음 교환토큰이고, 유틸리티토큰이 가장 적은 규제를 받게 된다.[5)]

(2) 미국

미국의 경우 가상자산이 증권에 해당하는지 여부에 관하여 대표적인 금융감독당국에 해당하는 상품선물거래위원회(Commodity Futures Trading Commission, CFTC)와 증권거래위원회(The Securities and Exchange Commission, SEC)의 견해가 엇갈리고 있다.[6)] CFTC는 가상자산을 상품 또는 파생상품으로, SEC는 가상자산을 증권으로 보고 있어 잠재적인 관할권 충돌의 문제가 발생할 수 있다. 가상자산이 상품거래법(Commodity Exchange Act)에 따른 상품으로 분류되는 경우 CFTC의 강력한 규제의 대상이 된다.[7)]

SEC는 가상자산이 증권법(Securities Act 1933)에 따른 증권에 해당한다면 증권의 공모규제, 불공정거래 금지 등 증권의 발행과 유통에 관한 여러 가지 법령이 적용된다고 본다. SEC는 현재 존재하는 가상자산 중 일부는 증권법상 '증권'의 하나로 '투자계약(investment contract)'에 해당한다고 보고 이에 대하여 2013년 3분기부터 2020년 4분기까지 43건의 소 제기, 32건의 행정절차를 진행하였다.[8)]

그중 가장 대표적인 사건이 SEC v. Ripple Labs, Inc. 사건으로 이 사건에서 SEC는 2020. 12. 22. 리플사와 그 경영진들을 대상으로 뉴욕연방지방법원에 리플사가 발행한 가상

2) FCA, 2019, p. 8.
3) 김갑래, "미국과 EU의 가상자산거래자 보호제도의 시사점", 자본시장연구원, 이슈리포트 21-13, 4쪽.
4) 상게논문.
5) 상게논문, 5쪽.
6) Deway, Joe, "Blockchain & Cryptocurrency Regulation 2021 USA", GLI, https://www.globallegalinsights.com/practice-areas/blockchain-laws-and-regulations/usa.
7) 김갑래, 전게논문, 9쪽.
8) Conerstone Research(2021), p. 1, 이러한 조치 중 43건의 소 제기는 대부분 불공정거래행위에 관한 것이고, 32건의 행정절차는 보통 공시위반 또는 금융투자업자 등의 등록위반이었다.

자산인 리플이 화폐에 해당하지 않고 증권법상 증권에 해당하므로 그 규제를 받아야 하는데 그 규제를 따르지 아니하였다는 이유로, 민사처벌금 부과, 금지명령 등을 주요 내용으로 하는 소를 제기하여 현재 소가 계속 중이다.[9)]

SEC는 2019년경 디지털 자산의 투자계약 지침(Framework for “Investment Contract” Analysis of Digital Assets)을 발표하였는데 이에 따르면 가상자산의 증권성 여부는 미국 연방 대법원 판결인 SEC v. W.J. Howey Co., 328 US. 293(1946)에서 확립된 Howey test[10)]의 기준에 따라 판단하여야 한다는 것이다.

Howey test는 위 판결과 관련하여 특정한 거래가 증권법상 증권(투자계약)에 해당하는지 판단하기 위하여 미국 연방 대법원이 제시한 기준으로, 현재까지 증권법상 증권성 해당 여부를 판단하는 근거가 되고 있다. 위 기준에 의하면 특정한 거래에 대하여 ① 자금의 투자가(investment of money), ② 공동의 사업에 이루어지고(in a common enterprise), ③ 타인의 노력에 의존하여(be derived from the efforts of others), ④ 수익이 발생하리라는 합리적인 기대(reasonable expectation of profits)가 있다면 투자계약에 해당한다고 보았다.

위 지침에 따르면 SEC는 가상자산과 관련하여 위 Howey test를 적용하는 과정에서 미국 연방대법원의 입장에 따라 증권의 해당 여부는 거래의 형식이 아닌 경제적 실질을 중심으로 보아야 하고, 전통적인 증권의 양태를 가지는지와 상관없이 모든 계약이 적용대상이 될 수 있다고 한다. 특히 SEC는 위 Howey test를 가상자산에 적용하는데 있어 모든 ICO는 ① 자금의 투자 요건을 만족하고, ② 투자자들과 발행인 간에 연계가 있는 경우가 많으므로 공동 사업의 요건도 만족한다고 보므로, 결국 ③, ④ 요건인 타인의 노력에 의존하여[11)] 수익이 발생하리라는 합리적인 기대가 있는지[12)]에 따라 증권성 여부를 판단하게 된다.

4. 우리나라의 동향

우리나라의 경우 최근 정부 차원에서 기초자산이 있는 가상자산인 ‘증권형 토큰’에 대

9) SEC v. Ripple Labs, Inc., Bradley Garlinghouse and Christain A. Larsen, SEC Complaint, United States District Court Southern District of New York, 2022. 12. 22., 이에 대하여 리플사 측은 위 리플코인이 금융기관 사이에 이루어지는 국제 송금 또는 결제 수단으로 발행된 것으로 증권에 해당한다고 볼 수 없다고 반박하였다.

10) “Investment Contract” exists when there is the investment of money in a common enterprise with a reasonable expectation of profit to be derived from the efforts of others.

11) 이를 인정할 수 있는 표지로 예를 들면 능동적인 참가자(Active Participants, AP)가 가상자산 발행을 주도한 자로서 가상자산을 발행하거나 위 가상자산의 시장가격을 유지하기 위한 활동을 행한 경우, AP가 가상자산이 본래의 목적에 따라 운영되도록 하는 중요한 업무를 수행하거나 감독하는 경우 등이 있다.

12) 이를 인정할 수 있는 표지로 예를 들면 가상자산의 소유자가 당해 가상자산을 통하여 이루어지는 사업의 이익을 배당받거나 가상자산의 가치 상승이 기대되는 경우, 가상자산의 시장가격과 그 가상자산으로 구매 가능한 재화 또는 서비스의 가격 사이에 큰 연관성이 없는 경우, 가상자산의 매수인을 ‘투자자’로, 매수행위가 ‘투자’로 일컫게 되는 경우 등이 있다.

하여 이를 자본시장법상 투자계약증권으로 포섭하여 자본시장법을 적용하는 방안을 추진 중이다.[13] 증권형 토큰에 대하여 자본시장법이 적용되면 이를 발행하려는 자가 금융위원회에 증권신고서를 제출하여 승인을 받으면 증권형 토큰의 발행(Security Token Offering, STO)이 가능해지고 이를 발행하는 과정에서 투자자들에게 투자설명서를 제공하여야 하는 등 그 투자 과정에서 투자자 보호 제도에 따른 규율을 받게 될 수 있다.

일반적으로 증권형토큰의 경우 배당 등 이익을 얻기 위하여 보유하는 토큰이고 앞서 본 영국에서 정의한 증권형토큰과 유사하게 볼 여지가 있지만 영국 금융당국의 관련 법제에 대한 해석이 우리나라의 금융당국에도 마찬가지로 적용될지 아직까지 분명하지는 않다. 다만 우리나라 금융당국인 금융위원회는 최근 분산원장 기술(Distributed Ledger Technology)을 활용해 자본시장법상 증권을 디지털화(Digitalization)한 것을 '토큰 증권'으로 규정하고 토큰 증권 발행·유통(Security Token Offering, STO)을 허용함과 아울러 '토큰 증권 가이드라인'을 배포하여 특정 가상자산이 증권, 그중에서 특히 투자계약증권에 해당하는지 여부에 대한 기준을 제시한 바 있다. 위 가이드라인에서는 사업 운영에 대한 지분권을 갖거나 사업의 운영성과에 따른 배당권 또는 잔여재산에 대한 분배청구권을 갖게 되는 경우 등은 증권에 해당할 가능성이 높다고 제시하고, 발행인이 없거나 투자자의 권리에 상응하는 의무를 이행해야 하는 자가 없는 경우 등에 대하여는 증권에 해당할 가능성이 낮다고 예시하고 있다.[14] 이에 따르면 동산, 지적재산권 등에 대한 권리를 토큰화한다면 토큰 증권에 포함될 수 있고, 반면에 비트코인 등 탈중앙화된 가상자산은 토큰 증권으로 보기 어려울 것이다.

한편 우리나라의 대법원에서는 가상자산에 대하여 '재산적 가치가 있는 무형의 재산'에 불과하다고 보고 있고,[15] 하급심 법원에서는 가상자산이 자본시장법상 투자계약증권에 해당하는지 여부에 대하여 이 사건을 비롯하여 2건의 판결[16]이 있는데, 모두 증권성을 부인한 바 있다.

5. 대상판결의 경우

가장 대표적인 가상자산인 비트코인을 살펴보면, 비트코인의 경우 단지 결제만을 목적으로 발행되었고 비트코인 자체는 블록체인 상에 기록된 정보에 불과하여 추가적인 권리가 존재하지 않아 자본시장법상 금융투자상품 또는 증권에 해당한다고 보기 어려울 것

---

13) '기초자산 있는 코인 만들고 이름 뿐인 가상자산은 퇴출', 매일경제신문(2021. 6. 28.자), https://www.mk.co.kr/news/economy/view/2021/06/624315/.

14) 금융위원회, 2023. 2. 6.(월) 보도자료, "토큰 증권(Security Token) 발행·유통 규율체계 정비방안-자본시장법 규율 내에서 STO를 허용하겠습니다.-"

15) 대법원 2018. 5. 30. 선고 2018도3619 판결.

16) 대상판결 외에 의정부지방법원 고양지원 2021. 9. 10. 선고 2019가단78506 판결(현재 의정부지방법원 2021나219018호로 계속 중)이 있다.

이다.[17] 그러나 비트코인 외 다른 가상자산의 경우 발행 목적과 내용, 그 조건 등에 따라 금융투자상품 또는 증권에 해당할 여지도 있으므로 해당 가상자산이 증권성이 있는지 여부는 당사자의 의사, 투자 동기, 내용 등 구체적 사실관계를 고려하여 개별적으로 판단하여야 할 것이다.[18]

이 사건의 경우 문제가 된 A토큰은 거래소가 자체적으로 발행한 가상자산으로 자본시장법상 증권성이 있는지가 쟁점이었다. 이와 관련하여 위 A토큰은 거래소가 일정한 기한에 토큰 보유자에게 일정한 금원을 지급해야 한다는 채무가 결합되어 있지 않으므로 채무증권으로 볼 수 없고, 출자지분 등의 권리가 표시되거나 신탁의 수익권이 표시되었다고 볼 수 없어 지분증권이나 수익증권에 해당한다고 볼 수 없을 것이다. 또한 파생결합증권이나 증권예탁증권의 요건에도 부합하지 않는 것으로 보인다.

결국 A토큰이 투자계약증권에 해당하는지 여부가 중요해지는데 특히 '거래소 수수료 수익 중 일정액을 지급하거나 수수료에 따라 토큰을 지급하는 방법으로 이익을 취득한다'는 점 등을 광고한 점에 주목하여 타인과의 공동사업의 결과에 따른 손익을 귀속받는지 문제될 수 있다. 생각건대, 자본시장법상 투자계약증권은 특정 투자자가 그 투자자와 타인 간의 공동사업에 금전 등을 투자하고 주로 타인이 수행한 공동사업의 결과에 따른 손익을 귀속받는 계약상의 권리가 표시된 것을 말하는데, 이 사건 A토큰은 위 거래소에서 거래소 수수료 수익 중 일정액을 현금 또는 토큰으로 지급한다고 광고하였는바 외관상 위 A토큰에 거래소 사업 결과에 따른 이익을 귀속받는 것처럼 보인다.

그러나 실질적으로 투자자들이 위 A토큰을 투자하는데 있어 위 수수료 이익의 수취는 위 A토큰에 대한 투자의 본질적인 목적으로 보이지 않는다. 오히려 위 A토큰이 위 거래소에 상장되고 위 수수료 수익을 보장해주는 데에 따른 반사효과로 시세 급등에 대한 기대로 투자자들이 이를 매수하였을 것으로 보인다. 더구나 위 A토큰은 위 거래소 사업에 손실이 발생할 경우 그 손실이 A토큰의 투자자들에게 귀속되지 않는 것으로 보이는바 투자계약증권의 본질적 요소를 갖추지 못한 것으로 보인다.

그와 같은 점들을 참작하여 대상판결도 A토큰에 대한 투자계약증권에 해당하는지 여부를 부인한 것으로 보인다.

---

17) 권오훈·김병연, "가상자산의 법적 성질 — 미국과 한국의 증권규제를 중심으로", 상사판례연구 제34권 제3호(2021. 9. 30.), 한국상사판례학회, 407~408쪽.

18) 예를 들어 가상자산 발행자가 의료사업과 관련한 블록체인을 형성하고 이에 연동된 가상자산을 발행하는데, 이용자가 그 사업과 제휴를 맺고 회원을 가입한 병원에서 진단을 받고 의료정보를 제공하면 그 이용자에게 그 가상자산을 지급해준다고 할 때 그 가상자산은 그 사업에 대한 지분을 부여받은 것이 아니어서 지분증권이 아니고, 타인의 사업에 대한 결과로서의 손익이 귀속되는 것도 아니므로 투자계약증권에 해당하지도 않을 것이다.

Ⅲ. 대상판결의 평가

A토큰 등 가상자산에 대한 판례의 입장은 대체로 증권성은 인정할 수 없으며, 일정한 무형의 재산적 가치만 갖추었다는 것이다. 대상판결에서 위 가상자산에 대하여 증권성을 인정하지 못하는 것은 무엇보다 자본시장법이 가상자산과 같은 디지털 자산의 출현을 예상하여 제정된 것이 아니고 위 법률에 명시된 증권의 필수 요소를 갖추지 못하기 때문이다.

요컨대 대상판결 선고 이후 앞으로 문제될 수 있는 다양한 가상자산에 대하여 판단함에 있어 그 본질적인 표지를 추출하여 그 유형을 세부적으로 분류한 후 일정한 요건을 갖춘 가상자산에 대하여 증권성이 있다고 본다면, 이러한 가상자산들은 자본시장법 등에 따라 공시규제, 투자자보호규제 등에 따라 규율을 받을 수 있다고 볼 여지가 있을 것이다.

[9] 가상자산발행자가 작성한 백서에 기재된 내용의 진술보장책임과 관련한 손해배상책임

—서울중앙지방법원 2021. 3. 25. 선고 2019가합578367 판결, 2021. 4. 10. 확정—

[사실 개요]

1. 피고 A는 2018. 3. 설립한 ** 가상자산거래소(이 사건 판결에서는 암호화폐거래소라고 지칭하고 있다. 이하 '이 사건 가상자산거래소')를 운영하는 회사이고, 원고들은 피고 A 운영 가상자산거래소에서 가상자산거래를 해온 고객들이다. 한편, 피고 B는 피고 A의 대표이사, 피고 C는 피고 A의 사내이사로 피고 A의 경영진이다.
2. 이 사건 가상자산거래소는 2018. 8.경 ***이라는 가상자산(이하 '이 사건 가상자산')을 5,000억 개를 발행하였다.
3. 이 사건 가상자산거래소의 고객 중 일부가 이 사건 가상자산 투자로 손해를 보게 되자 피고 B, C를 형사고소하였는데 위 고소사건에서 검사는 2020. 10.경 혐의없음 처분을 하였다.
4. 원고들은 피고들을 상대로 피고들이 이 사건 가상자산을 사용할 수 있는 생태계를 조성할 의사와 능력이 없음에도 마치 그러한 생태계를 조성할 것처럼 거짓말을 하고, 이 사건 가상자산의 채굴기능, 수익배분기능, 코인세일기능 및 상장투표기능 등을 계속해서 유지할 의사와 능력이 없음에도 마치 그 기능을 계속 유지할 것처럼 거짓말하고, 이 사건 가상자산의 유통을 제한하는 바이락(buy lock), 이 사건 가상자산거래소가 이 사건 가상자산을 매입하는 바이백(buy back) 등의 행위로 이 사건 가상자산의 가치를 유지하여 해외거래소에 이 사건 가상자산을 상장하겠다거나 어느 가격 이하로는 거래하지 않도록 하겠다는 등 지속적인 거짓말을 하여 원고들은 이를 믿고 이 사건 가상자산을 매수하여 손해를 입었다고 주장하면서 피고들을 상대로 상법 제389조, 상법 제210조, 상법 제401조 제1항 및 민법 제760조에 기한 손해배상을 구하는 이 사건 소를 제기하였다.

[판결 요지]

1. 이 사건 가상자산의 기능, 비전 등과 관련하여 이 사건 가상자산거래소가 발행한 백서나 인터넷 홈페이지에 원고들의 주장과 유사한 내용이 일부 기재되어 있는 점은 인정된다.

2. 원고들이 이 사건 가상자산을 매수하였다는 점을 인정할 증거가 없으므로 원고들의 이 사건 청구는 더 나아가 살필 필요 없이 이유 없다(원고들 중 일부만이 변론종결일 이후 피고 A의 금융계좌로 자금을 보낸 표와 금융기록을 제출하였는데 위 제출기록만으로

는 원고들이 이 사건 가상자산을 구매하였다는 증거가 되지 못한다).

3. 이 사건 가상자산거래소가 발행한 백서에 '본 백서는 계약서 또는 약정이 아니며 판매자의 재량에 따라 언제든지 변경되거나 업데이트 될 수 있다는 사실을 유의하시기 바랍니다. 백서에 포함된 내용 중 어떠한 것도 투자활동에 참여하기 위한 초대나 유인으로 간주되어서는 안 되며 구매자 스스로 투자에 관한 모든 리스크를 신중하게 판단하고 평가해야 합니다'라는 기재가 있는 점, 이 사건 가상자산투자자가 피고 B, C를 사기죄로 고소한 형사사건에서 검사가 이 사건 가상자산 백서에 공지한 대부분의 정책이 실행되었고, 정책이 변경되거나 폐지된 부분이 있더라도 이는 회사의 내부적이고 고유한 권한에 따라 결정된 것이라는 피고인들의 주장이 신빙성이 있으며 고소인들이 회사의 정책이 변경된 이후에도 이 사건 가상자산을 거래해 온 점을 근거로 피고 B, C에 대해 혐의없음 처분을 한 점에 비추어 원고들의 주장만으로는 피고들이 이 사건 가상자산과 관련하여 원고들을 기망하여 재산상 이득을 편취하였다고 인정하기 부족하다.

해설

Ⅰ. 가상자산을 발행하면서 작성한 백서(white paper)의 법적 의미

1. 백서(white paper)

원래 정부가 정책 등에 관하여 국민들에게 제공하는 보고서를 말하는 것이었으나 가상자산생태계에서는 가상자산발행자가 자금모집을 하면서 자신이 발행하는 가상자산과 관련하여 발행자, 개발자, 운영자 등에 대한 정보, 발행하는 가상자산의 개수, 유통량 및 소각량 등에 대한 정보, 발행하려는 가상자산이 운용되는 디지털 네트워크 생태계 형성 로드맵 등을 기재한 문서로서 인터넷을 통해 불특정 다수가 볼 수 있다.

가상자산에 투자하는 사람들은 극 초기의 프로젝트에 투자하는 사람들이다. 발행할 가상자산을 실제로 사용할 수 있는 디지털 네트워크가 구성되지 않은 상태에서 향후 발행할 가상자산이 사용될 디지털 네트워크를 건설하기 위한 자금조달을 위한 정보전달을 백서로 하는 것이고, 투자자들은 위 백서를 보고 가상자산에 투자하고 있으므로 사실상 주식시장에서 증권신고서와 같은 역할을 하고 있다. 그러나 자본시장법에서는 증권을 발행할 때 증권신고서를 금융위원회에 제출하여 수리를 받지 아니하면 증권모집을 할 수 없도록 하고 있는데 가상자산을 발행할 때에는 아직 이러한 규제가 없으므로 과장되고 투자자를 유혹하는 백서가 많이 작성되어 투자자의 피해를 유발하고 있다.

허위사실을 기재하거나 사실을 과장하여 투자자를 현혹시키는 행위에 대해서는 형법상 사기죄, 유사수신규제법, 표시광고법 등이 적용을 검토할 수 있을 뿐 가상자산발행 당시의 백서를 직접 규제할 법은 현재로서는 없다.

2. 백서에 허위의 사실을 기재하거나 사실을 과장하여 투자자로 하여금 잘못된 판단을 내리도록 유도하는 경우

(1) 이와 관련한 판결 및 법률규정을 소개한다.

상품의 선전, 광고에 있어 다소의 과장이나 허위가 수반되는 것은 그것이 일반 상거래의 관행과 신의칙에 비추어 시인될 수 있는 한 기망성이 결여된다고 하겠으나, 거래에 있어서 중요한 사항에 관하여 구체적 사실을 신의성실의 의무에 비추어 비난받을 정도의 방법으로 허위로 고지한 경우에는 기망행위에 해당한다(대법원 1993. 8. 13. 선고 92다52665 판결)는 대법원 판결이 있고, 하급심 판결로는 아파트입주자모집공고는 주택공급계약의 청약 그 자체라고는 할 수 없지만, 그 공고는 대량의 주택공급거래에서 불특정다수의 수요자에게 주택공급계약의 내용을 일률적으로 미리 알리고 그 내용에 따른 주택공급청약을 하게 한 후 추첨을 거쳐 당첨자와 사이에 정형화된 주택공급계약을 체결하기 위한 절차로서, 특별한 사정이 없는 한 분양자는 분양계약 체결시에 입주자모집공고상의 주택공급조건과 같은 내용의 계약을 체결하는 것이라고 보아야 할 것이므로, 위 아파트의 분양자는 위 분양광고나 분양안내책자대로 시공되지 아니한 하자 또는 미시공 부분에 대한 그 보수 혹은 재시공 비용 상당의 손해를 배상할 책임이 있다(서울지방법원 2000. 3. 31. 선고 97가합61423 판결, 확정됨)는 판결이 있다.

한편, 현대산업화 사회에 있어 소비자가 갖는 상품의 품질이나 가격 등에 대한 정보는 대부분 생산자 및 유통업자의 광고에 의존할 수밖에 없으며(대법원 1993. 8. 13. 선고 92다52665 판결 참조), 표시광고법(2020. 12. 29. 법률 제17799호) 제3조에 따르면 '사업자등은 소비자를 속이거나 소비자로 하여금 잘못 알게 할 우려가 있는 표시, 광고 행위로서 공정한 거래질서를 해칠 우려가 있는 다음 각 호의 행위를 하거나 다른 사업자등으로 하여금 하게 하여서는 안 된다'고 규정하면서 ① 거짓, 과장의 표시광고, ② 기만적인 표시광고, ③ 부당하게 비교하는 표시광고, ④ 비방적인 표시광고를 들고 있다. 이를 위반한 경우 공정거래위원회는 부당한 표시광고행위를 한 사업자등에 대하여 그 시정을 위해 위반행위의 중지, 시정사실의 공표, 정정광고 등의 조치를 명할 수 있고(표시광고법 제7조), 이를 이행하지 아니할 경우 이행강제금과 과징금을 부과할 수 있다(같은 법 제7조의 5, 제9조). 또한 부당한 표시 광고행위를 하거나 다른 사업자등으로 하여금 하게 한 사업자에게는 2년 이하의 징역 또는 1억 5,000만원 이하의 벌금에 처하도록 하는 형사벌칙규정을 두고 있다.

(2) 허위의 사실을 백서에 기재하는 경우

가상자산을 매수하는 투자자는 향후 발행될 가상자산이 백서에 기재된 바와 같이 발행, 유통, 소각이 되고, 가상자산이 사용될 네트워크 역시 백서에 기재된 바와 같이 건설될 것이라고 기대하고 투자할 것이므로 특별한 사정이 없는 한 백서와 명백하게 다르게 가상자산을 발행, 유통, 소각하거나 백서에 기재된 바와 다르게 네트워크의 건설이 이루어지는 경우 그로 인하여 투자자가 손해를 입었다고 한다면 백서를 발행한 자는 불특정 다수를 상대로 기망행위를 하여 투자자들로부터 코인, 토큰 매각대금을 수령하였다고 할 것이므로 사기죄가 성립한다.

(3) 과장된 광고로 가상자산 투자자들의 합리적 투자판단을 저해하였다고 보이는 경우

백서의 기재내용이 가상자산 판매를 위해 과장되었으나 기망에 이르렀다고까지는 보이지 않는 경우 사기죄가 성립되지 않더라도 위에서 본 표시광고법위반죄가 성립할 여지가 있다.

Ⅱ. 백서에 기재한 투자 유의 기재 또는 약정이 아니라는 기재의 법적 의미

1. 이 사건 가상자산의 백서에는 '본 백서는 계약서 또는 약정이 아니며 판매자의 재량에 따라 언제든지 변경되거나 업데이트 될 수 있다는 사실을 유의하시기 바랍니다. 백서에 포함된 내용 중 어떠한 것도 투자활동에 참여하기 위한 초대나 유인으로 간주되어서는 안되며 구매자 스스로 투자에 관한 모든 리스크를 신중하게 판단하고 평가해야 합니다'라고 기재되어 있다.

대부분의 백서에는 자신들이 어떠한 프로젝트를 만들겠다는 것을 세상에 알리는 내용이 주로 기재되어 있을 뿐 이를 기초로 투자하라거나 이 백서의 기재 내용을 보장하기 위해 노력하겠다는 등의 내용은 전혀 없다. 오히려 백서에 어떠한 법적인 의미도 부여해서는 아니 된다는 취지의 기재만 있을 뿐이다.

2. 코인, 토큰을 발행하는 블록체인 프로젝트에서 백서의 기능

실제 건설되었거나 만들어지는 디지털 네트워크도 없어 블록체인프로젝트에 대한 설계나 설명만이 있는 단계에서 자금을 조달하는 경우 백서의 기재에도 불구하고 백서는 향후 가상자산을 매수하는 사람들에게 가상자산의 가치에 대한 설명이나 광고역할을 하게 된다. 따라서 투자자들이 가상자산을 매수하는 근거를 제공하는 이상 백서의 내용에 허위가 있거나 과장된 표현으로 투자자를 잘못된 판단에 이르게 하는 경우에는 앞서 본 바와 같이 사기 혹은 유사수신행위에 해당할 수 있고, 사기가 아니더라도 표시광고법위반죄에 해당할

수 있다. 백서에 허위나 과장된 표현이 있는데 주의사항으로 백서에 기재된 내용이 재량에 따라 언제든지 변경되거나 업데이트 될 수 있으며 투자활동을 위한 초대나 유인이 아니라고 기재한다고 하여 법적 책임을 면제받는다고 해석할 수는 없다. 다만 피해자의 과실을 참작하여야 하는 경우 그러한 기재가 피해자의 과실로 평가받을 가능성은 존재한다.

3. '백서는 계약서 또는 약정이 아니다', '판매자의 재량에 따라 백서는 언제든지 변경되거나 업데이트 될 수 있다', '백서에 포함된 내용 중 어떠한 것도 투자활동에 참여하기 위한 초대나 유인으로 간주되어서는 안 되며 구매자 스스로 투자에 관한 모든 리스크를 부담한다'는 백서의 각 기재는 면책조항으로 해석할 수는 없다.

Ⅲ. 형사법적으로 사기, 유사수신행위에 해당하지 않는다고 하더라도 민사상 불법행위에는 해당하는지 여부

1. 형사책임과 민사책임의 차이

형벌법규의 해석은 엄격하여야 하고 문언의 의미를 피고인에게 불리한 방향으로 지나치게 확장해석하거나 유추해석하는 것은 죄형법정주의의 원칙에 어긋나는 것으로서 허용되지 않는다. 나아가 사적 자치의 원칙이 지배하는 경제활동의 영역에서 민사적 방법으로 분쟁을 해결하기보다 형벌법규로써 규율하는 것은 형벌권의 과도한 개입을 가져와 개인의 자유를 침해할 위험이 있을 뿐만 아니라 합리적이고 자율적인 이해관계 조정을 왜곡하는 부정적 효과를 낳을 수 있으므로 자제되어야 한다(대법원 2020. 6. 18. 선고 2019도14340 전원합의체 판결).

민사소송에서 불법행위에 기한 손해배상책임이 성립한다고 하여 바로 해당 불법행위를 구성요건으로 하는 형사법규위반이 유죄가 된다고 할 수 없다. 왜냐하면 민사소송과 형사소송은 그 소송의 목적이나 법관의 심증의 정도에서도 차이가 있기 때문이다. 형사상 유죄판결이 확정된 경우 특별한 사정이 없는 한 그 피해자가 가해자에 대해 불법행위에 기한 손해배상청구권을 가지게 되지만 그 반대의 경우가 항상 명확한 것은 아니다.

실제로 피해자가 가해자를 상대로 사기, 유사수신행위 등을 이유로 고소를 하였으나 수사기관에서 불기소처분을 한 사건의 경우에도 민사상 손해배상책임을 인정한 하급심 판결이 적지 않다.

2. 백서에 허위나 과장된 기재가 있거나, 백서의 내용이 투자자의 판단을 흐리게 하거나, 가상자산발행인 혹은 유통사가 가상자산 구매자들 대부분의 동의 없이 투자자의 기존 투자 아이디어를 훼손하는 방향으로 백서를 변경한 것이 형사상 책임을 부담하지 않는다고 하더라도 곧바로 민사상 책임이 부정되는 것은 아니다. 특히 가상자산의 경우에는 아직 관

련 규제가 만들어지지 않았기 때문에 민법 등 관련 규정의 유추해석이 현실적으로 더욱 필요하다. 형사법규는 죄형법정주의의 대원칙에 비추어 쉽게 유추해석을 할 수 없다.

Ⅳ. 이 사건에서의 적용

1. 이 사건에서 법원은, 원고들은 이 사건 백서를 보고 이 사건 가상자산을 매수하기로 결정하고 이 사건 가상자산을 구매하였다는 증거가 없다는 이유로 원고들의 손해배상청구를 기각하였다. 통상의 경우 원고들이 이 사건 가상자산을 구매하지 않았음에도 이 사건 손해배상청구를 하는 것은 이례적이라고 할 것이어서 이 부분에 대해 원고들에게 좀 더 입증할 수 있는 기회를 부여하지 않은 것은 아쉬운 점이다.

2. 법원은 가정적 판단으로 아래와 같은 이유로 피고들이 손해배상책임을 부담하지 않는다고 판단하였다.

① 이 사건 가상자산거래소가 발행한 백서에 '본 백서는 계약서 또는 약정이 아니며 판매자의 재량에 따라 언제든지 변경되거나 업데이트 될 수 있다는 사실을 유의하시기 바랍니다. 백서에 포함된 내용 중 어떠한 것도 투자활동에 참여하기 위한 초대나 유인으로 간주되어서는 안 되며 구매자 스스로 투자에 관한 모든 리스크를 신중하게 판단하고 평가해야 합니다'라는 기재가 있다.

② 이 사건 가상자산투자자가 피고 B, C를 사기죄로 고소한 형사사건에서 검사가 혐의없음 처분을 하였다(대상판결은 불기소 결정서의 '이 사건 가상자산 백서에 공지한 대부분의 정책이 실행되었고, 정책이 변경되거나 폐지된 부분이 있더라도 이는 회사의 내부적이고 고유한 권한에 따라 결정된 것이라는 피고인들의 주장이 신빙성이 있으며 고소인들이 회사의 정책이 변경된 이후에도 이 사건 가상자산을 거래해 왔다'는 기재를 근거로 들었다).

3. 법원의 위 판단에 대해 백서의 면책규정을 이유로 바로 이 사건 가상자산 구매자에 대한 불법행위를 면책하기 어려운 점은 앞서 본 바와 같다. 이 사건에서 원고들이 백서의 면책규정의 효력에 대해 충분히 공방하지 않았기 때문에 백서의 면책규정의 효력에 대한 판시는 따로 없었다. 이 사건 판결에서 법원은 또한 원고들이 피고 B, C를 사기죄로 고소한 사건에 대해 혐의없음 결정이 내려져 피고 B, C에 대하여 형사책임을 묻기 어렵게 된 사정을 민사상 불법행위책임의 성립되지 않는 근거로 삼았는데 형사판결에서 위법성이 인정되지 않은 경우와 달리 수사기관에서 불기소처분을 받은 경우에는 불기소책임의 근거가 민사책임의 성립되지 않는 근거가 될 수 있는지 보다 면밀히 판단하여야 할 것이다.

Ⅴ. 결론

1. 가상자산 발행 당시 공표한 백서에 허위 사실이 기재되어 있거나 과장된 표현으로 투자자의 합리적인 투자판단을 저해하게 한 경우 백서를 보고 투자를 한 투자자는 가상자산 발행인 또는 유통한 사람을 상대로 손해배상청구를 할 수 있다.

2. 가상자산 발행인이 작성한 백서에 투자자에 대한 책임을 면책하도록 하는 기재가 되어 있다고 하더라도 바로 그 기재에 따라 가상자산 발행인이 면책되는 것은 아니다.

3. 가상자산 발행인 또는 유통한 사람을 상대로 한 형사소송에서 불기소처분이 내려지거나 기소가 되더라도 무죄판결이 내려진 경우 바로 민사상 책임이 부정되는 것은 아니다.

4. 가상자산 관련 법규가 아직 정비되지 않은 상태에서 가상자산 투자가 활발히 이루어지고 있는 현실에 비추어 볼 때 백서가 일종의 투자자에 대한 가이드 역할을 하고 있으므로 이에 대한 허위기재나 과장된 기재는 적어도 표시광고법을 위반한 위법한 행위로 민사상 불법행위를 구성할 수 있다고 할 것이다.

[10] 코인공개모집(ICO, Initial Coin Offering)과 손해배상책임

—서울중앙지방법원 2021. 5. 13. 선고 2019가합530075 판결,
서울고등법원 2021나2019451 항소기각, 대법원 2022다263943으로 상고 중—

[사실 개요]

1. 원고는 가상자산 거래소의 운영본부장으로 근무하고 있었던 자로서 피고 회사가 진행하는 엘** 프로젝트('이 사건 토큰 프로젝트') 팀원의 소개로 이 사건 토큰 프로젝트에 투자자로 참여하였다. 피고 A는 피고 회사의 회장이고, 피고 B는 피고 회사의 부회장으로 재직하면서 실제로 피고 회사를 운영한 자이며, 피고 C는 2018. 5. 25.부터 2019. 3. 8.까지 피고 회사에서 대표이사로 재직한 자이다.
2. 이 사건 토큰 프로젝트는 이 사건 토큰을 발행한 다음 업무협약을 맺은 제휴사를 통해 이 사건 토큰을 결재수단으로 사용할 수 있는 독자적인 생태계로서의 블록체인 플랫폼을 구축하는 것이었고, 이 사건 토큰은 몰타를 본점소재지로 한 엘*** 주식회사에서 발행하기로 하였다. 그러나 엘*** 주식회사는 이 사건 변론종결일 현재까지 몰타에서 법인으로 설립되지 않았다.
3. 이 사건 토큰 프로젝트의 사업자금을 모집하기 위하여 가상자산공개(ICO)를 기획하였는데 이 사건 ICO를 위하여 엘*** 회사가 발행한 백서(WHITE PAPER, 이하 '이 사건 백서')에는 전체 토큰 수는 32억 개이고, 1차 세일에서는 토큰 당 가격 0.015달러, 2차 세일에서는 토큰 당 0.02달러이며, 이 사건 토큰은 실생활에 융합되어 실시간 사용이 가능한 암호화폐라고 기재되어 있다. 한편, 피고 회사는 이 사건 백서에 이 사건 토큰을 ERC-20 표준으로 발행하겠다고 하였으나 아직 이 사건 토큰을 발행하지 않았으며 2019. 3. 이후 이 사건 토큰 프로젝트는 중단상태이다.
4. 엘*** 주식회사 명의로 2018. 9. 롯데관광 주식회사, 토니모리 주식회사 등과 이 사건 토큰 프로젝트에 따라 이 사건 토큰이 실사용 가능하도록 협조한다는 내용의 업무협약서가 작성되었다.
5. 원고는 이 사건 백서를 확인한 다음 2018. 9.경 엘*** 주식회사와 원고가 이 사건 토큰 당 0.015달러를 기준으로 하여 원고가 엘*** 주식회사에 이더리움을 교부하고 엘*** 주식회사는 원고에게 이 사건 토큰을 지급하기로 하는 교환계약(이하 '이 사건 교환계약')을 체결하였다.
6. 원고가 근무하던 가상자산 거래소는 2019. 10. 엘*** 주식회사와 이 사건 토큰을 원고가 근무하는 가상자산 거래소에 상장하는데 협력하고 및 거래소 상장관련 사업설명회를 엘*** 주식회사 비용으로 진행한다는 취지의 업무협약을 체결하였다.
7. 원고는 2018. 10. 원고가 근무하는 가상자산거래소 대표이사 계정으로 피고 C의 지갑주소로 2,916 이더리움을 전송하였고, 피고 회사는 원고에게 이메일을 전송하여 원고가 이메일 내 링크에 접속하여 로그인하면 지급받을 이 사건 토큰 수를 확인할 수 있도록 하였다.
8. 피고 회사는 원고가 근무하는 가상자산 거래소와의 업무협약에 따라 2018. 11. 베트남에서 밋업 행사를 개최하였고, 피고 C는 원고로부터 송금받은 이더리움 2,916개 중 원고를 소개한 ***에게 830

개를, 베트남 밋업행사비용으로 원고 근무 가상자산 거래소에 243개를, 우크라이나 소재 회사에 코인기술개발비로 590이더리움을 전송하였고, 자신이 관리하던 이더리움을 매각하여 피고 회사에 3억 9,800만 원을 입급하였다. 피고 C가 피고 회사에 입금한 돈은 대부분 인건비와 사무실 운영비로 사용되었다.

9. 원고는 피고 회사로부터 이 사건 토큰을 지급받지 못하였고, 이 사건 토큰 프로젝트가 중단되는 바람에 이 사건 토큰 매수대금 명목으로 지급한 2,916개 상당의 이더리움의 손해를 입었다고 하면서 피고들을 상대로 ① 이 사건 토큰 프로젝트를 추진할 의사와 능력이 없음에도 원고를 기망하여 2,916개의 이더리움, 원화 환산가액 6억 6500만 원 상당의 손해를 입었다고 주장하며 불법행위에 기한 손해배상책임을 부담하고, ② 피고 회사가 발행할 이 사건 토큰을 개당 0.015달러에 정하여 원고가 송금할 이더리움과 교환하는 교환계약을 체결하였는데 피고 회사가 이 사건 토큰을 교부하지 않고 있으므로 채무불이행에 따른 손해배상책임을 부담한다고 주장하면서 이 사건 소를 제기하였다.

[판결 요지]

1. 피고 회사는 우크라이나 회사와 이 사건 토큰 프로젝트의 핵심 기술인 지정맥 기술을 가상자산 보안시스템으로 채용하여 이 사건 토큰을 결제수단으로 사용할 수 있도록 하는 내용의 개발용역계약을 체결하고, 그에 대한 대가로 원화 1,370만 원 상당을 지급하였고, 위 우크라이나 회사는 개발용역에 따른 주간보고서를 피고 회사에 송부하기도 한 점, 피고 회사는 엘*** 주식회사 설립과 관련하여 법무법인과 자문계약을 체결하였고, 몰타소재 회계법인과도 자문계약을 체결하고, 회계법인이 요청한 법인설립 관련 서류를 회계법인에도 송금하였으나 법인설립비용을 지급하지 못하여 엘*** 주식회사의 설립이 무산된 점, 지정맥 기술에 대해서는 국내에서 이미 개발이 완료되어 있었고, 피고 회사에는 지정맥 기계도 설치된 점, 한 점, 이 사건 토큰을 ERC-20 표준으로 발행하는 것 자체에는 시간과 비용이 많이 들지 않는 점(1,000만 원 내지 2,000만 원을 지급하면 1주일 내에 외주용역을 통해 ERC-20 표준 토큰은 쉽게 발행할 수 있다는 점은 원고도 이를 인정하고 있다), 피고 회사는 2018년 경 국내 면세점과 피고 회사가 면세점에 관광객을 송객하여 면세점 매출이 발생하면 면세점이 피고 회사에 매출에 따른 일정 비율의 수수료를 지급하기로 하는 업무제휴협약을 체결하고 있었으며 피고 A은 롯데그룹 대주주의 인척으로 면세품을 저렴하게 구입할 수 있는 경로가 있었던 것으로 보이는 점, 이 사건 토큰 프로젝트가 성공한다면 피고 회사와 제휴를 한 제휴사를 상대로 이 사건 토큰이 결제수단으로 사용되어 독자적인 생태계를 구축할 수 있는 가능성이 있는 점, 원고가 피고 회사에게 지급한 이더리움 중 30%는 원고 운영의 가상자산거래소와 원고에게 토큰 판매수수료 및 밋업 행사비용으로 지급되고 기술개발비 및 운영비로 사용되었고, 개인적인 용도

나 이 사건 토큰 프로젝트 외의 용도로 사용되었음을 인정할 자료는 없는 점, 피고들에 대한 업무상 횡령 고소사건의 경우 피고들은 모두 혐의 없음 처분을 받은 점을 종합하면 피고들이 이 사건 토큰 프로젝트를 추진할 의사와 능력이 없으면서 원고를 기망하여 원고로부터 이더리움 2,916개를 편취하였다고 인정하기는 부족하다.

2. 한편, 이 사건 토큰 프로젝트 사업 진행이 차질을 빚게 되자 원고 운영의 가상자산 거래소가 피고 B에게 엘*** 주식회사가 2019. 6. 30. 가상자산 거래소에 이 사건 토큰을 상장시키지 못하면 엘***가 위 가상자산 거래소에 원금과 이자를 상환하기로 하는 내용의 추가협약서를 송부하면서 이에 서명해 달라고 요청하였으며, 피고 B가 카카오톡 메신저를 통해 곧 위 추가협약서에 서명하여 보내겠다는 취지로 답한 사실은 인정되나 위 사실만으로는 피고들이 이 사건 가상자산공개가 최소 모집금액에 미달하거나 이 사건 토큰 발행에 실패할 경우 원고가 피고 회사에 지급한 이더리움을 반환하기로 하는 약정을 체결하였다고 인정하기 부족하다.

3. 원고와 피고 회사 사이에 원고가 이더리움을 지급하면 엘***가 원고에게 이 사건 토큰을 정해진 가격에 따라 지급하겠다는 내용의 교환계약이 체결된 사실은 인정되나 이 사건 교환계약서는 엘***가 아직 설립되지 않았고, 이 사건 토큰도 발행되지 않은 시점에 작성된 점, 이 사건 교환계약의 목적은 이 사건 토큰과 이더리움과의 교환비율을 정하는 데 있었다고 보이는 점, 원고는 이 사건 토큰이 아직 발행되지 않았다는 사정을 잘 알면서 이 사건 교환계약서를 작성하고 이더리움을 전송하였으며 이 사건 토큰을 교부받을 기한을 명시하였다고 볼 자료는 없는 점, 이 사건 백서에는 엘***가 공개적으로 자금을 모집하여 그 자금으로 법인설립, 마케팅 비용, 개발비용 등을 지출하여 이 사건 토큰을 개발하기로 되어 있는 점, 원고는 이 사건 가상자산공개가 진행되기 전에 이 사건 토큰을 매수하기로 한 점을 종합하여 볼 때 원고의 피고 회사에 대한 이더리움 지급의무와 엘*** 주식회사의 이 사건 토큰 교부의무가 동시이행관계에 있다고 볼 수 없고, 가상자산공개의 특성상 향후 개발될 토큰의 교부의무는 '법인으로 설립된 엘***가 그 명의로 이 사건 토큰을 발행할 것'을 정지조건으로 하여 효력을 발생하는 것이라고 보는 것이 타당하다.

4. 설령 이 사건 토큰 교부의무가 원고와 피고 회사 사이의 토큰 교환계약에 따라 확정적으로 발생하였고, 이 사건 토큰 프로젝트의 실질적 주체인 피고 회사가 위 교환계약의 당사자로서 위 교부의무를 이행하지 않았다고 하더라도 ERC-20 표준으로 토큰을 발행받는 것 자체로는 아무런 경제적 가치를 가진다고 볼 수 없으므로 피고 회사의 교환의무 불이행으로 인하여 원고가 지급한 이더리움 상당의 손해를 입었다고 볼 수 없다.

5. 위 교환계약에 따라 피고 회사가 가상자산공개에 실패하더라도 자체적으로 자금을

조달하여 이 사건 토큰의 가치를 상승시켜야 할 의무가 있는지에 관하여 살피건대, 이 사건 백서에 가상자산공개시 참여자는 투자한 가상자산을 돌려받을 수 없다고 명시되어 있는 점, 가상자산공개의 일반적 특성상 토큰발행인에게 가상자산공개에 참여한 일반 투자자에게 선관주의의무를 넘어서는 범위에서 코인개발사업을 성공시킬 의무가 있다고 볼 수는 없다.

해설

Ⅰ. 문제의 소재

1. 2017년부터 2018년 경 블록체인프로젝트의 내용을 백서에 기재하고 그 백서에 공감하는 전 세계 투자자들로부터 비트코인이나 이더리움을 송금받는 가상자산공개 즉 ICO가 유행하였다. ICO에 투자한 투자자들은 자신이 투자한 비트코인 혹은 이더리움의 대가로 블록체인프로젝트 개발팀으로부터 코인 혹은 토큰을 지급받았다. 이처럼 투자자들에게 교부된 코인, 토큰이 가상자산거래소에 상장된 경우 투자자들은 엄청난 수익을 얻는 경우가 많이 발생하였다.

2. 이렇듯 ICO에 참여한 투자자들이 엄청난 수익을 얻는 경우가 많아졌고, 이러한 ICO 붐을 틈타 가능성이 없는 블록체인 혹은 가상자산프로젝트도 많이 생겨났다. ICO를 준비하는 블록체인 혹은 가상자산 프로젝트 팀에 미리 돈을 지급하고 ICO로 자금을 모집하는 경우의 코인, 토큰 가격보다 낮은 가격에 코인과 토큰을 매수하려는 시도가 많이 생겨났다. 이 사건 역시 아직 코인, 토큰도 발행하지 아니한 상태에서 해당 프로젝트가 ICO를 성공적으로 마치고 가상자산 거래소에 발행한 코인, 토큰이 상장되어 큰 수익을 얻을 것이라는 기대하에 블록체인 혹은 가상자산 프로젝트의 진행을 위해 거액의 이더리움을 투자한 사건이다.

3. 이러한 경우 블록체인프로젝트 또는 가상자산프로젝트가 어떠한 경위로 진행이 되지 않아 투자자가 사실상 투자한 비트코인 혹은 이더리움을 회수할 수 없는 경우 투자자가 블록체인프로젝트 혹은 가상자산 프로젝트를 진행하는 팀에 어떠한 책임을 물을 수 있는지 검토할 필요가 있다.

Ⅱ. ICO(가상자산공개)로 자금을 모집하는 경우 자금모집회사의 불법행위책임 성립여부

1. 사기의 불법행위 성립여부

먼저 ICO의 경우 불특정다수로부터 가상자산을 받고, 자신이 백서에 기재한 프로젝트에 사용될 코인이나 토큰을 받는 것으로서 대부분 '투자가 아니다', '환불이 되지 않는다', '향후에는 백서내용이 임의로 변경될 수 있다'는 등의 기재가 되어 있다. 사기가 되려면 기망이 있어야 하는데 비트코인이나 이더리움 혹은 테더와 같은 스테이블코인으로 토큰 구매를 하는 경우 투자자가 국제적으로 분산되어 있고, 백서의 기재만 보고 투자하는 경우가 많을 뿐 아니라 백서에 명확하게 보장내용이 없어 쉽게 기망을 인정하기 어렵다.

이 사건과 같이 ICO 전 단계에서 ICO 보다 더 낮은 가격으로 향후 발행될 코인, 토큰을 구매하는 계약을 체결하는 경우 이더리움, 비트코인 등을 받아 이를 해당 프로젝트에 사용하지 않았다면 일반 사기죄로 의율이 가능하다.

2. 자본시장법 위반

자본시장법상 금융투자상품은 이익을 얻거나 손실을 회피할 목적으로, 현재 또는 장래 특정 시점에 금전, 그 밖의 재산적 가치가 있는 것을 지급 약정함으로써 취득하는 권리이다. 그 중 증권은 내국인 또는 외국인 발행 금융투자상품으로 투자자가 취득과 동시에 지급한 금전 등 외 어떠한 명목이든 추가지급의무 부담하지 않는 것이고, 증권 중 투자계약증권은 특정 투자자가 그 투자자와 타인(다른 투자자 포함)간 공동사업에 금전 등을 투자하고 주로 타인 수행 공동사업 결과에 따른 손익을 귀속 받는 계약상 권리가 표시된 것을 말한다. 지난 수년간 금융/수사당국이 스테이블 코인 포함 가상자산을 증권으로 판단해 금융규제 적용한 사례는 없었으나, 최근 머지포인트, 뮤직카우 등 사건 계기로 전자금융거래법, 자본시장법 등 금융규제로 의율하고자 하는 시도를 본격화하고 있다.

ICO로 자금을 모집하면서 토큰이나 코인을 배부한다고 할 때 해당 토큰이나 코인의 경우 자본시장법상 투자계약증권의 정의에 해당된다고 인정될 가능성이 크고 그렇다면 자금모집을 하는 경우 증권신고서를 금융위원회에 제출하여야 하는 의무를 부담하게 된다.

3. 표시광고법 위반

표시광고법 제3조 제1항 제2호, 같은 법 시행령 제3조 제2항에 의하면, 기만적인 광고는 사실을 은폐하거나 축소하는 등의 방법으로 소비자를 속이거나 소비자로 하여금 잘못 알게 할 우려가 있는 광고행위로서 공정한 거래질서를 해칠 우려가 있는 광고를 말한다. 한편 일반 소비자는 광고에서 직접적으로 표현된 문장, 단어, 디자인, 도안, 소리 또는 이들의 결합에 의하여 제시되는 표현뿐만 아니라 거기에서 간접적으로 암시하고 있는 사항, 관례적이고 통상적인 상황 등도 종합하여 전체적·궁극적 인상을 형성하므로, 광고가 소비자를 속이거나 소비자로 하여금 잘못 알게 할 우려가 있는지는 보통의 주의력을 가진 일반 소비자가 그 광고를 받아들이는 전체적·궁극적 인상을 기준으로 하여 객관적으로 판단하여야 한다. 그리고 표시광고법이 부당한 광고행위를 금지하는 목적은 소비자에게 바르고 유용한 정보의 제공을 촉진하여 소비자로 하여금 올바른 상품 또는 용역의 선택과 합리적인 구매결정을 할 수 있도록 함으로써 공정한 거래질서를 확립하고 소비자를 보호하는 데 있으므로, '기만적인 광고'에 해당하는지는 광고 그 자체를 대상으로 판단하면 되고, 특별한 사정이 없는 한 광고가 이루어진 후 그와 관련된 상품이나 용역의 거래 과정에서 소비자가 알게 된 사정 등까지 고려하여야 하는 것은 아니다(대법원 2017. 4. 7. 선고 2016두61242 판결).

인터넷에 올려진 백서에 코인, 토큰을 투자함에 있어 그 위험성을 잘못 알리는 기재가 있다고 한다면 표시광고법 위반으로 불법행위를 구성한다고 볼 여지가 있다.

Ⅲ. ICO 전 단계에서 코인, 토큰을 미리 구매하는 경우의 불법행위 책임 혹은 채무불이행 책임

1. ICO를 하기 전에 향후 발행할 코인, 토큰을 미리 매수하기로 하는 계약의 경우에는 여러 문제를 야기한다. ICO의 백서에 발행된 코인, 토큰을 ICO 가격보다 저가로 매수한 매수자가 있음을 알리지 않는다면 그 자체로 사기, 혹은 표시광고법 위반이 된다고 할 것이다.

2. ICO 이전 코인, 토큰 매매계약을 한 경우 당사자 사이의 사기 등 불법행위 혹은 채무불이행 책임 여부에 대해서는 해당 계약의 해석문제로 귀착된다.

Ⅳ. 이 사건에의 적용

1. 이 사건에서 법원은 ICO 전 단계에서 향후 피고 회사가 발행할 토큰을 이더리움을 주고 지급받기로 하는 계약을 가상자산간의 교환계약으로 판단하면서, 여러 사정을 종합하면 미리 지급한 이더리움은 이 사건 토큰 프로젝트를 진행할 자금으로 사용될 것을 예상하고 있었으므로 특별히 원고가 지급한 이더리움을 사업 진행이 아닌 다른 용도에 사용하지 않은 이상 이 사건 토큰 프로젝트가 진행되지 않아 토큰을 받지 못하였다는 이유로 처음부터 이더리움을 편취할 목적으로 원고를 기망한 것은 아니라고 판단하였다.

그 주요한 이유 중 하나는 ERC-20 토큰 자체의 발행은 쉽게 할 수 있는 것으로 중요한 것이 아니고 이 사건 토큰이 결제수단으로 사용될 생태계를 조성하여야 이 사건 토큰이 가치가 있고, 가상자산거래소에 상장이 가능하다는 것이었다.

2. 원고가 주장한 채무불이행 책임에 대해서도 원고와 피고 사이의 이 사건 토큰 교환계약은 피고 회사가 원고에게 이 사건 토큰을 교부하는 것으로 끝나는 것이 아니라 사실상 이 사건 토큰 프로젝트가 성공하여 가상자산 거래소에 상장하는 것까지 이루어져야 함을 전제로 하는 것이고, ICO가 실패하여 자금이 부족하게 되더라도 피고들이 자체자금으로 이 사건 토큰 프로젝트를 성공시켜야 할 의무를 부담하는 것은 아니므로 피고들에게 어떠한 채무불이행은 없었다고 판시하였다.

Ⅴ. 결론

1. ICO 전 단계에서 향후 ICO가 성공할 것을 예상하고 ICO의 자금보다 낮은 가격으로 코인, 토큰을 받기로 하는 계약의 해석과 관련한 사례이다. 지급받은 가상자산으로 코인이나 토큰 프로젝트를 위해 사용하였다면 설령 ICO가 실패하여 코인, 토큰 프로젝트가 무산되더라도 처음부터 투자자를 기망하였다고 보기 어렵다는 판결이다.

2. 채무불이행책임 관련해서도 ICO 전 단계에서 코인, 토큰을 받기로 하고 가상자산을 지급하는 계약은 극히 위험한 투자의 일종으로 ICO가 실패하더라도 코인발행인이 부족한 자금을 자체적으로 조달하여 해당 프로젝트를 성공시키고 ICO에서 정한 가격 이상으로 발행된 코인, 토큰 가격을 유지하여야 할 의무를 부담한다고 해석할 수는 없다는 판결이다.

3. 대상판결은 항소심에서 결론이 유지되었으며 현재 상고심 진행 중이므로 대법원의 최종 판단을 주목할 필요가 있다.

[11] 가상자산 판매대행을 하는 자가 가상자산 발행자에 대한 권리

―서울중앙지방법원 2021. 10. 28. 선고 2020가합533292 판결, 2021. 11. 20. 확정―

[사실 개요]

1. 피고 회사는 만보기 앱을 기반으로 얻을 수 있는 가상자산인 'A코인'을 보험사나 쇼핑몰 등 제휴업체에서 사용할 수 있도록 하는 사업(이하 'A코인 사업')을 추진하였던 회사이고, 피고 B는 피고 회사의 대표이사이다.
2. 원고는 2018. 8. 3. 피고 회사로부터 공급받은 A코인을 판매하여 판매대금에서 판매대행수수료를 제한 나머지 대금을 피고 회사와 정산하기로 하는 내용의 A코인 서비스에 관한 판매 및 공급계약(이하 '이 사건 계약')을 체결하였다. 위 계약 제3조 제1항 제1호는 피고 회사의 의무로 'A코인이 금융상품으로 교환될 수 있도록 서비스 개발 및 관리'를 정하고 있고, 제5조는 이 사건 계약의 유효기간은 계약일부터 2018. 9. 30.까지라고 정하고 있다.
3. 원고는 이 사건 계약에 따라 피고 회사에 코인판매대금으로 2018. 8. 14.부터 2019. 3. 26.까지 합계 900,000,000원을 지급하였다.
4. 원고는 이 사건 소송을 통해 피고 회사를 상대로 아래와 같이 계약취소에 따른 부당이득반환청구, 계약해제에 따른 원상회복청구를, 피고들을 상대로 불법행위에 기한 손해배상청구를 하여 위 판매대금 상당의 금원의 지급을 구하였다.

   가. 피고 회사에 대한 계약 취소 및 부당이득반환청구: 피고 회사는 피고 B를 통해 수익 보장 약정을 이행할 의사나 능력이 없었거나 정부의 가상자산 규제 등으로 그와 같은 약정이행이 불가능함을 알고도 원고를 기망하였고, 원고는 A코인 사업의 상당한 수익 전망과 투자금 회수 가능성에 대한 동기의 착오에 빠졌으며 위와 같은 동기는 원고가 표시하였거나 피고 회사에 의하여 유발된 것이므로 계약의 내용으로 편입되었다. 따라서 원고는 민법 제110조 제1항 또는 제109조 제1항에 따라 이 사건 계약을 취소하고 피고 회사는 원고가 지급한 코인 판매대금을 부당이득으로 반환할 의무가 있다.

   나. 피고 회사에 대한 계약 해제 및 원상회복청구: 피고 회사는 이 사건 계약에 따라 A코인이 금융상품으로 교환될 수 있도록 2018. 9.경까지 A코인을 거래소에 상장하여 서비스 개발 및 관리를 할 의무가 있음에도 이를 이행하지 아니하였다. 원고는 이 사건 소장 부본의 송달로써 3주 내에 위 서비스 개발의무를 완료할 것을 최고하고, 불이행시 이 사건 계약을 해제한다는 의사표시를 하였음에도 피고 회사는 이를 이행하지 않았으므로 이 사건 계약은 이행지체를 이유로 적법하게 해제되었다. 따라서 피고 회사는 원고에게 계약해제에 따른 원상회복으로 원고가 지급한 코인 판매대금을 반환할 의무가 있다.

   다. 피고 B에 대한 불법행위책임에 기한 손해배상청구: 피고 B는 가상자산 관련 사업의 전문가로서 정부의 가상자산 시장에 대한 고강도 규제와 가상자산 사업의 내재적 위험성에 비추어 A코인 사업 성공의 불확실성을 잘 알고 있음에도 A코인의 거래소 상장을 위한 준비가 완료된 것처럼 원고를 기망하여 이 사건 계약을 체결하게 하였다. 따라서 피고 B는 민법 제750조, 상법 제389조 제3항, 제210조에 따라, 피고 회사는 상법 제389조 제3항, 제210조에 따라 공동불법행위로 인한 손해배상으로서 원고가 지급한 코인 판매대금 상당을 지급할 의무가 있다.

[판결 요지]

1. 사기를 이유로 한 계약취소 및 불법행위 주장에 대한 판단

1) 상품의 선전·광고에서 다소의 과장이나 허위가 수반되는 것은 그것이 일반 상거래의 관행과 신의칙에 비추어 시인될 수 있는 한 기망성이 결여된다고 하겠으나, 거래에서 중요한 사항에 관하여 구체적 사실을 신의성실의 의무에 비추어 비난받을 정도의 방법으로 허위로 고지한 경우에는 기망행위에 해당한다(대법원 1993. 8. 13. 선고 92다52665 판결, 대법원 2014. 1. 23. 선고 2012다84417, 84424, 84431 판결 등 참조).

2) 피고 B가 피고 회사의 대표자로서 원고를 상대로 'A코인 사업과 관련한 원고의 투자원금은 물론 큰 수익을 확실히 보장해주겠다'고 기망하였다는 점 및 가상자산 시장에 대한 정부의 규제로 인하여 피고 회사가 2018년경부터 A코인 사업을 전혀 수행할 수 없게 되었다거나 사업진행에 현저한 장애가 초래되었음을 인정하기에 부족하고 달리 이를 인정할 증거가 없다.

또한 피고 회사의 실제 앱 개발 등 업무 진행 내용, 피고들의 회사 자금에 대한 사용처 및 금액, 피고 B에 대한 형사 고발사건에 대한 불기소처분 등의 사정을 고려하면, i) 피고 B가 헬스코인을 거래소에 상장시켜 위 사업을 성공시킬 의사와 능력이 없었다거나, ii) 원고를 상대로 헬스코인 사업전망이나 사업추진 일정에 관하여 사회관념상 용인될 수 있는 범위를 넘어 신의칙에 반하여 비난받을 정도의 방법으로 허위 또는 과장하여 고지하였다고 보기 어렵고, iii) 일부 코인 판매대금의 사용이 부적절하였다고 하더라도 그 규모나 용도 등에 비추어 원고가 위 자금의 실제 지출내역을 알았더라도 이 사건 계약을 체결하지 아니하였을 것이라고 단정하기는 어렵다.

따라서 피고 B가 A코인의 사업전망이나 상장 등을 비롯한 주요 사업일정 및 코인 판매대금의 집행용도에 관하여 각 원고를 기망하였다고 평가할 수 없으므로, 이 점을 전제로 하는 원고의 계약취소 주장 및 불법행위 주장은 각 나머지 점에 관하여 더 나아가 살펴볼 필요 없이 이유 없다.

2. 착오를 이유로 한 계약취소 주장에 대한 판단

피고 B가 원고에게 A코인의 상장을 전제로 원금을 포함한 큰 수익을 보장하는 기망행위를 하였다고 볼 수 없으므로 피고 B의 행위로 원고가 이 부분 착오에 빠졌다고 볼 수 없다. 또한 원고가 A코인의 상장을 통하여 막대한 수익을 예상하고 이 사건 계약을 체결하였다고 하더라도 이와 같은 사정은 계약 체결의 동기에 불과한데 위 동기가 피고 회사를 상대로 표시되거나 피고 회사에 의해 유발된 것이어서 계약의 내용으로 편입되었다고 볼 수 없다. 따라서 A코인 상장 및 수익보장과 관련된 부분이 계약의 내용이 되었음을 전제로 하는 원고의 착오 취소 주장은 나머지 점에 관하여 더 나아가 살펴볼 필요 없이 이유 없다.

3. 계약해제 주장에 대한 판단

이 사건 계약 제3조는 피고 회사의 의무로 'A코인이 금융상품으로 교환될 수 있도록 하는 서비스 개발 및 관리'를 명시하고 있고, 제5조는 계약의 유효기간을 2018. 9. 30.이라고 기재하고 있다.

그러나 이 사건 계약은 피고 회사가 발행하는 A코인 3억 개 상당을 원고에게 판매하되, 원고가 위 코인 판매대금 30억 원에서 수수료 40%를 공제한 18억 원을 피고 회사에 지급하는 것을 계약당사자의 주된 채무로 하여 체결되었으므로, 계약의 유효기간에 관한 위 계약규정이 피고 회사의 A코인 상장에 관한 의무이행기간이라고 단정하기 어렵다. 더욱이 이 사건 계약이 체결되기 수개월 전인 2018. 4.경 피고 회사에서 발행한 투자백서에는 A코인을 2018. 12.경 상장할 예정으로 표시하고 있는 점, A코인 앱조차 개발되지 않은 상태에서 이 사건 계약이 체결되었고, 원고 또한 이러한 사정을 충분히 알았다고 보이는 점까지 더하여 보면, 피고 회사가 2018. 8.경 이 사건 계약을 체결하면서 2018. 9. 30.까지 이행하기로 한 것은 주된 급부인 'A코인을 공급할 의무'에 한정되고, 이를 넘어서서 위 기한까지 A코인을 거래소에 상장시킬 의무를 이행하기로 약정하였다고 해석할 수는 없다(이 사건 계약 제3조가 정한 'A코인이 금융상품으로 교환될 수 있도록 하는 서비스 개발 및 관리의무'가 곧 'A코인을 거래소에 상장시킬 의무'라는 원고의 주장에 대하여 당사자 사이에 명시적인 다툼은 없다. 다만 가상자산의 상장은 거래소의 상장심사를 통과하여야 가능하므로 피고 회사에 책임을 돌릴 수 없는 사유로 계약목적 달성이 불가능할 수도 있다는 점, 문언 자체로 보더라도 '서비스 개발 및 관리'에서 곧바로 거래소 상장의 성공을 유추해낼 수는 없는 점 등을 고려하면, 위 규정에 기초한 피고 회사의 의무는 구체적으로는 피고 회사가 A코인을 가상자산 거래소에 상장시킬 수 있도록 서비스와 기술개발을 완료하고 제반 물적 설비를 갖출 의무 또는 피고 회사가 거래소 상장을 위한 선관주의를 다할 의무를 뜻한다고 보인다. 이러한 점에서도 원고의 이행지체 주장은 받아들일 수 없다).

그렇다면 피고 회사의 위와 같은 서비스 개발 관련 의무이행기한이 2018. 9. 30.임을 전제로 하는 원고의 이 부분 주장은 나머지 점에 관하여 더 나아가 살펴볼 필요 없이 이유 없다.

해설

Ⅰ. 대상판결의 의의 및 쟁점

대상판결에서 원고와 피고 회사는 피고 회사가 발행하는 A코인 3억 개 상당을 원고에게 판매하되, 원고가 위 코인 판매대금 30억 원에서 수수료 40%를 공제한 18억 원을 피고 회사에 지급하는 내용의 계약을 체결하였다. 그러나 원고가 위 코인 판매대금을 일부 피고 회사에 지급하였음에도 피고 회사가 그 대금을 정산하지 않자 원고는 피고들을 상대로 이 사건 소를 제기하였다.

대상판결에서는 피고 회사가 A코인의 상장 및 수익 보장 등의 사실에 대해 원고를 기망하거나 원고가 피고들에 의해 이에 대한 착오에 빠져 계약을 체결하였는지 여부, 피고 회사에게 이 사건 계약상 거래소 상장의무가 있는지 여부 및 해당 의무의 위반 여부, 피고 회사의 대표자인 피고 B의 기망행위에 따른 불법행위 책임 유무가 문제되었다.

Ⅱ. 대상판결의 분석

1. 사기를 이유로 한 계약취소

(1) 사기에 의한 의사표시는 취소할 수 있다(민법 제110조 제1항). 여기서 사기는 고의로 사람을 기망하여 착오에 빠지게 하는 행위로서, 이에 기해 의사표시를 취소하기 위해서는 첫째 사기자에게 고의가 있어야 하고, 둘째 사기자의 기망행위가 있어야 하며, 셋째 기망행위가 위법하여야 하고, 넷째 기망행위 → 착오 → 의사표시 사이에 인과관계가 인정되어야 한다. 여기서 기망행위란 표의자에게 그릇된 관념을 가지게 하거나, 그러한 관념을 강화 또는 유지하려는 모든 용태를 가리키는데, 아기에 의한 의사표시가 인정되기 위해서는 기망행위가 위법하여야 한다.

그런데, 상품의 선전·광고는 상품에 대한 정보의 제공을 넘어서 소비자의 감정과 희망을 자극하여 구매욕구를 일으키는데 그 목적이 있으므로 다소의 과장이나 허위가 수반되는 것이 보통이다. 따라서 상품의 선전·광고가 위법한 기망행위라고 보기 위해서는 거래에서 중요한 사항에 관하여 구체적 사실을 신의성실의 의무에 비추어 비난받을 정도의 방법으로 허위로 고지한 경우라야 한다(대법원 1993. 8. 13. 선고 92다52665 판결, 대법원 2014. 1. 23. 선고 2012다84417, 84424, 84431 판결 등 참조).

(2) 대상판결에서 원고가 피고들로부터 기망을 당하였다고 주장한 근거는 투자백서의 내용, 피고 B의 언동, 원고의 판매대금의 사용처 등이다. 특히 피고 회사가 발행한 투자백서들에 따르면, 피고 회사는 2018. 7.부터 자체 쇼핑몰 등에서의 결제 가능, 2018. 12.경 A코인의 국내외 거래소 상장 또는 2019. 1분기 글로벌 앱 출시, 2019년 하반기까지 거래소 상장과 같은 로드맵을 제시하였고, A코인 사업의 향후 가치에 관하여는 상장 전 A코인 이용자 1억 명 등록시 1인당 연간매출 10달러, 피고 회사의 기업가치 30억 6,400만 달러, 이용자 1억 명, 상장시에는 이용자 1인당 연간매출이 15달러, 기업가치가 46억 9,600만 달러로, 상장 후 이용자 20억 명 등록시에는 기업가치가 939억 2,000만 달러로 예측된다는 전망이 기재되어 있었으나, 이러한 일정 및 계획, 목표는 대부분 지켜지지 않았다.

그러나 코인 발행 및 판매를 목적으로 하는 피고 회사로서는 자신이 발행하는 코인의 발행일정 및 사업성을 긍정적으로 평가하여 일정과 사업 가치를 설정하기 마련이고, 피고 회사가 발행한 백서 역시 이러한 목적으로 제작, 배포되는 것으로 이러한 백서가 자본시장법상의 증권신고서와 같은 역할을 일응 담당한다고 하더라도 이에 대한 규제 제도가 전혀 없는 상황에서는 위 백서는 자금조달을 위한 설명이나 일종의 광고의 역할을 수행하게 되므로 그 내용에는 다소의 과장이나 허위가 수반된다고 볼 수밖에 없다. 따라서 피고 회사 및 피고 B가 이 사건 계약을 체결하는 과정에서 A코인의 발행일정, 상품가치, 상장 가능성 등 구체적 사실에 대하여 신의성실의 의무에 비추어 비난받을 정도의 방법으로 허위로 고지한 것인지가 문제된다.

그런데 대상판결에서 인정된 사실관계에 의하면, 피고 회사는 실제 2018. 10.경 전문 업체와 경영정보, 기술 및 노하우의 상호교환, 공동사업 추진, 마케팅 관련 업무 제휴 등을 범위로 하는 업무제휴를 하고, 같은 달에는 앱 개발 관련 용역계약을 체결하여 2019년에는 실제 A코인을 체굴할 수 있는 앱이 국내외에 출시되기도 하였으며, A코인 홍보 및 광고를 위한 계약체결, 앱의 거래소 상장을 위한 업무 협의를 진행하기도 하는 등 실제 다소 늦어지기는 하였지만 백서에 기재된 일정과 그 목표를 유사하게 달성 또는 달성하기 위해 노력한 것으로 보이는 등 피고들이 A코인의 상장을 통해 사업의 성공시킬 의사는 있었다고 보인다.

또한 피고 회사가 코인 판매대금 등 회사 자금 일부를 사업과 무관하게 지출한 정황(아파트 임대 비용 등)이 있기는 하였지만 대상판결은 사업과 전혀 무관한 비용은 100만 원도 채 되지 않았고, 대부분의 비용은 사업과 완전히 무관하다거나 피고 B 개인이 횡령하였다고 보기 어렵다고 판단하였으며, 원고의 고소에 따라 진행된 피고 B의 횡령 등에 대한 수사도 불기소처분을 받게 된 점 역시 중요한 판단 근거로 작용하였다.

결국 피고 회사가 결과적으로 백서에 기재된 내용을 모두 지키지 못하였다고 하더라도 피고들이 사회관념상 용인할 수 있는 범위를 넘어 신의칙에 반하여 비난받을 정도의 방법으로 허위 또는 과장하여 고지하였다고 보기는 어려울 것이므로 대상판결의 판단은 정당하다.

2. 착오를 이유로 한 계약취소

(1) 의사표시는 법률행위의 내용의 중요부분에 착오가 있는 때에는 취소할 수 있다. 그러나 그 착오가 표의자의 중대한 과실로 인한 때에는 취소하지 못한다(민법 제109조 제1항). 의사표시의 동기, 즉 행하여진 의사표시에 관한 고려, 근거 또는 기대가 잘못된 상황판단에 기초하여 이루어진 경우를 의미하는 동기의 착오의 경우에는 먼저 그 동기를 당해 의사표시의 내용으로 삼을 것을 상대방에게 표시하여 의사표시의 해석상 법률행위의 내용으로 되어야 하고, 다시 그 내용의 착오는 보통 일반인이 표의자의 입장에 섰더라면 그와 같은 의사표시를 하지 않았으리라고 여겨질 정도로 그 중요한 부분에 관한 것인 경우에만 착오를 이유로 이를 취소할 수 있다(대법원 2000. 5. 12. 선고 2000다12259 판결 등 참조). 다만, 이러한 동기의 착오가 타인의 기망행위로 인해 발생 또는 동기가 상대방에 의하여 제공되었거나 유발된 경우에는 '동기의 표시 여부와 무관하게' 취소를 인정하고 있다(대법원 2012. 12. 13. 선고 2012다65317 판결 등 참조).

(2) 원고는 피고 B의 기망행위를 통해 원고가 수익과 투자금 회수 가능성 등에 관해 착오에 빠져 이 사건 계약을 체결하였다고 주장하며 이를 이유로 이 사건 계약의 취소를 주장하였다. 이러한 원고의 착오는 일종의 동기의 착오에 해당되므로 이를 이유로 의사표시를 취소하기 위해선, 기망행위로 인해 발생되었거나 동기가 상대방에 의해 제공 또는 유발되었거나 이러한 동기가 표시되어 계약의 내용으로 편입이 되 필요가 있다. 그러나 위에서 본 바와 같이 피고 B의 행위는 기망행위로 보기는 부족하고, 수익과 투자금 회수 가능성에 대한 백서의 내용은 일종의 희망 또는 목표일 뿐 백서의 기재만으로 원고의 착오가 피고들에 의해 유발되었다거나 위와 같은 내용이 계약의 내용으로 편입되었다고 보기는 어려울 것이다.

3. 계약 해제 주장에 대한 판단

(1) 채무불이행을 이유로 한 계약 해제 주장과 관련하여서는, 피고 회사에게 A코인 상장 의무가 있는지가 주된 쟁점이 되었다.

(2) 이 사건 계약 제3조 제1항 제1호는 피고 회사의 의무로, 'A코인이 금융상품으로 교환될 수 있도록 하는 서비스 개발 및 관리'를 정하고 있고, 그 유효기간은 2018. 9. 30.로 기재하고 있는데, 원고는 위 조항의 내용을 'A코인의 거래소 상장 의무'로 해석하며 위 2018.

9. 30.까지 그 의무를 이행하여야 한다고 주장하였다.

위 계약서 문언 자체만으로 보더라도, 'A코인이 금융상품으로 교환될 수 있도록 하는 서비스 개발 및 관리'가 'A코인의 거래소 상장의무'로 해석할 수 있을지는 의문이다. 금융상품 교환을 위한 가장 손쉬운 방법이 거래소 상장이라는 점은 일반적으로 동의할 수 있으나, 금융상품 교환을 위해 거래소 상장이 필수적인 것은 아니고 거래소 상장을 통하지 않은 금융상품으로의 교환 방식도 얼마든지 가능할 수 있기 때문이다.

당사자들의 의사도 이러한 의무를 계약의 내용으로 정하였는지 불분명하였다. 우선 이 사건 계약의 주된 채무는 피고 회사가 발행하는 A코인 3억 개 상당을 원고에게 판매하되, 원고는 위 코인을 판매하여 판매대금에서 수수료를 공제한 금액을 피고 회사에 다시 지급하는 것이다. 따라서 계약의 유효기간을 정한 규정이 거래소 상장에 관한 의무이행기간이라고 보기는 다소 무리이다. 또한 코인의 거래소 상장은 당연히 코인 발행을 전제로 하는데 이 사건 계약을 체결할 2018. 8.경은 아직 채굴을 위한 앱도 개발되지 않은 상태여서 당사자들이 그로부터 약 한 달 후인 2018. 9. 30.까지 헬스코인을 거래소에 상장하기로 합의하였다고 보기는 시기상 어려워 보인다.

대상판결도 가상자산의 상장은 거래소의 상장심사를 통과하여야 가능하므로 피고 회사에 책임을 돌릴 수 없는 사유로 계약목적 달성이 불가능할 수도 있다는 점, 문언 자체로 보더라도 '서비스 개발 및 관리'에서 곧바로 거래소 상장의 성공을 유추해낼 수는 없는 점 등을 고려하면, 위 규정에 기초한 피고 회사의 의무는 구체적으로는 피고 회사가 A코인을 가상자산 거래소에 상장시킬 수 있도록 서비스와 기술개발을 완료하고 제반 물적 설비를 갖출 의무 또는 피고 회사가 거래소 상장을 위한 선관주의를 다할 의무 정도로 해석함이 타당하다고 보았다.

Ⅲ. 대상판결의 평가

대상판결은 가상자산 발행과 판매를 위한 계약을 체결한 원고가 가상자산의 상장 등이 제대로 이루어지지 않아 판매대금 정산이 이루어지지 않자 A코인 사업을 추진한 피고들에 대하여 기망행위, 착오에 의한 취소, 계약의 해제 등을 주장하며 원고가 피고에게 지급한 코인판매대금 상당액의 지급을 구한 사안으로 계약 관련 분쟁에 대한 다양한 쟁점이 판단되었다.

특히나 자금조달 단계에서의 가상자산 백서를 일종의 광고물로 본 점, 'A코인의 금융상품으로 교환될 수 있도록 하는 서비스 개발 및 관리'라는 계약 내용을 A코인의 거래소 상장과는 동일시 할 수 없다고 본 점은 주목할 만하다.

[12] 가상자산 용역업무 관련 원고가 하도급법상 수급사업자이고 피고가 원사업자인지 여부

— 서울남부지방법원 2021. 11. 25. 선고 2020가합110480 판결,

서울고등법원 2021나2051134로 항소 중 —

[사실 개요]

1. 프로그램 개발 서비스업 등의 업무를 수행하는 피고는 2018. 9. 12. A 회사로부터 'A 가치포털 운영 및 고도화 사업'(이하 '이 사건 사업') 용역을 계약금액 315,000,000원(부가가치세 별도, 착수금 30% 계약이행 또는 선급금 보증보험증권 제출 시, 중도금 40% 중간보고 완료 후, 잔금 30% 최종 검수 확인 완료 후 하자보증증권 제출 시에 각 지급), 용역기간 2018. 9. 13.부터 2019. 2. 12.까지로 정하여 위탁받았다(이하 '1차 계약').
2. 피고는 2018. 9. 13. 원고와 사이에 쌍방이 협력하여 이 사건 사업 용역을 최종 완성하되 원고는 사업 수행 책임자(이하 'PM') 투입, 개발 업무 및 과업의 전체 과정을 일임하여 진행하고 피고는 디자인, 퍼블리싱 및 기획 인력 투입 등을 담당하기로 하는 업무수행계약(이하 '이 사건 계약')을 체결하였다. 이 사건 계약에서 계약금액은 263,300,000원(선금 78,990,000원 피고가 선금을 받은 날로부터 7일 이내, 중도금 105,320,000원 피고가 중도금 받은 날로부터 7일 이내, 잔금 78,990,000원 피고가 잔금 받은 날로부터 7일 이내에 각 지급, 각 부가가치세 포함), 계약기간은 2018. 9. 13.부터 2019. 2. 12.까지, 납품 장소는 피고가 정하는 곳으로 정하였다.
3. 피고는 B 신문사에 1차 계약에 관한 보도자료를 제공하여 위 신문사 홈페이지에는 '피고, <u>A 블록체인 시스템 개편 사업 수주</u>'라는 제목의 기사가 게재되었다. A는 피고에 위 기사 제목과 내용 일부의 수정 또는 기사 삭제를 요구하였다. 이에 피고가 B 신문사 측에 기사의 수정을 요청하여 위 기사의 제목이 '피고, A 블록체인 포털사이트 개편 사업 수주'로 변경되었다(이하 '이 사건 기사').
4. A는 2018. 10. 26. 피고에 '피고는 1차 계약에 따라 수행하기로 한 업무가 블록체인 기술 개발이 아닌 <u>단순 사이트 개발 용역</u>이고, 사물인터넷(IoT) 기반의 블록체인 플랫폼과 전혀 연관이 없음에도 마치 피고가 당사와 블록체인 사업에 관한 협업을 하는 듯한 내용을 담고 있는 이 사건 기사 관련 보도자료를 당사의 최종 승인 없이 배포하였다. 이에 당사는 2018. 10. 17. 수차례 기사 삭제 요청을 하였지만 피고는 이에 응하지 않았다. 피고의 이 사건 기사 게재에 따른 1차 계약상 비밀 유지 의무 위반으로 인한 중대한 계약 불이행 검토와 피고의 비협조적인 태도로 당사는 피고와 계약관계를 유지할 수 있을지 우려된다. 이에 당사는 공식적으로 후속 조치를 강구할 예정이다'라는 내용증명우편을 발송하였다. 이후 A는 2018. 11. 2. 피고에 '이 사건 기사에는 A 가치포털 오픈 예정일, 그 기능과 목적 등에 관한 사항도 포함되어 있고, 이는 공공연히 알려져 있지 아니한 업무 관련 사항으로

1차 계약 제25조에 따른 비밀정보이고, 피고의 비밀 유지 의무 위반은 계약 해지 사유이다. 피고는 당사의 홍보팀이 이 사건 기사 관련 보도자료에 최종 승인을 하지 않았음에도 해당 보도자료를 배포하였다. 이 사건 기사의 배포는 이례적이고 계약 전 몰랐던 피고가 운영하는 블록체인 전문 자회사의 존재를 이 사건 기사로 알게 되어 당사는 스위스 본점과 그에 관한 긴급회의를 소집하였고 당사의 경영에 리스크로 작용하고 있다. 이에 1차 계약의 해지를 통보한다. 피고가 계약 체결일부터 2018. 10. 19.까지 이행한 용역에 관하여는 실비 기준으로 산정한 66,600,000원을 지급할 예정이다'라는 내용증명우편을 발송하였다.

5. A가 원고와 피고의 직원들에게 업무 수행 공간을 제공하였는데, 2018. 11. 20.경 원고와 피고에 요청하여 원고와 피고의 직원들은 2018. 11. 24. 1차 계약 체결 다음 날부터 위 공간에서 퇴실하였다. A는 2018. 11. 22. 피고에 1차 계약에 따른 용역 업무 수행에 대한 대가로 66,613,540원을 지급하였다. 이에 따라 이 사건 계약도 종료되었다.
6. 원고는 이 사건 소송을 통해 다음과 같이 주장하였다. ① 피고는 하도급법에 따른 원사업자이고 원고는 수급사업자인데, 원사업자인 피고의 귀책사유로 발주자인 A가 발주를 취소하여 이 사건 계약이 종료된 것은 하도급법 제8조에 따른 부당한 위탁취소에 해당한다. 따라서 피고는 원고에게 하도급법 제13조 제1항에 따른 하도급 대금 또는 같은 법 제35조에 의해 원고가 2018. 11. 23.까지 수행한 용역업무 비율인 47.7%에 해당하는 124,804,200원을 지급할 의무가 있다. ② 또한 원고가 나머지 용역을 수행하였다면 계약금 중 30%의 이익 37,771,581원을 얻었을 것이므로 하도급법 제35조에 따른 징벌적 손해배상규정에 따라 주위적으로 부당 발주취소행위로 인한 손해배상, 예비적으로 채무불이행 또는 불법행위로 인한 손해배상으로 위 돈의 2배인 75,543,162원을 지급할 의무가 있다. ③ 피고의 귀책사유로 1차 계약이 해지되지 않았다면 추후 A, 피고, 원고 사이에 후속 업무에 대한 계약(유지보수 계약, 2차 개편 사업 계약)을 체결할 수 있었을 것이고 이를 통해 이 사건 계약금액에서 통상적인 이익률 30%를 곱한 71,808,900원(= 239,363,000원 × 30%)의 이익을 얻었을 것이므로 피고는 위 돈을 원고에 손해배상으로 지급할 의무가 있다.
7. 이에 대해 피고는 다음과 같이 주장하였다. ① 1차 계약은 실질적으로 원고와 A 사이에 체결된 것이고 피고는 원고로부터 이 사건 사업 중 일부 용역만을 하도급 받은 것이므로 이 사건 계약은 실질이 하도급계약에 해당하지 않아 하도급법이 적용되지 않는다. ② 위 계약에 하도급법이 적용되더라도 피고가 이 사건 사업 수주 관련 보도자료를 배포하는 것은 피고 명의로 1차 계약 및 이 사건 계약을 체결하는 조건이었고 이는 원고와 합의한 것이다. 피고는 1차 계약에 따른 비밀 유지 의무를 위반하지 않았고 오히려 A로부터 부당한 해지 통보를 받았을 뿐이므로, 하도급법을 위반하지 않았다. 또한 원고는 피고가 준비한 이 사건 기사 관련 보도자료와 그에 관한 의견을 A애 전달하여 피고에 적극 협조 하였으므로 A의 계약 해지에 관하여 책임이 있다. 따라서 피고의 행위는 부당한 발주취소에 해당하지 않는다. ③ 피고는 원고로부터 이 사건 계약의 목적물을 수령하지 못했고 원고 주장의 기성고율도 인정할 수 없으므로 원고에 용역대금을 지급할 의무가 없다. ④ 피고는 원고가 A와 향후 계약을

체결하기로 논의하였다는 사실을 알지 못하였고 알 수도 없었으므로 원고가 주장하는 추가 계약 체결 관련 손해를 배상할 의무가 없다.

[판결 요지]

1. 이 사건 계약의 당사자 및 하도급법 적용 여부

가. 일반적으로 계약의 당사자가 누구인지는 그 계약에 관여한 당사자의 의사해석의 문제에 해당한다. 의사표시의 해석은 당사자가 그 표시행위에 부여한 객관적인 의미를 명백하게 확정하는 것으로서, 계약당사자 사이에 어떠한 계약 내용을 처분문서인 서면으로 작성한 경우에는 그 서면에 사용된 문구에 구애받는 것은 아니지만 어디까지나 당사자의 내심적 의사의 여하에 관계 없이 그 서면의 기재 내용에 의하여 당사자가 그 표시행위에 부여한 객관적 의미를 합리적으로 해석하여야 하며, 이 경우 문언의 객관적인 의미가 명확하다면, 특별한 사정이 없는 한 문언대로의 의사표시의 존재와 내용을 인정하여야 한다(대법원 2010. 5. 13. 선고 2009다92487 판결 참조).

하도급법 규정을 고려하면, 이 사건과 같이 재위탁계약이 체결된 경우 실질적으로 재수급사업자가 원사업자에게 용역 업무를 수행할 의무를 부담하고, 원사업자가 그에 대한 대가를 지급하는 등 당초 원사업자와 수급사업자 간의 하도급계약이 형식적·명목적인 것에 불과하다고 인정할 수 있는 특별한 사정이 없는 한, 원사업자와 재수급사업자 간에 하도급법 제2조 제1항이 규정하는 '하도급거래' 관계가 형성된 것으로 평가할 수는 없다.

당초 원사업자와 수급사업자 간의 하도급계약이 형식적·명목적인 것에 불과한지는 계약의 명칭이나 형식에 구애받지 않고 재위탁계약의 체결 경위, 재위탁계약상 기성 용역 업무 검수 주체와 용역 대금의 지급 과정 등에 비추어, 원사업자가 수급사업자의 존재에도 불구하고 재위탁계약의 용역 업무 내용과 범위, 용역 대금 등을 직접 결정하는 것으로 볼 수 있는지 등을 실질에 따라 판단하여야 한다.

나. 여러 제반사정을 종합하면, 1차 계약의 당사자는 실질적으로도 A와 피고이고, 1차 계약이 단지 명목적·형식적인 것에 불과하여 A와 원고 사이에 직접적·실질적인 거래 관계가 있다고 보기 어렵다. 피고가 A로부터 이 사건 사업 용역을 위탁받아 그중 PM 및 개발 용역을 다시 원고에게 위탁한 이 사건 계약은 하도급법상 하도급거래에 해당하고 그중 원고에 용역을 위탁한 회사이자 연간매출액이 더 많은 피고가 '원사업자', 원고가 '수급사업자'에 해당한다.

2. 하도급 대금 지급 청구

하도급법 제13조 제1항은 '원사업자가 수급사업자에게 제조 등의 위탁을 하는 경우에는 목적물 등의 수령일(용역위탁의 경우에는 수급사업자가 위탁받은 용역의 수행을 마친 날을 말한다)부터 60일 이내의 가능한 짧은 기한으로 정한 지급기일까지 하도급대금을 지급하여야 한다'라고 규정하고 있다.

이 사건 계약상 검수 및 납기에 관한 내용, 원고와 피고의 업무 방식 및 보고 체계 등 여러 제반사정들 고려하면, 수급사업자인 원고가 원사업자인 피고의 승인을 얻어 A에 직접 업무 보고를 함으로써 원고는 피고로부터 위탁받은 용역 중 이 사건 계약 종료 때까지의 부분에 관한 수행을 마쳤고 이는 피고가 그 부분 용역 위탁의 결과물을 수령한 것과 동일하다고 평가할 수 있다.

따라서 피고는 원고에게 이 사건 계약 종료 때까지 원고가 수행한 용역 업무에 대한 하도급 대금으로 계약금액 중 실제 용역 업무 수행 기간에 비례하는 124,804,200원(= 계약금액 263,300,000원 × 47.4%) 및 이에 대한 지연손해금을 지급할 의무가 있다.

3. 손해배상 청구

원고의 피고에 대한 179,666,112원(= 이 사건 계약에 따른 나머지 용역 업무를 수행하였다면 얻었을 이익에 대하여 그 돈의 2배인 75,543,162원 + 추가 손해 예정된 2차 개편 사업 71,808,900원 + 예정된 유지 보수 사업 32,314,050원)의 손해배상 청구는, A의 1차 계약 해지와 그에 따른 이 사건 계약 종료가 피고의 하도급법상 제8조 제1항에 따른 부당한 위탁취소이자 피고의 이 사건 계약상 의무 위반에 해당한다는 것을 전제로 한다.

그러나 이 사건 계약의 근본적인 해지 원인, 이 사건 기사 게재에 대한 원고의 관여 정도, A의 기사 삭제 요청에 대한 피고의 대응, 1차 계약상 비밀유지 의무의 범위 및 기사 게재 행위의 비밀유지 의무 위반 여부 등 여러 제반사정을 종합하면, 이 사건 계약의 종료가 피고의 귀책사유로 인한 것으로서 하도급법 제8조 제1항의 부당한 위탁취소에 해당한다거나 피고가 이 사건 계약상 의무를 위반하거나 불법행위를 하였다고 인정하기 부족하다.

4. 결론

피고는 원고에 하도급 대금 124,804,200원 및 피고가 용역 목적물을 수령한 날로부터 60일이 지난 이후로서 원고가 구하는 바에 따라 2019. 2. 1.부터 다 갊는 날까지 하도급법 제13조 제8항, 이에 따른 선급금 등 지연지급 시의 지연이율 고시(공정거래위원회 고시 제2018-21호)에서 정한 지연이율인 연 15.5%로 계산한 지연손해금을 지급할 의무가 있다.

해설

Ⅰ. 대상판결의 쟁점

대상판결에서 블록체인 사업을 새로이 진행하려는 A의 포털 사이트 개발 용역을 수급한 피고가 용역의 주요 부분(PM, 개발 용역)을 다시 원고에게 재위탁하였는데, 이후 A가 피고의 잘못된 홍보 행위를 문제 삼아 피고와의 1차 계약을 해지하게 되면서 피고와 원고 사이의 이 사건 계약 역시 종료하게 되었다.

대상판결은 이 사건 계약을 하도급계약으로 보고 피고의 원고에 대한 하도급 대금 지급의무를 인정하였다. 대상판결에서 피고는 먼저 실질적인 1차 계약의 당사자는 A와 원고라고 주장하며 이 사건 계약은 하도급계약이 아니라고 주장하였는바, 대상판결에서는 이 사건 계약의 당사자 확정과 이를 전제로 한 하도급법의 적용 여부, 하도급법이 적용되는 경우 원고가 이 사건 계약상 의무를 이행하였는지 여부, 손해배상청구와 관련하여서는 1차 계약 해지에 피고의 책임 존부 등이 문제되었다.

Ⅱ. 대상판결의 분석

1. 계약 당사자의 확정 및 하도급법의 적용 여부

(1) 하도급법이 적용되는 하도급거래는 '원사업자가 수급사업자에게 제조위탁·수리위탁·건설위탁 또는 용역위탁을 하거나 원사업자가 다른 사업자로부터 제조위탁·건설위탁 또는 용역위탁을 받은 것을 수급사업자에게 다시 위탁한 경우, 그 위탁을 받은 수급사업자가 위탁받은 것을 제조·수리·시공하거나 용역수행하여 원사업자에게 납품·인도 또는 제공하고 그 대가를 받는 행위'를 의미하고(제2조 제1항), 원사업자란 '중소기업자 중 직전 사업연도의 연간매출액이 제조등의 위탁을 받은 다른 중소기업자의 연간매출액보다 많은 중소기업자로서 그 다른 중소기업자에게 제조 등의 위탁을 한 자(같은 조 제2항 제2호)'를 의미하며, 수급사업자란 '제2항 각 호에 따른 원사업자로부터 제조등의 위탁을 받은 중소기업자(같은 조 제3항)'를, '발주자란 제조·수리·시공 또는 용역수행을 원사업자에게 도급하는 자(같은 조 제10항)'를 의미한다.

위와 같이 하도급법은 발주자 → 원사업자 → 수급사업자의 하수급 형태를 규정하고 있는데, 만일 원사업자와 수급사업자 간의 하도급계약이 형식적·명목적으로 이루어진 것으로 볼 수 있다면 이들 사이에는 하도급법이 적용되지 않는다고 봄이 타당할 것이다. 대상판결에서는 피고가 발주자로부터 도급받은 용역 업무의 주요 부분을 그대로 원고에 재위탁하였는바, 과연 하도급법상 피고가 원사업자이고 원고가 수급사업자인지, 아니면 원고가 실질적인 원사업자로서 하도급법이 적용되지 않는지가 계약의 해석과 관련하여 문제되었다.

(2) 일반적으로 계약 당사자의 확정은 당사자들의 의사해석의 문제이다. 이 때 처분문서에 의해 계약이 체결되었고 문언의 객관적인 의미가 명확하다면, 특별한 사정이 없는 한 문언대로의 의사표시의 존재와 내용을 인정하여야 한다는 것이 기본적인 대법원의 입장이다(대법원 2010. 5. 13. 선고 2009다92487 판결 등 참조). 또한 계약의 체결함에 있어 설령 자신은 형식상, 명목상 계약의 당사자로 될 뿐 실질적인 계약 당사자는 제3자와의 합의 등을 통해 제3자가 되기로 하였다고 하더라도 그러한 내용이 발주자와의 계약과정에서도 표시되어 해당 제3자를 실질적인 당사자로 하기로 하는 내용의 합의가 있었다는 등의 특별한 사정이 없는 이상 명의자가 계약의 당사자가 되어야 할 것이다.

결론적으로 대상판결은 1차 계약과 이 사건 계약의 해석 결과 1차 계약이 단지 형식적·명목적인 것으로 볼 수 없다면서 A는 발주자, 피고는 원사업자, 원고는 수급사업자에 해당한다고 보았다. 이러한 판단은 무엇보다 피고와 A 사이에는 처분문서를 통해 1차 계약이 체결되었으나 원고와 A 사이에는 아무런 계약이 체결되지 않은 점이 중요하게 고려되었다. 원고와 피고 사이에는 '1차 계약은 규모가 큰 피고 명의로 체결되지만 실질적으로는 원고가 피고에 하도급을 하는 것과 같다'는 취지의 이야기가 오고 갔던 것으로 보이나, 이러한 당사자 사이의 계약 체결의 동기나 합의 내용, 구체적 업무 분담에 관한 사항은 1차 계약의 당사자인 A와는 무관하며 A와 피고 사이의 계약 체결 과정에서 계약의 내용으로 편입되었다고 보기는 어려웠을 것이다.

또한 피고가 계약의 당사자로서 계약내용의 이행을 전혀 하지 아니한 것이 아니라 실질적인 업무를 한 사정도 존재하였다. 피고는 이 사건 사업을 위한 입찰절차에 참여하여 자신의 명의로 된 가격제안서의 제출, 제안설명회와 1, 2차 기술협상에의 참여, 계약 체결 후 A가 제공하는 프로젝트 룸에서 실제 업무를 수행하는 등 1차 계약과 이 사건 계약에서 정한 업무를 실제 수행하기도 하였다. 원고가 A에 대해 원고 직원을 통해 주간 업무 보고를 하였으나, 해당 보고서의 명의는 피고로 작성되었던바, 원고와 피고 모두 A에 대한 1차 계약의 당사자 및 이에 따른 직접 의무 이행자는 피고로 인식하였다고 봄이 상당해 보인다.

1차 계약의 당사자이자 발주자인 A의 의사 역시 중요하게 고려되었다. 대상판결에서 A 담당직원은 증인으로 출석하여, 1차 계약의 당사자는 원고가 아니라 피고로 생각하였고, 업무를 주도한 원고의 직원도 피고가 고용한 현장대리인으로 알고 있었다고 증언하였다.

결과적으로 원고로서는 피고와 사이에 내부적으로 1차 계약의 당사자가 실질적으로 원고라는 점에 대한 의사합치가 있었던 것으로 볼 여지도 있으나, 이는 당사자 사이의 내부적인 합의에 불과할 뿐 처분문서의 존재 및 그 내용 등에 비추어 원고가 하도급법상 실질적인 원사업자가 되려는 의도가 있었거나 그 내용이 계약의 내용으로 편입되었다고 보기는 어려워 보인다.

(3) 대상판결에서 원고와 피고가 실제로 수행한 개발 용역은 블록체인 개발이 아닌 블록체인 사업을 위한 사이트 개편사업이었지만, 블록체인 개발 역시 위 업무와 마찬가지로 소프트웨어 개발의 범주에 들어가므로 대상판결과 유사한 분쟁이 발생할 가능성이 높다. 특히 현재 블록체인 전문 개발자가 많이 존재하지 않고 이를 양성하는 전문기관 등도 제대로 마련되지 않은 상황에서 특정 개발업체만으로는 도급받은 개발 업무 전부를 수행하지 못하여 하도급, 재하도급 등의 형태로 실제 업무가 진행되는 경우가 많다. 또한 대상판결과 같이 일정한 기간 동안 특정 용역업무를 처리하는 사업이 많고 때문에 각 업체들로서는 프리랜서 개발자를 고용하거나 다른 업체에 하도급을 주는 경우가 많을 것이다. 이러한 영세한 업체들 사이에서는 위와 같이 하도급, 재하도급 형태로 업무를 수행하면서도 문서를 통한 명확한 법률관계를 정하지 않은 채 막연히 업무를 수행하는 경우가 적지 않아 보이는바, 불필요한 분쟁을 예방하기 위하여는 이러한 내용을 사전에 명확하게 정하는 것이 필요해 보인다.

2. 하도급 대금 산정

(1) 위와 같이 원고가 하도급상의 수급사업자이고, 피고가 원사업자에 해당하는데, 이 사건에서 피고는 원고로부터 이 사건 계약의 목적물을 수령하지 못하였으므로 하도급 대금을 지급할 의무가 없다고 주장하였다.

하도급 대금 지급과 관련하여 하도급법 13조 제1항은 '원사업자가 수급사업자에게 제조 등의 위탁을 하는 경우에는 목적물 등의 수령일(용역위탁의 경우에는 수급사업자가 위탁받은 용역의 수행을 마친 날을 말한다)부터 60일 이내의 가능한 짧은 기한으로 정한 지급기일까지 하도급대금을 지급하여야 한다'라고 규정하고 있다. 또한 이 사건 계약 제5조 제1항은 '원고는 개발 결과물 등 산출물을 납기일 전에 최종 고객에게 제출하여 검수를 받아야 한다. 여기서 "납기"란 원고가 작성한 산출물을 피고가 검수 가능한 상태로 제출하여야 할 예정일을 말한다.'고 하여 검수와 납기에 관하여 정하고 있다.

(2) 대상판결에서는 하도급 대금 지급의무의 존부와 관련하여 과연 원고가 이 사건 계약에서 정한 용역 업무를 수행하였는지가 우선 문제 되었다.

대상판결이 인정한 사실관계에 의하면, 원고는 매주 주간 업무 내용을 작성하여 A에 제출하였는데, 해당 내용에는 피고가 수행하는 업무의 진행 상황도 포함되어 있었다. 특히 원고와 피고가 업무를 중단하기 직전인 2018. 11. 15.자 주간업무 보고서에 따르면, '개발' 부분에 '메뉴 구조 및 정보설계서 작성 및 협의(완료율 90%), 메일 UI 화면 설계서 작성 및 수정 보완(완료율 70%), 디자인 환경 분석 및 메인 시안 개발 준비(완료율 80%)', '사업관리' 부분에 '요구사항 정의서 리뷰 및 작업 분배 계획 점검(완료율 100%)'이라고 기재되어 있는 등 구체적인 완료상태가 보고되고 있었음이 확인되기도 하였는바, 원고는 이 사건 계약에서 정하고 있는 발주자인 A에 대한 용역 업무 검수 방법으로써 업무를 일부 이행한 것으로 보기에 충분해 보인다.

따라서 원고로서는 기성부분에 대하여 피고를 상대로 하도급대금을 청구할 수 있을 것인데, 대상판결은 이 사건 계약이 정한 원고가 수행할 용역 내용, 그 수행 경위 등에 비추어 실제 용역 수행 기간에 비례하여 원고의 용역 기성고율을 평가할 수 있을 것으로 보인다면서 전체 계약 하도급 대금 중 업무 수행 기간(47.4%)에 비례하는 돈의 지급을 명하였다. 대상판결은 위 용역 업무의 기성고와 관련하여 별도의 감정절차를 거치지 않았는바, 위와 같이 업무 수행 기간을 기준으로 한 대금 산정 방식에 대하여는 큰 다툼이 없었던 것으로 보인다.

(3) 대상판결에서 A는 자신이 제공한 프로젝트 룸에서 원고와 피고의 직원들이 함께 근무하는 것을 양해하고 자신과 직접 계약관계에 있는 피고가 아닌 원고가 직접 업무 이행사항을 보고한 것에 대하여도 특별한 이의를 제기하지 않은 것으로 보인다. 블록체인 개발을 비롯한 소프트웨어 개발업의 경우 여러 업체가 하도급, 재하도급의 형태로 업무를 처리하는 경우 원사업자와 수급사업자 사이의 업무 방식은 대상판결과 같이 업무 범위와 보고체계 등이 명확하게 구별되지 않고 진행되는 경우가 많고 이는 분쟁의 한 원인이 되기도 하는바, 역시 명확한 업무범위, 방식 등의 설정이 필요해 보인다.

3. 손해배상책임

(1) 원고는 A의 1차 계약 해지와 그에 따른 이 사건 계약 종료가 피고의 하도급법상 제8조 제1항에 따른 부당한 위탁취소임을 전제로, 나머지 용역 업무를 수행하였다면 얻었을 이행이익과 추가계약을 통해 수행가능하였을 것으로 보이는 용역 대금 등에 대한 손해배상청구도 구하였다. 따라서 이 사건 기사 게재 및 이에 따른 1차 계약 해지에 따른 이 사건 계약의 종료가 부당한 위탁취소에 해당하는지가 문제되었다.

(2) 하도급법 제8조 제1항은 '원사업자는 제조 등의 위탁을 한 후 수급사업자의 책임으로 돌릴 사유가 없는 경우에는 제조 등의 위탁을 임의로 취소, 변경하는 행위, 목적물 등의 납품 등에 대한 수령, 인수 거부 또는 지연행위를 하여서는 아니 된다'고 정하고 있다. 이에 대한 의미에 대해 구체적으로 설시한 대법원 판례는 없는 것으로 보이나, 핵심 판단 요소는 '수급사업자의 책임으로 돌릴 수 없는 사유의 여부'로 보이고, 그 외 위탁계약 체결 및 위탁취소의 경위, 위탁계약의 내용 및 취소한 위탁계약의 범위, 계약이행 상황, 위탁취소의 방법·절차 등 사정도 종합적으로 고려하여 정해야 할 것이다.

(3) 대상판결의 경우, 이 사건 계약의 종료는 이 사건 기사 게재가 주된 원인이었다. 그런데, 대상판결에서 인정된 사실관계에 의하면, 이 사건 기사 게재 과정에서 피고는 A에 사전에 보도자료 초안을 보내 의견을 묻는 등의 절차를 거쳤는데, 이러한 업무는 실제 원고의 직원에 의해 이루어졌고, 해당 직원은 피고가 A의 최종 승인을 얻지 않은 채 보도자료를 언론사에 제공하는 사실도 알고 있었던 것으로 보인다. '수급사업자의 책임으로 돌릴 수 없는 사유'의 구체적인 판단기준과 관련하여 어느 정도의 과실을 위에 해당하는 것으로 판단할지는 개별사안에서 구체적으로 판단할 문제로 보이나, 적어도 대상판결에서는 위와 같은 원고의 인지정도나 역할 등에 비추어 위 요건에 해당한다고 보기는 어려울 것이다.

나아가, 해당 규정은 '임의로 취소' 등의 행위를 금지하고 있는데, '임의로' 위탁을 취소하는 행위는 원사업자가 수급사업자와 실질적인 협의 없이 일방적으로 위탁을 취소하는 행위를 의미한다고 볼 수 있다. 그런데 이 사건 계약은 1차 계약의 해지로 인해 종료된 것으로 피고의 적극적인 취소행위가 없어 피고가 임의로 취소한 것으로 평가하기도 어려울 것이다.

또한 대상판결은 1차 계약서상 비밀유지 의무 범위는 '계약을 수행하기 위하여 취득하거나 수행 과정에서 지득한 A의 비밀정보'이고 보도자료 제공을 통한 기사 게재시 A의 사전 승인을 얻거나 계약 체결 사실 자체를 홍보하지 말 것을 피고의 의무로 정하고 있지 않다고 본 후 비밀정보에 해당하지 않는 범위에서의 홍보행위는 하지 말아야 할 계약상 의무는 없다고 할 것인데, 결과적으로 이 사건 기사의 제목, 내용은 모두 비밀정보에 해당하지 않고 허위의 사실이 기재되었다고 보기도 어려워 피고의 귀책사유로 1차 계약이 해지된 것이라고 단정할 수 없다고도 보았다.

Ⅲ. 대상판결의 평가

가상자산 또는 블록체인 네트워크 개발 등은 기본적으로 소프트웨어 개발의 범주에 속하고 그 과정에서 하도급 계약 형태가 많이 발생하고 있다. 특히나 전문인력의 수가 절대적으로 부족하고 통상 프로젝트 단위로 사업이 이루어지는 상황에서 대상판결의 경우와 같이 발주자와의 관계에서는 직접 계약관계가 없는 수급사업자가 사실상의 업무를 모두 수행하는 경우가 발생할 수 있다.

대상판결은 이와 같은 경우에 있어 실질적인 계약의 당사자 특정 방법과 이를 통한 하도급법 적용여부에 대한 상세한 판시가 이루어 졌다. 또한 하도급법이 적용되는 경우 하도급대금 지급 청구를 위한 요건, 기성금 산정 방식, 그리고 부당한 위탁취소 해당 여부에 대하여도 구체적인 판시가 이루어졌는바, 관련 하도급거래에 대한 많은 참고가 될 것으로 보인다.

[13] ICO 중인 가상자산 투자계약의 이행거절, 이행지체 및 이행불능을 이유로 한 해제 성부

—서울고등법원 2022. 2. 17. 선고 2021나2024514 판결—

[사실 개요]

1. 원고는 2017. 9.경부터 하위 투자자들을 모집하여, ICO를 통한 가상자산 투자 업무를 하던 피고들을 통하여 신규 가상자산 투자를 하여 왔는데, 원고와 피고들은 다음과 같은 방식으로 거래를 하였다.
2. 피고들이 원고에게 신규 가상자산 개발에 관한 프로젝트를 추천하면, 원고는 투자 여부와 규모를 결정하여 하위 투자자들로부터 모은 투자금과 함께 자신의 투자금을 가상자산 이더리움(ETH)으로 피고들에게 전송하고, 피고들은 신규 가상자산 개발자 측에 원고로부터 받은 이더리움을 전송하였다.
3. 신규 가상자산이 발행되면 피고들은 개발자 측으로부터 1이더리움당 일정한 교환비율로 환산한 신규 가상자산을 전송받은 다음 일정 수수료를 제한 나머지 가상자산을 원고에게 전송하고, 원고는 하위 투자자들에게 다시 이를 분배하였다.
4. 원고는 피고들을 통해 아래 표와 같이 A, B, C, D코인 관련 각 ICO 프로젝트에 참여하였다(이하 원고와 피고들 사이에서 각 프로젝트마다 체결된 투자대행계약을 지칭할 경우 프로젝트 명으로 특정하여 '○○ 관련 계약'의 방식으로 표시하고, A, B, C, D코인 관련 계약을 통칭할 때는 '이 사건 각 계약', 위 모든 프로젝트에 관한 계약을 통칭할 때에는 '이 사건 각 계약 등'이라 한다).

가상자산 명칭	계약체결일	투자금액(이더리움)
RIF	2018. 1. 18.	588.4
	2018. 1. 23.	198
	2018. 1. 23.	10.101
	합계	796.5[1]
BCOT	2018. 1. 20.	10
PAL	2018. 1. 27.	10
META	2018. 2. 27.	190
T2T	2018. 4. 10.	10
총 합계		1026.5

5. 원고는 피고들을 상대로, ① 피고들이 2018. 4. 30. 원고로부터 지급받은 이더리움을 처분하여 원고 측에 대한 피고들의 물품대금 채권과 상계하겠다고 함으로써 이 사건 각 계약에 대한 이행거절의 의사를 명백히 하였고, 이에 대하여 원고가 2020. 4. 1. 피고들에게 이행거절을 이유로 이 사건 각 계약을 해제한다는 의사표시를 하였으므로, 그 무렵 이 사건 각 계약은 해제되었으므로 이 사건 각 계약

1) 796.501이더리움이나 원고가 주장하는 바에 따라 796.5이더리움으로 본다.

의 해제에 따른 원상회복으로 인한 반환청구를(A 내지 D코인 이행거절 관련), ② 피고들은 원고에게 1이더리움당 24,000 A코인의 교환비율로 환산한 4,560,000META을 지급해야 함에도, 그에 훨씬 못 미치는 1이더리움당 8,474 A코인의 교환비율로 환산한 1,610,060 A코인만을 지급하였고, 이에 원고는 피고들에게 미지급 A코인에 관하여 2주 이내에 지급 수량, 방법 등을 협의하여 지급할 것을 최고하였는데, 피고들이 이를 이행하지 않아 A코인 관련 계약을 해제하였으므로 그 원상회복을(A코인 이행지체 관련), ③ 피고들은 B코인 관련 계약에 따라 원고에게 B코인 가상자산을 지급할 의무가 있음에도 그 지급 의무를 전혀 이행하지 않아 B코인 관련 계약을 해제하였으므로 그 원상회복을(B코인 이행지체 관련), ④ 피고들은 C코인 관련 계약에 따라 원고에게 C코인 가상자산을 지급할 의무가 있음에도 그 지급 의무를 전혀 이행하지 않아 C코인 관련 계약을 해제하였으므로 그 원상회복을(C코인 이행지체 관련), ⑤ 피고들은 늦어도 2018. 3.까지는 원고에게 D코인 관련 가상자산을 전송할 것이라고 약속하였음에도 이를 이행하지 않았고, 관련 가상자산의 발행 여부가 불투명한 채 이미 계약을 체결한 때로부터 4년 이상이 지나 피고들의 D코인 관련 가상자산 지급의무는 이행불능 상태에 빠져 이에 위 계약을 해제하였으므로 그 원상회복을(C코인 이행불능 관련) 각각 구하는 소를 제기하였다.

[판결 요지]

1. A 내지 D코인 이행거절 관련

가. 쌍무계약에 있어서 계약당사자의 일방은 상대방이 채무를 이행하지 아니할 의사를 명백히 표시한 경우에는 최고나 자기 채무의 이행제공 없이 그 계약을 적법하게 해제할 수 있으나, 그 이행거절의 의사표시가 적법하게 철회된 경우 상대방으로서는 자기 채무의 이행을 제공하고 상당한 기간을 정하여 이행을 최고한 후가 아니면 채무불이행을 이유로 계약을 해제할 수 없다(대법원 2003. 2. 26. 선고 2000다40995 판결).

나. 피고들은 2018. 4. 30. 원고 측이 물품대금을 반환하지 않는다는 이유로 원고가 이 사건 각 계약과 관련하여 피고들에게 전송한 이더리움 전부를 처분하여 그 물품대금반환채권과 상계하겠다는 취지의 의사표시를 하였는데 이는 피고들이 이 사건 각 계약에 따른 채무를 이행하지 않겠다는 이행거절의 의사표시를 한 것으로 볼 수 있다. 그러나 그 후 원고가 피고들에게 피고들의 원고 측(아버지)에 대한 물품대금반환채무와 이 사건 각 계약은 별개이므로 상계할 수 없다고 하면서 이 사건 각 계약에 따른 채무 이행을 요구하였고, 2018. 10. 10. 원고에게 A코인 등을 전송하였고 원고는 이를 이의 없이 수령하였던 점을 고려하면, 원고가 이행거절을 이유로 한 계약 해제의 의사표시를 하였던 2020. 4. 1. 이전에 피고들의 이행거절 의사표시는 적법하게 철회되었다고 봄이 타당하다.

다. 원고는 비록 피고들이 2018. 10. 10. 일부 가상자산을 전송하기는 하였으나 이는 원고의 형사고소를 피하기 위한 것인 점, 원고가 A코인 지급 수량 문제를 해결하기 위해 피고들에게 만남을 제안하였으나 피고들이 이를 거부한 점, 여전히 피고들은 원고에게 이더리움과 신규 가상자산 사이의 교환비율이나 중개수수료에 대해 아무런 설명을 하지 않은 점 등을 이유로 들어 피고들이 이행거절의 의사표시를 철회한 것이 아니라는 취지로 주장하나, 가사 원고 주장과 같은 사정이 있었다 하더라도 이는 당사자들의 행위 동기 내지 태도에 불과하고 피고들이 2018. 10. 10. 이 사건 각 계약 등의 의무를 일부 이행한 이상 종전의 이행거절 의사표시를 철회하였다고 봄이 상당하다.

2. A코인 이행지체 관련

가. 피고들은 A코인이 일반투자자들에게 판매되기 전 비공개로 진행되는 프라이빗·프리세일에서 원고 등 투자자들로부터 받은 이더리움을 개발자에게 지급하고 A코인을 매수하였는데, 이와 같이 프라이빗세일에서 참여하는 경우 크라우드세일에 비하여 더 높은 교환비율로 가상자산을 취득할 수 있거나 더 큰 규모로 투자할 수 있는 이점이 있는바, 원고가 수수료를 지급하고서라도 피고들을 통하여 신규 가상자산의 투자를 한 이유는 피고들이 접근가능한 프라이빗세일·프리세일에서의 조건을 기준으로 신규 가상자산을 취득하고자 하였기 때문으로 보인다. 원고가 수수료를 지급하고서라도 피고들을 통해 신규 가상자산에 투자한 이유는 피고들이 제공하는 가격의 우월성에 주목하였기 때문으로 볼 수밖에 없다.

나. 원고와 피고들 사이의 이 사건 각 계약에서 구체적인 교환비율이나 수수료에 관하여 명시적인 약정을 한 적은 없다. (중략) 원고와 피고들 사이의 거래관계는 상거래 계약관계라 할 것인데, 이와 같은 법률관계는 대등한 당사자 사이의 의사표시 합치에 의하여 성립되는 것이므로 원고가 피고들에게 신규 가상자산 투자대행의 수수료로 얼마를 지급하는지 여부는 원고와 피고들 사이의 의사표시 합치에 의하여 성립하는 것이다. 피고들이 주장하는 바와 같은 가격 내지 교환비율 결정에 관하여 피고들이 권한을 가지고 있다면 이와 같은 권한 부여에 대한 원고의 동의가 있었다는 특별한 사정이 있어야만 할 것이나, 이러한 사정을 인정할 만한 아무런 증거가 없다. 결국 신규 가상자산 투자대행의 수수료에 관하여는 원고와 피고들이 묵시적으로 양해하고 동의하는 추정적 의사를 통하여 결정할 수밖에 없고, 이와 같은 추정적 의사는 원고와 피고들 간의 그동안 거래내역 내지 거래관행, 원고와 같은 입장에 있는 다른 투자자들이 지급한 수수료, 피고들이 수행하는 투자대행 서비스의 내용, 투자에 따른 위험의 부담 주체 등 제반 사정을 종합적으로 고려하여 확인하여야 할 것이다.

다. 크라우드세일은 원고가 피고들에게 A코인 관련 계약을 체결한 2018. 2. 27. 이후이므로 원고는 A코인 관련 계약을 체결할 당시 A코인의 크라우드세일을 예상할 수 없었고, A코인의 크라우드세일 교환비율로 A코인을 지급받기로 약정하였다는 것은 시기적으로 모순이므로 A코인 관련 계약에서 교환비율은 프라이빗·프리세일에서의 교환비율을 기준으로 정할 수밖에 없는 점, 피고들은 A코인 개발자 측으로부터 1이더리움당 26,666 A코인을 지급받기로 하고 투자에 참여하였다. 이와 같이 투자 당시 교환비율이 확정되어 있었던 이상 원고도 피고들로부터 당시 확정된 교환비율을 기준으로 수수료를 제한 나머지를 지급받기로 약정하였다고 보는 것이 경험칙에 부합하고, 피고들은 이더리움 시세 등을 고려하여 교환비율을 정할 수 있다고 주장하나, 이 사건 각 계약에서는 신규 가상자산의 개발 실패를 포함하여 투자에 수반하는 위험을 모두 원고가 부담하기로 한 것으로 보일 뿐인데, 아무런 투자 위험을 부담하지 않는 피고들이 신규 가상자산을 원고에게 마치 재판매하듯이 전송 당시의 이더리움 시세를 고려하여 교환비율을 정한다는 것은 원고와 피고들의 거래구조에 비추어 받아들일 수 없는 주장인 점, 원고와 함께 A코인 ICO 절차에 참여하여 투자하였던 LC는 피고로부터 1이더리움당 24,000 A코인을 지급받았는데, 수수료로 공제한 비율이 약 10%이었고 수수료 10%는 원고와 피고들 간의 종전 거래에서도 확인되는 점 등에 비추어 볼 때 피고들은 A코인 관련 계약에서는 원고에게 프리세일에서의 교환비율에서 10%의 수수료를 제한 나머지 교환비율, 즉 1이더리움당 24,000 A코인의 교환비율로 META 코인을 지급할 의무가 있다고 판단되므로, 피고들은 원고에게 1이더리움당 24,000 A코인의 교환비율에 따라 원고가 투자한 190이더리움에 해당하는 4,560,000 A코인을 지급하여야 함에도 원고에게 1,610,060 A코인만을 지급하고, 나머지 2,949,940 A코인의 지급 의무를 이행하지 않았다.

라. 가분적 급부에서 이행부분과 미이행부분에 대응하는 채권자의 의무를 특정할 수 있으면, 채권자는 미이행부분에 상응하는 계약부분만 일부 해제할 수 있다고 할 것인바(대법원 1996. 2. 9. 선고 94다57817 판결, 대법원 1996. 12. 10. 선고 94다56098 판결 참조), 원고는 2020. 9. 24. 상당한 기간을 정하여 잔여 A코인의 지급을 최고하고 그 기간 내에도 이행이 없자 2020. 10. 14. 계약 해제의 의사표시를 하였으므로, A코인 관련 계약 중 2,949,94 A코인에 관한 부분은 적법하게 해제되었다.

3. B코인 이행지체 관련

가. 원고가 2020. 9. 24.자 내용증명으로써 피고들에게 B코인 관련 계약의 가상자산 종류, 수량, 지급방법을 문서로 회신하거나 그 지급을 하고, 2주 내에 회신이 없거나 가상자산의 지급의무를 이행하지 않으면 계약이 해제된 것으로 알겠다고 통지하고, 위 기간 내에 피고들이 요구한 사항을 조치하지 아니하자 2020. 10. 14.자 내용증명으로써 피고들에게 B코인 관련 계약을 해제한다는 통지를 한 사실은 인정된다.

나. 그런데 변제는 채무내용에 좇은 현실제공으로 이를 해야 하나 채무의 이행에 채권

자의 행위를 요하거나 채권자가 미리 변제받기를 거절하는 경우에는 채무자로서는 변제준비의 완료를 통지하고 그 수령을 최고하면 되고, 그 때부터 채무불이행의 책임을 면하게 된다(민법 제460, 461조). 피고들은 원고와 이더리움 블록체인을 기반으로 하는 신규 가상자산 투자거래를 하여 왔으므로, 피고들이 B코인 관련 계약을 이행하기 위해서는 B코인 가상자산을 전송할 수 있는 비트코인 블록체인에 기반을 둔 새로운 원고의 전자지갑 주소가 필요하였고, 이와 같은 원고의 전자지갑 주소의 생성과 제공은 원고만이 할 수 있는 일이었다. 이에 피고들은 B코인 가상자산이 발행되자 2019. 3. 19. 원고에게 B코인 가상자산은 이더리움 기반이 아니어서 전자지갑을 별도로 생성하여야 함을 알려주면서 B코인 가상자산을 전송받을 수 있는 전자지갑 주소를 알려달라고 요청하였다. 그런데 원고들은 이에 응하지 아니하였다. 전자적 거래라는 가상자산 거래의 특성에 비추어 볼 때 원고가 피고들에게 B코인 가상자산을 전송받을 수 있는 전자지갑 주소를 알려주었다면 피고들은 언제든지 원고에게 B코인 가상자산을 전송할 수 있었고 원고가 이러한 전자지갑 주소를 제공하지 않는 한 피고들이 B코인 관련 계약의 이행을 할 수도 없었으므로, 피고들은 2019. 3. 19. 이후로 B코인 관련 계약에 따른 변제의 제공을 하고 있었다 할 것이어서 그때부터는 채무불이행 상태로부터 벗어나 있었다고 봄이 상당하다.

다. 이에 대하여 원고는, 피고들이 마음대로 교환비율을 정하여 지급하면서 자신들의 의무를 다하였다고 주장할 것이 우려되어 전자지급 주소를 알려주지 않았다고 주장하나, 전자지갑 주소를 알려 주지 않으면 피고들로서는 전혀 이행을 할 수 없는 상태에 있는 반면 원고는 알려 준 전자지갑 주소로 일단 B코인 관련 가상자산을 수령한 후 피고들에게 그 교환비율의 적정 여부를 따지더라도 원고의 B코인 관련 계약상 지위에 아무런 부정적 영향이 없다. 이와 같이 원고가 들고 있는 사정은 전자지갑 주소를 알려 줄 원고의 협력의무 불이행에 대한 정당한 사유가 되지 아니한다. 따라서 원고가 2020. 9. 24.자 및 2020. 10. 14.자 각 내용증명을 보낼 당시 피고들이 이행지체 상태에 있었다고 볼 수 없으므로 이를 전제로 한 원고의 2020. 10. 14.자 내용증명은 해제로서의 효력이 없다.

4. C코인 이행지체 관련

피고 측은 2017. 9. 20.경 원고에게 C코인 관련 투자를 권유하면서 신규 가상자산 지급이 2018년 1분기이고, 아직 상장 일정은 정해지지 않았으나 보통 신규 가상자산이 배분되면 1~2개월 이내에 상장한다고 설명한 사실, 피고들은 2017. 9. 28. 원고의 투자금 10이더리움을 포함한 167이더리움을 C코인 관련 개발자 측에게 전송한 사실, C코인 관련 프로젝트의 프리세일은 2017. 10. 13. 종료되었으나, 현재까지 신규 가상자산이 발행되지 않고 있는 사실을 인정할 수 있으나, 위와 같은 사정만으로 원고에게 2018. 1분기까지 신규 가상자산의 지급을 약정한 것으로 보기는 어렵고 나아가 C코인 관련 개발자 측에서 아직까지 신규 가상자산을 투자자들에게 배분하지 않은 이상 피고들의 이행의무가 아직 도래하였다고도 볼 수 없다. 따라서 피고들이 2020. 4. 1.자 내용증명 및 2020. 10. 14.자 내용증명 이전에 이행지체에 빠져 있었다고 할 수 없다.

5. C코인 이행불능 관련

채무불이행의 요건인 이행불능 여부는 사회생활에 있어서의 경험법칙 또는 거래상의 관념에 비추어 볼 때 채권자가 채무자의 이행의 실현을 기대할 수 없는 경우를 말한다(대법원 2015. 12. 10. 선고 2013다207538 판결). C코인 관련 프로젝트의 프리세일이 마감된 때로부터 이미 4년 3개월 이상이 지나도록 아직 관련 가상자산이 발행되지 않고 있는 점을 고려할 때 C코인 관련 신규 가상자산의 발행은 사실상 불가능한 상태에 있는 것이 아닌가 하는 의심이 드는 것은 사실이다. 그런데 이와 같은 신규 가상자산의 발행의무는 프리세일에 참가한 피고들과 같은 투자자에 대하여 C코인 관련 개발자 측이 부담하는 의무일 뿐이고, 피고들이 원고에 대하여 부담하는 C코인 관련 계약상의 의무는 원고의 투자금을 C코인 관련 개발자 측에 전송하여 주고, C코인 관련 가상자산이 발행되면 원고에게 적정한 비율로 이를 지급하는 것이므로 C코인 관련 가상자산이 발행되지 않은 이상 피고들이 발행되지도 않은 가상자산을 지급할 이유가 없어 피고들의 의무가 이행불능 상태에 있는 것이 아니다. 즉 피고들은 원고를 대신하여 C코인 관련 프로젝트에 투자하고 그 대가로 일정한 수수료를 받는 위치에 있는 것이므로 그 투자에 수반하는 위험은 투자자인 원고가 부담함이 옳다. 만약 피고들이 투자 위험을 부담하여야 한다면 그에 상응하는 투자 이익 또한 피고들에게 귀속되어야 할 것이므로 피고들은 원고로부터 수수료를 받을 것이 아니라 신규 가상자산의 가격을 정하여 이윤을 확보할 수 있는 권한을 가져야 하기 때문이다. 이와 같이 C코인 관련 가상자산의 발행 불능이란 사정은 투자자인 원고가 부담하여야 할 투자 위험에 지나지 않으므로, 원고는 이를 이유로 C코인 관련 계약을 해제할 수 없다. C코인 관련 계약을 체결한 이후 피고들이 개발 현황 등 주요 사항에 대하여 원고에게 제대로 알려주지 않았다 하더라도 그 때문에 C코인 관련 투자가 실패로 돌아간 것은 아니므로 이러한 결론은 달라질 수 없다.

(대법원 2022다226814호 계속 중)

해설

Ⅰ. 대상판결의 쟁점

대상판결은 가상자산의 ICO 판매를 대행하는 피고들과 이에 투자하는 원고간의 분쟁에 관한 것으로 크게 5가지 쟁점을 담고 있다. 첫 번째로, A 내지 D코인에 대한 피고들의 이행거절을 이유로 한 원고의 계약해제의 의사표시가 유효한지에 관한 것으로 원고와 피고들의 행위로 위 이행거절에 대한 철회의 의사표시가 추단되는지 여부가 문제된다. 두 번째 내지 네 번째는 이행지체와 관한 것인데 이중 두 번째는 A코인의 이행지체 여부와 관련하여 피고들이 원고가 전송한 이더리움에 대하여 프라이빗·프리세일에서의 교환비율이 아니라 원고에게 불리한 크라우드세일의 교환비율에 따라 A코인을 배분하였는데, 그것이 원고에 대한 적법한 이행에 해당하는지에 관한 것이다. 세 번째는 B코인의 이행지체 여부와 관련하여 원고가 피고들에게 B코인을 전송받을 수 있는 전자지갑 주소를 알려주지 않은 경우 피고들이 B코인의 이행에 대한 구두제공만으로 그 이행지체 상태를 벗어날 수 있는지 여부에 관한 것이다. 네 번째는 C코인의 이행지체 여부와 관련하여 C코인 관련 개발자 측에서 아직까지 신규 가상자산을 투자자들에게 배분하지 않은 경우라 하더라도 피고들의 C코인 이행기가 도래하였다고 볼 수 있는지 여부에 관한 것이다. 마지막으로 다섯 번째는 C코인의 이행불능과 관련한 것으로 C코인 관련 프로젝트의 프리세일이 마감된 때로부터 장기간 동안 C코인이 발행되지 않는 경우 이를 이행불능으로 보아 원고와 피고들 사이의 투자계약을 해제할 수 있는지에 관한 것이다.

Ⅱ. 대상판결의 분석

1. 첫 번째 쟁점(이행거절) 관련

대상판결은 피고들이 원래 이 사건 각 계약에 따른 채무를 이행하지 않겠다는 이행거절의 의사표시를 하였기는 하나 그 후 피고들에게 그 채무 이행을 요구하여 피고들이 원고에게 위 A코인 등을 전송하였고 원고는 이를 이의 없이 수령하였으므로 피고들의 이행거절 의사표시는 적법하게 철회되었다고 보았다.

그런데 대법원 2011. 9. 8. 선고 2009다31260 판결은 상대방 있는 단독행위의 경우 그 의사표시가 상대방에게 도달함과 동시에 그 효력을 발생하고 그 의사표시가 효력을 발생한 후에는 마음대로 이를 철회할 수 없음이 원칙이라고 설시하여 이행거절의 의사표시 또한 상대방 있는 단독행위로서 원칙적으로 철회가 불가능하다고 보아야 할 것이다. 그러나 위 사안의 경우 피고들이 위 계약의 내용에 따라 A코인 등을 전송하였고 원고가 이를 이의 없이 수령하여 묵시적으로 위 이행거절의 의사표시를 없는 것으로 합의하였다고 보아 위 의사표시가 철회되었다고 설시한 것이므로 그 법률행위의 해석에 있어서 결론적으로 문제가 없다고 보인다.

2. 두 번째 쟁점(A코인 이행지체) 관련

원고는 피고들로부터 크라우드 세일에 따른 코인 교환비율인 1이더리움당 8,474 A토큰을 교부받자 프라이빗세일·프리세일에 따른 코인 교환비율인 1이더리움당 24,000 A토큰을 교부받아야 한다고 주장하면서 피고들이 나머지 코인 교부의무를 이행지체하였으므로 계약이 해제되었다는 취지로 주장하였다.

ICO는 신규 가상자산을 발행하고자 하는 기업이 투자자금을 조달하는 절차로서 통상 프라이빗 세일(private sale), 프리 세일(pre-sale), 메인 세일 내지 크라우드 세일(main sale, crowd sale) 3단계로 진행된다. 프라이빗 세일은 기관투자자 등을 대상으로 비공개로 진행하는 세일로서 최소 투자금액이 높은 대신 수익률이 높은 투자 방식이라면, 프리 세일은 프라이빗 세일보다는 접근성이 있으나 일반인이 접근하기는 어려운 방식으로 수익률은 프라이빗 세일보다 나으나 크라우드 세일보다는 높다. 크라우드 세일은 누구나 참여가 가능한 공개 투자방식으로 프라이빗 세일이나 프리 세일보다는 수익률이 낮은 편이다.[2)]

대상판결은 당사자들인 원고와 피고들이 A토큰에 대한 교환비율을 명시적으로 정한 바가 없기 때문에 사건기록에 나타나는 전체적인 사정들을 종합하여 당사자들의 추단되는 의사를 해석하여 그 교환비율을 확정하였다. 먼저 대상판결은 원고가 피고들로부터 A토큰을 매수할 당시 크라우드세일을 예정하지 않았고 한참 이후에 발행자 측에서 A토큰 크라우드세일을 예정하였음에 주목한 것으로 보인다. 크라우드세일이 존재하지 않았기 때문에 있지도 않는 크라우드세일의 교환비율로 투자하기로 합의하였다고 보는 것은 타당하지 않고 당시 존재하던 프라이빗·프리세일에서의 교환비율을 기준으로 보는 것이 옳다는 이유에서다. 그리고 설령 크라우드세일이 있다 하더라도 원고 등 투자자들이 얼마든지 피고들 없이도 크라우드 세일에 참가할 수 있는데 굳이 피고들을 통하여 A토큰에 투자한 것에 대하여도 지적하였다. 이는 피고들이 A토큰 발행자 등으로부터 위탁받아 프라이빗세일 및 프리세일에 접근할 수 있었기 때문이다. 여기에 원고와 함께 위 ICO에 참가하였던 제3자도 프라이빗세일 및 프리세일의 교환비율을 적용받았던 것도 중요한 요소로 삼은 것으로 보인다.

이에 따라 대상판결은 A토큰에 대하여 프라이빗·프리세일의 교환비율을 적용하여 원고가 교부받지 않은 A토큰에 한하여 가분적으로 계약이 해제되었다고 보았는데 가상자산 투자계약에 있어 그 계약을 가분적으로 보았다는 특징이 있어 이를 참조할 만하다.

---

2) 손경한·김예지, "신규코인공모(ICO)의 법적 쟁점", 법학논집, 215~216쪽.

3. 세 번째 쟁점(B코인 이행지체) 관련

피고들이 B코인을 지급하지 않아 이를 이유로 계약을 해제한다는 원고의 주장에 대하여 피고들은 원고에게 B코인(이더리움 기반이 아니라 비트코인 기반이어서 따로 전자지갑 주소가 필요하였다)을 전송할 수 있는 새로운 원고의 전자지갑 주소가 필요한데 원고가 이를 제공하지 않아 B코인 지급의무를 이행할 수 없었다는 취지로 반박하였다.

이에 대하여 대상판결은 '변제는 채무내용에 좇은 현실제공으로 이를 해야 하나 채무의 이행에 채권자의 행위를 요하거나 채권자가 미리 변제받기를 거절하는 경우에는 채무자로서는 변제준비의 완료를 통지하고 그 수령을 최고하면 되고, 그 때부터 채무불이행의 책임을 면하게 된다(민법 제460, 461조)'는 취지의 법리를 설시하면서 피고들이 원고에게 B코인은 이더리움 기반이 아니어서 전자지갑을 별도로 생성하여야 함을 알려주면서 B코인을 전송받을 수 있는 전자지갑 주소를 알려달라고 요청하였음에도 원고가 이에 응하지 아니하여 피고들로서는 B코인 관련 계약의 이행을 할 수도 없었으므로, 피고들은 2019. 3. 19. 이후로 B코인 관련 계약에 따른 변제의 제공을 하고 있었다 보아 그때부터는 채무불이행 상태로부터 벗어나 있었다고 보았다. 결국 원고의 위 전자지갑 주소 제공의무는 선이행의무인데 그 제공에 응하지 않고 있다는 이유로 피고들은 현실제공이 아닌 구두제공만으로 그 이행을 다하였다는 취지로 이해된다.

그리고 이와 관련하여 원고는 피고들이 마음대로 교환비율을 정하여 지급하면서 자신들의 의무를 다하였다고 주장할 것이 우려되어 일부러 전자지급 주소를 알려주지 않았다는 취지의 주장도 하였으나, 전자지갑 주소를 알려 주지 않으면 피고들로서는 전혀 이행을 할 수 없는 상태에 있는 반면 원고는 알려 준 전자지갑 주소로 일단 B코인을 수령한 후 피고들에게 그 교환비율의 적정 여부를 따지더라도 원고의 B코인 관련 계약상 지위에 아무런 부정적 영향이 없다고 하여 원고의 위 선이행의무가 소멸된다고 볼 수 없다고 판단하였다.

4. 네 번째 쟁점(C코인 이행지체) 관련

대상판결은 피고들 측에서 원고에게 C코인 관련 투자를 권유하면서 신규 가상자산 지급이 2018년 1분기이고, 아직 상장 일정은 정해지지 않았으나 보통 신규 가상자산이 배분되면 1~2개월 이내에 상장한다고 설명한 사실은 인정하였으나 그 내용만으로는 원고에게 2018. 1분기까지 C코인의 지급을 약정한 것으로 보기는 어렵고, 달리 피고들이 원고에게 C코인의 지급시기를 약정한 것으로 볼 만한 사정은 없다고 보았다. 또한 C코인 개발자 측에서 아직까지 C코인 투자자들에게 배분하지 않은 이상 피고들의 이행의무가 아직 도래하였다고도 볼 수 없다고 보았다.

이와 관련하여 피고들이 원고에게 위와 같은 C토큰 지급 및 상장 일정에 대하여 얘기한 것은 가상자산 투자를 권유하면서 그 예상일정에 대하여 설명한 것에 불과하고 확정적으로 그 일정을 약정하였다고 볼 수는 없다고 판시한 것으로 보인다. 특히 그 일정에 대한 확약은 원칙적으로 계약서에 명문화되거나 당사자들 사이에 확정적으로 의사가 합치되어야 하는 만큼, 위와 같은 피고들 측의 언행은 원고의 투자계약에 대한 청약을 유인하면서 행한 것에 불과하다는 것이다. 그리고 C코인에 대한 피고들의 원고에 대한 이행의무는 C코인 개발자 측이 이를 투자자들에게 배분하는 것을 전제로 하는 바, 위 개발자의 배분이 피고들과 원고 사이의 계약에 대한 조건 혹은 불확정기한으로 해석될 수 있다.

5. 다섯 번째 쟁점(C코인 이행불능) 관련

대상판결은 D코인 관련 프로젝트의 프리세일이 마감된 때로부터 이미 4년 3개월 이상이 지나도록 아직 D코인이 발행되지 않고 있기는 하나 D코인의 발행의무는 프리세일에 참가한 피고들과 같은 투자자에 대하여 D코인 개발자 측이 부담하는 의무일 뿐이고 D코인이 발행되지 않은 이상 피고들이 발행되지도 않은 가상자산을 지급할 이유가 없어 피고들의 의무가 이행불능 상태에 있는 것이 아니라고 판시하였다. 이에 대하여 계약이 해제되지 않았다고 본 대상판결의 판시가 타당하다고 보인다.

다만 그 설시내용이 적절하다고 볼 수 있는지는 약간 의문이 있다. 피고들이 원고에게 D코인에 대한 이행의무가 있는 이상 여전히 위 D코인을 조달하여 전송할 의무가 존재할 뿐만 아니라 상당히 장기간 동안 D코인이 발행되지 않고 있어 그 발행의무가 이행불능되었다고 봄이 타당하기 때문이다. 대상판결의 판시대로라면 이행불능이 되었음을 추단할 만한 가상자산 발행시기가 매우 막연해지고 당사자들의 법률관계가 확정되지 않고 유동화되는 문제가 있다. 오히려 피고들의 원고에 대한 D코인 이행의무가 이행불능되었다고 본 다음 그 이행불능에 피고들의 고의, 과실과 같은 귀책사유 없다는 이유로 계약이 해제되지 않았다고 보는 방식으로 당사자들 관계를 확정해주는 것이 옳다고 보인다. 만약 피고들이 위 귀책사유 없음에 대하여 항변하지 않는다면 법원에서 이를 석명하는 것이 바람직하다고 생각한다.

Ⅲ. 대상판결의 평가

대상판결은 ICO 단계에서 가상자산 발행자로부터 그 판매를 위탁받은 자와 그 투자자 사이의 계약관계를 다룬 것으로 채무불이행에 있어서 대표적인 형태인 이행거절·이행지체·불완전이행·이행불능을 모두 망라하였고 그 판결의 설시가 가상자산 ICO와 관련한 특성과 결부되어 이루어져 있어 상당한 의의가 있다.

특히 두 번째와 세 번째 쟁점인 A코인과 B코인의 이행지체 여부에 대한 법원의 판단은 주목할 만하다. A토큰과 관련하여서는 당사자들의 A토큰 교환비율이 확정되지 않은 상황에서 투자경위, 거래상황, ICO의 단계별 거래관행 등을 통하여 당사자들의 의사를 직접 추단하여 그 교환비율을 결정해 주었다. 그리고 B코인과 관련하여서는 투자자의 전자지갑 제공의무를 선이행의무로서 투자자인 원고의 별도 행위가 필요하다고 보고 이에 응하지 않아 피고들의 구두제공만으로 이를 이행하였다고 보고 이행지체의 상태에 빠지지 않았다고 판시하였다. 이는 가상자산의 투자 특성, 가상자산 거래계의 상황 등을 정치하게 고려한 것으로 그 판시에 있어서 상당히 적절하다고 평가할 수 있다.

[14] 가상자산 개발 및 발행을 위한 계약에서 수수료, 인센티브 등의 지급 의무

— 서울중앙지방법원 2022. 7. 8. 선고 2019가합583048 판결, 2022. 7. 26. 확정 —

[사실 개요]

1. 망 A(2019. 11. 22. 사망, 이하 '망인') 블록체인 기술을 통해 실시간으로 데이터를 전송·처리하는 비허가(탈중앙화)형 지능형 네트워크 시스템을 개발하는 내용의 'B 블록체인' 프로젝트('이 사건 프로젝트')를 추진하였고, 원고는 블록체인 개발 프로젝트에 대한 홍보, 마케팅 기타 컨설팅 업무 등을 영위하는 자이다.
2. 망인은 이 사건 프로젝트 추진 자금을 조달하기 위하여 홍콩에 암호화폐인 B 토큰(VNT)을 발행할 법인 C를 설립하기로 하였다. 망인은 2018. 12. 10. 원고, D와 사이에, 망인이 C의 전체 주식의 80%를, 원고와 D이 각 10%씩을 각 보유하기로 하되, 구체적인 역할 분담, 권리·의무에 관하여 주주 간 계약서('이 사건 계약')를 작성하였고, 이 사건과 관련된 주요 내용은 다음과 같다.

제2조 지분배분

(1) 회사의 주주 간 지분 비율(주식 수)은 최대주주인 A가 80%(80주), 주주 E가 10%(10주), 주주 D가 10%(10주)를 보유하는 것으로 한다.

제5조 대표이사의 보수 및 주주 간 수익 분배

(2) 주주 E과 D는 회사에 별지1에 대한 항목들에 대한 기여를 하며 이를 모두 이행하였을 시 이에 대한 대가로 ETH를 분배받는다.

(3) 회사의 경영에 대하여 ICO 종료시점까지는 급여 이외에 별도의 수익을 분배하지 않는 것으로 하며, 급여와 별도로 회사가 취득한 ETH 및 원화에 대하여는 별지2에 따라 분배한다. 별지2의 분배 외에 ICO 과정 중 필요한 경비에 대해서는 지원한다.

(4) 급여 및 회사가 취득한 ETH와 별도로 발행하는 암호 화폐 토큰 B에 대하여는 별지2와 같이 분배한다.

[별지2] 모금 ETH의 사용용도 및 주주 이주한, 주주 D 지급 수수료

(2) 회사는 B 토큰 판매로 인한 회사 취득 ETH에 대해 ICO 하드캡에 따라, 주주 E, 주주 D에 지급되는 수수료는 아래와 같다.

A. VNT Token 판매로 인한 회사 취득 ETH이 12M USD 이상인 경우, E 및 D 할당(전체 취득 ETH의 20%)/ Sales & Marketing 10%/ 기타 10%

B. B Token 판매로 인한 회사 취득 ETH이 12M USD 이하인 경우, E 및 D 할당(전체 취득 ETH의

15%)/ Sales & Marketing 7.5%/ 기타 7.5%

(3) 회사는 B 토큰 판매로 인한 회사 취득 ETH에 대해 ICO 하드캡에 따라, 수수료와 별개로 회사가 발행하는 B Token에 대해 아래와 같이 인센티브로 지급한다.

A. B Token 판매로 인한 회사 취득 ETH이 6M USD 이상인 경우, E 및 D 할당(전체 발행 Token 10%)/ Team & Founders 4%/ Business & Development 3%/ Marketing 3%

B. B Token 판매로 인한 회사 취득 ETH이 6M USD 이하인 경우, E 및 D 할당(전체 발행 Token 8%)/ Team & Founders 3%/ Business & Development 2.5%/ Marketing 2.5%

3. 망인은 2019. 11. 12. 사망하였고, 그의 1순위 상속인들과 후순위 상속인들이 모두 상속을 포기함에 따라 상속재산관리인으로 선임되었다가, 2021. 8. 27. 피고로 상속재산관리인이 개임되었다.
4. 원고는 다음과 같이 주장하며 망인의 상속재산관리인인 피고를 상대로 이 사건 소를 제기하였다.

① 약정금 청구: C는 적어도 B 토큰 9,439,617,978개를 판매하여 합계 3,874,100,000원 상당을 취득하였으므로, 망인은 이 사건 계약 제5조 제4항 등에 따라 원고와 D으로 구성된 조합의 업무집행조합원인 원고에게 위 판매대금의 15%에 해당하는 수수료 581,115,000원을 지급할 의무가 있었고, 이 사건 계약에 따라 2018. 10.분부터 2019. 1.분까지의 급여 합계 80,000,000원, 이 사건 프로젝트의 업무 수행을 위하여 지출한 경비 합계 11,968,9000원 합계 91,968,900원을 지급할 의무가 있었다. 그런데 망인은 원고에게 합계 235,000,000원만을 지급하였으므로, 망인의 상속재산관리인인 피고는 원고에게 이 사건 계약에 따른 나머지 약정금 등 합계 346,115,000원(= 581,115,000원 - 235,000,000원) 및 이에 대한 지연손해금을 지급할 의무가 있다.

② 채무불이행으로 인한 손해배상청구: 망인은 위와 같이 B 토큰의 판매로 이 사건 계약 제5조 제4항 등에 따라 원고에게 인센티브로 4,496,000,000개를 교부하여야 하는데, 그중 1,200,000,000개만을 교부하였으므로, 원고에 대하여 3,296,000,000개(= 4,496,000,000개 - 1,200,000,000개)를 교부하여야 할 의무가 있었다. 그런데 원고가 2019. 2. 1.경 망인에 대하여 그 이행을 청구하였음에도 망인이 이를 이행하지 아니하였고, B 토큰의 시가가 하락하다가 폐지됨에 따라 원고는 적시에 B 토큰을 처분할 수 없게 되어 적어도 2,076,480,000원의 손해를 입게 되었다. 망인은 개발자로서 자신의 대량 처분으로 B 토큰의 시세가 하락할 것이라는 사정을 충분히 알고 있었으므로 위 채무불이행으로 인한 시가 하락분의 손해를 배상할 책임이 있다. 따라서 망인의 상속재산관리인인 피고는 원고에게 위 채무불이행으로 인한 손해배상금의 일부로서 45,000,000원 및 이에 대한 지연손해금을 지급할 의무가 있다.

[판결 요지]

1) 약정 수수료 청구에 관한 판단

가) 이 사건 계약상 수수료 조항의 해석

수수료 청구의 근거규정인 이 사건 계약 제2항은 "B 토큰 판매로 인한 회사가 취득한 ETH이 ICO 하드캡[1]인 미화 12,000,000달러 이상인 경우 원고와 D에게 전체 취득 ETH의 20%, 그 이하인 경우 원고와 D에게 전체 취득 ETH의 15%를 지급"하는 것으로 정하고 있다('원고와 D'를 통틀어 지칭할 때에는 '원고 측').

위 인정 사실 및 앞에서 설시한 각 증거에 변론 전체의 취지를 더하여 인정할 수 있는 다음과 같은 사정들을 종합하면, 이 사건 계약 제2항의 'B 토큰 판매로 인한 회사가 취득한 ETH'는 망인이 B 토큰을 판매하여 취득한 이더리움만을 의미하는 것이 아니라 B 토큰을 판매하여 그 대가로 취득한 이더리움, 비트코인 등에 대한 환가액과 지급받은 현금을 합한 전체 판매대금을 의미한다고 해석하는 것이 타당하다.

(1) 이 사건 제5조 제3항 전문은 "급여와 별도로 회사가 취득한 ETH 및 원화에 대하여는 별지2에 따라 분배한다."라고 정하고 있어 B 토큰의 판매로 취득한 이더리움 외에 현금도 분배 대상임을 명시하고 있다.

(2) 이더리움은 비트코인에 이어 전세계적으로 시가총액이 2번째로 많은 대표적인 암호화폐로서, 암호화폐 시장에서는 비트코인과 함께 다른 암호화폐의 가치평가 기준 등 이른바 '기축 암호화폐'의 역할을 하고 있다. 이에 따라 망인은 B 토큰을 발행하면서 암호화폐 플랫폼인 퍼블릭에서 ICO를 하거나 일부 비공개(Private Round) ICO·장외거래(Over The Counter, OTC)를 하면서 상대방과 그 판매대가의 지급방법에 관하여 이더리움으로 지급·정산하기로 합의한 것으로 보이고, 이 사건 계약서도 기축 암호화폐인 이더리움으로 판매대가를 지급받을 것으로 예상하여 이를 전제로 작성된 것으로 보인다.

(3) C는 암호화폐 플랫폼인 캐셔레스트를 통하여 ICO를 하면서 그 대가의 지급방법을 캐셔레스트의 자체 암호화폐인 캡(CAP) 코인으로 정산하기로 하였고, 일부 비공개 ICO에 관하여는 비트코인(BTC)으로 정산하기로 하였으며, 일부 비공개 ICO·장외거래에서는 현금으로 정산하기로 한 것으로 보인다. 원고 측이 수행한 업무의 내용이나 기여 정도는 이더리움으로 정산하기로 정한 경우나 비트코인 또는 현금으로 정산하기로 한 경우나 동일하므로, 이 사건 계약에 따라 원고 측과 피고가 그 이익을 나누어야 할 것인데, 제3자와의 결제방법을 달리 정하였다는 이유만으로 B 토큰의 판매대금 중 일부에 관하여 원고 측이 정산받지 못한다고 해석하는 것은 불합리하다.

---

1) ICO(Initial Coin Offering)이란 주식의 기업공개와 비슷하게 암호화폐에 관하여 일종의 투자설명서(백서)를 발행하여 공개적으로 투자자를 모집하여 신규 암호화폐를 발행하는 것을 의미하고, 하드캡(Hard Cap)이란 ICO의 최대 목표금액으로, 하드캡까지 자금이 모이면 ICO는 종료된다.

(4) 망인이 원고에게 보낸 B 토큰 판매로 인한 수익 정산 회신서에서 망인은 B 토큰의 판매대금을 산정하면서 이더리움뿐만 아니라 비트코인의 환산가액, 현금으로 지급받은 판매대가도 포함하여 전체 수익금을 정산하였으므로, 양 당사자 사이에 이 사건 계약서상 문구에도 불구하고 B 토큰의 전체 판매대가를 기준으로 이익을 나누기로 의사표시의 일치가 이루어진 것으로 보인다.

나) 원고가 청구할 수 있는 약정금 청구의 범위

다음과 같은 사정들을 종합하면, 원고와 D는 블록체인 개발 프로젝트에 대한 홍보 등 컨설팅 업무를 공동으로 수행하고 그 이익을 분배하기로 하는 민법상 조합에 해당하고, 원고가 망인을 상대로 원고와 D 간의 조합을 대표하여 정산 업무를 수행하고 있는 점 등에 비추어 원고를 위 조합의 업무집행조합원이라고 보는 것이 타당하다. 따라서 D가 명시적·묵시적으로 원고에게 망인을 상대로 한 이 사건 소송에 관하여 임의적 소송신탁을 하였다고 볼 수 있으므로, 원고는 D의 피고에 대한 수수료 등 약정금을 청구할 수 있다.

(1) 원고와 D는 이 사건 계약 체결 이전부터 블록체인 개발 프로젝트와 관련된 홍보, 마케팅 등 컨설팅 업무를 수행한 것으로 보인다.

(2) 이 사건 계약서에는 원고, D와 망인이 계약당사자로 기재되어 있으나, 원고와 D의 업무 내용에 관하여 두 사람을 구별하지 않고 공동 수행하는 것으로 기재되어 있고, B 토큰 판매로 인한 수수료, 인센티브에 관하여도 두 사람을 구분하지 않고 하나의 주체로 보아 그 비율을 정하고 있는바, 이 사건 계약에서 원고와 D를 하나의 공동 주체로 전제하고 있다.

(3) 원고와 망인은 이 사건 계약에 따라 이 사건 프로젝트에 관한 수수료 등을 정산하면서 하나의 팀으로서 원고와 D의 수수료, 인센티브, 비용 등을 함께 산정하고 있는바, 원고 측과 망인 사이에도 원고 측을 하나의 공동 주체로 보고 법률관계를 형성한 것으로 보인다.

다) 피고의 수수료 지급의무

망인이 원고에게 2019. 9.경 초경까지 합계 9,439,617,978개의 B 토큰을 판매하여 합계 3,874,100,000원과 2,248,093,407CAP을 취득하였다는 취지로 회신한 사실, 망인의 계좌에 위 암호화폐 플랫폼이나 OTC 등에서 B 토큰의 판매 수익으로 합계 3,881,302,532원이 입금된 사실을 인정할 수 있고, 피고는 이 사건 계약에 따른 망인의 수수료 지급의무를 자인하고 있다.

위 인정 사실에 따르면, 망인이 인정하는 대로 C는 적어도 B 토큰의 판매로 위 3,874,100,000원의 매출액을 올린 것으로 보이므로, 이 사건 계약에 따라 망인이 원고에게 지급하여야 할 수수료는 적어도 581,115,000원(= 3,874,100,000원 × 15%) 이상이라고 보는 것이 타당하다. 한편, 원고는 망인으로부터 2019. 2. 28. 및 2019. 4. 10. 각

100,000,000원, 2019. 5. 18. 35,000,000원 합계 235,000,000원을 수수료로 지급받은 사실을 자인하였다. 따라서 망인의 상속재산관리인인 피고는 특별한 사정이 없는 한 원고에게 이 사건 계약에 따른 나머지 수수료 346,115,000원(= 581,115,000원 - 235,000,000원) 및 이에 대한 지연손해금을 지급할 의무가 있다.

2) 급여 및 지출경비 상당 약정금 청구에 관한 판단

이 사건 계약 제5조 제3항은 "급여와 별도로 회사가 취득한 ETH 및 원화에 대하여는 [별지 2]에 따라 분배한다. [별지 2]의 분배 외에 ICO과정 중 필요한 경비에 대해서는 지원한다."라고 정하고 있는 사실은 앞에서 본 바와 같다. 망인이 원고에게 원고 측의 2018. 8.분 및 9.분 급여로 각 20,000,000원을 지급한 사실, 원고와 피고가 주고받은 정산에 관한 문서에 모두 원고 측의 급여는 월 20,000,000원으로 기재되어 있는 사실, 망인이 2019. 9.경 원고에게 전달한 정산자료에 원고 측이 지출한 비용에 관하여 합계 11,968,900원(= 중국 IR 출장 비용 6,908,900원 + D 싱가포르 출장 비용 2,120,000원 + 방콕 출장 비용 2,060,000원 + 관리자 주급 880,000원)으로 기재되어 있는 사실을 인정할 수 있다.

위 인정 사실에 따르면, 이 사건 프로젝트 업무 수행에 관하여 원고 측이 수령할 급여는 월 20,000,000원으로 보는 것이 타당하고, 결국 망인의 상속재산관리인인 피고는 이 사건 계약에 따라 원고에게 2018. 10.분부터 2019. 1.분까지의 급여 합계 80,000,000원과 이 사건 프로젝트 업무 수행 과정에서 지출한 경비 합계 11,968,900원의 합계 91,968,900원 및 이에 대한 지연손해금을 지급할 의무가 있다.

2. 채무불이행으로 인한 손해배상청구에 관한 판단

1) 관련 법리

민법 제393조 제1항은 "채무불이행으로 인한 손해배상은 통상의 손해를 그 한도로 한다."라고 규정하고 있고, 제2항은 "특별한 사정으로 인한 손해는 채무자가 이를 알았거나 알 수 있었을 때에 한하여 배상의 책임이 있다."라고 규정하고 있다. 제1항의 통상손해는 특별한 사정이 없는 한 그 종류의 채무불이행이 있으면 사회일반의 거래관념 또는 사회일반의 경험칙에 비추어 통상 발생하는 것으로 생각되는 범위의 손해를 말하고, 제2항의 특별한 사정으로 인한 손해는 당사자들의 개별적, 구체적 사정에 따른 손해를 말한다(대법원 2019. 4. 3. 선고 2018다286550 판결 참조).

2) 이 사건의 판단

가) 이 사건 계약 제5조 제4항은 "급여 및 회사가 취득한 ETH와 별도로 회사가 발행하는 암호화폐 토큰 B에 대하여는 [별지 2]와 같이 분배한다."라고 정하고 있고, [별지 2] 제3항은 "B 토큰 판매로 인한 회사 취득 ETH이 미화 6,000,000달러 이상인 경우 전체 발행 토큰의 10%, 그 이하인 경우 전체 발행 토큰의 8%를 인센티브로 지급한다."라고 정하

고 있는 사실, C가 2019. 9.경 초경까지 합계 9,439,617,978VNT의 B 토큰을 판매하여 합계 3,874,100,000원과 2,248,093,407CAP을 취득한 사실은 앞에서 본 바와 같고, C가 발행한 B 토큰은 총 56,200,000,000개인 사실을 인정할 수 있다.

위 인정 사실에 따르면, 망인은 이 사건 계약 제5조 제4항, 별지 2. 제3항에 따라 원고에게 인센티브로 4,496,000,000개(= 56,200,000,000개 × 8%)를 교부할 의무를 부담한다고 할 것인데, 원고가 자인하는 대로 망인은 원고에게 1,200,000,000개만을 교부하였을 뿐 나머지 채무를 이행하지 아니하였으므로, 망인의 상속재산관리인인 피고는 원고에게 위 인센티브 교부의무 불이행으로 인한 손해를 배상할 의무가 있다.

나) 망인의 위 인센티브 교부의무 불이행으로 인하여 사회통념상 통상 발생하는 손해는 미이행된 B 토큰에 관하여 본래의 의무이행을 최고하였던 상당한 기간이 경과한 때의 시가상당액으로 보아야 하고(대법원 2008. 5. 15. 선고 2007다37721 판결 참조), 원고가 주장하는 B 토큰의 상장폐지로 인하여 가치하락의 손해는 채무불이행과 별개의 특별한 사정으로 인한 손해라고 보는 것이 타당하다.

그런데 원고가 제출한 증거들만으로는 망인이 위 인센티브 교부의무 불이행 당시 그와 같은 특별한 손해가 발생할 것이라는 사실을 알았거나 알 수 있었다고 인정하기에 부족하고, 달리 이를 인정할 증거가 없다. 따라서 원고의 이 부분 주장은 이유 없다.

3. 피고의 정산 합의 주장에 관한 판단

피고는 2019. 9.경 원고와 망인 사이에 수수료 및 인센티브, 미지급 급여, 경비 등에 관하여 정산 합의가 있었으므로, 피고의 원고에 대한 위 지급의무 중 일부는 소멸하였다고 주장한다.

원고와 망인은 2019. 9.경 수수료 등에 관하여 정산하기 위하여 서로 의견을 주고받은 사실을 인정할 수 있다. 그러나 제출된 정산자료는 망인이 작성한 것으로 보이고, 원고가 위 정산자료에 서명날인도 하지 않은 점, 위 정산자료에 원고가 이에 동의하였다는 취지의 기재도 없는 점, 원고는 그 직후인 2019. 10. 4. 이 사건 소송을 제기한 점 등의 사정에 비추어 위 인정 사실만으로 원고와 망인 사이에 당시 정산 합의가 이루어졌다고 인정하기에 부족하고, 달리 이를 인정할 증거가 없다. 따라서 피고의 위 주장은 이유 없다.

해설

Ⅰ. 대상판결의 쟁점

대상판결에서 원고, 망인, D는 이 사건 프로젝트 추진을 위한 동업을 하면서 B 토큰 발행을 위한 C라는 법인을 설립하고, 망인이 전체 주식의 80%를, 원고와 D가 각 10%씩을 보유하기로 하였다. 원고는 이 사건 프로젝트에서 홍보, 마케팅 등의 업무를 담당하였는데, 매월 급여를 받는 것 외에 이 사건 프로젝트를 통해 발행된 B 토큰의 판매 수익금에 대한 일정 비율의 수수료 및 이와 별개의 인센티브, 업무 수행을 위해 지출한 경비 등을 지급받기로 약정하였다. 그런데 망인이 갑작스레 사망하고 상속인들이 모두 상속포기를 함에 따라 피고가 상속재산관리인으로 선임되었고, 원고는 피고를 상대로 급여, 수수료, 경비 그리고 인센티브에 대한 청구를 하였다.

대상판결에서는 여러 쟁점들에 대한 판단이 이루어졌지만, 이 사건 계약상 수수료의 지급 부분과 관련하여, 'B 토큰 판매로 인해 회사가 취득한 ETH이 ICO 하드캡인 미화 12,000,000달러 이상인 경우 원고 측에게 전체 취득 ETH의 20%, 그 이하인 경우 원고 측에게 전체 취득 ETH의 15%를 지급'한다고 정하고 있는 점과 관련하여 '회사가 취득한 ETH'에 대한 해석, 원고의 지위 및 원고가 D의 피고에 대한 수수료 등 약정금도 청구할 수 있는지 여부, 피고의 인센티브인 B 토큰 지급 의무 불이행 중 B 토큰이 상장폐지 된 경우 손해배상의 범위에 한정하여 살펴본다.

Ⅱ. 대상판결의 분석

1. 약정 수수료 청구에 관한 판단

(1) 이 사건 계약상 수수료 조항의 해석

앞서 본 바와 같이 이 사건 계약서에 따르면 'B 토큰 판매로 인한 회사가 취득한 ETH이 ICO 하드캡인 미화 12,000,000달러 이상인 경우 원고 측에게 전체 취득 ETH의 20%, 그 이하인 경우 원고 측에게 전체 취득 ETH의 15%를 지급'한다고 정하고 있다. 그런데 C는 이후 실제 ICO, 일부 비공개 ICO, 장외거래 등을 통해 암호화폐의 일종인 캡 코인, 비트코인, 현금 등 이더리움 외의 다른 형태의 수익도 취득한 것으로 보인다. 그런데 피고는 위 계약서 문언의 내용을 근거로 B 토큰을 판매하여 회사가 취득한 이더리움만을 기준으로 위 수수료를 산정해야 한다는 취지로 주장한 것으로 보인다. 위 계약서 내용의 의미를 밝히는 것은 결국 처분문서의 나타난 당사자의 의사해석의 문제이고, 이는 원칙적으로 처분문서에 기재되어 있는 문언의 내용에 따라야 하나, 당사자 사이에 계약의 해석을 둘러싸고 이견이 있어 처분문서에 나타난 당사자의 의사해석이 문제 되는 경우에는 문언의 내용, 그와 같은 약정이 이루어진 동기와 경위, 약정으로 달성하려는 목적, 당사자의 진정한 의사 등을 종합적으로 고찰하여 논리와 경험의 법칙에 따라 합리적으로 해석하여야 한다(대법원 2002. 6. 28. 선고 2002다23482 판결, 대법원 2017. 2. 15. 선고 2014다19776, 19783 판결 참조).

대상판결의 경우 이미 계약의 당사자인 망인이 사망하였으나, 이 사건 계약서의 전체적인 목적과 내용, 동기와 경위, 이 사건 계약 이후의 당사자들의 인식 등에 비추어 당사자의 진정한 의사에 대한 판단이 이루어졌다.

먼저 이 사건 계약서 제5조 제3항 전문에는 '회사가 취득한 ETH 및 원화에 대하여는 별지2에 따라 분배한다'라고 정하고 있어 피고 주장 계약서의 내용과 달리 취득한 현금도 분배 대상임을 명확히 하고 있었다.

또한 대상판결은 당시 이더리움이 비트코인과 더불어 가상자산 시장에서 기축통화의 역할을 하고 있었다는 점도 고려하였다. 즉 망인은 B 토큰을 ICO, 일부 비공개 ICO, 장외거래 등 다양한 방법으로 이를 판매하고 그 대금을 기축통화로 볼 수 있는 이더리움으로 지급, 정산하고자 하였고, 이를 예상하여 이 사건 계약서에도 이더리움을 받는 것을 전제로 규정을 둔 것이라고 보았다.

대상판결은 마케팅 등의 업무를 담당한 원고 측으로서는 수익의 형태와 무관하게 자신들의 업무 내용이나 기여도가 크게 달라질 것이 없으므로 이더리움 외 다른 형태로 수익을 본 경우에도 정산 대상이 되어야 한다고도 판시하였다. 실제 망인 역시 원고에게 판매대금을 산정하면서 이더리움 외 비트코인 환산금액, 현금 수익금을 포함하여 수익금을 정산하기도 하였던 사실도 인정되었다.

결국 원고 측과 피고들은 B 토큰을 발행하여 그 판매수익을 나누기 위한 목적으로 이 사건 계약을 체결한 것이므로 그 판매로 취득한 이익은 형태와 무관하게 정산대상에 포함시키려는 의사가 있었다고 봄이 합리적이고 거래상식에도 부합할 것이므로, 대상판결의 결론은 타당하다.

(2) 원고의 업무집행조합원 및 임의적 소송신탁 해당 여부

조합의 업무집행은 동업자의 과반수로 결정하나(민법 제706조 제2항 전단), 업무집행을 원활히 하기 위해 별도로 업무집행을 할 조합원(업무집행조합원)을 정할 수 있으며, 동업자의 3분의 2 이상의 찬성으로 선임한다(민법 제706조 제1항).

원칙적으로 권리관계의 주체인 자가 그 의사로 제3자(변호사 제외)에게 자기의 권리에 대하여 소송수행권을 수여하는 이른바 임의적 소송담당은 허용되지 않으나, 소송변호사대리의 원칙이나 소송신탁의 금지를 잠탈할 염려가 없고, 이를 인정할 합리적 필요가 있는 때에는 예외적으로 임의적 소송담당을 허용되는데, 조합의 업무집행조합원의 경우 조합재산에 관하여 조합원으로부터 임의적 소송신탁을 받아 자기의 이름으로 소송수행하는 것이 허용된다(대법원 1984. 2. 14. 선고 83다카1815 판결 등 참조). 조합에 있어서 조합원의 1인이 사망한 때에는 민법 제717조에 의하여 그 조합관계로부터 당연히 탈퇴하고 특히 조합계약에서 사망한 조합원의 지위를 그 상속인이 승계하기로 약정한 바 없다면 사망한 조합원의 지위는 상속인에게 승계되지 아니한다(대법원 1987. 6. 23. 선고 86다카2951 판결).

이 사건 계약서에 의하면 망인은 수수료를 원고와 D에게 각 지급하도록 되어 있었는데, 원고는 D의 몫까지 자신에게 지급하여 달라고 청구하였는바, 원고와 D가 조합관계인지, 조합관계라면 원고가 업무집행조합원에 해당하는지, D가 원고에게 자신의 수수료 등 청구권에 대하여 원고에게 임의적 소송신탁을 하였는지 여부가 문제되었다.

대상판결은 원고와 D 2인의 관계가 이 사건 프로젝트에 대한 홍보 등 컨설팅 업무를 공동으로 수행하고 이익을 분배하기로 하는 민법상 조합에 해당하고, 원고는 정산업무를 수행하고 있으므로 업무집행조합원에 해당하며, D는 원고에게 자신의 수수료 등 청구권에 대하여 원고에게 임의적 소송신탁을 하였다고 보아, 원고가 D의 수수료 등에 대하여도 피고에 대하여 지급을 구할 수 있다고 판단하였다.

원고와 D 사이의 구체적인 약정 내용에 대하여는 불분명하나, 이 사건 계약서의 내용에 따르면 망인이 대부분의 자금을 지급하고, 원고와 D는 이 사건 프로젝트 중 블록체인 개발에 대한 홍보, 마케팅 등의 업무를 공동으로 수행하고 그에 대한 대가도 동일한 비율로 정하여 하나의 주체로서 취급되었던 사정이 보인다. 또한 원고와 D는 이 사건 계약 이전부터 공동으로 블록체인 개발 프로젝트와 관련된 홍보, 마케팅 업무 등을 수행하였던 것으로 보이는 등 이 사건 계약과 별개로 자체적인 또 다른 동업관계를 형성하고 있었던 것으로 평가할 수 있는 사정도 존재하였다.

이처럼 원고와 D는 조합관계에 해당한다고 볼 만한 사정이 존재하였으나, 사전에 원고와 D 사이에 원고를 업무집행조합원으로 하는 내용의 결의 및 임의적 소송신탁의 약정이 존재하였는지는 불분명하다. 그런데 대상판결은 이를 인정하였는바, 추측건대 이 사건 소송 중 D의 의사를 확인할 수 있는 자료들이 제출되어 원고가 업무집행조합원으로 취급되는 것에 대해 동의 등을 한 것이 아닌가 한다. 결과적으로 원고는 업무집행조합원으로서 D의 수수료 등 약정금 청구도 가능하다고 본 대상판결의 결정은 타당하다.

2. 채무불이행으로 인한 손해배상청구에 관한 판단

원고는 망인이 B 토큰 판매에 대한 인센티브로 지급하여야 할 B 토큰 4,496,000,000개(= C가 발행한 56,200,000,000개 × 8%)를 지급하지 않아 손해를 입었다고 하면서 그 손해액으로 망인이 위 토큰을 지급하지 않는 사이 위 토큰이 상장폐지로 인한 가치하락분을 손해액으로 주장하였는바, 상장폐지에 따른 가치하락으로 인한 손해가 통상손해인지 특별손해인지가 문제되었다.

대상판결은, 인센티브 교부의무 불이행으로 인하여 사회통념상 통상 발생하는 손해는 미이행된 B 토큰에 관하여 본래의 의무이행을 최고하였던 상당한 기간이 경과한 때의 시가

상당액으로 보아야 한다(대법원 2008. 5. 15. 선고 2007다37721 판결 참조)고 전제한 뒤, 원고가 주장하는 상장폐지에 따른 가치하락으로 인한 손해는 특별손해라고 보았다.

대상판결이 원용한 위 대법원 판결의 원문은 '이행지체에 의한 전보배상에 있어서의 손해액 산정은 본래의 의무이행을 최고하였던 상당한 기간이 경과한 당시의 시가를 표준으로 하고…'인바 대상판결은 망인의 이 부분 채무불이행의 유형을 이행지체로 본 것으로 보인다. 상장폐지만으로 가상자산인도의무가 이행불능 되었다고 볼 수 있을지는 구체적인 사정에 따라 달리 판단될 사정으로 보이나, 대상판결은 이행불능이 아닌 이행지체로 판단하였다.

또한 상장폐지로 인해 가치가 사실상 없어질 것이라는 점은 예상하기 어려우므로 원고가 주장하는 위와 같은 손해는 특별손해로 보는 것이 타당하다. 결국 대상판결에서는 망인이 특별손해 발생 사실을 알았거나 알 수 있었음을 인정할 증거가 없다는 이유로 이 부분 원고 주장을 받아들이지 않았다.

원고가 통상손해로서 미지급한 B 토큰 자체의 반환 내지 의무이행의 최고 후 상당기간 경과한 당시의 시가 상당액의 전보배상을 구할 수도 있었을 것이나, 특별손해에 해당하는 청구를 한 것은 대상판결의 사안의 경우 B 토큰 자체의 가치가 사실상 없었던 것으로 보이고, 의무이행의 최고도 별도로 이루어지지 않아 통상손해를 구하는 것이 큰 의미가 없었던 것이 아닌가 생각된다.

Ⅲ. 대상판결의 평가

대상판결은 원고 측과 망인이 가상자산 개발 및 발행을 통한 수익을 나누기로 하는 계약을 체결한 사안으로 망인이 원고 측에게 지급하여야 할 수수료, 경비, 인센티브 등을 지급하지 못한 상태에서 망인이 사망하자 상속인들의 상속포기에 따라 상속재산관리인을 상대로 한 사건이다.

대상판결은 계약 당사자간 수수료 지급과 관련하여 계약서의 불분명한 문언을 내용을 계약의 목적, 체결 경위, 당사자들의 진정한 의사 등을 고려해 합리적으로 해석하여 타당한 결론을 도출하였고, 원고가 소외 D와의 관계를 이 사건 계약의 내용, 업무 형태 등을 종합하여 원고가 업무집행조합원으로서의 지위 및 임의적 소송신탁을 받았다고 판단하였으며, 상장폐지에 따른 가치하락 상당의 손해는 특별손해로 판단하였는바 여러 쟁점에 대한 판단이 이루어져 참고할 만한 가치가 있다고 생각된다.

제3장

가상자산의 상장

[15] 가상자산 상장에 관한 게시글을 허위라고 보도한 언론사의 법적 책임

—서울중앙지방법원 2020. 9. 9. 선고 2019가합524445 판결, 2020. 9. 25. 확정—

[사실 개요]

1. 원고는 'X Coin'이라는 명칭의 가상자산(이하 'X코인')을 발행하는 벨라루스 공화국 소재 회사이고, 피고는 최신 블록체인 산업 정보를 전달하는 인터넷신문을 발행하고 있는 인터넷신문사업자이다.
2. 원고는 2019. 4. 10. 21:00경 공식 트위터 계정에 'Z, A, B, C, D 거래소에서 원고에 대한 상장 검토가 완료되었고, 수주 내에 상장될 것이다. 또한 우리는 E, F, G 거래소에서 원고가 검토 받고 있는 것을 알리게 된 것을 자랑스럽게 생각한다.'라는 내용을 게시(이하 '이 사건 공지')하였다.
3. 그런데 Z 주식회사(이하 'Z')가 운영하는 가상자산 거래소인 'Z거래소'는 2019. 4. 10. 22:32경 홈페이지에 다음과 같은 안내문(이하 '이 사건 안내')을 게시하였다.

> ■ **[안내] 특정 가상자산 Z거래소 상장 관련 유언비어에 대한 입장 안내**
>
> 안녕하세요. Z거래소입니다.
>
> 현재 **특정 가상자산팀**에서 **본인들의 공식 SNS 채널을 통**하여
>
> **Z 거래소 상장을 암시하는 포스팅을 한 것이 확인**되었습니다.
>
> **이는 사실과 다른 거짓 정보**로 회원님들께서는 이와 관련하여 오해하시는 일이 없으시길 바라겠습니다.
>
> Z거래소 거래 지원 여부는 가상자산 거래지원 개시 정책에 따라 내부 거래 지원 심사팀에서 최종 심사 및 거래 지원 여부를 결정하며,
>
> 이와 관련된 정보는 어떠한 경우에도 내부 임직원을 포함하여 외부로 유출되지 않으니 이 점 반드시 유념해주시기 바랍니다.
>
> 감사합니다.

4. 이후 피고는 2019. 4. 10. 23:30경 본인이 운영하는 홈페이지에 이 사건 안내와 관련하여 'Z 거래소, 거짓 상장정보 경고… 해당코인은?'이라는 제목으로 다음과 같은 기사(이하 '이 사건 기사')를 게재하였다.

> ■ **Z거래소, 거짓 상장정보 경고… 해당코인은?**
>
> 4월 10일 오후 10시30분경, Z거래소가 상장 관련 유언비어에 대한 입장을 밝혔다.
>
> **본지 취재결과 공지사항(이 사건 안내)에서 언급한 '특정 가상자산팀'은 ○○코인으로 유명한 X로 확인됐다.**

X는 커뮤니티를 통해 A, B, Z 등 세계 탑클래스 거래소의 상장심사가 마쳤고 곧 상장이 될 것이라는 내용을 공유한 바가 있다.

상장 소식이 알려진 직후 X코인은 거의 100%에 가까운 폭등을 보여주었으나 현재 유언비어로 밝혀지며 가격은 제자리로 돌아오고 있다.

__Z거래소에서 직접 유언비어로 밝힌 만큼 Z거래소 외의 다른 거래소 상장도 거짓을 확률이 높다.__ 시장전문가들은 "아무리 가상자산팀에서 직접 언급하더라도 상장을 결정하는 것은 결국 거래소"라며 유언비어에 휘둘리지 말 것을 경고했다.

5. 이와 관련하여 원고는 'PJ라는 회사와 가상자산 상장지원계약을 체결하였고, 이에 따라 Z, A, B, C와 X코인이 상장될 예정이거나 상장이 완료되었고 다만 계약상 비밀유지의무로 인하여 당분간 공개할 수 없었을 뿐인 만큼 피고가 이 사건 기사의 보도를 통하여 "㉠ 본지 취재결과 공지사항에 언급한 특정 가상자산팀은 ○○ 코인으로 유명한 X로 확인되었다, ㉡ Z거래소에서 직접 유언비어로 밝힌 만큼 Z거래소 이와 다른 거래소 상장도 거짓일 확률이 높다"는 허위사실을 적시하여 원고에 대한 이미지를 사실과 다르게 왜곡하였고, 특히 가상자산 투자자들의 원고에 대한 신뢰를 심각하게 훼손하였다. 나아가 피고는 사실관계를 확인하기 위한 충분한 취재나 노력을 다하지 아니하였으므로, 이 사건 기사가 진실이라고 믿은데 상당한 이유가 없다. 따라서 피고에 대하여 정정보도 및 위자료 1억 원의 지급을 구한다.'는 취지로 피고를 상대로 소를 제기하였다.

[판결 요지]

1. 언론보도의 진실성이란 그 내용 전체의 취지를 살펴볼 때에 중요한 부분이 객관적 사실과 합치되는 사실이라는 의미로서, 세부에서 진실과 약간 차이가 나거나 다소 과장된 표현이 있더라도 무방하고, 또한 복잡한 사실관계를 알기 쉽게 단순하게 만드는 과정에서 일부 특정한 사실관계를 압축, 강조하거나 대중의 흥미를 끌기 위하여 실제 사실관계에 장식을 가하는 과정에서 다소의 수사적 과장이 있더라도 전체적인 맥락에서 보아 보도내용의 중요부분이 진실에 합치한다면 그 보도의 진실성은 인정된다고 보아야 한다(대법원 2007. 9. 6. 선고 2007다2275 판결 등 참조). 이러한 정정보도를 청구하는 경우에 그 언론보도 등이 진실하지 아니하다는 것에 대한 증명책임은 그 청구자인 피해자가 부담한다(대법원 2011. 9. 2. 선고 2009다52649 전원합의체 판결 등 참조).

2. 한편 정정보도청구는 사실적 주장에 관한 언론보도가 진실하지 아니한 경우에 허용되므로 그 청구의 당부를 판단하려면 원고가 정정보도청구의 대상으로 삼은 원보도가 사실적 주장에 관한 것인지 단순한 의견표명인지를 먼저 가려보아야 한다. 여기에서 사실적 주장이란 가치판단이나 평가를 내용으로 하는 의견표명에 대치되는 개념으로서 증거

에 의하여 그 존재 여부를 판단할 수 있는 사실관계에 관한 주장을 말한다. 이러한 개념이 반드시 명확한 것은 아니다. 언론보도는 대개 사실적 주장과 의견표명이 혼재하는 형식으로 이루어지는 것이어서 그 구별기준 자체가 일의적이라고 할 수 없고, 양자를 구별할 때에는 당해 원보도의 객관적인 내용과 아울러 일반의 시청자가 보통의 주의로 원보도를 접하는 방법을 전제로, 사용된 어휘의 통상적인 의미, 전체적인 흐름, 문구의 연결 방법뿐만 아니라 당해 원보도가 게재한 문맥의 보다 넓은 의미나 배경이 되는 사회적 흐름 및 시청자에게 주는 전체적인 인상도 함께 고려하여야 할 것이다(대법원 2006. 2. 10. 선고 2002다49040 판결 등 참조).

3. 이 사건 기사 중 ㉠ 부분은 공식 SNS 채널을 통해 거래소 상장을 암시하는 포스팅을 한 '특정 가상자산팀'이 원고라는 사실을 적시하고 있는바, 이러한 적시사실이 허위인지 여부에 관하여 본다. 살피건대, 원고는 PJ회사와 사이에 2019. 2. 27부터 2019. 5. 1.까지 사이에 Z, A, B 거래소에 X코인의 상장을 지원하는 계약을 체결한 사실, 이후 X코인은 E거래소, F거래소에 각 상장되었고, 2020. 2. 22.경 A거래소에, 2020. 3. 18.경 B거래소에 각 상장된 사실을 인정할 수 있다. 그러나 다음의 각 사실 및 사정, 즉 ① 원고는 2019. 4. 10. 21:00경 공식 트위터 계정에 Z거래소 등 거래소에서 원고에 대한 상장 검토가 완료되었고, 수 주 내에 상장될 것이라는 이 사건 공지를 한 사실, ② Z거래소는 그 직후인 같은 날 21:28경 이 사건 공지와 관련하여 X코인이 Z거래소와 상장협의된 사실이 있는지 여부에 관하여 문의를 받았고, Z거래소는 같은 날 22:32경 홈페이지에 이 사건 안내를 하였던 사실, ③ 원고가 상장지원 계약을 체결한 것만으로 X코인의 Z거래소 상장이 담보되는 것이 아니라 Z거래소 운영사인 Z 주식회사의 명시적인 승인을 추가적으로 필요로 하는 점, ④ 원고는 공식 트위터 계정에 Z거래소에서 원고에 대한 상장 검토가 완료되었고, 수주 내에 상장될 것이라고 게시하였으나, 이 사건 변론종결일까지 Z거래소에 상장되지 아니하고 있는 점, ⑤ 원고가 Z거래소와 사이에 추진 중인 상장검토 절차와 관련하여 구체적 진행정도에 관한 다른 자료는 제출되지 아니한 점 등에 비추어 보면, 위 인정사실만으로는 원고의 X코인이 수주 내로 Z거래소에 상장될 예정으로서 원고가 이 사건 안내상의 '특정 가상자산팀'이 아니라고 보기는 어렵다. 따라서 ㉠ 부분 적시사실이 허위라는 원고의 주장은 이유 없다. 나아가 ㉡ 부분의 표현은 ㉠ 부분 적시사실을 기초로 이 사건 공지상의 Z거래소 외에 다른 거래소 상장도 거짓일 확률이 높다는 가치판단 내지 주관적인 의견을 밝힌 것이어서 사실 적시에 해당한다고 보기 어려운바, 원고의 이 부분 주장도 이유 없으므로 원고의 정정보도청구를 기각한다.

4. 언론매체가 사실을 적시하여 타인의 명예를 훼손하는 행위를 한 경우에도 그것이 공공의 이해에 관한 사항으로서 그 목적이 오로지 공공의 이익을 위한 것일 때에는 적시

된 사실이 진실이라는 증명이 있거나 그 증명이 없다 하더라도 행위자가 그것을 진실이라고 믿었고 또 그렇게 믿을 상당한 이유가 있으면 위법성이 없다고 보아야 할 것인바, 여기서 '그 목적이 오로지 공공의 이익을 위한 것일 때'라 함은 적시된 사실이 객관적으로 볼 때 공공의 이익에 관한 것으로서 행위자도 공공의 이익을 위하여 그 사실을 적시한 것을 의미하는데, 행위자의 주요한 목적이나 동기가 공공의 이익을 위한 것이라면 부수적으로 다른 사익적 목적이나 동기가 내포되어 있더라도 무방하고, 여기서 '진실한 사실'이라고 함은 그 내용 전체의 취지를 살펴볼 때 중요한 부분이 객관적 사실과 합치되는 사실이라는 의미로서 세부에 있어 진실과 약간 차이가 나거나 다소 과장된 표현이 있더라도 무방하다(대법원 2006. 3. 23. 선고 2003다52142 판결 참조).

5. 가상자산의 특성상 그것의 거래소 상장 여부는 교환가치에 상당한 영향을 주고, 그에 대한 정보의 진정성 여부는 가상자산 거래시장의 거래질서에 지대한 영향을 미칠 것이 자명하므로, 이 사건 안내를 토대로 원고의 X코인이 Z거래소 등의 거래소에 수 주 내에 상장될 것이라는 내용의 원고의 이 사건 공지가 허위일 수 있음을 알린 이 사건 기사는 공공의 이해관계에 관한 사항이라고 봄이 상당하다.

나아가 앞서 본 바와 같이 이 사건 기사가 허위라고 볼 수 없고, 설령 그렇지 않더라도 다음의 사정, 즉 피고들은 이 사건 공지에 관한 Z거래소에 대한 고객문의 결과를 확인한 후에 이 사건 기사를 게재한 점과 이 사건 기사의 게재 경위와 시기 등을 아울러 고려할 때, 피고로서는 이 사건 기사에 적시된 사실이 진실이라고 믿었고 또 그렇게 믿을 만한 상당한 이유가 있었다고 보는 것이 타당하다. 따라서 피고의 이 사건 보도가 위법함을 전제로 한 원고의 위 손해배상청구도 이유 없다.

해설

Ⅰ. 대상판결의 쟁점

대상판결은 가상자산 상장에 대한 언론 보도와 관련하여 그것이 위법한지 여부가 문제된 사안이다. 대상판결의 첫 번째 쟁점은 정정보도 청구와 관련하여 허위 사실 적시가 있는지 여부이다. 두 번째 쟁점은 정정보도 청구와 관련하여 사실 적시와 의견 제시의 구별이다. 세 번째는 손해배상청구에 있어 판시 언론 기사가 공적 이익의 영역에 있는지 여부이다. 위와 같은 쟁점이 가상자산 산업이라는 특수성과 결부되어 어떠한 평면으로 반영되는지 살펴보기로 한다.

Ⅱ. 대상판결의 분석 및 평가

1. 정정보도청구에 있어 허위 사실의 적시

언론중재 및 피해구제 등에 관한 법률 제14조 제1항은 '사실적 주장에 관한 언론보도 등이 진실하지 아니함으로 인하여 피해를 입은 자는 언론보도 등이 있음을 안 날부터 3개월 이내에 언론사, 인터넷뉴스서비스사업자 및 인터넷 멀티미디어 방송사업자에게 그 언론보도 등의 내용에 관한 정정보도를 청구할 수 있다.'고 규정하고 있다. 위 '진실하지 아니함'의 의미에 대하여는 적시사실의 '허위성'과 동일하게 보는 것이 일반적이라고 보이고 대법원은 이에 대하여 '전체적·객관적으로 파악하여 그것이 허위사실의 적시에 해당하는지 여부를 가려야 할 것이고, 그 취지가 불분명한 일부 내용만을 따로 떼어내어 허위사실이라고 단정하여서는 안 되며, 적시사실 중 세부에 있어서 진실과 약간 차이가 나거나 다소 과장된 표현이 있다고 하더라도, 그 적시된 사실의 내용 전체의 취지를 살펴볼 때 중요한 부분이 객관적 사실과 합치되는 경우에는 허위의 사실이라고 볼 수 없다.'고 판시하고 있다.[1]

가상자산의 상장과 같은 문제는 상장을 추진하는 쪽에서는 적극적으로 널리 홍보를 하여 그 정보를 알리려는데 이해관계를 가지게 마련이고 상장심사를 하는 거래소 측에서는 상장정보가 미리 노출되면 그 시가형성의 공정성과 신뢰가 침해될 염려가 있기 때문에 극도의 보안을 유지하려고 할 것이다. 따라서 언론사 측에서는 가상자산 상장에 관한 정보는 그 상장심사권을 가지고 있는 거래소 측의 정보에 따라 사실 확인을 할 수 밖에 없는 측면이 있고 그로부터 소스를 받아 기사를 게재하는 경우 허위성이 있다고 판단하기는 다소 어렵다. 특히 대상판결 사안에서 피고가 '특정 가상자산팀'에 대하여 원고라고 단정적으로 표시하였는데 이 또한 당시 원고의 SNS 선전과 이에 대한 Z거래소 측의 반응을 토대로 한 것으로 대체적으로 허위성을 인정하기 어렵다고 보인다.

2. 정정보도청구에 있어 의견과 사실의 구분

대법원은 '순수하게 의견만을 표명하는 것은 타인의 명예를 훼손하는 행위가 될 여지가 없고, 표현행위에 적시된 사실 중 허위내용이 포함되어 있다 하더라도 그 허위사실이 타인의 사회적 평가를 침해할 수 있는 내용이 아니라면 명예훼손에 해당하지 않으며, 단순히 타인의 주관적인 명예감정을 침해하는 표현행위를 하였다거나 그 사회적 평가에 영향을 미치는 비판적인 의견을 표명하였다는 사유만으로는 명예훼손이 성립하지 않는다.'고 판시하였다.[2]

---

1) 대법원 2014. 11. 13. 선고 2012다111579 판결.
2) 대법원 2009. 4. 9. 선고 2005다65494 판결.

대법원의 판시는 '의견의 표명'에 해당하는지, '사실의 적시'에 해당하는지 여부가 문제되는 경우, ① 당해 표현의 통상의 의미 파악에 따른 개별 문언을 분석하는 등 사실과 의견을 구별하고, ② 이를 전체적인 맥락에 비추어 사실의 적시에 해당하는지 여부를 검토한 다음, ③ 여전히 문제된 어구가 '사실의 적시'에 해당하는지 아니면 '논평·의견의 표명'에 해당하는지를 판별하기 어려운 경우에는 이를 '논평·의견의 표명'으로 추정하여야 한다는 취지로 해석된다.[3)]

이 사건에서 대상판결은 'Z거래소에서 직접 유언비어라고 밝힌 만큼 Z거래소 외 다른 거래소 상장도 거짓일 확률이 높다'라는 취지의 기사 내용에 대하여 문언상 의견에 해당하고 설령 그 문구에 비판적인 측면이 있다고 하더라도 마찬가지라고 해석한 것으로 보인다.

3. 손해배상청구와 관련하여 관련 기사 내용이 공공의 이익 영역에 있는지

대법원은 '오로지 공공의 이익을 위한 것일 때라 함은 적시된 사실이 객관적으로 볼 때 공공의 이익에 관한 것이어야 할 뿐만 아니라 행위자도 공공의 이익을 위하여 그 사실을 적시한 것이어야 하며 적시된 사실이 공공의 이익에 관한 것인지의 여부는 당해 적시사실의 구체적 내용, 당해 사실의 공표가 이루어진 상대방의 범위, 그 표현의 방법 등 그 표현 자체에 관한 제반 사정을 감안함과 동시에 그 표현에 의하여 훼손되거나 훼손될 수 있는 명예의 침해 정도 등을 비교·고려하여 결정하여야 하고, 행위자의 주요한 목적이나 동기가 공공의 이익을 위한 것이라면 부수적으로 다른 사익적 동기가 내포되어 있었다고 하더라도 공공의 이익을 위한 것으로 보아야 하지만, 타인을 비방하는 것이 주된 목적이나 동기가 된 경우에는 그에 의한 명예훼손 행위가 공공의 이익을 위한 것이라고 인정될 여지가 없다고 할 것이다'고 판시한 바 있다.[4)]

이에 따라 대상판결은 '가상자산의 특성상 그것의 거래소 상장 여부는 교환가치에 상당한 영향을 주고, 그에 대한 정보의 진정성 여부는 가상자산 거래시장의 거래질서에 지대한 영향을 미칠 것이 자명하다'고 판시하면서 원고의 이 사건 공지가 허위일 수 있음을 알린 이 사건 기사는 공공의 이해관계에 관한 사항이라고 봄이 상당하다고 보았다. 이 사건에서 공공의 이익 여부는 위 기사의 문구를 비롯하여 작성 동기와 경위가 중요한데 위와 같이 Z거래소에서의 이 사건 안내의 내용과 추후에도 여전히 상장이 이루어지지 않고 있는 점을 비롯하여 기사 작성의 동기가 원고를 비방하려는 동기가 주된 목적이라고 보기는 어려운 점, 사익을 추구하기 위하여 기사를 작성한 것으로 보이지도 않으며, 당시 X코인은 유명한

---

3) 김시철, "명예훼손·모욕·사실왜곡에 의한 인격권 침해의 성립요건 및 공통점과 차이점", 대법원판례해설 79호(2009년 상반기), 법원도서관, 274~275쪽.

4) 대법원 1999. 3. 12. 선고 98다33840 판결.

글로벌 기업과 연계가 되고 있고 하여 당시 많은 투자자들로부터 관심을 받고 있었고 거래소 상장 여부는 그 시가 등락에 상당한 영향을 미쳐 원고 측이 제시한 정보 진위는 매우 중요하다는 점 등을 종합할 때 대상판결의 판시는 타당하다고 보인다.

[16] 토큰 스왑이 불가능한 것이 하자담보책임의 하자에 해당하는지 여부, 하자있는 토큰에 대한 손해액 산정의 문제

—수원지방법원 2018가합27297 판결, 2021. 8. 25. 선고,

수원고등법원 항소심 계속 중 화해권고결정으로 종국 처리 됨—

[사실 개요]

1. 주식회사 에**코리아(이하 '이 사건 토큰 발행 회사'라고 한다)는 2018. 3.경 가상자산인 a 코인을 개발하여 싱가포르 소재 가상자산 거래소인 비트포렉스에 a 코인(메인넷이 없어 토큰으로 부르는 것이 적합하나 당사자들이 a 코인이라고 지칭하였으므로 그에 따른다)을 상장하려고 준비중이었다.
2. 이 사건 토큰 발행회사는 a 코인을 비트포렉스에 상장하려고 하였으나 위 비트포렉스에서 a 코인의 보안성이 취약하다는 지적을 받아 상장이 어렵게 되자 이를 보완한 b 코인을 개발하여 2018. 10. 12.까지 비트포렉스에 상장하기로 하였는데 이미 판매된 a 코인의 소유자들에게는 b 코인이 비트포렉스에 상장되면 a 코인을 b 코인으로 교환(swap)[1] 해주기로 하였다.
3. 이 사건 토큰 발행회사가 2018. 10. 12. a 코인을 비트포렉스에 상장하였다.
4. 원고의 a 코인 매수경위
   가. 피고 갑은 이 사건 토큰 발행회사로부터 a 코인을 매수하라는 권유를 받고 2018. 9. 10.부터 2018. 9. 18.까지 이 사건 토큰 발행 회사로부터 3억 1,200만 원을 지급하고 위 a 코인을 매수하였다.
   나. 피고 을은 피고 갑이 매수한 a 코인을 판매하기 위해 원고가 운영하는 p2p방(카카오톡이나 텔레그램 채팅방으로 추정된다)에 a 코인 판매게시글을 작성하여 게재하였다.
   다. 원고는 위 글을 보고 피고 을에게 연락하여 피고 을로부터 a 코인을 구매하기로 하고, 2018. 9. 27.부터 2018. 10. 11.까지 피고 을이 알려준 피고 병의 계좌에 3억 1,600만 원을 지급하였고, 피고 병은 자신의 계좌에 돈이 입금되자 피고 을에게 원고의 가상자산 입금지갑 주소를 알려주었으며, 피고 을은 원고의 가상자산 입금지갑에 a 코인 198,500,000개를 송금하였다.
5. 원고는 a코인이 비트포렉스에 상장되자 이 사건 토큰 발행회사에 a 코인을 상장된 b 코인으로 교환하여 달라고 요청하였는데 2018. 10. 19. 2,000만 개, 2018. 10. 24. 1,190만 개를 교환받고 나머지 1억 6,660만 개는 교환받지 못하였다. 이에 원고가 이 사건 토큰 발행회사에 교환이 안되는 경위를 문의하자 이 사건 토큰 발행회사는 2018. 10. 31. 원고 소유의 미교환 a 코인은 무단발행된 코인으로 교환이 불가능하다고 회신하였다(관련 형사사건에 의하면 a 코인을 설계하고 발행하기로 한 개발

[1] 토큰 보유자가 가지고 있는 토큰을 향상된 기능을 가진 새 토큰으로 교환해주는 것으로, 토큰 보유자의 잔액이 호환가능한 새로운 프로젝트 지갑으로 옮겨가는 절차를 말한다. 블록체인 기반의 환경에서 만들어진 토큰은 한번 발행되면 다시 수정하기 어렵기 때문에 문제가 생기면 새로운 토큰을 만들고 종전의 토큰에 대응하여 새로운 토큰을 교부하는 것이다. 토큰 이주(token migration)이라고도 한다.

자가 이 사건 토큰 발행회사의 허락을 받지 않고 임의로 a 코인을 추가 발행한 사실이 인정된다).

6. 원고는 a 코인을 매수하면서 연락을 취한 피고 을, 피고 병에게 항의하였고, 피고 을, 피고 병이 이를 피고 갑에게 알리자 피고 갑이 2018. 11. 1. b 코인 4,000만 개, 2018. 11. 2. b 코인 7,000만 개, 2018. 11. 20. b 코인 8,220만 개를 원고에게 전송하였다.

7. 원고가 받은 b 코인은 상장 첫날 기준가 7원으로 상장한 이후 계속해서 하락하여 1개월 후에는 사실상 가치가 없어졌으며0원이 되었으며 이후 비트포렉스에서 상장폐지가 되었는데 원고가 받은 b 코인의 내역은 다음과 같다.

	날짜	코인명	수령한 코인수(개)	수령시 코인가격(원)	수령한 코인 가격의 합(원)
1	2018.10.19.	b	20,000,000	1.45	29,000,000
2	2018.10.24.	b	11,900,000	1.70	20,230,000
3	2018.11.01.	b	40,000,000	0.40	16,000,000
4	2018.11.02.	b	70,000,000	0.58	40,600,000
5	2018.11.20.	b	82,200,000		가치없음
합 계			224,100,000		105,830,000

8. 원고는 피고 갑, 을, 병이 원고를 기망하여 비트포렉스에 상장이 된 b 코인으로 교환이 되지 않는 a 코인을 판매하였다는 이유로 피고 갑, 을, 병을 사기죄로 고소하였으나 수사기관은 피고들이 b 코인으로 교환되지 않는 무단발행된 a 코인을 교환가능한 코인으로 원고를 기망하였다는 점이 인정되지 않는다는 이유로 불기소 처분을 하였다.

9. 원고는 피고들을 상대로 ① 피고들은 원고에게 판매할 a 코인이 무단으로 생성된 코인으로 상장된 b 코인으로 교환되지 않는다는 사실을 알면서도 이를 속이고 원고에게 팔았고 이는 불법행위를 구성하므로 피고들은 원고에게 불법행위로 인한 손해배상책임을 부담하고, ② a 코인은 무단으로 발행된 코인으로 상장된 b 코인으로 교환이 불가능한 하자가 있고 피고들은 원고에게 하자가 없는 상장된 b 코인으로 a 코인을 교환해줄 의무를 부담하므로 하자담보책임 또는 불완전이행으로 인한 손해배상책임을 부담한다고 소를 제기하였다.

10. 제1심 법원은 2021. 8. 25. 다음과 같은 내용의 판결을 선고하였다.

가. a 코인의 매매당사자는 피고 을이고, 피고 갑과 피고 병은 a 코인의 매매당사자가 아니다.

나. 피고 을이 원고에게 판매한 a 코인이 b 코인으로 교환이 불가능함을 알면서도 이를 속이고 원고에게 a 코인을 판매하였다고 인정할 증거가 없으므로 불법행위에 기한 손해배상책임은 성립하지 않는다.

다. a 코인 매매계약과 관련하여 a 코인은 도난당한 코인 혹은 무단발행된 코인으로 b 코인으로 교환될 수 없는 하자가 있었다. 따라서 피고 을은 원고에게 민법상의 하자담보책임을 부담한다.

라. a 코인을 b 코인으로 교환은 각 a 코인 소유자별로 순차적으로 교환되었다. b 코인은 비트포렉스 상장 이후 1개월 동안 가격이 계속 하락하여 사실상 가격이 0원이 되었다. 원고가 b 코인으로 교환을 받은 시기의 b 코인의 시가에 따른 원고 소유의 a 코인 시가 합계는 262,395,000원(= 166,600,000

× (1.45+1.7)÷2}인데 원고가 b 코인으로 교환받은 1주일 뒤인 2018. 11. 1. b 코인의 시가는 0.4원, 2018. 11. 2. 0.58원인 점을 종합하여 원고의 손해액을 160,000,000원으로 산정한다.

마. 원고는 a 코인에 대한 손해배상 명목으로 2018. 11. 1. b 코인 4,000만 개, 2018. 11. 2. 7,000만 개를 받았는데 위 각 b 코인을 받은 당시의 시가로 환산한 56,600,000원을 위 손해배상액에서 공제한다.

11. 위 1심 판결에 대해 피고 을이 항소하여 수원고등법원 2021나21711호로 사건이 진행중 화해권고 결정이 확정되어 종국되었다.

[주요 쟁점에 대한 1심 판결 요지]

1. 메신저 등을 통한 코인과 토큰 매매와 관련하여 매매계약 당사자에 대한 의사가 일치하지 않을 경우 계약의 성질, 내용, 목적, 체결 경위 등을 종합하여 계약체결 전후의 제반 사정을 토대로 합리적이 사람이라면 누구를 계약당사자로 이해할 것인가에 의해 당사자를 결정하여야 한다.

2. 이 사건 판결은 아래와 같은 사정을 종합하여 매매계약의 당사자를 피고 갑으로 정하였다.

① 피고 갑은 원고가 운영하는 P2P방에 이 사건 a 코인을 판매한다는 광고글을 직접 게시하였고, 원고는 위 광고글을 보고 피고 갑에게 연락하여 이 사건 a 코인의 개수, 가격 등 거래조건에 관하여 대화를 나눈 뒤 이 사건 a 코인의 구매를 결정하였다. 이처럼 이 사건 a 코인에 관한 매매계약의 체결 및 교섭과정에서 피고 을, 병이 관여한 바는 없어 보인다.

② 원고는 이 사건 a 코인을 구매할 때부터 위 코인이 b 코인으로 교환되지 않는 사고가 생길 때까지 피고 을의 존재를 인식하지 못하였고 피고 갑을 이 사건 a 코인의 판매자로 인식하고 있었으며, 피고 갑에게 문제 해결을 요구하다가 비로소 이 사건 a 코인을 처음 공급한 피고 을의 존재를 듣고 인지하게 된 것으로 보인다.

③ 피고 갑이 피고 을로부터 판매수수료를 받기 위해 이 사건 a 코인을 판매하기 시작한 것으로 보이기는 하나, 원고도 2020. 4. 7.자 준비서면에서 '피고 갑은 스스로 매도인임을 자칭하면서 원고와 매매계약을 하였다'고 진술하였고, 피고 갑은 2018. 10. 18. 원고에게 '절대로 피고 병이라는 이름은 밝히시면 안 됩니다. 모두 피고 갑으로부터 구입이라 하면 됩니다'라는 메시지를 보내기도 하였으며, 비록 이후의 이 사건 a 코인 교환 업무도 직접 처리하다가 이후 무단 생성된 코인임이 밝혀지자 비로소 피고 을에게 연락하여 문제 해결을 요구하였다.

④ 피고 을이 피고 병으로부터 원고의 코인지갑 주소를 받고 원고에게 곧바로 이 사건

a 코인을 보내주었으나, 통상적인 코인지갑 주소는 장문의 알파벳과 숫자가 혼재되어 있고 해당 지갑 소유자의 실명도 표시되어 있지 않아 그 주소만으로 해당 코인지갑 주소의 소유자가 누구인지 알기 어려워 보이는 점, 피고 을의 입장에서는 피고 갑이나 피고 병 측이 알려주는 코인지갑 주소로 이 사건 a 코인을 전송하고 대금을 지급받으면 족할 뿐 그 코인 매수인이 누구인지는 중요한 고려사항이 아니었다.

3. 이 사건 a 코인 매매계약의 전체 매매대금은 3억 1,000만 원의 거액이고, 원고가 받은 이 사건 a 코인 중 무단으로 발행된 코인을 제외한 1,190만 개의 이 사건 a 코인은 이 사건 b 코인으로 교환된 점을 종합하면 이 사건 a 코인 매매계약 당시 이 사건 a 코인은 비트포렉스에 상장될 예정인 이 사건 b 코인으로 교환될 것이라는 점이 당사자 사이에 전제가 되었다고 할 것인데 무단발행되었다는 이유로 이 사건 a 코인 중 이 사건 b 코인으로 전환되지 않은 166,000,000개의 코인은 하자가 있어 피고 갑은 민법상의 하자담보책임을 부담한다.

4. 이 사건 a 코인 중 이 사건 b 코인으로 교환되지 못한 잔존 코인은 원래 비트포렉스에 상장된 이 사건 b 코인으로 교환될 것이었으므로, 원고의 통상손해는 위 잔존 코인이 이 사건 b 코인으로 교환이 가능하였을 시기의 이 사건 b 코인의 시가상당액이다.

5. 이 사건 토큰 발행회사는 이 사건 a 코인의 이 사건 b 코인으로의 교환 신청에 대해 '2018. 10. 20.부터 순차적으로 진행'이라고 공지하였고, '부정거래에 해당하지 않는 이 사건 a 코인은 검수 후 정상적으로 이 사건 b 코인으로 교환하여 드리겠습니다. 시간적 지체는 있을지언정 비정상적인 경우가 아닌 한 반드시 전환하여 드리겠습니다'라고 추가 공지를 하였다. 원고도 이 사건 b 코인이 비트포렉스에 상장되기 전부터 계속 교환요청을 하였으나 2018. 10. 19.에야 비로소 이 사건 b 코인 20,000,000개를 교환받고, 이후 2018. 10. 24. 이 사건 b 코인 11,900,000개를 교환받았다. 이 사건 토큰 발행회사가 발행한 이 사건 a 코인의 이 사건 b 코인으로의 교환 자체에 상당한 시간이 소요되었던 것으로 보이므로 이 사건 잔존 a 코인 또한 정상적으로 발행된 코인이었다고 하더라도 상장일로부터 상당한 기간이 지난 이후 이 사건 b 코인으로 교환되어 거래가 가능하였을 것으로 보인다. 그런데 a 코인의 b 코인으로의 교환은 순차적으로 이루어졌고, 그 코인 소유자별로 교환이 이루어진 시기가 모두 달랐던 것으로 보이므로, 이 사건 잔존 a 코인의 실제 교환이 가능하였던 시기 및 그 시기별 수량을 알 수가 없다. 또한 현재 이 사건 b 코인은 비트포렉스 거래소에서 상장이 폐지되어 상장일로부터 최종적으로 교환이 가능한 시기 및 교환이 가능하였던 일자별 시가를 확인하기도 어려우므로, 이 사건은 그 성질상 구체적인 손해의 액수를 입증하는 것이 곤란한 경우에 해당한다.

5. 손해배상액의 범위

① 코인과 같은 가상화폐의 경우 일자별로 시세 변동폭이 매우 큰 고위험 자산인 점, ② 이 사건 b 코인의 시가는 상장 첫날인 2018. 10. 12. 기준 7원이었으나 이후 계속해서 하락하였고, 약 1개월 뒤에 사실상 그 가치가 0원에 수렴하였으며, 이후 코인거래소에서 상장폐지까지 되었던 점, ③ 실제로 원고가 맨 처음 정상교환을 받았던 시기는 2018. 10. 19.인데, 그 무렵 이 사건 b 코인의 시가는 이미 1.45원으로 하락해 있었던 점, ④ 원고가 그 다음으로 정상교환을 받은 2018. 10. 24.의 시가는 1.7원으로 조금 오르기는 하였으나 전체적으로 보아 이 사건 b 코인의 시가는 장기적으로 하락 추세에 있었던 점, ⑤ 원고가 정상교환을 받았던 2018. 10. 19.자 및 2018. 10. 24.자 b 코인의 시가 평균액으로 계산한 이 사건 잔존 a 코인의 시가는 262,395,000원{= 이 사건 잔존 a 코인의 개수 166,600,000개 × (1.45원 + 1.7원) ÷ 2}인데, 위와 같이 정상교환을 받고 남은 이 사건 잔존 a 코인이 정상적으로 발행되었더라도 2018. 10. 24. 이후에나 교환될 수 있었을 것이며, 그 무렵 b 코인의 시가는 지속적으로 하락하고 있었고 약 1주일 뒤인 2018. 11. 1. 0.4원, 2018. 11. 2. 0.58원까지 하락한 점 등을 종합하여, 원고의 손해액을 160,000,000원으로 산정하기로 한다.

6. 공제

원고가 이 사건 잔존 a 코인에 대한 손해배상조로 2018. 11. 1. 16,000,000원 상당의 이 사건 b 코인 40,000,000개(시가 개당 0.4원), 2018. 11. 2. 40,600,000원 상당의 이 사건 b 코인 70,000,000개(시가 개당 0.58원) 합계 56,600,000원 상당의 이 사건 b 코인을 받았음은 원고가 자인하고 있으므로, 위 손해배상액 160,000,000원에서 56,600,000원을 공제한다. 나아가 피고 갑은 원고가 2018. 11. 20. 82,200,000개의 이 사건 b 코인을 받았으므로 이 사건 b 코인 상당액은 손해배상액에서 공제되어야 한다고 주장하나, 이미 그 무렵 이 사건 b 코인의 시가는 0원에 수렴하여 사실상 가치가 없었으므로 이 부분 공제주장은 받아들이지 않는다.

해설

Ⅰ. 가상자산 매매계약의 당사자 확정

1. 계약의 당사자를 확정하는 문제에 관하여는 우선 행위자와 상대방의 의사가 일치한 경우에는 그 일치한 의사대로 계약의 당사자를 확정하여야 하고, 행위자와 상대방의 의사가 일치하지 않는 경우에는 그 계약의 성질·내용·목적·체결 경위 등 그 계약 체결 전후의

구체적인 제반 사정을 토대로 상대방이 합리적인 사람이라면 누구를 계약당사자로 이해할 것인가에 의하여 당사자를 결정하여야 한다(대법원 2007. 9. 6. 선고 2007다31990 판결 등 참조).

2. 가상자산이 가상자산거래소에 상장되기 전 혹은 아직 가상자산 자체가 발행되지 않은 상태에서 가상자산을 매매하는 경우 매매당사자가 누구인지 확정하는 문제가 많이 발생하게 된다. 왜냐하면 대부분 가상자산 프로젝트의 경우 가상자산을 발행하여 프로젝트를 수행하는 사람이나 회사와 해당 가상자산을 홍보, 판매하는 회사 또는 사람이 다르고 가상자산을 매수하는 사람들이 공식적인 루트를 통하거나 명확한 계약서를 작성하고 가상자산을 구매하는 경우가 드물기 때문이다. 이 사건에서도 원고는 인터넷을 통한 광고글을 보고 이 사건 a 코인의 발행자로부터 이 사건 a 코인을 매수하기로 한 피고 갑과 매매계약을 체결하게 되었다. 가상자산의 발행자, 매수인, 매매대금 수령인 등이 가상자산 매매계약 관련자들 사이에 명확한 처분문서가 없는 이상 앞서 본 바와 같이 구체적인 계약체결경위를 통해 계약당사자를 확정할 수밖에 없다.

3. 이 사건에서는 통상의 사람이라면 직접 이 사건 a 코인의 발행자로부터 이 사건 a 코인을 구매한다고 생각하기 어려웠던 점, 매매당사자 사이의 메신저 대화 내역 등을 종합하여 피고 갑이 이 사건 a 코인의 매도인으로서 계약상의 책임을 부담한다고 판시하였는데 원고의 이 사건 a 코인 구매까지 거래조건에 대해 대화를 나눈 사람이 피고 갑인 점, 피고가 판매수수료를 받기 위해 이 사건 a 코인을 판매하였다고 하더라도 본인이 위탁판매인임을 명확하게 밝힌 적은 없는 점, 계약 당사자가 피고 갑이 아니라는 점을 피고 갑이 원고에게 명확하게 밝혔더라면 원고로서는 누가 계약당사자로 책임을 부담하는지 추가적인 확인을 하였을 것으로 보이는 점 및 이에 더하여 상장전 혹은 발행전 가상자산의 매수행위가 계약서 없이 메신저 등을 통해 거래조건에 대해 대화를 나누고 해당 금액을 계좌로 보내는 방식으로 이루어지는 현 실태를 종합하여 보면 직접 거래조건에 대해 메신저 상에서 논의한 당사자가 계약상의 책임을 부담한다고 보는 것이 타당하다.

Ⅱ. 토큰 스왑의 불능 혹은 발행인의 토큰 스왑 거절과 매매목적물인 토큰의 하자

1. 가상자산과 관련하여 다양한 이유로 토큰 스왑이 이루어지는 경우가 많다. 이 사건에서도 이 사건 a 코인은 보안상의 이유로 거래소에 상장될 수 없었기 때문에 이 사건 토큰 발행회사는 보안상의 결점을 보완한 이 사건 b 코인을 새로 발행하고 기존에 이 사건 a 코인을 매수하거나 채굴하여 개인지갑에 소지하고 있는 사람들에게 이 사건 a 코인에 상당하는 이 사건 b 코인을 지급하기로 한 것이다. 그런데 이 사건 토큰 개발 회사는 이 사건 a 코인을 총 1,000억 개 발행하고 그 중 200억 개를 활성화하여 프라이빗 세일, ico, 회사 보유

분으로 사용하기로 정하였는데 이 사건 토큰 발행 회사로부터 토큰 발행 용역을 받은 개발자가 이 사건 토큰 발행회사의 승낙 없이 이 사건 a 코인 100억 개를 추가발행하여 자신의 지갑에 전송하였고, 이 사건 토큰 발행회사는 위와 같이 무단발행한 이 사건 a 코인에 대해서는 이 사건 b 코인으로의 스왑절차를 거부하였다.

2. 매매계약 당사자인 피고 갑은 민법 제563조, 제568조에 따라 하자 없는 이 사건 a 코인을 원고에게 지급할 의무가 있다. 토큰 발행 회사가 새로운 토큰을 발행하여 원래 종전의 스왑 전 토큰을 소지하고 있는 사람이나 조직에게 교부하는 것은 다양한 이유가 있을 수 있다. 발행한 토큰을 상장하겠다고 하여 토큰 세일을 하는 대부분의 경우 기발행한 토큰이 상장요건을 갖추지 못한 것으로 확정되면 토큰 발행회사는 이미 발행한 토큰에 대한 세일을 무효화하고 다시 세일한 토큰을 회수하여야 할 것이지만 상장이 가능한 새로운 토큰을 발행하여 토큰 스왑을 하면 종전의 세일을 무효화할 필요성은 없게 된다. 이때 토큰 발행회사가 일부 토큰에 대해서는 토큰 스왑을 하지 않고 세일한 토큰을 회수하겠다고 하더라도 이것이 위법하다고 볼 수는 없다. 따라서 이 사건 토큰 발행회사가 무단 발행한 이 사건 a 토큰에 대해서는 토큰 스왑을 할 수 없다고 한 이상 원고가 피고 갑으로부터 매수한 이 사건 a 토큰은 이 사건 b 토큰으로의 교환권리가 없는 하자가 발생하였다고 할 것이다.

민법은 매도인의 담보책임의 종류에 대해 타인권리를 매매하는 경우의 하자, 수량부족의 하자, 제한물권의 목적인 하자, 권리취득이 불가하거나 기취득한 권리의 상실과 관련된 하자, 매매목적물의 하자, 종류매매관련 하자 등을 규정하고 있다. 권리나 종류물 등에 대한 조문과 달리 민법 580조나 581조는 하자담보책임의 대상을 매매의 목적물이라고 하고 있으므로 가상자산 역시 물건으로 해석되지 않는다고 하더라도 민법 580조에 따른 하자여부를 검토할 수 있다. 다만 민법 580조를 특정물에 관한 하자담보책임을 규정하는 조항으로만 보는 견해에서는 가상자산에 대해 하자담보책임을 물을 수 없다고 결론 내릴 수도 있으나 이렇게 제한해석하는 경우 가상자산 매매와 관련한 적절한 규율을 하기 어려울 수 있다. 이러한 견해에 따라 원칙적으로 소유권을 비롯한 물권, 채권, 지식재산권 등을 포함한 모든 재산권이 원칙적으로 매매목적물이 될 수 있고, 이러한 매매목적물에 객관적으로 결점이 있어 통상적으로 갖추어야 할 상태를 갖지 못하였거나 당사자가 예정하거나 보증한 성질을 결여한 경우 하자가 있다고 할 것이다. 이와 동일한 견해에서 금융투자상품의 경우에도 하자담보책임을 적용할 수 있다는 취지의 견해[2)]가 있다.

하자의 존재시점에 대해서 계약체결당시 존재하여야 한다는 원시적 하자설과 위험 이전시에 존재하면 된다는 후발적 하자설로 나뉘고 있으나 하자의 존부 판단 기준시는 매매

---

2) 양기진, "금융상품의 불완전 판매에 대한 구제법리 연구 – 하자담보책임법리의 적용을 중심으로", 선진상사법률연구 64호(2013. 10.).

계약의 성립시점이라고 하는 원시적 하자설이 통설이다. 이에 따르면 이 사건 a 토큰 매매계약 당시 이 사건 a 토큰은 무단발행된 토큰으로 이 사건 b 토큰으로 스왑할 대상이 아니었음이 확정되어 있었다고 볼 수 있고 따라서 원고가 피고 갑으로부터 매수한 이 사건 a 토큰은 가상자산거래소에 상장될 이 사건 b 토큰으로 교환이 불가능한 하자가 있었다.

Ⅲ. 토큰스왑 불능의 하자가 있는 경우 하자 있는 토큰 매도인의 책임

1. 민법 제580조를 적용하면 무엇보다 계약의 목적 달성이 불가능한 경우 손해배상으로 그치는 것이 아니라 계약 체결 당시 하자의 존재를 알 수 없었던 매수인의 경우 계약해제권을 행사할 수 있다. 이 사건에서 이 사건 a 토큰이 가상자산거래소에 상장된 이 사건 b 토큰으로 스왑될 수 없는 무단발행한 토큰임을 알지 못하였던 매수인은 이 사건 a 토큰 매매계약을 해제하고, 그 원상회복으로 매매대금의 반환도 구할 수 있다.

2. 민법 제575조 1항에 따라 매매계약의 목적을 달성할 수 없는 경우에 해당하지 않아 매매계약을 해제할 수 없는 경우에 매도인은 손해배상책임을 부담하게 되나 이 사건에서 이 사건 a 토큰 중 일부에 대해서는 이 사건 b 토큰으로 스왑할 수 없다면 그 해당 토큰 부분에 대해서는 이 사건 토큰 매매계약의 목적은 달성할 수 없다고 보아야 한다. 따라서 토큰 스왑이 안 되는 이 사건 a 토큰에 대해서는 바로 매매계약을 해제하고 기지급한 매매대금 중 토큰 스왑이 안 되는 이 사건 a 토큰 매매대금 해당부분의 반환을 구하면 되므로 별도로 손해배상액을 산정할 필요는 없을 것이다.

3. 이 사건 a 코인 매수인으로서는 이 사건 a 토큰 매매계약을 해제하지 않고 손해배상을 구할 수도 있을 것인데 손해배상액의 어떻게 산정할 것인가 문제된다. 하자담보책임을 구하는 경우 손해배상의 범위와 관련하여 신뢰이익배상설, 이행이익배상설, 담보책임의 범위에 따라 손해배상의 범위를 달리 해야 한다는 이원설, 신뢰이익의 배상에 한정하는 것이 일반원칙으로 타당하나 그 범위는 규범 목적에 비추어 결정하여야 한다는 규범목적설, 하자담보책임에 관한 한 대금감액에 그친다는 대금감액설 등 다양한 학설이 있다. 이 사건 a 토큰 매매계약을 해제하지 않고 이행불능으로 인한 전보배상을 구할 수도 있다고 생각한다. 다만 채무불이행책임을 주장하지 않고 하자담보책임을 주장하면서 이행불능으로 인한 전보배상을 구하는 것은 논리상 맞지 않는다. 원고가 매수한 이 사건 a 토큰 중 이 사건 b 토큰으로의 스왑이 거절된 토큰은 이 사건 토큰 발행회사의 의사에 반해 무단으로 발행된 것으로 매수당시 토큰스왑을 할 수 없는 원시적 하자가 있다. 다라서 토큰 스왑이 불가능하였음에도 토큰 스왑이 가능한 것으로 믿고 원고는 이 사건 토큰을 매수하였는바, 원고가 토큰 스왑이 불가능한 이 사건 a 토큰을 구매한 매매대금 역시 신뢰이익에 포함되어 배상을

구할 수 있다고 생각한다.

이 사건 판결은 통상의 채무불이행책임에서의 손해배상산정 논리에 따라 이행이익배상설을 취하면서 원고가 매수한 이 사건 a 토큰이 이 사건 b 토큰으로 전환되어 가상자산거래소에서 매각을 하였을 때 얻었을 이익, 즉 이 사건 b 토큰으로 전환되었을 때의 이 사건 b 토큰 시가상당액을 원고의 통상손해라고 판시하고 있다. 원고가 구매한 이 사건 a 토큰은 처음부터 이 사건 b 토큰으로 스왑이 불가능하였다고 보이므로 이러한 손해액 산정은 개인적으로 적절하지 않은 점이 있다.

무단발행한 토큰이라고 하더라도 이 사건 토큰 발행회사의 정책에 따라 이 사건 b 토큰으로 스왑이 가능하다. 따라서 원고가 구매한 이 사건 a 토큰을 이 사건 토큰 발행회사가 사건 b 토큰으로 스왑할 수 없다고 스왑을 거부당한 때에 이 사건 a 토큰을 이 사건 b 토큰으로 스왑해줄 피고 갑의 의무가 이행불능이 되었다고 논리를 전개할 수도 있다. 그렇다면 이행불능 당시를 기준으로 한 이 사건 b 토큰의 시가를 전보배상액으로 인정할 수도 있었을 것이다. 다만 이 사건 판결에서는 이 사건 a 토큰을 이 사건 b 토큰으로 스왑하는 시기와 토큰 양을 명확하게 확인할 수 없기 때문에 이 사건 a 토큰의 이 사건 b 토큰으로 스왑한 시기, 이 사건 b 토큰의 시가 변동, 이 사건 b 토큰은 가상자산으로 그 시세변동이 극심한 점 등을 종합하여 이 사건 a 토큰이 이 사건 b 토큰으로 스왑하지 못한 것에 따르는 원고의 손해액을 대략적으로 산정하였다.

Ⅳ. 이 사건에의 적용

1. 가상자산 매매계약에 있어 토큰 발행자와 직접적으로 계약하는 경우는 매우 드물다. 토큰 발행자로부터 토큰을 직접 받는 경우는 ico로 가상자산공개에 해당하고, ico 이전에 토큰 발행자로부터 토큰을 받기로 하는 계약을 하는 경우는 대부분 토큰 발행자와 토큰 구매자 사이에 긴밀한 인적 관계가 있는 경우가 대부분이다.

토큰 발행자로부터 직접 발행된 혹은 발행예정인 토큰을 매수하는 경우가 아니라면 대부분의 투자자들은 토큰 발행자로부터 마케팅 혹은 기타 여러 가지 이유로 토큰을 할당받은 자로부터 투자권유를 받고 토큰을 구매하게 된다.

이러한 토큰 구매계약의 계약당사자 확정은 대부분의 가상자산매매계약이 계약서 작성 없이 이루어지는 점을 감안하면 메신저 등에서 직접 거래조건을 협의한 자가 매매계약의 당사자로 인정될 가능성이 크다. 본 사건에서는 거래조건을 협의하고 지속적으로 연락을 취한 피고 갑을 매도인으로 인정하였다.

2. 이 사건 판결에서는 이 사건 a 토큰을 이 사건 b 토큰으로 스왑할 수 없는 것을 매

매목적물의 하자로 보았다. 가상자산 매매에 있어 매매목적물인 토큰이 다른 토큰으로 스왑될 것으로 알고 매수하였으나 스왑을 할 수 없게 된 경우 매매목적물인 토큰의 하자로 판단하였고, 이는 적절한 판단이라고 보인다.

다만 토큰스왑을 할 수 없게 된 경우는 매매목적을 달성할 수 없게 된 경우이므로 매매계약을 취소하거나 해제하는 것이 사건을 적절하게 해결하는 방안이라고 할 것이다. 이 사건에서도 원고가 구매한 이 사건 a 토큰이 가상자산거래소에 상장된 이 사건 b 토큰으로 스왑을 할 수 없게 된 이상 매매목적을 달성할 수 없게 되었다고 보아 해당 토큰에 해당하는 매매대금을 반환받는 것으로 족할 것이다.

하자담보책임은 무과실 책임이므로 하자담보책임을 주장하는 경우 매도인의 귀책사유를 따로 판단할 필요는 없다. 다만 채무불이행책임으로 구성하는 경우에는 매도인의 귀책사유를 입증하여야 하는데 이 사건에서 피고 갑으로서도 자신이 원고에게 매도한 토큰이 무단발행한 토큰으로 토큰스왑이 불가능하다는 것을 알았거나 알 수 있었다고 보이지 않는다.

3. 토큰 스왑이 불가능하게 됨으로 인한 가상자산 매수인의 손해산정과 관련하여 하자담보책임의 손해배상규정을 적용하는 경우는 적절하지 않다. 왜냐하면 하자담보책임에 있어 손해배상은 계약목적을 달성할 수 있어서 계약해제가 어려운 경우에만 인정되기 때문이다.

그럼에도 하자담보책임에 기한 손해액 산정을 채무불이행 책임의 손해액과 동일하게 본다면 귀책사유의 존재가 필요한 채무불이행 책임과의 구분이 불명하게 되어 논리상 부적절하다.

책임의 근거와 무관하게 토큰스왑이 불가능하게 된 경우 매수인의 손해를 토큰스왑이 가능하였을 경우 하자담보책임의 손해액 산정에 이행이익배상을 해야 한다는 학설도 있는 만큼 스왑된 토큰의 시가로 보는 것이 반드시 불가능하다고 볼 수는 없지만 개인적으로는 찬성하기 어렵다.

V. 결론

1. 가상자산인 토큰 매매계약 당시 토큰 스왑이 예정되어 있었으나 향후 매매목적물인 토큰이 무단발행되었다는 이유로 토큰 스왑이 거절된 경우 매매목적물의 하자가 있다고 할 수 있다.

2. 토큰 스왑이 예정되어 있었느나 토큰 발행회사가 토큰 스왑을 하지 않겠다고 한 경우는 착오로 인한 매매계약 취소 혹은 하자담보책임의 계약해제권을 행사할 수 있다.

3. 매매목적물인 토큰을 구매한 이후에 토큰 스왑이 결정되었으나, 다른 토큰과 달리 매수한 토큰만 어떠한 이유로 토큰 스왑을 거절당한 경우 매매당시 그러한 거절 사유가 존

재하였더라면 역시 하자담보책임을 물어 토큰 스왑을 거절당한 부분에 해당하는 토큰에 대해서는 계약을 해제하고 구매대금을 반환받을 수 있다.

4. 토큰 매수인이 매수한 토큰 중 일부에 대해 토큰스왑 거부로 인해 당초 당사자 사이에 예정되어 있던 계약 목적의 일부가 달성이 어렵게 되었다는 이유로 손해배상을 제기한 경우 이행지체로 인한 전보배상을 구하기 위해서는 토큰 매도인이 토큰스왑을 할 수 있는 권한이 있어야 할 것이고, 토큰 발행회사로부터 토큰을 매수하여 재매도하는 등으로 토큰스왑을 할 수 있는 권한이 없는 이 사건과 같은 경우에는 토큰 스왑이 불가능한 부분에 대해서는 이행불능으로 인한 전보배상을 구할 여지는 있다. 그러나 이행불능으로 인한 전보배상의 경우에는 매도인의 귀책사유가 필요할 것이다. 매도인의 귀책사유에 대한 증명이 필요 없는 하자담보책임을 주장하는 경우 토큰스왑이 불가능한 토큰에 해당하는 매매대금의 반환으로 족할 것이다.

제4장

개인간의 가상자산 거래 및 투자

[17] 가상자산 투자계약에서 채무불이행에 따른 채무자의 책임 및 간접강제 가부

—서울북부지방법원 2018. 9. 20. 선고 2018가합21610 판결, 2018. 10. 13. 확정—

[사실 개요]

1. 원고는 피고에게 2017. 8. 3.경부터 같은 달 24.경까지 4차례에 걸쳐 암호화폐 리플(XRP, ripple) 350,000개를 전송하면서, 암호화폐 시장에서 이를 거래하여 2017. 12. 10.경까지 그 수량을 500,000개로 증가시켜 달라고 위탁하였는데, 위 일자까지 피고가 위 수량을 달성하지 못하자 2017. 12. 13.경 원고에게 '2017. 12. 30.까지 리플코인 35만 개를 원고에게 지급하겠다'는 취지의 이행각서를 작성하였다. 위 각서 하단에는 원고가 '만약 이 약속을 못 지킬 경우 민·형사상 책임을 지겠습니다'라는 문언을 추가하고 피고가 다시 서명하였다.
2. 원고는 피고를 상대로 주위적으로 이 사건 각서로 약정한 암호화폐 리플 35만 개의 지급을, 예비적으로 기망행위를 이유로 한 위 약정의 취소 및 원상회복을 구하면서 임의 이행 거부를 대비해 간접강제를 구하였다. 이에 대해 피고는 이 사건 각서는 강박에 의해 작성된 것이고, 특히 이행각서 하단의 기재 문구는 원고가 임의로 기재한 것이므로 효력이 없다고 주장하였다.

[판결 요지]

1. 주위적 청구원인에 관한 판단

피고가 이 사건 각서에 따라 원고에게 2017. 12. 30.까지 암호화폐 리플 35만 개를 주겠다는 약정을 한 사실이 인정되므로 피고는 원고에게 이를 지급할 의무가 있다.

2. 피고의 주장에 대한 판단

가. 처분문서는 진정성립이 인정되면 그 기재 내용을 부정할 만한 분명하고도 수긍할 수 없는 반증이 없는 이상 문서의 기재 내용에 따른 의사표시의 존재 및 내용을 인정하여야 한다(대법원 2003. 4. 8. 선고 2001다29254 판결 등 참조).

나. 이 사건 각서 및 각서 하단 문구에 현출된 두 번의 서명은 피고가 한 것으로(특히 양 필체도 동일하다) 문서 전체의 진정성립이 인정된다. 그러므로 이 사건 각서의 내용대로 의사표시가 있었다고 판단하고, 변론에 현출된 증거만으로는 그러한 의사표시가 원고의 강박에 의한 것이라고 보기 부족하며, 달리 이를 인정할 증거가 없다.

3. 간접강제 청구에 관한 판단

가. 부대체적 작위채무에 대하여는 통상 판결절차에서 먼저 집행권원이 성립한 후에

채권자의 별도 신청에 의해 채무자에 대한 필요적 심문을 거쳐 민사집행법 제261조에 따라 채무불이행 시에 일정한 배상을 하도록 명하는 간접강제결정을 할 수 있다. 그러나 부대체적 작위채무에 관하여 언제나 위와 같이 먼저 집행권원이 성립하여야만 비로소 간접강제결정을 할 수 있다고 한다면, 집행권원의 성립과 강제집행 사이의 시간적 간격이 있는 동안에 채무자가 부대체적 작위채무를 이행하지 아니할 경우 손해배상 등 사후적 구제수단만으로는 채권자에게 충분한 손해전보가 되지 아니하여 실질적으로는 집행제도의 공백을 초래할 우려가 있다. 그러므로 부대체적 작위채무를 명하는 판결의 실효성 있는 집행을 보장하기 위하여 ① 판결절차의 변론종결 당시에 보아 집행권원이 성립하더라도 채무자가 그 채무를 임의로 이행할 가능성이 없음이 명백하고, ② 그 판결절차에서 채무자에게 간접강제결정의 당부에 관하여 충분히 변론할 기회가 부여되었으며, ③ 민사집행법 제261조에 의하여 명할 적정한 배상액을 산정할 수 있는 경우에는 그 판결절차에서도 민사집행법 제261조에 따라 채무자가 장차 그 채무를 불이행할 경우에 일정한 배상을 하도록 명하는 간접강제결정을 할 수 있다(대법원 2013. 11. 28. 선고 2013다50367 판결 참조).

나. 암호화폐 리플(XRP, ripple) 350,000개를 지급하여야 할 채무는 피고가 자신의 전자공인인증서로 암호화폐 거래 사이트에 접속하여 명령어를 실행하여야 이행되므로 부대체적 작위채무로 볼 수 있고, 위 법리와 같이 부대체적 작위채무에 대하여도 일정한 경우 본안판결에서 간접강제결정을 할 수 있다.

그러나 ① 이 사건 분쟁 경위를 살펴보면, 피고가 자신의 의무에 관하여 다투어 왔다는 사정만으로 다른 사건과 달리 판결과 동시에 간접강제를 명하여야 할 만큼 명백히 임의 이행 가능성이 없다고 보기 어려우며, ② 피고에게 간접강제 결정의 당부에 관하여 충분한 변론의 기회가 부여되었다고 보기 부족한 점, ③ 원고가 피고에게 암호화폐를 이전할 때의 가격과 현재 가격의 차이, 이로써 당사자들이 얻는 이익과 손해, 시점별 가격변동 폭이 큰 암호화폐의 특성 등을 고려하면, 변론에 현출된 가격 변동에 관한 일부 기간의 자료만으로는 적절한 배상액을 산정할 수 있다거나 판결의 실효성 확보를 위하여 간접강제를 동시에 명할 긴요한 필요가 있는 경우라고 볼 수도 없다. 따라서 간접강제결정을 구하는 부분은 받아들이지 않는다.

해설

Ⅰ. 대상판결의 쟁점

대상판결에서 피고는 원고로부터 가상자산 수량을 증가시켜 주기로 약정하고 가상자산을 지급받았으나, 약정을 이행하지 못하자 2017. 12. 30.까지 가상자산 35만 개를 지급하겠다는 각서를 원고에게 작성해 주었는데, 피고는 위 각서가 강박에 의해 작성되었고, 법적 책임을 지겠다는 부분은 원고가 임의기재하여 효력이 없다는 취지로 주장하였다. 이에 대상판결은 처분문서인 이 사건 각서의 진정성립을 인정하여 원고의 청구를 인용하되, 다만 간접강제 청구에 대하여는 필요성을 부정하여 받아들이지 않았다.

대상판결에서는 처분문서의 진정성립 인정여부, 자신의 전자지갑으로 보관 중인 가상자산의 인도 의무가 부대체적 작위채무에 해당하는지 여부, 간접강제결정의 당부 등이 문제되었다.

Ⅱ. 대상판결의 분석

1. 처분문서의 진정성립

처분문서는 진정성립이 인정되면 그 기재 내용을 부정할 만한 분명하고도 수긍할 수 있는 반증이 없는 이상 문서의 기재 내용에 따른 의사표시의 존재 및 내용을 인정하여야 한다(대법원 1994. 10. 11. 선고 93다55456 판결, 대법원 2000. 10. 13. 선고 2000다38602 판결 등 참조).

대상판결에서 이행각서에는 리플 코인 지급약정과 이후에 추가된 '민형사 책임을 지겠다'라는 두 부분의 기재와 두 번의 피고의 서명이 있었다. 피고는 최초의 내용과 서명에 대하여는 이를 인정한 것으로 보이나, 두 번째 문구에 대해서는 원고가 임의로 작성한 것이라고 다투었다. 그러나, 두 번째 서명도 첫 번째 서명과 육안으로 보아도 필체가 동일하였는바 결국 두 번째 부분의 내용 역시 진정성립이 인정되어 문서 전체의 진정성립이 인정되었고, 이로써 위 법리에 따라 이 사건 각서의 내용대로의 의사표시가 있었던 것으로 추정되었다. 나아가 두 번째 문구는 채무의 존부를 확인하는 내용에 관한 것이 아니라, 리플코인 미지급에 대해 법적 책임을 부담하겠다는 내용에 불과한바, 설령 위 두 번째 문구에 대해 진정성립이 인정되지 않았다고 하더라도 피고의 원고에 대한 리플 코인 지급의무를 인정하는 데에는 큰 문제가 없었을 것으로 생각된다.

이에 대해 피고는 강박에 의한 의사표시라고 주장하였으나, 해당 주장은 이를 인정할 증거가 전혀 없어 받아들여지지 않았다.

2. 간접강제 청구

(1) 간접강제 청구의 의의 및 대상

채무의 성질이 간접강제를 할 수 있는 경우에 제1심법원은 채권자의 신청에 따라 간접강제를 명하는 결정을 한다. 그 결정에는 채무의 이행의무 및 상당한 이행기간을 밝히고, 채무자가 그 기간 이내에 이행을 하지 아니하는 때에는 늦어진 기간에 따라 일정한 배상을 하도록 명하거나 즉시 손해배상을 하도록 명할 수 있다(민사집행법 제261조 제1항).

대상판결에서는 먼저 피고의 원고에 대한 리플 코인 지급의무가 부대체적 작위채무에 해당하는지가 문제된다. 대상판결은 피고의 의무가 '피고가 자신의 전자공인인증서로 암호화폐 거래 사이트에 접속하여 명령어를 실행'하여야 이행할 수 있다고 하여 부대체적 작위채무라고 판단하였다. 기본적으로 가상자산 인도채무 자체는 자신의 전자지갑 내 가상자산을 보유하고 있든지 가상자산 거래소를 통해 보관하고 있든지 무관하게 개인키 내지 아이디, 비밀번호 입력 등의 절차를 거쳐 송금 조치를 해야 하므로 부대체적 작위채무로 보는 것이 상당하므로, 대상판결의 결론은 타당하다.

(2) 본안판결시 간접강제를 명할 수 있는 경우

우리 민사법은 집행권원의 획득 과정과 강제집행의 단계를 구별한다. 그리하여 통상의 경우 판결절차를 통해 집행권원을 먼저 성립시킨 후 채권자의 별도 신청에 의해 채무자에 대한 필요적 심문을 거쳐 채무불이행 시에 일정한 배상을 하도록 명하는 간접강제결정을 하게 된다. 그러나 부대체적 작위채무에 관하여 언제나 위와 같이 먼저 집행권원이 성립하여야만 비로소 간접강제결정을 할 수 있다고 한다면, 집행권원의 성립과 강제집행 사이의 시간적 간격이 있는 동안에 채무자가 부대체적 작위채무를 이행하지 아니할 경우 손해배상 등 사후적 구제수단만으로는 채권자에게 충분한 손해전보가 되지 아니하여 실질적으로는 집행제도의 공백을 초래할 우려가 있다. 이에 부대체적 작위채무를 명하는 판결의 실효성 있는 집행을 보장하기 위해 본안판결을 통해서도 일정한 경우 신청에 의해 간접강제결정을 할 수 있는데, 두 절차는 원칙적으로 구별되는 점에서 간접강제 결정이 가능한 경우를 제한적으로 보아야 함이 타당하다.

대법원도 ① 판결절차의 변론종결 당시에 보아 집행권원이 성립하더라도 채무자가 그 채무를 임의로 이행할 가능성이 없음이 명백하고, ② 그 판결절차에서 채무자에게 간접강제결정의 당부에 관하여 충분히 변론할 기회가 부여되었으며, ③ 민사집행법 제261조에 의하여 명할 적정한 배상액을 산정할 수 있는 경우 간접강제결정을 할 수 있다고 보아 이를 제한적으로 인정하고 있다(대법원 2013. 11. 28. 선고 2013다50367 판결 참조).

대상판결은 ① 이 사건 분쟁 경위를 살펴보면, 피고가 자신의 의무에 관하여 다투어 왔다는 사정만으로 다른 사건과 달리 판결과 동시에 간접강제를 명하여야 할 만큼 명백히 임의이행 가능성이 없다고 보기 어려우며, ② 피고에게 간접강제 결정의 당부에 관하여 충분한 변론의 기회가 부여되었다고 보기 부족한 점, ③ 원고가 피고에게 암호화폐를 이전할 때의 가격과 현재 가격의 차이, 이로써 당사자들이 얻는 이익과 손해, 시점별 가격변동 폭이 큰 암호화폐의 특성 등을 고려하면, 적절한 배상액을 산정할 수 있다거나 판결의 실효성 확보를 위하여 간접강제를 동시에 명할 긴요한 필요가 있는 경우라고 볼 수 없다고 판단하였다.

일반적으로 간접강제 신청을 받아들이지 않는 경우 임의이행 가능성이 없다고 단정할 수 없음을 근거로 많이 제시하데, 가상자산의 경우에는 가격 변동성으로 인해 적절한 배상액을 상정하는 것이 곤란해 보이는 점 역시 중요한 판단 요소로 보인다.

한편 다수의 판결례에는 위와 같은 가상자산 인도청구와 더불어 집행불능을 대비한 대상청구를 하고 이를 받아들이는 경우가 많은 데 해당 사건의 경우에는 원고가 이를 청구하지 않은 것으로 보인다.

참고로, 원고는 대상판결에서 승소한 후 피고를 상대로 채무불이행자명부등재 신청을 하였으나 가상자산 반환채무는 금전의 지급을 명한 집행권원이 아니라는 이유로 각하되었는바, 가상자산이 금전과 동일하게 볼 수 없는 상황에서 타당한 결론으로 생각된다.

Ⅲ. 대상판결의 평가

대상판결은 특히 가상자산 지급 채무가 간접강제를 구할 수 있는 대상적격이 있는지에 대해 판단이 이루어진 점에서 의의가 있다. 대상판결은 결과적으로 이를 받아들이지 않아 적정한 간접강제금의 판단이 이루어지지 않았으나 별도의 신청을 통해서라도 위 집행권원을 기초로 간접강제신청은 늘어날 것이고, 이에 따라 적정한 간접강제금 산정이 실무상 중요한 문제로 대두될 수 있어 보인다.

[18] 투자를 위해 송금한 가상자산을 임의로 사용한 경우의 손해배상책임

— 서울중앙지방법원 2019. 1. 11. 선고 2018가단5102259 판결, 2019. 1. 29. 확정 —

[사실 개요]

1. 원고는 피고로부터 A 가상화폐공개에 참여하여 투자하라는 말을 듣고 2018. 1. 27. 피고에게 이더리움 120개를 보내주었는데, 피고는 원고로부터 받은 이더리움을 위 가상화폐공개에 투자하지 아니하고 임의로 사용하였다.
2. 원고는 피고를 상대로 피고가 기망행위를 통해 원고로부터 이더리움 120개를 편취하였다는 이유로 불법행위에 기한 손해배상책임을 구하였다.

[판결 요지]

1. 손해배상책임의 범위

가. 적극적 손해

1) 불법행위로 인한 재산상 손해는 위법한 가해행위로 인하여 발생한 재산상 불이익, 즉 그 위법행위가 없었더라면 존재하였을 재산상태와 그 위법행위가 가해진 현재의 재산상태의 차이를 말하는 것이고(대법원 1992. 6. 23. 선고 91다33070 전원합의체 판결 등), 그 손해액은 원칙적으로 불법행위시를 기준으로 산정하여야 한다(대법원 1997. 10. 28. 선고 97다26043 판결, 대법원 2001. 4. 10. 선고 99다38705 판결, 대법원 2003. 1. 10. 선고 2000다34426 판결 등). 여기에서 '현재'는 '기준으로 삼은 그 시점'이란 의미에서 '불법행위시'를 뜻하는 것이지 '지금의 시간'이란 의미의 '사실심 변론종결시'를 뜻하는 것은 아니다(대법원 2010. 4. 29. 선고 2009다91828 판결). 한편 불법행위로 인한 손해는 금전으로 배상함이 원칙이다.

2) 이 사건에서 피고의 위법행위가 없었더라면 존재하였을 재산상태와 그 위법행위가 가해진 불법행위시의 재산상태의 차이가 '이더리움 120개'임은 명백하고, 불법행위시인 2018. 1. 27. 당시의 이더리움 1개 가액은 1,201,000원인 사실을 인정할 수 있으므로, 피고는 원고에게 적극적 손해로 인한 손해배상으로 144,120,000원(1,201,000원 × 120개) 및 이에 대한 지연손해금을 지급할 의무가 있다.

3) 위 법리에 반하여 원고에게 이더리움 120개를 반환하겠다거나(원, 피고 사이에 피고가 원고에게 손해배상으로 이더리움 120개를 반환하기로 한다는 의사 합치가 있었던 것

도 아니다), 이더리움 120개를 이 사건 변론종결시의 이더리움 가액을 기준으로 환산한 금원을 지급하겠다는 취지의 피고의 주장은 받아들일 수 없다.

또한 피해자의 부주의를 이용하여 고의로 불법행위를 저지른 자가 바로 그 피해자의 부주의를 이유로 자신의 책임을 감하여 달라고 주장하는 것은 원칙적으로 허용되지 아니하므로, 피고의 과실상계 주장도 받아들일 수 없다.

나. 위자료

원고는 피고에 대하여 불법행위로 인한 위자료 3,000만 원의 지급을 구하고 있으나, 원고에게 재산상 손해의 배상만으로 회복할 수 없는 정신적 손해가 있다고 보기 어려우므로, 원고의 위자료 청구는 이유 없다.

해설

Ⅰ. 대상판결의 쟁점

불법행위로 인한 재산상 손해는 위법한 가해행위로 인하여 발생한 재산상 불이익, 즉 그 위법행위가 없었더라면 존재하였을 재산상태와 그 위법행위가 가해진 현재의 재산상태의 차이를 의미(차액설)한다는 것이 확립된 판례의 태도이다.

대상판결은 피고가 이더리움 120개를 편취하여 원고에게 손해를 입힌 사안인데, 손해액의 산정시기, 손해배상의 방법 등이 문제가 되었다.

Ⅱ. 대상판결의 분석

1. 불법행위책임에서의 손해

(1) 손해의 의미

민법 제750조는 '고의 또는 과실로 인한 위법행위로 타인에게 손해를 가한' 경우 손해배상책임이 있다고 정하고 있으므로 손해는 불법행위책임의 성립요건이자 동시에 배상의 범위를 확정하는 기준이다. 그러나 우리 민법에는 손해의 의미를 정의한 규정이 없어 그 의미에 관해 논의가 있었는데, 현재는 손해를 자연적·사실적 측면에서 파악하여, 보호법익은 피해자의 법익이고 손해배상은 현실적으로 입은 손해를 전보하는 것, 즉 불법행위로 인해 상실한 피해자의 이익이 손해라고 보는 것이 통설, 판례의 입장이다(이른바 차액설). 이러한 차액설에 의하면 불법행위가 없었더라면 피해자가 현재 가지고 있었을 이익상태와 불법행위로 인하여 피해자가 현재 가지고 있는 이익상태 사이의 차이가 손해이다. 따라서 차액설에서의 손해는 사고 전후의 재산상태를 비교하여 나타나는 총재산의 감소를 의미한다.

(2) 손해의 종류

손해는 여러 가지 기준에 의해 구별할 수 있는데, 일반적으로 소송에서 문제되고 청구원인의 근거가 되는 손해는 크게 적극적으로 재산이 감소하는 형태를 취하는 적극적 손해와 얻을 수 있었던 이익을 얻지 못하게 형태를 취하는 소극적 손해, 그리고 비재산적 손해에 대한 배상금인 위자료로 나눌 수 있고, 대법원은 위 각각의 손해는 청구원인을 달리하는 별개의 소송물로 보고 있다. 또한 민법 제763조에서 준용하고 있는 민법 제393조는 통상손해와 특별손해로 손해를 구별하고 있고, 특별손해에 대한 책임을 묻기 위해서는 불법행위자가 그 사정을 알았거나 알 수 있었을 것을 요구한다. 특히 대법원은 타인의 불법행위에 의하여 재산권이 침해된 경우에는 그 재산적 손해의 배상에 의하여 정신적 고통도 회복된다고 보아야 할 것이므로, 그럼에도 회복할 수 없는 정신적 손해가 있다는 점은 특별손해에 해당한다고 보고 있다(대법원 1988. 3. 22. 선고 87다카1096 판결 등 참조).

(3) 손해배상의 방법 - 금전배상의 원칙

손해배상의 방법은 금전배상이 원칙이다. 원상회복을 원칙으로 하고 금전배상을 보충적인 것으로 하는 입법례도 있으나, 우리 민법은 '다른 의사표시가 없으면 손해를 금전으로 배상한다'고 규정하고 있다(민법 제763조, 제394조). 금전배상이 원칙이므로 법률에 다른 규정이 있거나 당사자가 다른 의사표시를 하는 등 특별한 사정이 없는 이상 불법행위자에 대하여 원상회복청구는 할 수 없다(대법원 1994. 3. 22. 선고 92다52726 판결, 대법원 1997. 3. 28. 선고 96다10638 판결 등 참조). 한편 물건이 멸실된 경우의 적극적 손해는 불법행위시점의 해당 물건의 교환가치로 보는 것이 판례의 입장이다.

2. 대상판결에의 적용

(1) 대상판결에서 원고는 재산적 손해로서 적극적 손해와 위자료의 지급을 구하였다.

(2) 적극적 손해와 관련하여서는 피고의 불법행위의 내용, 손해액 산정의 기준시점, 그리고 손해배상의 방법이 문제되었다. 먼저 대상판결은 피고가 '기망에 의하여 원고로부터 이더리움 120개를 편취한 행위'를 불법행위로 보아 원고가 피고에게 이더리움을 지급한 2018. 1. 27. 기준 이더리움 시가 상당액을 손해배상액으로 정하였다. 위와 같은 편취행위를 불법행위로 보는 이상 위와 같은 결론이 일반적일 것이다.

이에 대해 피고는 이더리움 120개를 그대로 반환하겠다거나 불법행위시점이 아닌 변론종결시점의 이더리움 시세를 기준으로 산정한 금원을 지급하겠다고 주장하였다. 피고의 주장은 이더리움의 변론종결시(2018. 12. 14.)의 시세가 불법행위시의 시세 대비 매우 저렴하였기 때문으로 보인다.[1] 그러나 이러한 피고의 주장은 당사자 사이의 특별한 합의가 없는 이상 불법행위 책임에 관한 민법의 원칙에 반하여 허용될 수 없는데, 손해배상에 관하여 당사자 사이의 특별한 약정이 있다고 보이지 않는 이 사건에서 피고는 금전으로 손해를 배상할 수 밖에 없을 것이다. 한편 위와 같은 교환가치의 평가는 가상자산이 거래소에 상장되어 시세를 확인할 수 있는 경우에는 문제없으나 거래소에 상장되지 않은 가상자산 내지 거래가 거의 없어 시세를 확인할 수 없는 가상자산의 경우에는 위와 같은 방법으로 시세를 확인할 수 없는 문제가 있을 수 있다.

(3) 대상판결은 위와 같이 적극적 손해를 인정하였지만, 위자료에 대해서는 재산상 손해의 배상만으로 회복불가한 정신적 손해의 존재를 인정하지 않아 이 부분 청구는 받아들이지 않았는바, 타당한 결론이라 생각된다.

Ⅲ. 대상판결의 평가

가상자산의 극심한 변동성으로 인해 손해액 산정 시점의 임의 선택과 원물반환 등과 같은 채무자의 주장이 빈번하게 있는 것으로 보이는데, 대상판결은 가상자산을 편취한 불법행위에 대한 손해배상책임에 관한 판결로서 사실관계는 단순하나 위와 같은 손해액 산정 시점에 대한 판단과 금전배상 원칙을 천명하는 판시가 이루어진 점에서 그 의미가 있다.

1) 2018. 1. 27. 종가 1,114.80달러, 2018. 12. 14. 종가 83.81 달러.

[19] 매매계약 체결을 위임받은 수임인이 매매대금을 가상자산으로 지급받은 경우의 법적 책임

—수원지방법원 여주지원 2019. 10. 16. 선고 2019가단52978 판결, 2019. 11. 5. 항소취하간주 확정—

[사실 개요]

1. 피고는 2018. 7.경 지인인 A에게 이 사건 건물을 1억 3,000만 원에 매도할 권한을 위임하였다. 이 사건 건물에는 피고를 채무자로 하는 채권최고액 합계 75,600,000원 상당의 각 근저당권설정등기가 마쳐져 있었다.
2. A는 자신이 가입하여 활동 중인 B페이(일종의 가상화폐)와 관련한 인터넷카페에 이 사건 건물을 B페이를 매매대금으로 하여 매도한다는 글을 게시하였고, 원고는 위 게시글을 보고 A에게 매수의사를 표시하였다.
3. A는 피고를 대리하여 2018. 12. 28. 원고와 사이에 이 사건 건물을 대금 1억 3,000만 원에 매도하는 내용의 이 사건 매매계약을 체결하였는데, 매매대금 중 1억 2,000만 원은 2018. 12. 29. 120만 B페이로, 1,000만 원은 이 사건 매매계약 당일 현금으로 각 지급하기로 정하였다.
4. 이 사건 매매계약 제3조에서 '피고는 이 사건 건물에 설정된 저당권 등 소유권의 행사를 제한하는 사유 등이 있을 때에는 잔금 수수일까지 그 권리의 하자 및 부담 등을 제거하여 완전한 소유권을 원고에게 이전한다'고 정하였고, 이 사건 매매계약서 하단에 수기로 "위 부동산에 대해 선대출금은 매도자가 상환처리한다"고 기재되어 있다.
5. 원고는 이 사건 매매계약에 정한 바에 따라 A에게 1,000만 원을 지급하고, A가 지정하는 전자지갑으로 120만 B페이를 지급하였고, 신경에는 위 1,000만원은 피고에게 교부하였으나, 나머지 120만 B페이는 자신의 전자지갑에 보관하고 있다.
6. A는 원고에게 이에 관한 입금확인증을 작성하여 교부하였는데, 위 입금확인증에는 "8,500만 원(전세금)은 2019. 1. 4.부터 2019. 2. 4.까지 현금으로 영수해 드릴 것입니다"라고 기재되어 있다.
7. 원고는 피고가 이 사건 건물에 관하여 설정된 각 근저당권의 피담보채무를 상환처리하고, 2019. 2. 4.까지 이 사건 건물에 관한 8,500만 원의 임대차보증금반환채무를 현금으로 지급하기로 하였음에도 이를 이행하지 않고 있다면서, 유권대리, 표현대리 등을 주장하며, 피고를 상대로 이 사건 매매계약에 따라 이 사건 건물에 관하여 소유권이전등기절차를 이행하고, 160,600,000원(임대차보증금반환채무 85,000,000원 + 각 근저당권의 피담보채무 상당 75,600,000원) 및 이에 대한 지연손해금의 지급을 구하였다.
8. 이에 대해 피고는 A에게 이 사건 건물에 관한 매매대금을 B페이로 지급받기로 정하여 매매계약을 체결할 권한을 수여한 사실이 없다면, 무권대리 내지 비진의의사표시에 따른 무효 등의 주장을 하였다.

[판결 요지]

1. 무권대리 여부

피고는 A에게 이 사건 건물을 1억 3,000만 원에 매도할 수 있는 대리권을 수여하였다. 일반적으로 대리인에게 매매대금을 정해주면서 매도할 권한을 위임하는 경우 그 매매대금은 수권행위에 특별한 정함이 없는 이상 강제통용력을 지닌 금전 기타 그에 준하는 예금채권의 양도 등을 의미한다고 봄이 상당하다. 이 사건 매매대금 중 1억 2,000만 원의 지급은 전자화폐인 B페이의 지급으로 갈음하기로 하였는데, 위 전자화폐는 강제통용력이 있는 금전에 해당하지도 않고, 그에 준하는 화폐가치를 지니고 있다고 볼 수도 없다. A가 전자화폐 거래 업무에 종사하였다는 사정 및 그 외 제출된 증거들만으로는 피고가 A에게 위 대리권을 수여하면서 특별히 매매대금의 지급을 전자화폐로 갈음하도록 하는 권한을 명시적 내지 묵시적으로 수여하였다는 사실을 인정하기에 부족하고, 달리 이를 인정할 증거가 없다. 이 사건 매매계약은 매매대금 중 일부를 현금으로 지급받는 것으로 정하였으나, 매매대금 중 대부분을 전자화폐인 B페이로 지급받는 것을 본질적으로 하는 계약(매매대금을 B페이로 수수하도록 정하지 않았다면 이 사건 매매계약은 체결되지 않았을 것이다)으로서 A가 원고를 대리하여 매매대금을 전자화폐로 지급받는 내용의 이 사건 매매계약을 체결한 행위는 무권대리행위에 해당한다. 따라서 원고는 본인인 피고에게 이 사건 매매계약의 효력을 주장할 수 없다.

2. 표현대리 성부

A가 원고로부터 이 사건 건물을 1억 3,000만 원에 매도할 기본대리권을 수여받았고, 그 권한을 초과하여 이 사건 건물을 전자화폐를 지급받고 매도한 사실이 인정된다. 원고는 전자화폐 업무에 종사하는 A와 사이에 이 사건 매매대금을 전자화폐로 수수하는 것은 이례적인 일이 아니므로 원고로서는 A가 그와 같은 대리권을 수여받았다고 믿을 만한 정당한 이유가 있었다고 주장한다. 살피건대, 일반적으로 현재의 상황에서 전자화폐가 강제통용력을 지닌 금전에 준하거나 이를 대체한다고 인정하기 어려운 점, 따라서 부동산의 매매대금을 전자화폐로 갈음하는 것은 거래관계상 이례적인 점, A가 공인중개사 자격을 가졌다거나, 원고가 A가 공인중개사 자격을 가졌다고 믿고 거래하였다고 보이지 않는 점, A로부터 피고의 연락처를 받은 원고로서는 쉽사리 피고에게 그 대리권의 수여 여부를 확인할 수 있었던 점 등에 비추어 보면, 원고가 주장하는 사정 및 그 외 제출된 증거들만으로는 원고에게 A가 그와 같은 대리권을 수여받았다고 믿을 만한 정당한 이유가 있었다고 인정하기에 부족하고, 달리 이를 인정할 증거가 없다. 따라서 피고는 원고에게 표현대리책임을 부담하지 아니하므로, 원고는 피고에게 이 사건 매매계약의 효력을 주장할 수 없다.

해설

Ⅰ. 대상판결의 쟁점

대상판결에서 피고는 A에게 자신의 부동산에 관한 매도권한을 위임하였는데, A는 원고와 이 사건 매매계약을 체결하면서 그 대금 1억 3천만 원 중 대부분인 1억 2,000만 원을 일종의 가상자산인 B페이로 지급할 것을 정하였고, 이후 위 금액 상당의 B페이와 현금 1천만 원으로 원고로부터 수령하였다. 이후 피고가 이 사건 매매계약상 인도의무 등을 이행하지 않자 원고는 피고를 상대로 이 사건 매매계약상의 의무를 이행할 것을 구하는 소송을 제기하였고, 이에 피고는 특히 B페이로 매매대금을 지급받기로 하는 내용으로 한 이 사건 매매계약은 무권대리 등으로 효력이 없다고 주장하였는바, 대상판결의 쟁점은 이 사건 매매계약의 무권대리 여부(특히 매매대금을 가상자산으로 지급받는 내용에 대한 권한 존부), 표현대리 성립 여부 등이다.

Ⅱ. 대상판결의 분석

1. 무권대리 해당 여부

(1) 대리인이 그 권한내에서 본인을 위한 것임을 표시한 의사표시는 직접 본인에게 대하여 효력이 생긴다(민법 제114조). 만일 대리인의 대리행위가 본인의 위임을 받지 않았거나 위임권한 내에서 이루어지지 않는 경우 위 대리행위는 무권대리에 해당하여 원칙적으로 본인에게 그 효력이 미치지 않는다.

임의대리권은 본인이 대리인에게 대리권을 수여하는 행위, 즉 수권행위에 의해 발생하므로 임의대리권의 범위는 수권행위의 해석에 따라 정해지고, 이는 법률행위의 일반원칙에 따른다. 수권행위의 해석은 위임장 등에 기재된 문언, 본인·대리인의 지위, 대리되는 사항의 성질, 거래관행 등을 고려하여 신중하게 결정하여야 한다. 판례도 어느 행위가 대리권의 범위 내의 행위인지의 여부는 개별적인 수권행위의 내용이나 그 해석에 의하여 판단할 것이라고 판시하고 있다(대법원 1994. 2. 8. 선고 93다39379 판결 등 참조). 특히 위임한 사항 중 본질적 사항이나 본인에게 새로운 불이익을 주는 사항에 관하여는 수권범위를 제한적으로 해석하여야 할 것이다.

(2) 대상판결에서는 A가 피고의 위임을 받아 피고를 대리하여 원고와 이 사건 매매계약을 체결하였는데, 과연 A가 매매대금 중 대부분을 법정화폐가 아닌 가상자산으로 지급하기로 하는 내용의 권한까지 위임을 받은 것인지가 문제되었다. 불분명하나 대상판결에서는 A와 피고 사이에 서면으로 된 위임장이 작성된 것으로 보이지는 않으므로, 수권범위의 판

단에는 본인·대리인의 지위, 대리되는 사항의 성질, 거래관행 등을 고려하여야 할 것이다.

'매매계약'이란 매도인은 재산권을 상대방에게 이전하고 매수인은 그 대금을 지급하기로 하는 계약을 의미하는데(민법 제563조), 기본적으로 특별한 정함이 없다면 모든 거래는 강제통용력이 있는 금전에 의하는 것이 거래의 관행이고 당사자들의 의사에도 부합할 것이다. 따라서 피고 역시 특별한 사정이 없다면 A에게 매매대금을 위와 같은 금전으로 지급받도록 하는 내용으로 매도위임을 하였다고 보는 것이 합리적이다. 더군다나 대상판결에서의 B페이와 같은 가상자산은 거래가 정상적으로 이루어져 현금화 시킬 수 있는지 여부가 불분명해 보이고, 현금화를 위한 추가 비용이 지출될 수도 있으며 현금화를 할 수 있는 장소, 방식도 제한적이다. 또한 사람마다 가상자산의 가치를 바라보는 관점도 상이한 현실에서 특별히 매매대금의 지급을 위 B페이로 갈음하도록 하는 권한을 분명하게 수여한 경우에만 이에 대한 수권이 이루어졌다고 볼 수 있을 것이다. 그러나, 대상판결에서는 피고가 A에게 위와 같은 권한을 수여하였음을 인정할 만한 증거가 부족하였다.

나아가 매매대금의 지급 형태는 매매계약에서 매우 중요한 본질적인 사항에 해당하므로 대리인이 위임받은 권한을 넘어 매매대금의 대부분을 B페이로 지급받기로 한 이 사건 매매계약 체결행위는 전체적으로 무권대리행위에 해당하여 피고에게 위 계약의 효력이 미치지 않을 것이다.

대상판결 역시 A가 원고를 대리하여 매매대금을 전자화폐로 지급받는 내용의 이 사건 이 사건 매매계약을 체결한 행위는 무권대리행위에 해당한다고 판단하였다.

2. 표현대리 성립 여부

대리인이 그 권한 외의 법률행위를 한 경우에 제3자가 그 권한이 있다고 믿을 만한 정당한 이유가 있는 때에는 본인은 그 행위에 대하여 책임이 있다(민법 제126조). 만일 위 조항에 해당되면, 본인은 무과실책임을 부담하는데 이는 거래의 안전을 위함이다. 위 '정당한 이유'는 통상 선의·무과실과 동일한 개념으로 보고 있고, 이러한 사정에 대해서는 상대방에게 증명책임이 있다.

앞서 본 바와 같이 A는 피고의 위임범위를 넘어 원고와 이 사건 매매계약을 체결하였는바, 위 표현대리 규정에 의해 이 사건 매매계약의 효력이 본인인 피고에게 미치는지와 관련하여, 원고에게 피고가 A에게 B페이로 매매대금을 지급받아도 된다는 것을 위임하였다고 믿을 만한 정당한 이유가 있는지가 문제되었다.

원고는 A가 위 B페이 업무에 종사하고 있다는 점을 들어 이 사건 매매대금을 B페이로 지급하도록 한 것은 이례적인 일이 아니므로 A에게 위와 같은 권한이 있음을 믿을 만한 정당한 이유가 있었다고 주장하였다. 대상판결은 우선 가상자산이 강제통용력을 지닌 금전이나 이를 대체할 수 있다고 인정하기 어렵다고 보았다. 가상자산의 가치와 용도가 금전과는 달라 매매대금을 가상자산으로 지급하기로 하는 것은 매우 이례적인 것이라고 본 것이다. 또한 가상자산이 관련 업종이나 특정 분야에 있는 자들끼리의 특정한 거래에서 거래대금으로 사용되고 있는 경우도 있으나, 아직까지는 일반적인 거래에서 가상자산을 이용한 거래는 매우 드물고, 그 경우 계약서 등을 통해 그러한 취지를 분명하게 기재하여 두는 것이 일반적이다. 위임에서 수권행위를 해석함에 있어서도 이러한 기준은 동일하게 적용될 수 있으므로 결국 원고가 주장하는 사정들만으로는 원고에게 민법 제126조에서 정하는 정당한 이유가 있다고 보기는 어려울 것이다.

대상판결 역시 부동산 매매대금을 전자화폐로 갈음하는 것은 거래관계상 이례적이라고 보았다. 나아가 원고는 피고의 연락처를 알고 있어서 손쉽게 대리권 수여 여부를 확인할 수 있었을 것이라는 점 역시 정당한 이유 존부 판단에 고려되었다.

결국 원고는 피고에게 이 사건 매매계약의 효력을 주장할 수 없고, 무권대리인인 A를 상대로 계약의 이행이나 손해배상을 구할 수는 있을 것이다(민법 제135조 제1항).

Ⅲ. 대상판결의 평가

가상자산은 화폐와는 다르게 취급하는 것이 일반적인 거래 현실이고, 강제통용력도 없다. 일부 가상자산의 경우 지급결제 수단으로 활용되고 있기는 하나 급격한 변동성과 가상자산에 대한 법적성격이 명확히 하지 않은 상태에서 이를 이용한 현실거래는 매우 제한적이다.

대상판결은 가상자산을 지급수단으로 사용하는 것이 거래관행상 일반적인지 여부를 수권범위 해석과 관련하여 판시하였는바, 거래 현실을 충분히 반영한 판결이라 생각된다.

[20] 가상자산 매매계약의 당사자 확정 및 채무불이행을 이유로 한 해제와 원상회복반환청구

— 서울중앙지방법원 2021. 2. 9. 선고 2020나49463 판결, 2021. 4. 23. 상고이유서 부제출로 확정 —

[사실 개요]

1. 원고는 2018. 5. 15. 피고로부터 1억 원 상당 A코인과 1억 원 상당 B코인을 각 매수하기로 하였다.
2. 매수 계약 체결 당시 원고의 사위인 C(원고의 사위)가 동석하였는데, C와 피고 사이에 2018. 5. 15. ① A코인을 코인당 150원에 공급하고(제1항), 코인이 상장된 후 24시간 이내에 원금 이하로 하락하는 경우에는 손실금액을 피고의 책임 하에 배상하며(제3항), 2018. 6. 15.까지 상장이 안 될 경우 피고는 C에게 전액 환불한다(제4항)는 내용으로 이 사건 A코인 공급계약서를 작성하고, ② B코인을 코인당 900원에 공급하고(제1항), 코인이 상장된 후 24시간 이내에 원금 이하로 하락하는 경우에는 손실금액을 피고의 책임 하에 배상하며(제3항), 2018. 7. 1.까지 상장이 안 될 경우 피고는 C에게 전액 환불한다(제4항)는 내용으로 이 사건 B 공급계약(각 통칭하여 '이 사건 각 공급계약')을 작성하였다.
3. 피고는 2018. 5. 15. 같은 자리에서 C에게 'A코인 1억 원(개당 단가 150원) 중 절반은 6개월 LOCK으로 보관(333,333개) 중이며, 2018. 11. 16.에 지급하기로 한다'는 내용의 '보관 및 이행각서'('이 사건 이행각서')를 작성하여 주었다.
4. 피고 명의 계좌로, 원고는 2018. 5. 15. 9,000만 원, 2018. 5. 16. 1억 원을 각 송금하였고, C은 2018. 5. 15. 1,000만 원을 송금하였으며, 원고는 2018. 5. 16. C에게 1,000만 원을 송금하였다.
5. 피고는 원고가 지정한 C 명의의 가상화폐(A코인) 지갑 주소로 2018. 5. 18. 1억 원 상당 A코인 666,666개(≒ 1억 원 / 150 원) 중 333,333개를, 2019. 5. 5. 133,333개를 각 지급하였으나, 나머지 200,000개는 미지급 상태이다. 현재 C 명의의 가상화폐(A코인) 지갑에는 A코인 466,666개가 남아 있다.
6. 피고는 원고가 지정한 C 명의의 가상화폐(B코인) 지갑 주소로 2018. 5. 16. 1억 원 상당 B코인 111,111개(≒ 1억 원 / 900 원) 중 90,909개를 지급하였다. C는 피고로부터 공급받은 B코인 전량을 2019. 5. 31. B코인 재단에 D 토큰으로 스왑 요청하면서 B코인 재단의 가상화폐 지갑에 이체하였으나, B코인 재단으로부터 D 토큰을 지급받지 못하여, 현재 C 명의의 가상화폐(B코인) 지갑에는 B코인이 남아있지 않다.
7. 원고는 다음과 같이 주장하며 피고를 상대로 금전 지급을 구하였다. ① 이 사건 각 공급계약 체결 당시 A코인은 2018. 6. 15.까지, B코인은 2018. 7. 1.까지 각 빗썸 거래소에 상장되지 않을 경우 코인구입대금 각 1억 원을 전액 환불해주기로 하였는데, 위 코인들은 거래소에 상장된 적이 없으므로, 피고는 각 코인의 구입대금 전액인 2억 원을 반환할 의무가 있다. ② 피고는 위 각 코인이 빗썸

거래소에의 상장, 가격의 폭등의 가능성이 없고 구입대금을 전액 환불해줄 의사나 능력이 없었음에도 상장 및 가격상승, 미상장 내지 가격 하락시 전액 환불의 내용으로 원고를 기망하여 코인 대금 2억 원을 편취하였으므로, 원고는 이 사건 각 공급계약을 취소하고 피고는 원고에게 위 2억 원을 반환할 의무가 있다. ③ 피고는 A코인 666,666개 중 절반을 2018. 11. 16.에 지급하기로 약정하였음에도 이를 지급하지 않았으므로 원고는 이 사건 A코인 공급계약을 해제하고 피고는 원상회복으로 A코인 대금 1억 원을 반환할 의무가 있다.

8. 이에 대해 피고는 다음과 같이 주장하였다. ① 자신은 공급자 E와 원고를 중개하였을 뿐 계약의 당사자는 아니다. ② 피고가 계약의 당사자라 하더라도, 빗썸 상장을 전제한 적이 없고 다른 거래소에는 상장이 이루어졌다. ③ A코인 미지급은 A코인 재단 본사에서 전송을 막고 있기 때문이므로 피고에게 귀책사유가 없다. ④ 원고는 환불요청을 하며 2018. 8. 6.경 B코인을 피고에게 모두 반환하고 대금의 반환을 기다리던 중 태도를 바꿔 환불을 원하지 않는다는 의사를 명확히 표시하면서 B코인을 다시 돌려달라고 요청하였고, 이에 피고는 원고의 요청대로 다시 B코인을 돌려주었으므로, 이 사건 B코인 공급계약은 실효되고 원고와 피고 사이에 다시 돌려준 B코인을 목적물로 하는 새로운 계약이 체결되었다. 따라서, 피고는 최초 공급계약에 근거한 어떠한 반환의무도 없다.

9. 이에 제1심은 원고의 청구를 일부 받아들여 이 사건 각 공급계약상 공급자는 피고라고 하면서, 이 사건 A코인 공급계약 관련하여 피고가 전체 공급하기로 약정한 물량 중 미공급 부분(30%)에 해당하는 코인구매대금 3천만 원에 대한 반환의무를 인정하고, B코인과 관련하여서는 이 사건 B코인 공급계약은 2018. 7. 1.까지 B코인이 상장되지 않은 것을 해제조건으로 한 계약임을 전제로 해당 기한까지 상장이 되지 않았기 때문에 해제조건이 성취되었다고 하면서 B코인 구입대금 1억 원의 반환의무를 인정하였다. 이에 피고만이 항소하면서 제1심에서와 유사한 취지로 주장하였다.

[판결 요지[1)]]

1. 계약당사자의 확정

가. 계약의 당사자를 확정하는 문제에 관하여는 우선 행위자와 상대방의 의사가 일치한 경우에는 그 일치한 의사대로 계약의 당사자를 확정하여야 하고, 행위자와 상대방의 의사가 일치하지 않는 경우에는 그 계약의 성질·내용·목적·체결 경위 등 그 계약 체결 전후의 구체적인 제반 사정을 토대로 상대방이 합리적인 사람이라면 누구를 계약당사자로 이해할 것인가에 의하여 당사자를 결정하여야 한다(대법원 2007. 9. 6. 선고 2007다31990 판결 등 참조).

나. ① 피고는 원고가 이 사건 각 공급계약의 당사자임을 전제로 답변서 및 준비서면을

1) 원심 인용 부분도 항소심 판결문으로 정리.

제출한 점, ② 이 사건 각 공급계약서의 작성자인 C는 원고의 사위로서, 원고가 당사자라는 내용의 사실확인서를 작성해준 점, ③ 이 사건 각 공급계약서 작성 당시 동석하였던 문정현이나 배필효가 모두 '원고가 피고로부터 A코인과 B코인을 매수하겠다면서도 원고 본인의 이름으로 하지 않고 사위인 C 이름으로 공급계약서를 작성하였다'는 내용으로 증언한 점, ④ 이 사건 A코인과 B코인의 대금 합계 2억 원 전액을 모두 실제 원고가 부담한 것으로 보이는 점, ⑤ C가 개설한 가상화폐 지갑 거래내역 등 C만이 확보할 수 있는 자료를 원고가 증거로 제출하고 있는 등 C가 원고의 이 사건 소송에 협조적인 것으로 보이는 점 등을 종합하여 보면, 이 사건 각 공급계약의 당사자로서 A코인과 B코인의 각 구매자는 각 공급계약서의 기재에도 불구하고 C가 아니라 원고라고 봄이 타당하다.

다. 이 사건 각 공급계약의 당사자로서 코인 공급자가 누구인지에 관하여 살피건대, 피고가 원고 및 C로부터 A코인과 B코인 대금 합계 2억 원을 송금 받은 직후인 2018. 5. 15.과 2018. 5. 16.경 E에게 2억 원을 송금한 사실을 인정할 수 있으나, ① 이 사건 각 공급계약서를 피고가 직접 작성하였고, 'E'라는 이름은 처분문서인 위 각 공급계약서의 어디에도 등장하지 않는 점, ② 이 사건 각 공급계약에 따른 A코인과 B코인의 대금 합계 2억 원 모두 피고 명의 계좌로 입금되었으며, A코인과 B코인을 C의 가상화폐 지갑으로 이체한 사람도 'E'가 아니라 피고인 점, ③ 피고의 주장과 같이 이 사건 각 공급계약 체결 당시 E와 통화하였다고 하더라도 그 통화내용을 알 수 없는 이상 그러한 사정만으로 실질 공급자가 E라 단정할 수 없는 점, ④ 이 사건 각 공급계약 체결 당시 동석하였던 F는 '피고가 코인 공급자가 아니라 실제 코인 공급자와 구매자인 원고 사이의 중개인에 불과하다', '중간 역할을 하는 것만 알고 있다'라는 등의 증언을 하였으나, '실제 코인 공급자가 누구인지는 알지 못하고, 중개인에 불과하다는 이야기는 피고가 한 것이다'라는 증언도 하였으므로, 증인 F의 앞선 증언 내용만으로 이 사건 각 공급계약의 당사자가 피고 아닌 E라 단정할 수도 없는 점 등에 비추어 보면, 앞서 인정한 사실만으로는 이 사건 각 공급계약의 당사자로서 코인 공급자가 E이고 피고는 단지 중개인에 불과하였다고 볼 수 없다. 따라서 이 사건 각 공급계약의 당사자로서 A코인과 B코인의 각 공급자는 피고라고 봄이 타당하다.

2. 코인 대금 반환의무 발생 여부

가. 사기로 인한 의사표시 취소 주장에 관한 판단

1) 민법 제110조에 따라 사기를 이유로 의사표시를 취소하기 위해서는 거래당사자 중 일방에 의한 고의적인 기망행위가 있고 이로 말미암아 상대방이 착오에 빠져 그러한 기망행위가 없었더라면 사회통념상 그 의사표시를 하지 않았을 것이라고 인정되는 경우이어야 한다(대법원 2007. 4. 12. 선고 2004다62641 판결 등 참조).

2) ① 처분문서인 이 사건 각 공급계약서 어디에도 '빗썸'이라는 특정 거래소의 명칭이나 거래가격의 5배 이상을 보장하는 문구가 없는 사실, ② 이 사건 각 공급계약서에는 A코인과 B코인이 각 상장된 후 24시간 이내에 원금 이하로 하락하는 경우 손실금액을 배상한다는 내용과 상장이 이루어지지 않는 경우 전액 환불한다는 내용이 있을 뿐인데, A코인, B코인은 몇 개의 거래소에 상장되어 거래가 이루어진 사실, ③ 피고는 이 사건 각 공급계약 체결 이후 얼마 지나지 않아 원고가 지정하는 C의 가상화폐 지갑으로 A코인 200,000개를 제외하고 계약상 공급 예정 코인 모두를 이체한 사실, ④ 원고가 피고를 사기죄로 고소하였으나 2019. 6. 20. 불기소처분이 내려지고, 위 불기소처분에 대하여 원고가 항고하였으나 2019. 7. 29. 항고 기각된 사실이 인정되는바, 이에 비추어 보면, 피고는 원고로부터 받은 코인 대금으로 E로부터 A코인과 B코인을 구입하여 이를 원고에게 공급한 것으로 보이고, A코인과 B코인의 상장 또한 이루어진 것으로 보일 뿐, 피고가 2억 원 상당의 편취 범의를 가지고 이를 환불하여 주거나 위 금액 이상의 수익을 보장해 줄 의사나 능력이 없음에도 원고를 기망하여 원고로부터 2억 원을 지급받았다고 볼 수 없다. 따라서 원고는 사기로 인한 의사표시 취소를 이유로 피고에 대하여 2억 원의 반환을 구할 수 없다.

나. 이 사건 A 공급계약 해제 및 대금반환의무의 발생

1) 채무자가 일부의 이행을 지체한 경우 그 채무의 내용이 가분이면 원칙적으로 그 일부 불이행된 부분에 대하여만 계약을 해제할 수 있고, 다만 계약의 일부의 이행이 불능인 경우 이행이 가능한 나머지 부분만의 이행으로 계약의 목적을 달할 수 없을 경우에는 계약 전부의 해제가 가능하다고 할 것이다(대법원 1996. 2. 9. 선고 94다57817 판결). 채무의 이행지체를 이유로 하는 계약해제에 있어서 그 전제요건인 이행최고는 반드시 미리 일정한 기간을 명시하여 최고하여야 하는 것은 아니고 최고한 때로부터 상당한 기간이 경과하면 해제권이 발생한다고 볼 것이며(대법원 1994. 11. 25. 선고 94다35930 판결 등 참조), 계약의 일방 당사자가 상대방에게 채무불이행을 이유로 계약을 해제하겠다는 통고를 한 때에는 이로써 이행의 최고가 있었다고 보아야 하고, 그로부터 상당한 기간이 경과하도록 상대방이 채무를 이행하지 아니하였다면 통고한 사람은 그 계약을 해제할 수 있다.

2) 이 사건 A코인 공급계약상의 A코인 공급의무 및 대금 지급의무는 가분적이라 할 것이고, A코인은 현재 국내거래소인 G에 상장되어 있으며 코인시세확인사이트에서 시세확인도 가능한 사실이 인정되는바, 원고는 A코인의 개수를 선택해 상장 거래소에서 자유롭게 거래 가능하다고 할 것이므로 미지급 A코인을 제외한 나머지 A코인만의 이행으로 계약의 목적을 달성할 수 없는 경우라 볼 수 없다.

따라서 원고의 해제 의사표시에 의해 원고는 미지급 A코인 200,000개 부분(30%)에 대하여만 해제되었으므로 3천만 원을 반환할 의무가 있다.

이에 대해 피고는, A코인 재단 본사에서 A코인의 이동을 제한하여 지급하지 못하였을 뿐 피고의 귀책사유로 이행지체가 된 것이 아니라고 주장하나, 이 사건 변론종결일 현재까지의 기간 동안에도 피고에게 책임을 돌릴 수 없는 사유로 지속적인 A코인의 이동 제한이 발생하여 그 이동이 불가능하였다고 인정하기에 부족하고, 달리 이를 인정할 증거가 없다. 피고의 주장은 이유 없다.

다. 이 사건 B코인 공급계약 해제조건 성취에 따른 대금 반환의무 발생 여부

1) 법률행위의 효력의 소멸을 장래의 불확실한 사실에 의존케 하는 해제조건을 정한 경우에, 조건이 성취되면 법률행위의 효력은 소멸하고, 당사자가 조건성취의 효력을 그 성취 전에 소급하게 할 의사를 표시한 경우에는 그 의사에 의한다(민법 제147조 제3항).

2) 이 사건 B코인 공급계약은 'B코인이 2018. 7. 1.까지 상장되지 않는 경우 피고는 원고에게 이 사건 B 공급계약에서 정한 대금 전액을 반환한다'고 정하고 있는데, 이는 B코인이 2018. 7. 1.까지 상장되지 않는 경우 위 계약을 소급적으로 무효로 하기로 하는 내용의 해제조건을 정한 것이라 봄이 타당한데, B코인이 2018. 7. 1.까지 상장되지 아니하였으므로 해제조건의 성취로 위 계약은 소급하여 무효로 되어 특별한 사정이 없는 한 원고에게 B코인 대금 1억 원을 반환할 의무가 있다.

그러나 원고가 2018. 8. 6.경 대금 1억 원의 반환을 요구하면서 공급받았던 B코인을 피고에게 반환하였다가, 같은 날 다시 B코인을 돌려달라고 요청하여 피고가 이를 원고에게 다시 돌려준 사실, 당시 원고는 피고에게 "B코인이 곧 상장된다는 정보를 중간에서 가로채지 말라"는 취지로 말한 사실이 인정된다. 이에 의하면 원고는 피고에게 B코인을 반환하였다가 같은 날 B코인이 곧 상장될 것이라는 기대 아래 반환하였던 B코인을 다시 돌려달라고 요청한 것으로 보이고, 나아가 원고가 반환받지 못한 대금을 담보하기 위하여 위와 같은 요구를 하였다고 인정할 증거는 없으며, 오히려 원고는 B코인을 주관하는 B코인 재단에서 B코인을 D코인으로 변경하는 정책을 시행하자 2019. 5. 31. 피고로부터 돌려받은 B코인을 D코인으로 스왑요청하면서 B코인 재단에 이체하여 소유자로서의 권리를 행사하였고(현재 보유하고 있는 B코인이 없음), 이에 관해 피고에게 사전에 아무런 고지를 한 사실이 없는 사실을 알 수 있다. 이러한 사실관계에 비추어 보면, 이 사건 B코인 공급계약이 실효된 후에 원고와 피고 사이에 새로운 공급계약이 체결되었거나 원고가 이 사건 B코인 공급계약 해제조건 성취의 효과를 포기하였다고 보는 것이 타당하다.

따라서 원고의 B코인 대금반환 청구는 이유 없다.

해설

Ⅰ. 대상판결의 쟁점

대상판결에서 원고는 피고로부터 A코인과 B코인을 구매하였는데, 피고가 계약시 약정한 대로 위 각 코인의 가격이 형성되지 않고 지급하기로 한 코인 개수도 모두 지급하지 못하자 이에 대해 사기에 의한 계약 취소, 채무불이행에 의한 계약 해제 등을 주장하며 매매대금의 반환을 구하였다. 대상판결에서는 우선 이 사건 각 공급계약의 당사자가 누구인지가 문제되었고, 다음으로 사기에 의한 계약 취소 및 채무불이행에 의한 계약 해제, 특히 B코인의 경우 이 사건 B코인 계약의 해제조건의 성취 및 원고가 피고에게 B코인 반환을 받은 후 다시 피고로부터 돌려받은 행위가 새로운 계약의 체결로 볼 수 있는지가 문제되었다.

제1심은 원고와 피고가 이 사건 각 공급계약의 당사자라고 판단하고, 나아가 A코인의 경우에는 피고가 미지급한 부분에 대하여 일부 해제를 인정하여 해당 부분 코인대금의 반환을, B코인의 경우 해제조건이 성취되어 이 사건 B코인 공급계약은 해제되었고, 원고와 피고 사이에 B코인에 대하여 새로운 계약이 체결되지 않았다고 보았다. 그러나 대상판결은 제1심판결 중 B코인에 대하여 해제조건 성취 후 새로운 계약이 체결되었다고 하여 제1심과 다른 판단을 하였다.

Ⅱ. 대상판결의 분석

1. 계약의 당사자 확정

(1) 이 사건 각 공급계약서는 원고가 아닌 원고의 사위인 C가 피고와 사이에 작성된 것임에도 원고는 자신이 당사자라고 주장하며 소송을 제기한 반면 피고는 자신은 당사자가 아니라고 주장하였다. 이에 대해 대상판결은 원고의 주장은 받아들였으나 피고의 주장은 받아들이지 않았다.

(2) 계약의 당사자를 확정하는 문제에 관하여는 우선 행위자와 상대방의 의사가 일치한 경우에는 그 일치한 의사대로 계약의 당사자를 확정하여야 하고, 행위자와 상대방의 의사가 일치하지 않는 경우에는 그 계약의 성질·내용·목적·체결 경위 등 그 계약 체결 전후의 구체적인 제반 사정을 토대로 상대방이 합리적인 사람이라면 누구를 계약당사자로 이해할 것인가에 의하여 당사자를 결정하여야 한다(대법원 2007. 9. 6. 선고 2007다31990 판결 등 참조).

(3) 먼저 원고가 이 사건 각 공급계약의 당사자로 코인의 구매자인지를 본다. 계약서상 당사자인 C는 당사자가 원고라는 점을 인정하였고, 위 계약서 작성시 동석하였던 사람들도 원고가 매수인임을 법정에서 증언하였다. 매수 대금 역시 C를 거쳐 지급된 것도 있지만 전

부를 원고가 부담한 것으로 보인다. 무엇보다 계약의 상대방으로 볼 수 있는 피고도 최초 원고가 계약의 구매자임을 전제로 소송에 응소한 것으로 보이는데, 계약의 당사자 확정 문제는 행위자와 상대방 사이의 의사 일치가 가장 중요하다는 점에서 계약서상 당사자의 기재에도 불구하고 원고를 계약의 당사자로 인정하는 것에는 큰 무리가 없을 것으로 보인다.

(4) 반면 이 사건 각 공급계약서에 당사자로 기재된 피고는 자신이 계약당사자가 아니라고 다투었다. 자신은 E와 원고를 알선해준 사람에 불과하다고 주장하면서 실제 당사자는 E라고 주장하였다. 그러나 원고의 경우와는 달리 피고의 주장은 배척되었는데, 이 부분의 판단에는 처분문서의 기재를 뒤집을 만한 별다른 증거가 드러나지 않았던 것으로 보인다. 처분문서가 존재하는 경우 그 기재대로의 법률관계가 존재한다고 보는 것이 원칙인데, 이 사건 각 공급계약서에는 코인의 공급자는 피고로 되어 있을 뿐, 피고가 당사자로 주장하는 E의 이름이 전혀 나타나지 않았다. 계약 체결 과정이나 당시 현장에서도 계약 당사자가 피고가 아니라 E이라는 논의가 명확하게 이뤄진 것도 아닌 것으로 보인다. 계약서 작성 당시 동석하였던 F는 피고의 주장과 같이 피고는 중개인에 불과하다는 취지로 증언하였지만, 그렇다고 해당 계약의 당사자로서 코인의 공급자가 누구인지는 당시에도 알지 못하였다고 증언하는 등 원고나 당시 계약 체결을 주도한 C가 피고가 아닌 E를 계약의 당사자라고 생각할 만한 사정은 없었다. 반면 이 사건 각 공급계약의 가장 중요한 의무라 할 수 있는 코인 구매대금의 지급과 코인의 전송이 모두 피고의 명의로 이루어졌는데, 피고가 설령 자신은 중개인에 불과하다고 생각했더라도 이 사건 각 공급계약상 권리와 의무를 부담하겠다는 의사를 가지고 있었던 것으로 보는 것이 합리적일 것이다. 이처럼 처분문서의 기재, 권리와 의무 이행의 주체 등의 사정을 고려하면, 피고가 계약의 당사자로 봄이 타당하다.

대상판결 역시 이러한 점을 고려하여 피고를 계약의 당사자로서 코인의 공급자로 보았다.

2. 가상자산 투자계약에서의 기망행위

민법 제110조에 따라 사기를 이유로 의사표시를 취소하기 위해서는 거래당사자 중 일방에 의한 고의적인 기망행위가 있고 이로 말미암아 상대방이 착오에 빠져 그러한 기망행위가 없었더라면 사회통념상 그 의사표시를 하지 않았을 것이라고 인정되는 경우이어야 한다(대법원 2007. 4. 12. 선고 2004다62641 판결 등 참조).

원고는 특정 거래소(빗썸)에의 상장, 상장 후 가격 상승의 가능성이 전혀 없음에도 피고가 원고를 기망하여 이 사건 각 공급계약을 체결하였다고 주장하였다. 각 거래소마다 상장을 위한 심사 기준이 다르고 대형 거래소의 경우 상장만으로도 시장의 평가가 높아지고 가격이 상승하는 등 대형 거래소에의 상장은 가상자산의 성공에 있어 매우 중요한 의미를 지닌다. 따라서 이러한 내용을 계약의 내용으로 삼으려는 경우 보통 계약서에 그러한 문구를 분명히 기재하여 두는 것이 일반적일 것이고, 그러한 기재가 없었다면 특별한 사정이 없는 한 해당 사항이 계약의 내용이 되었다고 보기는 어려울 것이다.

그런데 이 사건 각 공급계약서에는 위와 같은 특정 거래소에의 상장에 대한 기재가 전혀 없어 당사자 사이에 특정 거래소에의 상장에 관한 의사합치가 있었는지가 증명되지 않았다. 나아가 A코인, B코인은 실제 여러 거래소에 상장되어 실제 거래가 이루어지기도 하였고, 무엇보다 원고는 이러한 기망행위에 의한 편취를 이유로 피고를 수사기관에 고소하기도 하였으나 최종 혐의없음 처분이 이루어 졌다. 대상판결은 이러한 사정을 고려하여 원고의 주장을 배척하였는바 증거관계에 비추어 타당한 결론으로 생각된다.

3. 이 사건 A코인 공급계약 해제 및 대금 반환의무의 발생

A코인 지급의 경우 피고는 지급하기로 약정한 666,666개 중 466,666개만을 지급하고 30%에 해당하는 200,000개를 약정기한 까지 지급하지 못하였는바, 피고는 채무불이행에 해당함은 분명하고, 원고는 그 효과로서 계약을 해제하고 원상회복을 구할 수 있다. 다만, A코인 지급의무는 가분적인 의무로 볼 수 있는바, 위와 같이 일부 불이행을 이유로 계약 전체를 해제할 수 있는지가 문제된다.

채무자가 일부의 이행을 지체한 경우 그 채무의 내용이 가분이면 원칙적으로 그 일부 불이행된 부분에 대하여만 계약을 해제할 수 있고, 다만 계약의 일부의 이행이 불능인 경우 이행이 가능한 나머지 부분만의 이행으로 계약의 목적을 달할 수 없을 경우에는 계약 전부의 해제가 가능하다고 할 것이다(대법원 1996. 2. 9. 선고 94다57817 판결).

대상판결에서 A코인의 일부를 지급하지 못함으로 인해 계약의 목적을 전부 달성할 수 없는 경우로 볼 수 있는지가 쟁점이다. 일반적으로 가상자산 지급 의무는 가상자산이 일정한 단위로 발행되어 거래 되고 있는 이상 가분적 채무로 봄이 타당하다. 또한 대상판결에서 이 사건 A코인 공급계약을 통한 원고의 주된 목적은 구매한 A코인의 지급 및 상장을 통해 수익을 얻으려는 것일 것이데, 당시 A코인은 국내거래소에 상장되어 시세도 형성되어 있을 정도로 거래가 이루어지고 있었는바, 반드시 전체의 A코인의 지급이 이루어져야만 원고가 계약의 목적을 달성할 수 있는 경우라고 보이지 않는다. 결국 지급의무를 이행하지 못한 부분에 대하여만 계약 해제를 인정하는 것이 당사자의 의사나 거래안전에도 부합하는 결론일 것이다.

대상판결 역시 이러한 점을 고려하여 미지급 A코인 200,000개(30%) 부분에 대하여만 계약이 해제되었다고 하면서 그에 상응하는 코인구매대금 3천만 원의 반환의무만을 인정하였다.

4. 이 사건 B코인 공급계약 해제조건 성취에 따른 대금 반환의무 발생 여부

이 사건 B코인 공급계약은 'B코인이 2018. 7. 1.까지 상장되지 않는 경우 피고는 원고에게 이 사건 B코인 공급계약에서 정한 대금 전액을 반환한다'고 정하고 있다. 이러한 약정은 2018. 7. 1.까지 상장되지 않음을 해제조건으로 한 약정이라고 봄이 상당하다(민법 제147조 제3항). 그런데 이 사건에서 실제 위 일자까지 B코인이 상장되지 않았으므로 위 해제조건이 성취되어 이 사건 B코인 공급계약은 소급하여 무효가 되었다.

그러나 이후 원고가 2018. 8. 6. 대금 1억 원의 반환을 요구하면서 공급받았던 B코인을 피고에게 반환하였다가 B코인의 상장 예정 소식을 알게 되자 같은 날 B코인을 다시 돌려줄 것을 요청하여 이를 다시 돌려받게 되었는데, 이러한 일련의 과정이 새로운 계약의 체결로 볼 수 있는지가 문제되었고, 해당 쟁점에 대하여는 제1심과 항소심인 대상판결의 결론이 달랐다.

우선 제1심은 위와 같은 사정만으로는 원고와 피고 사이에 새로운 계약이 체결되었다거나, 원고가 이 사건 B코인 공급계약의 해제조건 성취의 효과를 포기하였다고 볼 수 없다고 판단하였다. 원고의 위와 같은 재반환 요청이 새로운 계약 체결을 위한 특별한 청약이라 보기는 어렵다고 본 것으로 생각된다. 반면 대상판결은 재반환을 요구한 원고의 언동 및 이로 인해 추단되는 내심의 의사, 이후 원고의 B코인에 대한 소유자로서의 권리의 행사 등 여러 사정을 고려하여 원고와 피고 사이에 새로운 공급계약을 체결하였거나 원고가 해제조건 성취의 효과를 포기하였다고 판단하였다. 특히 원고는 종전에는 B코인의 발행 및 상장이 어려울 것이라 생각하고 해제조건 성취를 이유로 피고에게 대금 반환을 요청하였는데, 그 후 상장 예정 소식을 듣고 이러한 내용을 피고에게 알리고 B코인의 재반환을 요청하여 실제로 이를 지급받았는바, 대상판결은 이러한 행위 전후로 원고의 B코인 상장여부에 대한 인식의 변화를 고려하여 원고의 내심의사를 추단하였던 것으로 보인다. 또한 이후 원고는 B코인에 대하여 다른 코인으로의 스왑요청을 하면서 돌려받은 B코인에 대해 처분행위를 하여 소유자로서의 권리를 행사하기도 하였으므로 대상판결의 결론을 뒷받침하는 중요한 근거로 보인다.

Ⅲ. 대상판결의 평가

대상판결은 가상자산의 상장 및 이에 따른 가격 상승을 기대하고 가상자산을 매수하기로 한 계약에서 이러한 약정이 지켜지지 않자 계약을 해제하고 매매대금의 반환 등을 요청한 사안이다. 대상판결은 매매계약의 당사자 확정에 관한 쟁점과 특정 대형 거래소에의 상장을 계약의 내용으로 삼기 위해서는 계약서에 이를 명확하게 기재하여야 한다는 점을 강조하였고, 코인 지급의무는 일반적으로 가분적 계약으로서 채무불이행을 이유로 계약을 해제하는 경우 미이행 부분만을 해제할 수 있다고 판시하였으며, 해제조건 성취에 따른 계약 해제와 새로운 계약의 체결 내지 해제조건 성취의 포기 등에 관하여도 구체적인 판단이 이루어졌는바, 가상자산 매매계약에서 발생할 수 있는 당사자 확정, 의무의 내용 및 채무불이행시의 해제, 해제의 범위, 새로운 계약을 체결 등 다양한 쟁점을 다룬 사안으로 의미가 있다.

[21] 가상자산 렌딩(Lending)계약의 법적 성격

—서울남부지방법원 2020. 7. 28. 선고 2018가합1415 판결—

[사실 개요]

1. 원고는 지인을 통하여 피고를 알게 되었는데, 피고에게 자기앞수표 8,000만 원을 교부하였고, 피고는 원고 명의로 개설한 비트커넥트 사이트의 전자지갑 계정으로 8,000만 원 상당에 해당하는 6.69959241(수수료 0.0005 비트코인 제외) 비트코인을 송금하여 224.21863261(미화 69,100 달러) 비트커넥트 코인으로 교환하였다.
2. 그 후 원고는 Z코리아에 회원으로 가입하였고, 위 사이트와 연결된 A은행 가상계좌(계좌번호: 56208399xxxxxx)에 2억 원을 입금한 다음 2억 원 상당의 9.1854012 비트코인을 매수하였으며, 2017. 12. 11. 위 비트코인을 원고 명의로 된 비트커넥트 사이트의 전자지갑 계정으로 송금하여 합계 433.159365(미화 169,770 달러) 비트커넥트 코인으로 교환하였다.
3. 미국은 2018. 1.경 비트커넥트 거래소 폐쇄조치를 하였고, 비트커넥트 사이트는 2018. 1. 17.경 회원들의 대출 플랫폼과 거래소를 폐쇄하였다.
4. 원고는 ① 피고가 원고에게 '비트커넥트 사업에 돈을 넣으면 월 30% 이상의 이자를 주고, 4개월이 지나면 원금을 돌려주겠다.'고 설명하여 원고가 이를 믿고 피고에게 2억 8,000만 원을 대여하여 주었으므로, 그 대여금 반환청구를, ② 만약 원고가 피고에게 대여한 것이 아니라면 피고가 원고에게 4개월 후 원금 상환을 약속하였고, 원고 입장에서 사실상 담보인 비트코인을 보유하지 않음에도 충분한 비트코인이 존재하는 것처럼 기망하였으며, 업체의 수익도 과장하였다는 등의 이유로 그 불법행위로 인한 손해배상청구를 각각 구하는 소를 제기하였다.

[판결 요지]

1. 당사자 간에 돈 수수가 있다는 사실에 관하여 다툼이 없다고 하여도 원고가 그 수수한 원인이 소비대차라 하고, 피고가 이를 다툴 때에는 그것이 소비대차로 인하여 수수되었다는 것은 이를 주장하는 원고가 입증할 책임이 있다(대법원 1972. 12. 12. 선고 72다221 판결 등 참조).

2. ① 비트커넥트 사이트는 투자자들이 비트코인을 거래소에서 비트커넥트 코인으로 교환하여 비트커넥트 사이트에 대출(Lending)하는 경우 거의 매일 미화로 수익금을 지급하였고, 위 수익금을 다시 비트커넥트 코인으로 전환하여 재투자 하거나, 비트커넥트 코인으로 전환하고 비트코인으로 교환한 다음 출금할 수 있었으며, 비트커넥트 사이트에

대출한 원금의 경우 상당 기간이 지난 다음 비트코인으로 교환한 다음 출금할 수 있는 점, ② 원고 스스로도 비트커넥트 사이트로부터 배당금을 받는 것을 인식하고 있고 피고의 도움으로 원고의 비트커넥트 계정을 만든 다음 8,000만 원 상당의 금원을 비트커넥트 코인으로 전환하여 비트커넥트 사이트에 투자한 것으로 보일 뿐 위 금원을 피고에게 대여한 것으로 볼 수 없는 점, ③ 원고가 피고에게 적당한 시점에 매수처리를 부탁하고, 비트코인 가격이 하락하고 있어 더 기다려 처리될 계획인지 여부를 묻는 등 비트커넥트 코인으로 전환하여 투자를 요청한 것으로 보일 뿐 이를 피고에게 대여한 것으로 보기도 어려운 점 등에 비추어 볼 때, 원고가 애초에 피고에게 지급한 8,000만 원은 비트커넥트 사이트에 대한 투자금으로 보일 뿐이고, 원고 제출의 증거만으로는 이를 대여금이라고 인정하기 부족하고 달리 이를 인정할 만한 증거가 없다. 또한 그 후 보내진 2억 원의 경우 원고의 Z코리아 가상계좌에 입금된 것으로서 이를 피고에게 대여한 것으로 볼 수도 없다. 따라서 대여금임을 전제로 하는 원고의 주장은 더 나아가 살필 필요 없이 이유 없다.

(서울고등법원 2020나2029116 판결로 일부 취소 및 원고 일부 승소 후 대법원에 상고됨)

해설

Ⅰ. 대상판결의 의의 및 쟁점

2017년경 미국을 중심으로 비트커넥트 사이트를 통한 비트커넥트코인(Bit ConnectCoin, 이하 'BCC코인') 투자가 활발해졌고 국내에서도 상당히 많은 사람들이 투자한 바 있다. 위 비트커넥트 시스템은 투자자가 비트커넥트 사이트에 일정 기간 동안 비트코인을 맡기면 그것을 BCC코인으로 교환하여 주고 그 동안 비트코인 등을 거래하여 취득한 수익을 월 40% 상당의 비율에 의한 이자 또는 배당금을 지급하여 준다는 상당히 이례적인 조건을 걸었다. 2016. 11.경 ICO를 통하여 위 비트커넥트코인을 선보인 후 2017년말경 있었던 가상자산의 광풍에 따라 한때 시총 10위안에 올랐으나 미국 정부 등의 제재조치[1]로 인하여 몰락하였다.

대상판결은 위 비트커넥트 사이트와 관련하여 원고가 단순히 피고에게 2억 8,000만 원을 대여하였는지가 쟁점이 된 사안이다. 그러나 위 쟁점은 실질적으로 원고가 비트커넥트 사이트를 통한 렌딩(Lending) 서비스에 가입하여 비트코인을 전송한 것으로 위 Lending 서비

---

1) 미국의 텍사스주와 노스캐롤라이나주에서는 비트커넥트 회사에 대하여 서비스 정지 명령을 내렸다 [Bloomberg, BitConnect Closes Exchange as States Warm of Unregulated Sales(2017. 1. 16.자 기사); The Next Web, UK threatens to shut down popular Bitcoin investment site BitConnect(2017. 11. 13.자 기사)].

스를 금전 또는 가상자산의 대여행위로 볼 수 있는지와도 관련이 있다. 이 사건에서 원고는 위 비트커넥트 사이트를 운영한 자들이 미합중국에 위치하여 있어 이들의 재산에 대한 집행이 사실상 불가능했기 때문에 부득이하게 피고 또한 대여행위의 상대방이라고 주장한 것으로 보인다.

현재도 가상자산 거래소에서 고객들에게 렌딩 서비스를 활발하게 제공하고 있으므로 위 판결을 계기로 위 렌딩 서비스가 민법상 대여계약에 해당하는지 돌이켜 볼 수 있게 되는 의의가 있다.

Ⅱ. 렌딩(Lending) 서비스의 법적 분석

1. 렌딩 서비스의 의의

렌딩이라 함은 거래소 등에 가상자산을 예치하면 이자를 받는 것이다. 이를 '이자 농사(Yield Farming)'라고도 부른다. 다만 구체적인 의미에 대하여는 명확하게 정립되어 있지는 않고 거래소 별로 구체적으로 서로 다른 내용을 구성하여 고객들에게 제시하고 있는 것으로 보인다.

예를 들어 바이낸스 거래소는 여러 종류의 가상자산을 예치하도록 하고 대신에 그 예치기간과 해당 가상자산의 종류에 따라 서로 다른 이율을 적용하여 이자를 지급한다. 그리고 위 가상자산에 대한 예치를 종료한 날에 위 예치한 가상자산의 수량을 그대로 돌려받게 된다.[2)]

반면에 이 사건에서 문제된 비트커넥트 사이트에서는 그 전자지갑에 비트코인을 예치하고 위 사이트에서는 이에 상당한 금액을 BCC코인으로 바꿔주게 되는데, 비트커넥트 회사에서는 위 비트코인 또는 BCC코인 등을 운용하여 나오는 수익으로 참가자들은 매일 이자 명목으로 US달러 포인트로 지급받는(그 후 이를 시가에 따라 BCC코인으로 교환할 수 있고 위 예치기간이 종료하면 위 사이트 내부 거래소에서 원금 및 수익금으로 나온 BCC코인을 비트코인으로 다시 교환하여 인출할 수 있다) 방법이다.[3)] 비트커넥트는 월 40% 상당의 이자에 투하 금액에 따른 추가 이율을 제시하고 있어 그 예치금액에 따라 이율을 차등적용하고 있는 셈이다.

바이낸스의 경우 해당 가상자산을 그대로 예치하는 것이고, 비트커넥트의 경우 비트코인을 비트커넥트 사이트의 전자지갑에 예치하면 그것을 BCC코인과 교환한 후 일정 기간 보유하면 이자를 지급해 주는 시스템이다.

여기서 위 렌딩과 구별되는 개념은 스테이킹(Staking)이라고 할 것이다. 스테이킹은 투

2) 바이낸스 거래소 사이트(http://www.binance.com/en/savings#lending-fixeddeposits).
3) 서울고등법원 2020나2029116 기록 중 갑 제20호증 경찰 송치의견서.

자자가 보유하고 있는 코인을 블록체인 네트워크에 맡겨 이에 따른 이자, 수익 등의 보상을 받는 것이다. 바이낸스에서 말하는 렌딩은 스테이킹과 외관상 유사해 보일 수 있다. 그러나 렌딩과 스테이킹은 그 작동 기전이 전혀 다르다고 한다. 스테이킹이 블록 검증에 대한 보상이라면 렌딩은 탈중앙화 거래소나 코인 대출 플랫폼 같은 디파이 시장에 유동성을 제공한 대가로 코인을 받는 것이다. 스테이킹의 경우 해당 가상자산을 보유하고 있고 조건이 충족되면 예를 들어 한 달에 한 번씩 해당 스테이킹 코인이 분배된다.

2. 대여와 투자의 구별

이 사건에서 원고는 피고 및 비트커넥트 회사와 대여계약을 체결하였으므로 그 차용금 및 이자의 지급을 청구할 권리가 있다고 주장하였으나, 제1심판결은 원고의 주장을 배척하고 원고가 비트커넥트 회사에 납입한 금원은 투자금에 해당한다고 설시하였다(이 사건에서 피고는 아예 비트커넥트의 회원 가입 행사, 투자설명서 등에 참여한 적이 없다면서 사실관계 자체를 부인하였다).

이 사건에서는 투자시장에서 근 10년간 새롭게 나타난 가장 커다란 변동 중 하나일 수도 있는 비트코인, 블록체인, 렌딩서비스 등을 다루고 있다. 그런데 현실에서는 첨단과학이 발전하고 산업이 고도화되면서 다양한 기술·사회적인 현상이 발생하고 있고 이를 예전의 개념으로 포섭하기는 상당히 어려운 일이다. 오히려 옛날의 관념에 활발하게 변동 또는 발전하고 있는 기술적 모습 또는 현상을 가두는 것이 그 발전에 저해될 수도 있는바, 이러한 현상을 그대로 놓아두고 새로운 용어로 풀어서 설명하는 것이 나을 수도 있을 것이다.

그럼에도 불구하고 최소한 법률 분야에 있어서는 이를 새롭게 반영할 만한 법률 제·개정, 법률용어의 창설이 나타나지 않는 이상 기존의 법체계 안에서 풀어서 해석하고 이를 적용할 수 밖에 없는 것이 현실일 것이다. 그리고 이러한 모습들이 당사자들의 법률관계에 있어 예측가능성 확대에 기여하고 관할관청 규제의 효율성을 도모할 수 있을 것으로 보인다.

이 사건과 같은 가상자산, 블록체인 등이 관련된 사안 이전에도 대여와 투자의 구별은 법률분쟁에 있어서 상당히 중요한 쟁점이었다. 특히 법원 판결들을 검색해 보더라도 투자의 개념이나 대여와 투자가 구별되는 본질적인 요소가 어떤 것인지에 대하여 확립되어 있다고 보기 어렵다. 다만 법률분쟁에 있어 한쪽이 대여를 주장하면 다른 한쪽은 투자라고 반박하는 경우가 많고 법원 실무상으로도 대여와 투자의 개념이 서로 다른 청구원인에 해당함에 근거하여 예를 들어 대여에 대한 한쪽의 주장이 받아들여지면 이를 투자라고 반박하는 상대방의 주장을 배척하는 경우가 많다. 이에 대한 최근의 연구 논문[4]에 의하면 대여와

4) 박광선, "대여와 투자의 구별에 관한 법적 고찰", 사법 통권 제52호(2020).

투자의 구별은 위와 같은 민법 및 자본시장법 규정에 기초하여 원본이 손실될 가능성이 있는지를 기준으로 보는데, 이와 달리 원본 손실위험에 관한 약정이 있었는지 불분명한 경우에는 금원의 사용처, 금원의 사용 명의, 당사자들 사이의 금전 거래 경위 및 태양, 수익금 변동 가능성에 대한 합의가 있는지 여부, 담보제공 여부, 법률행위 이후의 대화 내용 등을 고려요소를 거쳐 사실관계를 확정해야 한다는 논지를 전개하고 있으므로, 이를 기준으로 판별할 수 있을 것이다.

3. 가상자산의 렌딩이 대여행위에 해당하는지

바이낸스가 말하는 렌딩은 달러화를 기준으로 할 때 해당 가상자산에 대한 원금 손실 가능성이 있다. 이는 예치하였던 특정 가상자산의 수량을 이자를 덧붙여 그대로 반환받는데, 만약 해당 가상자산의 시가가 예치 당시와 달리 급락하였다면 아무리 이자를 많이 부여하더라도 상당한 손실이 일어날 가능성이 있기 때문이다. 다만 바이낸스 등이 말하는 렌딩은 위 가상자산의 수량 자체만을 기준으로 할 때 예치기간이 종료하면 그 수량을 그대로 돌려받기 때문에 이러한 경우 원본 손실 가능성이 있다고 보기 어렵다.

생각건대, 위와 같은 경우는 금전의 납입이 아니라 해당 가상자산의 납입이 거래의 주요 내용으로 이에 대한 이자 혹은 수익 또한 가상자산의 종류에 따라 달라지고 가상자산의 1개당 시가에 연동되는 것은 아닌 점, 거래 종료 후 해당 가상자산의 수량 그대로 돌려받게 되는 점, 달러화 등 금전을 기준으로 발생하는 원본 손실 가능성은 위 lending 서비스에 가입함에 따라 발생하는 것이 아니라 그 전에 거래소에서 가상자산을 매입하는 등 별개의 취득행위를 통하여 발생한 것에 불과한 점 등에 비추어 볼 때 위 원본 손실 가능성은 달러화를 기준으로 할 것이 아니라 위 가상자산을 기준으로 하여야 할 것이다. 가상자산의 가치 등락과 관계 없이 해당 가상자산의 수량은 그대로 유지되므로 해당 가상자산에 대한 임치 또는 대차계약에 해당한다고 볼 여지가 상당하다.

반면에 비트커넥트에서 제시하는 렌딩은 비트코인을 예치한 후 이를 BCC코인으로 교환하고 그 운용수익을 이자 명목으로 받는 것을 주된 내용으로 한다. 만약 비트코인을 기준으로 할 경우 나중에 이를 교환할 때 비트코인 가격이 급락할 경우 원본 손실 가능성이 있다고 볼 수도 있다. 또한 비트코인을 예치한 참가자가 받는 수익은 비트코인 또는 BCC코인 운용 수익으로 지급하는데 그 수익률에 따라 배당하는 금원이 달라진다는 점을 표방하고 있으므로 이를 투자라고 볼 요소이기도 하다. 다만 이 사건에서 원고는 BCC코인을 돌려받는데 방점이 있는 것이 아니라 처음에 납입한 비트코인의 시가에 상당한 달러를 돌려받는 것이라고 진술하였고, 위 사건 항소심 제1차 변론준비기일에서 피고가 비트커넥트회사에 달러를 대출하는 거래라고 진술하여 원고와 비트커넥트회사 사이의 법률관계는 대여관계라는 점에 원고와 피고의 진술이 일치하였는바[5] 사실관계 여하에 따라 대여관계라고 볼 여지가 없는 것은 아니다. 이는 비트커넥트의 재단 설립 경위, 투자 및 수익 구조, 당사자들에 대한 투자설명서 내용 등 구체적인 내용을 이를 판단하여야 할 것이다.

Ⅲ. 대상판결의 평가

대상판결은 원고가 피고를 통하여 비트커넥트에 납입한 금원이 피고에 대한 대여금이라는 주장을 배척하였고 이는 어느 정도 그 타당성이 인정되기는 하나, 원고의 변호인이 이에 대하여 항소하여 진행된 서울고등법원 2020나2029116호 항소심에서 위 대여금청구의 청구원인을 철회하고 유사수신행위·사기·과실 방조에 따른 불법행위 손해배상책임을 구하는 내용으로 청구원인을 집중하였고 이에 대하여 피고의 과실 방조에 의한 책임을 인정하여 대상판결은 일부 취소되었다. 그리고 현재 대법원에 상고되어 상고심 계속 중이다.

그럼에도 불구하고 대상판결이 의미가 있는 이유는 렌딩서비스의 성격이 어떠한 것인지 아직 명확하게 확립이 안 되어 있고 이는 스테이킹의 경우에도 마찬가지인 상태에서 이를 현행 법체계에 어떻게 포섭시키고 적용할지에 대하여 단초를 제공하기 때문이다. 이와 같은 상황은 가상자산과 관련한 여타 금융 서비스의 경우에도 동일한 상황일 것으로 보이는데, 가상자산을 담보로 하는 금전 대출에 대한 위 담보의 성격, 가상자산을 대출하는 서비스의 법적 성격, 디파이 관련 문제, 가상자산을 이용한 파생상품의 문제 등에 있어 여러 가지 생각해 볼 만한 점이 있을 것으로 생각된다.

---

5) 서울고등법원 2020나2029116 제1차 변론준비기일 조서.

[22] 가상자산의 이전을 구하는 방법(지급청구 v. 인도청구)

—서울남부지방법원 2020. 9. 3. 선고 2019가합112183 판결, 2020. 9. 26. 확정—

[사실 개요]

1. 원고는 2019. 1. 9.경 피고가 개발한 Y토큰이라는 가상자산(이하 '이 사건 가상자산')에 관한 투자자 유치와 홍보 등을 대행하기로 하는 컨설팅 계약을 체결하기로 하고, 아래와 같은 내용의 컨설팅 계약서를 작성하여 휴대전화 메신저로 피고에게 보냈다.

이 계약서는 2019. 1. 11.부터 Y와 원고(the Consultant) 사이에 체결된다.
Y는 Y 플랫폼과 생태계를 만들고자 하며, 플랫폼 내에서 사용할 수 있는 토큰을 판매하는 기금 모금을 Y가 주최하는 토큰 발행 이벤트(TGE)를 통하여 진행하고자 한다.
원고는 타겟 영역에 대한 시장조사, 마케팅, 비즈니스 개발, 사전/사후 매니지먼트, 기업활동에 전문성을 갖고 있다.

1. 서비스
원고는 스케쥴 1에 기술된 서비스를 수행한다. 원고는 Y를 위한 서비스 수행을 위하여 상업적으로 합당한 노력과 주의를 기울여야 한다. 원고는 Y의 합리적인 요청과 통지에 따라 질문에 답하고 Y에 조언을 제공할 수 있도록 한다.
3. 약인(Consideration)
Y는 원고의 서비스를 제공받는 대가로 2019. 1. 11. 원고에게 발행된 총 Y 토큰(60억 개)의 5%를 지불해야 한다. [총 발행량의 5% = 토큰 3억 개, (토큰 개당 ___ $)]. 토큰의 총 발행량은 변경될 수 있으며, 락업 기간은 상호 협의로 결정하기로 한다.

* 스케쥴 1
원고의 서비스에는 다음과 같은 내용이 포함되지만 이에 국한되지 않는다.
1. 상장 과정 지원
2. 백서 검토
3. 밋업(Meetup) 개최
4. 에어드랍(Airdrop) 마케팅 진행
5. 언론 보도
6. 파트너 & 어드바이저 섭외

7. 거래소 연결

그러나 원고는 위 열거된 모든 서비스를 제공할 의무는 없다.

2. 원고의 대표이사 A와 피고는 2019. 1. 14. 원고의 사무실에서 만나 위 계약서에 서명·날인하였다(이하 '이 사건 계약').
3. 그 후 원고는, '이 사건 계약의 당사자는 Y라는 회사가 아닌 피고이다. 다음으로 원고는 이 사건 계약에 따른 컨설팅 서비스 의무를 이행하였으므로 피고는 이 사건 계약에 따라 원고에게 이 사건 가상자산 총량 60억 개의 5%인 3억 개를 지급하여야 한다. 한편 이 사건 계약에 따른 이 사건 가상자산 3억 개 지급은 착수금의 성질을 가지므로, 이 점에서도 피고는 원고의 컨설팅 서비스 의무 이행과 상관 없이 원고에게 이 사건 가상자산 3억 개를 지급하여야 한다.'라고 주장하면서 피고를 상대로 가상자산 지급 및 대상청구를 구하는 소를 제기하였다.
4. 이에 대하여 피고는 '가상자산은 전자적 기록 내지 정보로 물건이 아니어서 이행청구의 대상이 되지 않는다. 설령 이행청구의 대상이 되더라도 이 사건 계약을 체결한 당사자는 피고가 아니라 Y라는 회사이므로 피고가 원고에게 이 사건 가상자산을 지급할 의무가 없다.'는 취지로 반박하였다.

[판결 요지]

1. 원고는 이 사건 가상자산의 '지급'을 청구하고 있다. 원고는 청구취지를 특정하라는 법원의 보정명령에도 이 사건 가상자산이 재산적 가치를 가지므로 그 지급을 청구할 수 있다는 이유로 '지급하라'는 청구취지를 변경하지 않았고, 가상자산은 전자적 기록 내지 정보로 물건이 아니어서 이행청구의 대상이 되지 않는다는 피고의 항변에도 여전히 위와 같은 청구취지를 유지하고 있다. 결국 원고는 사실상 이 사건 가상자산이 현재 국내에서 통용되는 화폐임을 전제로 이에 대한 금전청구권을 행사하는 것으로 볼 수밖에 없다. 그런데 화폐의 발행권은 한국은행만이 가지고(한국은행법 제47조), 한국은행이 발행한 한국은행권만이 법화로서 모든 거래에 무제한 통용되는 강제통용력을 가진다(제48조). 결국 이 사건 가상자산은 법화라고 할 수 없어 한국에서 강제통용력을 가진 화폐가 아니므로 금전청구권을 행사할 대상이 아니다. 따라서 이와 다른 전제에 선 원고의 이 사건 가상자산 지급 청구는 부적법하다. 이 사건 가상자산 지급 청구가 부적법한 이상 본래적 급부청구권이 존재함을 전제로 한 대상청구 역시 부적법하다.

2. 한편 물건이라 함은 유체물 및 기타 관리할 수 있는 자연력을 말한다(민법 제98조). 그런데 이 사건 가상자산은 유체물이 아니라는 점은 분명하고 기타 관리할 수 있는 자연력에 해당한다고 볼 만한 근거도 없다. 이렇게 이 사건 가상자산을 물건으로 인정할 수 없는 이상 이는 민법상 인도 청구의 대상도 될 수 없다. 다만 가상자산이 경제적 가치를

가지는 무형의 재산인 이상(대법원 2018. 5. 30. 선고 2018도3619 판결 참조), 이 사건 가상자산의 소유권 이전을 위한 전자적 조치를 취할 것을 청구하는 소를 제기할 수는 있을 것으로 보인다.

해설

Ⅰ. 대상판결의 의의 및 쟁점

민사쟁송에서 원고가 피고를 상대로 할 수 있는 소의 종류는 이행의 소, 확인의 소, 형성의 소가 있고, 이행의 소에서 청구취지를 작성할 때 소의 대상이 물건인 경우에는 '인도청구', 금전인 경우에는 '지급청구', 채권인 경우에는 '양도청구', 부동산소유권인 경우에는 '등기절차의 이행청구' 등을 하게 된다. 판결에서도 원고의 주장이 이유 있다고 보게 되면 그와 같은 청구취지에 맞춰서 인도, 지급, 양도 등의 주문을 내게 된다. 그리고 그 청구취지가 적식에 맞지 않다고 보는 경우 보통 법원에서는 원고에게 보정명령을 내어 청구취지를 수정하도록 유도한다.

그런데 가상자산 사업이 발전하고 해당 가상자산에 대한 민사적 분쟁이 증가하면서 그 가상자산에 대한 소유권 등 적법한 권원이 있다고 주장하는 원고가 상대방인 피고를 상대로 어떠한 청구를 할 수 있는지 문제된다. 이는 가상자산의 성격이 물건인지, 금전인지 등과도 밀접히 연관되어 있다.

Ⅱ. 대상판결의 분석

1. 가상자산의 법적 성격

가상자산의 법적 성격과 관련하여 가장 대표적인 가상자산인 비트코인에 대하여는 이 책의 '비트코인의 법적 성격 및 오송금시 거래소의 책임' 부분을 참고하면 될 것이다. 요약해 보면, 비트코인은 민법상 물건에 해당하지 않고 디지털 정보에 불과하다는 것이다. 대상판결 사안에서 목적물인 Y토큰의 경우 비트코인과 동일하지는 않지만 관리가능한 자연력에도 해당한다고 보기 어려워 이 역시 물건에 해당한다고 보기는 어렵다고 보인다. 또한 비트코인과 Y토큰은 모두 화폐에 해당하지는 않은 만큼 금전성도 부정될 것이다.

증권성 여부와 관련하여 비트코인은 증권성은 인정될 수는 없다고 보이고, Y토큰의 경우 백서, Y토큰의 내용, 구조, 기초자산의 존부 등에 따라 증권성 여부가 달라질 것으로 보인다.

2. 가상자산 지급 내지 인도 관련 소송에서 승소시 주문 설시 방법

가. 가상자산 관련 분쟁에서 초기 판결에서는 '지급하라'는 주문을 낸 적이 있다. 즉, 수원지방법원 2019. 9. 4. 선고 2018나88937 판결에서 라이트코인에 대하여 '지급 주문'을 낸 것이다. 이 사건은 원고와 피고 사이에 원고의 라이트코인과 피고의 리플코인을 교환하기로 계약하고 원고가 피고에게 라이트코인을 전송하였으나 피고가 그 이행거절을 표시하여 해제되었다고 보고 피고에게 원상회복의무가 있다고 설시하면서 해당 라이트코인을 원고에게 지급하라고 판시한 것이다. 위 판결은 대법원 2019. 12. 24. 선고 2019다270170 판결(상고기각)로 확정되었다.

라이트코인의 경우 블록체인 산업 초창기에 나온 가상자산으로 비트코인과 마찬가지로 금전성이 있지 않음은 명확하므로 '지급하라'는 주문 자체는 맞지는 않을 것이다. 위 판결은 그야말로 초창기에 선고된 것으로 법원 판결의 주문 변동 양상을 체크하는데 참고가 될 것이다.

나. 현재는 상당수의 판결들이 인도주문을 내고 있는 것으로 보인다. 서울고등법원 2021. 12. 8. 선고 2021나2010775 판결(상고취하 확정)과 서울서부지방법원 2021. 11. 11. 선고 2020가단233842 판결(확정)은 각각 주문에 비트코인을 '인도'하도록 설시하였다. 서울동부지방법원 2021. 12. 9. 선고 2021가단107375 판결[1]도 마찬가지였다. 한편 춘천지방법원 영월지원 2021. 12. 2. 선고 2021가합10083 판결[2]과 서울남부지방법원 2021. 11. 17. 선고 2020가단286243 판결(확정)은 이더리움에 대하여 '인도' 주문을 낸 바 있다,

이와 같이 상당수의 가상자산 관련 판결들이 '인도' 주문으로 수렴하는 경향을 보이는 것은 가상자산의 성질에 대하여 명확하지 않고 그 실무례가 정착되지 않은 상황에서 각각의 재판부가 개별적으로 연구하여 나온 주문이 '인도하라'는 취지로 선고된 것이 많았고 그 후 다른 사건에서도 그러한 경향성을 따라갔기 때문이라고 해석될 수 있다. 반면 가상자산은 대부분 물건에 해당하지 않기 때문에 위와 같은 인도 주문은 정확하지 않다는 취지의 비판적 견해도 있는 것으로 보인다.

그런데 '인도' 주문이 반드시 물건만을 대상으로 하는 것이 옳은지에 대하여 다시 생각할 필요가 있다. 먼저 '인도'라는 개념이 물건에 대한 사실상의 지배를 넘겨주는 것이기는 하나 유체물을 넘어서 무체물에 해당하는 관리가능한 자연력에 까지 바로 '인도' 주문을 사용하는 것이 마땅한지 일견 애매할 수 있어 이와 같은 관점에서 본다면 인도 주문의 대상을 유체물에 국한해야 한다고 볼 여지가 있다.

---

1) 현재 서울동부지방법원 2021나37064호로 계속 중이다.
2) 현재 서울고등법원 춘천재판부 2021나2863호로 계속 중이다.

반대로 민법 제87조 제1항의 청산인의 직무에 관하여 '잔여재산의 인도'라고 명시되어 있을 뿐만 아니라 같은 법 제92조에서는 청산으로부터 제외된 채권을 규정하고 있는데 '인도하지 아니한 "재산"에 대하여서만 변제를 청구할 수 있다'로 되어 있고, 위 재산은 반드시 물건에 한정하는 것으로 보이지 않는 만큼 물건만이 인도의 대상이 되는지 법률 내용상 명확하지도 않으므로 관리가능한 자연력을 넘어서 재산적 가치가 있는 무체물은 모두 인도의 대상이 될 수 있다고 볼 여지가 없는 것도 아니다.[3)]

게다가 가상자산을 마치 물건과 같이 인도할 방법이 없는 것도 아니다. 즉, 가상자산을 송부할 때 전자지갑 주소로 송부하는 방법도 있지만 해당 가상자산을 USB에 넣어 퍼블릭키, 프라이빗키와 함께 인도하는 방법도 있을 수 있기 때문이다. 결국 가상자산에 인도주문을 낸 것이 곧바로 잘못된 것인지는 재고의 여지가 있어 더 연구할 필요가 있어 보인다.

3. 새로운 가상자산 주문 설시의 제안

가상자산의 법적 성격과 주문의 설시 방법을 반드시 맞춰야겠다고 본다면 새로운 주문 설시의 방법을 제안할 수 있을 것이다. 즉, 가상자산에 대하여 물건성이 없어 인도 주문을 내는 것이 정확하지 않다고 본다면 대부분의 가상자산은 데이터 정보에 해당하는 만큼 그에 맞는 주문을 설시할 수 있을 것으로 보인다. 여기서 참고할 수 있는 것은 정정보도청구에서 널리 쓰이는 '전송하라'는 주문을 차용하는 방법이 있을 수 있다.

현재 많은 정정보도청구에서 원고의 청구를 인용하면서 해당 보도문을 인터넷 뉴스서비스사업자에게 전송하도록 하고 있는데,[4)] 이 또한 인터넷 파일 형식으로 되어 있는 보도문이 데이터 정보에 해당함을 전제로 하고 있다. 가상자산의 경우에도 대부분 데이터 정보에 해당하므로 전송 주문을 사용할 수 있을 것으로 보인다.

Ⅲ. 대상판결의 평가

대상판결은 가상자산이 금전에 해당하지 않음을 전제로 원고에게 청구취지를 특정하라는 보정명령을 내렸음에도 원고가 '지급하라'는 청구취지를 변경하지 않았고 이에 따라 원고가 금전청구권을 행사하는 것으로 보고 소 각하 판결을 선고하였다. 대상판결은 가상자산이 금전적 성격을 가지지 않음을 재차 확인함과 아울러, 특히 한 국가의 중앙은행만 화폐를 발행할 수 있음에 반발하여 생겨난 비트코인 등 가상자산에 대하여 강제통용력을 부

3) 물론 위 민법 청산 부분에서 규정하는 인도의 개념과 법원 판결에서 통상 설시하는 '인도' 주문이 완전히 같다고 단정할 수는 없기는 하다.

4) 서울고등법원 2022. 1. 21. 선고 2020나2047923 판결, 서울중앙지방법원 2020. 10. 28. 선고 2020가합517849 판결 등.

인하여 법화라고 볼 수 없음을 더욱 명확히 한 점에 의의가 있다. 대상판결을 계기로 가상자산의 소유권 이전방식은 어떻게 할지, 민사판결의 주문을 어떠한 내용으로 할 것인지를 더 심도 있게 연구하기를 기대해 본다.

[23] 가상자산 투자에서의 원금보장약정과 손해배상책임

—대전지방법원 천안지원 2021. 4. 30. 선고 2020가합103798 판결, 2021. 5. 18. 확정—

[사실 개요]

1. 원고는 피고로부터 주식회사 A의 가상자산 B코인을 소개받은 후, 2017. 12. 6.경부터 2018. 3. 6.경까지 9회에 걸쳐 피고의 계좌 등으로 피고에게 192,031,740원을 입금하여, 피고를 통해 B코인 139,351개를 개당 700원 내지 3,000원에 매수하였다.
2. 원고는 '피고가 2017. 12. 6.경부터 2018. 3. 6.경까지 원고로부터 주식회사 A의 가상자산 B코인 139,351개에 대한 투자금 명목으로 9회에 걸쳐 192,031,740원을 교부받아 편취'하였다는 취지의 사기 등 혐의로 피고를 형사고소하였다.
3. 이에 대하여 수사기관은 2019. 4. 24. ① 피고의 농협계좌 거래내역에 의하면 피고도 임*호(위 김*숙의 남편)와 김*종으로부터 합계 2억 3,000만 원 상당의 B코인을 구입한 점, ② 주식회사 A의 대표 김*우의 사업설명회 녹취록에 의하면 피고가 원고에게 B코인에 대하여 설명한 내용은 대부분 김*우의 설명내용과 유사한 것으로 보이는 점, ③ 피고와 원고의 처 김*희 사이의 메시지내용 및 참고인 김*종의 진술서에 의하면 원고와 그 처인 김*희가 주식회사 A의 대표 김*우의 사업설명회에 수 회 참석한 사실이 인정되어 피고의 주장에 일부 부합하는 점, ④ 신*리(주식회사 A의 이사)와 피고 사이의 2017. 12. 12.자 메시지내용에 의하면 당시 B코인이 1,600원에 매매가 된 사실이 인정되고, B코인 비상대책위원회 밴드 게시글 내용에 의하면 B코인이 7,000원 내지 25,000원에도 매매가 되었던 사실이 인정되는 점, ⑤ 피고도 B코인을 매수한 후 이를 다시 판매한 사람에 불과할 뿐 B코인의 판매회사인 주식회사 A의 운영진과 피고와의 사이에 공모관계를 인정할 별다른 증거가 없는 점 등을 이유로 위 각 고소사실에 관하여 혐의없음(증거불충분)의 불기소처분을 하였다.
4. 원고는 다음과 같이 피고를 상대로 약정에 따른 약정금 반환청구와 불법행위에 기한 손해배상청구를 하였다.

   ① 약정금 반환청구: 원고는 B코인을 매수할 당시에도 피고와 언제든 투자금을 환불해주겠다는 약정을 하였고, 이후에도 구두로 원금 보상 내지 반환을 약정하였으므로 피고는 원고에게 약정금 208,031,740원 및 지연손해금을 지급할 의무가 있다.

   ② 불법행위 기한 손해배상청구: 피고는 원고에게 '주식회사 A에서 개발한 일명 "B코인"이라는 가상자산이 2018. 1. 중에 상장하는데, 현재 개당 700원에 프리세일을 하고 있으나, 2017. 12. 16.까지 마감한다. 더 이상 구입할 수 없다. 싱가폴에서는 2018. 2.경 개당 5만 원에 상장할 예정이며, 국내에서는 개당 10만원에 상장하니 3월 달 되기 전에 무조건 10만 원이다. 기술력이 좋아 연말 되면 최소한 30만 원 가고, 내년이나 내후년이 되면 100만 원에서 200만 원 이상은 간다. 싱가폴 금융회사

"Ucell"은 미국금융사 골드만삭스가 투자한 회사이고 결국은 골드만삭스가 참여하기 때문에 확실하다. 코인이 나온 뒤에 이렇게 세계적인 거대기업 투자가들이 투자한 코인은 없다'는 등 허위사실을 말하여, 이에 기망당한 원고가 208,031,740원을 들여 B코인을 매수하였는데, 현재 B코인은 거래가 이루어지지 않고 주식회사 A은 상장폐지 되었으므로, 피고는 원고에게 그 손해로 208,031,740원 및 그 지연손해금을 배상할 책임이 있다.

[판결 요지]

1. 원고의 약정에 따른 반환청구에 관한 판단

피고가 원고의 B코인 투자 당시 원금보장약정을 하였는지는 이를 인정할 증거가 없다.

다음으로 원고의 주장과 같은 원금 보상 내지 반환에 대한 구두약정이 있었는지에 관하여 살피건대, 피고는 2018. 10. 6.경 원고와 휴대전화로 통화하면서, 원고가 매수대금으로 지급한 금액이 2억 1,000만 원 상당인지 확인되고 2년 후 원고가 매수한 B코인의 가치가 위 매수대금 상당의 금액이 되지 아니하면 원금을 보상한다는 내용의 각서를 작성해 줄 수도 있으니 B코인은 돌려주어야 한다는 취지로 이야기를 주고받은 사실이 인정되기는 한다.

그러나 ① 원고는 피고를 통해 B코인을 매수하였던 것으로 보일 뿐, 피고가 B코인을 매수하는데 필요한 자금을 피고에게 투자하였던 것은 아닌 것으로 보이는 점, ② 원고는 피고로부터 B코인을 매수한 이후 그 가치가 기대와 달리 하락하자 비로소 피고에게 매수대금 상당의 원금 보장 등을 요구하였던 것으로 보이는 점, ③ 원고와 피고 사이 위 통화 내용은 피고가 원고로부터 다시 매수대금 상당으로 B코인을 되돌려 받을 의사가 있으니 원고도 그렇게 처리할 의사가 있는지 확인하는 과정에서 나온 이야기에 불과하고, 피고가 원고에게 매수대금 상당액을 보상하거나 반환하겠다는 확정적 의사표시로 보기 어려운 점, ④ 피고가 실제로 위 통화내용과 같은 각서를 작성한 바 없고, 이에 비추어 피고의 의사는 B코인이 2년 후에 가치가 상승할 수도 있으니 그때까지 기다려보자는 취지로 원고의 항의를 무마하려는 취지인 것으로 보이는 점 등을 종합하면, 원고가 제출한 증거들만으로 피고와 원고 사이에 피고가 원고에게 그 매수대금에 상당하는 금액을 보상하거나 반환하여 줄 것을 약정하였음을 인정하기에 부족하고, 달리 이를 인정할 증거가 없다. 따라서 이 부분 원고 주장도 이유 없다.

2. 원고의 손해배상 청구에 관한 판단

피고가 원고에게 B코인을 소개하여 그 매수를 권유한 사실이 인정되기는 하나, 아래 사정들 고려하면, 원고가 피고의 기망행위에 의하여 피고로부터 B코인을 매수하면서 그 매수대금 상당액을 편취 당하였다고 인정하기 어렵다.

① 원고가 제출한 증거들만으로는 피고가 원고에게 원고가 주장하는 것과 같은 내용의 사실을 말하였는지 여부를 단정할 수 없고, 설령 피고가 그러한 내용의 사실을 말하였다고 하더라도, 검찰의 불기소이유통지에 의하면 피고가 원고에게 B코인을 소개하면서 설명한 내용은 주식회사 A의 대표 C가 사업설명회에서 설명한 내용과 유사하다는 것이므로, 피고도 주식회사 A의 대표 C 등으로부터 들은 내용을 전달한 것으로 보일 뿐이다.

② 피고도 위와 같이 자신이 원고에게 그 내용을 전달한, 주식회사 A의 대표 C의 설명을 듣고 스스로 2억 3,000만 원 상당의 B코인을 구입한 매수인에 불과하고, 주식회사 A의 임직원의 지위에 있거나 B코인을 개발하여 활성화시키는 등의 작업에 직접적으로 참여한 것으로 보이지 않는다.

③ 또한 검찰의 불기소이유통지에 의하면 원고와 원고의 배우자 D는 직접 주식회사 A의 대표 C의 사업설명회에 수회 참석하였다는 것이므로, 원고는 피고를 통하지 아니하고 스스로 B코인 관련한 사항을 직접 확인하였던 것으로 보이고, 이때 원고가 들었다는 내용의 진위나 실현가능성 여부를 원고 스스로 충분히 검토하여 판단할 수 있었던 것으로 보인다.

④ 피고와 주식회사 A 이사 E와 사이의 2017. 12. 12.자 메시지 내용에 의하면 당시 B코인이 1,600원에 매매가 되기도 하였던 것으로 보이며, 검찰의 불기소이유통지에 의하면 B코인 비상대책위원회 밴드 게시글 내용상 B코인이 7,000원 내지 25,000원에도 매매가 되었던 것으로 보인다.

⑤ 검찰에서도 위와 같은 사정들을 인정하고, 피고와 B코인 판매회사인 주식회사 A 운영진과의 공모관계를 인정할 별다른 증거가 없다면서 원고의 사기 고소에 대하여 혐의없음(증거불충분)의 불기소결정을 하였다.

⑥ 가상자산은 일반적으로 재화 또는 용역을 구입하는데 이용될 수 없고, 그 가치의 변동폭도 커 현금 또는 예금으로 교환이 보장될 수 없으며 주로 투기적 수단으로 이용되고 있으며, 이러한 점을 원고도 충분히 인지하고 B코인 매수를 결정하였을 것으로 보인다.

따라서 원고의 이 부분 주장도 이유 없다.

해설

I. 대상판결의 쟁점

대상판결은 원고가 피고로부터 소개 받은 B코인에 투자하였으나 B코인이 기대했던 수익이 발생하지 않자 피고를 상대로 원금 반환 약정에 따른 원금의 반환, 기망행위에 의한 불법행위청구를 한 사건이다.

이 사건의 쟁점은 투자계약 성립 당시 및 그 이후 피고가 원고에게 원금 반환 약정을 하였는지, 피고가 원고를 기망하여 투자계약을 체결하여 투자금 상당을 편취하였는지 여부이다.

Ⅱ. 대상판결의 분석

1. 원금 보장 약정의 존부

(1) 계약의 성립에 관한 대법원 입장

계약이 성립하기 위하여는 당사자의 서로 대립하는 수개의 의사표시의 객관적 합치가 필요하고 객관적 합치가 있다고 하기 위하여는 당사자의 의사표시에 나타나 있는 사항에 관하여는 모두 일치하고 있어야 하는 한편, 계약 내용의 '중요한 점' 및 계약의 객관적 요소는 아니더라도 특히 당사자가 그것에 중대한 의의를 두고 계약성립의 요건으로 할 의사를 표시한 때에는 이에 관하여 합치가 있어야 계약이 적법·유효하게 성립하는 것이다. 그리고 계약이 성립하기 위한 법률요건인 청약은 그에 응하는 승낙만 있으면 곧 계약이 성립하는 구체적, 확정적 의사표시여야 한다(대법원 2003. 4. 11. 선고 2001다53059 판결 등 참조).

(2) 대상판결의 경우

대상판결의 경우 원고는 피고와 구두로 원금 보장약정 또는 원금 반환 약정을 체결하였다고 주장하였다. 최초 계약 체결 당시 원금 보장약정을 한 사실에 관하여는 아무런 증거가 없어 배척되었으나, 계약 체결 이후인 2018. 10. 6.경 원고와 피고 사이에 나눈 통화내용('원고가 매수대금으로 지급한 금액이 2억 1,000만 원 상당인지 확인되고 2년 후 원고가 매수한 B코인의 가치가 위 매수대금 상당의 금액이 되지 아니하면 원금을 보상한다는 내용의 각서를 작성해 줄 수도 있으니 B코인은 돌려주어야 한다'는 취지)이 증거로 제출되어 최초 계약 체결 이후 원금 반환 약정이 구두로 체결되었는지가 쟁점이 되었다.

대상판결은 위 대화내용에 대해 피고가 원고에게 매수대금 상당액을 보상하거나 반환하겠다는 확정적 의사표시로 보기 어렵다고 보았다. 대상판결은 원고가 B코인을 피고로부터 매수한 것이 아니라 피고를 통해 B코인에 투자하였다고 보았는바, 피고가 매도인의 지위에서 원금 반환 약정을 할 지위에 있지 않다는 점을 주목하였다. 또한 위 대화내용을 보더라도 피고는 향후 B코인의 가치가 매수대금 상당이 되지 않으면 매수대금 상당액을 돌려준다고 하면서 특히 B코인의 반환을 조건으로 내세우고 있는데, 이는 원고도 위와 같은 방식으로 투자 계약을 정리하고 싶은 의사가 있는지를 확인하기 위한 과정에서 나온 대화일 뿐 원고나 피고가 서로 확정적인 원금보상을 염두해 둔 의사표시는 아닌 것으로 해석된다. 피고 입장에서는 가치 하락에 대한 원고의 항의를 무마하기 위한 일환으로 한 제안이라고 보는 것이 합리적일 것이다. 또한 실제 대화내용에 등장하는 각서도 작성되지 않았는바, 이러한 점에서도 당사자 사이에 명확한 의사합치가 있었다고 보기는 부족해 보인다. 가상자산의 경우 시세 변동이 심하여 언제 특정 금액에 도달할지 예상하는 것은 극히 어려우므로 위와 같은 시세 미달시 원금 보장 약정은 이례적일 것으로 보이므로, 명확한 분쟁방지를 위해서는 구체적인 내용이 담긴 처분문서에 의한 계약 체결이 보다 중요할 것이다.

2. 사기로 인한 불법행위 책임 여부

사기에 의한 의사표시는 취소할 수 있는데(민법 제110조 제1항), 대상판결에서는 피고에 의한 기망행위가 존재 및 인과관계의 존부가 문제되었다.

대상판결은, 주로 피고의 매수 권유로 원고가 매수 결정을 한 것이기는 하나 원고의 결정은 피고의 기망행위에 기한 것이 아니라고 판단하였는데, 수사결과에서 확인된 사실관계가 주된 근거가 된 것으로 보인다. 먼저 피고가 원고에게 소개하면서 설명한 내용들은 피고가 주식회사 A의 대표 C 등으로부터 들은 내용을 전달한 것에 불과하고 피고 역시 C의 말을 듣고 B코인을 매수한 매수인에 해당하며 달리 피고가 위 회사의 임직원이나 B코인 개발 등에 참여한 사람은 아니었는바, 피고의 매수 권유가 기망행위로 볼 만큼 위법성이 있다고 보이지는 않는다. 또한 실제 B코인은 어느 정도 가격대를 형성하여 거래가 이루어지기도 하였다.

나아가 위 대상판결 사안에서는 손해에 이르는 인과관계가 없다는 사정도 존재하였다. 원고는 직접 위 C의 사업설명회에도 참석하였고, B코인에 관한 사항을 직접 확인하기도 하였는바, 대상판결은 이 점을 지적하며 원고는 피고로부터 들었던 내용의 진위나 실현가능성 여부를 스스로 검토가능 하였을 것이라고 지적하였다. 대상판결은 가상자산 투자는 투기적 수단으로 주로 이용되고 있어 원고도 이러한 점을 고려하여 매수를 결정하였을 것이라는 점을 지적하였는데, 이는 B코인의 특징과 해당 사건의 결과, 당시의 가상자산 시장 상황에서 이루어진 개별적 사안에서의 판단이라고 보일뿐 가상자산 전부에 대한 일반적인 평가라고 보기는 어려울 것이다.

대상판결은 피고가 발행사의 일반 직원에 불과하고 이로 인해 특별한 이득도 얻지 못한 것으로 보여 그 책임을 결과적으로 부정하였으나, 만일 피고가 대표자나 발행사의 핵심 직원인 경우에는 그 결론이 달랐을 것이다.

Ⅲ. 대상판결의 평가

대상판결은 구두에 의한 계약, 특히 투자로 인한 원금 보장 약정의 경우 그 계약 체결을 판단함에 있어 엄격한 해석을 취하여 원고의 주장을 배척하였다. 나아가 일반 직원이자 본인 역시 B코인의 매수인에 불과한 피고가 기망행위를 하였다고 보기 어렵고, 원고는 가상자산의 투자 성격과 그 위험성을 충분히 알고 매수를 하였다는 점을 근거로 민법 제110조에 의한 취소 주장도 받아들이지 않았다.

이러한 태도는 이러한 투자 약정에 대한 원금 반환 청구 내지 불법행위책임을 묻는 유사한 사안에서의 법원의 결론과 유사하다. 다만 대상판결은 가상자산 투자를 투기적 성격이 있다고 일반론으로 설시한 것은 다소 아쉬운 부분이나 이러한 투기적 가상자산 투자 역시 존재하는 것이 현실이므로 이에 대하여는 우선 자율적 규제 등을 통해 개선이 필요해 보인다.

[24] 가상자산투자대행업자의 손해배상책임 유무

—대전지방법원 2021. 6. 17. 선고 2018가단229349 판결, 2021. 7. 9. 확정—

[사실 개요]

1. 피고는 2017. 8. 경 원고 갑, 을에게 '가상자산인 비트**코인(이하 '이 사건 코인'이라고 한다)을 구입하여 비트**회사에 투자하면 4개월 안에 원금이 보장되고, 이자가 복리로 불어나 매달 30%의 이익을 얻을 수 있다. 나의 계좌로 돈을 송금하기만 하면 된다'고 말하였고, 원고 갑, 을은 그 무렵 피고에게 투자금으로 각 1,200만 원, 수수료로 각 300만 원을 송금하였다.
2. 피고는 2018. 1.경 원고 병에게 같은 내용의 말을 하였고, 원고 병은 2018. 1. 12. 피고에게 1,000만 원은 투자금으로, 1,000만 원은 수수료로 송금하였다. 또한 피고는 2018. 2. 10. 원고 병에게 '옴니아 비트코인에 투자해서 돈을 벌게 해 주겠다. 원금은 보장되지 아니하나 5개월이 지나면 원금 이상의 수익을 얻을 수 있다'고 설명하였고, 원고 병은 이를 믿고 같은 날 500만 원을 투자금 명목으로 지급하였다.
3. 피고는 원고들로부터 받은 위 각 수수료를 개인적으로 사용하였다.
4. 비트**이 운영하는 거래소는 2018. 17. 그 운영이 중단되었다.
5. 원고들은 피고가 설명한 대로 돈을 주지 않자 2018. 11.경 피고를 사기, 유사수신행위의규제에관한법률위반죄로 고소하였다.
6. 수사기관은 피고를 기소하였으나, 위 형사사건에서 법원은 2020. 9. 9. 피고가 원고들에게 금원의 지급을 약정하여 유사수신행위를 했다고 볼 증거가 부족하다는 이유로 무죄판결을 선고하였다.
7. 무죄판결의 구체적 근거는 다음과 같다.

   가. 피고는 비트**의 투자구조를 설명하고 비트**이 수익을 지급한다고 설명하였고, 피고가 법적인 지급책임을 부담한다고 설명하였다고 볼 증거는 없다.

   나. 피고가 비트**을 실제로 운영하였거나 실 운영자와 공모하여 다른 투자자들과 차별하여 수익을 얻었다고 볼 증거가 없다.

   다. 피고는 투자자로부터 받은 금원을 최종적으로 취득한 것이 아니라 인출을 요구하는 투자자들에게 새로 들어온 투자금을 지급하고, 신규 투자에 대해 그 만큼의 비트코인을 환전하여 등록하는 것을 대행하였을 뿐이다.
8. 한편, 원고들은 2018. 12. 7. 피고를 상대로 주위적으로 피고가 불법으로 유사수신행위를 하여 금원을 조달하였으므로 출자금을 반환하여야 하고, 예비적으로 ① 피고는 비트**의 투자모집책으로 은행의 임직원과 유사하게 고객을 보호할 의무를 부담하는데 이러한 보호의무를 위반하여 원고들이 손해를 입게 하였으므로 이 손해를 배상할 책임이 있으며, ② 피고와 원고들은 원고들이 투자금 및 이익

금을 받을 수 있도록 도와주고 그 대가로 피고에게 수수료를 지급하기로 하는 수수료약정을 체결하였는데 피고의 채무불이행으로 이를 해제하였으므로 피고는 원고에게 기지급 받은 수수료를 반환할 책임이 있다고 소를 제기하였다.

[판결 요지]

1. 불법 유사수신행위를 하였는지에 관하여 살피건대, 피고가 위 법률 위반죄로 기소되었다가 무죄판결을 받은 사실에 비추어 볼 때 원고들이 제출한 증거만으로는 피고가 불법 유사수신행위를 하였다고 보기 어렵다.

2. 사적 자치의 원칙에 비추어 볼 때 금융소비자보호법 등이 적용되지 않는 이 사건에서 피고가 원고들에게 투자권유를 하는 과정에서 원고들을 보호할 법적인 의무가 있다고 보기 어렵고, 나아가 피고가 원고들을 기망하였거나 투자를 권유함에 있어 원고들에 대한 보호의무를 저버렸다고 평가될 수 있을 정도의 위법한 행위를 했다고 인정하기 부족하다.

3. 이 사건 수수료 약정에서 정한 수수료에 관하여 피고가 투자자들의 투자원금 중 일정금액을 추천수당으로 별도로 받고 있었을 뿐 아니라 수수료 액수도 과다한 점에 비추어 단순한 투자대행에 따른 수수료가 아니라 원고들이 투자한 회사로부터 투자금을 반환받을 수 있도록 충분한 조력을 해주기로 하는 대가로 판단된다.

4. 피고는 원고들의 계정을 관리하였으나 투자회사인 비트**이 제대로 운영되는지에 대해 살피지도 아니하고, 원고들의 원금반환요구에도 불구하고 피고는 위 회사가 문을 닫았다고만 하면서 원고들이 원금을 회수할 수 있도록 하는 아무런 노력도 기울이지 않았다. 이에 원고들이 2021. 3.경 이 사건 청구취지 및 원인변경 신청서의 송달로 채무불이행을 이유로 피고와의 이 사건 수수료 약정을 해제하였으므로 피고는 원상회복으로 기지급받은 수수료를 원고들에게 반환할 의무가 있다.

해설

Ⅰ. 들어가며

1. 이 사건 판결에 대해 쌍방이 항소하지 아니하여 이 사건 판결을 확정되었으나, 원고들이 피고를 상대로 유사수신행위의규제에관한법률위반으로 고소한 형사사건은 1심에서 무죄가 선고되고, 이에 검사가 항소하여 현재 항소심 진행 중이다. 항소심에서 피고에 대해

유사수신행위와 관련하여 유죄판결이 선고될 가능성도 있음을 기재하여 둔다.

2. 이 사건 판결은 대법원 판결이 아닌 하급심 판결이고, 비슷한 사건에 대해 다른 결론이 선고될 가능성도 많이 있으나, 이러한 투자대행과 관련한 사건이 많이 나타나고 있고 이에 대한 쟁점이 비슷하므로 이에 대해 검토하기로 한다.

Ⅱ. 가상자산 구매 또는 투자대행관련 사건에서 자주 문제되는 쟁점에 대한 검토

1. 사기에 해당하여 불법행위에 기한 손해배상청구 또는 사기를 이유로 한 투자계약 취소 여부

가상자산에 대해 유력 인사가 투자하였다거나, 상장이 임박하였다거나 기타 여러 가지로 홍보를 하면서 가상자산을 투자 명목으로 판매하는 경우가 시장에서 많이 일어나고 있다. 그러나 당초 예상과는 달리 가상자산의 가격이 예측한 대로 오르지 않아 투자금 손실을 보게 되면 투자자는 투자 당시 들은 정보와 다르다는 이유로 가상자산 매도자를 사기 등으로 형사고소를 하고, 불법행위를 이유로 손해배상청구를 하는 것이 대부분이다.

사기에 해당하는 경우 투자자로서는 불법행위에 기한 손해배상청구를 하거나 민법 110조에 의하여 사기를 이유로 투자계약을 취소하고, 그 원상회복으로 기지급한 투자금의 반환을 구할 수 있을 것이다. 사기의 경우 위법한 기망행위가 있어야 하고 이를 이유로 피해자가 재산상 처분행위를 하여 본인 또는 제3자가 재물의 교부를 받거나 재산상 이득을 취해야 성립한다.

기망행위란 널리 재산적 거래관계에 있어서 서로 지켜야할 신의와 성실의 의무를 저버리는 적극적 또는 소극적인 행위를 말한다. 어떠한 행위가 다른 사람을 착오에 빠지게 한 기망행위에 해당하는가는 거래의 상황, 상대방의 지식, 경험, 직업 등 행위 당시의 구체적 사정을 고려하여 일반적 객관적으로 결정하여야 한다. 가상자산의 투자와 관련하여서는 가상자산이 가격 등락이 매우 심하다는 사정, 투자자가 가상자산을 투자해본 경험이 있는지 여부 등도 기망행위를 인정하기 위하여 살펴보아야 한다.

가상자산의 경우 해당 가상자산을 가치 있게 인정하는 네트워크의 범위, 거래현황, 가상자산 발행을 위해 투입한 자금액, 가상자산에 투자한 벤처캐피털이나 유명인 등도 가상자산과 관련한 중요 정보에 해당하고 이에 대해 고의로 허위로 진술한 경우 위법한 기망행위라고 할 수 있다. 금융사기범죄의 경우에는 부정한 정보를 제공하고, 허위의 사실을 기재하거나, 목적외로 이용할 목적으로 투자금을 모집하여 투자자를 착오에 빠지게 하는 것도 명백한 기망이라고 보고 있다. 다만 단순한 가치판단, 법적인 의견, 사적인 견해표명에 불과하다면 과장된 표현이 있다고 하더라도 기망이 있다고 볼 수 없다. 장차 가상자산의 가치가 올라갈 것이라는 전망은 사적 견해에 해당하여 기망이라고 보기 어려울 것이다.

한편, 비트코인에 대해서 대법원은 가상자산의 일종인 비트코인은 경제적인 가치를 디지털로 표상하여 전자적으로 이전, 저장과 거래가 가능한 가상자산의 일종으로 사기죄의 객체인 재산상 이익에 해당한다고 판시하고 있다.[1)]

2. 유사수신행위

위법한 유사수신행위에 해당하는 경우도 마찬가지로 불법행위에 해당하여 불법행위에 기한 손해배상으로 이미 지급한 투자금의 반환을 구할 수 있다. 유사수신규제법에 따르면 유사수신행위란 다른 법령에 따른 인허가 등을 받지 아니하고 불특정 다수인으로부터 자금을 조달하는 것을 업으로 하는 행위로서 ① 장래에 출자금의 전액 또는 이를 초과하는 금액을 지급할 것을 약정하고 출자금을 받는 행위, ② 장래에 원금의 전액 또는 이를 초과하는 금액을 지급할 것을 약정하고 예·적금 등의 명목으로 금전을 받는 행위, ③ 장래에 발행가액 또는 매출가액 이상으로 재매입할 것을 약정하고 사채를 발행하거나 매출하는 행위, ④ 장래의 경제적 손실을 금전이나 유가증권으로 보전하여 줄 것을 약정하고 회비 등의 명목으로 금전을 받는 행위를 말한다.[2)]

다단계 판매방식에 따른 유사수신행위와 관련하여 법원은 개별적 피해자가 명확히 특정되지 않았다고 하더라도 기본적 사실관계에 차이가 없고, 피고인의 방어권 행사에 지장을 주지 않는다면 그 공소내용이 특정되지 않았다고 보지 않는다고 판단하고 있다(대법원 2002. 10. 11. 선고 2002도2939 판결). 실질적으로 상품의 거래가 매개된 자금의 수입은 이를 출자금의 수입이라고 보기 어려우나 그것이 상품의 거래를 가장하거나 빙자한 것이어서 실제로는 상품의 거래 없이 금원의 수입만 있는 것으로 볼 수 있는 경우에는 유사수신행위라고 볼 수 있다(대법원 2007. 4. 12. 선고 2007도472 판결).

한편, 불특정 다수인을 기망하여 투자자들로부터 법정화폐가 아닌 비트코인이나 이더리움 등을 교부받았으므로 유사수신규제법상 출자금을 지급받은 행위에 해당하지 않는다는 주장이 있으나 실질이 가상자산거래소에서 법정화폐로 환전이 가능하고 투자자들 역시 투자금으로 인식하고 있는 점 등을 종합하여 유사수신으로 인정하는 경우가 있다. 가상자산

1) 대법원 2021. 11. 11. 선고 2021도9855 판결 참조.

2) 유사수신규제법이 유사수신행위를 금지하고, 이를 위반하는 행위에 대한 형사처벌까지 규정한 것은 공신력 없는 자가 불특정 다수인으로부터 자금을 조달함으로써 금융질서를 교란하는 것을 막고 유사수신행위에 유인되어 거래를 하는 제3자의 피해를 방지하기 위한 것이므로, 유사수신행위는 형사상 처벌대상이 될 뿐만 아니라 민사상 불법행위를 구성하고, 설령 유사수신업체가 약정한 금원 반환의무가 이행되지 않을 것을 알면서 투자금을 유치한 것이 아니라고 하더라도 유사수신행위의 위험성과 기망성을 충분히 인식하지 못한 채 함부로 이에 가담하여 그 거래를 유인하는 행위를 하였다면 위 거래에 따른 피해자의 손해에 대한 배상책임을 면할 수 없다(대법원 2007. 12. 27. 선고 2006다1343 판결 등 참조).

거래소에서 법정화폐로 쉽게 교환이 가능한 경우 가상자산을 교부받았다고 하더라도 그 실질을 살펴 유사수신으로 인정할 여지가 클 것으로 생각된다. 가상자산을 송금하면 원금을 보장하고, 가상자산을 활용하여 수익을 올려 그 수익금을 확정적으로 배당하겠다고 기망하여 유사수신을 하는 경우가 많다.

유사수신규제법 제3조의 입법취지에 비추어 보면 광고를 통하여 투자자를 모집하는 등 전혀 면식이 없는 사람들로부터 자금을 조달하는 경우뿐만 아니라 평소 알고 지내던 사람에게 직접 투자를 권유하여 자금을 조달하는 경우라도, 그 자금조달 행위의 구조나 성격상 어느 누구라도 희망을 하면 투자에 참여할 수 있는 기회가 열려있다고 한다면 이는 불특정 다수인으로부터 자금을 조달하는 행위로서 유사수신행위에 해당한다.[3)]

3. 방문판매법 위반

방문판매법 제24조 제1항은 '누구든지 다단계판매조직 또는 이와 비슷하게 단계적으로 가입한 자로 구성된 조직을 이용하여 재화 등의 거래 없이 금전거래를 하거나 재화 등의 거래를 가장하여 사실상 금전거래만을 하는 행위로서 각 목의 어느 하나에 해당하는 행위를 하여서는 아니 된다'고 규정하고 있다. 한편 방문판매법의 규정을 종합하면 '다단계판매'란 판매원의 가입이 단계적으로 이루어져 가입한 판매원의 단계가 3단계 이상일 것, 하위단계의 판매원은 그 상위단계 판매원으로부터 재화 등을 구입한 소비자일 것, 판매원을 단계적으로 가입하도록 권유하는 데 있어 판매 및 가입유치 활동에 대한 경제적 이익(소매이익과 후원수당)의 부여가 유인으로 활용될 것이란 요건을 갖추어야 함을 알 수 있다(대법원 2012. 1. 12. 선고 2011도11965 판결, 헌법재판소 2012. 4. 24. 선고 2009헌바329 결정 등 참조).

방문판매법상 '재화 등의 거래 없이 금전거래만을 하거나 재화 등의 거래를 가장하여 사실상 금전거래만을 하는 행위'란 재화 등의 주고받음이 없이 오로지 금전수수만을 하거나, 재화 등의 거래를 빙자하여 외형상으로는 재화 등의 거래가 있는 것처럼 보이나 실제로는 재화 등의 거래가 없거나 매우 미미한 정도로만 이루어져 그 실질적 목적은 금전의 수수에만 있는 경우를 의미한다 할 것이다. 이에 해당하는지 여부는 구체적인 사건에서 당해 재화 등의 객관적 가치 및 공급가액의 적정성, 공급을 받는 자의 사용·소비 의도 유무, 투자금의 회수 예정 여부 등 제반 사정을 종합하여 판단하여야 한다(헌법재판소 2012. 4. 24. 선고 2009헌바329 전원재판부 결정 참조).

특정금융정보법에서 정한 신고를 완료한 가상자산거래소에서 거래되어 법정화폐로 바꾸기가 용이한 가상자산을 실제로 거래한 경우에는 방문판매법상 재화 등의 거래 없이 사

3) 대법원 2006. 5. 26. 선고 2006도1614 판결.

실상 금전거래만을 하는 행위라고 보기는 어려울 것이다.

4. 외국환거래법 위반

외국환거래법 제27조의2 제1항 제1호는 외국환업무를 하는 데에 충분한 자본·시설 및 전문인력을 갖추어 미리 기획재정부장관에게 등록을 하지 아니하고 외국환업무를 한 자를 처벌하도록 규정하고 있다. 여기서 '외국환업무'에는 대한민국과 외국 간의 지급·추심·수령(같은 법 제3조 제1항 제16호 나.목) 및 그 업무에 딸린 업무(위 같은 호 마.목, 외국환거래법 시행령 제6조 제4호)가 포함된다. 따라서 '대한민국과 외국 간의 지급·추심 및 수령'에 직접적으로 필요하고 밀접하게 관련된 부대업무는 외국환업무에 포함된다(대법원 2016. 8. 29. 선고 2014도14364 판결 등 참조).

외국에서 의뢰인으로부터 외국통화를 지급받은 후 국내에서 국내 계좌를 이용하여 의뢰인 또는 의뢰인이 지정하는 계좌로 원화를 송금하는 방식으로 이루어지는 이른바 '환치기'라는 불법 송금방식에 가상자산이 중간매개체로 추가되는 경우가 많이 있으나 실질이 대한민국과 외국 간의 불법 송금이라고 판단되면 모두 환치기로 의율된다.

5. 금융소비자보호법의 적용 여부

원고들의 보호의무 위반 주장에 대해 이 사건 판결에서 금융소비자보호법이 적용되지 않는다고 판시하고 있다. 금융소비자보호법에 따르면 금융상품의 소비자는 금융상품업자의 위법한 영업행위로 인한 재산상 손해로부터 보호받고, 금융상품의 소비로 인해 입은 피해에 대해서도 신속, 공정하게 적절한 보상을 받을 권리가 있다. 그러나 금융소비자보호법이 적용되는 금융상품은 은행법에 따른 예금 및 대출, 자본시장법에 따른 금융투자상품, 보험업법에 따른 보험상품, 상호저축은행법에 따른 예금 및 대출, 여신전문금융업법에 따른 신용카드, 시설대여, 연불판매, 할부금융, 그리고 위와 유사한 것으로 대통령령으로 정하는 것에 국한되는데 가상자산은 위 법의 적용대상이 아니라고 판시한 것이다. 다만 가상자산이 자본시장법에 따른 금융투자상품에 해당할 수 있는지에 대해 명확하게 해당하지 않는다고 확언할 수는 없지만 현재 실무의 견해는 가상자산에 대해서는 자본시장법의 적용이 되지 않는다고 보고 있다.

Ⅲ. 이 사건에서의 적용

1. 불법유사수신행위로 인한 손해배상책임

이 사건 판결은 원고들이 피고를 상대로 유사수신행위를 이유로 고소한 사건에서 무죄판결이 선고되었음을 이유로 피고들이 불법으로 유사수신행위를 하였는지에 대해 자세한 설시를 하고 있지 않고 있다. 그러나 위 형사사건의 경우 검사가 항소하여 아직 피고에 대한 무죄판결이 확정되지 않았으므로 무죄를 선고한 형사판결을 좀 더 검토할 필요가 있다.

위 형사판결의 주요 판시내용을 요약하여 본다. 공소장의 내용은 아래와 같다. ① 비트**은 가상자산을 구매하여 비트**에 투자하면 자동트레이딩 오토봇(bot)이 트레이딩을 통해 매일 일정액의 이익을 지급하고, 만기시 투자원금 전액을 반환하여 준다는 회사이다. ② 피고는 위 회사의 투자알고리즘에 잘 알지 못한 상태에서 1억 원 이상을 비트**에 투자한 사람들의 모임인 백억클럽을 만들어 비트**에 다수의 투자자를 유치하는 등 비트**의 수익구조를 불특정 다수인에게 홍보하여 하위투자자를 모집하고 그 투자에 따른 수수료를 지급받았다. ③ 피고는 비트**에 투자하면 4개월 안에 원금이 보장되고, 이자가 복리로 불어나 매달 30%의 수익이 발생한다. 내 계좌에 이체만 하면 된다고 말하면서 투자자 6명으로부터 19회에 걸쳐 3억 원 상당을 투자금 명목으로 송금받았다. ④ 이로써 피고는 법령에 따른 인허가를 받지 아니하고 불특정 다수인을 상대로 장래에 출자금을 초과하는 금액을 지급할 것을 약정하고 출자금을 받는 유사수신을 하였다.

위와 같은 검사의 공소제기에 대해 법원은 유사수신의 주체는 지급채무를 부담하여 신용을 공여받은 자라고 할 것인데 투자자들이 피고의 계좌로 투자금을 지급한 사실은 인정되나 피고가 법적인 지급채무를 부담한다고 말한 바는 없었고, 비트**과 공모하였다고 인정할 증거도 없으며 피고는 투자자들로부터 받은 금원을 최종적으로 취득한 것이 아니라 인출을 요구하는 투자자들에게 새로 들어온 투자금을 지급하고, 신규 투자에 대해 그 만큼의 비트코인으로 환전하여 등록하는 것을 대행해 준 것에 불과하다고 인정하여 유사수신의 주체라고 볼 수 없다고 판시하였다.

블록체인 프로젝트의 경우 인터넷을 통해 모든 법적인 행위가 이루어지므로 프로젝트의 실제 운영자 여부를 명확히 가리기가 매우 어렵다. 마케팅이나 홍보를 담당하여 다른 투자자들과 다른 독립적인 수익을 얻었다면 적어도 유사수신의 방조의 책임은 부담할 것이라고 할 것이다. 위 형사판결에서도 이에 주목하여 피고가 실제 운영자들과 공모하여 다른 투자자들과 차별적인 구조로 수익을 얻었다고 볼 증거가 없음에 주목하였다.

2. 보호의무 위반 주장

이 사건 가상자산과 관련한 투자금 수수와 관련하여 피고가 원고들에게 투자를 권유한 가상자산 관련 상품은 금융소비자보호법이 정한 금융상품에 해당하지 않는다고 판단하였다.

또한 이 사건 판결에서는 피고의 원고들에게 이 사건 가상자산 관련 투자를 권유하면서 원고들을 기망하였거나 투자 권유를 함에 있어서 보호의무를 저버렸다고 평가될 수 있을 정도의 위법적인 행위가 없다고 보았다. 이 사건 가상자산 관련 투자가 금융상품이 아니라고 판시한 이상 투자 권유를 한 따로 보호의무가 있다고 볼 근거가 없으므로 이 부분 설시는 필요하지 않고 다만 기망행위의 존부만이 문제될 것이다.

3. 수수료 약정 해제로 인한 원상회복 청구(예비적 청구)

이 사건 판결에서는 원고들이 피고에게 투자금 외에 별도로 수수료 명목으로 금원을 지급한 것에 대하여 단순히 투자를 대행하여 투자상품인 비트**의 가상자산을 구매하여 주는 대가가 아니라 이 사건 투자 전반적으로 피고가 말한 바대로 진행되지 아니하고 원금 및 투자금 회수에 문제가 생겼을 경우 피고가 원고들의 원금 및 수수료를 반환받을 수 있도록 도와주는 대가로 수수료를 받았다고 사실인정을 하였다. 그 근거는 수수료 액수가 매우 많고, 피고는 투자자의 투자원금에 비례하여 일정액을 추천수당으로 별도로 받았다는 점을 들고 있다.

하지만 원고들과 같은 투자자들이 피고의 설명에 따른 투자원금 및 수익이 실현되도록 노력하는 대가로 수수료를 지급하였다고 한다면 수수료 모두를 투자 당시에 지급하는 것은 이례적이라고 할 것이고, 통상적인 경우라면 수수료를 지급하는 대상이 되는 용역이 완료되는 시점에 수수료를 지급할 것이다. 과다한 수수료는 그 명칭에도 불구하고 사실상 투자하는 가상자산에 대한 프리미엄 형식으로 지급하는 것이라고 할 것이고 그렇다면 피고에 대해서는 유사수신에 대해 보다 엄격하게 유사수신에 대한 방조의 책임에 대하여 좀 더 법률 검토가 필요하지 않았나 생각해보지만 변론주의의 원칙상 주장하지 않은 내용에 대해서는 판단할 수 없었을 것으로 보인다.

Ⅳ. 결론

1. 투자를 위해 가상자산을 매수하였는데 이에 대해 투자대행을 한 피고에 대해서는 유사수신행위자가 아니라는 판시를 하였다. 다만 이 부분에 대해 공동불법행위나 유사수신에 대한 방조에 대해서는 법률적 검토가 없었다.

2. 가상자산 투자와 관련하여 금융상품이 아니어서 금융소비자보호법의 적용이 없으며 일반 사기죄의 기망행위만 문제된다는 취지의 판결이다.

3. 가상자산 투자시 지급받은 수수료가 과다한 경우 당초 지급예정이던 투자금 및 이익금의 회수를 위해 노력할 것을 예정으로 수수료를 지급한 것으로 보고, 투자금 회수를 위해 아무런 노력도 하지 아니한 경우 수수료 약정을 해제할 수 있다고 본 사례이다.

[25] 가상자산을 거래대금으로 수수하는 내용의 계약의 효력

—수원지방법원 2020나65524 판결, 2021. 10. 29. 확정—

[사실 개요]

1. 원고는 2019. 1. 11. 피고로부터 고양시 소재 토지 및 그 지상 주택(이하 '이 사건 부동산'이라고 한다)을 합계 4억 원에 매수하기로 하는 내용의 매매계약(이하 '이 사건 매매계약'이라고 한다)을 체결하였다.
2. 원고는 이 사건 매매계약 체결 당시 위 매매대금의 지급에 갈음하여 가상자산인 TRC-Pay(이하 '이 사건 가상자산'이라고 한다) 2백만 개를 지급하기로 하는 내용의 약정(이하 '이 사건 가상자산지급약정'이라고 한다)을 체결하였고, 원고는 이 사건 가상자산지급약정에 따라 2019. 3. 27.까지 피고에게 이 사건 가상자산 2백만 개를 지급하였다.
3. 원고는 피고가 이 사건 부동산을 양도할 의사와 능력이 없었음에도 원고를 기망하여 이 사건 가상자산을 지급받았다는 이유로 피고를 형사 고소하였으나 검찰은 2021. 1. 28. 피고에게 혐의없음 결정을 하였다.
4. 이 사건에서 피고는 아래와 같은 주장을 하였다.

   가. 이 사건 가상자산은 일종의 변형된 사기 수단이므로 이를 물품이나 금전의 대가로 수수하는 약정은 선량한 풍속, 기타 사회질서에 반하는 법률행위에 해당하여 민법 103조에 의해 무효이다.

   나. 이 사건 매매계약 당시 원고는 이 사건 가상자산이 환금 가능한 결제수단인 것처럼 피고를 기망하였거나, 적어도 피고는 중요 부분에 대한 착오에 빠져 있었으므로 피고는 이 사건 매매계약을 취소한다.

   다. 피고는 이 사건 매매계약에 따른 대금을 지급받지 못하였다.

[판결 요지]

1. 민법 제103조에 의하여 무효로 되는 반사회질서 행위는 법률행위의 목적인 권리의무의 내용이 선량한 풍속 기타 사회질서에 위반되는 경우뿐만 아니라, 그 내용 자체는 반사회질서적인 것이 아니라고 하여도 법률적으로 이를 강제하거나 법률행위에 반사회질서적인 조건 또는 금전적인 대가가 결부됨으로써 반사회질서적 성질을 띠게 되는 경우 및 표시되거나 상대방에게 알려진 법률행위의 동기가 반사회질서적인 경우를 포함한다(대법원 2005. 7. 28. 선고 2005다23858 판결 등 참조).

2. 이 사건 매매계약 당시 이 사건 가상자산의 구조나 특성에 대해 알려져 있었고, 이 사건 가상자산과 관련한 수백 개의 네이버 밴드가 개설되어 상당수의 가맹점을 확보하였던 점, 피고 역시 이 사건 가상자산 관련 설명회에 참여하여 회원이 되었고, 자발적으로 이 사건 매매계약에 대한 게시물을 작성하여 네이버 밴드에 게시하였던 점, 이 사건 매매계약 체결 이후에도 상당기간 이 사건 가상자산이 정상적으로 거래된 것으로 보이는 점에 비추어 보면 이 사건 가상자산을 부동산 매매에 있어 대금으로 수수하는 계약이 선량한 풍속 기타 사회질서에 반하는 법률행위라고 보기 어렵다.

3. 이 사건 매매계약 체결 당시 이 사건 부동산의 시가는 330,000,000원이었으나 이 사건 가상자산을 지급수단으로 정하였기 때문에 시가를 상회하는 400,000,000원으로 대금을 정하였다고 피고가 진술한 점, 원고도 피고와 같은 이 사건 가상자산의 회원 지위에 불과하고 이 사건 가상자산에 대한 특별한 지위에 있다고나 정보를 보유하고 있지는 않은 것으로 보이는 점, 이 사건 매매계약 체결 이후에도 원고와 계속하여 연락하였고, 2019. 3. 26.에는 다른 부동산도 이 사건 가상자산을 통하여 매도하겠다는 게시물을 작성하기도 한 점에 비추어 원고가 피고를 기망하였다거나 피고에게 법률행위의 중요부분에 착오가 있었다고 보기 어렵다.

4. 사정변경으로 인한 계약해제는 계약 성립 당시 당사자가 예견할 수 없었던 현저한 사정의 변경이 발생하였고 그러한 사정의 변경이 해제권을 취득하는 당사자에게 책임 없는 사유로 생긴 것으로서, 계약내용대로의 구속력을 인정한다면 신의칙에 현저히 반하는 결과가 생기는 경우에 계약준수 원칙의 예외로서 인정되는 것이고, 여기에서 말하는 사정이라 함은 계약의 기초가 되었던 객관적인 사정으로서, 일방당사자의 주관적 또는 개인적인 사정을 의미하는 것은 아니라 할 것이다. 또한, 계약의 성립에 기초가 되지 아니한 사정이 그 후 변경되어 일방당사자가 계약 당시 의도한 계약목적을 달성할 수 없게 됨으로써 손해를 입게 되었다 하더라도 특별한 사정이 없는 한 그 계약내용의 효력을 그대로 유지하는 것이 신의칙에 반한다고 볼 수도 없다 할 것(대법원 2007. 3. 29. 선고 2004다31302 판결 등 참조)인데, 이 사건에서 이 사건 가상자산의 가치가 이 사건 계약의 기초가 된 객관적인 사정이라 보기 어렵고, 가치 등락 역시 가상자산의 내재적 특성이라고 보아야 하며 피고는 이를 충분히 인지하고 향후 가치 상승을 기대하고 이 사건 매매계약의 대금으로 이 사건 가상자산을 지급받았다고 보인다. 따라서 이 사건 가상자산의 가치가 하락하였다고 하더라도 이를 두고 이 사건 매매계약 체결 당시 예측할 수 없었던 현저한 사정변경이 발생하였다고 보기 어렵다.

해설

Ⅰ. 지급수단으로서의 가상자산

1. 특정금융거래정보법 제2조의 정의에 의하면 가상자산은 경제적 가치를 지닌 것으로서 전자적으로 거래 또는 이전될 수 있는 전자적 증표(그에 관한 일체의 권리를 포함한다)를 말한다. 가상자산은 FATF의 Virtual Asset을 번역한 것으로 디지털 자산, 암호자산, 가상화폐, 암호화폐 등 다양한 명칭으로 불리워졌는데 FATF의 권고안을 따라 특정금융거래정보법을 개정하면서 FATF 권고안의 명칭인 가상자산이라는 명칭을 채택한 것으로 보인다. 비트코인 탄생 이후 나타난 많은 가상자산과 관련하여 그 해석을 위해 가상자산의 용도에 따라 지불형 토큰(payment), 유틸리티 토큰, 자산형 토큰(asset)으로 나누는 것이 일반적이었다.

가상자산 생태계의 확장에 따라 나타난 수많은 가상자산을 살펴보면 어느 하나의 분류에만 속하는 가상자산은 드물고 오히려 다양한 용도로 사용이 가능한 가상자산이 대부분이다. 가상자산을 분류하여 그 종류에 따라 다른 해석과 법규적용을 하려는 시도는 오히려 혼란만 주고 있는 것으로 보이는데 향후 새로운 해석론이 등장하기를 기대해본다.

2. 계약 자유의 대원칙상 당사자는 어떤 물건을 다른 물건이나 권리로 교환할 수 있다. 또한 어떤 물건의 매매대금을 당사자가 약정한 다른 물건이나 권리 등으로 지급할 수 있다. 민법 제466조는 '채무자가 채권자의 승낙을 얻어 채무이행에 갈음하여 다른 급여를 한 때에는 변제와 같은 효력이 있다'고 규정하고 있다. 원래의 채무 대신 다른 물건으로 변제를 하기로 하는 대물변제약정은 많이 일어나는 일이고, 가상자산으로 대물변제를 하는 약정도 가상자산이라는 이유만으로 무효가 될 수 없음은 분명하다. 본 사건은 약정 당시에는 가상자산이 높은 가격에서 거래되다가 이후 가상자산 거래도 없어지고 가격도 0원에 수렴하게 되어 분쟁이 발생하게 된 사건이다.

3. 가상자산은 주식보다 훨씬 가격변동이 심한 자산의 일종으로 매매대금의 지급을 가상자산으로 하기로 하는 약정을 체결할 당시 당사자들은 가상자산의 가격변동에 따른 위험성을 잘 인지하고 있어야 한다. 가상자산을 지급수단으로 사용하기 위해서는 가격이 안정적이어야 좋을 것이지만 가격변동이 심하다고 하여 지급수단으로 사용할 수 없는 것은 아니다. 부동산 매매를 하면서 매매대금을 법정화폐로 정하고, 매매대금의 지급을 가상자산으로 하기로 하는 경우 대물변제로 지급할 가상자산은 가격변동의 위험을 감안하여 그 수량을 정하게 될 것이다.

그런데 사기적 목적으로 만들어지지는 않았지만 해당 가상자산 프로젝트를 수행할 인력과 자원이 부족하여 가치가 지속되기 어렵거나 당초부터 사기적 목적으로 만들어져 추후 가치가 없어질 것인데 시장에서 가격조작을 통하여 가격을 유지하고 있는 가상자산이 많이 있다. 이러한 가상자산을 대물변제의 대상으로 하는 경우에는 계약의 완결이후에도 분쟁의 여지가 있다. 거래량이 충분하고 잘 알려진 가상자산거래소에 상장된 가장자산을 대물변제의 대상으로 하는 경우에는 가상자산과 관련한 위험에 대해서는 당사자들이 평가하였고 대물변제와 관련하여 법적 문제가 발생하지는 않는다고 보는 것이 타당하다. 잘 알려진 가상자산거래소에 상장되지 않은 가상자산에 대해서는 아직 시장가격이 형성되어 있다고 보기 어렵고 사기성 있는 프로젝트인지 여부를 확인하기도 어렵다.

대물변제의 대상이 되는 가상자신이 향후 가치가 없었던 것으로 밝혀진 경우가 문제된다. 가상자산의 발행인이 사기를 목적으로 발행한 가상자산의 경우에는 당연히 사기를 이유로 취소가 가능할 것이다.

4. 그런데 대물변제약정의 당사자들이 모두 해당 가상자산의 가치나 사기성 여부에 대해 알지 못한 경우 또는 가상자산의 가치가 대물변제약정이후 당사자들의 예상과 다를 정도로 급격하게 변동되는 경우 해당 계약을 어떻게 볼 것인지가 문제된다. 본 사건에서 피고가 주장한 바와 같이 당사자가 예상할 수 없었던 정도로 가상자산의 가치가 하락한 경우 대물변제예약을 취소할 수 있는지가 문제이다. 가상자산의 발행인이 사기의 수단으로 가상자산을 발행하였고, 그 가상자산을 매수하여 소지한 사람이 해당 가상자산을 지급수단으로 써서 이행을 완료하였다고 하면 가상자산을 지급받은 계약 상대방은 해당 가상자산이 사기의 수단으로 발행되었다는 것이 밝혀진 이후 해당 계약을 취소할 수 있을까? 사기를 이유로 혹은 지급수단인 가상자산에 대한 중요한 동기의 착오로 취소할 수 있을까?

Ⅱ. 이 사건에서의 적용

1. 이 사건 매매계약의 무효여부

가상자산을 거래대금으로 사용하였다는 이유만으로는 이를 무효로 할 수 없다. 가상자산이 사람들을 기망하여 자금을 모집하기 위한 수단으로 사용되었다고 하더라도 이는 사기를 이유로 취소할 수 있을 뿐 그 자체로 가상자산을 거래대금으로 하는 계약이 무효라고 볼 수 없다. 본 사건에서는 무효로 보기 어려운 사정을 많이 설시하였으나 그러한 사정이 없다고 하더라도 무효라고 하기 어렵다.

2. 사기를 이유로 한 이 사건 매매계약의 취소여부

본 사건에서는 ① 피고는 자발적으로 이 사건 가상자산을 지급 조건으로 하는 이 사건 매매계약에 관한 게시물을 작성하여 관련 네이버 밴드에 게시하였고, 원고가 위 게시물을 보고 피고에게 연락하여 이 사건 매매계약이 체결되었던 점, ② 피고 스스로 이 사건 매매계약 체결 당시에 이 사건 부동산의 시가는 약 330,000,000원이었으나 이 사건 가상자산을 지급 수단으로 정하였기 때문에 시가를 현저히 상회하는 400,000,000원을 대금으로 정하였다는 취지로 진술한 점, ③ 원고도 피고와 마찬가지로 이 사건 가상자산의 단순한 회원 지위에 불과하고, 이 사건 가상자산에 관한 특별한 지위에 있다거나 정보를 보유하고 있는 것으로 보이지는 않는 점을 주된 사유로 들어 원고가 피고를 기망하였다고 보기 어렵다고 판단하였다. 만일 원고가 피고와 마찬가지로 이 사건 가상자산의 단순한 회원이 아니라 이 사건 가상자산을 발행한 회사나 혹은 발행인으로 볼 수 있는 지위에 있어 이 사건 가상자산의 기술적 특성이나 발행예정물량 등 가상자산이 앞으로 그 가격을 유지할 가능성에 대해 보다 객관적으로 판단할 위치에 있었다고 한다면 기망에 의한 취소도 가능할 것으로 생각한다.

3. 동기의 착오를 이유로 한 취소

동기의 착오가 법률행위 내용의 중요부분의 착오에 해당함을 이유로 표의자가 법률행위를 취소하려면 그 동기를 당해 의사표시의 내용으로 삼을 것을 상대방에게 표시하고 의사표시의 해석상 법률행위의 내용으로 되어 있다고 인정되면 충분하고 당사자들 사이에 별도로 그 동기를 의사표시의 내용으로 삼기로 하는 합의까지 이루어질 필요는 없다. 다만 그 법률행위의 내용의 착오는 보통 일반인이 표의자의 입장에 섰더라면 그와 같은 의사표시를 하지 아니하였으리라고 여겨질 정도로 그 착오가 중요한 부분에 관한 것이어야 한다(대법원 2000. 5. 12. 선고 2000다12259 판결 등 참조).

이 사건에서 법원은 앞서 기망행위가 없었다고 판단한 근거가 된 사실을 그대로 들어 피고가 이 사건 매매계약의 중요부분에 착오가 있었다고 보기 어렵다고 판단하였고, 부동산 가액은 3억 3,000만 원임에도 4억 원을 대금으로 정한 점을 보면 가격등락에 대한 위험성을 인지하고 있었다고 판단한 것으로 보인다. 이 사건 매매계약의 경우 비상장주식으로 부동산 매매대금을 치르기로 하는 계약 이후 회사가 파산이나 회생개시가 되어 주식의 가치가 0원이 되는 경우와 유사할 수 있다. 모든 회사는 파산이나 회생개시 등으로 주식의 가치가 0원이 될 수 있으므로 주식으로 매매대금을 치르기로 약정하였다가 실제 주식의 가치가 0원이 되었다는 이유로 착오를 이유로 계약을 취소할 수는 없을 것이다.

4. 매매계약에서의 위험부담

이 사건에서 원고와 피고는 매매대금을 법정통화인 원화로 정하고, 그 지급에 갈음하여 이 사건 가상자산을 지급하기로 약정하였다. 지급에 갈음하여 이 사건 가상자산을 지급하기로 하는 약정은 일종의 대물변제약정이라고 할 것이다. 원고가 위 대물변제약정에 기하여 이 사건 가상자산을 피고에게 송금한 이상 이 사건 대물변제약정은 완료되었다고 할 것이고 이 사건 가상자산에 대한 위험은 피고에게 이 사건 가상자산이 송금된 이후 피고에게 이전되었다고 할 것이다. 피고에게 이 사건 가상자산을 송금하기 전에 이 사건 가상자산이 사기를 목적으로 한 것이 밝혀지는 등으로 가치가 0원이 되었다고 하더라도 여전히 대물변제약정이 유효할 것인지 문제가 된다. 이 사건 가상자산의 송금 전에 가상자산의 가격이 등락하는 것에 그치는 정도가 아니라 시장가치가 0원이 되었다면 물건의 멸실, 훼손에 준해서 이 사건 가상자산으로 지급하기로 한 대물변제약정은 이행불능이 되었다고 보는 것이 위험부담이론에 부합한다고 할 것이다. 이미 발행된 가상자산의 경우 그 시장가격이 0원이라고 하더라도 이를 이전하는 데는 문제가 없다. 그렇다고 하더라도 가치가 없어진 가상자산을 지급하면 약정한 의무를 이행한 것으로 해석할 수는 없고, 가상자산이 멸실된 것으로 보는 것이 당사자들의 의사에도 부합한다.

5. 사정변경에 의한 계약해제

계약 성립의 기초가 된 사정이 현저히 변경되고 당사자가 계약 성립 당시 이를 예견할 수 없었으며, 그로 인하여 계약을 그대로 유지하는 것이 당사자의 이해에 중대한 불균형을 초래하거나 계약을 체결한 목적을 달성할 수 없는 경우에는 계약준수 원칙의 예외로서 사정변경을 이유로 계약을 해제하거나 해지할 수 있다. 여기에서 말하는 사정이란 당사자에게 계약 성립의 기초가 된 사정을 가리키고, 당사자가 계약의 기초로 삼지 않은 사정이나 어느 일방당사자가 변경에 따른 불이익이나 위험을 떠안기로 한 사정은 포함되지 않는다. 경제상황 등의 변동으로 당사자에게 손해가 생기더라도 합리적인 사람의 입장에서 사정변경을 예견할 수 있었다면 사정변경을 이유로 계약을 해제할 수 없다(대법원 2020. 5. 14. 선고 2016다12175 판결).

사정변경에 의한 계약해제를 인정한 판결은 극히 드물다. 이 사건에서 이 사건 매매계약 자체는 유효하고, 다만 이 사건 매매계약에 부수한 대물변제약정을 사정변경으로 해제할 수 있는지가 문제된다. 충분한 거래량이 있는 가상자산거래소에 상장된 가상자산이 아닌 가상자산의 경우 일부의 사람들이 가치를 인정한다고 하더라도 언제든지 가상자산의 가치가 폭락하거나 폭등할 수 있고, 가치가 0원이 될 수 있다. 이러한 가상자산을 지급수단으로 하는 경우 가상자산의 가치 등락이나 가치 상실을 이유로 계약해제를 할 수는 없고, 앞서 본 사기나 착오를 위한 취소, 위험부담 법리에 의해 이해관계를 조율하는 것이 타당하다.

Ⅲ. 결론

1. 가상자산을 매매계약의 대금지급수단을 하는 약정이 그 자체로 민법 제103조 위반으로 무효라고 볼 수 없다.

2. 가상자산의 가치 등락이나 가치 상실은 일반인이 예측가능한 것으로 가치 등락이나 가치 상실을 이유로 기망행위가 있었다거나 계약의 중요부분에 대한 착오가 있었다고 인정할 수는 없다. 다만 가상자산의 발행인과의 계약에 있어서는 기망행위나 동기의 착오를 인정할 가능성이 크다.

3. 통상의 경우 가상자산의 가치 등락이나 가치 상실을 이유로 사정변경에 따른 계약 해제를 할 수는 없다.

[26] 고객으로부터 위탁받은 가상자산 투자에 업무처리상 과실이 있는 경우 수탁회사의 손해배상책임 성질

—서울중앙지방법원 2021. 10. 28. 선고 2020가합553692 판결—

[사실 개요]

1. 원고는 피고 A 등의 설명을 듣고 가상자산 관련 투자를 한 사람이다. 피고 회사는 경영컨설팅 및 관리자문업 등을 목적으로 설립된 회사로, 피고 A는 2018. 8. 21.까지 피고 회사의 유일한 사내이사로 재직하였던 사람이다.
2. BGG는 'BGG' 토큰을 개발하여 발행하는 중국의 가상자산 거래소이다. BGG는 매분기 말 BGG 토큰을 보유한 회사 중 토큰 보유량이 많은 상위 21개 회사를 슈퍼노드로 선정하였는데, 슈퍼노드로 선정될 경우 1분기 동안 한 개의 가상자산을 BGG 거래소에 상장할 수 있는 권한 및 상장된 가상자산의 거래로 발생한 수수료의 20%를 제공받는 혜택이 주어졌다.
3. 원고는 2018. 7. 23. BGG 슈퍼노드로 선정되기 위하여 피고 회사와 피고 회사 명의로 BGG 토큰을 구매하기로 하는 내용의 투자(이하 '이 사건 투자'라 한다)를 진행하기로 합의하고, 피고 A 측은 같은 달 24일 BGG에 투자방법을 묻는 이메일을 보냈다.
4. BGG는 피고 B가 2018. 7. 24. 투자방법을 문의하기 위하여 발송한 이메일 및 같은 달 31일 발송한 답변 독촉 이메일 모두에 답변을 하지 않았다. 그러던 중 'SupportBGG.com'을 모바일 메신저인 '텔레그램' 유저명으로 사용하고 있던 사람[이하 '이 사건 스캐머(Scammer)'라 한다]이 2018. 7. 31. 피고 A 측에게 BGG 프로젝트에 투자하는 데 어려움이 있는지 묻는 내용의 텔레그램 메시지를 발송하였고, 피고 A 측은 그 날부터 이 사건 스캐머와 텔레그램을 이용한 대화를 나누었다.
5. 이 사건 스캐머는 같은 달 3. 피고 A 측에게 이 사건 투자 관련 계약서를 발송하면서 30시간 내에 서명된 계약서 등을 보내 줄 것을 요구하였고, 같은 달 4.에는 위와 같은 비대면 계약 체결 방식에 관하여 'BGG는 계약서 서명 전 투자자를 만나지 않고, 슈퍼노드 중 어떠한 단체와도 만나지 않았으며 계약서 서명 및 투자금 전달 후에야 만남이 이루어질 수 있다'는 취지로 설명하였다.
6. 피고 A는 2018. 8. 4. 피고 회사의 사무실에서 원고와 동석하여 이 사건 스캐머가 피고 B에게 전송한 'BGG Exchange SAFT(Simple Agreement for Future Tokens)' 문서에 서명하였다(이하 위 문서로 체결된 계약을 '이 사건 투자계약'이라 한다). 이 사건 투자계약은 피고 회사가 BGG로부터 89,522,238개의 BGG 토큰을 미화 600,000달러에 매수하되, 미화 600,000달러를 가상자산인 '이더리움'으로 지급하는 내용이다.
7. 피고 A는 2018. 8. 4. 원고에게 이 사건 투자계약에 따라 이더리움을 송금할 전자지갑 주소를 발송하였고, 같은 날 원고에게 이 사건 스캐머와 대화한 텔레그램 화면 사진을 전송하며 원고가 이 사건

스캐머에게 1,200이더리움을 지급하면 89,522,238개의 BGG 토큰을 받을 수 있다는 메시지를 보냈다. 이에 원고는 같은 날 위 전자지갑 주소로 1,200이더리움을 지급하였다(이하 원고가 지급한 위 이더리움을 '1차 투자금'이라 한다).

8. 이 사건 스캐머는 2018. 8. 5. 피고 A 측에게 '21개의 슈퍼노드 리스트를 봤는데, 피고 회사가 슈퍼노드가 되기 위해서는 1,755이더리움 이상을 투자해야 한다. 8개 업체들의 대규모 투자가 이루어졌고, 다른 업체들도 투자금을 더 지급하는 것을 고려하고 있다. 추가 투자를 할 예정이라면 18시간 이내에 모든 절차를 완료하길 바란다'는 메시지를 보냈다. 피고 A는 같은 날 원고에게 'BGG에서 현재 1,200이더리움으로는 탑30에 들어가는 것이 무리해 보인다고 한다'는 취지의 메시지와 함께 'BGG 측에서 최소 1,755이더리움을 투자해야 21개의 슈퍼노드로 선택될 가능성이 높다고 하였다'라는 내용이 포함된 '8월 3일 이후 BGG 진행사항 정리' 파일을 발송하였다. 원고는 2018. 8. 6. 1차 투자금을 지급한 전자지갑 주소로 800이더리움을 추가 지급하였고,(이하 원고가 지급한 위 이더리움을 '2차 투자금'이라 한다). 그 이후 원고는 위 전자지갑 주소로 500이더리움을 추가 지급하였다(이하 원고가 지급한 위 이더리움을 '3차 투자금'이라 하고, 각 투자금을 통틀어 '이 사건 투자금'이라 한다).

9. 피고 회사는 BGG 슈퍼노드로 선정되지 못하였다. 원고는 2018. 8. 7. 피고 A에게 BGG 슈퍼노드로 선정된 21개 업체를 촬영한 사진을 전송하며 투자금을 보낸 곳이 BGG가 맞는지에 관하여 질문하였고, 피고 A는 원고가 촬영한 사진은 원고가 투자한 4분기 슈퍼노드가 아니라 3분기 슈퍼노드에 해당한다는 취지로 답변하였다. 그러나 원고가 지인을 통해 BGG 측 담당자에 확인한 결과, 이 사건 스캐머가 피고 A 측에게 보낸 메시지 또는 이메일은 BGG가 보낸 것이 아니라는 것이 확인되었다.

10. 이에 원고는, '피고 A 등은 가상자산 투자에 관한 전문가가 아니면서도 원고에게 이 사건 투자를 진행할 의사와 능력이 있는 것처럼 원고를 기망하였다. 또한 위 피고는 고의 또는 중과실로 투자 상대방을 제대로 확인하지 않았고, 이 사건 투자의 위험성을 제대로 고지하지 않은 채 원고에게 투자금의 지급만을 독촉하였다. 이와 같은 위 피고의 귀책으로 인해 원고는 이 사건 투자가 문제없이 진행되고 있는 것으로 착오하여 이 사건 스캐머에게 이 사건 투자금을 지급하였던바, 이는 불법행위에 해당한다'는 이유로, 위 피고와 그 사용자인 피고 회사는 공동하여 원고에게 원고가 입은 손해인 2,500이더리움 상당액인 1,184,195,000원을 배상하고 이에 대한 지연손해금을 지급할 의무가 있음을, 그리고 '위와 같은 피고 A의 고의 또는 중과실로 인하여 원고는 이 사건 스캐머에게 이 사건 투자금을 지급하는 손해를 입게 되었다'는 이유로, 피고 회사의 이사였던 피고 A, 원고로부터 이 사건 투자 관련 사무처리를 위임받은 피고 회사는 상법 제401조, 제401조의2에 따라 연대하여 원고에게 원고가 입은 손해인 2,500이더리움 상당액인 1,184,195,000원을 배상하고 이에 대한 지연손해금을 지급할 의무가 있다고 각각 주장하면서, 피고들을 상대로 이 사건 소를 제기하였다.

[판결 요지]

1. 피고 A의 책임 여부 : 법률행위나 거래의 당사자는 법률행위의 효과 또는 거래결과가 귀속되는 주체에 해당하므로, 법률행위 또는 금전거래의 상대방을 파악하는 것은 위 행위 전 이루어져야 할 중요한 절차에 해당하는데, 피고 A는 이 사건 투자의 상대방인 BGG의 공식 메일주소로 이메일을 보낸 후 BGG로부터 회신을 받지 못하였는데도, 확인되지 않은 텔레그램 유저명을 이용하여 자신에게 갑자기 메시지를 보낸 이 사건 스캐머가 BGG라고 쉽게 믿은 채 이 사건 투자가 진행되도록 한 점, 피고 A는 이 사건 스캐머가 BGG 직원이라는 사실이 확인되지 않은 상태에서 원고에게 BGG 측 직원과 이 사건 투자에 관한 논의를 제대로 진행하고 있는 것처럼 설명하였던 반면에 원고는 피고 A에게 그 진행을 맡기고 주로 그로부터 이 사건 투자의 진행 상황을 전달받기만 하였을 뿐, 이 사건 투자의 절차진행에 적극적으로 관여하지 않아 원고로서는 피고 A가 발송한 메시지 내용에 따라 자신이 투자금을 지급하는 상대방이 BGG라고 믿을 수밖에 없었던 것으로 보이는 점, 원고가 이 사건 스캐머에게 지급한 1차 투자금은 피고 회사가 BGG의 슈퍼노드로 충분히 선정될 수 있는 규모였고, 피고 A는 1차 투자금의 규모와 BGG의 투자 유치 상황에 비추어, 1차 투자금만으로도 투자의 목적이 충분히 달성될 수 있다는 것을 쉽게 파악할 수 있었음에도 위 피고는 1차 투자금만으로는 BGG 슈퍼노드로 선정될 수 없다는 이 사건 스캐머의 말을 믿은 채 원고에게 이 사건 스캐머의 2, 3차 투자금 지급요구를 그대로 전달한 점 등을 종합하여 볼 때 피고 회사의 유일한 사내이사로서 대표자였던 피고 A는 투자 상대방을 제대로 파악하지 않은 중대한 과실로 이 사건 스캐머를 BGG 측 직원으로 착오하여 원고로 하여금 이 사건 스캐머에게 이 사건 투자금을 지급하게 하여 원고에게 손해를 입혔다고 보는 것이 타당하다(투자 상대방 확정에 관한 중과실이 인정되므로, 원고가 위 피고의 귀책사유로 주장하는 위험에 관한 고지의무 위반 및 가상자산 투자에 관한 의사나 능력에 관한 기망 등에 관하여는 더 나아가 판단하지 않음).

2. 피고 회사의 책임 여부 : 피고 A의 메시지 내용에 비추어 보면 피고 A는 개인 자격이 아니라 피고 회사의 대표자 자격에서 이 사건 투자를 진행하였던 것으로 보이는 점, 이 사건 투자의 목적은 피고 회사가 BGG 토큰 보유량이 많은 상위 21개 회사로 선정되어 그에 따른 이익을 취득하는 것이었으므로 원고와 피고 A는 이 사건 투자를 진행하기 시작할 때부터 이 사건 투자의 주체를 피고 회사로 하기로 합의하였다고 보는 것이 타당한 점, 실제로 피고 회사는 이 사건 투자계약의 당사자로서 위 계약을 체결한 점 등을 종합하여 보면 피고 A는 이 사건 투자를 피고 회사의 업무로서 진행하였던 것으로 보이므로, 피고 회사는 상법 제401조에 따라 피고 A와 연대하여 원고에게 손해를 배상할 책임이 있다.

(한편 피고 회사의 직원으로 피고 A로부터 지시를 받아 일을 처리한 피고 B의 직무에 관한 과실로 인하여 원고에게 손해를 입힌 사실도 인정하여 피고 회사가 민법 제756조에 따라 피고 A, B와 공동하여 원고에게 손해를 배상할 책임도 있다고 판시함.)

(서울고등법원 2021나2052113호로 계속 중)

해설

Ⅰ. 대상판결의 의의 및 쟁점

대상판결은 고객으로부터 특정 가상자산 투자를 위탁받은 회사의 경영진과 직원들이 업무처리상 과실로 인하여 투자금에 손실을 일으킨 경우 경영진 등과 회사의 공동불법행위책임 및 사용자책임을 인정한 판결이다. 그 판결의 결론의 당부에 관하여 살펴보기에 앞서 위 회사와 고객 사이의 법률관계를 명확하게 하고, 이에 기반한 업무처리상 과실책임의 성질 및 범위를 이해하는 것이 필요하다.

Ⅱ. 대상판결의 분석

1. 원고와 피고 측 사이에 이루어진 투자대행계약의 성질

원고는 BGG의 슈퍼노드로 선정되면 BGG 거래소에서 가상자산 1개를 상장할 수 있는 권한과 수수료의 20%를 제공받는 등의 경제적 이익이 있는 것을 알게 되어 피고 회사의 사내이사인 피고 A와 협의하여 피고 회사 명의로 BGG 토큰에 투자하기로 하고 이더리움을 전송하는 등 투자를 진행하였다. 이로써 원고는 피고 측과 BGG 토큰을 투자하되 그 업무를 피고 측에서 진행하기로 투자대행계약을 체결하였다고 볼 수 있을 것이다. 이와 관련하여 원고와 피고들 사이에 이루어진 투자대행계약의 법적 성질을 살펴볼 필요가 있다. 비록 이 사건에서 원고는 피고들을 상대로 상법상 책임 및 민법상 불법행위책임을 구하였지만 그 책임의 성립요건이 되는 주의의무위반의 내용과 정도는 모든 종류의 법률행위가 동일한 것은 아니고 각 법률관계마다 차이가 있기 때문이다.

이 사건에서 원고와 피고 측 사이에 이루어진 투자대행계약은 상법상 위탁매매적 성격이 있다고 보인다. 상법 제101조는 '자기명의로써 타인의 계산으로 물건 또는 유가증권을 매매하는 것'을 위탁매매라고 규정하고 있다. 이 사건에서 피고 측은 원고로부터 투자금 명목으로 이더리움을 송금받아 BGG토큰에 투자하려고 하였는데 그 투자 명의는 피고 회사 앞으로 이루어지기로 합의하였으므로 위 투자대행계약은 상법상 위탁매매적 요소가 상당하다고 보인다.

여기서 가상자산이 위탁매매의 목적물에 해당하는지 견해가 엇갈릴 수는 있다. 상법 제101조에서는 그 목적물을 물건 또는 유가증권으로 한정하고 있고, 가상자산은 관리가능한 자연력에 해당하지 않아 물건에 해당하지 않음은 비교적 분명하며, 증권형 토큰이 아니고서는 가상자산이 유가증권에도 해당하지 않으므로 대부분의 가상자산은 상법상 위탁매매의 목적물 자체에는 해당하지 않는다. 다만, 가상자산을 대상으로 하는 위 투자대행계약은 상법상 위탁매매와 유사하므로 관련 규정을 유추적용할 수 있을 것이다.[1)]

그리고 위 가상자산 투자대행계약이 자본시장법상 투자중개계약에 해당하는지 여부가 문제되는데, 그 목적물은 금융투자상품에 한하고 현행법상 가상자산은 특별한 사정이 없는 한 이에 해당하지 않고 이 사건 BGG 토큰도 금융투자상품으로 보기는 어려우므로 결론적으로 투자중개계약에 해당하기는 어렵다고 할 것이다. 다만 피고들의 행위가 BGG 토큰에 대한 BGG 측과의 투자계약의 성립을 위하여 조력을 하였고 이를 영업으로 한 것은 분명하므로 상법상 중개계약적 요소가 있다고 볼 수 있다. 한편 이 사건 투자대행계약의 투자처가 지정되어 있으므로 자본시장법상 일임매매에 해당한다고 보기는 어려울 것이다.

2. 이 사건 투자계약의 당사자

다음으로 원고와 피고 측 사이의 투자대행계약 당사자가 원고와 직접 교섭한 피고 A인지, 아니면 피고 회사가 해당할지 문제된다. 피고 회사는 경영컨설팅 및 관리자문업 등을 목적으로 설립된 회사이고 원고는 시종일관 피고 A와 주로 위 가상자산 투자에 관한 업무를 진행하였는데 그것이 피고 회사의 업무와 관련한 것인지 분명하지는 않기 때문이다. 이 사건에서 사건 발생 당시를 기준으로 하는 피고 회사의 등기부상 목적에는 위 경영컨설팅 및 관리자문업 외에도 온라인 정보제공 및 마케팅, 스마트폰 관련 앱 개발 및 제조판매업 등으로 나타나 있고 가상자산인과 블록체인과 관련한 목적사항은 기재되어 있지 않는다(블록체인 관련 교육업, 부대사업 일체 등의 목적사항은 이 사건이 발생한 이후에야 추가되었다).

먼저 피고 회사가 이 사건에서 진행한 가상자산 투자대행 업무 진행에 있어 위 회사의 권리능력 내에 포함되는지 여부가 문제된다. 이와 관련하여 대법원은 '회사도 법인인 이상 그 권리능력이 정관으로 정한 목적에 의하여 제한됨은 당연하나 정관에 명시된 목적 자체에는 포함되지 않는 행위라 할지라도 목적수행에 필요한 행위는 회사의 목적범위내의 행위라 할 것이고 그 목적수행에 필요한 행위인가의 여부는 문제된 행위가 정관기재의 목적에 현실적으로 필요한 것이었던가 여부를 기준으로 판단할 것이 아니라 그 행위의 객관적 성

---

1) 김성탁, "위탁매매의 구조와 법률관계 ― 위탁관계와 매매관계의 분리와 상관관계 ―", 영남법학 제8권 제1·2호, 영남대학교 법학연구소(2002. 2.), 210쪽.

질에 비추어 추상적으로 판단할 것이다.'라고 판시하여 회사의 권리능력 범위를 상당히 넓게 보고 있는 듯하다.[2)] 이 사건에서는 피고 회사의 정관을 파악할 수 없어 등기부상 등의 기재로 판단할 수밖에 없는데 위 등기부상 목적 사업 중에 온라인 정보제공, 전자상거래업 등이 명시되어 있는바 이 사건 가상자산 투자업무 대행은 위 목적사항과 관련성이 아예 없다고 볼 수 없어 그 권리능력에 포함된다고 보인다.[3)]

나아가 원고와 피고 측 사이의 투자대행계약 당사자가 원고와 직접 교섭한 피고 A인지, 아니면 피고 회사가 해당할지에 관련하여 피고 A가 원고와 협의하여 위 투자대행 업무를 진행하기로 하고 BGG 측과 교섭을 하기 위하여 시도하였으며 이 사건 스캐머와도 협상을 진행하여 원고로 하여금 이더리움을 전송하도록 한 사실이 인정되기는 하나, 피고 A는 자신의 부하직원은 피고 B에게 위 투자와 관련한 업무를 처리하도록 지시하였고 원고와는 위 BGG 토큰에 대한 투자를 피고 회사 명의로 진행하여 피고 회사 명의로 BGG 슈퍼노드에 선정되도록 하기로 합의하였으며 피고 A 측에서는 이 사건 스캐머와 교섭을 진행하면서 피고 회사 명의로 투자를 할 것이라고 얘기한 사실 또한 인정되므로 피고 A는 어디까지나 피고 회사의 임직원으로서 피고 회사의 업무 범위 내에 있는 투자대행 업무를 진행하였을 뿐이고 피고 A의 개인적인 업무를 처리한 것으로 볼 수 없으므로 위 투자대행계약의 당사자는 피고 회사라고 보는 것이 옳을 것이다.[4)]

3. 피고 회사의 주의의무의 정도

상법상 위탁매매에서는 위탁매매인의 주의의무에 관하여 따로 명시하지 않고 있고 다만 상법 제112조에서 위탁자와 위탁매매인간의 관계는 위임에 관한 규정을 준용한다고 할 것이므로 민법상 수임인의 주의의무를 살펴보면 될 것이다. 민법 제681조에 따르면 위임계약상 수임인의 위임사무 처리는 선량한 관리자의 주의로써 하여야 한다고 명시되어 있다. 이는 수임인의 직업·지위·지식 등에 있어서 일반적으로 요구되는 평균인(Durchschnittsmensch)의 주의의무를 가리키는 점에서는 추상적이지만 그러나 각 구체적 경우의 거래의 통념에 좇아 상당하다고 인정되는 사람이 가져야 할 주의의 정도를 말한다.[5)] 수

2) 대법원 1987. 10. 13. 선고 86다카1522 판결.
3) 대상판결에서도 '비록 피고 회사의 등기부상 설립목적에 가상자산 관련 투자가 포함되어 있지는 않으나, 피고 회사는 이 사건 투자 이전에도 미래자산전략본부를 운영하면서 가상자산 관련 투자를 진행하였고, 2018. 5. 5.에는 블록체인 비즈니스 전문 회사로서 블록체인 기반 SNS 서비스 플랫폼 기업과 마케팅 협력을 하기도 하였던바, 이 사건 투자가 피고 회사의 목적과 전혀 관련이 없다고 볼 수는 없다.'고 판시하였다.
4) 대상판결도 '이 사건 투자의 목적은 피고 회사가 BGG 토큰 보유량이 많은 상위 21개 회사로 선정되어 그에 따른 이익을 취득하는 것이었다. 따라서 원고와 피고 A는 이 사건 투자를 진행하기 시작할 때부터 이 사건 투자의 주체를 피고 회사로 하기로 합의하였다고 보는 것이 타당하다.'고 하면서 피고 A가 개인 자격이 아니라 피고 회사의 대표자 자격으로 투자를 진행하였다고 판시하였다.
5) 편집대표 김용덕, 주석 민법, 한국사법행정학회, 2022, 530쪽.

임인은 위임의 본지에 따라 위임사무를 처리할 채무를 부담하고 여기에서 위임의 본지란 채무의 내용에 따라 가장 합리적으로 처리하는 것을 의미한다. 위임사무는 모든 업무, 분야를 통틀어 그 선관주의의무의 정도나 내용을 일률적으로 보아서는 안 되고 각 분야에서의 발전양상이나 민법상 예상하지 못하였던 각종 비전형계약의 내용, 학문이나 기술의 고도화에 따라 각 분야간 주의의무의 구체적 내용은 달라지게 된다.[6] 여기서 같은 업종의 주의의무와 관련한 것이라면 그 청구원인이 민사상 채무불이행 손해배상책임이든, 불법행위 손해배상책임이든 그 주의의무의 정도와 내용은 동일하다고 보아야 한다.

이 사건에서는 가상자산의 투자와 관련한 선관주의의무의 내용과 정도가 문제되는데, 가상자산과 블록체인 산업과 그 투자계약에 있어서는 그 투자와 사업 양상이 매우 기술적으로 발전된 수단에 의하여 진행되고 그 특성상 익명성, 보안성이 중시되는바 가상자산을 이용한 사기행위가 성행하고 있으므로 투자 상대방의 확정, 그 투자내용에 있어 주의의무의 내용이 강화될 수 있다. 특히 피고 회사는 원고와 투자대행계약을 체결하는 과정에서 BGG 측과 교섭하여 투자를 하여 BGG 슈퍼노드에 선정될 수 있도록 하였는데, 피고 회사로서는 설령 그 투자 교섭을 보안성이 상당히 중시되는 텔레그램으로 하였다고 하더라도 최소한 이 사건 스캐머가 BGG를 대표하는 자에 해당하는지 여부에 대하여 확인하거나 이를 보장받고 그 투자협의를 진행하거나 아니면 원고에게 투자 상대방을 확인할 수 없다는 이유로 투자대행계약을 종료시켰어야 했다.

즉, 가상자산 투자에 있어 실질적으로 상대방이 누구인지 정확하게 확인하는 것이 곤란하고 그 거래상대방을 신뢰하고 이더리움 등을 송금하여 투자를 진행하는 경우가 많다고 하더라도 이 사건에서 원고와 피고 회사가 투자대행계약을 체결할 때 그 상대방을 정확하게 찾고 투자협의를 진행함이 전제되었고 투자 상대방의 명확한 확정은 위임의 본지에 해당함을 알 수 있다.

이 사건에서도 피고 회사 측이 투자 상대방을 제대로 확인하지 않은 중대한 과실로 이 사건 스캐머를 BGG 직원으로 착오하여 이 사건 스캐머에게 투자금을 지급하게 하여 원고에게 손해를 입혔다고 보았는데 이는 결론적으로 타당하다고 보이고 다만 위 가상자산 투자와 관련한 고유한 주의의무의 정도, 내용 등에 비추어 볼 때 중대한 과실에 해당하는지는 이론의 여지가 있어 보이기는 하나 이는 피고 A에 대하여 상법 제401조에 따른 책임을 인정하기 위한 판시로 보인다.

6) 상게 주석서.

4. 손해배상의 범위와 책임의 제한

대상판결은 피고들의 원고에 대한 손해배상책임은 손해액의 30%로 제한하는 것이 타당하다고 판시하였다. 원고는 피고 회사의 미래자산전략본부의 본부장으로 활동하는 등 가상자산 투자에 관하여 잘 알고 있었다. 이와 관련하여 대상판결은 원고는 피고 A에게 이 사건 투자를 알아봐 달라고 부탁한 후 피고들 측이 전달하는 정보에만 의존하여 거액의 투자를 진행하였다는 등의 이유를 들었는데 일반 투자자인 원고와 영업으로 투자업무를 진행하는 피고 측과 정보의 접근성과 투자의 전문성에 있어 차이가 있고 원고와 피고들 사이에 피고들이 전담하여 BGG에 투자하기로 협의하였다고 보이므로 위와 같은 이유가 적절한지 의문은 있으나 한편으로는 피고들에게 모든 손해를 부담시키는 것이 공평의 원칙에 합치되지는 않은 것으로 보이므로 원고와 피고들 사이의 이해관계 조정의 의미로 볼 때 판결 자체의 결론은 정당해 보인다.

Ⅲ. 대상판결의 평가

대상판결은 우선 가상자산 투자대행계약의 당사자를 확정하고 그 투자를 진행한 피고 회사가 등기부상 설립목적에 기재되어 있지 않더라도 가상자산 투자를 권리능력의 범위에 포함하는지 판단하였다는 데에 의의가 있다. 또한 이 판결을 계기로 가상자산 투자대행과 관련한 선관주의의무의 정도와 그 내용을 생각해보고 이를 판별할 수 있는 계기가 된 것으로 보인다. 여기서 그 선관주의의무의 정도와 내용은 앞서 보았듯이 채무불이행 손해배상책임이든, 불법행위 손해배상책임, 더 나아가 상법 제401조 소정의 이사의 책임에서도 동일한 내용으로 보인다.

한편 대상판결은 손해배상의 범위와 관련하여 투자를 진행한 피고들 측에게 손해의 전부를 배상시키는 것이 과연 옳은 것인지에 대한 종합적 판단을 하고 원고 또한 그 투자 상대방이 진정한지 여부를 점검할 거래상 주의의무가 있음에도 확인하지 않은 과실이 있으므로 과실상계의 법리를 적용하였다. 설령 피고들 측에게 중과실이 존재하고 그 손해배상책임의 성립이 인정되는 경우에도 손해의 범위를 제한하는 것이 불법행위법의 이념에 합치하기 때문이다. 결국 대상판결을 통하여 가상자산 투자 피해자를 구제함과 동시에, 한편으로는 손해의 성격 및 경위를 고려하여 가해자의 손해를 제한하는 방식을 통하여 어느 일방에 치우치지 않는 손해의 공평한 부담의 원칙을 실현한 것으로 이해할 수 있다고 보인다.

[27] 가상자산투자권유가 유사수신행위에 대한 과실방조로서 공동불법행위가 되는지 여부 및 과실상계 가능여부

—부산고등법원(창원) 2021. 4. 14. 선고 2021나11230 판결, 2022. 5. 6. 확정—

[사실 개요]

원고들은 장외주식에 대한 투자권유와 관련된 손해배상청구와 비트코인을 예치하면 그에 따른 수익을 지급하겠다고 하며 투자금을 유치한 비트**에 대한 투자금 반환 청구를 하였으나 그 중 비트**에 대한 투자금 반환 청구에 대해서만 살펴본다.

1. 원고는 2017. 1.경 친구인 피고로부터 비트**에 대한 투자권유를 받고, 2017. 1. 11.부터 2017. 4. 12.까지 2억 9,000만 원 상당을 피고에게 송금하였다.
2. 피고는 원고에게 비트** 투자금에 대한 수익금 명목으로 2017. 2. 8.부터 2017. 2. 20.까지 합계 1,900만 원을 지급하였다.
3. 원고는 위 비트** 투자금에 대하여 피고를 사기로 고소하였으나 검사는 2018. 8.경 증거불충분으로 혐의없음 결정을 하였다.
4. 위 비트**은 비트** 사이트에서 계정을 개설한 후 비트코인 거래사이트에서 비트코인을 구매하고 비트** 계정으로 비트코인을 예치하면 이자로 매일 투자한 비트코인의 0.5 내지 1%에 해당하는 비트코인을 주고 20일이 지나면 원금 및 이자에 해당하는 비트코인을 인출할 수 있는 구조로 운영되었다. 또한 비트**은 출자금에 대한 이자 외에도 8단계의 직급을 두고 직급에 따른 추가적인 수당을 제공하였는데 기본적으로 회원이 직접 하위 직급 회원을 모집한 경우 하위 직급 회원들이 예치하는 비트코인의 10%를 수당으로 지급받았다. 비트**은 인터넷 사이트를 통해 운영되었는데 비트**을 누가 어디에서 운영하는지 정확한 정보가 공개되어 있지 아니하고, 비트** 사이트에 안내되어 있는 수익구조, 직급체계, 수당체계를 검토하였다면 충분히 비트**이 유사수신을 하는 다단계 업체라는 것을 추측할 수 있다.
5. 비트**이 위와 같이 이자 및 수당을 지급할 수 있는 수익을 독자적으로 창출할 수 있는 수익원은 없었으므로 신규 회원이 모집되지 아니하면 이자 및 수당을 지급할 수 없는 구조였다.
6. 피고는 원고로부터 투자금을 지급받아 위 투자금으로 비트코인을 모두 매수하여 원고 명의로 여러 개의 비트** 계정을 만들어 구입한 비트코인을 그 계정들에 예치하였으며 별도로 원고의 비트** 투자금을 사용한 바는 없었다. 또한 피고 역시 C로부터 비트** 투자를 추천받아 원고에게 비트** 투자를 권유한 것이고, 원고 외에도 본인과 자신의 배우자 및 장모 등으로부터 투자를 받아 비트** 투자를 하였다. 한편, 2016. 6.경 및 2017. 1.경 이미 비트**이 폰지 사기임을 경고하는 글이 게시되어 있었다.

7. 비트** 사이트가 폐쇄되자 원고 뿐 아니라 피고, 피고의 배우자, 장모 역시 투자금을 회수하지 못하였다.
8. 제1심법원은 원고의 피고에 대한 투자약정 당시 원금 보전 약정이 있었다는 점에 대해서는 이를 인정할 증거가 없다고 하였고, 기망을 당하여 투자를 하였으므로 사기를 이유로 투자약정을 취소한다는 주장에 대해서도 기망을 당하여 투자약정을 체결하였다고 인정할 증거가 없다고 판시하였다. 다만 피고는 비트**의 사업구조나 지속가능성에 대해 의문을 가질 수 있었음에도 이에 대한 검토를 충분히 하지 아니한 채 원고에게 비트** 투자를 권유하여 원고가 비트** 투자의 위험성을 충분히 알지 못한 상태에서 비트**에 투자하도록 하였는 바 이는 불법적인 비트**의 유사수신행위를 용이하게 한 방조행위로서 비트**과 공동불법행위를 구성한다고 판시하였다.
9. 또한 이 사건에서 원고 역시 비트**의 사업구조나 지속가능성 등에 관하여 스스로 검토할 수 있었음에도 이를 하지 않고 만연히 피고의 투자권유만 믿고 이 사건 투자를 한 잘못이 있다는 이유로 피고의 책임을 70%로 제한하였다.
10. 위 제1심판결에 원고가 항소하였으나 항소심법원은 2022. 4. 14. 원고의 항소를 기각하였고, 위 판결은 그 무렵 확정되었다.

[판결 요지]

1. 유사수신규제법이 유사수신행위를 금지하고 있고, 이를 위반하는 행위에 대한 형사처벌까지 규정하고 있는 것은 공신력 없는 자가 불특정 다수인으로부터 자금을 조달함으로써 금융질서를 교란하는 것을 막고, 유사수신행위에 유인되어 거래를 하는 제3자의 피해를 방지하기 위한 것이므로, 유사수신행위는 형사상 처벌대상이 될 뿐만 아니라 그에 내재된 위험이 현실화되어 거래상대방에게 손해가 발생한 경우에는 민사상 불법행위를 구성하고, 설령 유사수신업체가 약정한 금원 반환의무가 이행되지 않을 것을 알면서 투자금을 유치한 것이 아니라고 하더라도 유사수신행위의 위험성과 기망성을 충분히 인식하지 못한 채 함부로 이에 가담하여 그 거래를 유인하는 행위를 하였다면 위 거래에 따른 피해자의 손해에 대한 배상 책임을 면할 수 없다(대법원 2007. 12. 27. 선고 2006다1343 판결 참조).

2. 수인이 공동하여 타인에게 손해를 가하는 민법 제760조의 공동불법행위에 있어서는 행위자 상호 간의 공모는 물론 공동의 인식을 필요로 하지 아니하고, 다만 객관적으로 그 공동행위가 관련 공동 되어 있으면 족하고 그 관련 공동성 있는 행위에 의하여 손해가 발생함으로써 이에 대한 배상책임을 지는 공동불법행위가 성립한다(대법원 2007. 1. 26. 선고 2005다34377 판결 참조).

3. 공동불법행위에 있어 방조라 함은 불법행위를 용이하게 하는 직접·간접의 모든 행

위를 가리키는 것으로서 형법과 달리 손해의 전보를 목적으로 하여 과실을 원칙적으로 고의와 동일시하는 민법의 해석으로서는 과실에 의한 방조도 가능하다고 할 것이고, 이 경우의 과실의 내용은 불법행위에 도움을 주지 않아야 할 주의의무가 있음을 전제로 하여 이 의무에 위반하는 것을 말한다(대법원 2009. 4. 23. 선고 2009다1313 판결 등 참조).

4. 피고는 비트**의 사업구조나 지속가능성에 대하여 의문을 가질 수 있었음에도 이에 대한 검토를 충분히 하지 아니한 채 원고에게 비트** 투자를 권유하여 유사수신행위의 위험성과 기망성을 충분히 인식하지 못한 채 함부로 이에 가담하였고, 나아가 유사수신행위에 내재된 위험이 현실화됨으로써 원고가 비트** 투자금을 회수하지 못하는 손해를 입게 되었는바, 피고가 원고로부터 비트** 투자금을 지급받은 후 비트코인을 구입하여 원고 명의로 비트**에 개설한 여러 계정에 비트코인을 예치한 행위는 과실에 의한 방조행위로서 불법행위를 구성하므로, 피고는 비트** 투자로 인하여 원고가 입은 손해를 배상할 책임이 있다.

5. 기록에 나타난 사정에 비추어 보면, 피고가 원고가 비트** 투자의 위험성에 대하여 착오에 빠져 있음을 알면서도 그 사실을 고지하지 않음으로써 원고를 기망하여 원고와 사이에 비트** 투자계약을 체결하였다고 인정하기에 부족하다.

해설

Ⅰ. 유사수신행위 해당여부

1. 먼저 비트**이 유사수신행위를 하였는지에 관하여 살펴본다. 유사수신규제법에 따르면 유사수신행위란 다른 법령에 따른 인허가 등을 받지 아니하고 불특정 다수인으로부터 자금을 조달하는 것을 업으로 하는 행위로서 ① 장래에 출자금의 전액 또는 이를 초과하는 금액을 지급할 것을 약정하고 출자금을 받는 행위, ② 장래에 원금의 전액 또는 이를 초과하는 금액을 지급할 것을 약정하고 예·적금 등의 명목으로 금전을 받는 행위, ③ 장래에 발행가액 또는 매출가액 이상으로 재매입할 것을 약정하고 사채를 발행하거나 매출하는 행위, ④ 장래의 경제적 손실을 금전이나 유가증권으로 보전하여 줄 것을 약정하고 회비 등의 명목으로 금전을 받는 행위를 말한다.

2. 비트**은 고객이 비트** 사이트에서 계정을 개설한 후 비트코인 거래사이트에서 비트코인을 구매하고 비트** 계정으로 비트코인을 예치하면 이자로 매일 투자한 비트코인의 0.5 내지 1%에 해당하는 비트코인을 주고 20일이 지나면 원금 및 이자에 해당하는 비트코인을 인출할 수 있도록 하는 구조로 운영되었다.

문제는 비트**에 예치하는 것은 비트코인이고, 고객이 비트** 사이트에서 직접 비트코인을 구매하여 예치하는 것은 아니라는 점이다. 고객은 자신이 가지고 있는 비트코인을 비트** 사이트에 예치하여 비트코인의 개수를 늘릴 수 있을 뿐이다. 이때 예치하는 비트코인이 유사수신규제법상의 출자금이나 금전이라고 할 수 있는지가 문제이다.

3. 비트코인이나 이더리움 등 가상자산이 경제적 가치가 있는 자산임은 대법원 판결로도 인정된 바 있다. 가상자산 외에 다른 경제적 가치가 있는 자산 예컨대 주식과 같은 경우 주식을 회사에 이전하여 회사가 처분할 수 있도록 하면 장래에 위 주식과 같은 개수 혹은 더 많은 개수를 돌려주겠다는 행위가 유사수신이 될 수 있는지 문제가 된다.

개인적인 견해로는 죄형법정주의의 원칙에 비추어 볼 때 유사수신규제법이 예정하고 있는 유사수신행위자가 수령하는 출자금, 금전, 사채발행에 가상자산인 코인, 토큰은 해당되지 않는다. 다만 공신력 없는 자가 불특정 다수인으로부터 자금을 조달함으로써 금융질서를 교란하는 것을 막고 유사수신행위에 유인되어 거래를 하는 제3자의 피해를 방지하기 위한 유사수신규제법의 제정목적에 비추어 보면 가상자산을 발행하고, 발행과 발행된 가상자산을 불특정 다수인에게 판매 혹은 다른 가상자산과 교환하는 행위에 대해서 단순한 사기, 유사수신규제법을 적용할 것이 아니라 가상자산에 맞는 적절한 규제가 입법되어야 한다고 생각한다.

자금세탁방지기구의 권고안에 따라 특정금융거래정보법이 개정된 것과 이러한 규제 역시 개별국가의 수준에서 규제안이 입법되는 것보다 국제적인 기구의 표준에 따라 국제적인 표준이 만들어지는 것이 좋을 것이고, 실효성이 있다.

4. 본 사건에서 법원은 비트** 사이트 운영자가 유사수신행위를 했다는 점에 대해서는 자세한 설시 없이 비트** 사업구조에 비추어 볼 때 새로운 회원이 지속적으로 유입되지 않는 한 이미 가입한 회원들에게 지급할 비트코인을 획득할 수단이 없다는 이유로 비트코인을 예치하면 해당 비트코인 개수를 보장하고 더하여 이자 형식으로 추가로 비트코인을 지급한다는 비트**의 사업구조는 유사수신행위에 해당한다고 전제하고 있다. 그러나 금전이 아니라 비트코인을 지급하는 구조이므로 형법상 유사수신행위에 해당한다고 바로 보기는 어렵고, 유사수신행위를 금지하는 근거와 투자유인 및 투자자들의 실제 피해 발생여부를 종합적으로 판단하여 위법한 유사수신행위와 비슷한 투자유치행위로서 민사상 불법행위가 된다고 보는 것이 보다 정확하다고 생각한다.

Ⅱ. 비트**에 대한 투자를 권유한 권유자의 책임

1. 형사 책임

(1) 비트**의 사업이 사기 혹은 유사수신행위에 해당하는지 여부

비트**의 사업은 고객이 예치한 비트코인의 원금을 보장하고, 더하여 이자 명목으로 비트코인을 추가로 지급하겠다는 것이다. 고객이 예치한 비트코인을 운용하여 더 많은 비트코인을 획득할 수 있다는 것은 불확실한 데 반해 고객에게 지급할 비트코인은 확정적이다. 비트코인의 가치가 우상향할 것이라고 기대하는 사람들에게는 비트코인을 예치할 유인이 된다. 마치 금융기관에서 예금을 하면 이자를 지급하겠다는 약속을 하는 경우와 비슷하다. 무분별하게 더 많은 비트코인을 지급하겠다는 약속만 믿고 비트코인을 예치하는 투자자들을 보호할 필요성은 분명히 있지만 비트코인은 금전이 아니어서 유사수신규제법에서 정한 유사수신행위라고 볼 수는 없고, 가상자산의 경우에도 유사수신규제법을 적용하려면 새로운 입법이 필요할 것이다.

비트**의 사업이 사기에 해당하는지에 관하여 살펴본다. 인터넷 사이트에 불특정 다수인을 상대로 예치한 비트코인에 대해 이자 명목으로 비트코인을 지급하겠다고 기재를 하고, 위 기재 내용을 믿고 고객이 비트코인을 해당 사이트에 예치하여 비트코인을 처분할 수 있는 권한을 비트**에 이전한 경우 비트** 운영자의 기망행위로 인하여 고객이 가상자산인 비트코인을 비트**에 교부하였다고 인정할 수 있다.

사기죄의 성립요소로서 기망행위는 널리 거래관계에서 지켜야 할 신의칙에 반하는 행위로서 착오를 일으키게 하는 것을 말하고, 착오는 사실과 일치하지 않는 인식을 의미하는 것으로, 사실에 관한 것이든, 법률관계에 관한 것이든, 법률효과에 관한 것이든 상관 없다. 또한 사실과 일치하지 않는 사실과 일치한지 않는 하자 있는 피기망자의 인식은 처분행위의 동기, 의도, 목적에 관한 것이든, 처분행위 자체에 관한 것이든 제한이 없다. 따라서 피기망자가 기망당한 결과 자신의 작위, 또는 부작위가 갖는 의미를 제대로 인식하지 못하여 그러한 행위가 초래하는 결과를 인식하지 못하였더라도 그와 같은 착오상태에서 재산상 손해를 초래하는 행위를 하기에 이르렀다면 피기망자의 처분행위와 그에 상응하는 처분의사가 있다고 보아야 한다(대법원 2017. 2. 16. 선고 2016도13362 전원합의체 판결).

이 사건에서 비트코인은 거래계에서 재산적 가치가 있는 가상자산으로 가상자산을 발행한 회사가 충분히 고객에게 지급할 가상자산이 있는 경우와 달리 시장에서 구매하여야 고객에게 지급할 수 있다. 따라서 비트** 회사가 고객에게 지급할 비트코인을 획득할 수 있는 수단이 불분명한 상태로 신규 회원이 새로이 가입하면서 비트코인을 예치하지 않으면 기존의 고객에 대하여 정해진 비트코인을 지급할 수 없을 가능성이 큰 데도 이를 숨기고 고객으로부터 비트코인을 예치받았다면 비트** 운영자는 고객을 기망하여 재산상 가치가 있는 비트코인을 취득하였으므로 사기죄가 성립한다.

이 사건에서 비트** 운영자에 대하여 사기죄가 성립하지만 비트** 운영자를 알 수 없어 원고는 자신에게 비트** 투자를 권유한 권유자를 상대로 손해배상청구를 한 것으로 보인다.

(2) 비트** 운영자에게 사기죄가 성립한다고 할 때 비트** 투자를 권유한 권유자에게 사기죄 또는 사기에 대한 방조죄의 책임을 물을 수 있는지 여부

형법상 방조행위는 정범이 범행을 한다는 정을 알면서 그 실행행위를 용이하게 하는 직접·간접의 모든 행위를 가리키는 것으로서 유형적, 물질적인 방조뿐만 아니라 정범에게 범행의 결의를 강화하도록 하는 것과 같은 무형적, 정신적 방조행위까지도 이에 해당한다. 종범은 정범의 실행행위 중에 이를 방조하는 경우뿐만 아니라, 실행 착수 전에 장래의 실행행위를 예상하고 이를 용이하게 하는 행위를 하여 방조한 경우에도 성립한다. 형법상 방조행위는 정범이 범행을 한다는 정을 알면서 그 실행행위를 용이하게 하는 직접·간접의 행위를 말하므로, 방조범은 정범의 실행을 방조한다는 이른바 방조의 고의와 정범의 행위가 구성요건에 해당하는 행위인 점에 대한 정범의 고의가 있어야 하나, 이와 같은 고의는 내심적 사실이므로 피고인이 이를 부정하는 경우에는 사물의 성질상 고의와 상당한 관련성이 있는 간접사실을 증명하는 방법에 의하여 증명할 수밖에 없다. 이때 무엇이 상당한 관련성이 있는 간접사실에 해당할 것인가는 정상적인 경험칙에 바탕을 두고 치밀한 관찰력이나 분석력에 의하여 사실의 연결상태를 합리적으로 판단하여야 하고, 방조범에서 요구되는 정범의 고의는 정범에 의하여 실현되는 범죄의 구체적 내용을 인식할 것을 요하는 것은 아니고 미필적 인식이나 예견으로 족하다(대법원 2018. 9. 13. 선고 2018도7658, 2018전도54, 55, 2018보도6, 2018모2593 판결).

비트** 운영자와 비트** 투자를 권유하는 권유자가 사기를 공모하였다고 볼 사정이 있다면 비트** 투자를 권유한 권유자도 사기의 공모자로 사기죄로 처벌받을 것이다.

다음 비트** 운영자와 비트** 투자의 권유자가 사기를 공모하였다고 보기 어려운 경우 비트** 투자를 권유한 자에게 사기의 방조죄의 책임을 물을 수 있는지 검토가 필요하다. 앞서 본 바에 따르면 비트** 투자 권유자가 비트** 운영자의 사기행위의 방조범이 되려면 권유자가 비트** 운영자의 사기행위를 도와준다는 방조의 고의와 비트** 운영자의 행위가 사기죄에 해당한다는 정범의 고의가 필요하다. 이 사건과 같이 자신이 직접 비트**에 투자하면서 다른 사람에게 투자를 권유하는 경우 권유자가 비트** 운영자의 사기에 대한 고의가 있었다고 보기는 어렵다고 생각된다. 뒤에서 보는 것처럼 민사적으로는 과실에 의한 방조도 성립하므로 민사적 책임은 가능하다.

(3) 유사수신의 경우에는 비트** 운영자의 유사수신행위에 대한 고의, 권유자의 투자권유가 비트**의 유사수신을 도와주는 방조행위에 해당한다는 고의를 인정할 수 있을 것이지만 앞서 본 바와 같이 현행 유사수신규제법상 가상자산을 금전이나 출자금으로 보기 어려워 권유자의 유사수신규제법상의 방조책임을 인정하기는 어렵다.

2. 민사 책임

비트** 운영자의 행위는 형사법적으로 사기에 해당한다. 또한 비트** 운영자가 인터넷을 통해 비트코인을 자신의 사이트에서 예치하도록 한 것이 유사수신규제법에서 정한 유사수신에 해당하지 않는다고 하더라도 유사수신규제법을 유추적용하여 민사적으로 위법한 행위로 보는 것에는 문제가 없을 것이다.

Ⅲ. 이 사건에서의 적용

1. 비트** 운영자의 불법행위에 대한 공동불법행위 책임

⑴ 법원은 비트** 운영자가 자신의 사이트에서 비트코인을 예치하면 해당 비트코인의 반환을 보장하고, 높은 비율로 계산하여 비트코인을 추가로 지급하겠다고 하면서 비트코인을 받은 행위는 유사수신행위에 해당한다고 보았다. 형법상 유사수신행위에 해당하지 않는다고 하더라도 민사적으로는 유사수신규제법을 유추하여 민사상 손해배상책임을 부담하는 위법한 행위로 평가할 수는 있다고 본다.

⑵ 민법의 해석으로는 과실에 의한 방조도 가능하고, 이 경우 과실의 내용은 불법행위에 도움을 주지 않아야 할 주의의무가 있음을 전제로 이를 위반하는 것을 말한다고 할 것이다. 이 사건에서 피고는 비트**의 사업구조나 지속가능성에 대하여 의문을 가질 수 있었음에도 원고에게 비트** 투자를 권유하고 결국 비트** 투자의 위험성이 현실화되어 원고는 비트** 투자금을 회수하지 못하는 손해를 입게 되었는바, 피고의 행위는 과실에 의한 방조행위로 불법행위를 구성한다.

⑶ 피고는 불법행위자로서 원고가 비트** 투자로 입은 손해를 배상할 책임이 있다.

2. 손해배상의 범위 - 과실상계 여부

불법행위로 인한 손해의 발생 또는 확대에 관하여 피해자에게도 과실이 있는 때에는 가해자의 손해배상의 범위를 정함에 있어 당연히 이를 참작하여야 한다. 법원은 원고로서도 인터넷 검색 등을 통하여 비트**의 사업구조나 지속가능성 등에 관하여 스스로 검토할 수 있었음에도 이를 하지 않은 채 만연히 피고의 투자 권유만 믿고 높은 수익률에 유인되어 경솔하게 투자한 잘못이 있다는 이유로 원고의 과실을 참작하여 피고의 책임을 앞서 인정한 손해액의 70%로 제한하였다.

만일 피고가 사기나 유사수신행위를 공모하였거나 고의에 의한 불법행위가 성립한다고 하였으면 과실상계를 할 수 없었을 것이다.

Ⅳ. 결론

1. 비트코인을 예치받으면서 비트코인 수량을 보전하여 반환하여 주고 추가로 이자 명목으로 비트코인을 더 주겠다고 한 경우 이는 금융질서를 어지럽히고, 투자자의 금융안정성을 해치는 행위로서 유사수신행위 유사의 위법한 행위에 해당하며, 이러한 사업이 위법한 유사수신행위에 해당함을 알 수 있었음에도 이를 간과하고 다른 사람에게 투자를 권유한 사람은 과실에 의한 방조로 공동불법행위자가 된다. 한편 법원은 위 비트**의 비트코인 예치사업 자체를 유사수신행위로 보았다.

2. 제3자로부터 위법한 유사수신행위를 권유받고 투자하여 투자금 손실을 본 경우 권유자에 대한 관계에서는 투자자 역시 충분한 검토를 하지 아니하고 투자를 하였다면 그 과실을 참작하여 손해배상을 제한할 수 있다.

[28] 가상자산 대여계약에 대한 경개약정의 성부

—서울남부지방법원 2022. 4. 19. 선고 2021가합100794 판결,

서울고등법원 2022나2016732로 항소 중—

[사실 개요]

1. 원고는 2019. 7. 22. 피고와, 원고가 피고에게 원고가 보유하고 있던 9비트코인(BTC)과 41이더리움(ETH)(이하 위 비트코인과 이더리움을 합하여 '이 사건 각 가상자산')을 처분한 금원을 대여하되, 변제일은 2019. 10. 22.로 정하고, 피고가 원고에게 위 변제일의 가상자산 시세와 상관없이 이 사건 각 가상자산과 같은 수량의 가상자산을 반환하기로 약정하였다(이하 '이 사건 약정').
2. 원고는 2019. 7. 22. 피고에게 이 사건 각 가상자산을 처분하여 현금화한 230,100,000원을 지급하였다.
3. 피고는 이 사건 약정에서 정한 변제일이 지난 후 아래와 같은 내용이 포함된 차용증(이하 '이 사건 차용증')을 2019. 7. 22.자로 소급하여 작성하여 서명하고 무인하여 원고에게 교부하였다. 이 사건 차용증 하단에는 채권자란에 원고의 성명, 주민등록번호 및 주소가, 채무자란에 피고의 성명, 주민등록번호 및 주소가 기재되어 있다.

차용증

현금: 2억 3천 10만 원

일시: 2019년 7월 22일

변제일: 2020년 1월 31일

이자: 위 금액의 이자는 월 1%씩 지급하기로 한다. (이자는 2019년 11월 22일(후불)

위 내용을 어길 시 채권자가 어떠한 법적 조치를 취하더라도 이의를 제기하지 않는다.

4. 피고는 원고의 계좌로 2020. 1. 16. 10,000,000원을, 2020. 8. 5. 20,000,000원을 지급하였고, 2020. 12. 3. 원고가 지정한 A의 계좌로 50,000,000원을 지급하였다.
5. 원고는 다음과 같이 주장하였다. '원고는 피고에게 이 사건 각 가상자산을 처분한 금원을 변제기 2019. 10. 22.로 정하여 대여하되, 위 변제기 당시의 가상자산의 시세와 상관없이 이 사건 각 가상자산과 동일한 수량의 가상자산으로 반환받기로 약정하고, 2019. 7. 22. 피고에게 이 사건 각 가상자산을 처분한 230,100,000원을 지급하였다. 피고는 원고에게 ① 2020. 1. 16. 10,000,000원, ② 2020. 8. 5. 20,000,000원, ③ 2020. 12. 3. 50,000,000원을 각 변제하였고, 이를 각 변제일의 가상자산 시세로 환산하면 2020. 1. 16.자 변제로 이더리움 가상자산 54ETH, 2020. 8. 5.자 변제로 이더리움 가상자산 43ETH, 2020. 12. 3.자 변제로 이더리움 가상자산 77ETH가 각 공제된다. 따라서 피고는

원고에게 이 사건 약정에 따라 비트코인 가상자산 9BTC 및 이더리움 가상자산 267ETH를 반환할 의무가 있고, 만일 위 가상자산 인도의무의 강제집행이 불능인 경우에는 위 가상자산의 이 사건 변론 종결 당시의 시가에 해당하는 돈을 지급할 의무가 있다. 피고는 이 사건 차용증 교부 당시 이 사건 각 가상자산으로 상환하기로 한 이 사건 약정의 내용을 변경하기로 하는 합의가 이루어졌다고 주장하나 이 사건 차용증은 이 사건 약정에서 정한 변제일이 지났음에도 피고가 원고에게 이자도 지급하지 아니하고 이 사건 각 가상자산도 반환하지 않는 것에 대하여 원고가 항의하자 이자를 지급하겠다는 취지에서 작성한 것으로 이 사건 차용증에 의하여 피고가 변제기에 이 사건 각 가상자산 반환의무를 부담하지 않게 되는 것은 아니다.'

6. 이에 대하여 피고는 '원고와 피고가 2019. 7. 22. 이 사건 약정을 체결한 바 있으나, 피고는 원고의 요청에 따라 2019. 12.경 원고에게 2019. 7. 22.자로 월 1%의 이자를 지급하기로 하고 현금 230,100,000원을 차용하는 내용의 이 사건 차용증을 작성하여 주었다. 따라서 피고는 원고에게 230,100,000원 중 이미 변제한 80,100,000원을 공제한 나머지 150,000,000원을 반환할 의무를 부담할 뿐이고, 이 사건 각 가상자산과 동일한 수량의 가상자산을 반환할 의무를 부담하지 아니한다.'라고 주장하였다.

[판결 요지]

1. 제출된 증거에 의하면, 원고가 2020. 11. 27. 피고에게 문자메시지를 통하여 '현재 시세 금액으로 얼마인지 계산해보세요 (중략) 돈을 빌렸으면 이자는 당연히 주는 거고 여기 코인수대로 변제해주세요'라는 내용의 문자메시지를 보냈고 피고는 2020. 12. 3. '상환이 늦어져서 죄송스럽습니다'라는 내용이 포함된 문자메시지를 보냈다. 이에 대하여 원고는 이 사건 차용증이 2019. 11.경 작성되었고 그 이후에 위와 같은 문자메시지를 주고받았다는 점에서 이 사건 차용증 작성 후에도 이 사건 각 가상자산으로 반환하기로 하는 이 사건 약정의 내용은 변경되지 아니한 것이라고 주장하나, 원고가 위와 같은 문자메시지를 보낸 시점은 원고가 이 사건 소를 제기하기 직전이라는 점에서 이 사건 차용증 작성 당시의 합의 내용에 관한 자료로 삼기 부적절하다.

2. 이 사건 약정에 관한 차용증에는 비트코인 9개, 이더리움 441개를 피고가 원고로부터 빌리고 2019. 10. 22. 이를 변제한다는 내용과 함께 피고가 시세에 상관없이 코인 개수로 상환할 것을 약속한다는 내용이 기재되어 있다. 또한 여기에는 피고가 이를 지키지 못할 경우 용인시 처인구 백옥대로 ***번지 지분을 매도코인 시세대로 등기이전할 것을 약속한다는 내용도 포함되어 있다. 반면 이 사건 차용증에는 피고가 원고로부터 2019. 7. 22. 현금 230,100,000원을 변제일 2020. 1. 31., 이자율 월 1%로 정하여 차용한다는 내용이 기재되어 있다. 이 사건 약정 당시 작성된 차용증과 이 사건 차용증의 내용을 비교해보면

소비대차의 대상(이 사건 각 가상자산 ⇒ 현금 230,100,000원), 변제기(2019. 10. 22. ⇒ 2020. 1. 31.), 이자율(무이자 ⇒ 월 1%)을 달리 정한 것으로 이 사건 차용증에 따른 합의는 채무의 중요한 부분을 변경하는 것으로 기존 채무를 소멸시키고 새로운 채무를 성립시키는 경개계약에 해당한다.

3. 원고는 이 사건 차용증이 피고에 의하여 일방적으로 작성된 것으로 이 사건 약정의 내용을 변경하기로 합의한 것은 아니라고 주장한다. 이 사건 차용증에는 원고의 주민등록번호와 주소가 상세하게 기재되어 있고, 원고는 스스로 피고로부터 이 사건 차용증을 직접 교부받은 사실을 인정하면서 이 사건 차용증을 소지하고 있다가 이 사건의 증거로 제출하였다. 이 사건 소 제기 직전에 피고로부터 원고 대신 대여금의 일부를 지급받은 A는 이 사건 차용증 작성 당시 원고와 원고의 처, 피고, 그리고 자신이 있는 자리에서 이 사건 차용증 기재와 같은 합의를 하여 이 사건 차용증이 작성되었다고 밝히고 있다. 더구나 이 사건 차용증의 작성 당시 무렵(원고는 2019. 11.경이라고 주장하고 피고는 2019. 12. 2.이라고 주장하고 있다)인 2019. 11. 30. 기준 비트코인 종가는 8,860,000원, 이더리움 종가는 177,700원이어서 그 무렵 이 사건 각 가상자산의 시가 합계는 158,105,700원(= 79,740,000원 + 78,365,700원), 2019. 12. 2. 기준 비트코인 시세는 8,589,000원, 이더리움 종가는 174,600원이어서 그 무렵 이 사건 각 가상자산의 시가 합계는 154,299,600원(= 77,301,000원 + 76,998,600원)이어서, 이 사건 차용증 작성 무렵 이 사건 각 가상자산의 시가액은 원고가 피고에게 지급한 금액보다 적은 상태였다. 이 사건 차용증에 나타난 합의 내용은 당시 가상자산의 시세, 이자 약정의 추가로 인하여 이 사건 약정의 내용과 비교하여 원고에게 유리한 내용으로 볼 수 있다.

4. 원고는 이 사건 차용증 작성 후 피고로부터 세 차례에 걸쳐 반환받은 금액을 원금에 충당하면서 그 무렵의 이더리움의 시가를 환산하여 피고가 원고에게 반환하여야 할 이더리움 개수를 계산하여 청구하고 있다. 이는 그 자체로 이 사건 약정에서 정한 내용 즉 시세에 상관없이 이 사건 각 가상자산의 코인 수로 상환하기로 약정한 것과 모순된다. 또한 피고는 이 사건 차용증 작성 이후 기초사실에서 인정한 금전거래 외에 원고의 계좌로 2019. 12. 25. 4,602,000원, 2020. 1. 16. 2,301,000원, 2020. 2.부터 2020. 7.까지 매월 2,201,000원, 2020. 8. 5. 310,000원, 2020. 8.부터 2020. 10.까지 매월 2,000,000원, 2020. 12. 27. 1,500,000원, 2021. 1. 28. 1,500,000원을 각 지급하였다. 원고 역시 소장에서 이자를 지급받아 온 사실을 인정하고 있다. 원고가 피고로부터 지급받아 온 이자는 피고가 원고에게 원금의 일부를 상환함으로 인하여 감소된 차용 원금에 월 1%의 이자율을 계산하여 지급된 것으로 보인다.

5. 이와 같은 점에 비추어 보면, 이 사건 약정은 이 사건 차용증 작성 당시 이루어진

원고와 피고 사이의 합의에 의하여 그 내용이 변경되어 피고는 이 사건 차용증 작성 당시 이루어진 합의에 따라 피고는 원고에게 2019. 7. 22. 빌린 230,100,000원을 2020. 1. 31.까지 변제하고 당초 변제일인 2019. 10. 22. 이후부터 변제일까지 월 1%의 이자를 지급하는 의무를 부담하게 되었고 이 사건 약정에 따른 채무를 면하게 되었다고 봄이 타당하다. 결국 이 사건 약정은 이 사건 차용증 작성 당시 이루어진 합의에 따라 채무의 중요한 부분이 변경되어 피고의 이 사건 약정에 따른 채무는 소멸하였으므로(이 사건 차용증에 따른 채무를 부담함은 피고도 인정하고 있다) 피고가 이 사건 약정에 따라 원고에게 비트코인 가상자산 9BTC와 이더리움 가상자산 267ETH를 반환할 의무가 있다는 원고의 주장은 받아들일 수 없고, 피고의 원고에 대한 그러한 채무의 존재를 전제로 하여 그 강제집행이 불능일 경우의 대상청구로서 변론종결일 무렵 가상자산의 시가에 해당하는 금원의 지급을 구하는 청구 역시 받아들일 수 없다.

해설

Ⅰ. 대상판결의 의의 및 쟁점

이 사건에서는 원고와 피고 사이에 체결한 가상자산반환약정 후 작성한 계약서에 대하여 그것이 이에 대한 이자 지급 조항을 추가한 것에 불과한 것인지, 아니면 가상자산반환조항을 삭제하고 현금반환조항으로 변경한 것인지 문제되고 있다. 즉, 원고가 피고의 부탁으로 보유한 가상자산을 처분한 후 그 처분한 대금 230,100,000원을 피고에게 대여하여 주었는데 처음에는 위 대금이 아니라 당시 원고가 처분한 가상자산의 종목과 수량과 같은 것으로 반환받기로 하였는데 이를 추후에 계약의 주요 내용을 변경하여 가상자산이 아닌 현금으로 반환받기로 한 것인지에 관한 것이다. 이 사건이 문제된 것은 그 후에 가상자산이 급등하여 명시된 현금액보다 가상자산의 가치가 훨씬 더 커졌기 때문으로 보인다. 이에 대하여 대상판결은 이 사건 약정 이후에 작성한 이 사건 차용증이 경개계약에 해당하는지를 중점적으로 검토하고 판단하였는바 이에 대하여 살펴보기로 한다.

Ⅱ. 대상판결의 분석

1. 경개계약의 의의 및 내용

경개계약은 당사자가 채무의 중요한 부분을 변경함으로써 구채무를 소멸시키고 구채무와 동일성 없는 신채무를 성립시키는 계약이다(민법 제500조). 준소비대차는 기존채무를 소멸시키고 신채무를 성립시키는 계약인 점에서 경개와 유사하나, 신채무와 구채무 사이에 동일성이 존재한다는 점에서 경개와 차이가 있다. 경개계약의 성립요건은 ① 소멸할 채무의 존재, ② 신채무의 성립, ③ 채무의 중요한 부분 변경이다. 여기서 채무의 중요한 부분 변경 여부가 중요한데, 채무의 발생원인 변경, 채무조건의 변경 등은 이에 해당하고, 반면에 채권자와 채무자의 변경도 중요한 부분에 해당하기는 하나 채권양도·채무인수 제도가 따로 존재하므로 경개에 해당하지 않는다고 본다.[1] 한편, 이자의 변경, 위약금의 부가 등 채무목적에 변경이 없고 종된 급부에 관하여 변경이 있는 경우 중요 부분의 변경이 없어서 경개가 성립할 수 없다고 한다.[2]

이와 관련하여 대법원은 '기존채무와 관련하여 새로운 약정을 체결한 경우에 그러한 약정이 경개에 해당하는 것인지 아니면 단순히 기존채무의 변제기나 변제방법 등을 변경한 것인지는 당사자의 의사에 의하여 결정되고, 만약 당사자의 의사가 명백하지 아니할 때에는 의사해석의 문제로 귀착되는 것으로서, 이러한 당사자의 의사를 해석함에 있어서는 새로운 약정이 이루어지게 된 동기 및 경위, 당사자가 그 약정에 대하여 달성하려고 하는 목적과 진정한 의사 등을 종합적으로 고찰하여 사회정의와 형평의 이념에 맞도록 논리와 경험의 법칙, 그리고 사회일반의 상식과 거래의 통념에 따라 합리적으로 해석하여야 한다.'고 하여 일응의 기준을 제시하고 있다.[3]

이 사건에서도 원고가 피고로부터 가상자산을 되돌려 받으려 한 것인지, 일정한 액수의 현금을 받으려 한 것인지 문제되는데, 원고의 주장대로 피고가 계속적으로 변제를 하지 않아 이자의 지급을 추가한 것이라면 이는 종된 급부의 추가로서 기존 계약의 동일성을 유지한 계약의 변경에 지나지 않으나, 만약 가상자산으로 변제하는 대신 현금을 변제하는 것으로 계약 내용을 변경한 것이라면 이는 중요 부분의 변경에 해당하여 경개에 해당할 것이다.

2. 이 사건 차용계약이 경개에 해당하는지

이 사건에서 대상판결은 '이 사건 약정에 관한 차용증에는 비트코인 9개, 이더리움 441개를 피고가 원고로부터 빌리고 2019. 10. 22. 이를 변제한다는 내용과 함께 피고가 시세에 상관없이 코인 개수로 상환할 것을 약속한다는 내용이 기재되어 있고 여기에는 피고가 이를 지키지 못할 경우 용인시 처인구 백옥대로 ***번지 지분을 매도코인 시세대로 등기이전할 것을 약속한다는 내용도 포함되어 있는 반면에, 이 사건 차용증에는 피고가 원고로부터

---

1) 편집대표 김용덕, 주석 민법, 한국사법행정학회, 2022, 674쪽.
2) 편집대표 김용덕, 주석 민법, 한국사법행정학회, 2022, 675쪽.
3) 대법원 2019. 10. 23. 선고 2012다46170 전원합의체 판결.

2019. 7. 22. 현금 230,100,000원을 변제일 2020. 1. 31., 이자율 월 1%로 정하여 차용한다는 내용이 기재되어 있어, 위 각 내용을 비교해보면 소비대차의 대상과 이자율을 달리 정한 것으로 이 사건 차용증에 따른 합의는 채무의 중요한 부분을 변경하는 것으로 기존 채무를 소멸시키고 새로운 채무를 성립시키는 경개계약에 해당한다'고 판단하였다. 또한 여기에 덧붙여 대상판결은 원고와 피고의 이 사건 차용증 작성 경위와 그 목적, 원고와 피고 사이에 나눈 문자메시지 내용의 진의와 이자의 지급과 그 계산, 당사자들 사이의 이해관계 등을 종합적으로 고려하였다.

생각건대, 이 사건 차용증에 따른 합의가 경개계약에 해당한다는 위 대상판결의 판시는 타당하고, 위 대상판결 사안과 달리 이자율을 달리 정하거나 이자 지급 약정을 추가한 것은 종된 급부가 부가된 것으로 경개에 해당하지 않고 기존 계약의 변경에 지나지 않을 것이다. 다만, 이자 외에 변제할 급부대상이 가상자산에서 현금으로 변경된 것은 경개로 볼 여지가 있다. 가상자산의 성질에 대하여 여러 견해가 있고 그중 통화로서 금전성을 가지고 있다는 견해[4]도 있지만 가상자산은 재산적 가치가 있을 뿐 법률상 강제 통용력이 부여된 법화(法貨)로 볼 수는 없으므로 이 사건 차용증은 기존의 이 사건 약정에서 나오는 목적물인 가상자산과 전혀 다른 대상인 현금에 대한 반환을 그 내용으로 한 것이므로 계약상 채무의 중요 부분이 변경된 경우에 해당한다고 볼 수 있는 가능성이 적지 않다.

위 대상판결의 취지에 따르면 원고는 기존에 작성한 이 사건 약정에 기하여 해당 가상자산의 반환을 구하나 이는 경개에서 구채무에 해당하고 위 경개약정인 이 사건 차용계약에 따라 소멸하였으므로, 결과적으로 대상판결은 원고의 청구를 기각한 것이다.

Ⅲ. 대상판결의 평가

가상자산 산업이 발전하고 많은 사람들이 다방면에 이를 활용하면서 여러 가지 법률적 분쟁이 발생하고 기존의 법체계에서 어떻게 포섭할 수 있는지 시도하게 된다. 대상판결은 당사자들 사이에 있었던 가상자산 반환약정과 관련하여 추후에 이를 경개계약을 통해 현금 반환 약정으로 변경함으로써 구채무인 가상자산 반환채무를 소멸시켰다고 볼 수 있는지에 대하여 판단한 것으로 가상자산이라는 신산업에서 파생된 체계를 경개라는 기존의 민법 틀 안에 포섭시킬 수 있는지에 대하여 논란이 있을 수는 있지만 그 포섭이라는 논의와 시도만으로도 큰 의미가 있다고 보인다.

다만, 대상판결에서는 이를 청구원인에서 판시하여 원고의 청구를 기각하였는데, 경개

---

4) 육태우, "가상자산 또는 가상자산에 의한 금융의 변화 및 법적 시사점", 강원법학 제53권, 강원대학교 비교법학연구소(2018), 225~270쪽.

계약 체결 여부는 구채무의 소멸에 관한 항변사유로서 피고의 주장에서 다루어야 했다고 보인다. 그런데 이 사건에서 피고가 경개계약을 체결하였다는 법률상 주장을 하지는 않았으나 가상자산이 아닌 현금만을 반환하면 된다는 취지로 주장을 한 것으로 보아 경개로 선해하여 대상판결에서 판단한 것으로 보인다. 여하튼 현재 원고가 항소하여 위 판결이 서울고등법원에서 계속 중인데 그 청구를 두 번째 약정인 이 사건 차용계약에 따른 금전 지급청구로 변경할 수 있고 아니면 기존 주장 그대로 나가면서 이 사건 차용증이 경개에 해당하지 않는다는 주장을 펼 수도 있다. 앞으로의 있을 위 항소심 판결의 판시가 주목된다.

[29] 대여금에 대한 가상자산 대물변제가 이루어졌는지 여부

—부산지방법원 2022. 4. 20. 선고 2021나46018 판결, 대법원 2022다239360으로 상고 중—

[사실 개요]

1. 피고는 2018. 3. 6. 원고에게 3억 원을, 변제일 '2019. 3. 5.', 이자 '원금의 10%를 계약 종료시 지급'으로 정하여 차용한다는 내용의 금전차용계약서(이하 '이 사건 차용증'이라 한다)를 작성·교부하였다(위 계약서에서 변제방법으로 '지정된 변제일에 피고는 현금을 지참하여 원고의 장소에 방문하여 지급하거나 또는 원고가 특정된 계좌를 고지한 경우 당해 계좌에 현금을 입금한다.'라고 기재됨).
2. 원고는 2018. 3. 8. 피고에게 300,000,000원을 피고 명의의 계좌로 송금하는 방식으로 지급하였다.
3. 그 후 피고는 2018. 12. 31. 원고에게 위 300,000,000원에 대한 변제조로 150,000,000원을 지급하였다.
4. 이에 대하여 원고는 피고를 상대로 '주위적으로, 원고는 피고에게 300,000,000원을 대여하였으므로 위 150,000,000원을 변제충당 하여야 하므로, 피고는 원고에게 나머지 대여금 및 이에 대한 지연손해금을 지급할 의무가 있고, 예비적으로 설령 위 300,000,000원 중 100,000,000원이 투자금이라고 하더라도, 피고가 원고에게 이 사건 차용증을 작성하여줌으로써 투자원금 보장약정을 하였으므로, 위 나머지 대여금 및 지연손해금을 지급할 의무가 있다'고 주장하면서 소를 제기하였다.
5. 이에 대하여 피고는, 원고가 피고에게 지급한 300,000,000원 중 100,000,000원은 대여금이 아닌 투자금으로 이미 가상자산 X코인으로 대물변제 하였으므로 피고에게 반환의무가 없고, 피고가 지급한 150,000,000원은 이 사건 차용증상의 약정에 따라 대여금 200,000,000원의 원금에 먼저 충당되어야 한다는 취지로 반박하였다.

[판결 요지]

1. 100,000,000원의 법적 성격 및 투자원금 보장약정 유무에 관한 판단

원고가 피고에게 200,000,000원을 대여하였다는 점에 관하여는 당사자 사이에 다툼이 없다. 원고가 지급한 300,000,000원 중 대여금임에 다툼 없는 위 200,000,000원을 제외한 나머지 100,000,000원의 법적 성격에 관하여 살펴본다. 다음과 같은 사실 또는 사정들, 즉 원고가 2020. 1. 3. 위 300,000,000원에 관한 A, B의 사기 피의사건에 대하여 수사기관에서 피해자로 조사받으면서 '2018. 3. 8. 피고 직원 B로부터 300,000,000원을 빌려주면 200,000,000원을 현금으로 변제를 하고 나머지 100,000,000원은 X코인이라는 코인으로 지급하여 투자 이익을 얻을 수 있게 해주겠다는 말을 듣고 피고에게 300,000,000원을 지급한 사실이 있습니다'는 등의 내용을 진술한 사실, 원고가 2020. 9. 21. 위 A, B에 대한 사기 형사사건의 제1심법원(서울중앙지방법원 2020고단4017, 이하 '관련 형사사건'이라 한다)에 증인으로 출석하여 '100,000,000원에 관하여는 B로부터 운영 수익의 일정 비율을 받기로 하고 위 돈을 피고에게 지급하였다', '100,000,000원은 (피고 측이) 수익 내고 원금보장형으로 돌려받는 것이다'는 취지로 진술한 점 등에 비추어 보면, 이 사건 차용증 기재만으로는 위 100,000,000원이 대여금이라는 사실을 인정하기에 부족하고, 위 100,000,000원이 대여금임을 전제로 한 원고의 주위적 주장은 이유 없다. 오히려 원고로서는 2018. 3. 8. 피고에게 300,000,000원을 지급할 당시, 위 돈 중 100,000,000원이 X코인 가상자산 투자에 이용될 금원임을 인지하고 있었던 것으로 보이는바, 위 100,000,000원은 대여금이 아닌 투자금이라고 봄이 타당하다.

나아가 위 투자금에 관하여 원고와 피고 사이에 투자원금 보장약정이 있었는지에 관하여 살펴본다. 앞서 본 바와 같이 피고는 대여금 200,000,000원과 투자금 100,000,000원 합계 300,000,000원에 관하여 '300,000,000원을 차용하고, 2019. 3. 5.까지 위 차용금을 상환한다'는 취지의 이 사건 차용증을 작성하여 원고에게 교부하였고, 여기에 앞서 원고가 수사기관과 관련 형사사건 법정에서 진술한 내용들을 종합하여 보면, 피고는 투자금 100,000,000원에 대하여도 처분문서인 이 사건 차용증을 작성하여 줌으로써 원고로부터 지급받은 투자원금 100,000,000원을 원고에게 보장해주기로 약정하였다고 보는 것이 타당하다. 따라서 원고의 예비적 주장은 이유 있다.

2. 피고의 대물변제 주장에 관한 판단

피고가 제출한 증거에 의하면, 피고의 직원 B가 원고에게 가상자산 X코인을 2019. 5. 22. 100만개, 2019. 6. 21. 240만개, 2019. 8. 29. 499,990개를 각 송금한 사실, 당시 X코인의 1개당 시세는 각 68원, 58원, 29원 정도인 사실은 각 인정된다. 그러나 앞서 본 바와 같이 이 사건 차용증에서 변제는 '현금 지급'이나 '계좌에 현금 지급'만 인정하고 있고, 원고와 피고 사이에는 100,000,000원 투자원금을 보장하기로 약정이 있었는바, X코인을 지급한 사실과 피고가 제출한 나머지 증거들만으로는 원고와 피고 사이에 위 가상자산 X코인을 대여금과 투자금 채무의 변제에 갈음하여 원고의 소유로 귀속시키기로 하는 내용의 대물변제 약정이 있었다고 인정하기에 부족하고, 달리 이를 인정할 증거가 없다. 따라서 피고의 위 주장은 받아들이지 않는다.

해설

Ⅰ. 대상판결의 쟁점

주지하다시피 가상자산 투자와 관련하여 돈이 오고 간 경우 그것이 대여인지, 투자인지 여부가 자주 문제되고 있다. 법원에서는 차용증의 존재 여부, 차용증의 내용과 조건, 계약 체결 경위, 금원의 송금과 이자의 지급 여부 등 여러 가지 간접사실을 통하여 금원 교부의 목적이 가상자산 투자인지, 대여인지를 판단하고 있다. 대상판결에서도 마찬가지로 원고가 피고에게 송금한 금원이 대여금인지 투자금인지 문제되었는데, 특이할 만한 점은 처분문서인 차용증이 존재함에도 불구하고 차용증의 금액인 3억 원 중 일부 금액인 1억 원이 투자금인지가 쟁점이 되었다는 점이다. 여기에 더하여 해당 투자금에 대하여 원금 보장 약정이 있는지 문제되었고, 피고가 원고에게 전송한 X코인에 대하여 그것이 위 금원에 대한 대물변제 목적으로 전달된 것인지도 문제되었다.

Ⅱ. 대상판결의 분석

1. 쟁점 ①(1억 원이 투자금인지 여부), 쟁점 ②(투자원금 보장약정 여부)

대상판결의 사실관계에서 보듯이 피고가 원고에게 작성 및 교부한 이 사건 차용증에는 3억 원을 차용하는 내용으로 되어 있는데 피고는 그중 1억 원에 대하여 투자금이라고 주장하였다. 원래 차용증과 같은 성립이 진정한 것으로 인정되는 처분문서는 그 내용을 부정할 만한 분명하고 수긍할 수 있는 이유가 없는 한 그 내용되는 법률행위의 존재를 인정하여야 하는 것인바[1] 특별한 사정이 없는 이상 그 차용증에 나타나 있는 내용을 그대로 인정하여야 한다. 이러한 경우에는 상당한 사례에서 판결은 전액 대여금이라고 보고 판단할 것이다. 그러나 이를 부인할 만한 구체적인 사정이 있어 반증을 들 수 있다면 뒤집을 수 있을 것인데 대상판결에서는 3억 원 모두 대여금이라고 주장하였던 원고가 관련 형사사건의 수사기관 및 법원 진술에서 3억 원 중 2억 원은 대여금이고 나머지 1억 원은 X코인 투자용이었으나 3억 원 전액 원금 회수를 위하여 차용증에 차용금이라고 작성하였다는 취지로 진술하였으므로 이를 근거로 1억 원에 대하여는 차용금을 부정하고 X코인에 대한 투자금의 성질을 인정하였다.

다만 원고는 설령 위 1억 원이 투자금이라고 하더라도 투자원금 보장약정이 있었다고 주장하였는데, 대부분의 판결 사안에서는 투자원금 보장약정이 있었다고 주장하더라도 관

1) 대법원 1981. 6. 9. 선고 80다442 판결.

련 처분문서가 존재하지 않는 이상 이를 인정하지 않는 추세로 보이나 대상판결은 위 차용증의 내용, 작성 경위, 원고의 위 관련 형사사건의 수사기관 및 법원 진술 등을 종합하여 투자원금 보장약정이 있다고 보았다.

2. 쟁점 ③(대물변제되었는지 여부)

피고는 이에 대하여 1억 원 상당의 X코인을 원고에게 전송하여 이를 위 투자금에 대하여 대물변제를 하였다고 항변하였고, 대상판결은 원고와 피고 사이에 위 가상자산 X코인을 대여금과 투자금 채무의 변제에 갈음하여 원고의 소유로 귀속시키기로 하는 내용의 대물변제 약정이 있었다고 인정하기에 부족하고, 달리 이를 인정할 증거가 없다고 판시하였다.

원래 대물변제가 있으려면 ① 우선 채권자와 채무자 사이에 대물변제의 합의가 있어야 하고, ② 채권의 존재, ③ 다른 급부를 현실적으로 할 것, ④ 본래의 채무이행에 갈음한 급부 등의 요건을 갖추어야 한다. 대물변제가 문제된 사안들은 보통 ②, ③ 요건들 즉, 채권의 존재와 현실적으로 이행된 다른 급부의 요건을 갖추었지만 ①, ④ 요건들 즉, 당사자들 사이의 대물변제 합의, 본래의 채무이행에 갈음한 급부의 요건이 문제되는 경우가 많고 이 사건도 그러하다. 대물변제 합의의 경우는 명시적인 합의는 물론 묵시적으로도 가능한데, 다만 이행에 갈음한 것이라는 점이 뒷받침되어야 한다.[2]

본래의 채무이행에 갈음한 급부의 경우 ‘그 채무의 변제를 위하여’ 다른 급부를 하는 게 아니라 본래의 채무를 소멸시키기 위해서, 즉 ‘변제에 갈음하여’ 급부를 해야 하고, 단순히 ‘변제를 위하여’ 대물급부가 행해진 때에는 대물변제가 되지 못한다고 한다.[3] 보통 이러한 경우 여러 사정을 종합하여 원래의 채무를 소멸시킬 의사로 대물변제를 한 것인지, 아니면 단순히 변제를 위한 담보 목적으로 급부하였는지 가려내는데, 특별한 사정이 없는 한 담보 목적으로 변제를 위한 급부를 하였다고 추정하고 있다.[4]

이 사건의 경우에도 피고가 원고에게 현금이 아닌 X코인이라는 다른 급부를 한 경우에 대상판결은 이 사건 차용증에서 변제는 ‘현금 지급’이나 ‘계좌에 현금 지급’만 인정하고 있고, 원고와 피고 사이에는 100,000,000원 투자원금을 보장하기로 약정이 있었다고 하여 대물변제를 부인하였다. 특히 관련 형사사건에서 원고는 ‘피고 직원으로부터 3억 원을 빌려주면 2억 원을 현금으로 변제를 하고 나머지 1억 원은 X코인으로 지급하여 투자 이익을 얻을 수 있게 해주겠다는 말을 듣고 3억 원을 지급하였다’고 진술하여 마치 위 1억 원을 X코인으로 지급할 것을 예정한 것처럼 하였더라도 위와 같은 담보 목적의 급부 추정을 뒤집힐 정도

---

2) 곽윤직, 채권총론(민법강의Ⅲ), 박영사(2018), 272쪽.

3) 편집대표 김용덕, 주석 민법, 한국사법행정학회, 2022, 54~55쪽.

4) 대법원 2012. 10. 11. 선고 2011다82995 판결, 대법원 2013. 3. 14. 선고 2012다106003 판결.

에 이르지는 않았다고 본 듯하다.

Ⅲ. 대상판결의 평가

대상판결은 현금 대신 가상자산으로 급부한 경우 대물변제로 볼 수 있는지 문제된 최초의 법원 판결로서 의의가 있는데 여기서 그 전제로서 의미가 있는 것은 가상자산을 통화가 아닌 여타의 재산적 가치가 있는 급부에 불과하다고 본 것이다. 대상판결에서 판시하지는 않았지만 이 책에서 다른 글에서 볼 수 있듯이 가상자산의 금전성에 대하여 논의가 있었고 견해가 나뉘어져 있기는 하나 현재는 금전성을 부인하는 방향으로 견해가 수렴하고 있고 이 사건에서도 당사자들 사이에 거의 논란이 되지 않아 가상자산의 지급이 변제의 효력이 있는지 문제되지 않았고 법원에서도 대물변제만을 심리하였던 것이다. 이와 같이 대상판결은 가상자산의 금전성 여부에 대한 당사자들의 생각과 법원의 태도를 엿볼 수 있는 또 다른 의의도 있다고 보인다.

[30] 가상자산의 시가평가 기준 시점

—전주지방법원 정읍지원 2022. 5. 11. 선고 2021가합1488 판결,

광주고등법원(전주) 2022나10816호로 항소 중—

[사실 개요]

1. 원고는 2018. 9.경 피고와, 피고가 원고로부터 지급받은 돈으로 피고 명의로 'Z 코인'을 매수하여 보관하다가, 원고가 위 가상화폐의 반환을 요청할 경우 이를 반환하거나, 시가가 상승할 경우 위 가상화폐를 매도하여, 그 매도대금을 원고에게 지급하기로 하는 내용의 계약(이하 '이 사건 계약')을 체결하였다.
2. 피고는 위 계약에 따라 2018. 5. 19.부터 2018. 5. 21.까지 사이에 원고로부터 합계 10,951,430원을 지급받았고, 2020. 4. 7. A가상자산거래소에서 원고를 위해 'Z 코인' 280,000개를 매수하였다.
3. 피고는 2020. 5.경 매수가격보다 낮은 가격에 피고 보유의 'Z 코인'을 전부 처분하였다.
4. 원고는 2021. 4. 17. Z 코인의 가격이 그 무렵 급등한 사실을 알고, 피고에게 Z 코인을 제대로 보유·관리하고 있는지 물었으나, 피고는 '돈이 없어서 이미 모두 팔아버렸다.'는 취지로 답하고, 당시의 시가대로 돈을 달라는 원고의 요청도 사실상 거부하였다.
5. 이에 원고는 2021. 5.경 피고를 횡령죄로 고소하였고, 피고는 2021. 10. 25. 이 법원에서 원고의 Z 코인을 임의로 처분하였다는 내용의 횡령죄로 벌금 3,000,000원의 약식명령을 받았다. 위 약식명령은 그 무렵 그대로 확정되었다.
6. 원고는 이에 대하여 피고를 상대로 '2018. 9.경 피고와 사이에 가상자산인 Z 코인의 매수, 관리, 보관 등에 관한 위임 및 임치계약을 체결하였는데, 피고는 위 계약에 따라 원고로부터 지급받은 돈으로 Z 코인 438,133개, 적어도 280,000개를 매수하고도, 2020년경 임의로 위 가상자산을 처분해 버리고, 원고에게 처분 사실이 발각된 2021. 4. 17.부터는 원고의 연락을 회피하며 매도대금을 전혀 지급하지 않고 있으므로 피고는 원고에게 채무불이행으로 인한 손해배상을 할 의무가 있다'는 취지로 주장하면서 소를 제기하였다.

[판결 요지]

1. 위 인정사실에, 피고는 현재까지도 이 사건 계약에 관한 어떠한 이행 의사도 밝힌 바 없고, 이 사건 소송에서도 기본적으로 이 사건 계약을 더 이상 이행할 수 없다는 태도를 보이고 있는 점 등을 더하여 보면, 피고는 2021. 4. 17. 원고에게 적어도 묵시적으로 이 사건 계약에 따른 자신의 의무를 이행하지 않을 의사를 명백하고도 종국적으로

밝혔다고 봄이 상당하므로, 피고는 원고에 대하여 이행거절로 인한 손해배상 의무를 부담한다.

2. 채무자의 이행거절로 인한 채무불이행에서의 손해액 산정은 채무자가 이행거절의 의사를 명백히 표시하여 최고 없이 계약의 해제나 손해배상을 청구할 수 있는 경우에는 이행거절 당시의 급부목적물의 시가를 표준으로 해야 할 것이다(대법원 2007. 9. 20. 선고 2005다63337 판결, 대법원 2008. 5. 15. 선고 2007다37721 판결 등 참조). 한편 가상자산거래소에 상장된 가상자산에 대한 거래는 온종일 이루어지므로, 가상자산의 가격은 동일한 날을 기준으로도 시시각각 다를 수밖에 없는데, 이행거절의 목적물이 가상자산거래소에 상장된 가상자산인 경우에는 특별한 사정이 없는 한 이행거절 당일의 가상자산거래소 종가에 의해 그 가액을 평가하여야 할 것이다(상장주식에 관한 대법원 2015. 8. 27. 선고 2012두16084 판결 등의 취지). 또한 가상자산은 상장주식과 달리 거래가 이루어지는 개개의 거래소마다 거래 가격이 다를 수 있으므로, 특별한 사정이 없는 한 채무자가 이용한 가상자산거래소의 거래 가격을 기준으로 가상자산의 가액을 평가하여야 한다.

3. 피고가 원고로부터 지급받은 돈으로 A자산거래소에서 Z 코인 280,000개를 매수하였음은 앞서 본 바와 같고, 증거에 의하면 피고가 채무이행을 거절한 2021. 4. 17. A거래소에서 Z 코인의 종가는 개당 802원인 사실을 인정할 수 있다. 따라서 원고의 손해액은 224,560,000원(=280,000개 × 802원/개)이 된다.

4. 이에 대하여 피고는, Z 코인을 임의 처분한 2020. 5.경에 채무불이행으로 인한 손해배상책임이 성립하고, 손해액도 위 시점을 기준으로 산정하여야 한다고 주장한다. 살피건대, Z 코인은 가상자산거래소에 상장된 가상자산으로서 Z 코인 상호 간에는 그 개성이 중요하지 아니하고, 이 사건 계약에서 Z 코인이 특정물로서 개별적, 구체적으로 지정되었다고 보기도 어렵다. 따라서 피고가 원고를 위해 매수한 Z 코인을 임의 처분한 이후에도 가상자산거래소에서 Z 코인을 다시 매수하여 이 사건 계약에 따른 의무를 이행하는 것이 얼마든지 가능하다고 할 것이어서(대법원 2015. 2. 26. 선고 2014다37040 판결 등의 취지 참조), 피고가 Z 코인을 임의 처분한 시점에 이 사건 계약에 따른 의무를 이행하지 않은 것이라고 볼 수는 없다. 이와 다른 전제에 선 피고의 위 주장은 받아들이지 아니한다.

해설

Ⅰ. 대상판결의 의의 및 쟁점

거래소에서 상장되어 있는 가상자산은 그 시가에 있어 주식이나 파생상품 등에 비하여 상당히 변동성이 크다고 평가된다. 단 하루 동안의 기간 동안 특정 종목의 가상자산의 시가가 수배 이상 상승하거나 하락하여 그 시가 산정에 있어 크게 애로사항이 있을 수밖에 없다. 가상자산 시가 산정 문제는 여러 법 분야에서 동시다발적으로 나타나는 문제인데, 민사상 손해배상액 산정은 물론이고, 도산사건에서 자산의 평가, 형사사건에서 추징금, 추징보전액의 산정 등 가상자산의 시가액의 산정은 갈수록 중요한 문제가 되고 있다.

대상판결은 가상자산과 관련한 이행거절로 인한 채무불이행에서의 손해액 산정이 문제된 사안으로 동일한 날짜 내에서도 시가가 계속적으로 크게 변동하는 가상자산 종목에 대하여 어떻게 이를 고정시켜서 시가를 확정할지가 문제되었다.

Ⅱ. 대상판결의 분석

1. 법률상 시가산정 방식(세법)

가상자산 법제에 대하여 완비가 되어 있지 않은 현재 가상자산의 시가 산정 방식 중 가장 참고할 만한 법제는 세법 분야이다. 현재 소득세법과 상증세법에서 가상자산의 시가 산정 방식에 대하여 밝히고 있다.

소득세법상 가상자산의 양도소득세 계산은 기타소득 항목으로 평가한다.[1] 가상자산의 기타소득금액 계산방법은 신고가 수리된 가상자산사업자를 통하여 거래되는 가상자산의 경우 이동평균법, 그 외의 가상자산에 대하여는 선입선출법에 따라 계산한다.[2] 이때 공제할 필요경비에 관하여는 신고수리가상자산사업자 중 국세청장이 고시하는 사업자(시가고시가상자산사업자)가 취급하는 가상자산의 경우 해당 사업장에서 2023년 1월 1일 0시 현재 공시한 가상자산 가격의 평균을, 그 외의 경우는 시가고시가상자산사업자 외의 신고수리가상자산사업자의 사업장에서 2023년 1월 1일 0시 현재 공시한 가상자산 가격[3]으로 정하고 있으므로, 2023. 1. 1. 이후 양도한 가상자산에 대해서 양도차익 계산은 위 2023. 1. 1.의 거래소에서의 시장가격을 공제하여 이루어지게 된다.

한편 상증세법제에서는 시가고시가상자산사업자의 사업장에서 거래되는 가상자산 평

1) 소득세법 제21조 제1항 제27호.
2) 소득세법 시행령 제88조 제1항.
3) 소득세법 제37조 제5항, 시행령 제88조 제2항.

가는 상속개시일 또는 증여일(이하 '평가기준일')에서 그 전 · 이후 각 1개월 동안에 해당 가상자산사업자가 공시하는 일평균가액의 평균액으로 한다.[4] 그 밖의 가상자산에 대하여는 위 시가고시가상자산사업자 외의 가상자산사업자 및 이에 준하는 사업자의 사업장에서 공시하는 거래일의 일평균가액 또는 종료시각에 공시된 시세가액 등 합리적으로 인정되는 가액으로 산정한다.[5]

2. 서울회생법원의 도산사건 가이드북

한편 도산사건과 관련하여 서울회생법원의 가상자산연구반에서는 '도산사건에서 가상자산 처리를 위한 가이드북'을 제작하여 도산사건에서 가상자산에 관한 소유 현황, 채무 조회, 시가 평가 기준, 환가 방법 등에 대하여 참고하도록 하였는데, 위 가이드북에 따르면 파산사건에서 거래소에 상장된 가상자산의 경우 파산선고시 가상자산 거래소의 시세를 기준으로 평가하는 것이 바람직하고, 거래소에 상장되지 않은 가상자산의 경우 가상자산과 가상자산을 이용하는 네트워크를 만들기 위하여 투입된 비용, 실제 가상자산을 가지고 있는 사람들의 수 및 거래현황 등을 종합하여 만일 가상자산을 거래소에 상장하는 경우 예상되는 상장기준가를 전문가로 하여금 추정하도록 하는 것도 상장되지 않은 가상자산을 평가하는 기준으로 사용할 수 있도록 하였다.

3. 이 사건의 경우

민사사건에서는 가상자산의 채무불이행과 관련하여 그 손해액을 산정하기 위한 가상자산 시가 산정 기준에 대하여 확립되지는 않는 듯하다. 다만, 대상판결에서 이행거절로 인한 채무불이행에서의 손해액 산정은 채무자가 이행거절의 의사를 명백히 표시하여 최고 없이 계약의 해제나 손해배상을 청구할 수 있는 경우에는 이행거절 당시의 급부목적물의 시가를 표준으로 해야 할 것이라는 대법원 판결을 인용하면서 가상자산 거래가 온종일 이루어지므로 이행거절의 목적물이 거래소에 상장된 가상자산인 경우 상장주식에 관한 대법원 2015. 8. 27. 선고 2012두16084 판결 등의 취지에 따라 이행거절 당일의 가상자산거래소 종가에 의하여 평가하여야 한다고 판시하였다. 즉, 이행거절한 날의 마지막 시간인 24:00를 기준으로 하여야 한다는 것이다. 그리고 한국증권거래소로 일원화된 주식시장과 달리 가상자산거래소는 수개 또는 수십 개가 난립하여 있으므로 특별한 사정이 없는 한 채무자가 이용한 가상자산거레서의 거래 가격을 기준으로 가상화폐의 가액을 평가하여야 한다고 보았다.

이에 대하여 피고는 위 이행거절 시기로부터 1년 전인 해당 가상자산을 임의로 처분한

---

4) 상증세법 제60조 제1항 제2호, 제65조 제2항, 시행령 제60조 제2항 제1호.

5) 상증세법 시행령 제60조 제2항 제2호.

날을 기준으로 하여야 한다는 주장을 하였으나 대상판결은 해당 가상자산은 종류물 유사의 것으로 개별적, 구체적으로 지정되었다고 보기도 어려우므로 처분 후 언제든지 다시 매입하여 의무 이행이 가능하므로 피고의 주장을 이유 없다고 보아 배척하였다.

Ⅲ. 대상판결의 평가

대상판결은 가상자산과 관련한 채무불이행이 인정되는 경우 그 손해배상의 기준시점을 다룬 판결로서 수개의 가상자산 거래소가 난립하여 그 시가가 제각각인 경우 어떤 가상자산 거래소의 시가를 기준으로 할지, 같은 날 해당 가상자산의 시가가 시시각각 변동하고 24시간 거래가 이루어지므로 그 기준시를 어떻게 할지에 관하여 명확하게 밝힌 것으로 그 의미가 크다. 특히 이 사건은 피고가 임의처분한 날을 기준으로 하여야 한다고 주장하였으나 해당 가상자산은 대체물 유사의 것이므로 임의처분한 날이 아닌 종국적으로 이행거절의 의사를 표시한 때를 기준으로 하여야 한다고 판시하면서 피고의 주장을 배척한 것도 의미가 있다. 다만, 장기적으로 이는 법률 해석이 아니라 새로 법률을 입법하여 가상자산 시가의 기준 산정을 명확하게 하는 것이 이해당사자의 예측가능성을 확보하고 법원과 소송대리인의 업무효율성을 확보하는데 도움이 될 것으로 보이는바, 입법적 개선이 필요해 보인다.

[31] 가상자산 매수 및 상장의무를 부담하는 자의 채무불이행 책임

— 대구지방법원 2022. 5. 25. 선고 2021나1719 판결, 2022. 6. 14. 확정 —

[사실 개요]

1. 원고와 피고는 2018. 4. 26. '원고가 같은 날 피고에게 가상화폐 미상장코인을 매수하는 금액으로 700만 원을 송금하면, 피고는 가상화폐를 매수하여 2018. 6. 30.까지 원고에게 알려주고, 가상화폐가 상장되기 전까지 원고가 원금반환을 요구할 경우 피고는 아무 조건 없이 원금을 반환하며, 다른 문제가 발생할 때는 민·형사상 책임을 지겠다. 가상화폐(A코인) 3만주를 피고가 원고에게 지급한다'는 내용의 현금영수증 및 이 사건 보관증을 작성하였고, 같은 날 원고는 피고의 계좌로 700만 원을 송금하였다.
2. 피고는 2018. 4. 26. 위 700만 원 등으로 가상화폐인 이더리움 코인 12개를 거래소에서 구입한 후, 다른 투자자가 송금한 6이더리움을 포함하여 총 18이더리움을 코인 판매대행업자인 B에게 송금하면서 A코인 매수를 부탁하였다.
3. 원고는 2019. 2. 3. 피고에게 'A코인을 받지 못하였으므로 2019. 2. 28.까지 700만 원을 반환해달라'는 문자메세지를 보냈다. 이에 피고는 2019. 2. 20. 원고에게 'C코인을 원고의 지갑으로 옮겨주겠다'는 문자메시지를 전송하였고, 이후 원고는 2019. 3. 17. 피고에게 'A코인 D는 2019. 2. 2. 5개의 국제거래소에 상장되었는데, 한국에서는 판매된 사실이 없고 이름이 비슷한 D 토큰이 존재하는 바, 위 700만 원을 반환해달라'는 문자메세지를 발송하였다.
4. 원고는 다음과 같이 주장하며 피고를 상대로 채무불이행에 기한 손해배상청구로 원금 상당의 700만 원의 지급을 구하였다.
   ① 피고는 2018. 6. 30.까지 A코인을 매수하여 원고에게 알려주고, 상장전까지 원고가 원금반환을 요구할 때에는 아무런 조건없이 반환하기로 약정하였음에도 2018. 6. 30.까지 A코인을 매수하지 않았고, 이에 원고가 2018. 9.경부터 수차례 원금의 반환을 요구하였으나 피고가 그 반환을 거절하고 있다.
   ② 피고는 A코인이라고 하면서 D토큰을 매수해 주겠다고 하였으나 거래소 A에서는 가상화폐를 발행한 사실이 없으며, 피고가 A코인이라고 주장하는 D 토큰은 거래소 A를 인수하려는 E컨소시엄에서 발행한 토큰에 불과한 것인데 E컨소시엄이 거래소 A가 발행한 것으로 오인하도록 거짓홍보한 것이다.
5. 이에 피고는, 700만 원을 송급받아 A코인 구매를 위해 중개상에 송금하였으나 A코인 발행이 지연되어 원고가 수령기간을 2019. 2.까지로 연장해 주었고, 연장기한 내 A코인을 매수하여 원고에게 교부하려 했으나 원고가 가짜라고 하며 수령을 거절하였으며, 원고는 A코인이 상장된 후에 원금 반환을 요청한 것이므로 원고의 주장은 이유 없다고 주장하였다.

[판결 요지]

1. 이 사건 보관증에 기재된 'A코인' 및 '상장'의 의미에 대한 판단

앞서 인정된 기초사실 내지 다음의 사정 즉, ① 이 사건 약정 당시인 2018. 4.경 A 거래소의 싱가포르 법인은 'A코인 발행을 준비중인데, 이는 자신이 인수한 블록체인 개발사 F가 전담할 계획'이라고 발표했으며, 위 F는 G(전 A홀딩스·A코리아 이사회 의장)의 소유로서 소수의 해외 기관 투자자들만을 대상으로 A코인을 판매하다가 2018. 4. 24.경 판매를 중단하였던 점, ② 이후 A코리아는 2019. 1. 3. D 최초 상장 기념 사전 이벤트를 진행하며 D코인을 국내에서 최초로 상장하겠다고 공지하는 등 D코인이 A 거래소에서 사용될 것으로 홍보와 판매를 하여 많은 국내 투자자들이 D코인을 A코인으로 불렀던 점, ③ 원고는 피고에게 보낸 2019. 3. 17.자 문자메세지에서 'A코인 D는 2019. 2. 2. 5개의 국제 거래소에서 상장되었습니다'라고 표현하는 등 스스로 A코인과 D코인을 통용해서 사용한 점, ④ 원고가 피고를 사기 등의 혐의로 고소한 사건에서 수사기관에서는 '피고가 실제로 이더리움을 구매한 뒤 H코인 거래소에서 실제 A코인(D)을 구매하여 보관하고 있는 정황' 등을 이유로 '혐의없음' 처분을 하는 등 관련 형사사건에서도 A코인과 D코인을 같은 의미로 파악한 것으로 보이는 점 등의 사정을 고려하면, 이 사건 보관증에 기재된 'A코인'은 D코인과 통용되며, '상장'은 A코인(D)이 A 거래소가 아닌 다른 국내외 거래소에 상장된 경우도 포함하는 걸로 해석하는 것이 타당하다.

2. 피고의 채무불이행 여부

가. 피고가 2018. 6. 30.까지 A코인을 매수하여 원고에게 알리지 아니한 사실은 당사자 사이에 다툼이 없다.

그러나, 피고가 원고로부터 700만 원을 송금받은 후 A코인을 구입하기 위하여 중개상에게 송금한 사실은 앞서 본 바와 같고, 가상화폐 판매 대행업체에서 처음 A코인을 홍보할 때 2018. 6. 30.경 상장 예정으로 홍보한 점, 원고는 A코인과 같은 시기에 매수하기로 한 I코인, J코인에 대하여는 2018. 7.경 또는 같은 해 10.경에 환불을 요구하였으나 A코인에 대하여는 환불을 요구하지 아니한 점, 원고는 2019. 2. 3.경에야 피고에게 'A코인을 받지 못하였으므로 2019. 2. 28.까지 700만 원을 반환해달라'는 문자메세지를 보낸 점 등에 비추어 원고와 피고 사이에 A코인의 매수나 인도를 2019. 2.경까지 연장하기로 하는 묵시적인 합의가 있었던 것으로 보인다.

따라서 이 부분 피고의 채무불이행이 있었다는 원고의 주장은 이유 없다.

나. 다음으로 원고가 A코인 상장 전에 원금의 반환요청을 하였음에도 피고가 반환을 거절한 것인지 여부에 관하여 보건대, 원고는 2018. 9.경 피고에게 원금 반환을 요구하였다는 취지로 주장하나 이를 입증할 만한 증거가 제출되지 않았으며, 오히려 D코인은

2019. 2. 2. 여러 국제거래소에 상장되었고, 원고는 그 이후인 2019. 2. 3. 피고에게 원금반환을 최초로 요청한 것으로 보인다. 이 부분 피고의 채무불이행이 있었다는 원고의 주장도 이유 없다.

다. 따라서 피고에게 원금반환의무 불이행이 있음을 전제로 한 원고의 이 사건 청구는 나머지 점에 대하여 더 나아가 살펴볼 필요 없이 이유 없다.

해설

Ⅰ. 대상판결의 쟁점

원고는, 피고와 사이에 작성된 '원고가 피고에게 700만 원을 송금하면 피고는 미상장코인을 매수하여 2018. 6. 30.까지 원고에게 이를 알려 주고, 상장 전 원고 요구시 피고는 무조건 원금을 반환한다'는 내용의 이 사건 보관증을 근거로 피고를 상대로 이 사건 청구를 하였다.

대상판결은 먼저 이 사건 보관증에 기재된 'A코인'과 '상장'의 의미를 규명한 후 피고가 주장한 기한 유예의 합의 유무, 원고의 원금 반환 청구에 대한 피고의 의무 위반 등에 대해 판단을 하여 원고의 청구를 기각한 제1심판결의 결론을 그대로 유지하였다.

Ⅱ. 대상판결의 분석

1. 당사자들의 의사 해석 방법에 관한 법리

처분문서는 진정성립이 인정되면 특별한 사정이 없는 한 처분문서에 기재되어 있는 문언의 내용에 따라 당사자의 의사표시가 있었던 것으로 해석하여야 한다. 그러나 당사자 사이에 계약의 해석을 둘러싸고 이견이 있어 처분문서에 나타난 당사자의 의사해석이 문제되는 경우에는 문언의 내용, 그와 같은 약정이 이루어진 동기와 경위, 약정으로 달성하려는 목적, 당사자의 진정한 의사 등을 종합적으로 고찰하여 논리와 경험의 법칙에 따라 합리적으로 해석하여야 한다(대법원 2002. 6. 28. 선고 2002다23482 판결, 대법원 2017. 2. 15. 선고 2014다19776, 19783 판결 참조).

기한 유예의 합의는 명시적으로뿐만 아니라 묵시적으로도 가능한데, 계약상의 채권관계에서 어떠한 경우에 기한 유예의 묵시적 합의가 있다고 볼 것인지는 계약의 체결경위와 내용 및 이행경과, 기한 유예가 채무자의 이익이나 추정적 의사에 반하는지 여부 등 제반 사정을 종합적으로 고려해서 판단하여야 한다(대법원 2017. 4. 13. 선고 2016다274904 판결 등 참조).

2. 이 사건 보관증의 문언 해석

이 사건 보관증에는 'A코인'이 '상장'되기 전까지 원금 반환을 요청하는 경우 피고는 무조건 원금을 반환한다는 내용의 기재가 있었다. 원고는, 피고가 주장하는 D토큰은 위 A코인에 해당하지 않는다면서 위 코인이 상장전임을 이유로 원금 반환을 요청하였고, 피고는 위 D토큰이 이 사건 보관증에 기재된 A코인에 해당하고, 상장도 이미 이루어졌다고 주장한 것으로 보인다. 따라서 이 사건 보관증에 기재된 'A코인'과 '상장'의 구체적인 의미가 우선 문제된다.

위에서 본 바와 같이 당사자 사이에 계약의 해석을 둘러싸고 이견이 있어 처분문서에 나타난 당사자의 의사해석이 문제 되는 경우에는 문언의 내용, 그와 같은 약정이 이루어진 동기와 경위, 약정으로 달성하려는 목적, 당사자의 진정한 의사 등을 종합적으로 고찰하여 한다.

대상판결에서 인정된 사실관계에 의하면, 이 사건 보관증 작성 당시에는 A코인 외에 D토큰에 대하여는 아무런 논의가 없었던 것으로 보이는데, 단지 당시 A 거래소의 싱가포르 법인은 A코인의 발행을 준비 중이었고, 이후 실제 위 A코인을 소수의 해외기관 투자자들을 대상으로 제한 판매를 하다가 2018. 4. 24. 그 판매를 중단하였던 사정이 존재하였다. 즉 원고는 국내 대형거래소인 A 거래소가 직접 발행하는 코인의 가치가 높아질 것으로 기대하고 이를 매수하기 위해 위 코인을 계약 목적물로 삼은 것이고, 당시에는 해당 코인을 A코인으로 지칭하고 있었으므로 이 사건 보관증에는 A코인으로 기재한 것으로 해석함이 타당해 보인다.

나아가 이 사건 보관증 작성 당시의 사정은 아니지만, 그 이후 A의 홍보활동 내용, 당사자들의 대화 내용, 인식 정도 등에 의하면, A코인이 D토큰과 동일한 가상자산을 가리키고 있었음이 분명해 보인다. 즉, A코리아는 2019. 1. 3. D를 국내 최초 상장하겠다고 공지하는 등 해당 코인이 A 거래소에서 사용될 것으로 많은 홍보를 하였고, 원고가 피고에게 2019. 3. 17.부터 A코인과 D를 동일한 코인을 지칭하는 것으로 하여 문자메시지를 보내기도 하였다. 또한 원고가 피고를 사기 등의 혐의로 수사기관에 고소하여 진행된 수사과정에서도 역시 A코인과 D는 같은 의미로 파악되어 사용되기도 한 것으로 보인다.

다음으로 대상판결은 '상장'에 대하여는 A 거래소가 아닌 다른 국내외 거래소에 상장된 경우도 포함되는 것으로 판단하였다. 그 이유에 대해서는 구체적인 설시가 없으나, 특정 거래소에 대한 상장 여부가 중요한 경우 이를 특정하여 처분문서에 기재하는 것이 일반적일 것임에도 이 사건 보관증에는 그러한 내용의 기재가 전혀 없는 점, 이 사건 보관증 작성 후인 2019. 3. 17.자 원고의 피고에 대한 문자메시지에 'A코인 D는 2019. 2. 2. 5개의 국제거래소에서 상장되었습니다'라고 기재한 점 등을 주요 근거로 한 것이 아닌가 생각되고, 대상판결의 해석은 합리적인 결론이라 생각된다.

3. 피고의 채무불이행 여부

(1) 위와 같이 이 사건 보관증에 따른 피고의 의무는 ① 2018. 6. 30.까지 A코인 또는 D 등 A가 발행하는 자체 코인을 매수하여 원고에게 이를 알려주고, ② 상장 전이라면 원고의 원금반환 요청에 이를 응하여야 하는 것이다.

(2) ①의 의무와 관련하여서는, 위 기한에 대하여 원고와 피고 사이에 묵시적으로 기한유예 약정이 있었는지가 문제되었다. 체결경위와 내용 및 이행경과, 기한 유예가 채무자의 이익이나 추정적 의사에 반하는지 여부 등 제반 사정을 종합적으로 고려해서 판단하여야 한다.

대상판결은 특히 계약체결 이후의 이행경과 등을 주로 고려하여 피고의 채무의 이행기가 묵시적으로 연장되었다고 판단하였다. 원고는 A코인과 같은 시기에 매수한 다른 가상자산에 대하여는 2018. 7. 경 또는 10.경에 환불을 요구하였음에도 A코인에 대하여는 환불요청을 하지 않았고, 2019. 2. 3.에야 A코인을 받지 못하였다는 이유로 2019. 2. 28.까지 원금을 반환 할 것을 요청하였는데, 이는 원고가 2019. 2.경까지 피고의 의무를 유예하였다고 보는 것이 합리적으로 보인다. 또한 이러한 기한 유예가 채무자인 피고의 이익이나 추정적 의사에도 반한다고 볼 만한 사정도 없어 보이므로 대상판결의 결론은 타당하다.

또한 인정된 사실관계에 의하면, 최초 원고와 피고가 피고의 매수 및 인도 의무를 2018. 6. 30.까지로 정하기는 하였으나 이는 가상자산 판매 대행업체가 최초 A코인을 홍보할 때 2018. 6. 30.경 상장예정이라고 홍보했기 때문으로 보이고, 오히려 원고의 주된 목적은 상장 전에 A코인을 매수하여 상장 후 고가에 매도를 하여 이익을 보려는 것이 컸을 것이므로 특정 일자보다 상장 전에 A코인을 매수하려는 것이 더 중요하였을 것으로 추정된다. 때문에 원고는 2018. 6. 30. 이후에도 환불요청을 하지 않다가 2019. 2.에야 원금반환 요청을 한 것으로 보이고, 그때까지 피고의 매수 및 고지의무를 유예하여 준 것으로 봄이 합리적일 것이다.

(3) ②의 의무와 관련하여서는, 먼저 원고는 2018. 9.경 피고에게 원금 반환을 요구하였다고 주장한 것으로 보인다. 그러나, 이에 대한 증거가 전혀 제출되지 않았다. 다음으로 원고가 2019. 2. 3. 피고에게 2019. 2. 28.까지 700만 원의 반환을 요청하였다는 사실은 인정이 되나, 앞서 본 바와 같이 이 사건 보관증에 기재된 '상장'은 A 거래소 뿐만 아니라 국내외 거래소를 불문한다고 할 것인데, 2019. 2. 2. 국외 여러 거래소에 상장이 된 사실이 인정되므로 상장 전 원금 반환 요청이라는 전제가 충족되지 않게 되었다. 대상판결 역시 결국 이

러한 점을 이유로 원고의 청구를 기각한 제1심판결을 그대로 유지하였다.

Ⅲ. 대상판결의 평가

대상판결은 가상자산 거래소가 자체 발행하는 가상자산을 매수하려 한 원고가 이를 매수해주겠다고 한 피고를 상대로 한 소송이다. 원고와 피고는 이 사건 보관증을 통해 계약을 체결했음에도 불분명한 기재와 가상자산의 특성을 충분히 반영하지 못한 계약으로 분쟁에 이르렀다.

대상판결은 처분문서의 문언의 내용과 특히 약정이 이루어진 동기와 경위, 목적, 당사자의 진정한 의사 등을 고려하여 이 사건 보관증의 내용을 해석하고, 이를 전제로 피고의 채무불이행 여부를 판단하였다. 특히나 가상자산의 경우 개발, 발행, 상장 등의 단계별로 지칭하는 가상자산의 이름(토큰, 코인 등)도 달라지고, 주식과 달리 거래소가 매우 다양하고 어느 거래소에 상장이 되느냐가 가치 형성에 중요한 부분을 차지하고 있는바, 대상판결은 이러한 가상자산 특유의 사정을 적절히 반영하여 합리적인 결론에 도출하였다고 생각된다.

[32] 투자위탁계약에서 수탁자의 권한 범위 및 손실금 반환 각서에 의한 책임

— 서울중앙지방법원 2022. 5. 26. 선고 2020가합603177 판결, 2022. 6. 11. 확정 —

[사실 개요]

1. 원고는 2020. 2. 19.경 피고와 사이에, 원고가 피고에게 가상화폐 또는 금전을 투자금으로 지급하면 피고가 그 투자금으로 가상화폐 거래를 하여 수익을 발생시키고, 그 수익을 원, 피고가 나누기로 하는 이 사건 투자위탁계약을 체결하였다.
2. 원고는 2020. 2. 22.부터 2020. 4. 29.까지 기간 동안 이 사건 투자위탁계약에 따라 피고에게 가상화폐 및 금전 합계 270,880,000원을 지급하였다. 피고는 위 투자금으로 2020. 2. 23.부터 가상화폐 거래를 하였고, 2020. 4. 29. 기준 투자금 잔액은 272,169,449원이었다.
3. 피고는 2020. 4. 30. 위 272,169,449원으로 이른바 '마진거래'(가상화폐 시가의 상승, 하락을 예측하여 투자하는 것으로, 고수익을 올릴 수 있으나 원금 손실의 위험이 큰 거래)를 하였는데, 그 결과 215,030,094원의 손실이 발생하였다.
4. 피고는 2020. 5. 3. 원고에게 남은 가상화폐 57,139,355원을 지급하고, 원고에게 '을(피고)는 갑(원고)로부터 투자받은 272,169,449원을 차익거래만 하기로 했던 약속과 다르게 임의로 운용하여 215,030,094원의 손실을 초래하였습니다. 이 손실액을 전액 변제할 것을 약속합니다.'는 내용의 이 사건 각서를 자필로 작성하였다.
5. 원고는 피고를 상대로 주위적으로, 이 사건 투자위탁계약 체결 당시 피고는 차익거래(가상화폐 거래소별로 가격이 다르다는 것을 이용하여 저가의 가상화폐 거래소에서 가상화폐를 매입하여 고가의 가상화폐 거래소에서 매도하여 수익을 발생시키는 거래로, 원금 손실의 위험이 적은 거래)만을 하기로 약정하였음에도 마진거래를 하였는바 이는 횡령에 해당한다면서 불법행위로 인한 손해배상청구를, 예비적으로 이 사건 각서에 기한 약정금 청구를 하였다.

[판결 요지]

1. 불법행위로 인한 손해배상청구

가상화폐 거래 관련 투자위탁계약에서 거래 방식의 중요도 및 계약 체결 방식, 거래 이행 경위, 이 사건 각서의 내용 및 목적, 작성경위 등에 비추어 당초 피고가 투자금으로 '차익거래'만 하기로 하였음을 인정하기에 부족하고 달리 증거가 없다.

2. 이 사건 각서에 기한 약정금 청구

피고는 원고에게 이 사건 각서에 따라 215,030,094원 및 이에 대하여 원고가 피고에게 위 약정금을 청구한 이 사건 소장 부본 송달일 다음날인 2020. 12. 15.부터 피고가 이행의무의 존부, 범위에 관하여 항쟁함이 상당한 이 판결 선고일까지는 민법이 정한 연 5%의, 그 다음날부터 다 갚는 날까지는 소송촉진 등에 관한 특례법이 정한 연 12%의 각 비율로 계산한 지연손해금을 지급할 의무가 있다(원고는 이 사건 각서 작성일인 2020. 5. 3. 다음날부터 지연손해금을 구하나, 이 사건 각서에 기한 약정금 채무는 이행기의 정함이 없는 채무로서 채무자인 피고가 이행청구를 받은 때로부터 지체책임을 부담하는데, 원고가 이 사건 소장 부본 송달 이전에 피고에게 위 약정금 청구를 하였음을 인정할 증거가 없으므로, 위 인정범위를 넘는 원고의 지연손해금 청구는 이유 없다).

해설

Ⅰ. 대상판결의 쟁점

대상판결에서 원고는 피고와 사이에 원고가 피고에게 투자금을 지급하면, 피고가 이를 이용해 거래를 하여 발생한 수익을 나누기로 하는 이 사건 투자위탁계약을 체결하였는데, 처분문서 등을 통한 계약 체결은 없었던 것으로 보인다. 이후 피고가 마진거래를 통해 막대한 손실을 보게 되자 원고는 주위적으로 거래방식 위반에 따른 불법행위(횡령)책임을 주장하고, 예비적으로는 그 이후 책임소재를 분명하게 하기 위해 피고가 작성한 손실 전액 보상 취지의 각서를 근거로 한 약정금 지급 청구를 예비적으로 주장하였다.

대상판결은 주위적 청구에 대하여는 피고가 차익거래만을 하기로 약정하였음을 인정할 증거가 없다면서 이를 받아들이지 않고 이 사건 각서에 기한 예비적 청구는 일부 받아들였다.

대상판결에서는 특히 주위적 청구와 관련하여 투자위탁계약을 체결한 수탁자의 거래방식에 관한 권한 범위가 문제되었는바, 해당 쟁점에 한하여 살펴보기로 한다.

Ⅱ. 대상판결의 분석

1. 이 사건 투자위탁계약의 성격 및 피고의 권한

원고와 피고 사이에 투자금 지급과 이를 통한 거래, 거래를 통해 발생하는 수익의 분배에 관한 이 사건 투자위탁계약이 성립한 사실은 다툼이 없다. 다만 당사자들은 투자 대상 가상자산의 종류, 매매시기, 규모 등에 대하여는 특별히 정함이 없고, 피고의 판단하에 거래를 진행한 것으로 보이는데, 이는 투자자로부터 투자판단의 전부 또는 일부를 일임받아 거래를 진행하는 일종의 투자일임계약으로 봄이 상당하다. 이에 따르면 당사자 사이에 특별한 정함이 없다면 투자방식, 매매시기, 규모 등 거래방식에 대하여는 피고에게 재량이 부여된 것으로 봄이 상당하다. 그러나, 투자일임계약도 일종의 위임계약이므로 수임인은 투자자에 대하여 선량한 관리자의 주의로써 투자일임재산을 운용할 의무가 있다 할 것인데, 다만 가상자산의 경우 자본시장법이 적용되지 않으므로 위 법이 투자일임업자에게 부과한 정도의 의무를 부담한다고는 보기 어려울 것이다.

2. 대상판결에의 적용

(1) 대상판결의 경우, 특별히 처분문서에 의해 계약이 체결되지 않았고, 원고가 피고에게 제한하거나 위임하지 않은 사항이 존재한다고 볼 만한 객관적인 자료는 없었던 것으로 보인다. 대상판결은 이러한 점을 기초로 '가상화폐 거래방식은 중요한 사항으로 피고를 알게 된지 얼마 되지 않은 시점에 거액의 투자금을 맡기면서 거래방식을 차익거래를 제한하고자 했다면 이에 관한 명시적인 증거를 남겼을 것임에도 이를 문서로 남기거나 그와 같은 내용의 문자, 메일 등이 오갔을 것임에도 그러한 자료가 없다'는 점을 지적하면서 거래방식에 특별한 제한을 두지 않았다고 보았다.

대상판결 역시 이 사건 투자위탁계약이 투자일임계약의 일종으로 본 것으로 보이는데, 일반적으로 마진거래와 같이 위험도가 높은 방식에 대하여도 위임을 하였다고 볼 수 있는지는 다소 의문이고, 또한 마진거래에 대한 위임이 있다고 하더라도 당시 시장상황 등에 따라서는 위험도가 매우 높은 마진거래를 하는 것이 선관주의의무 위반에 해당할 여지도 있어 보인다. 그러나, 대상판결에서 피고는 차익거래 뿐만 아니라 다른 거래 방식(마진거래도 존재하였는지는 불분명)도 하였고 이에 대해 원고와 대화를 하는 등의 사정이 존재하였다. 이러한 사정을 고려하면, 원고가 피고에게 특정한 거래방식을 제한한 것으로 보기 어렵다는 대상판결의 판단은 일응 수긍이 간다.

(2) 원고는 이 사건 각서에 '피고가 차익거래만 하기로 했던 약속과는 다르게 임의로 운용'하였다는 점을 강조하기도 하였다. 그러나 대상판결은 이 사건 각서의 문언 내용뿐만 아니라 이 사건 각서의 작성 목적, 경위 등을 고려하여 위 주장을 받아들이지 않았다. 즉, 이 사건 각서의 주된 목적은 원고와 피고 사이의 이 사건 투자위탁계약에서 거래방식을 차익거래만으로 제한하였다는 점을 확인하고자 한 것이 아니라, 피고가 원고의 손실에 대해 책임을 지겠다는 약정을 하기 위해 작성된 것으로 본 것이다. 당시 막대한 손실이 발생하여 피고로서는 원고의 요구에 응할 수 밖에 없는 처지에 있었을 것이고, 이 사건 각서는 그러

한 원고의 요구에 따라 작성된 것으로 보이므로 약정한 거래방식에 관한 객관적인 자료가 없는 상황에서 이 사건 각서를 손실금 지급약정을 제외한 나머지 부분에 대한 중요한 사실 인정 자료로 사용하는 데에는 어려움이 있었을 것이다.

Ⅲ. 대상판결의 평가

대상판결에서는 원고가 불법행위 책임으로 횡령을 주장하면서 거래방식의 위임범위에 한정하여 판단이 이루어졌는데, 만일 원고가 위임계약상 선관주의 의무 위반 등을 청구원인으로 주장하였다면 증거관계에 따라 결론이 달라졌을 가능성도 있었을 것으로 보인다. 그러나 대상판결의 경우에는 이 사건 각서의 존재로 인해 위와 같은 주장이 불필요했던 것으로 보인다.

가상자산 투자위탁계약의 경우에는 자본시장법이 적용되지 않아 투자위임을 받은 자들의 의무 내용이 명확하지 않고, 이로 인해 지속적인 분쟁이 발생하고 있다. 대상판결은 가상자산 투자위탁계약이 일종의 투자일임계약임을 전제로 특별한 정함이 없는 한 위험도가 높은 거래방식도 위임범위에서 배제되지 않는다고 보았는바, 투자위탁계약에서 수임인의 위임 범위를 해석함에 있어 참고가 될 것으로 생각된다.

[33] 수수료를 받고 가상자산 투자거래를 하는 자의 지위 및 위임인에 대한 주의의무

—춘천지방법원 강릉지원 2022. 6. 7. 선고 2021나31016 판결, 2022. 6. 24. 확정—

[사실 개요]

1. 피고는 미국 국적의 교포로서 비트코인 등 가상자산을 거래하며 투자하는 사람이다.
2. 원고는 2019. 2.경 피고를 알게 된 후 가상자산 투자 등에 관한 설명을 듣고 가상자산거래소에 계좌를 개설하여 피고가 문자로 알려주는 종목에 투자하는 등 가상자산 투자를 시작하였다.
3. 2019. 5. 20. 피고는 원고에게 '다른 종목은 다 떨어질 테니 매도하고 비트코인으로 통일하라'는 취지의 문자를 보냈고, 원고는 2019. 5. 21.과 2019. 5. 22. 피고에게 '비트코인만 1억 6,000만 원 매도시점 알려 달라'는 등 어떻게 할지 방법을 묻는 문자를 보냈다. 이에 피고는 2019. 5. 22. 원고에게 동영상 파일 등을 보내면서 '비트코인이 한 두 시간 있으면 갑자기 50% 확 올라갈 것 같고 더 빨리 올라갈 수도 있으니 최대한 빨리 그 과정을 마쳐야 한다'는 취지의 문자를 보냈다.
4. 그러자 원고는 좀 어려운 것 같으니 비트코인을 매도해서 피고에게 송금하면 어떻겠느냐는 제안을 하였고, 피고는 비트코인을 매도할 필요는 없고 비트코인 자체를 보내도 된다는 답변을 하였다. 원고는 같은 날 피고의 비트코인 계좌로 16비트코인을 송금하였다.
5. 당시 피고의 위 계좌에는 4.4168비트코인이 잔고로 있어 원고가 보낸 비트코인과 합쳐 20.4168비트코인이 되었고, 피고는 이를 가지고 비트코인 선물마진거래를 하였으나 2019. 5. 31. 잔고가 0.1005비트코인으로 되어 사실상 전액 손실이 되었다.
6. 원고는 피고가 선물투자에 관한 위험성에 대한 설명의무 등 불이행, 투자방법 및 투자결과를 고지하지 않고 손실 중에도 수익 중인 것처럼 허위사실을 고지하여 기망 또는 오인 유발, 수임인에게 요구되는 선량한 관리자의 주의의무 위반하여 투자 계좌를 독립적으로 관리 하지 않아 지분 희석을 유도, 비트코인이 상승함을 전제로 투자한다고 하였으면서도 상승구간에서도 손실이 발행한 경우가 있는 등 비정상적인 투자를 하였다는 등의 이유로, 피고를 상대로 불법행위책임 및 위임계약상 수임인의 주의의무 위반을 원인으로 16비트코인을 매수한 가격 상당액의 손해배상청구를 하였다.
7. 이에 대해 피고는, 원고가 비트코인 매매에 관하여 전적으로 자신의 계산으로 하기로 하는 일임매매를 요청하며 피고에게 비트코인을 전송한 것이고, 피고는 원고의 부탁에 따라 선의로 원고를 대신하여 비트코인 매매를 한 것뿐이며, 원고도 처음부터 이 사건 거래의 성질 및 위험성을 충분히 알고 있었고, 피고에게 일반적인 위임계약과 동일한 정도의 주의의무가 있다고 할 수도 없고 주의의무위반을 한 바도 없으며, 이 사건 거래의 위험성에 관하여 사전에 설명할 의무가 있다거나 설명의무를 위반했다고 할 수 없다면서 책임이 부인하였다.

8. 제1심은, 원고와 피고 사이에는 피고가 원고를 대신하여 직접 비트코인을 투자하되 그 수익이 1억 원이 될 때마다 수익의 30%를 피고가 수수료로 받기로 하는 포괄적인 투자위임계약이 성립되었는데, 피고가 일종의 금융투자업을 하면서 원고에게 선물마진거래의 방법과 구조, 위험성 등 정보를 설명하거나 고지하지 않은 잘못이 있고 또 다른 한편, 손실 중임에도 수익이 나는 것처럼 하여 원고가 투자과정과 내역에 착오를 일으키게 하여 원고의 정당한 회수기회를 박탈한 잘못 등이 있어 불법행위책임이 인정된다고 보아(나머지 독립적인 계좌 미사용, 비정상적 투자 관련 주장은 받아들이지 않았다), 손해배상책임을 인정하되 그 피고의 책임을 50%로 제한하였다.
9. 이에 피고가 항소하였고, 항소심에서 원고가 책임제한으로 패소한 부분에 대해 부대항소를 하였다.

[판결 요지]

1. 원고와 피고의 사이의 투자위임계약

당사자 사이에 오간 문자메시지 내용 등에 비추어 보면, 원래 피고는 원고에게 자신이 수익률이 높은 비트코인 거래에 관하여 정보를 제공하여 주고 그로 인한 수익이 1억 원이 될 때마다 그 15%를 원고로부터 받기로 제안하여 원고가 이에 동의하였다가, 막상 원고가 직접 해보려다 보니 그 방법을 이해하지 못하자 피고에게 비트코인을 맡기기로 하면서, 원고와 피고 사이에는 피고가 원고를 대신하여 직접 비트코인을 투자하되 그 수익이 1억 원이 될 때마다 수익의 30%를 피고가 수수료로 받기로 하는 포괄적인 투자위임계약이 성립하였다고 할 것이다.

피고는 아무런 대가 없이 선의로 원고의 부탁을 들어준 것일 뿐이라고 주장하나, 피고가 먼저 적극적으로 원고의 투자방식으로는 아깝다면서 고수익의 비트코인 투자를 제안하며 그로 인한 수수료율까지 제시하였고, 원고도 피고의 제안에 응하겠다면서 이 사건 비트코인 거래가 이루어졌다는 점에서 받아들이기 어렵다.

2. 고지의무 및 설명의무 위반 여부

피고는 여러 투자자로부터 가상자산을 받아 고수익을 목표로 운용하는 사람으로, 투자를 권유함에 있어 비록 자본시장법에 규정된 적합성 원칙과 설명의무에 관한 규정은 직접 적용받지 않는다고 하더라도, 가상자산의 처분행위에 있어서 필요한 정보를 그 행위의 목적에 적합한 정도로 고지하거나 설명하여야 할 신의칙상의 의무는 인정된다고 볼 것이다.

다음 사정들에 의하면, 피고는 원고에게 투자 행위의 목적에 적합한 정도로 고지 내지 설명을 한 것으로 보이고, 그 밖에 제출된 증거만으로는 피고가 원고에 대하여 신의칙상의 고지의무 내지 설명의무를 이행하지 않았다고 인정하기 어렵다.

① 피고는 2019. 5. 22. 원고에게 투자하는 방법을 설명하는 동영상을 보내면서, '15분이면 이 과정을 끝낼 수 있거든요. 혹시 30분.', '……최대한 빨리 이 과정을 마무리하셔야 합니다. 준비 자리를 잡아 놓으셔야 합니다.'라고 메시지를 보내면서, 투자 방법에 대한 공부를 재촉하였다.

② 그런데 원고는 가장 처음의 2분 34초짜리 동영상만 내려받고, 나머지 37.14MB, 14.25MB 용량의 동영상은 내려받지도 않은 상황(메신저에서 동영상을 휴대전화 메모리로 내려받지 않으면 재생시간이 몇 분 몇 초인지 표시되지 않는다)에서 피고에게 '좀 어려울 것 같으니 비트코인 매도해서 1억 원을 동생한테 송금하면 어떨까? 자세한 내용은 만나서 이야기를 하고'라고 메시지를 보냈다.

③ 앞선 대화 경위에 비추어 볼 때, 피고는 선물마진거래 방식의 투자에 관하여 나름대로 설명하는 동영상을 원고에게 보냈으나, 원고가 그 동영상의 일부만을 내려받은 상태에서 어려울 것 같다는 이유로 더 이상의 이해를 포기하였다. 피고에 대하여는 자본시장법에 규정된 금융투자업자에 준하는 정도의 고지의무·설명의무를 이행할 것이 요구되지는 않는바, 피고가 위와 같은 방법으로 투자방식에 관하여 설명한 이상 원고에게 필요한 정보를 고지 또는 설명하였다고 보인다.

3. 정당한 회수기회 박탈 여부

이 사건 투자위임계약은 그 투자방법에 관하여 피고에게 포괄적으로 위임하였고, 그 거래의 특성상 수시로 대규모 이익이 나기도 하고 대규모 손실을 입을 수도 있는 것이므로, 피고가 원고에게 그때마다 투자내역을 구체적으로 고지하거나 투자결과를 매일같이 보고할 의무까지 있다고는 할 수 없다. 그러나 피고는 이미 상당한 폭의 손실이 발생한 상태였던 2019. 5. 24. 원고에게 '안녕하세요 1,300만 원까지 올라가면, 그리고 거래만 잘 한다면 갑작스럽게 부자됩니다'라는 문자를 보내고, 2019. 5. 25.에는 '형님, 안녕하세요. 비트코인 가격이 이제 본격적으로 40% 올라갔는데요. 40% 올라가고 나서 이제 정산 처리하면 돈이 좀 상당하게 상승했을 겁니다. 계산은 제가 보여드릴게요. 조금 시간 여유가 생길 때'라는 음성메시지를 남기는 등, 손실 사실을 숨기고 마치 상당한 수익이 나고 있는 듯한 태도를 보인 사실이 인정되고, 이러한 피고의 행위로 인하여 원고가 이 사건 투자과정과 내역에 관하여 착오를 일으켜 정당한 투자금 회수기회를 적시에 행사하지 못하였다고 판단된다. 따라서 피고는 그로 인하여 원고가 입은 손해를 배상할 책임이 있다.

4. 선관주의의무 위반 여부

원고의 비트코인을 별개의 계좌에 독립적으로 관리하지 않았다거나 정상적인 투자를 하지 않았다는 주장에 대해서는, 원고가 피고의 계좌에 비트코인을 급하게 송금하게 된 경위와 그 과정에서 별도의 잔고가 있다는 점도 알렸다는 점에 비추어 그 비트코인을 별개의 계좌에 독립적으로 관리하지 않았다고 하여 선관주의의무를 위반한 것이라고 보기는 어렵고, 또한 피고가 이 사건 비트코인 선물거래를 하면서 일부 손실을 회복하기도 하였던 시기도 있고 피고 자신의 비트코인도 전부 손실을 본 사정 등에 비추어 제출된 증거만으로는 피고가 정상적인 투자를 하지 않아 선관주의의무를 위반하였다고 보기 어렵다.

5. 손해배상의 범위

피고가 위와 같이 원고에게 수익이 나고 있는 듯한 태도를 보이는 바람에 원고가 정당한 회수기회를 박탈당하였는바, 피고는 그로 인하여 원고가 입은 손해를 배상할 책임이 있다. 원고가 피고에게 위탁한 16비트코인은 2019. 5. 31. 모두 손실 처리됨으로써 손해가 확정되었으므로, 원고의 손해액은 원금에 해당하는 16비트코인을 원화로 환산한 153,600,000원이다[2019. 5. 22. 원고가 16비트코인을 피고에게 송금할 당시 원화환산금액이 153,600,000원이라는 점에 관해서는 당사자 사이에 다툼이 없다. 원칙적으로는 16비트코인이 모두 손실 처리되어 더 이상 회복이 불가능해진 2019. 5. 31.을 기준으로 하는 것이 적절할 것이나, 갑 제5호증의1, 3의 각 기재와 변론 전체의 취지에 의하면 같은 날에도 비트코인 가격은 변동이 심하여 특정이 어려운 상황으로서 2019. 5. 22.자 1비트코인의 평균가가 7891.7USD이고, 2019. 5. 31.자 평균가가 8928.99USD이어서 일응 2019. 5. 22.자 원화환산금액이 더 적을 것으로 추인되므로, 원고가 손해액이라고 주장하는 2019. 5. 22.자 원화환산금액 153,600,000원을 손해액으로 인정한다].

6. 책임의 제한

위 인정사실과 앞서 든 증거들에 의하여 인정되는 다음과 같은 사정, ① 원고는 피고가 동영상으로 보내 준 투자 방법이 어렵다고 하였음에도, 그 위험성이나 변동성에 대하여 구체적으로 문의하거나 알아보지 않은 채 조심성 없이 피고에게 전적으로 투자를 일임한 점, ② 피고는 1억 원 이상 수익이 나야 수수료를 지급받을 수 있는데, 전부 손실이 발생한 바람에 아무런 이익을 얻지 못한 점, ③ 원고가 단 9일 만에 전액 손실이 발생할 것으로는 차마 예상하지 못하였더라도 가상자산 투자의 성격 및 위험성에 비추어 원고로서도 손실가능성은 감수할 의사가 있었다고 봄이 상당한 점, ④ 피고가 마치 단기간에 고수익을 얻을 수 있고 시간도 촉박한 것처럼 말하기는 하였으나, 이러한 고수익 투자에는 그에 상응하는 손실가능성이 병존한다는 것은 일반적인 사회경험이 있는 사람이라면 약간의 주의를 기울이면 충분히 알 수 있었을 것으로 보이는 점 등을 참작하여 피고의 책임을 30%로 제한한다.

해설

Ⅰ. 대상판결의 쟁점

원고는 피고에게 자신의 비트코인을 제공하여 피고로 하여금 피고의 판단 하에 투자할 수 있도록 투자에 관하여 전적인 위임을 하였다. 피고는 자신의 비트코인을 보관하던 전자지갑에 위 코인도 함께 보관하면서 선물마진거래를 하였는데 원고의 비트코인을 포함한 보유 비트코인을 사실상 상실하게 되었다.

원고는 피고를 상대로 투자위임계약을 체결하여 코인을 지급한 것이라면서 위임계약상 여러 의무를 위반하였다고 주장하며 이 사건 소를 제기하였다. 따라서 이 사건의 쟁점은, 투자위임계약의 체결여부, 계약상 의무로서 고지의무 및 설명의무 위반 여부, 정당한 회수기회 박탈 여부, 수임인으로서의 선관주의의무 위반 여부 등이다. 특히 대상판결과 제1심은 가상자산 투자위임계약의 경우 수임인의 고지의무 및 설명의무의 정도를 다르게 보아 이 부분 판단을 달리하였다.

Ⅱ. 대상판결의 분석

1. 투자위임계약의 성립 여부

계약이 성립하기 위해서는 당사자 사이에 의사의 합치가 있을 것이 요구되고 이러한 의사의 합치는 당해 계약의 내용을 이루는 모든 사항에 관하여 있어야 하는 것은 아니지만 그 본질적 사항이나 중요 사항에 관하여는 구체적으로 의사의 합치가 있거나 적어도 장래 구체적으로 특정할 수 있는 기준과 방법 등에 관한 합의는 있어야 하고, 그러한 정도의 의사의 합치나 합의가 이루어지지 아니한 경우에는 특별한 사정이 없는 한 계약은 성립하지 아니한 것으로 보는 것이 타당하다(대법원 2001. 3. 23. 선고 2000다51650 판결, 대법원 2012. 6. 28. 선고 2011다102080 판결 참조). 그리고 계약이 성립하기 위한 법률요건인 청약은 그에 응하는 승낙만 있으면 곧 계약이 성립하는 구체적, 확정적 의사표시여야 하므로, 청약은 계약의 내용을 결정할 수 있을 정도의 사항을 포함시키는 것이 필요하다(대법원 2003. 4. 11. 선고 2001다53059 판결, 대법원 2005. 12. 8. 선고 2003다41463 판결 참조).

이 사건에서 원고는 피고와 포괄적인 투자위임계약을 체결하였다고 주장한 반면, 피고는 선의로 원고의 부탁을 들어준 것이라고 반박하였다. 투자위임계약의 성립여부는 결국 당사자들이 피고가 원고를 대신해 직접 비트코인을 투자하되 일정 수익 발생시 수수료를 피고에게 지급하기로 하는 것에 대한 의사합치가 있었는지의 문제이다.

그런데 피고가 원고에게 보낸 문자메시지, 음성메시지 등에 의하면, 피고가 먼저 수수료율을 제시하며 포괄적인 투자위임계약을 제안하였고 원고가 이에 응하여 비트코인 16BTC를 피고에게 지급한 사실이 인정되었다. 즉 피고는 최초 정보 제공을 조건으로 하여 수익 1억 원시마다 수수료 15%를 제안하였으나, 원고가 스스로 잘 되지 않자 피고가 원고를 대신하여 원고의 비트코인을 받아 직접 투자하되 수익 1억 원시마다 수수료 30%로 늘리는 내용으로 계약을 변경하였다. 이러한 사정을 고려하면 원고와 피고 사이에는 위와 같은 내용의 포괄적인 투자위임계약이 체결되었다고 봄이 타당할 것이다.

2. 가상자산 투자위임계약의 수임인의 주의의무 및 위반 여부

(1) 고지의무 및 설명의무 위반 여부

자본시장법은 금융투자업자가 투자권유를 하는 경우 금융투자업자에게 거래상 주요 정보에 대한 설명의무 및 적합성 원칙 준수의무를 부과하고 있다. 대상판결과 같이 가상자산 투자권유를 하는 자에게는 자본시장법이 직접 적용되지 않을 것이나, 그로부터 이득을 얻는 이상 투자결정을 함에 있어 필요한 수준의 정보를 적당한 방법으로 고지하거나 설명하여야 할 의무가 있다할 것이다. 이러한 의무는 투자위임계약상 수임인으로서 신의칙상 당연히 인정되는 것으로 봄이 상당하다.

대상판결의 경우 피고가 위와 같은 수임인으로서의 의무를 이행하였는지 여부가 문제되었는데, 제1심과 대상판결의 결론이 서로 달랐다.

우선 제1심은 피고가 설명의무를 위반하였다고 판단하였다. 주된 근거는 원고와 피고의 투자 경험과 지식의 차이였다. 원고는 가상자산 매매방식의 투자만을 해보았을 뿐 피고가 시도한 전문적인 선물마진거래의 경험은 없어 그 구조나 방식을 전혀 모르는 사람인데, 피고는 이러한 선물마진거래의 방법과 구조, 그로 인한 위험성 등을 제대로 설명하지 않았다고 보았다. 그러나 대상판결의 판단은 달랐다. 피고는 원고에게 투자 방법에 관한 동영상을 보내며 공부를 재촉하였음에도 원고는 동영상도 제대로 보지 않은 상황에서 피고에게 비트코인을 송금하여 투자위임계약을 체결하였는바, 피고는 투자방식과 필요한 정보를 적정한 방식으로 고지하고 숙지할 것을 요청하였음에도 원고가 스스로 그 이해를 포기한 것으로 본 것이다.

대상판결은 자본시장법이 규율하는 엄격한 방식의 적합성 원칙 준수의무와 설명의무에 관한 내용이 가상자산 투자에 대하여는 그대로 적용될 수 없음을 전제로 그보다 완화된 정도의 설명의무를 요구한 것으로 보인다. 현재 가상자산 거래는 기본적으로 시장의 자율에 맡겨져 있어 금융투자에서 적용되는 정도의 엄격한 설명의무가 요구되지는 않는다고 본 대상판결의 태도가 보다 합리적이다.

(2) 정당한 회수기회 박탈 여부

투자위임을 받은 피고에게 거래의 결과나 과정, 상황을 원고에게 보고할 의무가 있는지 문제된다. 해당 계약이 포괄적 투자위임계약이고, 가상자산 거래는 단기간에 대규모의 수익과 손실이 발생할 수 있으며 수많은 거래가 단기간에 이루어지는 점을 고려하면, 당사자 사이의 특별한 약정이 없는 한 개별거래 또는 매일 현황을 구체적으로 고지하거나 보고할 의무는 없다고 봄이 타당할 것이다.

그러나 투자위임계약의 수임인은 선관주의의무를 부담하므로 막대한 손실발생 등 위임인의 투자지속 여부 결정에 중대한 영향을 미칠 수 있는 사항에 대하여는 보고할 의무가 있다고 봄이 상당하고, 특히 보고를 하는 경우에는 거래내역이나 수익현황 등에 대해 사실 그대로를 보고하여 원고로 하여금 적절한 판단을 할 수 있도록 해야 할 의무를 부담할 것이다.

그런데 대상판결의 경우 피고는 투자가 손실 중임에도 마치 수익이 나는 것처럼 허위로 원고에게 보고한 것으로 보인다. 이로 인해 원고는 자신이 상당한 수익 중이라는 착오에 빠져 제대로 된 판단을 하지 못하여 결과적으로 손해를 입게 되었는바, 피고는 투자위임계약의 수임인으로서 부담하는 주의의무를 위반하여 원고에게 손해를 입혔으므로 이에 대한 손해배상의무를 부담하고, 따라서 대상판결의 판단은 정당하다. 나아가 위와 같은 피고의 행위는 단순히 고지의무 불이행을 넘어서 적극적인 기망행위로 평가할 수도 있을 것이다.

다만, 변동성이 큰 가상자산의 특성을 고려하면 피고가 손실 사실을 정확하게 보고하였더라도 원고가 이를 전량 매도하였을지는 확실하지 않을 것이나, 이러한 사정은 책임제한을 하는 경우 고려함이 타당할 것이다.

(3) 비트코인의 관리 방식, 비정상 투자로 인한 선관주의의무 위반 여부

원고는 피고가 원고의 비트코인을 별개의 계좌를 통해 독립적으로 관리하지 않아 선관주의의무를 위반하였다고 주장하였다. 그러나 당사자 사이에 특별한 정함이 없다면, 가상자산 투자위임계약의 경우 수임인이 자신의 비트코인과 위임인의 비트코인을 독립하여 관리하여야 한다는 법률상 근거는 없고, 그러한 관리 방식이 일반적인 방식으로 보기도 어려워 보인다.

또한 원고는 피고가 비트코인 가격 상승을 전제로 투자한다고 하였으면서도 상승구간에서도 손실이 발생하는 등 정상적인 투자를 하지 않았다고도 주장하였다. 가상자산의 경우 잦은 가격 변동과 추세의 변화 등으로 상승 구간에 투자하였다고 하더라도 손실이 발생한 가능성을 배제할 수 없고 그 반대의 가능성도 존재한다. 실제 대상판결의 경우에도 손실과 수익이 병존했던 것으로 보인다. 따라서 피고가 의도적으로 또는 투자자라면 일반적으로 알고 있을 투자 상식에 반하여 거래를 하였다는 등의 사정이 없는 한 단순히 위와 같은

사정만으로 주의의무를 위반하였다고 보기는 어려울 것이다. 더군다나 피고는 자신의 비트코인도 전부 손실되기도 하였다.

3. 손해배상의 범위

(1) 손해의 구체적인 액수

채무불이행으로 인한 손해배상청구권은 현실적으로 손해가 발생한 때에 성립하는 것이고 불법행위로 인한 손해배상청구권은 원칙적으로 위법행위 시에 성립하지만 위법행위 시점과 손해발생 시점 사이에 시간적 간격이 있는 경우에는 손해가 발생한 때에 성립한다.

대상판결은 잘못된 고지를 통해 원고의 정당한 투자금 회수기회를 박탈하였는바, 결국 위임한 비트코인이 모두 손실 처리된 2019. 5. 31. 현실적인 손해가 발생하였다고 봄이 상당하다.

대상판결 역시 위 일자에 손해가 확정되었다고 하면서 다만, 해당 일자에 대한 정확한 시가를 산정하기 어렵다는 이유로 당사자 사이에 다툼이 없는 2019. 5. 22.자 원화환산금액(153,600,000원)을 손해액으로 정하였다.

(2) 책임의 제한

피해자의 과실이 없더라도 손해의 공평·타당한 분담이라는 손해배상법의 이념을 실천하기 위해 법원은 불법행위로 피해자가 입은 손해 일부를 감액하여 배상의무를 지우고 있다. 제1심과 대상판결 모두 책임을 제한하였는데 제1심은 50%, 대상판결은 30%로 비율을 달리 산정하였다. 비율만 본다면 제1심은 원고와 피고가 동일한 책임이 있다고 본 반면, 대상판결은 원고의 책임을 더 중하게 본 것이다.

제1심과 대상판결이 설시한 사정들은 유사하다. 즉, 제1심, 대상판결 모두 원고가 피고에게 전적으로 투자를 일임한 경위, 피고도 수수료를 전혀 받지 못했고, 가상자산 투자의 성격과 위험성 및 이에 대한 원고의 감수 의사, 고수익 투자에 따르는 손실가능성에 대한 인식 여부 등을 고려하였는데, 다만 대상판결은 제1심과 달리 피고의 고지의무 및 설명의무 위반이 없다고 판단하면서 그 비율을 원고에게 불리하도록 조정한 것으로 보인다. 참고로 이러한 책임제한 사유에 관한 사실인정이나 그 비율 산정은 그것이 형평의 원칙에 비추어 현저히 불합리하다고 인정되지 않는 한 사실심의 전권사항에 속한다(대법원 2017. 6. 8. 선고 2016다249557 판결, 대법원 2020. 6. 25. 선고 2020다219850 판결 등 참조).

Ⅲ. 대상판결의 평가

원고는 정보제공을 통해 투자를 유도하는 사적 투자방 등에 참여하였다가 손해를 보고 이 사건 소송에까지 이른 것으로 보인다.

대상판결은 당사자 사이의 약정이 투자위임계약에 해당하는지와 이러한 투자위임계약의 경우에 있어 수임인의 주의의무로서 사전설명의무, 사실고지를 통한 정당한 회수기회 부여 의무 등에 대해 판단을 하였다. 특히 투자위임계약의 경우 수임인이 자본시장법상에서 정한 엄격한 정도의 주의의무를 부담하는 것은 아니지만 수임인으로서 선관의무를 부담함을 전제로 일정한 고지의무를 부담한다고 보아 설명 내지 고지의무 위반 여부와 관련하여 구체적인 판단이 이루어진 점에서 의의가 있다.

제5장

가상자산 거래소를 통한 거래 및 관련 분쟁

[34] 알고리즘거래프로그램을 사용하였다는 것을 이유로 한 가상자산 거래소 이용제한 조치의 위법성 여부

—서울중앙지방법원 2019. 1. 9. 선고 2018가합525502 판결, 2019. 1. 25. 확정—

[사실 개요]

1. 피고는 전자상거래 및 관련 유통업 등을 영위하는 회사로서, 가상자산 거래 및 관련 서비스를 제공하는 사이트인 A를 운영하고 있고, 원고는 A 사이트의 가입자이다.
2. 원고는 2017. 12. 13. 피고와 A 사이트 이용 계약을 체결하면서 피고의 'A 이용 약관'(이하 '이 사건 약관')에 대하여 동의하였는데, 이 사건 약관의 주요 내용은 아래와 같다.

제10조 (회원의 의무)

① 회원은 아래의 행위를 하여서는 안됩니다.

8. 회사의 사전 승낙 없이 에이전트(Agent), 스크립트(Script), 스파이더(Spider), 스파이웨어(Spyware), 툴바(Toolbar) 등의 자동화된 수단, 기타 부정한 방법을 통하여 서비스에 접속하는 행위, 노출횟수 및 클릭횟수를 부정하게 생성하거나 증가시키는 행위, 서비스 이용 신청을 하는 행위, 회사의 서버에 부하를 야기하는 행위

10. 가상자산의 시세에 부당한 영향을 주는 등의 방법으로 건전한 거래질서를 교란하는 행위

11. 기타 불법적이거나 부당한 행위

② 회원은 관계 법령, 이 약관, 이용안내 및 서비스와 관련하여 이 회사가 공지하거나 통지한 사항 등을 준수하여야 하며, 기타 회사의 업무에 방해되는 행위를 하여서는 안 됩니다.

제20조 (이용제한 등)

① 회사는 다음 각 호에 해당하는 경우 회원의 서비스 로그인을 제한할 수 있습니다.

1. 비밀번호 연속 오류의 경우
2. 해킹 및 사기 사고가 발생한 경우
3. 명의 도용으로 의심되는 경우
4. 기타 회사의 운영정책상 로그인을 제한해야 하는 경우

② 회사는 다음 각 호에 해당하는 경우 회원의 입금 및 출금 이용을 제한할 수 있습니다.

1. 가입 회원명과 입금자명이 다르게 입금되었을 경우
2. 회원가입 후 첫 출금액이 과도한 경우
3. 기타 회사의 운영정책상 입금 및 출금 이용을 제한하거나 지연해야 하는 경우

③ 본 조의 이용제한 범위 내에서 제한의 조건 및 세부내용은 운영정책, 이용안내 등에서 회사가 정하는

바에 의합니다.
④ 본 조에 따라 서비스 이용을 제한하거나 이용계약을 해지하는 경우에는 회사는 제22조에 따른 방법으로 회원에게 통지합니다.
⑤ 회원은 본 조에 따른 이용제한 등에 대해 회사가 정한 절차에 따라 이의신청을 할 수 있습니다. 이때 이의가 정당하다고 회사가 인정하는 경우 회사는 즉시 서비스의 이용을 재개합니다.

3. 원고는 피고에게 2017. 12. 13. 300,000원, 같은 달 18. 1,200,000원을 피고의 계좌로 입금하였고, 피고는 원고에게 위 각 돈과 같은 액수의 KRW 가상자산(이하 'KRW')을 원고의 A 지갑에 지급하였다.
4. 원고는 2017. 12. 13.부터 2018. 1. 2.까지 A 사이트에서 A 지갑에 지급된 위 1,500,000KRW를 이용하여 비트코인, 이더리움 등의 가상자산을 매수하고 KRW를 지급하거나 가상자산을 매도하고 KRW를 지급받는 방식으로 가상자산 매매 거래(이하 '이 사건 거래')를 하였고, 위 거래를 통하여 얻은 KRW 중 일부에 대하여 피고에게 현금 출금을 요청하여 피고로부터 233,730,000원을 출금하였다.
5. 원고는 위 2017. 12. 13.부터 2018. 1. 2.까지 이 사건 거래를 하면서, 당시 회원들에게 공식적으로 공개되지 않은 A 사이트의 API(Application Programming Interface의 약자로, 운영체제와 응용프로그램 사이의 통신에 사용되는 언어나 메시지 형식을 말한다)를 사용하여 A 사이트에서 가상자산과 관련된 자동 거래를 할 수 있는 자동화 프로그램(이하 '이 사건 프로그램')을 개발하여 이 사건 거래에 사용하였다.
6. 피고는 2018. 1. 2. 이상주문을 이유로 원고의 A 사이트 계정의 이용을 제한(이하 '이 사건 이용 제한')하였고, 원고에게 문자메시지로 위 이용 제한을 통지하였으며, 이후 원고는 A 사이트의 로그인 및 보유한 가상자산의 출금이 제한되었다.
7. 피고는 2018. 5. 28.경 원고의 A 사이트 계정에 대하여 이 사건 이용 제한을 해제하였다.
8. 이에 대하여 원고는 '피고가 2018. 1. 2.부터 같은 해 5. 28.까지 원고에 대하여 A 사이트의 이용을 제한한 것은 아래와 같이 피고의 계약상 의무 불이행 또는 피고의 고의·과실로 인한 위법행위에 해당하므로, 피고는 원고에게 채무불이행 또는 불법행위에 기하여 원고가 입은 손해를 배상할 책임이 있다'고 주장하면서 피고를 상대로 소를 제기하였다.
① 이 사건 프로그램은 A 사이트의 가상자산 가격 조회·단순 매수·단순 매도·주문 취소 기능을 자동화시킨 것에 불과하고 비정상적인 기능이 전혀 없으므로, 원고가 이 사건 거래에 이 사건 프로그램을 사용한 것이 이 사건 약관을 위반한 것이라고 할 수 없는바, 피고는 원고의 위 행위에 대하여 A 사이트의 이용을 제한할 수 없다.
② 설령 원고의 이 사건 프로그램 사용 행위가 이 사건 약관을 위반한 것이라고 하더라도, 원고에 대한 이 사건 이용 제한의 근거가 되는 이 사건 약관 제20조 제1항 제4호 및 제2항 제3호(이하 '이

사건 이용 제한 조항')는 약관규제법(이하 '약관규제법') 제6조에 의하여 무효이거나 제한적으로 해석되어야 하는바, 이 사건 이용 제한 조항은 원고의 위 행위에 적용될 수 없으므로, 이 사건 약관상 원고의 위 행위에 대하여 A 사이트의 이용을 제한할 근거가 없다.

③ 손해배상의 범위에 관하여, 원고가 2018. 1. 2. 당시 보유한 가상자산의 환산액인 190,796,870원을 같은 해 5. 28.까지 운용하지 못함으로써 발생한 법정이율 연 5%의 운용이익 상당액인 3,789,800원은 통상손해에 해당하고, 원고가 2018. 1. 2. 당시 보유한 가상자산의 시가가 같은 해 5. 28.까지 하락함으로써 발생한 차액인 77,956,492원은 특별손해로서 피고가 그 사정을 알거나 알 수 있었으므로, 피고는 원고에게 합계 81,746,292원(= 3,789,800원 + 77,956,492원) 및 이에 대한 지연손해금을 배상하여야 한다.

[판결 요지]

1. 원고의 이 사건 프로그램 사용 행위가 이 사건 약관을 위반한 것인지 여부

① 이 사건 프로그램이 가상자산 매수·매도·주문 취소 등의 기능을 자동적·반복적으로 수행하는 자동화된 수단임은 원고도 자인하고 있는 점, ② 피고는 2018. 6. 21. A 사이트의 API를 공개하면서 A 사이트 회원들이 위 API를 활용하여 앱과 프로그램을 직접 제작할 수 있음을 공지하였고, 이 사건 프로그램은 원고가 A 사이트의 API를 이용하여 만든 것이기는 하나, 원고가 이 사건 프로그램을 만든 시점은 2017. 12.경으로서 위 API가 공개되기 전이고, 원고 스스로도 피고가 당시 위 API를 공식적으로 제공하지 않았음을 자인하고 있는바, 원고가 이 사건 프로그램과 같은 자동화된 수단을 사용함에 있어 피고의 사전 승낙이 있었다고 보기 어려운 점, ③ 원고는 이 사건 프로그램을 이용하여 2017. 12. 16.부터 2018. 1. 2.까지 단 18일 만에 1,500,000원으로 179,887회(일 평균 약 9,993회)의 거래를 하여 423,026,870원의 수익(= 출금액 233,730,000원 + 잔고액 190,796,870KRW − 입금액 1,500,000원, 일 평균 약 23,501,492원)을 얻었을 뿐만 아니라 입금된 현금 대비 283배[=(233,730,000원 + 190,796,870KRW)/ 1,500,000원, 일 평균 약 15.7배]의 수익을 얻었는바, 이러한 단기간의 비정상적인 수익 창출 과정에서 가상자산의 시세에 부당한 영향이 발생하였을 개연성이 높고, 적어도 그러한 거래 행위는 그 결과 자체로도 건전한 거래질서를 교란하는 행위라고 볼 수 있는 점, ④ 원고의 주장과 같이 이 사건 프로그램이 단순 매수·매도 기능을 이용한 것이라고 하더라도, 원고가 피고의 사전 승낙 없이 이 사건 자동화 프로그램을 이용하여 일반 회원들로서는 불가능한 수준의 다량의 거래를 발생시켜 단기간에 위와 같은 수익을 발생시키는 행위는 피고와의 관계나 다른 회원들과의 관계에서 사회통념상 부당한 행위라고 볼 수 있는 점 등에 비추어 보면, 원고의 이 사건

프로그램 사용 행위는 이 사건 약관 제10조 제8호의 '회사의 사전 승낙 없이 자동화된 수단을 통하여 서비스에 접속하는 행위, 서비스 이용 신청을 하는 행위', 제10호의 '건전한 거래질서를 교란하는 행위', 제11호의 '기타 불법적이거나 부당한 행위'에 해당하여, 위 약관 규정을 위반한 것이라고 봄이 타당하다.

2. 이 사건 이용 제한 조항이 약관규제법에 위반되는지 여부 등

이 사건 이용 제한 조항의 '기타 회사의 운영정책상'의 의미는 이 사건 약관 제20조 제1항 각 호 및 제2항 각 호에 준하는 정도의 운영정책상 필요가 있는 경우로 해석된다고 봄이 상당한바, 이 사건 이용 제한 조항은 위와 같은 정도의 운영정책상 필요가 있는 경우에 한하여 이용 제한을 하는 것이므로 고객에게 부당하게 불리하다고 할 수 없고, 같은 조 제1항 각 호 및 제2항 각 호를 통하여 이용 제한의 범위를 예상할 수 있으므로 고객이 예상하기 어렵다고 보기 어려우며, 위와 같은 경우에 한하여 이용 제한을 하는 이상 계약의 목적을 달성할 수 없을 정도로 계약에 따르는 본질적 권리를 제한한다고 보기도 어려우므로, 이 사건 이용 제한 조항이 약관규제법 제6조의 신의성실의 원칙을 위반하여 공정성을 잃은 약관 조항에 해당하여 무효라고 보기 어렵다.

나아가 이 사건 이용 제한 조항의 '기타 회사의 운영정책상'의 의미가 앞서 본 바와 같이 이 사건 약관 제20조 제1항 각 호 및 제2항 각 호에 준하는 정도의 운영정책상 필요가 있는 경우로 해석되더라도, 이 사건 약관의 체계, 구조 및 위 약관 제20조 제1항 각 호 및 제2항 각 호의 내용 등에 비추어 볼 때, 적어도 이 사건 약관 제10조 위반 행위는 위와 같은 운영정책상 필요가 있는 경우에 해당한다고 보아야 할 것이므로, 이 사건 프로그램 사용 행위가 이 사건 약관 제10조 위반 행위에 해당하는 이상 이 사건 프로그램 사용 행위에 이 사건 이용 제한 조항을 적용하여 원고의 서비스 로그인 및 입·출금 이용을 제한할 수 있다고 봄이 타당하다.

(나머지 쟁점인 '2018. 1. 4. 이후 이 사건 이용 제한의 사유가 소멸하였는지 여부'와 '2018. 1. 4. 이후 같은 해 5. 28.까지 이 사건 이용 제한을 해제하지 않은 것이 위법한지 여부'에 대한 판단은 생략)

3. 결론

따라서 피고가 원고에 대하여 이 사건 이용 제한을 한 것이 피고의 계약상 의무 불이행에 해당한다거나 피고의 고의 또는 과실로 인한 위법행위에 해당한다고 볼 수 없으므로, 원고의 이 사건 청구는 나머지 점에 관하여 더 나아가 살펴볼 필요 없이 이유 없다.

해설

Ⅰ. 대상판결의 의의 및 쟁점

알고리즘거래는 일정 가격에 자동 주문을 내도록 컴퓨터 프로그램을 이용해 매매하는 거래 방식으로 현재 많은 증권사들과 투자자들이 이용하고 있는데 컴퓨터 프로그래밍과 AI 기술이 발달하면서 알고리즘거래 기술은 더욱 복잡해지고 정밀해지고 있다. 특히 알고리즘 거래는 초고속의 정보통신 기술을 이용하여 정해진 공식과 입력된 변수에 따라 셀 수 없을 만큼 많은 초단타거래를 동반한다는 점에서 이례적인 유동성 증가와 시세조종의 가능성에 따른 이상거래로 취급되는 경우가 있어 그 적법성과 합리성에 대하여 논의되어 왔다.

대상판결에서는 원고의 알고리즘 프로그램을 이용한 가상자산 거래행위에 대하여 ① 거래소 약관 제10조 제8호의 '회사의 사전 승낙 없이 자동화된 수단을 통하여 서비스에 접속하는 행위, 서비스 이용 신청을 하는 행위', 제10호의 '건전한 거래질서를 교란하는 행위', 제11호의 '기타 불법적이거나 부당한 행위'에 해당하는지 여부, ② 거래소 약관 제20조 제1항 제4호 및 제2항 제3호는 이 사건 이용 제한의 근거가 되는데 위 약관 조항이 약관규제법 제6조에 의하여 무효이거나 제한적으로 해석하여야 하는지 여부 등이 문제되었다.

Ⅱ. 대상판결의 분석

1. 일반론

애초에 알고리즘거래 방식에 대하여 그 적법성이 문제되었던 것은 가상자산이 아니라 주식, 파생상품 또는 ELS 등의 파생결합증권에 관한 것이었다. 특히 미국 자본시장에서 Flash Crash 사태[1]를 거치며 알고리즘거래 방식 및 그 일종인 초단타거래에 대한 비판이 증폭되었다. 그 비판은 알고리즘거래 방식을 이용하여 무수한 횟수의 매매계약과 대규모의 거래량을 유발하였고 이를 이용하여 거액의 이익을 취하는 일부 기관투자자들에 대한 것이었다. 이에 대하여 여러 규제 논의가 있었는데, 대표적으로 미국은 SEC가 2010. 11. Rule 15c3−5를 제정하여 DMA[2]에 대한 규제,[3] 대규모 거래자에 대한 거래 패턴 보고 제도, 알고리즘거래에 대한 통합감시체계, 다크풀에 대한 SEC로의 정보제공의무를 강화하고, 상품선물거래위원회에서는 2015. 11. 24. 자동거래규제안(Regulation Automated Trading)을 발표하였고, EU에서는 금융상품시장 관련지침(Markets in Financial Instruments Directive Ⅱ, 이하 'MiFID Ⅱ')

---

1) 다우존스 산업평균지수(Dow Jones industrial average)가 30분도 안 되는 기간 동안 지수의 9%가 되는 약 1,000 포인트가 폭락하였다가 다시 그만큼 회복한 사건.
2) Direct Market Access.
3) DMA서비스를 제공하는 증권사 등에게 리스크 관리와 거래감시를 위한 시스템 정비를 의무화.

를 통하여 알고리즘 방식의 초단타거래를 하려는 경우 투자회사로서의 허가를 받도록 하고 있으며,[4] 서킷 브레이커 등의 긴급정지조치의 강구,[5] 알고리즘 방식의 거래를 함에 있어 당국에의 통지의무를 부과하는[6] 등의 규제가 있었다.[7] 하지만 위와 같은 규제들은 알고리즘 거래 및 초단타거래 등을 그 자체로 위법하게 보는 것은 아니고 그 거래를 하는 과정에서 당국에의 정보제공의무 부과, 개입권한 강화 등의 조치로 제한되었는데, 이는 알고리즘거래 방식이 그 자체로 투자시장에 해를 끼치는 것은 아니고 유동성 증가에 기여하여 투자시장의 발전에 기여한다는 순기능과 아울러 위 알고리즘 투자자들이 반드시 거액의 이익을 취득하는 것은 아님[8]을 고려한 것으로 보인다.

우리나라 또한 자본시장법에서 알고리즘거래를 직접적으로 금지하거나 위법하다고 보지는 않고 시세조종, 사기적 거래 등 자본시장 관련 법령에서 규정하는 위법한 조치와 결합한 경우에 한하여 이를 제재하거나 피해자들에게 손해배상책임을 물을 수 있도록 하는 것으로 보인다.

2. 이 사건의 경우

대상판결은 이 사건 프로그램을 사용하는 알고리즘거래 행위에 대하여 이 사건 약관 규정을 위반하였으므로 원고의 이용을 제한하는 피고 운영의 거래소 조치는 위법하지 않다는 것을 골자로 하는데, 그 이유에 대하여 원고의 이 사건 프로그램 사용행위에 있어 피고의 사전 승낙이 있었다고 보기 어렵고 단기간에 비정상적으로 수익 창출하여 가상자산의 시세에 부당한 영향이 발생하였을 개연성이 높으며, 이 사건 프로그램을 이용하여 일반 회원들로서는 불가능한 수준의 다량의 거래를 발생시켜 단기간에 위와 같은 수익을 발생시키는 행위는 사회통념상 부당한 행위라고 볼 수 있는 점 등을 근거로 하였다.

여기서 문제된 이 사건 약관 내용은 '회사의 사전 승낙 없이 에이전트(Agent), 스크립트(Script), 스파이더(Spider), 스파이웨어(Spyware), 툴바(Toolbar) 등의 자동화된 수단, 기타 부정한 방법을 통하여 서비스에 접속하는 행위, 노출횟수 및 클릭횟수를 부정하게 생성하거나 증가시키는 행위, 서비스 이용 신청을 하는 행위, 회사의 서버에 부하를 야기하는 행위', 제10호는 '가상자산의 시세에 부당한 영향을 주는 등의 방법으로 건전한 거래질서를 교란하는 행위', 제11호는 '기타 불법적이거나 부당한 행위'를 금지한다는 것이다. 그리고 위 약관 내

---

4) MiFID Ⅱ Article 5(Requirement for authorisation) 1.

5) MiFID II article 48(Systems resilience, circuit breakers and electronic trading) 5.

6) MiFID II Article 17(Algorithmic trading) 2 para. 1.

7) 고재종, "고빈도 거래의 투자자 보호를 위한 규제 방안", 외법논집 제42권 제1호, 한국외국어대학교 법학연구소(2018. 2), 262~263쪽.

8) Merritt B. Fox, Lawrence R. Glosten, and Gabriel V. Rauterberg, "High-Frequency Trading and the New Stock Market: Sense And Nonsense." J. Applied Corp. Fin. 29, no. 4 (2017), p. 33~34.

용에 따르면 모든 자동화된 수단을 금지한다는 것이 아니라 그 자동화된 수단이 거래 행태에 있어 부정 또는 부당해야 거래소가 제재할 수 있다는 것이다. 이러한 경우 이 사건 프로그램을 이용한 거래와 같은 알고리즘 거래행위는 그 자체로 부정한 것으로 보기 어렵고 그 수단이 부정·부당한 특별한 사정이 있어야 할 것이다. 그런데 원고가 위 거래를 통하여 단기간 내에 거액의 이익을 얻었고 그 거래 방식이 자동화된 알고리즘거래 방식에 따른 것이기는 하나 그 자체로 부정한 방법에 따른 이익 취득인지는 심리가 더 필요해 보이기는 한다. 즉 위 알고리즘 거래에 있어 사기적 거래나 시세조종행위가 개입되었는지, 시세와 거래량을 조종하거나 영향을 줌으로써 부당한 이익을 취할 의사가 있는지 등에 대한 판단이 필요해 보인다.

다만 대상판결에서 해당 알고리즘 거래에 대하여 일응 부정한 수단을 활용한 이익의 취득으로 본 것은 자본시장법이 적용되는 주식, 파생상품 등의 거래에 있어서는 그 거래행태와 횟수, 거래량, 이상거래 행위, 그 거래자 등에 대하여 보고를 하도록 요하는 등 주무관청 등에 정보제공이 제대로 이루어지고 있어 부정한 거래를 판별할 수 있는 시스템이 구비되어 있는 반면에, 당시 가상자산 거래에 대한 주무관청이 전혀 정해지지 않았고 투자자들에 대하여 이상거래에 대하여 정보제공을 할 수 있는 시스템이 결여되어 있을 뿐만 아니라 시세조종, 사기적 거래에 대하여 거래를 중단시키거나 이용을 강제적으로 막을 수 있는 법적 조치가 결여되어 있어 거래소 측의 조치에 의존할 수밖에 없었기 때문에 주식, 파생상품 거래 등에 비하여 더 적극적으로 일반 투자자를 보호하는 해석을 하였다고 보인다.

한편 이 사건에서는 위 약관 규정의 약관규제법 위반 여부가 문제되었는데 대상판결의 판시에서 보듯이 그 해석이 용이하게 이루어질 수 있고 그 문언이 비교적 명확하여 거래소에서 취할 수 있는 이용 제한의 범위를 예상할 수 있다고 보이고 이러한 이용제한 조치가 계약의 목적을 달성할 수 없을 정도로 계약에 따르는 본질적 권리를 제한한다고 보기도 어렵다고 보인다. 이 사건에서 문제된 약관 규정인 이용 제한 조항이 약관규제법 제6조의 신의성실의 원칙을 위반하여 공정성을 잃은 약관 조항에 해당하여 무효라고 보기 어렵다고 보이고 이러한 대상판결의 취지는 타당하다고 보인다.

Ⅲ. 대상판결의 평가

대상판결은 이 사건 프로그램이 에이전트(Agent), 스크립트(Script), 스파이더(Spider), 스파이웨어(Spyware), 툴바(Toolbar) 등과 같은 자동화된 수단으로서 부정한 방법으로 보고 이를 통하여 단기간에 거액의 이익을 수취한 행위에 대하여 건전한 거래질서를 교란하는 행위로 보았다. 나아가 이 사건 프로그램이 단순 매수·매도 기능을 이용한 것이라고 하더라도, 위 거래의 태양 등에 비추어 볼 때 피고와의 관계나 다른 회원들과의 관계에서 사회통념상 부당한 행위라고 판시하였다. 그러나 주식시장이나 파생상품시장 등에서 알고리즘을 이용한 자동거래 프로그램이 성행하고 있고 AI 기술이 발달한 최근에는 더욱 그렇다는 점을 비추어 볼 때 그 자체를 부정한 거래로 보는 경우 가상자산시장과 주식 등의 시장 거래를 결정적 이유 없이 이를 완전히 달리 취급하였다고 볼 여지가 있어 판결 설시에 있어 그 이유 부분에 보강이 필요하다고 보인다.

한편 대상판결은 위 거래소 측에서 해당 사이트 회원들이 위 API를 활용하여 앱과 프로그램을 직접 제작할 수 있음을 공지하였고, 이 사건 프로그램은 원고가 거래소 사이트의 API를 이용하여 만든 것이기는 하나, 원고가 이 사건 프로그램을 만든 시점은 2017. 12.경으로서 위 API가 공개되기 전이고 원고가 이 사건 프로그램과 같은 자동화된 수단을 사용함에 있어 피고의 사전 승낙이 있었다고 보기 어려운 점을 들어 위 프로그램은 부정한 방법에 해당한다고 보았으나, 판결 선고는 2019. 1.경에 있었고 그 전에 이미 피고 측이 위 API를 활용한 프로그램을 제작할 수 있음을 공지한 이상 추정적 승낙이 있다고 볼 여지가 있다고 보인다. 따라서 이를 부인하기 위해서는 앞서와 마찬가지로 그 근거가 더 필요하다고 보인다.

[35] 가상자산거래소가 피싱사이트를 통한 회원들의 손해를 방지하기 위한 주의의무의 정도

— 서울중앙지방법원 2019. 1. 10. 선고 2018가단5048171 판결 —

[사실 개요]

1. 피고는 비트코인, 이더리움 등의 가상자산 거래소를 운영하는 법인이고, 원고는 피고 운영의 A거래소 회원으로 가입한 후 계좌를 개설하고 위 거래소 사이트에서 거래되는 66.60이더리움을 보유하고 있었다.
2. 원고는 2017. 12. 7. 14: 36경 피고 운영의 위 웹사이트에서 거래되는 이더리움의 거래 정보를 확인하기 위해 구글 검색창에서 'A거래소'를 검색한 다음 맨 위에 검색된 'A거래소' 사이트에 접속을 하였는데, 이는 웹주소가 A거래소 사이트와 명칭이 유사한 허위의 사이트였고, 원고는 이를 알지 못한 채 위 사이트창에 원고의 아이디와 패스워드를 입력하고 피고가 제공한 보안 OTP까지 입력한 후 로그인을 하였다.
3. 성명불상자는 그 직후인 같은 날 14: 36: 40경 벨기에에서 피고 운영의 위 웹사이트에 위와 같이 원고로부터 제공받은 아이디 등을 입력하여 접속한 다음 같은 날 14: 39: 00경까지 로그아웃, 로그인, OTP 재설정 등의 과정을 거쳐 원고의 계정에 있던 이더리움 중 66.56이더리움을 인출하여 갔다(이하 '이 사건 금융사고'라고 한다).
4. 원고는 같은 날 14: 38: 08경 피고로부터 원고가 보유하고 있던 가상자산의 출금요청이 있었다는 내용의 메일을 받고 뒤늦게 확인한 결과 비로소 아이디 등 개인정보를 피싱당하여 원고의 이더리움이 출금되는 피해를 입게 되었다는 사실을 알게 되었다.
5. 이와 관련하여 원고는, '피고가 구글 인터넷상에 피고 운영의 웹사이트와 동일화면의 피싱사이트가 존재하고 있는지 실시간으로 확인하여 이를 삭제하는 등 고객들이 피해를 입지 않도록 할 주의의무가 있고, 나아가 피싱 등으로 인한 고객의 피해를 방지하기 위하여 아이디와 비밀번호, OTP 승인번호를 입력하여도 즉시 인출되지 않고 인출 여부에 대해서 고객에게 문자 등을 통하여 인출 신청 사실을 안내하고 본인의 동의를 받거나 인출요청 시점으로부터 상당한 시간이 경과한 후 인출승인을 하는 등의 보안시스템을 갖추어야 할 주의의무가 있음에도 이를 게을리하였으며 피고는 개인정보처리시스템에 대한 접속권한을 IP 주소 등으로 제한하여 인가받지 않은 접근을 제한하고, 개인정보처리시스템에 접속한 IP 주소 등을 재분석하여 불법적인 개인정보 유출 시도를 탐지하는 기능을 포함한 시스템을 설치·운영해야 함에도 그와 같은 보안시스템을 구축하지 않아, 그로 인하여 원고가 해킹에 의하여 원고의 가상자산을 인출당하는 손해를 입었는바, 피고는 채무불이행에 따라 원고에게 이더리움의 인출 당시 시가에 상당하는 37,646,602원 상당의 손해를 배상할 책임이 있다'고 주장하면서 이 사건 소를 제기하였다.

[판결 요지]

1. 이 사건 금융사고는 원고가 피싱사이트를 피고 운영의 웹 사이트로 오인하고 접속하여 원고의 아이디, 비밀번호, OTP 승인번호 등 원고의 금융거래정보를 모두 입력하는 바람에 발생한 것으로 봄이 상당하고, 피고에게 실시간으로 인터넷상의 피싱사이트를 찾아내어 이를 삭제 내지 차단할 주의의무가 존재한다거나 고객의 인출요청이 있는 경우 재차 고객에게 본인확인절차를 거치거나 상당한 시간이 지난 후에 인출승인이 이루어지도록 하는 등의 보안시스템을 갖추어야 할 의무가 존재한다고 볼 만한 아무런 근거가 없다.

2. 그리고 이 사건 금융사고는 제3자가 피고 운영의 시스템에 침입하여 불법적으로 원고의 개인정보를 유출하는 방법으로 일으킨 것이 아니라 원고가 피싱사이트에 접속하는 과정에서 스스로 제공한 개인정보를 제3자가 이용하여 피고의 웹사이트에 정상적으로 접속하는 방법으로 벌인 것이라는 점에서 원고 주장과 같이 피고가 보안시스템을 제대로 구축하지 않은 잘못이 있다 하더라도 이는 이 사건 금융사고와 인과관계가 있다고 볼 수도 없다.

(항소 없이 판결 확정됨)

해설

Ⅰ. 대상판결의 의의 및 쟁점

가상자산을 이용한 사기범행에서 가장 대표적으로 보이스피싱 사건이 있고 대부분을 차지하는데, 최근에는 피싱사이트를 이용하여 가상자산을 탈취하는 사례가 증가하고 있어 문제된다.

피싱사이트 이용 사기범행은 세 가지 경우로 나눌 수 있을 것이다. 첫째, 메신저 이용 사기(메신저 피싱)로, SNS 등을 통하여 가족 또는 지인을 사칭하여 피해자의 개인정보와 금융정보를 요구하고 악성프로그램 설치를 유도하는 인터넷 주소를 보내어 이를 클릭하게 한 후 가상자산 관련 고유 정보를 탈취하는 것을 의미한다. 둘째로, 문자결제사기(스미싱)는 피해자의 SNS로 '비정상 로그인이 발생하였다는 취지의 문자메시지를 보내 어느 인터넷 사이트에 접속하도록 함으로써 가짜 가상자산 거래소 사이트 등으로 접속을 하도록 유도하는 방법'이다. 마지막으로, 협의의 피싱사이트 사기범행으로 정상적인 가상자산 거래소 사이트와 유사한 주소로 가짜 사이트를 만들어 해당 가짜 사이트에 아이디, 비밀번호, 보안카드번호, OTP 인증번호 등을 입력하도록 하는 방법을 말한다.

대상판결은 피싱사이트를 이용한 가상자산 사기범행과 관련하여 가상자산 거래소에게도 주의의무 위반으로 인한 책임을 물을 수 있는지 여부를 밝힌 대표적인 민사판결이다. 여기서는 거래소 운영자가 해당 거래소 웹사이트와 동일화면의 피싱사이트가 존재하는지 실시간 확인하여 삭제할 의무가 있는지 여부, 고객 피해 방지를 위하여 가상자산 인출 버튼을 누르더라도 즉시 인출되지 않고 고객에게 문자 등으로 인출 사실을 안내하고 본인의 동의를 받는 등의 정도에 해당하는 보안시스템을 갖출 주의의무가 있는지, 개인정보처리시스템에 대한 접속권한을 IP주소 등으로 제한하여 인가받지 않은 접근을 제한할 주의의무가 있는지 여부가 다투어졌다.

Ⅱ. 대상판결의 분석

1. 가상자산 거래소의 고객보호의무

가상자산거래소와 고객 사이의 거래소이용계약은 상법상 중개계약과 유상 임치계약적 요소[1)]가 함께 포함되어 있는 법률관계로 볼 수 있다. 위와 같은 법률관계에 따라 가상자산 거래소는 고객에게 가상자산을 매매 또는 전송할 수 있도록 하고 금전 또는 가상자산을 보관하는 서비스를 제공할 의무가 발생한다. 그리고 위 서비스 제공의무의 내용에는 해커와 같은 제3자의 침입으로부터 원고의 계정 및 거래소 전자지갑을 보호하고 나아가 그 가상자산의 탈취를 방지할 이른바, 고객보호의무도 포함된다고 볼 수 있다. 고객보호의무의 세부적인 내용은 각 거래소가 서로 유사하다고 보일 여지가 있으나 어디까지나 거래소 이용약관, 계약 내용을 주로 검토하여야 할 것이다.

2. 이 사건 거래소의 이용약관에 나타나는 고객보호의무

(1) 이 사건 거래소의 고객보호의무 존재 여부

이 사건 거래소의 이용약관[2)]을 살펴보면 이용약관 제12조 제1항에는 로그인서비스(제1호), 현금 및 가상자산 입출금서비스(제2호), 가상자산 거래지원 서비스(제3호), 가상자산 보관서비스(제6호) 등이 있는데 설령 해킹 등 제3자의 외부적 개입에 따른 고객보호의무 등이 명시되어 있지 않기는 하나, 위와 같은 서비스 내용에는 로그인이나 거래지원을 할 때 고객의 거래정보를 외부에 유출되지 않도록 보호하고 현금 및 가상자산 입출금을 할 때나 거래소가 보관하고 있는 가상자산 등에 대하여 고객의 의사에 반하여 제3자의 외부적 개입에 의하여 무단으로 출금되지 않도록 방지할 의무가 포함된다고 이해할 수 있다.

---

1) 서울고등법원 2021. 12. 8. 선고 2021나2010775 판결.
2) 가상자산 거래소 코빗 거래소 사이트(Http://www.korbit.co.kr)의 이용약관 참조.

이와 같은 고객보호의무는 위 이용약관에 명시된 것은 아니나 이용약관에 나오는 다른 조항들, 예를 들어 이용약관 제13조 제2항 제4호의 해킹시 서비스 제공 중지 규정, 같은 약관 제15조 제1항의 원화 입출금시 실명확인계좌인증의무 조항, 같은 약관 제21조의 명의도용 의심되는 경우, 해킹, 사기, 보이스피싱 등 범죄에 연루되었거나 그 의심이 있는 경우 서비스이용제한 조치 조항 등과 조응하여 그 고객보호의무의 내용을 구성하고 있다고 볼 수 있다.

(2) 이 사건 거래소 등 가상자산 거래소의 공적 지위

가상자산 거래소는 이용자에게 가상자산 거래를 할 수 있도록 서비스를 제공하면서 그 수수료를 지급받아 이윤을 추구하는 사적 지위에 있기는 하나, 가상자산의 공정한 가격 형성과 투명한 거래를 보장한다는 공적인 기능을 동시에 수행하고 있다. 또한 특정금융거래정보법 및 같은 법 시행령에서 가상자산사업자에게 일정한 경우 신고의무를 부과하고 불법적인 금융거래에 관한 보고의무를 규정하는 등 가상자산 시장의 관리에 관하여 소정의 책임을 부여하고 있다. 특히 가상자산 거래소는 가상자산 시장에서 공정한 거래 환경 조성을 위하여 투자자를 보호하고 그 투자자를 효과적으로 보호하기 위하여 일정한 정도의 보안체계를 갖추어 해킹과 악성 프로그램 등 제3자의 무단 침입으로부터 방지할 의무가 있다고 볼 수 있겠다. 이는 위 특정금융거래정보법에 따른 가상자산사업자에 해당하는 이 사건 거래소의 운영자 또한 마찬가지일 것이다.

(3) 이 사건 거래소의 고객보호의무의 내용

이 사건 거래소가 해킹이나 악성 프로그램 등 제3자의 무단 침입을 방지하기 위한 주의의무의 내용은 아직 그 보안체계의 내용, 정도에 관하여 세부 입법이 전무한 우리나라의 현실상 거래소의 재량에 맡길 수 없을 것이다. 그런데 서울고등법원 2021. 12. 8. 선고 2021나2010775 판결은 거래소의 투자자 보호의무 내용과 관련하여 해킹을 방지할 주의의무의 정도를 시중 은행의 인터넷 뱅킹 서비스에 준하는 수준으로 판시한 바 있다. 이는 가상자산의 거래를 함에 있어 원화의 입출금이 수반될 수밖에 없는데 은행의 인터넷 뱅킹 서비스와 달리 보아야 할 이유가 없고 가상자산의 전송 또한 원화 입출금과 그 세부적인 방법이 다르기는 하나 큰 틀에서 타 주소 또는 계좌로 입출금한다는 그 양태는 비슷하기 때문이다.

다만 가상자산 거래소에게 은행의 인터넷 뱅킹 서비스와 부합한 수준으로 해킹이나 피싱 방지 등 고객보호의무를 부과하더라도 그 보안조치는 특정금융거래정보법이나 거래소 이용약관을 참조하여 실명확인조치, 범죄 연루 의심이 있는 경우 이용제한조치 등에 머무를 수 밖에 없고 더 나아가 원고의 주장과 같이 거래소의 영역 밖에 있는 피싱사이트를 상시적으로 모니터링하여 이를 삭제하는 조치, 고객에게 문자 등으로 인출 사실을 안내하고 본인의 동의를 받는 등의 조치, 또는 개인정보처리시스템에 대한 접속권한을 IP주소 등으

로 제한하는 조치는 가상자산 거래소가 필요하다고 판단하는 경우 그 보안조치를 재량에 따라 받아들일 수 있지만, 이용자서비스계약에 반드시 포함되어야 하는 내용으로 까지 해석하여 이를 미비한 경우 고객보호의무 위반으로 보기는 어렵다고 생각된다.

더구나 원고가 주장하는 위와 같은 조치만으로 위 피싱사이트를 통한 손해 발생을 반드시 막을 수 있다고 추단되지 않고 원고가 피싱사이트인지 제대로 확인하지 않은 주의의무위반이 위 손해발생에 적지 않은 요인이 되었으므로 설령 피고에게 주의의무위반이 있다고 하더라도 그 손해와 상당인과관계가 있다고 볼 수 있는지 불분명하다고 보인다.

Ⅲ. 대상판결의 평가

대상판결은 가상자산 거래소의 고객보호의무에서는 실명확인조치, 해킹 등 범죄 연루 의심이 있는 경우 이용자 제한 조치 등은 해당한다고 볼 수 있지만 거기서 더 나아가서 원고가 주장하는 조치까지 해야 할 법적 근거는 없다고 보는 것으로 해석된다.

이러한 고객 보호를 위한 보안조치는 가상자산 거래소가 재량에 따라 일정한 수준에 달하는 정도로 선택하면 족한 것으로, 향후 해킹이나 피싱사이트를 통한 사기범행의 폐해가 더 심해지고 그 수법이 더욱 정교해진다면 입법에 따라 그 보안조치에 필요한 기준을 정할 필요가 있는 것이고 현재 그 입법이 미비된 상황에서 가상자산 거래소에게 이를 강제할 법적 근거가 전무하기 때문에 대상판결의 취지는 다소 수긍할 수 있는 것으로 보인다.

[36] 잘못 입금된 가상자산을 매각한 경우 부당이득반환의무

―서울중앙지방법원 2019. 8. 13. 선고 2018가합577534 판결, 확정―

[사실 개요]

1. 원고는 가상자산 거래소를 운영하는 회사이고, 피고는 위 거래소의 이용자이다.
2. 피고는 2018. 5.경 원고 거래소에 10,500개의 A가상자산을 등록하였고, 2018. 6. 4. 회원가입 이벤트로 A가상자산[1] 10개를 지급받았다.
3. 2018. 9. 6.부터 원고 거래소로부터 A가상자산을 매도하였으나 원고의 시스템 오류로 피고의 계정에 계속해서 A가상자산이 발생하였고, 이에 피고는 2018. 9. 17까지 60만 개 가량의 A가상자산을 매도하였다.
4. 피고는 피고의 계정에 잘못 입금된 A가상자산을 매도하여 피고가 얻은 매각대금 2억 5,000만 원 상당을 피고의 거래은행 계좌로 송금하였다.
5. 원고는 피고를 상대로 시스템 오류로 지급받은 A가상자산의 매각대금을 부당이득금으로 구하는 이 사건 소를 제기하였다.

[판결 요지]

1. 피고가 아무런 법률상 원인 없이 시스템 오류로 원고 거래소로부터 지급받은 A가상자산은 원고에게 반환하여야 한다.

2. 피고가 법률상 원인 없이 지급받은 A가상자산을 이미 매각하여 원물 반환이 불가능하므로 피고는 원고에게 A가상자산의 매각대금 상당을 원고에게 반환하여야 한다.

3. 부당이득의 경우 악의의 수익자는 그 받은 이익에 이자를 붙여 반환하고 손해가 있으면 이를 배상하여야 한다. 피고가 가지고 있던 A가상자산 10,510개의 가치는 300만 원 상당이고, 피고가 잘못 입금된 A가상자산을 매각하여 얻은 수익은 2억 5,000만 원 상당인 점, 피고는 잘못 입급된 가상자산의 수량에 비추어 잘못 지급되었음을 충분히 의심할 수 있었음에도 이에 대해 원고 거래소에 확인한 바는 없는 점 등에 비추어 적어도 피고는 A가상자산을 마지막으로 매각한 2018. 9. 26.경에는 A가상자산을 지급받은 것이 법률상 원인이 없었다는 점을 인식하였다고 상당하다.

4. 설령 피고가 정당한 지급사유 없이 A가상자산을 송금받았다는 사정을 모르고 A가

---

1) A가상자산은 B거래소에서 사용하는 토큰으로 거래소 기여도에 따라 거래수수료의 70% 상당을 이용자에게 캐시로 보상을 해준다는 마케팅으로 많은 사람들이 투자했었으나 결국 B거래소가 문을 닫으면서 상장폐지가 되었다.

상자산을 매각하였다고 하더라도 피고가 A가상자산을 매각하여 취득한 위 금원은 금전상의 이득으로서 이를 취득한 자가 소비하였는지를 불문하고 현존하는 것으로 추정되므로 결국 피고는 위 금전 상당의 부당이득을 원고에게 반환하여야 한다.

해설

Ⅰ. 선의의 수익자, 악의의 수익자

1. 수익자의 선의 악의의 표준

자신이 얻은 이익이 법률상 원인이 없음을 알지 못하는 수익자로 과실여부는 문제되지 않는다. 수익자의 선의와 악의는 수익 당시를 표준으로 한다.

2. 선의 수익자의 반환범위

선의 수익자는 현존이익의 범위 내에서 부당이득반환의 책임을 진다(민법 제748조 제1항). 현존이익이란 수익으로 받은 목적물 자체 또는 그 가액으로서 남아있는 것을 말하는데 급부받은 물건을 매각하여 그 대금을 가지고 있는 경우도 이득은 현존하는 것이 된다.

부당이득한 재산에 수익자의 행위가 개입되어 얻은 이른바 운용이익의 경우 그것이 사회통념상 수익자의 행위가 개입되지 않았더라도 부당이득한 재산으로부터 손실자가 통상 취득하였을 것이라고 생각되는 범위 내에서는 반환하여야 할 이득의 범위에 포함된다. 한편 금전의 선의의 수익자도 매매 등 쌍무계약의 경우에는 민법 제587조의 유추적용에 따라 과실을 취득할 권리가 인정된다(쌍무계약이 취소된 경우 선의의 매수인에게 민법 제201조가 적용되어 과실취득권이 인정되는 이상 선의의 매도인에게도 민법 제587조의 유추적용에 의하여 대금의 운용이익 내지 법정이자의 반환을 부정하는 것이 합당하다는 대법원 1993. 5. 14. 선고 92다45025 판결).

3. 악의의 수익자의 반환범위

악의의 수익자는 그 받은 이익에 이자를 붙여 반환하고 손해가 있으면 이를 배상하여야 한다(민법 제748조 제2항). 수익자가 이익을 받은 후 법률상 원인 없음을 안 때에는 그때부터 악의의 수익자로서 이익반환의 책임이 있다(민법 제749조 제1항). 이 때 악의란 자신의 이익 보유가 법률상 원인 없음을 인식하는 것을 말하고 그 이익의 보유를 법률상 원인이 없는 것이 되도록 하는 사정, 즉 부당이득반환의무의 발생요건에 해당하는 사실이 있음을 인식하는 것만으로는 부족하다.

무권리자가 타인의 권리를 제3자에게 처분하였으나 선의의 제3자 보호규정에 의하여 원래 권리자가 권리를 상실하는 경우, 권리자는 무권리자를 상대로 제3자에게서 처분의 대가로 수령한 것을 이른바 침해부당이득으로 보아 반환 청구할 수 있다. 한편 수익자가 법률상 원인 없이 이득한 재산을 처분함으로 인하여 원물반환이 불가능한 경우에 반환하여야 할 가액을 산정할 때에는 법률상 원인 없는 이득을 얻기 위하여 지출한 비용은 수익자가 반환하여야 할 이득의 범위에서 공제되어야 할 것이나, 타인 소유의 부동산을 처분하여 매각대금을 수령한 경우, 수익자는 그러한 처분행위가 없었다면 부동산 자체를 반환하였어야 할 지위에 있던 사람이므로 자신의 처분행위로 인하여 발생한 양도소득세 기타 비용은 수익자가 이익 취득과 관련하여 지출한 비용에 해당한다고 할 수 없어 이를 반환하여야 할 이득에서 공제할 것은 아니다(대법원 2011. 6. 10. 선고 2010다40239 판결).

Ⅱ. 잘못 입금된 금전을 처분한 경우의 법률관계, 잘못 입금되거나 무효인 법률관계에 의하여 지급받은 주식, 혹은 코인을 처분한 경우의 법률관계

1. 잘못 입금된 금전의 반환청구

송금의뢰인과 수취인 사이에 계좌이체의 원인이 되는 법률관계가 존재하지 않음에도 불구하고, 계좌이체에 의하여 수취인이 계좌이체금액 상당의 예금채권을 취득한 경우 송금의뢰인은 수취인에 대하여 부당이득반환청구권을 가지게 되지만, 수취한 은행의 경우 이익을 얻은 것이 없으므로 수취은행에 대하여는 부당이득반환청구권을 취득하지 아니한다(대법원 2007. 11. 29. 선고 2007다51239 판결).

악의의 수익자라고 하려면 앞에서 본 바와 같이 자신의 이익의 보유가 법률상 원인이 없는 것임을 인식하는 것을 말한다. 송금의뢰인이 수취인을 상대로 소를 제기하고 해당 소송에서 수취인이 패소한 경우에는 그 소제기일부터 수취인은 악의의 수익자로 본다.

따라서 이에 따르면 수취인은 송금의뢰인이 잘못 송금한 돈 및 이에 대한 부당이득반환청구소송 제기일부터 악의의 수익자로서 그 받은 돈에 대해 이자를 가산하여 반환하여야 할 것이다.

2. 잘못 입금된 주식, 가상자산(코인, 토큰)의 반환청구

수취인이 잘못 입금된 주식이나, 증자에 따른 주식 배당시 잘못하여 더 많은 주식이 배당된 경우 수취인이 잘못 입금된 주식을 부당이득으로 반환하는 것은 당연할 것이다. 그런데 나아가 해당 주식을 소유한 주주로서 배당금을 수령하였거나 해당 주식을 시장에 매각하고 예수금으로 가지고 있다거나 위 매각대금을 가지고 다른 주식을 매수한 경우 어떻게 할 것인지 문제가 된다.

유류분으로 반환하여야 할 대상이 주식인 경우, 반환의무자가 피상속인으로부터 증여받은 주권 그 자체를 보유하고 있지 않다고 하더라도 그 대체물인 주식을 제3자로부터 취득하여 반환할 수 없다는 등의 특별한 사정이 없는 한 원물반환의무의 이행이 불가능한 것은 아니다(대법원 2005. 6. 23. 선고 2004다51887 판결).

위 판결에 따르면 주식은 대체물이라고 할 것이므로 잘못 입금된 주식의 경우 수취인이 부당이득한 것은 주식이므로 이를 매각하였다고 하더라도 그 대체물인 주식을 시장에서 취득하여 반환이 가능한 이상 수취인이 주식을 매각한 대금을 가액배상으로 반환할 것은 아니다. 가상자산의 경우에도 달리 볼 이유는 없다고 판단된다.

잘못 입금된 주식에 대해 배당금이 지급된 경우 그 배당금도 부당이득으로 반환하여야 하는가에 대해 선의의 수익자의 경우는 과실수취권이 있으므로 배당금을 반환할 의무가 없고, 악의의 수익자인 경우 그 과실인 배당금도 반환하여야 한다.

Ⅲ. 이 사건에서의 적용

1. 부당이득반환책임의 성립

이 사건 판결은 원고가 시스템 오류로 잘못 피고에게 입금한 가상자산을 부당이득으로 피고가 반환할 의무가 있다고 판시하고 있고, 이에 대해서 특별한 이견은 없을 것으로 보인다.

2. 부당이득반환의 대상

시스템 오류로 피고가 자신의 계정에 입금된 가상자산을 피고가 매각한 경우 주식과 비슷하게 이 사건 가상자산을 시장에서 취득하여 반환하기 어렵다는 사정이 없는 이상 피고가 반환하여야 할 대상은 이 사건 가상자산 매각대금이 아니라 대체물인 이 사건 가상자산이다. 따라서 수취인인 피고는 가상자산거래소나 제3자로부터 동량의 이 사건 가상자산을 취득하여 원고에게 반환하면 될 것이다.

이 사건 판결은 이 사건 가상자산이 특정물인지 대체물인지에 대한 검토 없이 이 사건 가상자산을 피고가 매각하였으므로 이 사건 가상자산을 원상회복하는 것이 불가능하게 되었다고 판단하여 원상회복이 불가능한 시점의 이 사건 가상자산의 가액인 매각대금을 부당이득으로 반환하여야 한다고 판시하였다. 이 사건 가상자산은 현재 상장폐지되었고, 가격이 0원이라고 할 것인데 재판 당시에는 매각대금보다 가격이 높았던 적도 있어 피고가 이 사건 가상자산이 대체물이라는 취지의 주장은 하지 않은 것으로 보인다.

3. 부당이득반환의 범위

피고는 이 사건 가상자산에 대하여 선의의 점유자로 추정된다. 이 사건 판결은 여러 사정을 들어 피고가 이 사건 가상자산을 모두 매각할 무렵에는 자신이 이 사건 가상자산을 취득할 법률상 원인이 없음을 알았다고 봄이 상당하므로 그 무렵부터는 악의의 수익자가 된다고 판단하고 있다. 민법상 물건의 보유자는 선의의 점유자로 추정되고, 선의의 수익자가 소송에서 패소한 경우에는 해당 소제기시부터 악의의 점유자가 추정된다. 이러한 규정에 비추어 보면 적어도 이 사건 가상자산을 송금한 사람으로부터 잘못 송금하였으므로 반환을 구한다는 연락을 받지 않은 경우 수익자가 자신이 이 사건 가상자산을 취득할 권원에 대해 알지 못하였다는 사유만으로 악의의 수익자로 추정할 수는 없다.

이 사건 가상자산에 대해 소위 에어드랍으로 새로운 토큰이 분배되지 않은 이상 피고는 이 사건 가상자산을 반환하면 되고, 이 사건 가상자산을 매각한 대금 및 그에 대한 이자를 반환할 필요는 없다.

Ⅳ. 결론

1. 잘못 입금된 가상자산을 받은 자는 그 받은 가상자산을 부당이득으로 반환할 의무가 있다.

2. 잘못 입금된 가상자산을 매각한 경우 해당 가상자산을 가상자산거래소나 제3자로부터 취득하여 반환하기 불가능하다는 점이 입증되지 않은 이상 대체물인 가상자산을 매각한 대금을 부당이득으로 반환할 필요는 없다.

3. 수익자에게 가상자산이 잘못 입금되었으나 그 수익자가 가상자산의 보유자로 인정되어 해당 수익자에게 다른 토큰이 에어드랍된 경우 그 에어드랍된 토큰은 이 사건 가상자산의 과실로서 수익자가 보유할 수 있고 부당이득으로 반환할 것이 아니다.

4. 잘못 입금된 가상자산의 경우 수익자가 선의인지 악의인지에 대해서는 여러 사정을 참작하여 판단할 수밖에 없는바 가상자산이 잘못 입금된 경우 그 송금경위를 알아보려는 노력을 하지 않고 즉시 매각하여 타에 사용한 경우는 이러한 사정은 자신이 해당 가상자산을 취득할 권원이 없었음을 알고 있었다는 간접적인 정황증거가 될 수 있다.

[37] 제3자에 의해 출금한도초과로 거래가 이루어져 손해가 발생한 경우 가상자산 거래소의 책임

—서울남부지방법원 2019. 9. 25. 선고 2019가단201222 판결, 2019. 10. 11. 확정—

[사실 개요]

1. 원고는 피고가 운영하는 암호화폐 거래소('피고 거래소')의 회원으로 2018. 11. 22.경 피고 거래소의 본인 계정 및 암호화폐 보관 전자지갑('이 사건 계정')에 47,955,503원 및 EOS 2718.33894 등 9종의 암호화폐(통틀어 '이 사건 암호화폐')를 보유하고 있었다.
2. 2018. 12. 23. 12:30경 원고가 아닌 제3자가 해외 IP('이 사건 로그인 IP')로 원고의 비밀번호, 구글 OTP로 생성한 임시번호를 이용해 이 사건 계정에 접속하여 이 사건 암호화폐를 처분하고 비트코인을 매수한 후 매수한 비트코인을 2회에 걸쳐 9.71216383 BTC, 2.241151 BTC 모두를 다른 곳으로 각 송금하였다(통틀어 '이 사건 거래'). 당시 접속된 이 사건 로그인 IP는 소재지가 네덜란드였으며, 이 사건 거래에는 원고가 이 사건 계정에 대해 설정한 비밀번호와 원고가 개별적으로 발급받은 OTP가 생성한 임시번호가 사용되었다. 이 사건 거래 이후 이 사건 계정에는 5,982원 상당의 암호화폐와 돈이 남게 되었다.
3. 한편 피고의 정책에 따르면, 송금을 통한 원고의 '1일 암호화폐 출금한도'는 2,000만원이나 이 사건 거래에서는 1일 암호화폐 출금한도 제한이 이루어지지 않았다.
4. 원고는, 이 사건 거래가 ① 평소 이용자의 접속 IP와 다른 해외 IP 접속차단 등 최소한의 거래 안전장치를 충분히 설정하지 않았고(정보통신망법에 따른 정보통신서비스 제공자로서의 정보통신보호조치 포함), ② 출금한도를 초과한 비트코인 송금이 이루어졌으므로, 이는 피고 거래소의 채무불이행 또는 불법행위에 해당하여 이 사건 거래 당시 비트코인의 시세 4,924,363원/BTC 기준으로 합계 58,862,481원을 지급해야 한다고 주장하며 본 소송을 제기하였다.

[판결 요지]

1. 이 사건 거래가 피고가 보유하거나 관리하는 원고의 이 사건 계정 등에 대한 정보를 제3자가 취득해 이루어졌는지에 관하여 보면 이를 인정할 증거가 전혀 없어 이 사건 거래는 원고 또는 원고 관리 영역에서 이 사건 계정 등에 관한 정보를 취득한 제3자가 이 사건 로그인 IP를 통해 한 것으로 보아야 한다. 따라서 이 사건 거래의 경우 피고 거래소의 이용약관 제16조 제4항이 정한 제3자의 해킹 또는 이에 준하는 상황에 따른 손해로 볼 수 없다(원고의 주장과 같이 피고 거래소의 정보 유출을 전제로 하지 않는 해킹 등에 관하여도 피고 거래소의 책임을 물을 수 있는 것으로 위 약관을 해석할 수는 없다).

2. 다음으로 피고가 해외 IP 접속차단 등 정보통신서비스 제공자로서 기대되는 최소한의 거래 안전장치를 갖추지 아니하였는지에 관하여 보면, 피고의 거래소에 대하여 해외 IP 접속차단이 이 사건 거래 당시 대한민국 법률상 법률이 보호하는 자산이 아닌 암호화폐 등의 거래를 주선하는 피고의 영업에 대하여 법령상 부과된 의무는 아니고 해외 IP 접속 차단이 익명의 모든 거래참여자에 의한 거래를 그 근본적 성격으로 하는 암호화폐 거래의 속성에 비추어 피고 거래소가 사전에 불법에 관련되어 있다고 구체적으로 인지한 경우가 아닌 한 해외 IP 접속에 대하여 일반적으로 해외 IP 차단의무가 있다고 볼 수도 없으며 피고의 거래소와 같은 영업에 있어 특정한 거래 안전장치가 일반적 거래관행으로 자리 잡았다는 입증도 없다.

3. 마지막으로 피고 거래소의 일일 암호화폐 출금한도 조치 소홀에 관하여 본다. 피고 거래소의 일일 암호화폐 출금한도 조치가 금융위원회의 자금세탁방지를 목적으로 한 실명확인계좌 도입과 함께 2018. 1. 30. 이루어진 조치임은 명백하나, 피고 거래소는 금융사고 예방을 위해 1일 암호화폐 출금한도가 조정된다고 기재되어 있으며 각 거래 인증방법에 따라 암호화폐 출금한도를 상향시키며 운영팀 심사요청에 의해 최고 1억 원까지 출금한도를 상향시키는 것으로 피고 거래소가 원고를 비롯한 회원들에게 공지하고 있는 사실이 인정되고, 그렇다면 피고 거래소는 일일 암호화폐 출금한도 조치를 단순히 행정기관의 정책에 따라 피고 거래소를 이용하는 사람들에 대한 규제제도만이 아니라 적어도 금융사고 예방을 위한 피고 거래소 제도의 일환으로 소개함으로써 그 거래를 유도하는 외관을 형성했다고 보아야 하고, 이러한 외관과 달리 실제 일일 암호화폐 출금한도에 대하여 제한이 이루어지지 않았다면 그에 따른 책임을 부담한다.

4. 손해의 범위에 관하여 보면 피고 거래소가 비록 규제기관이 적법한 자산거래의 일종으로 인정하고 있지 않으나 사실상 일반인의 인식에 일반거래보다는 그 거래보호장치를 보다 갖추어야 하는 자산거래로 인식되는 암호화폐의 거래와 중개를 주목적으로 하는 사업을 영업으로 하고 있는 점과 함께 위 일일 암호화폐 출금한도 조치가 실제 이루어졌다고 하더라도 2,000만 원 상당에 해당하는 암호화폐는 출금이 가능했던 점, 암호화폐는 그 가격이 특정되지 아니한 자산으로 거래 당시의 상황에 따라 그 가격이 결정되며 가격 변동의 제한도 없는 점, 원고의 이 사건 계정에 의한 입금액은 모두 일일 암호화폐 출금한도 제한이 이루어지기 이전에 있었던 것으로 원고의 피고 거래소 이용이 위 외관과 직접적 관련성이 상대적으로 약해 보이는 점, 이 사건 거래가 발생한 정보유출은 원고에게 비롯된 점을 종합적으로 고려해 피고가 부담할 손해액은 2,500만 원으로 제한한다. 따라서 피고는 원고에게 25,000,000원 및 이에 대한 지연손해금을 지급할 의무가 있다.

해설

Ⅰ. 대상판결의 쟁점

대상판결은 거래소 회원인 원고가 자신의 과실로 거래소에 개설된 이 사건 계정의 아이디와 비밀번호가 유출되었고 이를 이용한 제3자가 해외 IP를 통해 이 사건 계정에 접속하여 위 계정에 보관되어 있던 비트코인을 무단인출하여 원고가 손해를 입은 사안이다.

이 사건에서는 ① 평소 이용자의 IP와 다른 해외 IP를 구별하여 해외에서 접속시도가 이루어지는 경우 이를 차단하는 등의 안전장치를 설정하는 것이 거래소의 법률상, 계약상 의무인지 여부, ② 거래소가 출금한도를 1일 2천만 원으로 제한한다는 공지를 한 경우 거래소가 회원들에 대해 위와 같은 출금한도조치를 지켜야 할 의무가 거래소의 계약상 의무로 인정되는지가 문제되었다.

Ⅱ. 대상판결의 분석

1. 약관에 따른 책임 성부

먼저 원고는 이 사건 계정의 아이디, 비밀번호가 피고 보유 또는 관리하는 영역에서 발생하였으므로, 피고 거래소의 이용약관 제16조 제4항(제3자의 해킹 또는 이에 준하는 상황에 따른 손해는 거래소가 부담한다는 내용)에 따라 피고에게 책임이 있다고 주장하였다. 그러나 위 약관은 거래소에서의 정보 유출을 전제로 한 것으로 해석되는데, 이 사건의 경우 앞서 본 바와 같이 원고 또는 원고의 관리 영역에서 취득한 정보를 이용한 제3자의 거래로 보이므로 이러한 경우까지 위 약관을 근거로 피고에게 책임을 물을 수는 없을 것이다.

대상판결 역시 같은 취지의 판시를 하였다.

2. 가상자산 거래소의 IP 차단 의무 존재 여부

구 정보통신망법(2012. 2. 17. 법률 제11322호로 개정되기 전의 것) 제28조 제1항은 정보통신서비스 제공자가 개인정보를 취급할 때에는 개인정보의 분실·도난·누출·변조 또는 훼손을 방지하기 위하여 대통령령으로 정하는 기준에 따라 그 각호의 기술적·관리적 보호조치를 하여야 한다고 규정하고 있다. 이어 위 조항은 그 각호로 '1. 개인정보를 안전하게 취급하기 위한 내부관리계획의 수립·시행 2. 개인정보에 대한 불법적인 접근을 차단하기 위한 침입차단시스템 등 접근 통제장치의 설치·운영 3. 접속기록의 위조·변조 방지를 위한 조치 4. 개인정보를 안전하게 저장·전송할 수 있는 암호화기술 등을 이용한 보안조치 5. 백신 소프트웨어의 설치·운영 등 컴퓨터바이러스에 의한 침해 방지조치 6. 그 밖에 개인정보의 안전성 확보를 위하여 필요한 보호조치'를 규정하고 있다. 그리고 정보통신망법 제28조 제1항의 위임을 받은 동법 시행령 제15조는 정보통신서비스 제공자가 취하여야 할 개인정보의 안전성 확보에 필요한 위와 같은 기술적·관리적 조치를 보다 구체적으로 규정하고 있다.[1)]

원고는 피고가 위 법률이 적용되는 '정보통신서비스 제공자'에 해당한다면서 정보통신 보호조치 등 해외 IP 접속차단 등 최소한의 안전장치를 갖추지 않아 원고에게 손해를 입혔다고 주장하였다. 가상자산 거래소는 정보통신망법에서 정한 정보통신서비스 제공자에 해당한다고 볼 수 있으므로 위와 같은 여러 보호조치(권한 없는 자의 접근 등 방지조치, 정보의 불법 유출 등의 방지조치 등)를 취할 의무가 일반적으로 있을 것이다. 또한 정보통신망법의 적용을 받는 다른 정보통신서비스 제공자들의 경우 해외 IP 접속시 안내메시지를 보내거나 해외 접속 자체를 차단할 수 있는 기술적 조치를 마련해 두는 것이 일반적인 것으로 보인다. 그러나, 해외 IP 접속차단 의무가 위 법령에서 명시적으로 부과하고 있는 의무는 아닌 것으로

---

1) 제15조(개인정보의 보호조치)

① 법 제28조 제1항 제1호에 따라 정보통신서비스 제공자등은 개인정보의 안전한 처리를 위하여 다음 각 호의 내용을 포함하는 내부관리계획을 수립·시행하여야 한다.

1. 개인정보 보호책임자의 지정 등 개인정보보호 조직의 구성·운영에 관한 사항
2. 정보통신서비스 제공자의 지휘·감독을 받아 이용자의 개인정보를 처리하는 자(이하 이 조에서 "개인정보취급자"라 한다)의 교육에 관한 사항
3. 제2항부터 제5항까지의 규정에 따른 보호조치를 이행하기 위하여 필요한 세부 사항

② 법 제28조 제1항 제2호에 따라 정보통신서비스 제공자등은 개인정보에 대한 불법적인 접근을 차단하기 위하여 다음 각 호의 조치를 하여야 한다. 다만, 제3호의 조치는 전년도 말 기준 직전 3개월간 그 개인정보가 저장·관리되고 있는 이용자 수가 일일평균 100만명 이상이거나 정보통신서비스 부문 전년도(법인인 경우에는 전 사업연도를 말한다) 매출액이 100억원 이상인 정보통신서비스 제공자등만 해당한다.

1. 개인정보를 처리할 수 있도록 체계적으로 구성한 데이터베이스시스템(이하 "개인정보처리시스템"이라 한다)에 대한 접근권한의 부여·변경·말소 등에 관한 기준의 수립·시행
2. 개인정보처리시스템에 대한 침입차단시스템 및 침입탐지시스템의 설치·운영
3. 개인정보처리시스템에 접속하는 개인정보취급자 컴퓨터 등에 대한 외부 인터넷망 차단
4. 비밀번호의 생성 방법 및 변경 주기 등의 기준 설정과 운영
5. 그 밖에 개인정보에 대한 접근통제를 위하여 필요한 조치

③ 법 제28조 제1항 제3호에 따라 정보통신서비스 제공자등은 접속기록의 위조·변조 방지를 위하여 다음 각 호의 조치를 하여야 한다.

1. 개인정보취급자가 개인정보처리시스템에 접속하여 개인정보를 처리한 경우 접속일시, 처리내역 등의 저장 및 이의 확인·감독
2. 개인정보처리시스템에 대한 접속기록을 별도 저장장치에 백업 보관

④ 법 제28조 제1항 제4호에 따라 정보통신서비스 제공자등은 개인정보가 안전하게 저장·전송될 수 있도록 다음 각 호의 보안조치를 하여야 한다.

1. 비밀번호의 일방향 암호화 저장
2. 주민등록번호, 계좌정보 및 바이오정보 등 방송통신위원회가 정하여 고시하는 정보의 암호화 저장
3. 정보통신망을 통하여 이용자의 개인정보 및 인증정보를 송신·수신하는 경우 보안서버 구축 등의 조치
4. 그 밖에 암호화 기술을 이용한 보안조치

⑤ 법 제28조 제1항 제5호에 따라 정보통신서비스 제공자등은 개인정보처리시스템 및 개인정보취급자가 개인정보 처리에 이용하는 정보기기에 컴퓨터바이러스, 스파이웨어 등 악성프로그램의 침투 여부를 항시 점검·치료할 수 있도록 백신소프트웨어를 설치하여야 하며, 이를 주기적으로 갱신·점검하여야 한다.

⑥ 방송통신위원회는 제1항부터 제5항까지의 규정에 따른 사항과 법 제28조 제1항 제6호에 따른 그 밖에 개인정보의 안전성 확보를 위하여 필요한 보호조치의 구체적인 기준을 정하여 고시하여야 한다.

보이고, 이 사건 거래 당시 가상자산은 대한민국 법률상 보호되는 자산이 아니어서 가상자산 거래를 중개하는 피고에게 다른 정보통신서비스 제공자와 같은 수준의 보호조치의무를 부담한다고 보는 것도 부당해 보인다. 나아가 현재와 같은 가상자산 거래를 위한 엄격한 규제도 없었던 상황에서 익명성을 보장하는 가상자산의 거래의 성격도 아울러 고려하면, 피고가 해외 IP 접속차단 의무를 부담한다고 보기는 어려워 보인다. 대상판결 역시 이러한 사정들을 고려하여 피고에게 해외 IP 차단의무가 있다고 보기도 어렵고, 그러한 조치가 거래관행이라고 보기도 어렵다고 판시하였다.

2. 출금한도 제한 공지의 의미

출금한도 제한 조치는 금융위원회의 자금세탁방지 목적으로 실명확인계좌 도입과 함께 피고가 일일 암호화폐 출금한도 조치를 받아들여 2018. 1. 30.경 해당 정책을 실시하면서 이러한 조치를 회원들에게 공지를 한 것인데, 이러한 출금한도 제한 조치가 피고의 의무사항으로 고양된 것인지 문제된다.

대상판결에서 인정된 사실관계에 의하면, 피고는 금융사고 예방을 위해 출금한도를 조정하면서 거래 인증방법에 따라 출금한도를 상향시키며 운영팀 심사요청에 의해 최고 1억 원까지 출금한도를 상향시키는 것으로 회원들에게 공지를 하였다. 피고는 금융위원회의 규제 제도의 도입을 넘어 일정한 요건 하에 출금한도를 조정할 수 있는 방식을 도입하였는바, 이러한 조치 및 공지를 통해 기존 회원이나 신규 고객들에게 피고가 금융사고 예방을 위해 적절한 조치를 취하고 있다는 인식을 심어줘 신규고객을 유치하거나 거래를 더 활성화하는 등의 마케팅, 영업효과를 누렸을 것으로 보인다. 이러한 출금한도 제한 조치는 추가 내지 변경의 방식으로 이용약관에도 추가되었을 것으로 추측되는데, 원고가 그 이후에도 거래를 지속한 점에서 원고가 위와 같은 약관에 동의를 하였을 가능성이 높고, 약관에 위와 같은 내용이 기재되지 않았다고 하더라도 피고의 공지 및 해당 조치의 시행, 원고의 거래 진행과정을 보면 위와 같은 조치를 취할 의무는 피고의 계약상 의무가 되었다고 봄이 상당해 보인다. 따라서 이러한 제한 조치를 제대로 이행하지 않아 원고에게 손해를 입힌 경우 피고는 그 손해를 배상할 의무가 있다.

대상판결 역시 금융사고 예방을 위한 피고 거래소 제도의 일환으로 소개함으로써 그 거래를 유도하는 외관을 형성했다고 보아야 하고, 이러한 외관과 달리 실제 일일 암호화폐 출금한도에 대하여 제한이 이루어지지 않았다면 그에 따른 책임을 부담한다고 판시하였다.

3. 손해배상액

대상판결에서 원고는 이 사건 거래 당시 시세를 기준으로 한 유출된 비트코인 전체의 시세인 58,862,481원의 지급을 구하였다. 그러나 손해배상의무를 부담하는 자는 자신의 채무불이행과 인과관계가 있는 손해에 대하여만 배상 책임을 부담하는데, 대상판결에서 피고가 출금한도 조치 의무를 제대로 이행 하였더라도 1일 출금한도인 2,000만 원 상당의 원고의 암호화폐는 유출되었을 것이므로 적어도 위 부분은 손해배상에서 제외되어야 할 것이다.

또한 채무자가 채권자에 대하여 채무불이행으로 인한 손해배상책임을 지는 경우에 있어서 채권자에게 과실이 있거나 손해부담의 공평을 기하기 위한 필요가 있는 때에는 채무자의 책임을 제한할 수 있는데(대법원 2008. 5. 15. 선고 2007다37721 판결 등 참조), 대상판결은 가상자산의 가격변동성, 이 사건 계정에 대한 입금액은 출금한도 제한 전에 이루어진 것으로 원고의 피고 거래소 이용과 위 외관이 직접 관련성이 약해 보이는 사정 등을 고려하여 손해액을 2,500만 원으로 제한하였다. 인과관계가 없는 2,000만 원 부분을 제외하면 약 400만 원 정도를 제외한 나머지 금액을 손해액으로 인정해 준 것으로 책임 제한을 비교적 적게 한 것으로 평가할 수 있다.

Ⅲ. 대상판결의 평가

가상자산에 대한 법적 성격에 관한 명확한 규정이 마련되어 있지는 않으나 위 판결 시점에 비해 현재는 가상자산에 대한 자산으로서의 인식이 좀 더 확산한 것으로 보이고, 가상자산 거래소에 대한 이용자 보호를 위한 각종 안전장치 등의 마련도 더욱 요구되고 있다. 따라서 현재의 경우 가상자산 거래소는 대상판결의 시점 보다는 더욱 강화된 안전조치를 취할 의무를 부담한다고 보인다. 그럼에도 아직까지는 가상자산 거래에 관한 제도는 자금세탁방지 등 탈법적 행위 규제에 초점이 맞춰져 있는바, 가상자산 거래 및 관련 산업의 활성화를 위한 적절한 제도 마련이 필요해 보인다.

대상판결은 이 사건 거래 당시 가상자산 거래소가 정보통신망법에서 정한 일반적인 안전조치의무를 다른 정보통신서비스 제공자와 동일한 수준으로 부담하지는 않는다고 판시하였고, 출금한도 조치의 공지를 한 경우 거래소는 그에 따른 의무를 부담한다고 본 점에서 그 의미가 있다.

[38] 자동화프로그램을 이용한 경우에도 가상자산 거래소의 수수료 페이백 이벤트가 적용되는지 여부

—서울중앙지방법원 2019. 9. 26. 선고 2019나10254 판결, 2019. 10. 17. 확정—

[사실 개요]

1. 피고는 가상자산 거래소를 운영하는 회사이고, 원고는 위 거래소의 회원이다.
2. 피고는 2017. 10. 24. 거래소 오픈베타 서비스를 시작하면서 2017. 11. 30.까지 BTC(비트코인)/ETH(이더리움)/USDT(테더코인) 마켓 거래로 발생한 거래수수료의 20%를 이용자에게 암호화폐 형태로 지급하는 내용의 '오픈기념 거래수수료 페이백' 이벤트를 하였는데 위 이벤트를 2017. 12. 1.부터 같은 달 31.까지로 연장하였다(연장된 이벤트를 포함하여 '이 사건 이벤트').
3. 원고는 2017. 12. 1.부터 2017. 12. 31.까지 거래소를 통하여 비트코인, 이더리움을 거래하면서 피고에게 거래수수료를 지급하였는데, 이 사건 이벤트 약정에 따라 피고가 원고에게 반환하여야 할 암호화폐는 9.695336715비트코인, 22.94367220이더리움이다.
4. 피고는 2018. 1. 4.경 원고의 암호화폐 거래를 이상거래로 판단하여 원고의 계정에 대하여 정지조치를 하였는데, 원고가 2018. 3. 13.[1] 작성하여 피고에게 교부한 이 사건 동의서에는 아래와 같이 기재되어 있다.
   - ○ 원고는 (··· 피고의 자동화 프로그램의 이용제한 등에 관한 약관) 내용을 숙지하고 있고, 회사(피고)에서 별도의 공지사항이 있기 전까지는 프로그램을 이용한 주문, 주문 취소 등 회사의 서버에 부하를 야기하는 행위를 하지 않을 것이며, 이를 위반하여 회사의 모니터링 시스템에 검출된 경우 본인의 행위로 발생한 회사의 손해에 대해 배상할 것입니다. 회사가 본인의 거래 내역을 토대로 검증작업을 마친 잔고와 현재 본인의 잔고 차이가 발생하여 본인의 잔고가 변하는 것에 대하여 동의하여 이의를 제기하지 않을 것입니다.
5. 원고는 이 사건 소송을 통해 이 사건 이벤트 약정에 따라 피고가 원고에게 9.695336715비트코인, 22.94367220이더리움을 지급할 의무가 있다고 주장하였고, 피고는 이 사건 이벤트는 정상적인 거래만을 대상으로 하므로, 피고의 사전 승낙 없이 자동화 프로그램을 사용하여 피고의 이용약관을 위반한 원고에게는 거래수수료를 반환할 의무가 없고, 원고는 이 사건 동의서를 통해 이 사건 이벤트 약정으로 인한 수수료 반환청구권을 포기하였다고 주장하였다.

---

1) 2017. 3. 13.로 기재되어 있으나 오기로 보인다.

[판결 요지]

1. 청구원인에 대한 판단

아래 사정들을 종합하면, 이 사건 이벤트 약정은 자동화 프로그램을 이용한 거래에 대하여도 적용된다고 봄이 상당하다.

① 이 사건 이벤트를 안내하는 각 게시글에는 자동화 프로그램을 이용한 부당거래를 이벤트 대상에서 제외한다는 내용이 없다. 피고가 자동화 프로그램을 이용한 부당거래를 이벤트 대상에서 제외하기 위하여 '거래수수료의 일률적 인하' 대신 '거래 확인 후 지급된 거래수수료의 일정비율 반환'이라는 형식을 취하고자 하였다면 이 사건 이벤트를 안내하는 과정에서 자동화 프로그램을 이용한 거래는 이벤트 대상에서 제외한다는 내용도 함께 공지하였을 것으로 보는 것이 합리적이다.

② 피고는 2017. 10. 24. 업비트의 오픈베타 서비스를 시작하면서 2017. 11. 30.까지 발생하는 거래를 대상으로 이 사건 이벤트를 실시하였고 2017. 11. 30. 위 이벤트를 연장할 때에도 2017. 12. 31.까지 발생하는 거래를 이벤트 약정의 대상으로 하였다. 이와 같이 이 사건 이벤트 약정은 이미 발생한 거래가 아니라 앞으로 발생할 것으로 예상되는 거래를 대상으로 하므로, 정상적으로 거래한 이용자의 거래수수료를 감액해주는 '사은행사'의 성격보다는 거래수수료의 일정비율을 이용자에게 반환함으로써 더 많은 이용자들을 모집하려는 '광고'의 성격이 보다 크다고 보인다.

③ 자동화 프로그램을 이용하여 암호화폐를 거래한 원고의 행위가 피고의 이용약관에 위반된다고 하더라도 피고 역시 거래수수료를 유효하게 취득하는 등 원고의 자동화 프로그램 이용 거래로 인한 실질적 대가를 얻었다.

다. 소결

따라서 피고는 이 사건 이벤트 약정에 따라 원고에게 9.695336715비트코인, 22.9436722 이더리움을 각 인도할 의무가 있다.

2. 피고의 주장에 관한 판단

가. 주장의 요지

피고는 이 사건 동의서에 이 사건 이벤트 약정으로 인한 수수료 반환청구권을 포기하는 의사가 포함되어 있으므로 원고에게 거래수수료의 일부를 반환할 의무가 없다고 주장한다.

나. 판단

(1) 채권의 포기 또는 채무의 면제는 반드시 명시적인 의사표시만에 의하여야 하는 것은 아니고 채권자의 어떠한 행위 내지 의사표시의 해석에 의하여 그것이 채권의 포기라고 볼 수 있는 경우에도 이를 인정하여야 할 것이기는 하나, 이와 같이 인정하기 위하여

는 당해 권리관계의 내용에 따라 이에 관한 채권자의 행위 내지 의사표시의 해석을 엄격히 하여 그 적용 여부를 결정하여야 한다(대법원 2010. 10. 14. 선고 2010다40505 판결 등 참조).

(2) 살피건대 원고가 피고에게 '피고가 원고의 거래내역을 토대로 검증작업을 마친 잔고와 현재 잔고 차이가 발생하여 잔고가 변하는 것에 대하여 동의한다'는 취지가 포함된 이 사건 동의서를 교부한 사실은 앞서 인정한 바와 같다.

그러나 이 사건 동의서는 피고가 원고의 자동화 프로그램을 이용한 거래에 따른 계정 정지조치를 해제하는 과정에서 추후 발생하는 분쟁 위험을 해소하려는 목적으로 원고로부터 받은 것으로 그 주된 내용은 원고가 향후 피고의 별도 공지사항이 있기 전까지는 자동화 프로그램을 사용하지 않으며 만일 이를 사용할 경우 그로 인한 피고의 손해에 대하여 책임을 지겠다는 것인 점, 피고는 이 사건 동의서를 받기 전인 2018. 2. 12. 원고로부터 계정 정지조치를 해제하고 원고의 계정에 보유하고 있는 현금 등을 지급하며 이 사건 이벤트에 따른 페이백 지급을 촉구하는 내용증명을 받는 등으로 그에 관하여 상호간에 다툼이 있었고 그에 따라 피고가 직접 원고에게 요구하여 이 사건 동의서를 받았음에도, 이 사건 동의서에는 이 사건 이벤트 약정으로 인한 수수료 반환청구권의 포기와 관련된 아무런 내용이 포함되어 있지 않은 점, 또한 이 사건 동의서 중 피고가 원고의 포기의 사라고 주장하는 내용은 '피고가 검증 작업을 마친 잔고'와 '이 사건 동의서 작성 당시의 잔고'에 차이가 발생하더라도 원고가 이의를 제기하지 않겠다는 것에 불과하여, 원고가 '피고의 검증 작업으로 인한 잔고의 감소'를 감수하는 외에 '이 사건 이벤트 약정에 따른 잔고의 증가'까지 가정하여 그 청구권을 포기하겠다는 취지까지 포함되어 있다고 보기는 어렵고 달리 원고의 채권 포기의사를 인정할 만한 증거도 없는 점 등을 종합해 보면, 피고의 위 주장은 받아들이기 어렵다.

해설

I. 대상판결의 쟁점

대상판결에서 가상자산 거래소를 운영하는 피고는 거래소 오픈기념으로 회원들에게 특정 가상자산 거래시 발생하는 수수료의 20%를 가상자산 형태로 지급하는 형태의 이 사건 이벤트를 시행하였는데, 회원인 원고가 자동화 프로그램을 이용해 거래를 한 사실이 드러나 원고의 계정을 정지시켰다. 이에 원고는 자동화 프로그램을 이용한 거래라도 이 사건 이벤트가 적용되므로 이벤트로 지급되는 가상자산의 지급을 요구하였으나, 피고는 이 사건 이벤트는 정상적인 거래만을 대상으로 하고, 이 사건 이벤트 시행 전 원고가 자동화 프로그램을 이용하지 않을 것에 동의하였으므로 이 사건 이벤트를 통해 발생한 수수료의 지급청구권은 이미 포기한 것이라고 주장하였다. 이에 제1심판결은 원고의 청구를 받아들였고, 대상판결도 제1심판결의 결론을 유지하였다.

대상판결의 쟁점은 자동화 프로그램을 이용한 거래의 경우에도 이 사건 이벤트가 적용되는지 여부, 이 사건 동의서를 통한 원고의 수수료 지급청구권의 사전 포기 여부 이다.

Ⅱ. 대상판결의 분석

1. 이 사건 이벤트의 적용범위 - 자동화 프로그램을 이용한 거래 적용 여부

(1) 가상자산 거래소는 매도인과 매수인의 가상자산의 거래를 중개, 알선 등을 하고 그 대가로 사전에 약정된 일정 수수료를 지급받는다. 가상자산 거래소는 매매거래의 활성화가 회원수 증가 및 수익과 직결되므로 다양한 방식을 통해 거래를 유도한다. 현재 대다수의 주요 거래소들은 자체 개발 자동화 프로그램을 이용한 거래를 허용하고 있는 것으로 보이는데, 이러한 프로그램은 가상자산 거래의 편의성을 높이고 거래 빈도를 높여 이용자의 편의와 거래소의 수익을 모두 높일 수 있는 방법이라고 보인다. 그러나 원고가 사용한 자동화 프로그램은 거래소가 정식으로 제공되는 프로그램이 아닌 사적 프로그램으로 이용약관에서 금지되는 프로그램으로 보인다.

한편, 대상판결에서 피고는 특정한 가상자산(주로 시가총액이 큰 주요 가상자산) 거래를 하는 경우 거래수수료의 20%를 가상자산 형태로 지급하는 내용의 이 사건 이벤트를 하였다. 이 사건 이벤트는 회원의 입장에서는 거래를 많이 할수록 수수료를 많이 부담하게 되지만 그 대가로 더 많은 페이백을 받게 되는 구조이다. 대상판결에서 원고가 이러한 점을 노리고 더 많은 페이백을 받기 위해 자동화 프로그램을 사용한 것이지는 불분명하나, 원고는 이용이 금지된 자동화 프로그램을 통해 매매거래를 하였고, 그로 인해 막대한 페이백을 받게 될 지위에 있게 되었다. 문제는 약관상 허용되지 않는 자동화 프로그램을 이용한 거래의 경우에도 이 사건 이벤트에 적용되는지 여부이다.

(2) 대상판결에서 피고는 거래소 사이트 내 게시글을 통해 해당 이벤트를 안내하였고 해당 안내에는 정상적인 거래만을 대상으로 한다는 내용은 포함되어 있지 않았던 것으로 보이는데, 이러한 안내가 청약의 유인에 불과하여 회원의 거래시도를 청약, 피고의 정상적인 거래 여부 판단 후 페이백 지급행위를 승낙으로 볼 것인지, 위와 같은 정상 거래 여부를 구별하지 않은 이벤트 안내 자체가 청약에 해당하고 회원의 거래시도가 곧 바로 승낙에 해당하는지에 따라 결론이 달라질 것이다.

대상판결은 이 사건 이벤트가 '거래 확인 후 지급된 거래수수료의 일정비율 반환'이 아닌 '거래수수료의 일률적 인하' 형식을 취한 점을 주목하면서 만일 비정상적인 거래를 제외할 의도였다면 이벤트 안내시 위 사항도 공지하였을 것으로 보는 것이 합리적이라고 보았다. 또한 이 사건 이벤트는 오픈 기념으로 진행된 것으로 과거 거래가 아닌 장래의 거래를 대상으로 한 이벤트로서 '사은행사'의 성격보다는 더 많은 이용자들을 모집하려는 '광고'의 성격이 보다 크다고도 판시하였다. 이러한 대상판결의 태도는 이 사건 이벤트 안내가 청약이고 이에 대한 회원들의 거래시도가 승낙인데, 이 사건 이벤트는 더 많은 이용자들을 모집하기 위한 수단이고 거래 수수료의 일률적 인하를 정책으로 삼은 점에서 피고의 위와 같은 청약의 의사표시에는 자동화 프로그램을 이용한 거래도 제외되지 않고 포함되는 것으로 해석하는 것이 타당하다는 전제의 판시로 해석될 수 있다.

대상판결은 자동화 프로그램을 이용한 거래의 경우에도 피고는 그 대가로 거래 수수료 수익을 얻은 점도 지적하였다. 피고가 이 사건 이벤트를 통해 더 많은 거래를 유도하여 그에 상응하는 수수료를 수익을 얻은 이상 정상적 거래여부를 불문하고 그에 상응하는 대가로 볼 수 있는 페이백을 해 주는 것이 구체적으로 타당한 결론으로 보인다.

2. 수수료 지급청구권의 사전 포기 여부

(1) 채권의 사전 포기

채권의 포기(또는 채무의 면제)는 반드시 명시적인 의사표시만에 의하여야 하는 것이 아니고 채권자의 어떠한 행위 내지 의사표시의 해석에 의하여 그것이 채권의 포기라고 볼 수 있는 경우에도 이를 인정하여야 할 것이기는 하나, 이와 같이 인정하기 위하여는 당해 권리관계의 내용에 따라 이에 대한 채권자의 행위 내지 의사표시의 해석을 엄격히 하여 그 적용여부를 결정하여야 한다(대법원 1987. 3. 24. 선고 86다카1907, 1908 판결, 대법원 2005. 4. 15. 선고 2004다27150 판결 등 참조). 특히나 채권을 사전에 포기하는 것은 이례적이고 채권 자체가 특정되지 않은 채 이루어지는 경우도 있으므로 그 행위나 의사표시를 해석함에 있어서 보다 신중해야 한다.

(2) 대상판결의 적용

대상판결에서 원고는 자동화 프로그램을 이용한 거래를 하다가 거래 제한 조치를 당하였고 이를 해제하는 과정에서 이 사건 이벤트 공지 이후인 2018. 3. 13. 위와 같은 동의서를 작성·교부하였다. 그러나 해당 동의서 작성 이전에 이미 당사자 사이에는 수수료 지급청구와 관련하여 분쟁이 있었던 것으로 보임에도 해당 동의서에는 수수료 지급청구권의 처리에 대하여는 아무런 기재가 없었던 것으로 보인다. 만일 피고가 위 수수료 지급을 거절하려는 의사였다면 보다 협상의 우위에 있었던 위 동의서 작성 무렵에 이에 관한 분명한 기재를 하였을 것이다.

또한 피고는 이 사건 동의서 중 '피고가 검증 작업을 마친 잔고'와 '이 사건 동의서 작성 당시의 잔고'에 차이가 발생하더라도 원고가 이의를 제기하지 않겠다는 내용을 특히 채권 포기 의사라고 강조하여 주장한 것으로 보인다. 그러나 대상판결은 원고가 '피고의 검증 작업으로 인한 잔고의 감소'를 감수하는 외에 '이 사건 이벤트 약정에 따른 잔고의 증가'까지 가정하여 그 청구권을 포기하겠다는 의미까지 포함되어 있지는 않다고 보았다. 즉 자동화 프로그램의 사용으로 보통의 경우 잔고가 이상증가 형태로 되어 있을 것이므로 정상화의 일환으로 예상되는 잔고의 '감소'만이 그 조정 대상이라고 본 것이지 수수료 지급에 따른 '증가'까지도 합의의 대상이 된 것은 아니라는 취지이다.

대상판결 역시 채권의 포기에 관하여는 그 행위나 의사표시를 엄격하게 해석한 것으로, 타당한 결론으로 생각된다.

Ⅲ. 대상판결의 평가

가상자산 거래 시장이 성장함에 따라 거래소들의 경쟁도 치열해 지고 있다. 특히 가상자산 거래 시장은 비교적 초기 단계로서 향후 어떠한 거래소가 지배적 지위를 가질지는 미지수이다. 이러한 경쟁구도 속에서 향후에도 많은 거래소들이 다양한 이벤트들을 시행할 것으로 예상된다.

대상판결은 거래소의 다양한 이벤트 중 피고가 시행한 거래 수수료 중 일정 비율에 대한 페이백 이벤트에 대한 분쟁으로, 만일 비정상적 거래를 제외하려는 의사라면 이에 대한 분명한 안내가 필요함을 강조하였다. 또한 이상거래 발견 후 관련하여 발생한 이용자의 권리를 일방적으로 포기하게 하는 경우에는 그 의사를 엄격하게 해석하면서 결과적으로 피고의 채권 포기 주장을 받아들이지 않았는바, 분쟁예방을 위한 채권 포기 약정서 작성시 보다 주의를 기울여야 할 것이다.

[39] 가상자산 거래소 자체 발행 코인에 대한 거래량에 비례한 무상배분 이벤트의 법적 성격과 이에 따른 거래소의 책임

—서울고등법원 2020. 4. 24. 선고 2019나2043598 판결—

[사실 개요]

1. 피고는 가상자산 거래소(이하 '이 사건 거래소'라고 한다)를 운영하는 회사이고, 원고는 위 거래소에서 가상자산 거래를 하는 자이다.
2. 피고는 이 사건 거래소 자체적으로 만든 D코인 총 60억 개를 발행하여 2018. 10. 12. 상장하기로 하되, 위 상장에 대한 홍보를 위하여 그 중 일부 물량을 상장하기 이전에 3차에 걸쳐 이 사건 거래소 이용 고객들에게 거래대금에 비례하여 개당 5원씩 나누어 지급하기로 하였고('트레이드 마이닝 방식'), 이와 같은 사실을 2018. 9. 14. 이 사건 거래소 홈페이지에 공지하고, 2018. 9. 18. 1차 사전채굴 관하여 '1차 사전채굴 기간 2018. 9. 19. 18:00 ~ 2018. 9. 21. 2억 개 사전 채굴 완료시 종료, 사전채굴은 거래 수수료 대비 100%로 책정되며 에어드롭 형태로 지급한다'고 공지하였다(이하 '이 사건 공지').
3. 피고는 이 사건 공지에 따라 2018. 9. 19. 18:00부터 1차 사전채굴을 실시하였는데 원고를 포함한 참여자들의 거래량이 폭증하면서 사전채굴 대상이었던 D코인 2억 개가 2018. 9. 19. 18:49:49경 모두 소진되었다.
4. 이후 피고는 2018. 9. 26. 2차 및 3차 사전채굴 행사에 관하여 2018. 9. 27. 20:00 2차 사전채굴(2억 개, 개당 5원), 2018. 10. 1. 10:00 3차 사전채굴(2억 개, 개당 5원)을 실시하겠다고 공지하면서 2018. 9. 19.에 실시된 1차 사전채굴 당시 첫날 거래량이 1조 5,000억 원에 달하여 D코인 2억 개의 채굴 물량이 소진(이하 '물량소진'이라고 한다)되었다고 알렸다.
5. 원고는 이 사건 공지에 따른 1차 사전채굴에서 2018. 9. 18. 18:00부터 같은 날 20:46:14까지 이 사건 거래소 계좌에 보유 중이던 현금 203,926,039원을 이용하여 수많은 횟수의 거래를 하여 20,002,594,088원의 거래금액을 발생시켰고 피고에게 위 거래금액의 0.1%인 20,002,594원을 거래 수수료로 납부하였다(이하 '이 사건 거래'라고 한다).
6. 피고는 2018. 10. 12. 1차 사전채굴에서의 물량소진 전 D코인을 지급하였는데, 원고는 물량소진 전 거래수수료에 해당하는 D코인 785,495개를 지급받았다.
7. 원고는 2018. 12. 12. 피고에게 '피고가 원고에게 약 400만 개의 D코인 중 미지급한 D코인 3,215,023개 및 이에 대한 이자를 지급하라'고 최고하는 내용의 내용증명우편을 발송하고 위 내용증명우편이 다음날인 같은 달 13. 피고에게 도달하였다.
8. 원고는 다음과 같이 주장하면서, 피고에 대하여 손해배상 청구의 소를 제기하였다.

'피고의 이 사건 공지에 따라 원고가 이 사건 거래를 하여 수수료를 지출함으로써, 원고와 피고 사이에는 피고가 이 사건 공지에 정해진 조건에 따라 원고에게 D코인을 지급하는 내용이 포함된 계약(이하 "이 사건 계약"이라고 한다)이 성립하였고, 이 사건 계약은 매매계약에 해당하므로, 이 사건 계약상 또는 신의칙상 원고가 이 사건 거래를 수행하는 도중에 이 사건 공지에서 정한 2억 개의 물량이 소진될 경우 피고는 즉시 원고에게 물량소진 사실을 고지할 의무가 있다. 그런데 피고는 이러한 고지의무를 이행하지 않았고, 오히려 2억 개의 물량이 소진된 후에도 물량소진 여부를 문의하는 원고에게 물량이 소진되지 않았다고 허위로 고지하였는바, 이는 채무불이행 또는 불법행위에 해당한다. 이로 인해 원고는 물량소진 사실을 알지 못한 채 이 사건 거래를 계속 수행하여 물량소진을 전후하여 피고에게 합계 20,002,594원의 거래수수료를 지급하였는바, 신의칙상 피고는 원고에게 이 사건 거래 도중에 물량소진으로 사전채굴에 따른 D코인 지급이 종료되었다고 주장할 수 없으므로, 물량소진 전후의 거래수수료 전액에 대하여 4,000,518개(= 20,002,594원 ÷ 5원; 1개 미만은 버림)의 D코인에 관한 매매계약이 성립하여 위 D코인을 지급해야 하는데, 물량소진 전 거래수수료에 대하여 785,495개만 지급함으로써 미지급 D코인 3,215,023개(= 4,000,518개 − 785,495개)의 시가 상당의 손해를 입게 하였으니 이를 배상할 의무가 있다.'

9. 이에 대하여 피고는 '이 사건 공지를 통해 고지한 것 외에 물량소진 사실을 즉시 고지할 의무가 없고, 원고에게 물량소진 여부에 관한 허위고지를 한 사실도 없으므로, 이를 전제로 한 원고의 청구에 응할 수 없다.'는 취지로 반박하였다.

[판결 요지]

1. 먼저, 원고는 피고가 2억 개의 물량이 소진된 후에도 물량소진 여부를 문의하는 원고에게 물량이 소진되지 않았다고 허위로 고지하였다고 주장하므로 보건대, 원고가 제출한 증거만으로는 피고가 물량소진 사실을 알면서 담당직원을 통해 물량이 소진되지 않았다는 허위사실을 고지하였다고 인정하기에 부족하다.

2. 원고는 피고가 고지의무를 위반하였다고 주장하므로, 피고에게 물량소진 사실을 즉시 고지할 의무가 있는지에 관하여 보건대, 아래와 같은 사정들에 비추어 보면, 원고가 내세우는 사정들만으로는 피고가 이 사건 공지를 통해 사전채굴 기간 중이라도 물량이 소진되면 D코인의 지급이 중단된다는 조건을 미리 고지한 데서 더 나아가 실제로 물량이 소진되는 시점에 즉시 그 사실을 고지할 계약상 또는 신의칙상 의무를 부담한다고 인정하기에 부족하다.

가. 피고는 이 사건 거래소를 통해 가상자산 거래 서비스를 제공하고, 원고를 비롯한 이 사건 거래소 이용자들은 서비스 이용의 대가로 거래액의 0.1%에 해당하는 수수료를 피고에게 지급한다. 그런데 피고는 이 사건 거래소와 추후 상장 예정인 D코인을 홍보하기 위해 일정한 기간 동안 이 사건 거래소의 서비스를 이용하는 자들에게 한정된 수량

범위 내에서 D코인을 무상으로 제공(이 사건 공지에서 '에어드롭' 형태로 지급한다고 명시하고 있다)한다는 내용의 이 사건 공지를 하였다. 이와 같은 피고와 이 사건 거래소 이용자들의 관계, 이 사건 공지의 목적과 내용 등에 비추어 보면, 원고를 비롯한 이 사건 거래소 이용자가 지급하는 거래수수료는 거래의 동기가 진성거래이든 자전거래이든 이 사건 거래소의 서비스를 이용한 대가로서 피고에게 지급하여야 하는 것인데, D코인은 거래수수료를 지출한 이용자들에게 그 수수료의 반대급부로서 항상 지급되는 것이 아니라 일정한 조건을 충족하는 경우에만 무상으로 제공되는 것이다. 따라서 이 사건 거래소 이용자가 지출하는 거래수수료와 피고가 지급하는 D코인은 직접적인 대가관계를 이루는 것이 아니고, 피고는 원고를 비롯한 이 사건 거래소 이용자가 서비스 이용의 대가로 수수료를 지출하였다고 해서 반드시 그들에게 D코인을 지급하여야 하는 것이 아니며, 이 사건 공지에서 별도로 정해진 조건을 충족하는 경우에만 D코인을 지급할 의무를 부담한다(따라서 이 사건 거래의 법적 성격이 D코인을 매수하기 위한 매매대금으로 거래수수료를 지급하는 내용의 매매계약에 해당한다는 원고의 주장은 받아들일 수 없다).

나. 그런데 피고는 이 사건 공지를 통해 원고를 비롯한 사전채굴 참여자들에게 정해진 기간 내에서 2억 개의 물량소진 이전에 지출한 거래수수료에 대하여만 D코인이 지급된다는 점을 명확하게 알렸다. 그러나 피고는 이 사건 공지에서 더 나아가서 실제로 물량이 소진되는 시점에 그 사실을 즉시 고지하겠다고 약속하지는 않았다. 원고가 1차 사전채굴이 시작되자 단기간에 신속하게 자전거래를 반복하고, 그 도중에 여러 차례에 걸쳐 피고의 고객센터에 전화를 한 것은 물량소진으로 인해 거래수수료에 상응하는 D코인을 지급받지 못할 수 있다는 것을 알고 있었기 때문이고, 사전채굴 기간이 만료하기 전에 거래를 중단한 것은 이미 물량이 소진되었을 것이라고 스스로 판단하였기 때문이라고 보인다.

다. 원고의 주장과 같이 D코인의 가치가 상승할 것으로 예상된다면 원고를 비롯한 사전채굴 참여자들이 자전거래를 통해서라도 거래수수료 지출을 확대할 유인이 작용하게 되고, 물량소진으로 D코인을 지급받을 수 없는 상황에서는 특별한 사정이 없는 한 참여자들이 자전거래를 반복적으로 수행할 이유가 없을 것이므로, 진성거래가 아닌 자전거래를 수행하는 참여자들로서는 물량소진 여부에 큰 관심을 가지게 될 것으로 보인다. 그러나 원고를 비롯하여 이 사건 공지에서 정해진 기간 동안 이 사건 거래소를 통해 가상자산 거래를 한 일부 이용자들이 D코인의 가치 상승을 예상하고 이를 취득하기 위해 진성거래가 아니라 불필요한 자전거래를 하였다는 것은 그 이용자들이 내심에 지닌 거래의 동기에 불과하여 피고와 체결한 이 사건 계약의 내용을 이룬다고 할 수 없다.

라. 피고로서는 이 사건 공지를 통해 이용자들이 이 사건 거래소를 통한 거래를 하더라도 사전에 정해진 수량 범위 내에서만 D코인이 지급된다는 조건을 명확하게 고지한 이

상, 그 이용자들이 진성거래를 할 것인지 또는 원고와 같이 D코인 취득을 위해 자전거래를 할 것인지에 관하여 스스로 손익을 따져 판단할 것이라고 신뢰하면 된다고 보이고, 여기서 더 나아가서 원고와 같이 투기적인 목적으로 오로지 D코인을 취득하기 위해 불필요하고 비정상적인 자전거래를 반복하는 이용자들로 하여금 거래를 중단하도록 하기 위해 물량소진 사실을 즉시 고지할 신의칙상 의무까지 부담한다고 볼 근거는 없다.

(대법원 2020. 7. 23. 선고 2020다227240 판결에서 상고기각되어 확정)

해설

Ⅰ. 대상판결의 의의 및 쟁점

가상자산 거래소가 자체 발행 가상자산에 대하여 거래량을 증가시키고 수수료 수익을 취득하려는 등의 목적으로 한시적으로 기한을 두어 그 기간 동안 해당 가상자산을 거래한 이용자들에 대하여 그 거래량에 비례하여 해당 가상자산을 트레이드마이닝의 형식으로 배분하는 경우가 있는데 대상판결은 이에 관한 사안이다. 이 책에서 나오는 '자본시장법상 "현실거래 시세조종행위" 법리의 가상자산 거래에 대한 적용가능성' 부분에 관한 서울중앙지방법원 2020. 2. 14. 선고 2018가합585047 판결도 이와 유사한 사안이기는 하나, 문제되는 쟁점이 다르다. 위 판결에서는 매크로프로그램과 거래소 매매시스템의 오류를 이용하여 이용자가 원래 거래량에 비하여 2~3배 많은 가상자산을 부여받은 경우에 거래소가 위 이용자를 상대로 부당이득반환이 가능한지에 관한 것인 반면에 대상판결에서는 D코인의 물량소진을 알지 못한채 거래를 계속한 이용자인 원고가 거래소 측에서 물량소진을 미리 고지하지 않아 손해가 발생하였다면서 거래소 측에게 채무불이행 또는 불법행위 손해배상을 구한 사안이다. 이 사건에서는 이용자와 거래소 사이의 위 트레이드마이닝에 대한 법률관계의 성질, 거래소가 물량소진에 대한 고지의무가 있는지 등이 문제되었다.

Ⅱ. 대상판결의 분석

1. 트레이드마이닝 관련 거래소와 이용자 사이의 법률관계

제1심인 서울중앙지방법원 2019. 9. 5. 선고 2018가합592236 판결에서는 이용자인 원고는 위 트레이드마이닝 법률관계의 성질을 매매로 보고, 거래소인 피고에 대하여 매매계약에 기한 이행이익 상당의 손해배상청구를 하였는데, 이에 대하여 위 판결은 '① 피고가 이 사건 공지에서 '2018. 9. 19. 18:00 ~ 2018. 9. 21.의 기간 동안 이 사건 거래소를 이용하여 가상자산을 거래하는 자에게 그 거래량에 비례하여 D코인 2억 개를 배분하되, 위 기간이 도과하기 전이라도 D코인 2억 개가 모두 소진되면 사전채굴은 종료한다'고 명시함으로써, 어느 행위를 한 자(위 기간 동안 이 사건 거래소에서 가상자산을 거래한 자)에게 일정한 보수(물량소진 전 거래수수료를 1개당 5원으로 환산한 D코인)를 지급할 의사를 표시한 점, ② 피고는 원고 등 이 사건 거래소에서 가상자산을 거래하는 고객에게 거래중개 등 서비스를 제공하고 이에 대한 반대급부로 거래수수료를 지급받는 것이므로 위와 같은 거래서비스제공과 거래수수료 지급이 유상의 쌍무계약인 점, ③ 피고가 위와 같이 반대급부로 받은 거래수수료를 토대로 이 사건 공지라는 별도의 행위를 통해 1차 사전채굴에서 거래수수료에 비례하여 가상자산을 지급해주기로 하는 트레이드 마이닝 방식은 위 유상의 쌍무계약과는 별개인 점 등을 근거로 이 사건 공지는 "현상광고" 또는 "현상광고 유사한 무명계약"이라고 볼 수 있을 뿐, 거래수수료에 상응하여 D코인을 지급하기로 하는 매매계약이라고 보기는 어렵다.'고 본 바 있다.

항소심인 대상판결에서는 위 법률관계가 현상광고인지는 판단하지 않고 앞서 본 판시와 같이 이 사건 거래소 이용자가 지출하는 거래수수료와 피고가 지급하는 D코인은 직접적인 대가관계를 이루는 것이 아니고, 피고는 원고를 비롯한 이 사건 거래소 이용자가 서비스 이용의 대가로 수수료를 지출하였다고 해서 반드시 그들에게 D코인을 지급하여야 하는 것이 아니며, 이 사건 공지에서 별도로 정해진 조건을 충족하는 경우에만 D코인을 지급할 의무를 부담한다고 보면서 이 사건 법률관계의 성격이 D코인을 매수하기 위한 매매대금으로 거래수수료를 지급하는 내용의 매매계약에 해당할 수 없다고 보았다. 거래소 수수료와 D코인의 지급은 완전한 쌍무적 관계에 있지 않고 물량소진이 될 때까지 거래량에 따라 무상으로 지급한다는 취지이므로 매매계약에 해당하지 않는다고 본 대상판결의 판시는 타당해 보인다. 다만 제1심판결에서 나오는 현상광고에 해당하는지 여부는 이 사건 공지의 취지가 위 D코인을 거래하는 경우 '무상으로' D코인을 배분해 준다는데 초점이 맞춰진 것이므로 현상광고로 단정하기에는 명확하지 않아 보인다.

2. 거래소의 물량소진에 대한 고지의무가 있는지

(허위고지 여부는 비교적 결론이 명확하므로 기재하지 않는다)

대상판결은, 거래소인 피고는 이 사건 공지를 통해 원고를 비롯한 사전채굴 참여자들에게 정해진 기간 내에서 2억 개의 물량소진 이전에 지출한 거래수수료에 대하여만 D코인이 지급된다는 점을 명확하게 알렸고 피고는 이 사건 공지에서 더 나아가서 실제로 물량이 소진되는 시점에 그 사실을 즉시 고지하겠다고 약속하지는 않은 점, 이 사건 공지에서 정해진 기간 동안 이 사건 거래소를 통해 가상자산 거래를 한 일부 이용자들이 D코인의 가치 상승을 예상하고 이를 취득하기 위해 진성거래가 아니라 불필요한 자전거래를 하였다는 것은 그 이용자들이 내심에 지닌 거래의 동기에 불과하여 피고와 체결한 이 사건 계약의 내용을 이룬다고 할 수 없는 점 등을 들어 거래소에게 물량소진 여부에 대하여 원고와 같이 비정상적인 자전거래를 반복하는 이용자들에게 즉각적으로 고지할 의무는 없다고 보았다. 즉, 원고 등 이용자들은 이와 같은 이 사건 공지의 내용을 인지하고 이 사건 거래를 하였으므로, 이 사건 공지에서 정한 조건을 수용하면서 거래에 따르는 이익은 물론 그 위험도 스스로 감수한 것으로 보아야 한다는 취지이다.

Ⅲ. 대상판결의 평가

대상판결은 거래소인 피고 측에서 사전채굴 참여자들에게 정해진 기간 내에서 2억 개의 물량소진 이전에 지출한 거래수수료에 대하여만 D코인이 지급된다는 점을 명확하게 알렸고 즉시 고지하겠다고 약속하지는 않았다는 점을 들어 고지의무를 부정하였고 원고는 이에 따른 위험을 스스로 감수하여야 한다고 판시하였다. 통상의 경우는 위와 같은 판시가 타당한데, 만약 이와 달리 거래소 측에서 메크로프로그램을 이용하여 자전거래를 한 이용자들에 대하여 이를 알면서도 묵인하는 경우에까지 거래소 측의 책임을 모두 부정해 버리는 것이 타당한지는 재고의 여지가 있어 보인다. 거래소 측에서도 위 자전거래를 묵인하여 거래량을 인위적으로 증가시키는 경우 다른 이용자들도 해당 가상자산의 시가가 상승할 것으로 예상하여 그 거래량이 더 증가하는 등 거래소 측의 수수료 수입이 더 증가하는 이익을 얻기 때문이다. 물론 거래소 측의 완전한 정보 제공의 부작위에 대한 고지의무를 인정하는 것은 신중할 필요는 있지만 거래소 측의 손해배상책임을 인정한 다음 과실상계를 하여 위 자전거래를 서로 이용한 이용자와 거래소 간의 손익을 배분할 여지가 없지는 않다고 보인다. 이에 대한 추가적인 연구가 필요해 보인다.

[40] 가상자산거래소의 약관 중 롤백 부분의 효력 및 롤백의 위법 여부에 대한 입증책임

—서울서부지방법원 2020. 6. 24. 선고 2019가합33135 판결, 2020. 7. 10. 확정—

[사실 개요]

1. 피고 회사는 가상자산을 거래하는 거래소이고, 피고 갑, 을, 병은 각 피고 회사의 이사 및 감사이다. 원고들은 피고 회사에서 2018. 11. 7. 상장한 가상자산인 T(이하 '이 사건 토큰'이라고 한다)를 상장 직후 매수한 매수자들이다.
2. 피고 회사는 2018. 11. 7. 12:00에 이 사건 토큰 60억 개, 상장 시초가 1원으로 정하여 상장하였고, 원고들은 당일 이 사건 토큰을 매수하였는데 2018. 11. 7. 이 사건 토큰 가격은 2원에 이르렀다. 피고 회사는 상장 당일 자신의 회사 홈페이지에 '2018. 11. 7. 12:10부터 2018. 10. 30.까지 서버 안정화 및 이상거래 발견으로 인한 롤백을 실시한다'는 내용을 공지하고, 이 사건 토큰에 대한 거래 일체를 직권으로 취소하고 원상회복을 하였다(이하 '이 사건 롤백'이라고 한다)
3. 피고 회사는 상장 다음날인 2018. 11. 8. 11:00에 이 사건 토큰을 다시 상장하였으나 원고들은 이 사건 토큰을 구매하지 못하였다.
4. 이 사건 롤백의 근거가 된 피고 회사의 이용약관(이하 '이 사건 약관'이라고 한다)은 다음과 같다.

제23조(암호화폐 거래 등록 등)

⑥ 회사는 다음 각 호의 어느 하나에 해당되는 경우 회원의 매매 등 거래를 직권으로 취소하고 원상회복할 수 있습니다.

1. 회원의 거래서비스의 비정상적 이용이 있는 경우 해당 비정상적 이용행위와 직접적으로 관련된 개별 거래내역의 취소 및 원상회복
2. 회원 외의 제3자의 해킹 또는 이에 준하는 상황이 발생한 경우 해당 시점 이후 발생한 모든 거래 내역의 취소 및 원상회복
3. 거래서비스 시스템의 오류가 발생한 경우 해당 시점 이후 발생한 모든 거래내역의 취소 및 원상회복
4. 통신사업자 및 보안사업자의 귀책사유로 인한 서비스 장애 발생한 경우 해당 시점 이후 발생한 모든 거래내역의 취소 및 원상회복
5. 회원의 부당한 이익을 얻기 위한 시세조종 등의 행위, 시장의 질서를 교란하는 행위 또는 범죄를 위하여 거래를 하는 것으로 의심되는 행위가 발생한 경우 해당 행위에 이용된 계정의 전체 거래내역의 취소 및 원상회복. 이 경우 회원의 계정 이용 권한이 취소되고, 회사는 회원이 보유한 모든 암호화폐 잔고를 임의로 청산할 수 있습니다. 이 때에 회사의 조치에 따라 회원에게 발생하는 손실 또는 이익에 대하여 회사는 어떠한 경우에도 책임을 부담하지 않습니다.

5. 원고들은 피고들을 상대로 ① 이 사건 약관은 명시의무 설명의무를 다하지 아니하여 거래소 이용계약

에 편입되었다고 할 수 없고 ② 신의칙에 위배되는 약관이거나 ③ 상당한 이유 없이 급부의 내용을 피고 회사가 정한 것으로 무효이다. 무효인 이 사건 약관에 기한 위법한 이 사건 롤백으로 인하여 원고들은 이 사건 토큰의 차익실현기회를 상실하는 손해를 입었다고 주장하면서 이 사건 소를 제기하였다(피고 회사의 대표이사인 피고 을은 민법 750조에 의해, 이사 및 감사인 나머지 피고들은 상법 제401조 제1항의 선관주의의무 위반을 근거로 공동책임을 부담한다고 주장하였다).

[판결 요지]

1. 사업자가 약관을 사용하여 고객과 계약을 체결하는 경우, 고객에게 약관의 내용을 계약의 종류에 따라 일반적으로 예상되는 방법으로 명시함으로써 그 약관내용을 알 수 있는 기회를 제공하고(약관규제법 제3조 제2항), 약관에 정하여져 있는 중요한 내용을 고객이 이해할 수 있도록 설명하여야 하는바(같은 조 제3항), 여기서 설명의무의 대상이 되는 '중요한 내용'이라 함은 사회통념에 비추어 고객이 계약체결의 여부나 대가를 결정하는 데 직접적인 영향을 미칠 수 있는 사항을 말한다. 약관에 정하여진 사항이라고 하더라도 거래상 일반적이고 공통된 것이어서 고객이 별도의 설명 없이도 충분히 예상할 수 있었던 사항이거나 이미 법령에 의하여 정하여진 것을 되풀이하거나 부연하는 정도에 불과한 사항에 대하여서는 사업자에게 명시·설명의무가 인정된다고 할 수 없고, 또 고객이 이미 약관의 내용을 충분히 잘 알고 있는 경우에는 사업자로서는 고객에게 약관의 내용을 따로 설명할 필요가 없다(대법원 2004. 11. 25. 선고 2004다28245 판결 참조).

2. 상당한 이유가 있는 경우 거래소가 매매를 직권으로 취소하는 롤백을 할 수 있다는 약관이 투자자가 거래소인 피고 회사의 이용 여부를 결정하는 중요한 사항은 아니고, 원고들이 거래소 가입할 당시 이 사건 롤백규정이 포함된 약관을 읽었다는 체크박스에 체크를 하여 이 사건 롤백에 대한 명시 및 설명의무를 마쳤으며, 피고 회사가 가상자산거래소로서 시장질서 교란을 방지하고, 이를 시정하기 위한 조치를 취할 것임은 충분히 예상가능하므로 이 사건 롤백은 계약에 포섭되었다.

3. 이 사건 롤백이 고객에 부당하게 불리하여 신의칙에 반하여 공정을 잃은 약관이어서 약관규제법상 무효라고 보기 위해서는, 그 약관조항이 고객에게 다소 불이익하다는 점만으로는 부족하고, 사업자가 거래상의 지위를 남용하여 계약 상대방의 정당한 이익과 합리적인 기대에 반하여 형평에 어긋나는 약관 조항을 작성·사용함으로써 건전한 거래질서를 훼손하는 등 고객에게 부당하게 불이익을 주었다는 점이 인정되어야 한다(대법원 2014. 7. 24. 선고 2013다214871 판결 참조).이 사건 롤백은 상당한 이유가 있는 경우에 할 수 있도록 규정되어 있는데 이 사건 롤백으로 이익을 얻은 이용자와 손해를 입은 이용자가 상존하고 있어 이 사건 롤백이 신의성실의 원칙에 위배된다고 보기 어렵다.

4. 이 사건 롤백이 이 사건 약관에서 정한 롤백조치의 실현조건에 부합하여 이루어진 것이 아니고, 이 사건 롤백의 목적, 긴급성, 필요성, 상당성, 보충성 등의 요건을 검토하여 볼 때 이 사건 롤백의 고의, 과실에 기한 위법행위라는 점에 대해서는 이를 주장하는 원고들이 입증하여야 한다.

해설

Ⅰ. 가상자산거래소의 약관

1. 2022. 3. 현재 가상자산거래소를 규율하는 법률은 자금세탁방지에 목적을 둔 특정금융거래정보법(2020. 3. 24. 개정 시에 가상자산사업자에 대한 규정이 도입되었다) 외에는 없다. 위 사건의 경우에는 가상자산에 관한 규정을 도입한 특정금융거래정보법이 시행 이전이어서 가상자산거래소와 그 고객과의 법률관계는 약관에 의해 주로 규율될 수밖에 없다.

2. 가상자산거래소의 약관에 대하여는 약관규제법의 적용을 받게 된다. 주로 약관의 효력 및 적용과 관련하여 아래의 내용이 주로 쟁점이 된다.

① 약관이 한글로 작성되어야 하고, 고객에게 약관의 내용을 분명하게 밝히고, 사본을 부여하며 중요 내용을 고객에게 설명하여야 하며 이를 위반할 경우 해당 약관을 계약내용으로 주장할 수 없다.

② 신의성실에 따라 공정하게 해석하고 고객에 따라 다르게 해석되어서는 아니되며, 약관의 뜻이 불분명할때에는 고객에게 유리하게 해석해야 한다.

③ 신의성실의 원칙을 위반하여 공정성을 잃은 약관은 무효이며, 고객에게 부당하게 불리하거나, 고객이 예상하기 어려운 조항, 계약의 본질적 권리를 제한하는 조항은 공정성을 잃은 것으로 추정한다.

④ 상당한 이유 없이 급부의 내용을 사업자가 일방적으로 결정하거나 변경하거나 일방적으로 중지할 수 있게 하는 조항은 무효이다.

Ⅱ. 이 사건에서의 적용

1. 이 사건에서 법원은 이 사건 롤백의 근거가 된 이 사건 약관은 약관규제법상 계약의 내용에 포함되지 않는다거나 신의성실의 원칙에 위배되어 무효라거나 약관규제법 제10조 등에 위배되어 무효라는 원고들의 주장에 대해 '① 서비스 가입 당시의 절차에 비추어 볼 때 충분히 고객에게 설명하였을 뿐 아니라 고객이 예상할 수 있는 조항이다. ② 이 사건 롤

백이 가상자산거래소의 이익을 위한 것이 아니라 시세조종 및 부정거래행위를 막기 위한 목적으로 그 상당성이 인정된다. ③ 상당한 이유가 있는 경우에 롤백을 실시할 수 있다고 규정하여 가상자산거래소가 임의로 롤백을 할 수는 없다.'는 등의 이유를 들어 이 사건 약관은 효력이 있고, 원고들과의 계약 내용에 포섭된다고 판시하였다.

2. 법원은 또한 이 사건 롤백이 불법행위에 해당하는지 여부 및 이 사건 롤백과 원고들의 손해사이의 인과관계는 이를 주장하는 자인 원고들이 입증하여야 한다고 판시하였는데, 원고들이 계약책임이 주장하는 것이 아니라 일반불법행위를 주장하는 경우에 대한 일반적인 설시라고 하겠다. 다만 위 법원은 이 사건 롤백이 유효한 이 사건 약관에 기한 것이라고 판시한 이후 바로 이 사건 약관에서 정한 롤백 조치 가능 여부에 대한 판단을 한 것이 아니라 이 사건 롤백이 불법행위가 되는지에 대해 별도로 검토하였는데 계약에서 정한 요건에 따른 행위라는 점이 인정되는 경우 따로 불법행위를 검토할 필요성은 없다고 생각한다.

3. 논리적으로는 이 사건 롤백이 유효한 이 사건 약관에 기한 것이라는 점이 우선 인정되면 다음으로는 이 사건 롤백이 이 사건 약관에서 정한 요건에 해당하는지 여부에 대해서는 원고가 아닌 이 사건 롤백을 시행한 가상자산거래소에 이 사건 롤백의 상당성을 입증하도록 하는 것이 옳다고 보인다. 이 사건 롤백이 이 사건 약관에서 정한 요건에 부합한다고 인정되면 별도로 불법행위 여부에 대한 판단은 불필요한 것으로 생각된다.

Ⅲ. 결론

1. 가상자산거래소의 약관은 고객과의 법률관계를 규율하는 주요 근거가 되고 따라서 약관에 대한 통제로서 가상자산거래소를 충분히 규율할 수 있다.

2. 가상자산거래소의 행위로 손해를 본 고객의 경우 거래소의 행위가 약관에 근거한 경우 그 약관의 효력 등을 다툴 수 있고, 약관의 유효 여부 및 거래소의 행위가 약관에서 정한 요건에 해당한다는 점을 거래소가 이를 입증하여야 한다(이 부분에 대해 위 판결의 논리와 다르다).

3. 가상자산거래소로서는 고객의 일부 또는 전부에게 피해가 갈 수 있는 행위를 하는 경우 그 행위의 근거가 되는 약관 및 해당 약관에서 정한 요건에 부합하는지 여부를 검토하고 그 결과를 미리 고객에게 알리는 것이 중요할 것으로 보인다.

[41] 가상자산의 오송금에 대한 가상자산 거래소의 책임

—청주지방법원 2020. 8. 14. 선고 2019나14791 판결, 2020. 9. 5. 확정—

[사실 개요]

1. 원고는 2018. 2. 20. 피고가 운영하는 가상자산 거래소('이 사건 거래소')를 통하여 구입한 2,908.7591 4376 이더리움클래식(ETC)을 A에게 보내는 과정에서 입금받을 지갑주소를 이더리움클래식 지갑주소가 아닌 이더리움(ETH) 지갑주소로 잘못 입력하여 송금에 실패하였다.
2. 원고는 2018. 2. 20. 피고에게 잘못 입금한 가상자산의 복구를 요청하였고, 피고는 복구프로그램을 개발하여 원고가 잘못 입금한 이더리움클래식을 전부 복구하여 2018. 4. 2. 원고에게 반환하였다.
3. 원고는 다음과 같이 주장하였다. 피고는 종류가 다른 가상자산 지갑주소로 입금되지 않도록 종류가 다른 지갑주소를 출금주소로 지정한 경우 사전에 입금 시도 자체를 차단하는 시스템을 갖추어야 하고, 설령 그렇지 않더라도 가상자산이 잘못 입금된 경우 즉시 복구할 수 있는 시스템을 갖추어야 한다. 그럼에도 피고가 위와 같은 시스템을 갖추지 못하여 원고가 잘못 입금한 이더리움클래식을 뒤늦게 반환함으로써 그 사이 원고에게 이더리움클래식의 시가가 하락하는 손해가 발생하였으므로 입금 당시의 시가와 반환 받을 당시의 시가 차액 상당에 대해 손해배상책임이 있다.
4. 이에 제1심(청주지방법원 2018가단3274)은 원고가 제출한 증거들만으로는 오류 입금 사전차단 시스템을 갖추는 것이 기술적으로 가능하다거나 이 사건 오류 입금과 복구 과정에서 피고가 계약상 또는 일반적으로 요구되는 주의의무를 다하지 못하였다고 하여 원고의 청구를 모두 기각하였다. 이에 원고는 항소를 하며 다음과 같이 주장하였다.

   ① 피고는 원고가 입금하고자 했던 이더리움 지갑 주소 및 오입금한 이더리움클래식 지갑 주소를 모두 관리하고 있었기 때문에 원고가 오입금한 가상자산을 즉시 원고의 이더리움클래식 지갑으로 복구해주는 것이 가능했다. 그럼에도 원고의 이더리움클래식 가상자산 복구에 약 40일 이상을 소요한 피고에게는 복구의무 이행지체에 대한 과실이 존재한다.

   ② 피고는 이 사건 거래소 회원들에게 이더리움과 이더리움클래식 지갑 주소를 동일하게 부여함으로써 회원의 오입금을 사전에 방지할 수 있음에도 불구하고 이러한 조치를 이행하지 아니하여 계약상 또는 일반적으로 요구되는 주의의무를 위반하였다.

   ③ 원고의 손해는 피고가 2018. 2. 20. 원고의 이 사건 거래소 계정에 이더리움클래식 2908.7596 포인트를 표시하여 줄 의무를 위반한 시점에 발생한 것이므로 통상손해에 해당하는바, 피고의 손해발생에 대한 예견가능성과 무관하게 배상하여야 한다.

[판결 요지]

1. 피고의 복구의무 이행지체에 대한 과실 관련 주장에 대하여

아래의 사정들을 고려하면, 피고가 원고의 이더리움클래식 포인트를 복구하는 과정에서 이행지체상의 과실이 있었다고 보기 어렵다. 원고의 이 부분 주장은 이유 없다.

가. 피고가 정상적으로 발급 및 배정한 회원 개인의 가상자산 지갑주소에 입금된 가상자산은 피고의 프로그래밍에 따라 전체 가상자산 지갑주소로 자동적으로 재출금된다. 그러나 원고가 잘못 입금한 B 지갑주소는 피고가 '이더리움클래식'이 아닌 '이더리움' 입출금 용도로 발급 및 배정한 지갑주소이므로, 위와 같이 자동으로 재출금되지 않고 별도의 리소스 투입 및 고도의 보안관련 작업을 거쳐야만 재출금될 수 있다.

나. 원고가 오입금한 가상자산은 위와 같이 비정상적으로 생성된 가상자산 지갑주소에 입금되었기 때문에 피고 회사의 '서비스 외부'에서 회원 또는 다른 사람이 소유하거나 사용한 외부가상자산주소에 해당한다(이용약관 제2조 제7호), 따라서 피고는 외부가상자산주소로 오입금 된 원고의 가상자산에 대한 복구책임이 약관상 존재하지 않음에도 불구하고(이용약관 제17조 제8호), 원고의 요청에 의하여 오입금 된 가상자산을 복구하여 주었다. 다만, 복구를 위해서는 수작업으로 10만 개 이상의 이더리움 지갑주소 중 원고가 자신의 이더리움클래식을 잘못 보낸 이더리움 지갑주소를 찾아내야 하는데, 이를 수작업으로 진행하게 되면 지나치게 오랜 시간이 소요 되고 피고의 보안정책상 회원들이 보유한 가상자산의 개인키를 추출하여서는 안 되는 규정에 위반되기 때문에 복구 프로그램을 개발하는 과정에서 상당한 시간이 소요되었는바, 오입금 가상자산이 즉시 복구되지 않은데 피고의 과실이 있었다고 보기 어렵다.

2. 피고의 오입금 방지조치의무 불이행 관련 주장에 대하여

원고와 달리 다른 가상자산 거래소의 경우 이더리움과 이더리움클래식의 지갑 주소를 일치시킨 사실은 인정된다.

그러나 살피건대, 다수 가상자산의 지갑 주소가 동일한 경우 어느 한 쪽의 가상자산 지갑에 대한 개인키만 유출되어도 개인키를 공유하는 모든 가상자산 지갑에 보안상 위험이 발생할 수 있는 점, 그로 인하여 피고는 보안상 이유로 이더리움과 이더리움클래식의 지갑 주소를 별도로 관리하고 있는 점, 피고 이외의 국내 대형 가상자산 거래소들도 모두 피고와 같이 이더리움과 이더리움클래식의 지갑 주소를 별도로 관리하고 있는 점 등에 의하면, 피고가 이더리움과 이더리움클래식의 지갑 주소를 다르게 하였다는 사실만으로 회원들의 오입금 방지를 위한 조치의무를 취하지 않은 것으로는 보기 어렵다. 원고의 이 부분 주장도 이유 없다.

3. 통상손해 관련 주장에 대하여

살피건대, 아래의 사정을 고려하면, 원고의 이더리움클래식 시가 하락으로 인한 손해는 특별손해에 해당하고, 피고가 이를 예상하였다거나 예상할 수 있었다고 볼 수 없는바, 피고는 위 손해에 대한 배상책임이 없다. 원고의 이 부분 주장도 이유 없다.

1) 피고는 원고가 2018. 2. 20. A에게 오입금한 이더리움클래식 2908.7596 포인트를 2018. 3. 31. 그대로 복구시켜 주었다. 그런데 원고가 주장하는 손해는 위 2018. 2. 20.부터 2018. 3. 31.까지 이더리움클래식의 시가가 하락함에 따라 발생한 것이고, 위 가상자산의 시가가 상승하였다면 손해가 없었을 것으로 보인다. 따라서 원고의 이더리움클래식 시세 하락으로 인한 손해는 가상자산을 오입금한 2018. 2. 20.이 아닌 복구 받은 2018. 3. 31. 발생한 특별손해로 판단된다.

2) 그러나 이 사건에서 피고가 이더리움클래식의 시가가 하락할 것을 알았다거나 알 수 있었다고 볼만한 아무런 증거가 없다.

해설

Ⅰ. 대상판결의 쟁점

대상판결은 거래소 회원인 원고가 송금해야 할 지갑주소를 잘못 입력한 뒤 거래소를 운영하는 피고가 이를 복구하는데 시간이 소비되어 원고가 가상자산을 적시에 매도하지 못하였다고 하면서 피고를 상대로 해당 가상자산의 시가 하락 상당의 손해배상청구를 한 사안이다.

대상판결은 원고가 주장하는 피고의 채무불이행 주장을 모두 받아들이지 않고 항소기각 판결을 하였는데, 대상판결에서는 오송금 가상자산에 대한 피고의 복구의무의 이행지체, 오입금 방지조치의무의 불이행 여부가 주로 문제가 되었고, 추가로 시가하락에 따른 손해의 성격에 대하여도 판단이 이루어 졌다.

Ⅱ. 대상판결의 분석

1. 피고의 복구의무 존부 및 이행지체에 대한 과실 여부

가상자산 거래소에서는 수많은 가상자산이 거래되고 있고, 각 가상자산마다 자신만의 블록체인 네트워크를 사용하므로 프로토콜이 다른 가상자산 지갑으로 특정 가상자산을 송금하는 경우 송금이 되지 않는 것이 일반적이다(예를 들어 비트코인을 이더리움 지갑에 송금하는 것은 불가능하다). 그러나, 이더리움클래식과 이더리움과 같이 하드포크를 통해 나누어 졌지만 같은 프로토콜을 사용하고 있는 경우는 상호 송금이 가능할 수 있고 그 결과 오송금이 발생할 수 있다. 이러한 경우에는 시간이 소요되지만 프로그래밍을 통한 복구가 가능하기도 하다.

대상판결에서 원고는 이더리움클래식을 실수로 이더리움 지갑으로 송금하였고(제1심판결은 송금에 실패하였다고 사실인정하고 있는데, 이는 원하는 전자지갑으로의 송금의 실패로 이해할 수 있을 것이다), 그 즉시 피고에 대하여 복구요청을 한 것으로 보이나, 복구는 그로부터 약 40일 이상이 지난 2018. 4. 2.에서야 이루어졌다.

먼저 피고가 위와 같이 복구를 해주기는 하였지만, 피고에게 위와 같은 오송금에 대한 복구의무가 존재하는지 문제된다. 대상판결이 인정한 사실관계에 의하면, 피고의 이용약관에는 그러한 내용의 의무가 규정되어 있지는 않은 것으로 보인다. 기본적으로 가상자산의 송금시 송금하고자 하는 지갑주소의 입력의 책임은 송금하고자 하는 자에게 있으므로 특별한 정함이 없는 한 오송금에 대한 복구의무를 거래소가 부담한다고 해석하기는 어려울 것이다. 설령 복구가 기술적으로 가능하여 거래소에 신의칙상 복구의무가 있다고 보더라도 오송금된 이더리움 지갑주소를 찾아내어 이를 복구하는 과정은 상당한 시간과 노력이 들어가는 작업으로 기술력, 인력 등 여러 여건에 따르지만 적어도 이를 즉시 복구하는 것은 기술적으로 사실상 불가능하다고 보인다. 결국 피고에게 이러한 복구의무가 자체가 존재하는지 의문이고, 설령 있다고 하더라도 피고가 약 40일 후에 복구한 것이 이행지체라고 보기도 어려울 것이며 피고에게 귀책사유도 없다고 봄이 타당하다.

대상판결은 복구의무의 존부에 관하여는 판단하지 않았지만, 이행지체에 대한 피고의 과실을 인정할 수 없다고 보아 결론적으로는 같은 판단을 하였다.

2. 피고의 오송금 방지조치의무 위반 여부

피고와 같은 거래소에 대상판결의 사안과 같은 오송금을 방지하기 위해 일정한 조치를 취할 의무가 있는가. 그러나 앞서 본 바와 같이 입금, 송금 주소를 기재하는 것은 전적으로 거래를 하는 회원의 책임 하에 진행되는 것이고 거래소에 위와 같이 착오를 일으킬만한 사항을 해소시켜야 할 적극적인 의무가 인정된다고는 보기 어렵다.

더군다나, 피고는 ㉠ 가상자산 거래시 생성되는 기본화면에 ‘이더리움 클래식은 이더리움 클래식 지갑으로만 송금 가능합니다. 이더리움(ETH) 등 다른 가상자산 지갑으로 송금하지 않도록 반드시 확인 부탁드립니다.’라는 주의문구, ㉡ 입금주소 생성 단계에서 오른쪽 하단에 ‘위 주소로는 이더리움 클래식(ETC)만 가능합니다. 해당 주소로 ETH 등 다른 가상자산을 입금 시도할 경우에 발생할 수 있는 오류, 손실은 복구가 불가능합니다.’라는 주의문구,

ⓒ 출금신청 단계에서 '가상자산의 특성상 출금 신청이 완료되면 취소할 수 없습니다. 보내기 전 주소를 꼭 확인해 주세요. 이더리움클래식은 이더리움클래식 지갑으로만 송금 가능합니다. "이더리움(ETH)" 등 다른 가상자산 지갑으로 송금하지 않도록 반드시 확인 부탁드립니다.'라는 주의문구를 단계별로 나타나게 하여 여러 차례 오송금에 대한 안내를 하기도 하였는바, 설령 피고에게 오송금을 방지하기 위한 일정한 조치를 취할 의무가 계약상 또는 신의칙상 인정된다고 하더라도 이에 관한 명확한 의무의 내용을 정한 법규나 관행이 마련되지 않은 상황에서 그 의무를 충분히 이행하였다고 판단된다.

원고는 이더리움과 이더리움클래식의 지갑주소를 일치시킨 다른 거래소의 사례를 들기도 하였다. 그러나 지갑주소를 일치하는 것은 편의성을 추구하는 대신 어느 하나의 개인키가 유출되는 경우 다른 지갑에도 보안상 위험이 있을 수 있으므로 양 가상자산의 지갑주소를 일치시키는 것이 더 나은 기술적 선택이라고 단정하기 어렵다. 또한 국내 대형 거래소들은 오히려 피고와 같이 양 가상자산의 지갑주소를 일치시키지 않고 있다고 하므로 원고가 제시한 사례가 업계의 관행이라고 보기도 어려울 것이다.

따라서 피고에게 오송금 방지조치의무가 있다거나 이를 위반하였다고 보기 어렵다.

3. 가상자산 시가 하락에 따른 손해가 통상손해인지 특별손해인지 여부

채무불이행 또는 불법행위로 인한 손해배상은 통상의 손해를 그 한도로 하나, 특별한 사정으로 인한 손해는 채무자 또는 가해자가 그 사정을 알았거나 알 수 있었을 때에 한하여 배상의 책임이 있다(민법 제393조, 제763조).

앞서 본 바와 같이 피고에게 어떠한 채무불이행 내지 불법행위가 없으므로 이 부분에 대한 판단은 특별히 필요 없다고 보이나, 대상판결은 이에 대하여도 특별히 판단을 하였다.

주식의 경우 거래소의 전산장애로 인해 주식을 매도하지 못한 경우, 매도주문을 하는 등 처분의사를 명확하게 표시한 경우에는 당시의 시가를 기준으로 하여 통상손해로 인정할 수도 있을 것이나, 그러한 처분의사가 없는 경우라면 주가변동으로 언제, 어느 정도의 주식을 처분할지를 예견하는 것은 매우 어려우므로 통상적으로는 주가 하락에 따른 손해액을 특별손해로 보는 것이 일반적인 것으로 보이고,[1] 이는 일반적으로 주식보다 변동성이 더 크다고 볼 수 있는 가상자산 거래에도 적용될 수 있을 것이다.

원고는 피고가 이더리움클래식 2908.7596 포인트를 표시하여 줄 의무를 위반한 시점인 2018. 2. 20. 기준으로 이미 손해가 발생하였고 이는 통상의 손해에 해당한다고 주장하였다. 그러나 원고가 주장하는 손해의 내용은 위 오송금 시점과 이더리움클래식이 복구된 2018.

1) 이창현, "전산장애로 인한 손해배상에 관한 연구", 법과 기업 연구 제5권 제3호(2015), 144쪽.

3. 31. 시점의 이더리움클래식의 시가 하락분 상당액인데, 시가 상승 또는 하락은 예측할 수 없어 하락에 따른 손해는 일반적으로 특별한 사정에 의한 손해로 봄이 타당할 것이다. 대상판결 역시 원고 주장 손해는 특별손해에 해당하고 피고에게 시가 하락에 대한 예견가능성이 없다는 이유로 이 부분 주장도 받아들이지 않았는바, 타당한 결론으로 생각된다.

Ⅲ. 대상판결의 평가

대상판결은 가상자산을 송금하는 거래소 회원의 과실로 오송금이 이루어진 사안에서 거래소가 그러한 오송금의 방지 의무의 존부, 오송금이 이루어진 경우 이에 대한 복구의무 존부 및 이행지체 여부 등에 대한 상세한 판단이 이루어졌다. 이러한 오송금은 기본적으로 송금을 시도하는 회원의 책임 하에 이루어지는 점에서 결과적으로 회원인 원고의 책임으로 본 대상판결의 결론은 타당해 보인다.

나아가 대상판결은 가상자산 시가 하락으로 인한 손해는 일반적으로 특별손해에 해당한다고 보았는바, 구체적인 유형마다 차이가 있겠지만 유사한 사례에서 참고할 수 있을 것으로 보인다.

[42] 가상자산 거래소에서 개인정보가 유출된 경우 거래소의 책임 성부

—서울중앙지방법원 2020. 8. 20. 선고 2018가합504376 판결—

[사실 개요]

1. 피고는 Z 가상자산 거래소를 운영하는 회사인데, 피고 소속 개인정보처리시스템 담당직원 A는 2016. 2.경부터 2017. 4.경까지 개인정보처리시스템에서 위 거래소 회원의 개인정보(이름, 이메일, 휴대전화번호, 거래량, 거래금액 등 가상자산 거래정보 등)를 추출한 후 2016. 2.경부터 2017. 4.경까지 수시로 운영지원팀장 B에게 수신자의 이름과 날짜 등의 비밀번호를 설정하고 거래소 회원 개인정보를 압축하여 USB 등으로 전달하였다. B는, 피고의 전 감사 겸 대주주로서 2017. 1.경부터 거래소 업무 전반을 총괄하여 운영한 C로부터 지시를 받아, 위와 같이 전달 받은 개인정보 파일을 가공하여 개인정보 31,506건이 포함된 '2017년 회원관리 정책.xlsx' 파일(이하 '이 사건 파일'이라 한다)로 만들어 업무용 컴퓨터 등에 암호화하지 않은 채 저장하던 중, 2017. 4. 16.경 C에게 이메일로 전달하였다. C는 이 사건 파일을 열어본 후 개인용 컴퓨터에 암호화하지 않은 채 저장하였다.
2. 성명불상자는 2017. 4. 28.경 위 거래소 직원 채용기간에 맞춰 C의 이메일로 이력서를 위장한 한글파일 '이력서.hwp(이하 "이 사건 이력서파일"이라 한다)'를 전송하였는데, 이 사건 이력서파일에는 '한글' 워드 프로세스의 EPS 기능을 이용하여 악성프로그램을 'drop'하는 프로그램이 숨겨져 있었고, 위 악성프로그램은 원격지(C&C)의 명령을 받아 파일 탐색과 업로드 및 다운로드, 감염 컴퓨터 정보 수집 등의 기능을 수행하도록 만들어졌다. C는 2017. 4. 28.경 악성프로그램이 숨겨진 사실을 모른 채 이 사건 이력서파일을 실행시켜 악성프로그램이 다운로드되게 함으로써, 성명불상자에게 C의 컴퓨터에 저장된 이 사건 파일 등이 유출되었다(이하 '이 사건 스피어피싱 사건').
3. 성명불상의 해커는 2017. 4. 1.부터 2017. 6. 29.까지 사이에 사전대입공격으로 약 3,534개의 아이피 주소를 사용하여 위 거래소 홈페이지에 약 200만 회의 사전대입공격을 시도하였고, 그중 최소 4,981개의 Z 계정에 대한 접속을 성공하여 해당 계정에 로그인한 후 피해자의 이름, 이메일 주소, 전화번호, 비트코인 등 가상자산 거래정보 등을 알아냈다(이하 '이 사건 사전대입공격 사건'이라 하며, 앞서 본 스피어피싱 사건과 통틀어 '이 사건 개인정보유출사건'이라 함).
4. 성명불상자는 이후 위와 같이 알아낸 개인정보를 이용하여 거래소 Z 회원들에게 전화를 걸어 'Z거래소 고객센터다. 지금 고객님 계정에 외국에서 접속이 시도된다. 인증 문자를 알려주면 바로 해외 IP에서는 접속이 차단되도록 조치해 주겠다.'라고 거짓말하였고, 이에 속은 Z거래소 회원이 인증번호를 알려주면, 성명불상자는 그 계정으로 Z거래소 홈페이지에 로그인하여 Z거래소 회원 소유의 이더리움 등을 성명불상자가 보유하는 지갑으로 보내는 등의 방법으로 피고 회원들의 자산을 탈취하였다.

5. 성명불상의 해커는 2017. 6. 29. 19: 05 피고에게 피고가 보유한 비트코인 계좌 중 10%의 비트코인을 요구하면서 이에 불응하면 언론에 Z 회원들의 모든 정보를 유출하겠다고 협박하는 이메일을 보냈다. 이후 2017. 6. 29. 22: 05 피고에게 Z거래소 회원 26명의 이름, 이메일주소, 핸드폰번호 등 개인정보와 함께 피고가 보유한 비트코인 계좌 중 11%의 비트코인을 요구하는 등 2017. 6. 30. 19: 39까지 사이에 33차례의 협박 메일을 발송하였다.
6. 피고는 2017. 6. 30. 오전 수사기관에 위와 같은 협박메일을 받은 사실을 신고하였고, 같은 날 17: 37 Z거래소 홈페이지를 통해 Z거래소 회원들에게 '일부 회원의 개인정보 중 이메일과 휴대전화번호 유출이 의심되는 사고가 발생하였습니다. 본 사고는 Z거래소 회원 개인 PC에 대한 외부침해사고로 Z거래소는 내부망이나 서버 및 가상자산 지갑과는 무관하고 모든 회원님들의 원화 및 가상자산 예치금은 안전하게 보관되고 있습니다. 혹시 모를 2차 사고(Z거래소 관리자 사칭, 이메일 피싱 등)를 예방하기 이하여 부득이하에 일부 정보유출이 의심되는 회원님들의 계정을 출금불가 상태로 전환하는 등 조치를 취하고 있습니다'는 취지로 공지하고 한국인터넷진흥원(KISA)에 개인정보 유출신고도 하였다.
7. 성명불상자는 2017. 6. 3. 07: 09: 28부터 같은 날 07: 36: 07Rkwl 사이에 평소 원고 X가 사용하지 않던 IP 주소인 182.237.52.235를 통하여 원고 X의 Z거래소 계정에 접속하였다. 이후 원고 X가 보유하고 있던 비트코인과 이더리움을 모두 출금하고 계좌에 남아있던 원화를 모두 비트코인으로 바꾸어 출금하였다. 이로 인하여 원고 X는 비트코인 160.002BTC와 이더리움 1790.03ETH를 상실하였다(이하 원고 X가 성명불상자에 의해 가상자산을 탈취당한 사건을 '이 사건 1사고'라 한다).
8. 성명불상자는 2017. 6. 21. 19: 23: 25 Mozixxx 5.0 브라우저를 통해 IP주소 110.44.xxx.xxx로 원고 Y의 Z거래소 계정에 접속하였다. 성명불상자는 2017. 6. 21. 19: 26경 발신번호 02-6406-xxxx로 원고 Y의 휴대전화로 전화를 건 뒤 Z거래소 고객센터라고 소개하면서 원고 Y의 이름, 전화번호, 보유한 가상자산의 종류 및 수량 등 정보를 불러주며 그 일치 여부를 확인하였다. 이후 원고 Y의 Z거래소 계정에 대해 해외에서 로그인 시도가 있는데 이를 차단할 것을 원한다면 좀전에 원고 Y의 휴대전화로 보낸 인증번호를 알려달라고 요청하였다. 이에 원고 Y는 2017. 6. 21. 19: 29 문자로 수신한 인증번호를 성명불상자에게 알려주었다. 성명불상자는 원고 Y가 Z거래소 계정에 보유하고 있던 리플과 이더리움을 원화로 바꾼 뒤 다시 비트코인 9.35130351 BTC를 구매하였고, 2017. 6. 21. 19: 32: 11 원고 Y가 알려준 인증번호를 이용하여 위 비트코인을 모두 출금하였다(이하 원고 Y가 성명불상자에 의해 가상자산을 탈취당한 사건을 '이 사건 2사고'라 한다).
9. 방송통신위원회는 2017. 6. 30. 피고로부터 피고가 보관, 관리하는 이용자의 개인정보가 성명불상의 해커에 의해 유출되었다는 신고를 접수받은 뒤인 2017. 7. 1.부터 2017. 7. 28.까지 피고의 개인정보 처리·운영실태를 조사하였고 2017. 12. 12. 피고가 정보통신망법 제28조 제2호, 제4호, 제5호, 제6호에 위반하였음을 인정하고 정보통신망법 제64조 제4항, 제64조의3 제1항 제6호, 제76조 제1항 제3호 등에 의하여 피고에게 시정명령과 과징금 43,500,000원, 과태료 13,500,000원을 부과하

였다.

10. 방송통신위원회의 이 사건 개인정보유출사고에 대한 조사 결과 원고 X는 이 사건 스피어피싱에 의해 유출된 이 사건 파일에 그 개인정보가 포함된 것으로 밝혀졌고, 원고 Y는 이 사건 사전대입공격을 당한 Z거래소 회원 4,981명 중 1명으로 밝혀졌다.

11. 원고들은 다음과 같이 주장하면서 피고에 대하여 정보통신망법위반에 따른 손해를 배상하라는 취지로 소를 제기하였다.

가. 피고는 2017. 4. 26.부터 2017. 7. 5.까지 92건의 Z거래소 회원들로부터 해킹 신고 등이 접수되었음에도 사전대입공격 등 불법적인 접근으로 추정되는 시도를 탐지하여 차단하지 못하였다(정보통신망법 제28조 제1항 제2호).

나. 피고는 개인용 PC에 회원들의 개인정보 35,105건을 암호화하지 않고 저장하였고 개인정보가 복사된 외부 저장매체 등을 파기하고 USB 또는 파일 서버를 통해 개인정보파일을 전달한 기록 등을 남기지 않았다(정보통신망법 제28조 제1항 제4호, 제5호, 제6호 위반). 원고 X의 경우 이 사건 스피어피싱이 가상자산 탈취의 직접적인 원인이 되었고, 이 사건 1 사고가 발생하였다.

다. 보안이 중요한 이 사건 서비스이용계약의 특성상 Z거래소 전체 회원들에게 개인정보 유출사실을 통지하였어야 하고, 피고가 이 사건 1 내지 2 사고가 발생하기 이전에 Z거래소 회원들에게 이 사건 개인정보유출사실에 대해 알렸더라면 원고들로서는 가상자산을 안전한 곳으로 이전시켰거나 보안을 강화함으로써 이 사건 1 내지 2 사고가 발생하지 않았을 것이다(정보통신망법 제27조의 3 위반).

(전자금융거래법위반에 따른 손해배상, 유상임치계약상 선관주의의무위반에 따른 손해배상 및 채무불이행 손해배상 주장도 있으나 이는 생략한다)

[판결 요지]

1. 원고 X에 대하여

가. 정보통신망법 제28조 제2호 위반 여부와 관련하여, 방송통신위원회의 조사 결과 원고 X의 Z거래소 계정이 이 사건 사전대입공격을 당하였다고 밝혀진 ‘최소 4,981개의 Z거래소 계정’ 중 하나에 해당하지 않음은 앞서 본 바와 같다. 그리고 원고 X가 제출한 갑 1호증의 1, 2, 갑 2호증, 갑 24호증은 액티비티로그 기록이 아닌 단순 접속기록에 불과하여 위 증거만으로는 원고 X의 Z거래소 계좌에 대해 사전대입공격이나 그 밖의 불법적인 접근이 시도되었다고 인정하기에 부족하고, 달리 이를 인정할 증거가 없다.

나. 정보통신망법 제28조 제1항 제4호, 제5호, 제6호를 위반 여부와 관련하여, 성명불상의 해커가 2017. 6. 3. 평소 원고 X가 사용하던 IP 주소와는 다른 IP 주소(182.237.52.xxx)로 원고 X의 계정에 접속한 사실은 앞서 본 바와 같고, 위 IP주소는 레드○○○라는 국내 가상사설망(VPN, Virtual Private Network) 업체가 보유하고 있는 아이피 대

역인 사실, 서울지방경찰청은 H 등 5명이 BTC.exe라는 사전대입공격 프로그램을 이용하여 피고 사이트를 공격하고 이를 통해 얻은 정보로 보이스피싱을 한 혐의 등에 대해 수사하는 과정에서, 범행에 사용된 아이디 대부분이 중국 상해에 할당된 차이나OOO의 IP 주소에서 접속되거나 VPN IP, 서버 IP등으로 우회하여 접속된다는 점을 알아낸 사실 등을 인정할 수 있으나, 이 사건 파일에는 원고 X의 이메일, 휴대폰번호 등이 담겨있을 뿐 비밀번호는 포함되어 있지 않았고, 원고 X의 과실 또는 타 사이트에서의 개인정보유출로 인해 원고 X의 비밀번호가 유출되었을 가능성을 배제할 수 없는 점, 최근 몇 년 사이에 회원수가 많은 여러 카드사나 온라인 쇼핑몰 등 사이트에서 이메일 주소, 휴대폰번호 등 개인정보의 유출이 빈번하게 발생해 온 점에 비추어 이 사건 유출파일이 아니더라도 성명불상의 해커들이 불특정 다수의 개인정보를 쉽게 손에 넣을 수 있다고 보이는 점, Z_ex_userinfo.exo라는 악성프로그램을 사용하면 Z거래소 사이트의 회원 가입관련 URL에 접속하여 불상의 경로를 통해 확보한 대량의 이메일 주소만을 이용해 사이트에 가입된 회원인지를 확인하는 것이 가능한 점, 서울지방경찰청사이버수사과는 2017. 7. 4.부터 2017. 8. 7.까지 국민신문고에 비트코인 해킹 관련 피해를 신고한 Z거래소 회원들과 2017. 7. 6. 서울지방경찰청 사이버수사과에 비트코인 해킹 관련 피해를 신고한 Z거래소 회원들 84명에 대하여 분석한 결과, 위 피해자 중 13명만 이 사건 파일에 포함된 고객정보와 일치하고 나머지 71명은 일치하지 않음에 따라 Z거래소 회원들의 피해와 이 사건 스피어피싱과의 직접적인 연관성이 다소 약하다고 판단한 점, 그 밖에 방송통신위원회의 분석 결과 등을 종합하여 보면, 성명불상의 해커가 이 사건 스피어피싱으로 인해 유출된 원고 X의 개인정보만을 이용하여 원고 X의 피고 계정에 접속하였다고 보기 어려우므로, 이 사건 스피어피싱으로 인하여 이 사건 1사고가 발생하였다고 보기 어렵다.

다. 정보통신망법 제27조의3 위반 여부와 관련하여, C은 2017. 4. 28.경 악성프로그램이 숨겨진 사실을 모른 채 이 사건 이력서파일을 실행시켜 C의 컴퓨터로 악성프로그램이 다운로드되게 하였고, 이로 인해 이 사건 파일이 유출되었으며, 피고가 2017. 6. 29. 성명불상의 해커로부터 수십여 차례에 걸쳐 협박성 이메일을 받았음은 앞서 본 바와 같다. 따라서 피고가 늦어도 2017. 6. 29.경에는 이 사건 파일 등 피고 회원들의 개인정보가 유출되었다는 사실을 인지하였다고 보이고, 피고는 그 직후 지체없이 개인정보 유출사실을 Z거래소 회원들에게 통지하였으나, 여기서 더 나아가 피고가 이 사건 1사고가 일어난 2017. 6. 3. 이전에 Z거래소 회원들의 개인정보 유출사실을 알았다는 점을 인정할 증거는 없다. 따라서 피고가 2017. 6. 3. 이전에 이 사건 스피어피싱 사고가 발생한 사실을 알았음을 전제로 한 원고의 주장은 더 나아가 살필 필요 없이 받아들이지 않는다.

2. 원고 Y에 대하여(정보통신망법 제28조 제1항 제2호 위반 관련)

가. 정보통신망법 제28조 제1항은 '정보통신서비스 제공자 등이 개인정보를 취급할 때에는 개인정보의 분실·도난·누출·변조 또는 훼손을 방지하기 위하여 각호에서 정한 기술적·관리적 조치를 하여야 한다.'고 규정하고 있으므로 정보통신서비스 제공자는 정보통신망법 제28조 제1항에서 정하고 있는 개인정보의 보호를 위하여 필요한 기술적·관리적 조치를 취하여야 할 법률상 의무를 부담한다.

나. 그런데 정보통신서비스가 '개방성'을 특징으로 하는 인터넷을 통하여 이루어지고 정보통신서비스 제공자가 구축한 네트워크나 시스템 및 그 운영체제 등은 불가피하게 내재적인 취약점을 내포하고 있어서 이른바 '해커' 등의 불법적인 침입행위에 노출될 수밖에 없고, 완벽한 보안을 갖춘다는 것도 기술의 발전 속도나 사회 전체적인 거래비용 등을 고려할 때 기대하기 쉽지 아니한 점, 해커 등은 여러 공격기법을 통해 정보통신서비스 제공자가 취하고 있는 보안조치를 우회하거나 무력화하는 방법으로 정보통신서비스 제공자의 정보통신망 및 이와 관련된 정보시스템에 침입하고, 해커의 침입행위를 방지하기 위한 보안기술은 해커의 새로운 공격방법에 대하여 사후적으로 대응하여 이를 보완하는 방식으로 이루어지는 것이 일반적인 점 등의 특수한 사정이 있으므로, 정보통신서비스 제공자가 정보통신망법 제28조 제1항이나 정보통신서비스 이용계약에 따른 개인정보의 안전성 확보에 필요한 보호조치를 취하여야 할 법률상 또는 계약상 의무를 위반하였는지 여부를 판단함에 있어서는 해킹 등 침해사고 당시 보편적으로 알려져 있는 정보보안의 기술 수준, 정보통신서비스 제공자의 업종·영업규모와 정보통신서비스 제공자가 취하고 있던 전체적인 보안조치의 내용, 정보보안에 필요한 경제적 비용 및 그 효용의 정도, 해킹기술의 수준과 정보보안기술의 발전 정도에 따른 피해발생의 회피가능성, 정보통신서비스 제공자가 수집한 개인정보의 내용과 개인정보의 누출로 인하여 이용자가 입게 되는 피해의 정도 등의 사정을 종합적으로 고려하여 정보통신서비스 제공자가 해킹 등 침해사고 당시 사회통념상 합리적으로 기대 가능한 정도의 보호조치를 다하였는지 여부를 기준으로 판단하여야 한다(대법원 2015. 2. 12. 선고 2013다43994, 44003 판결 등 참조).

다. 이 사건에 관하여 보건대, 아래와 같은 사실 및 사정을 종합적으로 고려하면, 피고의 정보통신망법 제28조 제1항 제2호의 의무를 위반하여 성명불상의 해커로부터 Z거래소 회원들이 이 사건 사전대입공격에 노출되도록 한 과실이 인정되고(정보통신망법 제32조는 정보통신제공서비스 제공자인 피고는 고의 또는 과실이 없음을 입증하지 아니하면 책임을 면할 수 없다고 규정하고 있는데, 피고가 제출한 증거만으로는 피고에게 고의 또는 과실이 없음이 증명된다고 볼 수 없다), 이러한 피고의 과실과 이 사건 3사고 사이의 상당인과관계도 인정된다고 봄이 타당하다(원고 Y의 이 부분 주장이 받아들여지는 이상,

다른 주장에 대하여는 별도로 판단하지 않는다). 따라서 피고는 원고 Y가 이 사건 3사고로 인하여 입은 손해를 배상할 책임이 있다.

1) 피고는 정보통신망법 제28조 제1항 제2호 위반을 이유로, 2017. 12. 12. 방송통신위원회로부터 시정명령을 받았고, 2020. 2. 12. 벌금 3,000만 원에 처하는 형사판결을 선고받았다.

2) 수사기관은 2018. 2. 1.경 피고 사무실에서 피고의 개인정보보호의무 위반 혐의를 입정하기 위한 압수수색영장을 집행하였고, 그 과정에서 Z거래소 회원들의 행위정보(로그인, 로그아웃, 가상자산 입출금/거래 등)가 기록된 전체 액티비티로그를 압수하였다. 그 중 당시 정보통신망법 위반 혐의로 수사 중이던 피의자 H가 2017. 4.부터 2017. 10.까지 사이에 범행에 사용한 IP 15,634개로 기록된 총 6,409,042건의 액티비티로그를 발견하였는데, 그 중 99.6% 이상인 6,386,672회가 로그인 시도(사전대입공격)이었고, 총 20,930개 계정에 로그인 성공하였으며, 274개 계정은 로그인 성공 후 가상자산을 송금한 것을 확인하였다(문서송부촉탁결과 198쪽 이하).

3) 피고는 위 수사과정에서 침입차단시스템으로 Cisco FWSM Module, 침입방지시스템으로 TippingPoint 2500N 등을 설치·운영하여 정보통신망법 제28조 제1항 제2호를 위반하지 않았다고 주장하였으나, Cisco FWSM Module은 침입방지시스템이라기보다는 일반적으로 방화벽으로 불리는 2000년대 중반경 미국 시스코에서 출시한 네트워크 장비로 사전대입공격을 막을 수 있는 기능이 없다. 그리고 Tipping Point 2500N의 경우 아이엠아이에서 위탁운영했던 2017. 4. 1.부터 2017. 9. 11.까지의 로그를 보면 2017. 4. 26.부터 2017. 7. 5.까지 사전대입공격으로 추정되는 시도 2,026,433번에 대하여 탐지하지 못하였고, 피고의 다른 회원에 대한 로그인 시도가 13:02:57 1초간 33회 실패, 13:03:09 1초간 32회 실패, 13:03:11 1초가 30회 실패, 13:03:14 1초간 33회 실패, 13:03:15 1초간 30회 실패, 13:03:16 1초간 31회 실패, 13:03:17 1초간 32회 실패하였음에도 같은 시각에 Tipping Point 2500N 시스템의 로그 기록이 없다.

4) 피고 사이트에 대한 비정상 로그인 시도 행위가 2017. 5.경 약 50만 건이었으나, 2017. 6.경 약 450만 건으로 로그인 실패횟수가 급증했고, 2017. 1.경부터 분당 100회 이상의 비정상 로그인 행위를 한 IP 주소가 41개가 확인되고, 시간당 1천회 이상의 비정상 로그인 행위를 하여 실패한 IP 주소가 31개이고, 일별 2천회 이상의 로그인 행위를 하여 실패한 IP 주소가 49개이다.

5) 2017. 6. 21. 19:32:11 원고 Y의 계좌 탈취에 사용되었던 IP 주소는 110.44.32.xxx인데, 이보다 앞선 2017. 6. 18. 04:09:00부터 같은 날 04:09:04까지 사이에 동일한 IP주소로부터 Z거래소의 다른 회원에 대한 사전대입공격이 존재하였다.

6) 이 사건 고시 제4조 제5항은 정보통신서비스 제공자로 하여금 정보통신망을 통한 불법적인 접근 및 침해사고 방지를 위해 개인정보처리시스템에 접속한 IP 주소 등을 재분석하여 불법적인 개인정보 유출시도를 탐지하는 기능을 포함하는 시스템을 설치·운영하도록 규정하고 있고, 이 사건 고시는 해킹 등 침해사고 당시의 기술 수준 등을 고려하여 정보통신서비스 제공자가 구 정보통신망법 제28조 제1항 등에 따라 준수해야 할 기술적·관리적 보호조치를 구체적으로 규정하고 있으므로, 정보통신서비스 제공자가 이 사건 고시에서 정하고 있는 기술적·관리적 보호조치를 다하였다면, 특별한 사정이 없는 한 정보통신서비스 제공자가 개인정보의 안전성 확보에 필요한 보호조치를 취하여야 할 법률상 또는 계약상 의무를 위반하였다고 보기는 어렵고, 이 사건 고시는 정보통신서비스 제공자가 반드시 준수해야 할 최소한의 기준을 정한 것으로 보는 것이 타당하다(대법원 2018. 6. 28. 선고 2014다20905 판결 참조). 그러나 피고는 최소한의 기준이라고 봐야 할 이 사건 고시 제4조 제5항에 정한 바에 따라 '접속한 IP 주소 등을 재분석하여 불법적인 개인정보 유출시도를 탐지하는 기능을 포함하는 시스템'을 설치·운영하였다는 점을 인정할 증거가 없다.

7) 이 사건 약관 제18조는 '결제보안 연속 오류'시 로그인 외 서비스이용이 불가하고, '비밀번호 연속 오류'시 로그인이 제한된다고 규정하고 있으나, 이 사건 사전대입공격이 이루어질 당시 위와 같은 규정에 따른 적절한 조치가 이루어졌다는 점을 인정할 증거가 없다.

8) 대검찰청 과학수사부 사이버수사과는 2019. 1. 4.부터 2019. 1. 30.까지 피고 회원 중 비트코인 관련 피해자 244명의 액티비티로그를 분석하였고, 그 결과 244명의 이메일로 로그인에 성공한 IP 7,713개 중 약 21%인 1,640개의 IP가 공격 IP로 확인하였으며, 그 중 278개의 공격 IP는 웹방화벽 등의 보안솔루션을 통해서 탐지 가능한 공격이고, 나머지 1,362개의 공격 IP는 액티비티로그 재분석을 통해 탐지 가능하다는 것을 확인하였다.

라. 민법상의 과실상계제도는 채권자가 신의칙상 요구되는 주의를 다하지 아니한 경우 공평의 원칙에 따라 손해의 발생에 관한 채권자의 그와 같은 부주의를 참작하게 하려는 것이므로 단순한 부주의라도 그로 말미암아 손해가 발생하거나 확대된 원인을 이루었다면 피해자에게 과실이 있는 것으로 보아 과실상계를 할 수 있고, 손해배상의무자가 피해자의 과실에 관하여 주장하지 않는 경우에도 소송자료에 의하여 피해자의 과실이 인정되는 경우에는 이를 법원이 직권으로 심리·판단하여야 한다(대법원 2010. 8. 26. 선고 2010다37479 판결 참조). 이 사건에 관하여 보건대, 원고 Y으로서도 개인정보의 유출 및 그로 인한 다양한 유형의 보이스피싱 범죄가 사회적으로 큰 문제가 되어 오는 상황에서 별다른 확인절차를 거치지 않은 채 만연히 성명불상자의 말을 믿고 인증번호를 알려준 과실

이 있고, 이러한 원고 Y의 과실은 손해 발생 및 확대의 한 원인이 되었다고 할 것이므로, 이를 참작하여 피고의 책임을 50%로 제한한다.
(서울고등법원 2020나2031065호로 계속 중)

해설

Ⅰ. 대상판결의 쟁점

가상자산의 가격이 상승하고 관련 산업이 발전하면서 많은 가상자산 거래소와 그 회원들이 성명불상자들로부터 스미싱, 스피어피싱 등의 해킹을 당하여 가상자산 또는 원화가 무단으로 출금되는 등의 피해가 발생하였다. 이에 따라 피해 회원들은 가상자산 거래소를 상대로 손해배상책임을 구하는 소를 제기하는 일이 빗발쳤는데, 대표적으로 이 책에서 다루는 '가상자산거래소가 피싱사이트를 통한 회원들의 손해를 방지하기 위한 주의의무의 정도', '가상자산 거래소의 채권준점유자에 대한 변제의 효력'에서 나오는 판결들에서는 채무불이행에 따른 손해배상 또는 계약상 반환청구를 구하는 사안이었고 다른 판결들을 보면 일반적인 불법행위에 기한 손해배상청구를 구하는 경우도 있었다. 그런데 특이하게도 이 사건에서는 위 채무불이행에 따른 손해배상청구 외에도 정보통신망법 제32조에 따른 손해배상책임과 전자금융거래법 제9조 제1항 제3호가 문제되었는바 이를 살펴보기로 한다.

Ⅱ. 대상판결의 분석

1. 정보통신망법상 개인정보 유출 등의 통지의무를 다하였는지에 관하여(원고 X)

구 정보통신망법(2020. 2. 4. 제16955호로 개정되기 전의 것, 이하 '구 정보통신망법') 제27조의3에서는 '정보통신서비스 제공사 등은 개인정보의 분실·도난·유출 사실을 안 때에는 지체없이 ① 유출 등이 된 개인정보 항목, ② 유출 등이 발생한 시점, ③ 이용자가 취할 수 있는 조치, ④ 정보통신서비스 제공자 등의 대응 조치, ⑤ 이용자가 상담 등을 접수할 수 있는 부서 및 연락처의 모든 사항을 해당 이용자에게 알리고 방송통신위원회 또는 한국인터넷진흥원에 신고하여야 하며, 정당한 사유 없이 그 사실을 안 때부터 24시간을 경과하여 통지·신고해서는 아니 된다. 다만, 이용자의 연락처를 알 수 없는 등 정당한 사유가 있는 경우에는 대통령령으로 정하는 바에 따라 통지를 갈음하는 조치를 취할 수 있다.'고 명시하여, 개인정보 유출에 대한 정보통신서비스 제공사의 통지 및 신고의무를 규정하고 있다. 이는 공공기관이나 기업 등 사업자는 공공목적 혹은 사업상 이유로 일반인의 개인정보를 수집·보관하게 되는데 이들의 귀책사유 또는 외부자의 해킹에 따라 개인정보가 유출, 분실되는 경우 범죄 등에 이용될 수 있으므로 그 피해를 최소화 시키기 위하여 해당 개인정보의 주체에게 유출된 개인정보를 비롯하여 그 경위, 대응 조치 등을 통지하여 해당 주체에게 스스로 이를 보호하기 위한 행동을 하도록 하기 위한 취지이다.[1)]

여기서 '정보통신서비스 제공자'란 전기통신사업법 제2조 제8호에 따른 전기통신사업자와 영리를 목적으로 전기통신사업자의 전기통신역무를 이용하여 정보를 제공하거나 정보의 제공을 매개하는 자를 말하고(정보통신망법 제2조 제1항 제3호), '개인정보'란 생존하는 개인에 관한 정보로서 성명·주민등록번호 등에 의하여 특정한 개인을 알아볼 수 있는 부호·문자·음성·음향 및 영상 등의 정보를 말한다(제6호).

이 사건에서 Z거래소는 전기통신사업자인 인터넷서비스 공급자와 계약을 맺고 전기통신역무를 제공받아 인터넷 웹페이지 혹은 스마트폰 앱플리케이션을 통하여 이용자들에게 가상자산 거래서비스를 이용할 수 있도록 하고 그 서비스에는 가상자산 거래에 관한 모든 정보 등이 포함되어 있으므로 정보통신서비스 제공자에 해당하고, 외부에 유출된 이 사건 파일에는 원고 X의 이메일, 휴대폰전화번호가 포함되어 있는데 이는 정보통신망법상 개인정보에 해당하므로, Z거래소는 이 사건 파일이 유출된 사실을 알게 될 경우 즉각적으로 원고 X에게 이를 통지할 의무가 발생하게 된다. 당시 피고는 2017. 6. 29.이 되어서야 해커로부터 앞서 기재한 바와 같이 피고가 보유한 비트코인 중 10%를 비트코인을 요구하면서 이에 불응하면 언론에 Z거래소 회원들의 모든 정보를 유출하겠다는 취지의 협박을 받고 바로 해당 개인정보 유출사실을 Z거래소 회원들에게 공지하여 이를 알렸고 그 이전에 개인정보 유출사실을 알았다고 볼 만한 증거가 없었던바, 피고가 원고 X에 대하여 개인정보 유출에 대한 통지의무를 다하였다고 보는 것이 타당하다.

2. 구 정보통신망법상 개인정보의 보호조치를 다하였는지에 관하여(원고 X, Y)

구 정보통신망법 제28조 제1항은 '정보통신서비스 제공자 등이 개인정보를 취급할 때에는 개인정보의 분실·도난·누출·변조 또는 훼손을 방지하기 위하여 대통령령으로 정하는 기준에 따라 다음 각 호의 기술적·관리적 조치를 하여야 한다.'고 규정하면서, 그 기술적·관리적 조치로서 '개인정보를 안전하게 취급하기 위한 내부관리계획의 수립·시행(제1호)', '개인정보에 대한 불법적인 접근을 차단하기 위한 침입차단시스템 등 접근 통제장치의 설치·운영(제2호)', '접속기록의 위조·변조 방지를 위한 조치(제3호)', '개인정보를 안전하게 저장·전송할 수 있는 암호화기술 등을 이용한 보안조치(제4호)', '백신 소프트웨어의 설

---

1) 이대희, "개인정보 유출통지제도의 효과적인 운영 및 개선방안", 경영법률 제24권 제3호(2014), 462~463쪽.

치·운영 등 컴퓨터바이러스에 의한 침해 방지조치(제5호)', '그 밖에 개인정보의 안전성 확보를 위하여 필요한 보호조치(제6호)'를 규정하고 있다. 따라서 정보통신서비스 제공자는 정보통신망법 제28조 제1항 각호에서 정하고 있는 개인정보의 보호를 위하여 필요한 기술적·관리적 조치를 취하여야 할 법률상 의무를 부담한다.

이와 관련하여 대상판결이 인용하고 있는 대법원 2015. 2. 12. 선고 2013다43994, 44003 판결에서는 '정보통신서비스 제공자가 정보통신망법 제28조 제1항이나 정보통신서비스 이용계약에 따른 개인정보의 안전성 확보에 필요한 보호조치를 취하여야 할 법률상 또는 계약상 의무를 위반하였는지 여부를 판단함에 있어서는 해킹 등 침해사고 당시 보편적으로 알려져 있는 정보보안의 기술 수준, 정보통신서비스 제공자의 업종·영업규모와 정보통신서비스 제공자가 취하고 있던 전체적인 보안조치의 내용, 정보보안에 필요한 경제적 비용 및 그 효용의 정도, 해킹기술의 수준과 정보보안기술의 발전 정도에 따른 피해발생의 회피가능성, 정보통신서비스 제공자가 수집한 개인정보의 내용과 개인정보의 누출로 인하여 이용자가 입게 되는 피해의 정도 등의 사정을 종합적으로 고려하여 정보통신서비스 제공자가 해킹 등 침해사고 당시 사회통념상 합리적으로 기대 가능한 정도의 보호조치를 다하였는지 여부를 기준으로 판단하여야 한다.'고 판시한 바 있다.

한편 대법원 2018. 1. 25. 선고 2015다24904, 24911, 24928, 24935 판결은, '구 정보통신망법 시행령(2011. 8. 29. 대통령령 제23104호로 개정되기 전의 것) 제15조 제6항은 "방송통신위원회는 제1항부터 제5항까지의 규정에 따른 사항과 법 제28조 제1항 제6호에 따른 그 밖에 개인정보의 안전성 확보를 위하여 필요한 보호조치의 구체적인 기준을 정하여 고시하여야 한다."라고 규정하고 있다. 이에 따라 방송통신위원회가 마련한 "개인정보의 기술적·관리적 보호조치 기준"(이하 "고시")은 해킹 등 침해사고 당시의 기술 수준 등을 고려하여 정보통신서비스 제공자가 구 정보통신망법 제28조 제1항 등에 따라 준수해야 할 기술적·관리적 보호조치를 구체적으로 규정하고 있다. 그러므로 정보통신서비스 제공자가 고시에서 정하고 있는 기술적·관리적 보호조치를 다하였다면, 특별한 사정이 없는 한 정보통신서비스 제공자가 개인정보의 안전성 확보에 필요한 보호조치를 취하여야 할 법률상 또는 계약상 의무를 위반하였다고 보기는 어렵다. 다만 고시는 정보통신서비스 제공자가 반드시 준수해야 할 최소한의 기준을 정한 것으로 보는 것이 타당하다. 따라서 정보통신서비스 제공자가 고시에서 정하고 있는 기술적·관리적 보호조치를 다하였다고 하더라도, 정보통신서비스 제공자가 마땅히 준수해야 한다고 일반적으로 쉽게 예상할 수 있고 사회통념상으로도 합리적으로 기대 가능한 보호조치를 다하지 아니한 경우에는 위법행위로 평가될 수 있다. 나아가 정보통신서비스 제공자가 고시에서 정하고 있는 기술적·관리적 보호조치를 다하였다고 하더라도, 불법행위에 도움을 주지 말아야 할 주의의무를 위반하여 타인의 불법행위를 용이하게 하였고 이러한 방조행위와 불법행위에 의한 피해자의 손해 발생 사이에 상당인과관계가 인정된다면 민법 제760조 제3항에 따른 책임을 면할 수 없다.'고 판시한 바 있다.

한편 고시(개인정보의 기술적·관리적 보호조치 기준)는 정보통신서비스 제공자 등에게 해당 서비스 등에 대한 접근통제(제4조),[2] 개인정보의 암호화(제6조),[3] 악성프로그램 방지(제7조)[4] 등 여러 가지 보호조치에 대하여 규정하고 있다.[5]

이 사건에서 대상판결은 원고 X에 대하여는 구 정보통신망법 제28조 제1항에 따른 손해배상청구권을 부정한 반면, 원고 Y에 대하여는 인정하였다. 원고 X에 대하여는 구 정보통신망법 제28조 제1항 제2호에 대하여는 원고 X의 계정이 사전대입공격을 당하였다고 밝혀진 계정에 해당하지 않는다는 방송통신위원회의 조사 결과를 근거로 원고 X의 Z거래소 계좌에 대해 사전대입공격이나 그 밖의 불법적인 접근이 시도되었다고 인정하기에 부족하다고 하여 피고가 위 규정을 위반하지 않았다고 보았고, 같은 법 제28조 제1항 제4, 5, 6호와 관련하여서는 원고 X의 개인정보가 이 사건 파일에 포함되어 있고, 위 파일은 C의 개인용 컴퓨터에

---

2) [개인정보의 기술적·관리적 보호조치 기준]
제4조(접근통제) ① 정보통신서비스 제공자등은 개인정보처리시스템에 대한 접근권한을 서비스 제공을 위하여 필요한 개인정보관리책임자 또는 개인정보취급자에게만 부여한다.
⑤ 정보통신서비스 제공자등은 정보통신망을 통한 불법적인 접근 및 침해사고 방지를 위해 다음 각 호의 기능을 포함한 시스템을 설치·운영하여야 한다.
1. 개인정보처리시스템에 대한 접속 권한을 IP주소 등으로 제한하여 인가받지 않은 접근을 제한
2. 개인정보처리시스템에 접속한 IP주소 등을 재분석하여 불법적인 개인정보 유출 시도를 탐지
⑨ 정보통신서비스 제공자등은 취급중인 개인정보가 인터넷 홈페이지, P2P, 공유설정 등을 통하여 열람권한이 없는 자에게 공개되거나 외부에 유출되지 않도록 개인정보처리시스템 및 개인정보취급자의 컴퓨터와 모바일 기기에 조치를 취하여야 한다.

3) 제6조(개인정보의 암호화)
③ 정보통신서비스 제공자등은 정보통신망을 통해 이용자의 개인정보 및 인증정보를 송·수신할 때에는 안전한 보안서버 구축 등의 조치를 통해 이를 암호화해야 한다. 보안서버는 다음 각 호 중 하나의 기능을 갖추어야 한다.
1. 웹서버에 SSL(Secure Socket Layer) 인증서를 설치하여 전송하는 정보를 암호화하여 송·수신하는 기능
2. 웹서버에 암호화 응용프로그램을 설치하여 전송하는 정보를 암호화하여 송·수신하는 기능
④ 정보통신서비스 제공자등은 이용자의 개인정보를 컴퓨터, 모바일 기기 및 보조저장매체 등에 저장할 때에는 이를 암호화해야 한다.

4) 제7조(악성프로그램 방지) 정보통신서비스 제공자등은 악성 프로그램 등을 방지·치료할 수 있는 백신 소프트웨어 등의 보안 프로그램을 설치·운영하여야 하며, 다음 각호의 사항을 준수하여야 한다.
1. 보안 프로그램의 자동 업데이트 기능을 사용하거나, 또는 일 1회 이상 업데이트를 실시하여 최신의 상태로 유지
2. 악성프로그램관련 경보가 발령된 경우 또는 사용 중인 응용 프로그램이나 운영체제 소프트웨어의 제작 업체에서 보안 업데이트 공지가 있는 경우, 즉시 이에 따른 업데이트를 실시

5) 위 보호조치 고시는 원래 행정기관에서 발령하는 행정규칙이므로 원칙적으로 대외적 구속력을 가지는 법규명령에 해당하지 않지만 근거 법령인 구 정보통신망법 제28조 제1항 및 같은 법 시행령 제15조 제6항과 결합하여 해당 법령의 내용을 보충하는 역할을 하므로 대외적 구속력이 있는 법규명령으로 볼 수 있을 것이다[전승재·권헌영, "해킹을 방지하지 못한 사업자의 법적 책임 판단기준의 문제점 — 행정제재·형사처벌의 기준과 민사상 과실판단 기준의 차이점을 중심으로 —", 정보법학 제21권 제2호, 한국정보법학회(2017. 8.), 122~123쪽).

암호화하지 않은 채 저장되어 있었으며 C는 2016. 8. 이후 개인컴퓨터에 설치된 한글 프로그램에 대한 보안패치가 적용된 업데이트를 하지 않는 등으로 위 법률 규정을 위반하였기는 하나 이 사건 파일에 원고 X의 비밀번호가 없어 다른 경로로 유출되었을 가능성이 없지 않아 원고의 손해에 미치는 인과관계가 없다고 하여 원고 X의 주장을 기각한 것이다.

반면에 원고 Y에 대하여는 이 사건 약관 제18조와 달리 비밀번호 연속 오류시 로그인이 제한되는 기능도 없었던 상황에서, 피고가 설치 및 운영하였다는 침입차단시스템은 이 사건 사전대입공격을 막을 수 있는 기능이 없고 실제로도 위 공격 200만여 개를 탐지하지 못하였으며 대검찰청 과학수사부 사이버수사과 분석 결과 통상적인 탐지시스템만 갖추면 40%가 넘는 로그인 공격을 탐지할 수 있었다는 점을 근거로 구 정보통신망법 제28조 제1항 제2호에서 규정하는 '개인정보에 대한 불법적인 접근을 차단하기 위한 침입차단시스템 등 접근 통제장치를 설치·운영'하는 기술적·관리적 조치를 취하지 못하였고 원고 Y의 손해와도 인과관계가 인정된다고 판시하였다. 위 고시 규정을 보더라도 피고는, 개인정보처리시스템에 대한 접속 권한을 IP주소 등으로 제한하여 인가받지 않은 접근 제한 및 개인정보처리시스템에 접속한 IP주소 등을 재분석하여 불법적인 개인정보 유출 시도를 탐지하는 등 제4조 제5항에 따른 접근통제 조치의무, 보안 프로그램의 자동 업데이트 기능을 사용하거나, 또는 일 1회 이상 업데이트를 실시하여 최신의 상태로 유지하는 등 제7조 제1호에 따른 악성프로그램 방지 조치의무 등을 다하지 못한 것으로 보인다.

Ⅲ. 대상판결의 평가

대상판결은 가상자산 거래소의 계정에서 사전대입공격 등 해킹에 의하여 가상자산이 탈취된 경우에 거래소가 구 정보통신망법상 손해배상책임을 물을 수 있는지 문제된 사실상 유일한 판결로서 의미가 있다. 여기서는 구 정보통신망법 제27조의3 제1항의 개인정보 유출 등의 통지, 같은 법 제28조 제1항의 개인정보의 보호조치 여부 등이 문제되었는데 현재는 개인정보보호법과의 중복규정을 정리한다는 취지하에 구 정보통신망법 제27조의3과 제28조는 삭제되어, 제27조의3 규정은 개인정보보호법 제39조의4로, 구 정보통신망법 제28조 제1항은 개인정보보호법 시행령 제48조의2 제1항으로 각각 이관되었고 개인정보보호법 시행령 제48조의2 제1항의 규정 내용은 기존의 구 정보통신망법 제28조 제1항의 규정에 비하여 상당히 세분화되었는바 대상판결의 내용은 여전히 유사사건에서 중요한 참고 사항이 될 것으로 보인다.

이와 같은 점에서 대상판결은 대체적으로 그 결론이 타당하다고 보이기는 하나 현재 서울고등법원 2020나2031065호로 계속 중이므로 그 결론이 유지될지 귀추가 주목된다.

[43] 위법한 거래소 이용제한조치에 대한 가상자산거래소의 손해배상책임

—서울고등법원 2021. 5. 28. 선고 2020나2034712 판결, 2021. 6. 16. 확정—

[사실 개요]

1. 피고는 가상자산 거래소('이 사건 거래소')를 운영하는 회사이고, 원고는 이 사건 거래소의 이용자이다. 피고는 2019. 6. 7. 같은 아이피(IP)에서 여러 아이디로 수차례 동시 접속한 기록이 수집되었다는 이유로 이 사건 거래소 약관 제9조에 따라 원고의 아이디를 통한 로그인을 제한하는 조치('이 사건 제한조치')를 하였다. 당시 적용되던 이 사건 거래소 이용약관 제9조에는 타인의 서비스 ID 및 비밀번호를 도용한 경우, 서비스 운영을 고의로 방해한 경우, 범죄와 결부된다고 객관적으로 판단되는 경우 등에는 피고는 시간을 정하여 회원의 서비스 이용을 제한하거나 이용계약을 해지할 수 있다고 정하고 있다.
2. 이에 원고는 피고에게 이 사건 거래소 이용자인 A, B는 원고의 가족으로 동일 주소지에 거주하고 있으므로 동일 아이피를 사용하여 접속하였다는 해명을 하고, 소명자료를 제출하면서 이 사건 제한조치를 해제하여 줄 것을 요청하였으나, 피고는 이에 응하지 않았다.
3. 이후 피고는 원고가 차명으로 이 사건 거래소의 이용자 계정을 개설하고, 업무상 비밀을 이용하여 C코인의 시세조종 행위를 하여 피고에게 재산상 손해를 가하였다는 이유로 원고를 특정경제범죄가중처벌등에관한법률위반(배임), 정보통신망이용촉진및정보보호등에관한법률위반(정보통신망침해등), 업무방해 등으로 고소하였으나, 원고는 2020. 5. 13. 혐의없음(증거불충분) 처분을 받았다. 이에 피고는 2020. 5. 19.경 이 사건 제한조치를 해제하였다.
4. 원고는 이 사건 거래소 이용약관에 근거도 없는 피고의 이 사건 제한조치로 인해 가상자산을 거래하지 못하게 되어 재산권을 침해당하였다면서, 피고를 상대로 불법행위에 기한 손해배상으로 이 사건 제한조치 당시 원고가 가지고 있던 D코인의 평가액 1,435,202,748원과 현재 가치 0원과의 차액 중 일부인 3억 5,000만 원을 지급을 구하였다.
5. 이에 대해 피고는 다음과 같이 주장하였다. 이 사건 거래소 이용약관에 따르면 약관 규정상 위반행위가 있거나 이상거래가 발생할 경우 피고는 해당 회원의 이용을 중단 내지 제한할 수 있다고 되어있다. 피고는 2019. 3. 25. 원고가 이사로 근무하는 주식회사 E에 피고의 F코인 스왑(교환)거래에 관한 마케팅 업무를 위임하면서 위 스왑거래의 비율이나 향후 운영방법 등을 알려주었는데, 원고는 위 스왑거래에 관하여 비밀유지 약정을 어기고 내부 정보를 오픈채팅방에 유포하여 이용자들의 담합을 유도하였다. 피고는 이 사건 거래소 이용자들의 부당한 C코인과 F코인의 거래를 조사하다가 원고가 사용하는 아이피가 위 부당거래에 이용되었음을 발견하여 이 사건 제한조치를 취하게 된 것이다. 따라서 이 사건 제한조치는 정당하고, 피고는 원고에게 손해배상책임을 부담하지 않는다.

[판결 요지]

1. 손해배상책임의 발생

동일 아이피로 접속된 여러 아이디의 명의자와 원고의 관계(동거가족), 원고에 대한 수사기관의 혐의없음 처분, 2019. 7. 2.자 개정 이용약관 제18조(동일 아이피를 이용하여 복수 계정 로그인 내역이 확인되고 이상 거래 징후가 발견된 경우, 로그인 제한 등의 조치를 취할 수 있다고 내용)의 불소급효 등의 사정 등을 고려하면, 피고가 한 이 사건 제한조치는 위법하다. 따라서 피고는 원고에게 위법한 이 사건 제한조치로 인하여 발생한 손해를 배상할 의무가 있다.

가. 원고가 사용하는 아이피 주소에서 원고와 A, B의 아이디로 동시에 이 사건 거래소에 접속하여 거래가 이루어진 사실은 인정된다. 그러나 원고와 A, B는 동거가족으로 아이피를 공유할 수밖에 없고, A, B는 실명인증을 한 이 사건 거래소의 이용자이며, 원고가 A, B의 의사에 반하여 그 계정을 이용하였다는 증거가 없으므로, 이 사건 거래소 이용약관 제9조 제2항 제1호에서 정한 위반행위로서 원고가 피고의 서비스 운영을 고의로 방해하였다거나 타인의 아이디 및 비밀번호를 도용하였다고 볼 수 없다. 피고는 동거가족의 동일 아이피 사용임이 밝혀진 이후에도 이 사건 제한조치를 해지하지 않았다. 또한 원고의 거래 횟수가 단순히 많다는 사정만을 들어 원고가 피고의 서비스 운영을 방해하는 행위를 하였다고 단정할 수도 없다.

피고는 '원고와 그 처인 A 및 딸인 B가 함께 한 개의 핸드폰이나 컴퓨터를 통해서 거래를 반복하였다고 보기는 어렵고, 원고가 한 개의 핸드폰이나 컴퓨터에 여러 개의 접속창을 열어두고 A, B의 계정에 번갈아가며 접속하여 거래를 하였다고 보는 것이 상당하다. 원고가 자신의 계정 외에 A, B의 계정에 접속하여 거래를 한 이유는 피고가 설정한 스왑 한도를 회피하기 위한 것이다. 원고의 위와 같은 행위는 이 사건 거래소 이용약관(이 사건 제한조치 당시 적용되던 것) 제9조 제2항 2. ①의 "타인의 서비스 ID 및 비밀번호를 도용한 경우" 또는 "서비스 운영을 고의로 방해한 경우"에 해당한다. 피고는 이와 같은 이유로 이 사건 제한조치를 하였고, 원고는 이 사건 제한조치 이후 위와 같은 거래 경위에 관하여 제대로 해명을 하지 못하였으며, 이에 따라 피고는 이 사건 제한조치를 그대로 유지한 것이어서 이 사건 제한조치가 위법하다고 할 수 없다.'고 주장한다.

살피건대, 앞서 본 인정사실과 앞서 든 증거에 변론 전체의 취지를 종합하여 인정할 수 있는 다음과 같은 사정들, 즉 ① 원고, A, B는 가족으로 동일한 주소지에 거주하고 있고, 각자 계정을 개설하여 사용하고 있었던 점, ② C코인과 F코인 거래는 코인 1개마다 매도·매수 주문이 이루어지는 것이 아니라 1회에 다수의 매도·매수 주문을 하여 놓으면 상대방의 매수·매수 주문에 따라 그 원하는 개수만큼 거래가 이루어지는 것인 점,

③ 위와 같은 경위로, A과 B의 계정에서 다수의 코인에 대한 스왑거래가 이루어지기는 하였으나 그 거래의 주문횟수는 각 1회에 불과한 것으로 보이는 점, ④ 위와 같은 사정에 비추어 보면, 원고, A, B가 각자 직접 계정에 접속하여 주문을 하였을 가능성도 배제할 수 없고, 설령 원고가 가족인 A, B로부터 위임을 받아 그들의 계정에 접속하여 매도·매수 주문을 하였다고 하더라도 각자의 필요에 따라 그와 같은 주문을 하였을 가능성도 배제할 수 없어, 이를 타인의 서비스 ID 및 번호를 도용한 것이라거나 스왑한도를 회피하기 위한 것이라고 단정할 수는 없는 점(원고가 A, B의 위임에 따라 그들의 계정에 접속하여 주문을 하였다고 한다면, 그와 같은 행위는 제3자에 대한 계정의 이용 허락이나 대여라고 보기는 어려워, 이 사건 제한조치 이후에 개정된 2019. 7. 2.자 이용약관 제18조에서 정한 로그인 제한의 정지사유 중 '회원이 제3자에게 계정의 이용을 허락하거나 계정을 대여하는 등 실제 이용자와 회원의 명의가 일치하지 아니한 것으로 의심되는 경우'에 해당한다고 단정하기도 어렵다), ⑤ 피고로서는, 원고로부터 A, B와의 관계에 대한 소명자료를 제출받고 그 해명을 들은 후 그 소명자료나 해명이 부족하다고 판단하였다면 원고에 대하여 추가적인 소명자료의 제출이나 해명을 요구하는 등의 조치를 취하였어야 함에도 불구하고, 그와 같은 조치 없이 이 사건 제한조치의 해제 요청에 응하지 않았던 점 등을 고려하여 보면, 위와 같은 피고의 주장은 받아들이기 어렵다.

나. 피고는 C코인과 F코인을 1:200의 고정비율에 따라 교환할 수 있는 정책을 취하고 있었는데, 2019. 5. 24. 위 코인들 사이의 교환비율을 변동비율로 하는 스왑정책을 2019. 6. 4.부터 시행할 것임을 공지하였고, 위 정책 시행에 따른 C코인의 가격 하락을 우려한 이용자들이 위 코인을 매도함에 따라 2019. 6. 4. 14:00경부터 C코인의 가격이 급락한 것으로 보인다. 원고는 피고와의 마케팅계약에 따라 바이럴마케팅을 위한 오픈채팅방을 만들었으나 위 채팅방에서 대화한 내역이 없고, 달리 원고가 피고의 내부정보를 유출하였음을 인정할 증거가 없다. 피고는 원고가 피고와의 마케팅계약을 통하여 얻은 스왑거래 관련 내부정보를 이용하여 시세를 조작하고 스왑거래 시스템을 역이용하여 수익을 얻었다는 이유로 원고를 업무상 배임 및 업무방해 등의 혐의로 고소하였으나, 이에 대하여 혐의없음 처분이 내려졌다. 따라서 원고의 행위는 이 사건 거래소 이용약관 제9조 제2항 제2호에서 정한 '범죄와 결부된다고 객관적으로 판단되는 경우'에도 해당하지 않는다.

항소심 추가: 피고는 '원고는 위 마케팅계약에 따른 비밀유지의무를 부담함에도 불구하고, 이에 위반하여 피고로부터 제공받은 이 사건 거래소 및 스왑거래에 관련된 내부정보를 김*현에게 알려주고, 이에서 더 나아가 자신도 채팅방을 만든 후 주도적으로 담합거래를 주도하였다. 위와 같은 당시의 상황을 고려할 때, 이 사건 제한조치는 범죄 행위에 대한 정당방위행위로서 불가피하였다.'고 주장한다.

살피건대, 을 제11호증을 비롯한 피고 제출의 증거만으로는 원고가 피고로부터 제공받은 내부정보를 김*현에게 알려주었다거나 바이럴마케팅을 위한 오픈채팅방에서 담합거래를 주도하였다고 인정하기에 부족하고, 달리 이를 인정할 증거가 없다(오히려 앞서 본 인정사실과 앞서 든 증거 및 갑 제23, 24, 25호증의 각 기재에 변론 전체의 취지를 종합하면, ① 피고는 마케팅회의를 개최하면서 원고와 김*현에게 내부정보를 제공하였고, 이에 따라 원고가 피고로부터 제공받은 내부정보는 김*현에게도 제공되었던 사실, ② 원고는 피고의 요청에 따라 바이럴마케팅을 위한 오픈채팅방을 만들었을 뿐 위 채팅방에서 대화한 내역이 없는 사실이 인정될 뿐이다).

따라서 피고가 이 사건 제한조치를 취한 당시의 상황을 기준으로 하더라도 범죄와 결부된다고 객관적으로 판단되는 경우라고 보기 어려우므로, 이 사건 제한조치가 범죄 행위에 대한 정당방위행위라는 피고의 위 주장은 받아들이기 어렵다.

다. 피고는 2019. 7. 2. 이후의 로그인 제한조치는 개정된 이 사건 거래소의 2019. 7. 2.자 이용약관 제18조에 근거한 것이라고 주장한다. 살피건대, 위 이용약관 제18조에서 동일 아이피를 이용하여 복수 계정 로그인 내역이 확인되고 이상 거래 징후가 발견된 경우, 로그인 제한 등의 조치를 취할 수 있다고 규정한 사실은 인정되나, 이러한 조항은 이 사건 제한조치 이후에 개정된 약관에서 추가된 조항이고, 이 사건 제한조치 당시에는 위와 같은 조항이 존재하지 않았으므로, 이 사건 제한조치의 근거가 될 수 없다.

이 사건 제한조치 이후 개정된 2019. 7. 2.자 이용약관 제11조 제1항에서 '계정은 회원 본인만 이용해야 하며, 어떠한 경우에도 다른 사람이 회원의 계정을 이용하도록 허락할 수 없다. 그리고 회원은 다른 사람이 회원의 계정을 무단으로 사용할 수 없도록 직접 아이디와 비밀번호를 관리하여야 한다. 회원이 무단 사용을 발견하는 즉시, 회원은 회사에 이를 통지하여야 하고, 회사는 즉시 계정의 이용 중단 등의 조치를 취할 수 있다.'고 규정하고 있기는 하나, 이 사건 제한조치 이후 피고가 원고의 해명을 듣고도 추가 소명자료 제출이나 해명을 요구하는 조치를 취하지 않고, 그 이후 개정된 위 규정만을 근거로 이 사건 제한조치를 해제하지 않고 그대로 유지할 수는 없다고 할 것이다.

2. 손해배상책임의 범위

가상자산 거래소에 재산적 가치가 있는 무형의 재산인 가상자산을 보유하고 있는 이용자는 단지 거래소에 가상자산을 보관하기 위해서가 아니라 이를 적시에 매도하여 현금화하기 위하여 보유하는 것인데, 원고는 피고의 위법한 이 사건 제한조치로 인하여 이 사건 거래소에 보관 중이던 가상자산을 정상적으로 거래하지 못함으로써 발생한 손해를 입었다고 할 것이다(원고가 보유한 D코인의 가치 평가, 거래 특성상 원고의 주장과 같이 아래에서 보는 바와 같이 이 사건 거래소에서 코인의 거래가 이루어지지 않는다고 하여, 이를 물건이 훼손되어 원상회복이 불가능한 경우로서 교환가치 감소분을 손해로 보아야 한다거나 증권사 시스템 오류로 주식거래를 할 수 없는 경우의 보상기준과 같이 사고 발생시점의 주문가격과 장애복구 시점의 가격 사이의 차액을 손해로 단정하기도 어렵다). 그런데 위 손해를 산정할 객관적이고 합리적인 방법이나 증거는 찾기 어렵다. 다만 손해가 발생한 사실은 인정되나 구체적인 손해의 액수를 증명하는 것이 사안의 성질상 매우 어려운 경우에 법원은 변론 전체의 취지와 증거조사의 결과에 의하여 인정되는 모든 사정을 종합하여 상당하다고 인정되는 금액을 손해배상 액수로 정할 수 있다(민사소송법 제202조의2).

따라서 원고가 이 사건 제한조치 당시 보유하던 D코인 약 14억 개, C코인 6~7천만 개 등 5종의 가상자산은 이 사건 거래소에서만 거래되고 있었던 점, D코인의 실질 가치는 거의 없었던 점, 가격변동이 심하여 D코인을 1원/개로 매도할 기회가 있었을지 불확실한 점, 원고는 1억 5천만 원 상당의 이더리움 781개를 지급하고 D코인을 취득하였는데 거래소 영업종료 등으로 위 코인의 가치 중 상당 부분을 상실하는 손해가 발생하였을 것인 점(항소심 추가 판단) 등 원고와 피고의 관계, 이 사건 제한조치의 경위, 위 제한조치 기간, 손해의 성격, 손해 발생 후 정황 등을 고려하여, 피고의 손해배상금은 5,000만 원으로 인정함이 타당하다.

① 원고는 이 사건 제한조치 당시 이 사건 거래소에 D코인 약 14억 개, C코인 약 6~7천만 개 등 5종의 가상자산을 보관하고 있었는데, 위 D코인은 이 사건 거래소에서만 발행되어 거래되던 코인으로 보인다.

② 이 사건 제한조치 당시 D코인의 가격은 이 사건 거래소에서 개당 약 1원이었고, 원고는 2019. 8. 25.경 피고에게 자신의 D코인을 개당 0.5원에 전부 매도 주문할 수 있도록 요청하기도 하였다. 현재 D코인의 평가금액은 이 사건 거래소 기준으로 997,028,302원이나, 이 사건 거래소의 거래량이 없어 위 코인의 실질적인 가치는 없는 것으로 보인다.

③ 가상자산의 거래는 이용자가 거래소를 통하여 얼마에 매도 또는 매수하겠다는 주문을 내는 호가매매방식으로 이루어져 코인을 현금으로 환가하기 위해서는 이용자 사이에 매매계약이 체결되어야 하는 점, 가상자산의 시세는 등락을 거듭하는 것이 일반적인 점을 고려할 때, 이 사건 제한조치 없이 정상적인 거래 상황이 유지되었을 경우에도, 2019. 6. 7.경 D코인 전부를 매도함으로써 원고에게 위 코인 1개당 1원의 차익 실현의 기회가 부여됐으리라 단정할 수는 없다.

④ 다만, 원고는 D 코인을 취득할 당시 이더리움 781개(당시 시세로 환산하면 1억 5천만 원 정도라고 주장)를 대가로 지급하였는데, 피고가 위법하게 이 사건 제한조치를 하였고, 이에 따라 원고가 위 코인 거래를 할 수 없었으며, 피고가 2020년 10월경에는 이 사건 거래소의 영업을 종료하여 이 사건 거래소에서만 거래되던 위 코인의 가치가 거의

없어졌을 것으로 보인다. 원고는 이와 같은 일련의 경위에 따라 이 사건 제한조치로 인하여 1억 5천만 원 상당의 이더리움 781개를 대가로 지급하고 취득한 위 코인의 가치 중 상당 부분을 상실하는 손해를 입었을 것으로 보인다.

3. 과실상계 주장에 관한 판단

피고는 원고가 김*현과 함께 오픈채팅방을 운영하면서 회원들에게 이 사건 거래소에 관한 정보를 유포하고 복수의 차명계좌 사용을 통한 부당거래를 유도하였으며, 원고 역시 해당 시기에 통상적이지 않은 대량 거래를 하여 비정상적인 거래행위에 따른 로그인 제한 조치 등을 예상할 수 있었던 점 등을 원고의 과실로 참작하여 피고의 손해배상책임을 제한하여야 한다고 주장한다.

그러나 원고가 이 사건 거래소 이용자들의 부당거래를 유도하였다는 점을 인정할 증거가 없고, 대량 거래를 하였다는 것만으로 비정상적인 거래가 있었다고 보기는 어려우므로, 피고의 이 부분 주장은 받아들이지 않는다.

4. 결론

따라서 피고는 원고에게 5,000만 원 및 이에 대하여 원고의 손해가 현실적으로 발생한 이 사건 제한조치 해제일인 2020. 5. 19.부터 피고가 그 이행의무의 존재 여부나 범위에 관하여 다툼이 타당하다고 인정되는 이 사건 판결 선고일인 2020. 9. 4.까지는 민법이 정한 연 5%, 그 다음 날부터 다 갚는 날까지는 소송촉진 등에 관한 특례법이 정한 연 12%의 각 비율로 계산한 지연손해금을 지급할 의무가 있다[원고는 이 사건 제한조치 다음 날인 2019. 6. 8.부터의 지연손해금의 지급을 구하나, 불법행위로 인한 손해배상책임은 원칙적으로 위법행위 시에 성립하지만, 위법행위 시점과 손해 발생 시점 사이에 시간적 간격이 있는 경우에는 손해가 발생한 때에 성립하고, 그 시점이 손해배상청구권의 지연손해금 기산일이 되므로(대법원 2018. 9. 28. 선고 2015다69853 판결 등 참조), 원고의 이 부분 주장은 받아들이지 않는다].

해설

Ⅰ. 대상판결의 쟁점

가상자산 거래소는 통상 이용약관에 일정한 경우 이용자의 서비스 이용을 제한할 수 있는 근거를 마련하여 두고 있는데, 이용제한 조치가 약관에 정한 사유에 해당하는지와 관련된 분쟁이 적지 않게 발생하고 있다.

대상판결 역시 거래소를 운영하는 피고는 이용자인 원고에 대해 이상거래 발견을 이유로 이용을 제한하는 이 사건 제한조치를 하였다. 원고는 이에 대해 이 사건 제한조치는 이용약관상 근거가 없는 부당한 조치라고 주장하였고, 피고는 이용약관에 근거한 조치라고 주장하였다. 따라서 대상판결에서의 쟁점은 이 사건 제한조치의 타당성과 관련하여 이용약관에서 정한 이용제한 사유에 해당하는지 여부이다.

나아가 대상판결은 결론적으로 피고의 손해배상책임을 인정하고, 다만 손해액은 민사소송법 제202조의2 규정을 적용하여 직권으로 손해액을 산정하였는바, 이에 대해 검토하기로 한다.

Ⅱ. 대상판결의 분석

1. 가상자산거래소의 이용제한 조치

(1) 이용제한 조치의 내용

가상자산 거래소의 이용자에 대한 이용제한조치에 대해 특별한 법적 규제가 마련되어 있지 않은 상황에서 가상자산 거래소마다 이용약관 및 계약에 의해 개별적으로 사유들을 정하고 있다.

대상판결에서 이 사건 제한조치 당시 피고의 이용약관에서 정하고 있었던 이용제한조치 사유는 '타인의 서비스 ID 및 비밀번호를 도용한 경우, 서비스 운영을 고의로 방해한 경우, 범죄와 결부된다고 객관적으로 판단되는 경우' 정도였다.

(2) 이용제한조치 사유 해당 여부

이 사건에서 피고가 주장한 이용제한조치의 사유는, 피고의 F코인 스왑거래에 관한 마케팅 업무를 위임한 회사의 이사로 근무하는 원고가, 피고가 설정한 스왑한도를 회피하기 위해 동거가족들의 아이디를 번갈아가며 접속하여 거래를 한 것이 '타인의 서비스 ID 및 비밀번호를 도용한 경우' 또는 '서비스 운영을 고의로 방해한 경우'에 해당한다는 것이었고, 실제 동일 아이피 주소로 원고, 동거가족인 A, B의 아이디가 동시에 거래소 접속이 이루어진 사실이 밝혀졌다.

위 사유에 해당하기 위해서는 서비스 ID 및 비밀번호의 '도용' 또는 서비스 운영의 '고의'에 의한 '방해' 행위가 있어야 할 것이고, 피고의 주장과 같이 원고가 스왑거래 한도를 피하기 위해 가족들의 명의를 빌려 계정을 개설한 후 위와 같은 거래를 하였다면 위와 사유에 해당할 가능성이 있어 보이고, 이러한 사정은 결국 피고에게 증명책임이 있다.

그런데, A, B는 원고와 동거하고 있는 가족관계로서 동일 아이피를 통한 접속 자체만으로는 이상거래로 판단하기는 어려워 보인다. 또한 A, B는 실명인증을 거친 피고 거래소의 회원이기도 하여 이들이 계정을 통해 언제든지 거래를 하는 것도 이상할 것이 없어 보인다. A, B의 계정에서 다수의 코인의 대한 스왑거래가 있었던 것으로 보였으나 대상판결은 그러한 매도매수주문이 단지 각 1회에 불과하다고 보아 A와 B가 각자 직접 계정에 접속하여 주문을 하였을 가능성을 배제할 수 없다고도 보았다.

만일 원고가 A, B로부터 위임을 받아 그들의 계정에 접속하여 거래하였다면 어떠한가. 대상판결은 이 경우에도 A와 B가 각자의 필요에 따라 원고에게 거래를 위임했을 가능성을 배제할 수 없어 역시 도용, 서비스 운영 방해 행위라고 단정하기 어렵다고 보았다. 결국 대상판결은 증명의 부족으로 원고의 행위들이 이용약관상 이용제한조치 사유에 해당하지 않는다고 판단하였다.

대상판결에서 피고가 원고에 대해 이 사건 이용제한조치를 취한 것은 원고가 피고와 마케팅 계약관계에 있는 회사의 이사로 피고의 내부정보를 이용하여 이득을 취하였다는 점이 중요한 요소로 작용한 것으로 보인다. 실제 피고는 원고에게 피고의 위 스왑거래의 비율, 운영방법 등에 대해 알려 주었는데 원고가 이러한 내부정보를 이용하여 시세를 조작하고 스왑거래 시스템을 역이용하여 수익을 얻었다고 보고, 원고가 이를 위한 수단으로 가족의 계정을 이용한다면서 이러한 행위는 이용제한 사유 중 범죄와 결부된다고 객관적으로 판단되는 경우에 해당한다고 주장하였다. 그러나 원고의 고소로 진행된 수사결과 피고는 업무상배임 및 업무방해 등 모든 혐의에 대해 무혐의 처분을 받았고, 본 소송에서도 특별히 이러한 수사결과를 뒤집을 만한 특별한 증거가 제출되지도 않았다. 결국 대상판결은 증명책임의 원칙에 따라 원고의 청구를 받아들이지 않았다.

(3) 개정된 이용약관의 적용 및 해당 여부

피고는 2019. 7. 2자 이용약관을 개정하여 '동일 아이피를 이용하여 복수 계정 로그인 내역이 확인되고 이상 거래 징후가 발견된 경우, 로그인 제한 등의 조치를 취할 수 있다'는 내용을 추가하였다. 피고는 이를 근거로 적어도 2019. 7. 2. 이후의 이용제한조치는 위 규정에 근거한 것으로 정당하다고 주장하였다.

약관은 사업자에 의한 명시·설명의무를 전제로 당사자 사이의 편입합의 즉, 약관을 계약의 내용으로 하기로 하는 합의가 있어야 계약의 내용이 된다. 약관이 개정된 경우도 마찬가지일 것인데, 개정된 약관의 내용이 고객에 대한 유불리를 떠나 개정 약관에 의하여 계약의 내용을 변경하기로 하는 취지로 합의하거나 이용자가 기존 약관에 의한 권리를 주장할 이익을 포기하는 취지의 의사표시를 하는 등의 특별한 사정이 없다면 개정 약관의 효력이 개정 전에 체결된 계약에 미친다고 보기는 어렵다(대법원 2010. 1. 14. 선고 2008다89514, 89521 판결 등 참조). 만일 계약 체결 당시의 약관에 변경된 약관을 당연히 소급 적용하는 것에 대한 조항이 있었다면 적어도 고객에게 불리한 내용으로의 약관 변경 부분에 대하여는 고객에게 부당하게 불리한 조항에 해당하여 효력이 없을 것이다(약관규제법 제6조 제1항).

대상판결의 경우, 2019. 7. 2.자 개정으로 동일 아이피를 이용한 복수 계정 로그인 내역

확인 및 이상거래 징후 발견시 이용제한조치를 취할 수 있다는 내용의 약관이 추가되었는바, 이에 따르면 원고 계정에 대한 이용제한조치 자체는 허용될 수 있다고도 보인다. 그러나 이러한 개정된 약관의 소급적용은 개정 약관에 의하여 계약의 내용을 변경하기로 하는 취지의 합의나 이용자가 기존 약관에 의한 권리를 주장할 이익을 포기하는 취지의 의사표시를 하였다는 사정이 없는 한 당연히 고객에게 적용되는 것은 아니고, 더군다나 해당 개정은 고객인 원고에게 불리한 내용으로 보이므로 이에 대한 소급 적용은 더욱 신중해야 할 것이다. 대상판결에서는 소급 적용을 하여야 할 특별한 사정은 발견되지 않았는바, 위 개정 조항의 소급적용은 어려울 것이다. 대상판결도 위 개정 조항은 이 사건 제한조치 당시의 약관 내용이 아니라는 이유로 제한조치의 근거가 될 수 없다고 판단하였다.

2. 손해배상책임의 범위

불법행위로 인한 재산상 손해는 위법한 가해행위로 인하여 발생한 재산상 불이익, 즉 그 위법행위가 없었더라면 존재하였을 재산상태와 그 위법행위가 가해진 현재의 재산상태의 차이를 말하는 것이며, 그 손해액은 원칙적으로 불법행위시를 기준으로 산정하여야 한다(대법원 1997. 10. 28. 선고 97다26043 판결, 대법원 2001. 4. 10. 선고 99다38705 판결, 대법원 2003. 1. 10. 선고 2000다34426 판결 등 참조). 그러나 손해가 발생한 사실은 인정되나 구체적인 손해의 액수를 증명하는 것이 사안의 성질상 매우 어려운 경우에 법원은 변론 전체의 취지와 증거조사의 결과에 의하여 인정되는 모든 사정을 종합하여 상당하다고 인정되는 금액을 손해배상 액수로 정할 수 있다(민사소송법 제202조의2).

대상판결의 경우 원고는 피고의 위법한 이 사건 제한조치로 적시에 가상자산 거래를 하지 못해 손해를 입었다고 보아야 할 것인데, 다만 구체적인 손해액을 어떻게 산정할지 문제되었다. 원고는 이 사건 거래소에서 코인의 거래가 이루어지지 않는 점에서 물건의 훼손과 유사하므로 교환가치 감소분 전부를 손해로 보아야 한다고 주장하였다. 그러나 대상판결은 이러한 주장을 받아들이지 않았는데, 원고의 위와 같은 주장은 당시 보유 중이던 코인 전부를 위 제한조치 시점에 매도하였고 전부 매도가 이루어졌음을 전제로 한 것인데 원고가 매도 주문을 하지 않았고, 그 이후 다시 해당 시가에서 전량 매도하였을 것이라고 보기 어렵다는 점이 고려된 것으로 보인다.

주식거래의 경우 증권사 시스템 장애로 주식거래를 하지 못하는 경우 각 증권사들은 나름의 기준으로 보상을 하고 있는데, 통상 사고 발생시점의 주문가격과 장애복구 시점의 가격 사이의 차액을 보상기준으로 삼고 있는 것으로 보인다. 대상판결의 사안에서도 위와 같은 기준을 적용할 수 있을 것인가. 만일 원고가 당시 전량에 대하여 시가 상당의 매도 주문을 하였음에도 이용정지가 된 것이라면, 위와 같은 기준에 의한 손해액 산정이 가능해 보이기도 하나, 원고가 이 사건 제한조치 당시 그러한 주문을 한 것으로 보이지 않고, 이후 2019. 8. 25.경 개당 0.5원에 매도주문만을 한 것으로 보여 위 기준을 그대로 적용하기도 어려워 보인다.

대상판결 역시 원상회복이 불가능한 경우로서 교환가치 감소분이나 증권사 시스템 오류로 인한 거래정지에서의 보상기준 등을 적용할 수 없다면서 민사소송법 제202조의2를 적용하여 손해액을 산정하였다. 해당 조항은 손해가 발생한 사실이 인정되나 구체적인 손해의 액수를 증명하는 것이 매우 어려운 경우, 법원이 적극적인 석명권 행사를 통해 증명촉구를 하여 구체적인 손해액을 심리한 후에도 구체적인 손해액을 알 수 없는 경우 최후로 적용되고, 이때 당사자들 사이의 관계, 불법행위로 인한 손해가 발생하게 된 경위, 손해의 성격, 손해가 발생한 이후의 정황 등을 고려하여야 한다(대법원 2021. 6. 30. 선고 2017다249219 판결 등 참조).

민사소송법 제202조의2는 법관에게 손해액의 산정에 관한 자유재량을 부여한 것은 아니므로, 법원이 위와 같은 방법으로 구체적 손해액을 판단할 때에는, 손해액 산정의 근거가 되는 간접사실들의 탐색에 최선의 노력을 다해야 하고, 그와 같이 탐색해 낸 간접사실들을 합리적으로 평가하여 객관적으로 수긍할 수 있는 손해액을 산정해야 한다(대법원 2004. 6. 24. 선고 2002다6951, 6968 판결, 대법원 2007. 11. 29. 선고 2006다3561 판결 등 참조). 대상판결은 당시 원고 보유 가상자산의 개수 및 실질 가치, 매수 금액 및 특정 금액으로의 매도 가능성 등을 고려하여 손해액을 최종적으로 5천만 원으로 정하였다. 이는 제1심판결과 동일한 금액으로 여러 간접사실들을 충분히 탐색하고 평가하여 산정한 금액이라는 점에서 객관적으로 수긍할 수 있는 금액으로 보인다.

Ⅲ. 대상판결의 평가

대상판결은 이상거래로 보이는 거래에 대해 이용제한조치를 한 가상거래소의 행위에 계약상 근거가 존재하는지에 관한 판결이다. 대상판결은 이용약관의 규정 내용과 적용범위를 해석한 뒤 사안에 적용한 후 증명책임 원칙에 따라 피고의 행위가 위법하다고 판단하였고, 개정 약관의 소급적용 여부에 대한 판단도 이루어졌다. 이용제한 조치와 관련된 분쟁이 다수 발생하고 있는 만큼 이용약관상 이용제한 조치에 대한 규정을 보다 구체적이고 세밀하고 법적 근거가 명확히 있지 않은 상황에서 보통 이용약관에 기한 것은 이용제한조치만일 가능할 것이므로 그 근거가 되는 이용약관의 내용을 구체적이고 세밀하게 규정할 필요가 있어 보인다. 또한 가상자산의 심한 변동성으로 인해 가상자산 거래를 하지 못해 발생하는 손해에 대하여는 민사소송법 제202조의2가 적용되는 경우도 다른 분쟁의 경우보다 많을 것으로 예상되는 만큼 대상판결은 유사 사례에 많은 참고가 될 것으로 보인다.

[44] 가상자산 거래소의 채권준점유자에 대한 변제의 효력

— 서울고등법원 2020. 9. 10. 선고 2019나2004142 판결 —

[사실 개요]

1. 피고는 가상자산 거래소를 운영하는 자이고, 원고는 위 거래소를 통하여 비트코인 등 가상자산 거래를 하여 온 사람이다. 원고는 2017. 11. 30. 09:02:59경부터 같은 날 09:03:26경까지 위 거래소에서 보유하고 있던 가상자산을 매도하면서, 원고의 계정에 478,242,531원 상당의 KRW 포인트(위 거래소 내에서 가상자산 등을 구매하는데 사용되고, 1KRW 포인트는 원화 1원과 동등한 가치를 갖는다)를 보관하게 되었고, 원고는 같은 날 10:01:54경 위 거래소에서 로그아웃하였다.
2. 그런데, 같은 날 11:27:46경 해커로 추정되는 성명불상자가 원고가 사용하는 아이피 주소가 아닌 다른 아이피 주소로 원고 계정에 로그인을 하였다가 약 13초 뒤인 11:27:59경 로그아웃하였다. 성명불상자는 다시 같은 날 19:44:59경 위 아이피 주소로 원고 계정에 로그인하였고, 같은 날 19:46경부터 19:52경까지 4회에 걸쳐 가상자산인 이더리움(원고의 계정에 보관되어 있던 KRW 포인트는 그 이전 이더리움으로 교환되었다)을 외부로 출금해 줄 것을 요청하였으며[이더리움 출금 요청은 인증 요청을 하여 인증번호를 발급받은 후 그 인증번호와 4자리의 보안비밀번호(또는 OTP 어플에서 생성된 6자리 숫자)를 입력하는 방법으로 하게 되는데, 위 '4회에 걸친 출금 요청'은 인증 요청을 통해 발급받은 인증번호와 4자리의 보안비밀번호를 입력하여 출금 요청을 한 건만을 지칭한다], 위와 같이 출금 요청된 이더리움은 같은 날 20:01경부터 20:06경까지 4회에 걸쳐 피고의 직원의 승인을 받아 외부로 출금되었고, 그 결과 원고의 계정에는 121원 상당의 KRW 포인트와 0.7794185 이더리움만이 남게 되었다(이하 '이 사건 사고'라 한다).
3. 한편, 같은 날 오후 8시 이전쯤에 원고는 컴퓨터를 통해 위 거래소에 로그인을 하기 위해 아이디와 로그인 비밀번호를 입력하였는데, 이 경우 보안비밀번호 4자리[1]를 입력하라는 화면이 나와야 할 것이나, 평소와 달리 휴대폰으로 전송되는 6자리의 인증코드를 입력하라는 화면이 나왔다. 원고는 휴대폰으로 전송되는 6자리의 인증코드를 입력하였으나 로그인에 계속 실패하다가, 같은 날 20:11경에야 원고 계정에 로그인할 수 있었고, 그리하여 원고 계정에 있는 KRW 포인트가 위와 같이 사라진 사실을 알게 되었다.
4. 한편 성명불상의 해커는 이 사건 사고 이전으로서 피고의 직원 채용기간 중인 2017. 4. 28. 피고와 자문계약관계에 있던 A에게 원격제어형 악성코드가 포함된 "이력서.hwp" 파일을 첨부한 스피어피싱 메일을 발송하였고, 이를 실행한 A의 컴퓨터가 위 악성코드에 감염되었다. 그러자 성명불상의 해커는

---

1) 피고는 2017. 7. 12.부터 보안을 강화하기 위해 2단계 로그인 방식을 시행하였는데, 2단계 로그인 방식은 첫 번째 단계로 아이디와 로그인 비밀번호를 입력하고, 두 번째 단계로 보안비밀번호 4자리를 입력하거나 별도의 OTP 어플을 통하여 발급된 6자리의 숫자를 입력해야 Z거래소에 로그인할 수 있는 방식이다.

A의 컴퓨터에서 위 거래소 회원 31,506명의 개인정보가 들어 있는 "2017년 회원관리정책.xlsx"(피고의 직원 B가 2016. 2. 26.부터 2017. 7. 15.까지 총 560여 차례 서버에서 추출한 자료로 작성한 파일로, A는 2017. 4. 16. 피고의 직원 B로부터 위 파일을 이메일로 전송받아 컴퓨터에 저장하고 있었다) 외 다수의 파일을 외부로 유출하였다.

5. 또한 성명불상의 해커는 2017. 4. 1.부터 2017. 6. 29.까지 3,534개의 아이피에서 약 200만 번의 사전대입공격을 시도하였고, 그 결과 4,981개의 Z거래소 계정(아이디, 비밀번호)이 탈취되었으며, 그 중 226개 계정은 가상자산 출금이 이루어져 이용자 피해가 있는 것으로 확인되었다.
6. 이와 관련하여 원고는 피고를 상대로, '원고와 피고 사이에 체결된 서비스 이용계약에 따르면, 피고는 원고의 청구가 있을 경우 원고의 Z거래소 계정에 있는 원화포인트를 현금으로 전환하여 지급할 의무가 있는데, 성명불상의 해커가 원고의 계정에 있던 원화포인트 478,242,531(KRW)로 이더리움을 구입한 후 피고의 승인을 받아 이를 인출해감으로써 원고 계정에는 더 이상 원화포인트가 남아 있지 않게 되었는바, 이더리움 인출에 대한 피고의 승인은 정당한 권리자에 대한 이행이 아니어서 원고에 대한 관계에서는 효력이 없으므로, 원고는 여전히 피고에 대하여 위 원화포인트가 존재함을 전제로 하는 권리를 행사할 수 있다'는 이유로 위 원화포인트의 원상복구 또는 원화포인트 상당의 돈의 지급을 구하는 소를 제기하였다(주위적 청구원인에 관한 것으로 이하 예비적 청구원인에 관하여는 생략).
7. 이에 대하여 피고는 '① 피고는 위와 같은 인적 동일성 표지를 모두 확인한 후 수동승인절차를 거쳐 이더리움의 출금을 승인하였던바, 이로써 이 사건 이용계약상 자신의 의무를 모두 이행한 것이다. ② 원고의 원화포인트가 사라진 것은 '해커가 위 원화포인트로 이더리움을 구매하는 행위'를 통해서인데, 그 단계에서는 피고의 관여 자체가 없다. ③ 설령, 피고의 관여행위가 인정된다고 하더라도, 채권의 준점유자인 해커에 대하여 선의, 무과실로 변제를 한 것으로 볼 수 있다. 결국 원고의 원화포인트에 대한 권리는 이 사건 이용계약상 피고의 의무이행 완료 또는 채권의 준점유자에 대한 변제의 효력에 따라 모두 소멸하였으므로, 원고는 더 이상 피고에 대하여 이를 주장할 수 없다.'는 취지로 반박하였다.

[판결 요지]

1. 이 사건 이용계약에 따르면, 피고는 원고의 청구가 있으면, 원고 계정에 보관되어 있는 원화포인트를 현금으로 전환하여 원고에게 지급하여야 하는데, 이 사건의 경우 해커가 원고 계정에 보관되어 있던 원화포인트로 이더리움을 구매한 후 피고의 승인을 얻어 인출해 가버림으로써 현재 원고 계정에는 원화포인트가 남아 있지 않다. 위 원화포인트가 사라지게 된 직접적인 원인은 피고가 지적한대로 해커가 원고 계정에 있는 원화포인트로 이더리움을 구매한 행위를 통해서이다. 그런데, 원화포인트로 이더리움을 구매하는 것과 관련하여서는 피고의 승인절차가 없으므로, '채권의 준점유자에 대한 변제'에서 '변제행위'라고 볼 그 무엇인가가 존재하지 않는다. 그 결과 원칙적으로 원고로서는 피고

를 상대로 '해커가 원고 계정에 로그인한 것을 막지 못한 것'에 대한 손해배상책임을 물을 수 있을지언정, '채권의 준점유자에 대한 변제가 인정되지 않는 결과 변제로서의 효력이 인정되지 않으므로, 피고에 대한 관계에서 여전히 원화포인트를 보유하고 있는 것으로 보아야 한다'는 전제에서 원화포인트에 대한 권리를 행사할 수는 없기는 하다.

2. 그러나 ① 최종적으로 피고가 이더리움 출금을 승인해 줌으로써 원고의 원화포인트로 구매한 이더리움이 Z거래소 사이트 밖으로 유출되어 더 이상 이를 추급할 수 없게 된 점, ② 만약, 이더리움이 출금되지 않았더라면 원고가 이더리움 시세 상당의 가치는 계속 보유할 수 있었을 것으로 보이는 점, ③ 해커의 최종적인 목적은 처음부터 원고의 원화포인트로 구매한 이더리움을 신속하게 Z거래소 사이트 밖으로 출금하는 데에 있었을 것이라는 점에서 전체적으로 해커의 이더리움 구매행위와 그 출금행위를 하나의 행위로 볼 여지가 있는 점 등의 사정을 감안하여, 이하에서는 일응 피고의 이더리움 출금 승인 행위가 '채권의 준점유자에 대한 변제'에서 '변제행위'에 해당하는 것으로 보고 판단하기로 한다. 피고의 위 행위가 민법 제470조 소정의 채권의 준점유자에 대한 변제에 해당한다면, 그 효력으로 피고의 원고에 대한 위 채무는 소멸한 것이 된다.

3. 채권자의 준점유자에 대한 변제는 변제자가 선의이며 과실이 없는 때에 한하여 효력이 있다(민법 제470조). '채권의 준점유자'란 거래관념상 채권을 행사할 정당한 권한을 가진 것으로 믿을 만한 외관을 가진 사람을 말하고, '선의'란 준점유자에게 변제수령권한이 있다고 적극적으로 믿는 것이며, '무과실'은 그렇게 믿은 데에 과실이 없는 것이다. 변제자의 선의, 무과실은 변제 당시를 기준으로 판단하여야 한다.

4. 이 사건 이용계약에서 예정하고 있는 서비스는 그 성격상 이용자를 직접 대면하여 동일성을 확인한 후 서비스를 제공하는 것이 아닌바, 위 이용계약 약관에 따르면 서비스 제공과정에서의 인적 동일성은 아이디, 비밀번호, 4자리의 보안비밀번호(또는 OTP 어플을 통해 생성된 6자리 숫자), 인증번호 등을 통해 확인된다. 그런데, 위와 같이 해커가 위 이용계약에서 정한 인적 동일성 표지를 모두 갖추어 원고 계정에 로그인을 한 후 미리 등록된 휴대폰으로 발급받은 인증번호와 4자리의 보안비밀번호까지 모두 입력하여 이더리움 출금 요청을 해왔다면, 그는 채권을 행사할 정당한 권한을 가진 것으로 믿을 만한 외관을 가진 사람이라고 할 수 있으므로, 민법 제470조가 정하는 채권의 준점유자에 해당한다. 그리고 피고가 위와 같은 인적 동일성 표지를 모두 대조·확인하고, 여기에 더하여 자체적으로 사고 방지를 위해 마련한 수동승인절차에 따라 출금요청 시로부터 소급하여 24시간 내에 가상계좌로 현금을 입금한 적이 있었는지, 가상자산가 출금될 출금주소가 과거 범죄 또는 비정상거래에 사용된 적이 있었는지, 회원가입기간이 얼마나 되는지, 과거 해당 회원의 이용거래 내역에 특별한 문제가 없었는지 등을 확인한 후 이더리움 출

금을 승인하였다면, 피고로서는 해커가 채권을 행사할 정당한 권한을 가진 것으로 적극적으로 믿었고, 그렇게 믿은 데에 과실이 없는 것으로 평가할 수 있다.

5. 피고가 그 동안 원고 계정에 로그인할 때마다 원고의 휴대전화로 로그인 문자메시지를 발송하여 왔음에도 해커가 원고 계정에 로그인할 때에는 그러한 조치를 취하지 않거나 원고가 그 동안 로그인해 온 IP주소와 해커가 로그인한 IP주소가 다르므로 피고로서는 원고에게 연락하여 원고 본인의 의사에 따른 출금인지를 확인하였어야 함에도 그렇게 하지 않은 사정들이 존재하기는 하나 그러한 내용들은 피고의 선관주의의무 위반으로 볼 수 없다. 그리고 위와 같은 원고의 개인정보유출과 이 사건 사고 사이에 인과관계가 인정되려면, 위와 같이 유출된 원고의 개인정보 중에 원고 계정 로그인에 필요한 비밀번호, 보안비밀번호가 포함되어 있어야 할 것이나, 이를 인정할 증거가 없는 이상 이 사건 사고 발생과는 인과관계가 인정되지 않는 것으로 보인다. 결국, 피고가 해커의 이더리움 인출을 승인한 것은 민법 제470조 소정의 채권의 준점유자에 대한 변제에 해당하여 변제로서의 효력이 발생하였다 할 것이므로, 이로써 피고의 원고에 대한 원화포인트 현금 전환 및 출금의무는 소멸하였고, 원고는 피고를 상대로 위 원화포인트의 존재를 전제로 한 권리를 행사할 수 없다. 따라서 원고의 주위적 청구(원화포인트 복구 청구 및 금전 지급 청구)는 모두 이유 없다.

해설

Ⅰ. 대상판결의 의의 및 쟁점

민법 제470조는 '채권의 준점유자에 대한 변제는 변제자가 선의이며 과실 없는 때에 한하여 효력이 있다.'고 하여 채권의 준점유자에 대한 변제를 규정하고 있다. 이 규정은 채권의 적법한 수령권자에 대한 변제가 아니더라도 그 선의의 변제를 유효한 것으로 인정하여 채무의 이행을 원활하게 하고 거래의 안전을 달성하려는 취지에 의한 것이다.

그런데 위 규정은 컴퓨터나 인터넷 발달 양상을 고려하여 입법된 것이 아니라 오프라인에서 직접 그 변제를 이행한 경우 표현수령권자에 대한 변제의 효력을 인정하려는 취지에서 나온 것이다. 그러다가 1990년대에 폰뱅킹이 널리 쓰이면서 폰뱅킹에 의한 자금이체 신청에 따라 은행이 한 변제가 채권의 준점유자에 의한 변제에 해당하는지 문제되었고 2000년대 이후에는 인터넷이 발달하면서 인터넷뱅킹에 의한 채권의 준점유자에 대한 변제가 가능한지 논의가 있었다. 그리고 최근에 가상자산과 블록체인 산업이 등장하면서 이 사건과 같이 가상자산 거래소에 대한 가상자산 또는 원화 출금신청과 그 승인에 따른 출금행위가 채권의 준점유자에 대한 변제에 해당하는지 문제될 수 있다.

대상판결은 가상자산 이용자의 개인정보계정을 해킹한 자가 아이디, 비밀번호 및 OPT 보안번호 등 해당 이용자의 인적 표지를 모두 갖춘 후 거래소의 승인을 받아 가상자산을 송금한 경우 거래소가 채권의 준점유자에게 변제한 것으로 보아 면책시킬 수 있는지 여부가 쟁점이었다. 특히 그 판단의 전제로서 위 해킹을 한 자가 기존에 이용자 계정에 있던 가상자산을 그대로 전송한 것이 아니라 무단으로 이용자 계정의 원화(KRW) 포인트로 가상자산을 매수한 후 이를 전송한 행위에 대하여 채무자인 거래소가 준점유자에게 변제행위를 한 것으로 취급할 수 있는지가 문제되었다.

Ⅱ. 대상판결의 분석 및 평가

1. 제3자의 가상자산 교환 후 전송행위를 채권 준점유자의 변제행위로 평가할 수 있는지 여부

가. 인터넷뱅킹과 거래소에서의 가상자산 거래행위의 비교

예금계약은 은행 등 법률이 정하는 금융기관을 수치인으로 하는 금전의 소비임치 계약으로서, 그 은행은 예금주로부터 예금계좌를 통한 적법한 예금반환 청구가 있으면 이에 응할 의무가 있고,[2] 그 예금계약의 체결과 계좌의 개설 등이 오프라인이 아닌 인터넷 뱅킹을 통하여 이루어지는 경우에도 마찬가지일 것이다. 다만 위 예금계약은 그 계약의 내용상 통상적으로 오로지 금전에 대하여만 보관하도록 하고 이자를 지급받는 구조이고 금전 외에 다른 형태의 물건 등에 대하여 보관하는 것을 상정하지는 않는다.

가상자산 거래소와 이용자 사이의 관계 또한 예금계약과 마찬가지로 임치계약적 요소를 가지고 있다고 볼 수 있다.[3] 가상자산 거래소를 운영하는 법인은 금융기관과 계좌 개설계약을 체결하고 실명확인 가상계좌를 개설하게 된다. 가상자산을 거래하려는 이용자가 거래소 측과 거래소이용계약을 체결하는 경우, 위 가상계좌 및 가상자산 전자지갑을 부여받게 되는 경우가 일반적이다. 이용자가 위 가상계좌에 돈을 입금하면 그것은 1:1의 비율로 KRW 포인트로 전환되어 가상자산을 구입할 수 있게 된다. 한편 이용자는 돈을 입금하는 대신 외부의 전자지갑에 있는 가상자산을 위 거래소 전자지갑으로 전송할 수도 있다. 이용자의 가상자산 거래에는 현금 또는 가상자산의 입출금 및 보관서비스가 수반되므로 현금과 가상자산의 보관에 대하여 임치계약적 요소가 있다고 할 것이다.[4]

위 서비스이용계약 체결의 본질적 목적은 가상자산에 대한 투자이므로 위 인터넷뱅킹

---

2) 대법원 2008. 4. 24. 선고 2008도1408 판결.

3) 서울고등법원 2021. 12. 8. 선고 2021나2010775 판결.

4) 가상자산은 물건에 해당한다고 볼 수 없으므로 그 보관계약은 임치계약의 성질을 가지는 비전형계약에 해당한다(서울고등법원 2021. 12. 8. 선고 2021나2010775 판결).

예금계약과 달리 한번 투자한 이상 처음에 입금한 돈이 아닌 가상자산에 투자하여 잔존하는 금원에 한하여 이를 인출할 수 있고, 그 금원 혹은 기존 가상자산을 다른 가상자산으로 변환하여 제3의 전자지갑으로 전송할 수 있다.

나. 제3자의 가상자산 교환 후 전송행위를 채권 준점유자의 변제에 있어 변제행위로 평가할 수 있는지

인터넷뱅킹으로 연결된 예금계약에 있어 예금주가 아닌 제3자가 무단으로 돈을 다른 계좌로 출금하는 경우 재판실무에서는 금융기관의 출금 조치가 채권의 준점유자에 대한 변제에 해당하는지 여부를 심리하고 금융기관이 선의·무과실인 때에 한하여 그 변제가 유효하다고 보고 있다.[5)]

한편 가상자산의 경우와 관련하여 이용자가 아닌 그 계정을 무단으로 침입한 제3자의 출금 신청에 따라 가상자산 거래소가 이를 승인하여 금원 또는 가상자산을 '그 형상에 변동 없이 그대로' 전송하게 된다면 이는 인터넷뱅킹에 따른 이체의 경우와 그 구조가 유사하다고 할 것이어서 거래소의 승인 및 전송행위를 임치유사계약상 채무자의 반환행위에 해당한다고 평가할 수 있으므로, 그 승인 및 전송행위에 있어 그 거래소의 선의 및 무과실이 있는지 여부를 판단하면 된다.

이와 달리 위 제3자가 위 형상을 변동시킨 경우 즉, 이용자 계정에 있던 KRW 포인트로 가상자산을 매수하거나 기존의 가상자산을 매각하여 KRW 포인트로 바꾸거나, 기존 가상자산을 다른 가상자산으로 교환(예를 들어 BTC 마켓에서 해당 가상자산을 매도하면 비트코인으로 바뀜)한 후 이를 출금하는 경우 이에 대한 거래소의 승인행위에 대하여 채무자의 변제행위로 평가할 수 있는지 문제될 수 있다.

매매 또는 교환되기 전의 것으로서 원래 이용자의 계정에 보관되어 있던 현금 또는 가상자산만을 기준으로 볼 때는 그 현금 또는 가상자산이 그대로 외부에 출금된 것 아니라 매매 또는 교환에 따라 형상이 변경된 것이어서 애초에 이용자가 정상적으로 해당 계정을 이용하고 있을 때 예정된 목적물의 변제라고 보기는 어려울 것이다. 게다가 제3자의 매매 또는 교환행위에 있어 거래소의 승인이 필요하지 않아 채권의 준점유자에 대한 변제에 있어서의 '채무자의 행위'가 존재한다고도 볼 수 없을 것이다.

---

5) 서울중앙지방법원 2007. 7. 25. 선고 2006가합51190 판결에서 '피고 은행의 인터넷뱅킹 서비스의 경우 최초로 USB키를 교부받아 인증서를 발급받은 자가 관리자로서 그 밖의 사용자들에게 출금권한 등을 제한할 수 있도록 설계되어 있는 사실, 이 사건 예금의 계좌이체는 A, B(무단이체를 한 자들) 등이 C(예금주)로부터 교부받은 USB키와 C의 인증서를 이용하여 피고 은행의 인터넷뱅킹 서비스에 정상적 방식으로 로그인한 다음 이 사건 예금을 이체하는 내용의 거래지시를 함으로써 이루어진 것이고, 거래지시에 포함된 계좌번호, 계좌비밀번호는 피고 은행에 신고된 것과 동일한 것인 사실 등을 인정할 수 있는바, 이에 의하면, 피고 은행이 이 사건 계좌이체가 무권한자에 의한 것이라는 사정을 알지 못하였다고 봄이 상당하다'고 판시하는 등 계좌번호, 비밀번호, 인증서, USB키 등 통상 예금주가 입출금하는데 필요한 인적 표지를 갖추면 채권의 준점유자에 대한 변제에 해당한다고 보고 있다.

그럼에도 불구하고, 제3자의 매매 또는 교환행위 - 제3자의 출금신청 - 거래소의 승인 - 전송조치를 일련의 행위로 관찰할 때 하나의 변제행위로 평가할 수 있는 여지가 있을 뿐만 아니라 위 서비스이용계약의 대상이었던 현금이나 가상자산의 형상만 바뀌었을 뿐 그 금전적 가치의 측면에서는 그대로 동일성을 유지하고 있다고 평가할 수 있다. 또한 그 변제의 형태와 관련하여 애초에 해당 이용자와 거래소간에 서비스 이용계약을 체결할 당시 입금한 돈 또는 가상자산을 그대로 출금할 것만을 예정한 게 아니라 언제든지 이를 매매 또는 교환하여 그와 다른 형태로 인출할 수 있다고 합의하였기 때문에 그와 같이 변경된 출금의 형태 자체만으로는 (그 행위의 무단성 외에는) 위 서비스 이용계약에 내용에 위반한다고 볼 수도 없다. 따라서 제3자의 신청에 따른 채무자의 승인 및 전송행위를 채권의 준점유자에 대한 변제행위로 볼 수 있을 것이다. 대상판결도 '피고의 이더리움 출금 승인 행위가 "채권의 준점유자에 대한 변제"에서 "변제행위"에 해당하는 것으로 보고 판단하기로 한다'고 판시하여 이를 채무자의 변제행위로 취급한 것으로 보인다.

2. 피고에게 선의·무과실을 인정할 수 있는지 여부

가. 가상자산 거래소의 선의·무과실

인터넷뱅킹에 의한 자금이체에 대하여 채권의 준점유자에 대한 변제로 판단하기 위한 기준과 관련하여, 대법원은 '인터넷뱅킹에 의한 자금이체는 기계 또는 전산처리에 의하여 순간적으로 이루어지는 것이므로, 그것이 예금채권에 대한 적법한 변제나 채권의 준점유자에 대한 변제로서 은행에 대하여 요구되는 주의의무를 다하였는지 여부를 판단함에 있어서는 자금이체 시의 사정만을 고려할 것이 아니라 그 이전에 행하여진 인터넷뱅킹 등록을 비롯한 여러 사정을 총체적으로 고려하여야 한다'고 하면서,[6] '비밀번호가 가지는 성질에 비추어 비밀번호까지 일치하는 경우에는 금융기관이 그 예금인출권한에 대하여 의심을 가지기는 어려운 것으로 보이는 점, 금융기관에게 추가적인 확인의무를 부과하는 것보다는 예금자에게 비밀번호 등의 관리를 철저히 하도록 요구하는 것이 사회 전체적인 거래비용을 줄일 수 있는 것으로 보이는 점 등을 참작하여 신중하게 판단하여야 한다'는 취지로 판시한 바 있다.[7]

인터넷뱅킹에 따른 자금이체와 가상자산 거래소에서의 전송행위는 완전히 동일하다고 볼 수는 없지만 그 자금이체와 전송행위의 성격이 유사하고 아이디, 비밀번호, OTP번호 등 인적 표지가 만족된다면 은행과 거래소는 그 출금 또는 전송 신청을 승인하고 있는 것이 실무적 경향이며, 거래의 안전과 참가자들의 시장에 대한 신뢰가 중요한 법익이라는 점들이

6) 대법원 2013. 12. 12. 선고 2011다18611 판결.
7) 대법원 2007. 10. 25. 선고 2006다44791 판결.

공통되므로 위 대법원 판결의 판시사항을 참고할 수 있을 것이다.

구체적으로 나아가서, 그 동일성 식별 절차의 타당한 방법으로는 가상자산 거래소의 이용 약관, 서비스이용계약 내용 등을 고려하여야 할 것이고, 전송행위와 관련하여 거래소 측의 인적 동일성 식별 절차가 충분하고 적절하였는지 살펴보아야 할 것이다. 통상 인터넷뱅킹의 예와 같이 아이디, 비밀번호, OTP 비밀번호 등을 갖추면 인적 동일성 표지가 만족된 것으로 보아 거래소의 선의· 무과실을 인정할 수 있을 것이다. 다만, 여러 거래소의 이용약관에는 해킹사고가 발생하였거나 발생한 것으로 의심되는 경우, 명의도용 등 사기행위가 발생된 경우 등의 사유가 있다면 회원의 이용을 제한하여 로그인 또는 가상자산 전송행위 등을 제한하도록 명시되어 있는바, 사전에 거래소에서 그러한 행위를 식별하였음에도 불구하고 규정된 조치를 전혀 취하지 않고 방치한 경우에는 위 인적 동일성 표지를 만족하였다고 하더라도 위 거래소의 과실이 존재한다고 볼 수 있을 것이다.

나. 이 사건의 경우

이 사건의 경우 이더리움을 무단으로 출금한 자가 아이디, 비밀번호, 4자리의 보안비밀번호 등을 갖추어 출금 요청을 하였고 피고는 이에 대하여 승인을 하였다. 피고는 당시 인적 동일성 표지를 모두 대조·확인하고, 여기에 더하여 자체적으로 사고 방지를 위해 마련한 수동승인절차에 따라 출금요청 시로부터 소급하여 24시간 내에 가상계좌로 현금을 입금한 적이 있었는지, 가상자산가 출금될 출금주소가 과거 범죄 또는 비정상거래에 사용된 적이 있었는지, 회원가입기간이 얼마나 되는지, 과거 해당 회원의 이용거래 내역에 특별한 문제가 없었는지 등을 확인한 것으로 보인다. 이 사건 사고가 발생하기 수개월 전에 위 거래소에는 이용자의 개인정보가 유출되는 사고가 발생하였기는 하나 유출된 원고의 개인정보 중에 원고 계정 로그인에 필요한 비밀번호, 보안비밀번호가 포함되어 있어야 할 것인데, 이를 인정할 증거가 없는 이상 이에 대하여도 피고의 과실 또는 그 과실과 원고의 손해 사이의 인과관계를 인정하기 어려울 것이다.

특히 인터넷뱅킹에 관한 위 대법원 2007. 10. 25. 선고 2006다44791 판결은 '금융기관에게 추가적인 확인의무를 부과하는 것보다는 예금자에게 비밀번호 등의 관리를 철저히 하도록 요구하는 것이 사회 전체적인 거래비용을 줄일 수 있는 것으로 보이는 점 등을 참작하여 신중하게 판단하여야 한다.'고 판시하였고 그러한 법리를 가상자산 거래소에 관하여도 참고할 수 있음에 비추어 볼 때, 원고의 주장과 같이 제3자의 무단 출금 때 피고가, 원고의 문자메시지 또는 이메일을 통하여 위 무단 출금 사실을 통지하지 않았다거나 IP주소가 다름에도 그대로 출금승인을 하였다고 하여 이를 그대로 피고의 책임으로 귀속시키게 되면 거래소에게 너무 과도한 책임을 부여하고 거래의 안정을 손상시킬 수 있다고 보이므로 피고의 책임을 부정한 대상판결의 태도는 타당하다고 보인다.

[45] 가상자산거래소의 이용제한조치의 위법성

—서울중앙지방법원 2020. 11. 27. 선고 2019가합532958 판결, 2020. 12. 15. 확정—

[사실 개요]

1. 피고는 가상자산 거래소를 운영하는 회사이고, 원고는 위 거래소의 회원으로 '이 사건 1아이디' 및 '이 사건 2아이디'(각 아이디를 통틀어 '이 사건 아이디')로 가입하여, 이 사건 1아이디로 46.72698361 비트코인과 10,883,092원을, 이 사건 2아이디로 80.26823218 비트코인을 소유하고 있는 사람이다.
2. 피고는 원고의 2015. 7. 29. 이 사건 1아이디에 대하여, 2015. 8. 31. 이 사건 2아이디에 대하여 각 로그인을 차단하고 2016. 5. 27. 각 출금을 차단(통틀어 '이 사건 차단조치')하였다.
3. 이 사건 사이트 이용에 관한 2016. 6. 7.자 이 사건 이용약관(부칙 제1항에서 2015. 5. 25.부터 적용된다고 정하고 있다) 제18조에서는 여러 가지 거래 서비스 이용제한 사유를 규정하고 있다.
4. 원고는 2014년 말경 중국 국적의 성명불상자(일명 '춘텐')로부터 '게임 아이템 거래 사이트와 비트코인 거래 사이트에서 사용할 계정과 출금에 사용할 대한민국 금융기관의 계좌를 빌려 주면 수익금의 20%를 지급하겠다.'는 제의를 받고 이를 승낙한 뒤, 원고 명의의 아이템베이와 이 사건 사이트의 아이디를 제공하고, 원고 명의의 이 사건 계좌를 위 성명불상자에게 건네주었다. 위 성명불상자는 2015. 4. 말경 피해자 여*분의 휴대전화에 허위의 업그레이드 팝업 창이 표시되도록 하여 피해자로 하여금 금융정보를 입력하게 하고, 이와 같이 취득한 정보를 이용하여 피해자의 은행 계좌에서 게임 사이트에 돈을 송금한 후 게임 아이템을 구입하였으며, 이들 게임 아이템을 아이템베이에서 원고 명의 계정을 통해 다시 판매한 다음 마일리지로 전환하고, 이렇게 적립한 마일리지로 이 사건 사이트에서 원고 명의 계정으로 비트코인을 구입한 뒤 이 사건 계좌를 통해 원화로 환전하였다.
5. 이에 원고는 위 성명불상자가 전기통신금융사기 범행을 한다는 사실을 알면서도 위 성명불상자가 편취대금을 송금 받아 출금할 수 있도록 게임 아이템거래 사이트 계정과 이 사건 사이트 계정, 이 사건 계좌를 제공하는 방법으로 성명불상자의 사기 범행을 용이하게 하여 이를 방조하였다는 범죄사실로 기소되어 2019. 3. 26. 전기통신금융사기피해방지및피해금환급에관한특별법위반방조죄 등으로 징역 1년을 선고받았고 위 판결은 2019. 7. 24. 확정되었다.
6. 원고는 다음과 같이 주장하였다.

   ① 주위적 청구: 원고는 중국에서 게임 아이템을 판매업을 영위하고 있고, 게임 아이템을 판매하여 얻은 마일리지로 비트코인 상품권을 매입한 뒤 그 상품권으로 이 사건 사이트에서 비트코인을 구입한 것이다. 이 사건 아이디가 범죄에 이용된 것은 관련 형사사건에서 인정된 한 건 뿐이고, 관련 형사사건의 수사과정에서 원고가 이 사건 아이디를 통하여 가지고 있는 비트코인과 현금이 압수된 적이 없으며, 몰수형을 선고받은 적도 없다. 따라서 이 사건 아이디에 대한 로그인 및 출금을 차단할 수 있는 아무런 법적·이용약관상 근거가 없으므로, 피고는 이 사건 차단조치를 해제하여야 한다.

② 예비적 청구: 피고는 원고가 이 사건 아이디를 통하여 소유하고 있는 비트코인과 금원을 점유하고 있고, 원고의 반환청구를 거절할 권원이 없으므로, 원고에게 위 비트코인과 금원을 반환하여야 한다.

7. 이에 대해 피고는 이 사건 아이디는 '보이스피싱 등의 범죄 또는 금융사고와 관련 있거나 관련성에 합리적인 의심이 드는 경우'에 해당하여 이 사건 이용약관 제18조에 따라 그 이용을 차단한 것이고, 현재 위 제한사유가 해결되지 않아 차단을 유지하고 있는 것이므로, 이 사건 차단조치는 정당하다고 주장하였다.

[판결 요지]

1. 이 사건 차단조치 당시 피고의 이용약관에는 '보이스피싱 등의 범죄 또는 금융사고와 관련이 있거나 관련성에 합리적인 의심이 드는 경우' 로그인 차단조치를 및 출금 차단조치를 취할 수 있다는 규정이 없었고, 2018. 5. 28.에서야 비로소 피고의 이용약관에 위와 같은 규정이 도입되었다. 따라서 이 사건 아이디가 범죄와 관련되어 있거나 범죄와의 관련성에 합리적 의심이 든다는 이유로 한 피고의 이 사건 차단조치는 이 사건 이용약관에 근거가 없다.

2. 설령 이 사건 아이디에 관하여, 이 사건 이용약관 중 '사기 사고 발생', '명의 도용으로 의심되는 경우'에 해당한다거나 '관리자 판단'에 따라 로그인 제한조치가 이루어졌고, '관리자 판단'에 따라 출금 차단조치가 이루어진 것이라고 하더라도, 아래와 같은 사실 및 사정들을 고려하면, 이 사건 아이디에 관하여 이 사건 이용약관에서 정한 이용제한 사유가 존재한다고 보기 어렵다.

① 수사기관은 2015. 7. 21. 원고가 이 사건 아이디와 함께 성명불상자에게 제공하였던 이 사건 계좌에 대하여 지급정지를 요청하였으나, 2018. 6. 5.경 원고가 피의자들과 관련이 없다는 이유로 이 사건 계좌의 지급정지를 해제할 것을 요청하여 이 사건 계좌의 지급정지가 해지되었다.

② 이 사건 계좌의 거래내역을 보면, 아이템베이로부터 이 사건 계좌로 금원이 입금되면 바로 그 금액 상당이 출금되는 양상을 보이고, 출금되는 거래상대방은 불특정 다수인 것으로 보인다. 관련 형사사건의 범죄사실에 의하면, 원고는 2014년 말경 성명불상자에게 이 사건 계좌를 빌려주었는데, 위와 같은 거래행태는 2014년경 이전에도 동일하게 나타나고, 원고가 아이템베이에 가입한 시점은 그로부터도 훨씬 전인 2012. 1. 9.경이다. 또한 위와 같은 거래형태는 신원 불상인 다수의 아이템 매도자로부터 게임 아이템을 매입하여 이를 판매하고, 이를 통해 얻은 마일리지로 비트코인을 구매한 뒤 이를 현금화하여 매도자들에게 대금을 지급하는 방식으로 사업을 운영하였다는 원고의 주장과도 일치한다.

③ 관련 형사사건에서 이 사건 아이디가 피해자에 대한 총 50만 원의 전기통신금융사기 범행에 제공되었다는 사실은 인정되었으나, 추가로 밝혀진 피해자나 피해액은 없고, 이 사건 아이디에 보관 중인 비트코인이 몰수되지도 않았다. 따라서 이 사건 아이디가 지속적으로 성명불상자의 사기 범행에 이용되었다고 단정하기 어렵다.

3. 따라서 피고는 이 사건 사이트에 존재하는 원고의 계정인 이 사건 아이디에 대하여 한 이 사건 차단조치를 해제할 의무가 있다(원고의 주위적 청구를 인용하는 이상 예비적 청구에 관하여는 판단하지 않는다).

해설

Ⅰ. 대상판결의 쟁점

가상자산 거래소에 특정 계좌가 범죄에 이용되는 경우 거래소가 해당 아이디, 계좌에 대해 취할 수 있는 법적 조치가 명확하지 않다. 다만, 통상의 경우 이용자와 거래소 사이의 이용약관에 근거하여 이상거래 등 일정한 사항이 발견되는 경우 아이디 이용조치 및 계좌 출금조치 등을 하고 있는 것으로 보인다.

한편 거래소와 이용자는 이용계약에 따라 이용자는 거래소를 통해 가상자산 거래를 하고 그 대가로 수수료를 지급하며, 이용자가 가상자산 또는 현금의 지급을 요청하면 거래소는 즉시 이를 지급할 의무가 있다고 할 것이므로, 거래소가 이용자의 아이디 이용제한 조치, 출금중지조치 등을 하기 위해서는 법상, 계약상 근거가 있어야 할 것이다. 대상판결은 거래소를 운영하는 피고가 이상거래 의심 사항을 확인하여 원고의 계좌에 대한 출금중지조치, 아이디 이용제한조치를 하였는데, 해당 조치의 정당성과 관련하여 법적, 계약상 근거가 존재하는지 문제되었다.

Ⅱ. 대상판결의 분석

1. 보이스피싱 등의 범죄를 이유로 한 차단조치 적법성

이 사건 약관 제18조는 거래서비스 이용제한에 관한 사항을 정하고 있는데, 피고는 2018. 5. 28. '보이스피싱 등의 범죄 또는 금융사고와 관련 있거나 관련성에 합리적인 의심이 드는 경우'를 서비스 이용제한 사유로 추가하였다. 위 일자 전에는 보이스피싱 등 범죄와 관련된 것으로 의심이 되는 경우에 적용할 마땅한 규정은 없었는데, 피고 역시 이 사건 차단조치는 2018. 5. 28. 추가된 규정에 근거한 조치로 계약상 정당한 근거가 있다고 주장하였다. 이는 고객에 대하여 불리한 내용으로의 약관 변경으로 볼 수 있으므로 위와 같이 변경된 약관 규정의 소급 적용 여부가 문제된다.

약관의 내용이 계약의 내용이 되기 위해서는 당사자 사이에 약관의 내용을 계약의 내용으로 편입하기로 하는 의사합치가 있어야 한다. 약관의 내용이 변경되는 경우에도 사전에 사용자가 약관 내용을 일방적으로 변경할 수 있음을 정하고 있는 등 특별한 사정이 없다면(다만 고객에게 일방적으로 불리한 내용으로의 변경이 가능하도록 하는 것은 불공정 약관에 해당할 가능성이 높다) 역시 당사자 사이의 의사합치로 이러한 계약의 내용으로 편입되어야 할 것이고, 그 과정에서 변경되는 중요한 부분은 약관규제법에 따라 고객에 대한 설명의무가 지켜져야 할 것이다. 만일 계약으로의 편입 절차를 거치지 않았다면 소급적용은 어려울 것이다.

대상판결의 경우 위 약관 개정은 2018. 5. 28.에 이루어졌고, 이 사건 차단조치는 2015년, 2016년에 이루어졌으며 이후 원고가 특별한 거래를 하지 못한 것으로 보이는 점에 비추어 해당 약관에 대해 원고가 당연히 동의하였다고 보기는 어려워 보인다. 더군다나 해당 규정은 고객인 원고에게 불리한 내용이므로 소급적용에는 더욱 신중하여야 할 것인바, 약관의 내용이 계약으로 편입되었다거나 소급적용하게 되었다고 보기는 어려울 것이다.

대상판결 역시 이 사건 차단조치 당시 피고의 약관에는 위 내용이 없어 이를 근거로 한 차단조치는 허용되지 않는다고 판시하였는데 위와 같은 판단 과정을 거친 것으로 보인다.

2. 이 사건 약관에 근거한 차단조치 적법성

한편 개정 전 이 사건 약관에는 서비스 제한 외 서비스이용 불가 사유, 로그인제한, 일부 서비스 제한 사유로 '사기 사고 발생', '명의 도용으로 의심되는 경우', '관리자의 판단' 등의 사유를 규정하고 있었는바, 이 사건 차단조치가 위 사유들에는 해당하는지 문제되었다.

대상판결은 수사기관의 수사내용과 해제 요청, 원고의 해명과 이에 부합하는 거래내역을 근거로 하여 위와 같은 이 사건 차단조치가 위 사유들에 해당하지 않는다고 판시하였다.

원고가 이 사건 계정 및 계좌가 범죄에 연루되어 유죄판결을 받은 사실이 '사기 사고 발생'에 해당하는지가 가장 큰 쟁점일 것이다. 원고는 자신이 이 사건 계좌를 통해 중국에서 아이템 판매업을 영위하고 있다고 주장하였는데, 실제 이 사건 계좌의 거래내역을 보면 이에 부합하는 내역이 다수 존재하였고, 이 사건 계좌에 있는 대부분의 가상자산 및 현금은 원고가 연루된 사기 범행과는 무관한 것들로서, 수사기관도 이 사건 계좌에 대해 직접 지급정지를 요청하였으나 이후 2018. 6. 5.경 원고가 다른 법인들과는 무관하다는 이유로 이 사건 계좌의 지급정지의 해제를 직접 요청하여 해제가 이루어지기도 하였다. 원고가 이 사건 아이디를 제공하여 피해자의 사기 범행에 해당 계좌가 사용되었고, 이로 인해 원고가 유죄판결을 선고받기는 하였으나, 해당 범행에 연관된 금원은 소액이었고, 대부분의 가상자산과 현금은 범행과 무관한 것들로 수사기관의 수사 결과 등에서 밝혀졌다. 결국 원고의 행위가 이 사건 약관에서 정한 서비스 제한 사유인 '사기 사고 발생', '명의 도용으로 의심되는 경우', '관리자의 판단'에 해당한다고 보기는 어려울 것이다.

Ⅲ. 대상판결의 평가

가상자산이 보이스피싱 범행에 이용되는 경우가 빈번하게 발생하고 있다. 가상자산 거래의 익명성, 추적의 어려움 등이 이를 증가시키고 있는 요인으로 보인다. 이러한 범죄에의 이용 등을 막기 위해 특정금융거래정보법이 시행되기는 하였으나 이와 별개로 가상자산 거래소와 이용자들 사이의 개별적인 이용계약(이용약관)을 이용한 회원 이용제한 조치 관련 분쟁은 증가할 것으로 보인다.

대상판결은 약관의 규정, 개정약정의 소급 적용 여부 등에 대해 검토하여 이 사건 차단 조치의 위법성을 선언한 판결로서 참고할 만한 점이 있다.

[46] 금융위원회 가이드라인에 따른 은행의 가상자산 거래소 입금정지조치 해제 여부

— 서울중앙지방법원 2020. 12. 2. 선고 2019가합540577 판결, 2020. 12. 30. 확정 —

[사실 개요]

1. 원고는 블록체인 기술기반 암호화폐 개발 및 암호화폐 거래소업을 영위하는 회사로서 2017. 12. 15. 암호화폐 거래소인 '캐***'를 프리오픈한 후 2018. 3. 20.부터 정식으로 운영하고 있고, 피고는 원고에게 위 암호화폐 거래소의 사업용계좌로 사용되는 입출금이 자유로운 보통예금계좌를 개설해 준 은행업을 영위하는 금융회사이다.
2. 원고는 2018. 1. 4. 피고와 사이에 예금거래계약(이하 '이 사건 예금계약')을 체결하였고, 피고는 원고에게 2개의 보통예금계좌(이하 '이 사건 각 계좌')를 개설해 주었다. 위 예금거래계약의 내용이 된 「예금거래 기본약관」(이하 '기본약관') 및 「입출금이 자유로운 예금약관」(이하 '예금약관') 중 이 사건과 관련된 내용은 다음과 같다.

■ 예금거래 기본약관

제6조 입금

① 거래처는 현금이나 즉시 추심할 수 있는 수표·어음, 기타 증권(이하 "증권"이라 한다) 등으로 입금할 수 있다.

② 거래처는 현금이나 증권으로 계좌송금(거래처가 개설점 이외에서 자기계좌에 입금하거나, 제3자가 개설점 또는 다른 영업점이나, 다른 금융기관에서 거래처 계좌에 입금하는 것)하거나, 계좌이체(다른 계좌에서 거래처계좌에 입금하는 것)할 수 있다.

제12조 고객확인 및 검증

① 「공중 등 협박목적을 위한 자금조달행위의 금지에 관한 법률」과 **「특정 금융거래정보의 보고 및 이용 등에 관한 법률」**(이하 '특정금융거래정보법'이라 한다)에 따라 **은행은 고객확인 및 검증을 위하여 다음 각호의 정보 및 자료를 요구할 수 있**으며, 이를 거부하거나 확인·검증이 충분히 이루어지지 않을 경우 요청한 금융거래가 지연되거나 거절될 수 있다.

2. 법인(단체)

정보	자료
신원정보: 명칭, 실명번호, 주소, 연락처, 대표자 정보, 업종, 설립목적 등 추가정보: 실소유자(주요주주 및 임원) 정보, 회사 일반정보, 거래목적, 자금원천, 기부관련 정보 등	실명확인증표(사업자등록증 등) 법인(단체) 문서(법인등기부등본/정관/주주명부 등) 대표자 신원정보문서, 기타 고객확인이 가능한 자료(각종 인허가서 등)

② 「공중 등 협박목적을 위한 자금조달행위의 금지에 관한 법률」에 의거 금융거래제한대상자로 지정되어 고시된 자, UN 등 자금세탁방지와 관련하여 국제사회에서 발표하는 거래제한 대상자에 대해서는 금융거래가 제한되거나 거부될 수 있다.

제17조 통지방법 및 효력

③ 은행은 예금계약의 임의해지 등 중요한 의사표시를 하는 때에는 서면으로 하여야 하며 그 통지가 거래처에 도달되어야 의사표시의 효력이 생긴다. (단서 생략)

제23조 약관적용의 순서

① 은행과 거래처 사이에 개별적으로 합의한 사항이 약관조항과 다를 때에는 그 합의사항을 약관에 우선하여 적용한다.

② 이 약관에서 정한 사항과 입출금이 자유로운 예금약관 또는 거치식·적립식 예금약관에서 정한 사항이 다를 때는 **입출금이 자유로운 예금약관**이나 거치식·적립식 예금약관을 **먼저 적용**한다.

■ **입출금이 자유로운 예금약관**

제5조(거래제한)

③ 통장이 **「전기통신금융사기 피해환급에 관한 특별법」에서 정의한 사기이용계좌로 사용**될 경우, 통장명의인에 대한 **계좌개설 및 현금카드 발급등의 금융거래를 제한**할 수 있다.

제12조 당좌·가계당좌예금 계약의 해지

① 은행은 **거래처가 관련법규나 규정을 위반하여 당좌거래 자격을 잃**거나 **이 약관의 중요사항을 위반하여 은행과 당좌거래를 계속하는 것이 부적절**하다고 판단될 때에는 미리 서면으로 통지하고 해당 예금계약을 해지할 수 있습니다.

② 은행은 거래처가 「신용정보관리규약」의 기준에 의해 신용거래정보 중 연체정보, 대위변제대지급정보, 부도정보, 관련인정보 등록대상자로 등록되고, 은행이 정한 당좌·가계당좌예금계약 해지사유에 해당할 때에는 이 예금을 해지하고 그 사실을 거래처에 통지합니다.

3. 원고는 암호화폐 거래소인 '캐***'를 운영하면서 거래소를 이용하는 회원들로부터 이 사건 각 계좌를 통해 금전(원화)를 입금받았고, 위 회원들은 해당 금전을 이용하여 위 거래소에서 암호화폐를 거래하였다.
4. 금융위원회 산하의 금융정보분석원은 2018. 1. 30. 가이드라인을, 2018. 7. 10. 그 개정안을 각 공표하였다. 이 사건 가이드라인의 주요 내용은 암호화폐(가상통화)에 대한 이상 투기 현상을 완화하고 자금세탁과 같은 범죄에 암호화폐가 사용되는 것을 방지하기 위하여 시중 금융회사들에 대하여 암호화폐(가상통화) 거래소와 거래하는 경우 강화된 고객확인(EDD: Enhanced Due Diligence, 일반적인 고객확인절차보다 더 강화된 확인절차를 말한다) 절차를 거치도록 권고하는 것이다.

■ **가상통화 관련 자금세탁방지 가이드라인**

제5절 거래의 거절 등

② 금융회사등은 다음과 같은 경우에는 지체 없이 금융거래를 거절하거나 해당 금융거래를 종료할 수 있음

1. 금융회사등의 고객이 취급업소인 경우로서 **실명확인 입출금계정 서비스를 이용하지 않는 등 자금세탁등의 위험이 특별히 높다고 판단**하는 경우
2. 금융회사등의 고객이 취급업소인 경우로서 취급업소의 주소, 연락처가 분명하지 않거나 취급업소의 휴업·폐업등으로 제2절 나①에 따른 현지 실사가 불가능한 경우

5. 피고는 이 사건 가이드라인 발표 후인 2018. 8. 29. 원고에 대한 현지실사를 하였다. 피고는 이 사건 가이드라인에서 제시한 9가지 심사항목을 확인하였는데 그 중 7개는 적정하나 2개의 항목은 미흡하다고 판단하였는데 미흡사항은 실명확인 입출금계정서비스 미운영, 제3자 고객 예탁·거래금 분리보관 미운영이었다. 위 미흡으로 판정한 실사항목 점검내용은 다음과 같다.
   가. 실명확인 입출금계정서비스 이용계획 : 가능한 시일내 즉시
   나. 취급업소의 고유재산과 이용자의 예탁금의 분리관리 여부 : 고객예치금 계좌와 업체 운영자금 계좌와는 별도 운영중이나 감독당국에서 권고하는 제3자 고객예치금 분리방안은 미 운영 중
6. 이후 피고는 2018. 8. 29. 이 사건 가이드라인을 준수하고자 불가피하게 2018. 9. 10.부터 이 사건 각 계좌에 대한 입금을 정지하겠다는 내용의 '가상통화 관련 대고객 안내문'을 작성한 다음, 이를 2018. 9. 3. 원고에게 내용증명우편으로 발송하였다. 피고는 위 안내문에 따라 2018. 9. 10.부터 이 사건 각 계좌에 대하여 입금정지조치를 취하고 있다(이하 '이 사건 입금정지조치').
7. 원고는 2018. 10. 2. 피고를 상대로 이 사건 각 계좌에 관한 금융거래중단행위의 금지를 구하는 가처분 신청을 하였고, 위 법원은 2018. 11. 23. 원고가 실명확인 입출금계정서비스를 이용하지 않았음을 이유로 한 이 사건 입금정지조치는 원고와 피고 사이에 체결된 예금계약에 위반한 것이라는 이유로, 피고에게 원고 명의의 이 사건 각 계좌에 대한 이 사건 입금정지조치의 금지를 명하는 결정(이하 '이 사건 가처분결정')을 하였으며 위 결정에 따라 2018. 11. 26. 이 사건 각 계좌에 대한 이 사건 입금정지조치가 해제되어 있는 상태이다.

[판결 요지]

1. 원고는 피고를 상대로 이 사건 각 계좌에 관한 금융거래중단행위의 금지를 구하는 가처분 신청을 하였고, 위 법원은 2018. 11. 23. 피고에게 원고 명의의 이 사건 각 계좌에 관한 이 사건 입금정지조치의 금지를 명하는 이 사건 가처분결정을 한 사실, 위 결정에 따라 피고는 2018. 11. 26. 이 사건 각 계좌에 관한 이 사건 입금정지조치를 해제한 사실은 앞서 본 바와 같으나, 이 사건 가처분결정의 집행으로 이루어진 임시적, 잠정적인 조

치일 뿐이고, 이 사건 소송에서는 이 사건 입금정지조치의 종국적인 정당성이라는 본안 청구의 당부를 판단하여야 하므로, 이 사건 소 중 예비적 청구의 소송목적이 실현되어 소의 이익이 없다는 취지의 피고의 위 본안전 항변은 이유 없다.

2. 원고는 피고와 사이에 이 사건 예금계약을 체결하였고, 위 계약의 내용으로 편입된 기본약관 제6조에 따라 이 사건 각 계좌에 자유롭게 돈을 입금할 수 있는 계약상 권리를 가지고 있다고 할 것이므로, 피고가 이를 제한하고자 하는 경우에는 특별한 사정이 없는 한 사전에 예금약관, 기본약관 등을 포함한 예금계약에서 구체적인 제한기준을 정하거나 법률상 근거가 있어야 한다.

3. 가이드라인은 국무총리훈령인 「금융규제 운영규정」 제8조에 따라 발령된 금융위원회의 금융행정지도에 해당하는바, 이러한 행정지도는 그 자체로 법적 구속력을 가지지 않고 국민의 권리·의무에 직접적인 법률상의 효과를 발생하지 않으므로 피고에게 이 사건 가이드라인을 반드시 따라야 하는 법률상의 의무가 있다고 볼 수 없다. 따라서 가이드라인 제5절 제2조가 금융회사등에 대하여 그 고객이 가상통화 거래소를 운영함에도 실명확인 입출금계정서비스를 이용하지 않는 경우 금융거래를 지체 없이 종료할 법률상 의무를 부과한 것이라고 해석할 수는 없다. 특히 현행 법제상 가상통화 취급업소에 자금세탁방지의무가 부여되어 있지 않아 이를 법제화하기 위한 심도 있는 논의가 진행 중인 상황에서, 영업의 자유나 시장의 위축에 대한 신중한 검토 없이 자금세탁의 위험성을 방지하려는 이 사건 가이드라인의 사실상 구속력만이 강조될 수는 없다.

4. 가이드라인 제5절 제2조는 그 근거를 특정금융거래정보법 제5조의2 제4항에 둔 것으로 보이는바, 아래의 내용을 종합하면 위 조항은 특정 행정기관에 그 법률내용의 구체적 사항을 정할 수 있는 권한을 부여하는 취지가 아닐 뿐만 아니라, 그러한 권한을 부여하는 취지라면 이 사건 가이드라인 제5절 제2조의 내용은 특정금융거래정보법 제5조의2 제4항의 법문에서 정한 범위를 벗어난 것으로 봄이 타당하다.

가. 특정금융거래정보법 제5조의2는 고객, 즉 금융회사등과 금융거래계약을 체결한 계약상대방 및 그 계약상대방을 궁극적으로 지배하거나 통제하는 자연인에 대한 신원 등을 확인함으로써 금융거래를 이용한 자금세탁행위 및 공중협박자금조달행위를 방지하고자 하는 데에 그 목적이 있다고 할 것이고, 나아가 금융회사등의 고객과 일정한 이용계약을 체결하고 그 고객의 예금계좌 등에 금원을 입금하려는 이용자의 신원까지 일반적으로 확인하고자 하는 것은 아니다.

나. 특정금융거래정보법 및 그 위임에 따른 하위 법령에 특별한 규정이 없는 이상 금융회사등이 가상통화 거래소를 운영하는 고객만을 다른 고객과 달리 취급함으로써 그 고객과 가상통화 거래소 이용계약을 체결하고 집금 계좌에 금원을 입금하려는 이용자의 신원

에 관한 정보까지 확인하여야 한다거나, 고객에게 그와 같은 정보를 제공하여야 하는 법률상의 의무가 있다고 볼 수 없다. 따라서 원고가 이 사건 각 계좌를 가상화폐 거래소의 운영을 위한 집금 계좌로 활용하면서 실명확인 입출금계정서비스를 이용하지 않는다고 하더라도 그와 같은 사정만으로 특정금융거래정보법 제5조의2에 따라 확인이 요구되는 신원정보 등이 확인되지 않았다고 보기는 어렵다.

다. 특정금융거래정보법 제5조의2 제4항은 "금융회사등은 고객이 신원확인 등을 위한 정보 제공을 '거부'하여 고객확인을 할 수 없는 경우에는 계좌 개설 등 해당 고객과의 신규 거래를 거절하고, 이미 거래관계가 수립되어 있는 경우에는 해당 거래를 종료하여야 한다."고 규정하고 있는바, 피고는 원고가 신원확인 등을 위한 정보 제공을 거부하여 고객확인을 할 수 없는 경우 원고와의 금융거래를 종료할 법률상의 의무를 부담하고, 거래상대방인 원고는 그에 상응하여 이 사건 예금거래계약에 따른 권리의 제한을 수인하여야 한다고 봄이 타당하다. 원고가 이용자의 자금세탁행위를 방지하기 위하여 나름의 보완조치를 취하면서 피고의 협력에 따라 실명확인 입출금계정서비스를 도입할 의사를 밝히고 있는 한, <u>설령 특정금융거래정보법 제5조의2에 따라 확인이 요구되는 신원정보에 가상통화 거래소 이용자의 신원정보가 포함되고, 원고가 채택하고 있는 방식만으로는 가상통화 거래 목적으로 이 사건 각 계좌에 금원을 입금하거나 그로부터 금원을 출금받게 되는 이용자의 신원을 정확하게 파악하는 데 일정한 한계가 존재한다고 하더라도,</u> 원고가 이용자의 신원확인 등을 위한 정보 제공을 '거부'하였다고 보기는 어렵다.

5. 예금약관 제5조 제3항 관련

피고는 원고에게 이 사건 입금정지조치를 통지하면서 '가이드라인'만 조치의 근거로 제시하였을 뿐이고, 이후 다시 예금약관 제5조 제3항 근거하여 입금을 정지한다고 통지한 바도 없으므로 이 사건 입금정지조치가 예금약관 제5조 제3항에 근거한 조치로 보기는 어렵다. 설령 그렇지 않더라도 피고가 제출한 증거만으로 이 사건 각 계좌가 "사기이용계좌"에 해당한다고 단정할 수 없고, 통신사기피해환급법 제4조에 의하더라도 피고가 사기이용계좌에 대하여 할 수 있는 조치가 "지급정지" 조치이지 입금정지 조치가 아니므로, 예금약관 제5조 제3항은 추가적인 사기 범행과 피해 발생을 방지하기 위해 추가적인 계좌개설 및 현금카드 발급을 하지 않을 수 있다는 취지로 해석함이 타당하고, 이미 존재하는 계좌에 대하여 전면적인 입금정지조치를 취할 수 있는 근거가 될 수는 없다.

7. 예금계약의 해지 여부

원고와 피고 사이의 이 사건 예금계약이 기한의 정함이 없는 소비임치계약으로서 민법 제699조에 따라 언제든지 해지할 수 있다고 하더라도, 그러한 사정만으로 원고의 이 사건 예금계약에 기초한 이 사건 각 계좌에 돈을 입출금할 권리가 곧바로 부정된다고 볼 수 없고, 피고는 원고에게 이 사건 가이드라인에 따라 이 사건 입금정지조치를 하였을 뿐, 이 사건 예금계약을 해지한 것은 아닌바, 원고와 피고 사이의 이 사건 예금계약이 해지되지 아니한 이상 위 각 규정이 이 사건 입금정지조치를 통해 원고의 이 사건 예금계약상 권리를 제한할 수 있도록 하는 근거규정이 될 수는 없다고 봄이 상당하다.

해설

Ⅰ. 문제의 소재

1. 비트코인과 이더리움의 가격상승으로 인해 전 세계적으로 블록체인기술에 기반한 가상자산 프로젝트가 등장하였다. 이러한 가상자산 프로젝트는 그 자금 모집을 위하여 자체적으로 토큰을 발행하였고 비트코인이나 이더리움으로 해당 토큰을 구매할 수 있도록 하였다. 이렇게 등장한 가상자산은 블록체인 생태계의 확장에 따라 가격이 엄청나게 상승하였고, 상승하는 가상자산을 구매할 수 있는 가상자산 거래소도 시장의 요청에 의해 엄청나게 많이 생기게 되었다.

이러한 가상자산 거래소는 법정화폐를 통해 고객이 원하는 가상자산을 구매할 수 있는 서비스를 제공하였는데 가상자산이 단순한 상품이 아니라 지급수단이나 투자성이 있으며 국경의 제약을 받지 않는 특성이 있었고, 가상자산 거래소의 계정개설이 이메일만 있으면 신원확인 없이도 가능하게 되어 있어 가상자산 거래소를 통한 자금세탁우려가 많이 제기되었다. 한편 대부분의 가상자산 거래소는 가상자산을 거래하기 위해 은행권의 가상계좌서비스를 이용하였는데 금융위원회는 가상자산을 거래하기 위한 가상계좌서비스는 본인확인이나 실명확인이 미진하고 불법의심거래를 확인하기 어려움에도 은행권이 가상자산거래소에 가상계좌서비스를 제공한 것은 문제가 있다고 인식하게 되었다.

2. 금융정보분석원은 가상통화를 이용한 자금세탁행위를 방지하기 위해 가상계좌서비스를 실명확인입출금계정 서비스로 전환하는 것을 골자로 하는 2018. 1. 30. 가상통화관련 자금세탁방지 가이드라인을 시행하였다. 이후 위 가이드라인의 이행실태를 점검하기 위한 은행권 현장점검을 하였으며 위 현장점검에서 드러난 이 사건 가이드라인의 미비점 개선을 위해 2018. 7. 10. 이 사건 가이드라인의 개정안을 공표하였는데 법률이 아니라 이 사건 가이드라인에 따라 은행들이 가상자산거래소의 집금계좌에 대한 입금을 제한하여 사실상 가상자산사업자의 운영을 불가능하게 한 것이 문제가 되었다.

3. 한편, 위 가이드라인에도 불구하고 바로 가상자산 거래소가 바로 실명확인 입출금계좌를 발급받아 고객확인을 할 수는 없었고 계속해서 거래소의 법인계좌를 집금계좌로 사

용하는 상황이 지속되었다. 그러다가 특정금융거래정보법 일부를 개정하는 법률안이 2020. 3. 24. 공포되고 1년의 유예기간을 거쳐 2021. 3. 25. 시행되게 되었다. 위 특정금융거래정보법에 따라 금융회사 등은 가상자산사업자와 그 고객 간의 실명확인입출금계정을 개시하려는 경우 위 법에 따른 절차와 업무지침을 확인해야 하고(법 제5조 제1항 제2호), 가상자산사업자인 가상자산 거래소는 실명확인입출금계정을 발급받아야 사업자신고를 할 수 있게 되었으며, 위 법에 따라 고객확인의무를 부담하게 되었다. 금융위원회는 2021. 6.말을 기준으로 가상자산사업자에 대한 집금계좌 실태조사를 하였다. 이에 따르면 가상자산사업자가 사용하는 지급계좌 유형은 다음과 같다.

유형	설명
1. 실명확인 입출금계좌	실명확인 계좌를 통해 가상자산 입출금 허용
2. 사업계좌 겸용 집금계좌	가상자산 집금을 기존 사업계좌와 겸용
3. 집금/출금 별도 계좌	집금계좌, 출금계좌를 은행을 달리하여 개설
4. PG사 가상계좌 사용	집금계좌를 PG사의 가상계좌서비스를 이용
5. PG사 펌뱅킹서비스 사용	집금계좌를 PG사의 펌뱅킹서비스를 이용
6. 코인거래(BCT)수수료 집금	가상자산 입출금 없이 순수 코인거래 수수료 집금
7. 위장계좌/타인계좌	거래중단 추진 필요, 이상거래 모니터링
8. 혼합 운영계좌	2번, 3번, 4번, 5번, 6번이 혼합 운영

금융위원회는 위 실태조사결과 특히 PG사의 가상계좌, 펌뱅킹 서비스[1])를 이용하여 집금 및 출금이 이루어지는 경우도 있는데 PG사의 가상계좌서비스는 가상자산 이용자의 거래를 구별해서 관리가 어렵고, 펌뱅킹서비스는 개설은행과 제공은행이 인지하기 어려운 상황에서 집금·출금이 이루어지는 문제가 있고, 금융회사들이 집금계좌 개설을 엄격히 하고 모니터링을 강화하자, 가상자산사업자들은 별도 신설 법인을 만들어 집금계좌를 개설하거나, 상호금융사 및 중소규모 금융회사에 집금계좌를 개설하는 경우도 늘어나는 문제가 있다고 보고하였고, 특정금융거래정보법이 정한 가상자산사업자 신고 만료일인 2021. 9. 24.까지 위장계좌에 대한 거래중단, 집금계좌에 대한 모니터링을 강화하겠다고 하였다.

4. 이 사건은 가상자산을 매수, 매도, 교환하는 행위를 업으로 하는 가상자산 거래소를 특정금융거래정보법에서 정한 금융회사로 포섭하기 전에 이 사건 가이드라인에 기해 가상자산 거래소의 법인계좌에 고객이 입금을 하는 것을 제한할 수 있는가에 대한 법적 분쟁이다.

1) 컴퓨터시스템이나 전용단말기를 이용하여 각종 물품대금의 결정·자금 관리·신용장 결제 등의 금융업무를 처리하고, 각종 금융정보를 이용할 수 있도록 도움을 주는 법인용 금융시스템을 말한다. 서비스의 제공은 은행 컴퓨터와 기업의 컴퓨터, 텔렉스, 팩시밀리, 다기능 전화 등 단말기를 온라인으로 연결하는 방법으로 이루어진다(네이버 지식백과 펌뱅킹).

Ⅱ. 가이드라인의 법적 성격

1. 가상자산 거래소에 가입하여 가상통화 거래를 하려고 하였으나 가이드라인을 포함한 정부의 가상통화 관련 긴급대책으로 인하여 가상통화거래를 할 수 없게 되어 기본권이 침해되었다는 헌법소원사건[헌법재판소 2017헌마1384, 2018헌마90, 145, 391(병합) 사건]을 검토할 필요가 있다.

위 사건의 다수의견은 이 사건 가상자산거래에 대한 가상계좌서비스의 신규제공 중단을 요구한 가상통화관련긴급대책은 여러 사정을 종합하여 보면 당국의 우월적인 지위에 따라 일방적으로 강제된 것이라고 볼 수 없으므로 이 사건 가이드라인을 포함한 정부의 가상통화관련 조치(이하 '이 사건 조치'라고 한다)는 헌법소원의 대상이 되는 공권력의 행사에 해당된다고 볼 수 없다고 보았다. 그러나 재판관 4인은 이 사건 조치가 있기 직전까지 일부 은행은 일부 가상통화거래소에 비실명가상계좌를 제공하여 왔고, 그로 인한 수수료 등 상당 수익을 얻던 중에 이 사건 조치로 그 제공을 중단했다면 이 사건 조치를 단순히 시중은행의 임의적인 협력을 구하면서 자발적 순응에 기대어 사실상의 효과를 발생시키기 위한 것에 불과하다고 보기 어렵고 금융위원회는 은행들이 자율적으로 가상통화취급업소와 실명확인 입출금계정 서비스 관련 계약을 체결하고 제공할 예정이라고 밝혔으나 그 자율성은 계약체결 대상을 선정함에 있어서의 자율성일 뿐 기존 가상계좌 서비스 신규 제공이 중단된 상태에서 이를 대체하는 가상통화 거래 실명제 시행 그 자체는 다른 예외나 선택의 여지없이 이 사건 실명제 조치로 강제되었다고 할 것이므로 이 사건 조치는 헌법소원의 대상이 되는 공권력의 행사라고 봄이 상당하며 법률유보원칙에 위배되어 청구인들의 기본권을 침해한다는 반대의견을 내었다.

2. 가이드라인으로 인하여 은행과 가상자산 거래소 사이, 가상자산 거래소와 사인 사이의 가상자산 거래 관련 계약 내용은 실명확인이 강제된 방식으로 국한되게 되었고, 가상자산 관련 거래에 대해서는 금융당국이 개인정보를 쉽게 파악할 수 있게 되었다. 가이드라인 공표 무렵에 가상자산과 관련한 투기열풍이 불고 있었고, 세계적으로 가상자산을 이용한 자금세탁이 많아져 국제자금세탁방지기구에서도 이 사건 가이드라인과 같은 취지의 권고안을 제출하였다는 점, 가이드라인에서 은행들이 당국의 요청에 따르지 아니할 경우 불이익이 있을 것이라는 내용이 없는 점을 고려하여 보더라도 현대사회에 있어 금융서비스가 가지는 중요성, 가상자산을 거래하는 사이의 신원, 거래금액 등을 금융당국이 손쉽게 확인할 수 있도록 강제한다는 점을 고려하면, 가이드라인은 등 단순한 행정지도로서의 한계를 넘어 규제적·구속적 성격을 상당히 강하게 갖는 것으로서, 헌법소원의 대상이 되는 공권력

의 행사라고 봄이 상당하다.

3. 가이드라인은 국무총리훈령인 「금융규제 운영규정」 제8조에 따라 발령된 금융위원회의 금융행정지도에 해당한다. 이러한 행정지도는 그 자체로 법적 구속력을 가지지 않고 국민의 권리·의무에 직접적인 법률상의 효과를 발생하지 않으므로 피고에게 가이드라인을 반드시 따라야 하는 법률상의 의무가 있다고 볼 수 없다.

Ⅲ. 이 사건에의 적용

1. 가처분 결정에 따른 입금제한조치의 해제와 본안 사건 판단

피고가 이 사건 각 계좌에 관한 이 사건 입금정지조치를 해제한 것은 이 사건 가처분결정의 집행으로 이루어진 임시적, 잠정적인 조치일 뿐이고, 이 사건 소송에서는 가처분결정과 무관하게 이 사건 입금정지조치의 종국적인 정당성이라는 본안청구의 당부를 판단하여야 한다.

2. 입금제한조치의 근거

가. 피고가 예금계약의 당사자인 원고의 동의 없이 입금제한조치를 하기 위해서는 법률의 근거가 있거나 예금계약에 근거해야 할 것이다. 먼저 가이드라인에 관하여 본다. 위에서 본 헌법소원 사건에서의 다수의견에 따르면 가이드라인은 은행에 대한 공권력의 행사로 보기 어렵고 시중은행의 임의적인 협조를 구하는 취지로 금융위원회에서 권고안을 공포한 것에 불과하다. 따라서 피고가 가이드라인에 따라 원고의 계좌로의 입금제한조치를 한 것은 피고 스스로 자율적인 판단에 의한 것이고 가이드라인에 기한 의무의 이행으로 한 것은 아니라고 할 것이다.

특정금융거래정보법에 따르면 피고는 고객이 신원확인 등을 위한 정보제공을 거부하여 고객 확인을 할 수 없는 경우에는 계좌 개설 등 고객과의 신규거래를 거절하고, 이미 거래관계가 수립되어 있는 경우에는 해당 거래를 종료하여야 하며 이 사건 가이드라인은 가상통화 취급업소에 관하여 이를 구체화한 것으로 특정금융거래정보법과 결합하여 법규적 효력을 갖는다고 주장하나, 앞서 본 헌법소원 사건의 판단에 의하면 가이드라인은 법규적 효력이 있다고 볼 수 없다.

나. 피고가 이 사건 입금제한조치를 한 근거법률을 살펴본다. 이 사건 판결은 입금제한 조치의 근거로 피고가 주장한 특정금융거래정보법 제5조의 2 제4항[2](입금제한조치를 한 2018.

---

2) 제5조의2(금융회사 등의 고객 확인의무)
④ 금융회사 등은 고객이 신원확인 등을 위한 정보 제공을 거부하여 고객확인을 할 수 없는 경우에는 계좌

9. 10. 적용되던 특정금융정거래정보법에 의한다)에 대하여 ① 이 조항은 특정 행정기관에 그 법률행위의 구체적 사항을 권한을 부여하는 취지가 아니고, ② 특정금융거래정보법 제5조의2의 규정에서 이 사건 가이드라인의 내용을 도출하기도 어렵다고 판단하였다. 특정금융거래정보법 제5조의 2의 내용상 금융회사와 금융거래계약을 한 계약상대방의 신원을 확인함으로써 자금세탁행위 및 공중협박자금조달행위를 방지하고자 하는 것이고, 금융회사의 고객과 일정한 이용계약을 체결하고 그 고객의 예금계좌에 금원을 입금하려는 이용자의 신원까지 확인하고자하는 규정은 아님은 분명하다.

원고가 이 사건 각 계좌를 가상자산 거래소의 운영을 위한 집금 계좌로 활용하면서 실명확인 입출금계정서비스를 이용하지 않는다고 하더라도 원고에 대한 신원정보를 피고가 알고 있는 이상 특정금융거래정보법 제5조의2에 따라 확인이 요구되는 신원정보 등이 확인되지 않았다고 보기는 어렵다.

3. 특정금융거래정보법 제5조의2 제4항 해당여부

특정금융거래정보법 제5조의2 제4항은 '금융회사등은 고객이 신원확인 등을 위한 정보제공을 거부하여 고객확인을 할 수 없는 경우에는 계좌 개설 등 해당 고객과의 신규 거래를 거절하고, 이미 거래관계가 수립되어 있는 경우에는 해당 거래를 종료하여야 한다'고 규정하고 있다.

이 사건에서 원고는 피고의 실명확인 입출금계정서비스를 이용할 의사를 지속적으로 밝히고 있으나, 피고가 다른 요건을 갖추지 못하였다는 이유로 원고에게 실명확인 입출금계정서비스 제공을 거부하고 있는 사실에 비추어 보면 설령 특정금융거래정보법 제5조의2에 확인이 요구되는 신원정보에 가상자산 거래소 이용자의 신원정보가 포함된다고 하더라도 원고가 이용자의 신원확인 등을 위한 정보제공을 거부하였다고 보기는 어렵다. 따라서 원고가 이용자의 신원확인을 위한 정보제공을 거부하였다는 이유로 이 사건 입금제한조치를 하는 것 역시 법률상 근거가 없다.

4. 예금약관 제5조 제3항 해당여부와 관련하여 이 사건 각 계좌가 사기이용계좌라고 하더라도 피고가 통신사기피해환급법에 의해 행할 수 있는 조치는 지급정지조치일 뿐 입금정지조치는 할 수 없으므로 예금약관 제5조 제3항을 입금제한조치의 근거로 볼 수는 없다.

개설 등 해당 고객과의 신규 거래를 거절하고, 이미 거래관계가 수립되어 있는 경우에는 해당 거래를 종료하여야 한다.

⑤ 제4항에 따라 거래를 거절 또는 종료하는 경우에는 금융회사 등은 제4조에 따른 의심되는 거래의 보고 여부를 검토하여야 한다.

5. 이 사건 예금계약의 해지여부

이 사건 예금계약이 기한의 정함이 없는 소비임치계약으로 민법 제699조에 따라 언제든지 해지할 수 있다고 하더라도 피고가 이 사건 예금계약을 해지한 것은 아니므로 입금제한조치의 근거를 이 사건 예금계약 해지에 둘 수는 없다.

금융기관과 고객과의 예금계약의 성질이 소비임치계약이라고 하더라도 금융소비자 보호에 관한 법률의 적용을 받는 금융기관은 정당한 사유 없이 성별, 학력, 장애, 사회적 신분 등을 이유로 계약조건에 관하여 금융소비자를 부당하게 차별하여서는 아니되므로(금융소비자보호법 제15조), 고객은 자유롭게 예금계약을 해지할 수 있다고 하더라도 반대로 금융기관이 고객이 원하지 않음에도 별다른 근거 없이 임의로 예금계약을 해지할 수는 없다고 해석해야 한다. 대상판결에서는 아직 피고가 이 사건 금융계약을 해지하지 않았으므로 이와 관련한 판단을 하지 않는 것처럼 판시하였으나 이 사건 소송 중 피고가 이 사건 예금계약을 해지하겠다는 통지를 원고에게 하고 그에 따라 이 사건 예금계약이 해지로 종료되었다는 주장을 한다면 그 해지의 적법여부에 대해서는 따로 판단하였어야 할 것이다.

Ⅳ. 결론

1. 금융위원회의 가이드라인은 법규적 효력이 없는 단순한 행정지도에 불과하다. 따라서 피고가 원고의 계좌에 대한 입금제한조치를 하기 위해서는 가이드라인 외에 별도로 법률의 근거가 있거나 계약상의 근거가 있어야 한다.

2. 입금제한조치의 근거가 되는 법률로 피고가 주장하는 특정금융거래정보법 제5조의2의 규정을 피고와 예금계약을 체결한 원고(가상자산 거래소)에 대한 신원확인을 넘어서 원고(가상자산 거래소)의 고객의 신원확인이 필요하다고 해석할 수는 없다. 원고의 고객들이 가상자산을 이용하여 자금세탁을 할 수 있는 우려가 크다고 하더라도 마찬가지이다.

3. 이 사건 입금제한조치 당시 적용되던 특정금융거래정보법 제5조의2가 원고에게 자신이 운영하는 가상자산 거래소의 고객의 신원을 확인할 의무를 부과하고 있는 것은 아닐 뿐 아니라 원고가 자신이 운영하는 가상자산 거래소 이용 고객의 신원정보를 피고에게 을 알려 줄 의무를 부과하는 것도 아니다. 이 사건 판결에서는 이와 같은 결론을 내리면서도 추가적으로 설령 그러한 의무가 원고에게 있다고 하더라도 원고가 자신의 고객의 신원을 확인해 주기 위한 노력을 하겠다는 의사를 충분히 표현한 이상 위 법상 신원확인을 거부하였다고 볼 수는 없다고 판시하였다.

4. 이 사건 각 계좌가 사기이용계좌라고 인정할 증거가 이 사건에서는 제출되지 않았

다. 설령 이 사건 각 계좌가 보이스피싱 등 사기에 이용된 계좌라고 하더라도 피고로서는 지급정지를 할 수 있을 뿐 입금을 제한할 이유는 없을 뿐 아니라 이 사건 소송 중에도 이미 이 사건 각 계좌에 대해 사기의 피해신고가 있는 경우 피해신고액에 해당하는 금원만을 개별 건별로 지급정지를 하고 있다.

[47] 보이스피싱 범행에 가상자산 거래소 명의의 집금계좌가 이용된 경우 그 거래소의 책임 여부

—서울서부지방법원 2020. 12. 3. 선고 2020나42658 판결—

[사실 개요]

1. 원고는 성명불상의 검찰 사칭 보이스피싱(전자금융사기)범에 속아, 원고 명의의 산업은행 계좌에서 2018. 12. 26. 17: 03경 100,000,000원을, 2018. 12. 27. 09: 51경 55,000,000원을, 2018. 12. 27. 17: 25경 30,000,000원을 각 'A'의 명의로 피고의 기업은행 계좌(377-****-**-017, 이하 '이 사건 계좌')로 이체하였다. 이에 따라 피고의 이 사건 계좌의 비고란에는 위 각 이체거래의 상대방이 원고가 아닌 A로 기재되어 있다.
2. 피고는 전자상거래에 의한 가상자산 도소매 및 수출입업 등을 목적으로 하여 2017. 9. 27.경 설립되어 'B비트'라는 상호로 가상자산 거래소를 운영하는 과정에서 이 사건 계좌를 개설하여 다수의 거래소 회원들이 가상자산거래에 사용하도록 해왔다.
3. A라는 자는 2018. 12. 12.경 피고의 거래소 회원으로 가입하였는데, 위에서 본 바와 같이 원고의 계좌에서 피고의 이 사건 계좌로 금원이 이체된 직후 그에 상응하는 가액의 가상자산인 이더리움으로 환전하여 모두 출금하였다.
4. 이후 원고는 이 사건 계좌가 보이스피싱에 사용된 계좌라고 신고하였고, 기업은행은 '전기통신금융사기 피해방지 및 피해금 환급에 관한 특별법'에 따라 피고의 이 사건 계좌를 지급정지 하였다.
5. 원고는 ① 보이스피싱범에 속아 원고의 계좌에서 피고의 이 사건 계좌로 합계 185,000,000원을 송금하였는데, 원고와 피고 사이에는 계좌이체의 원인이 되는 법률관계가 존재하지 않으므로, 피고는 원고에게 위 금원을 부당이득으로써 반환할 의무가 있고, ② 피고가 가상자산 거래 실명제 등을 준수하지 않은 점, 특히 위 실명제에 반하여 가상통화를 거래하는 각자의 계좌를 개설하지 않고 전체를 하나의 계좌에 관리하는 이른바 '벌집계좌'를 사용하여 보이스피싱 범죄를 방조하였는바, 적어도 공동불법행위책임을 부담한다고 각각 주장하면서, 피고를 상대로 이 사건 소를 제기하였다.

[판결 요지]

1. 계약의 한쪽 당사자가 상대방의 지시 등으로 급부과정을 단축하여 상대방과 또 다른 계약관계를 맺고 있는 제3자에게 직접 급부를 하는 경우(이른바 삼각관계에서 급부가 이루어진 경우), 그 급부로써 급부를 한 계약당사자가 상대방에게 급부를 한 것일 뿐만 아니라 그 상대방이 제3자에게 급부를 한 것이다. 따라서 계약의 한쪽 당사자는 제3자를 상대로 법률상 원인 없이 급부를 수령하였다는 이유로 부당이득반환청구를 할 수 없다.

이러한 경우에 계약의 한쪽 당사자가 상대방에게 급부를 한 원인관계인 법률관계에 무효 등의 흠이 있거나 그 계약이 해제되었다는 이유로 제3자를 상대로 직접 부당이득반환청구를 할 수 있다고 보면, 자기 책임 아래 체결된 계약에 따른 위험부담을 제3자에게 전가하는 것이 되어 계약법의 원리에 반하는 결과를 초래할 뿐만 아니라 수익자인 제3자가 상대방에 대하여 가지는 항변권 등을 침해하게 되어 부당하다(대법원 2018. 7. 12. 선고 2018다204992 판결 등 참조).

2. 원고가 피고의 이 사건 계좌에 A라는 이름으로 각 이체거래를 한 것은 원고가 A 또는 A를 가장한 보이스피싱범의 지시에 따라 A와 가상자산 거래계약을 맺고 있는 제3자인 피고에게 직접 급부를 한 것으로, 즉 이른바 삼각관계에서 단축된 급부를 한 것에 해당하여 피고에 대한 관계에서 급부를 한 사람은 원고가 아닌 A이므로, 위에서 본 법리에 비추어 살펴보면, 원고는 제3자인 피고를 상대로 직접 부당이득반환청구를 할 수 없다. 따라서 원고의 위 주장은 이유 없다.

3. 민법 제760조 제3항은 불법행위의 방조자를 공동불법행위자로 보아 방조자에게 공동불법행위의 책임을 지우고 있다. 방조는 불법행위를 용이하게 하는 직접, 간접의 모든 행위를 가리키는 것으로서 손해의 전보를 목적으로 하여 과실을 원칙적으로 고의와 동일시하는 민사법의 영역에서는 과실에 의한 방조도 가능하며, 이 경우의 과실의 내용은 불법행위에 도움을 주지 말아야 할 주의의무가 있음을 전제로 하여 그 의무를 위반하는 것을 말한다. 그런데 타인의 불법행위에 대하여 과실에 의한 방조로서 공동불법행위의 책임을 지우기 위해서는 방조행위와 불법행위에 의한 피해자의 손해 발생 사이에 상당인과관계가 인정되어야 하며, 상당인과관계를 판단할 때에는 과실에 의한 행위로 인하여 해당 불법행위를 용이하게 한다는 사정에 관한 예견가능성과 아울러 과실에 의한 행위가 피해 발생에 끼친 영향, 피해자의 신뢰 형성에 기여한 정도, 피해자 스스로 쉽게 피해를 방지할 수 있었는지 등을 종합적으로 고려하여 그 책임이 지나치게 확대되지 않도록 신중을 기하여야 한다(대법원 2016. 5. 12. 선고 2015다234985 판결 등 참조).

4. 시중은행에서 기존에 가상계좌를 발급해 주었던 가상자산거래소(피고는 이에 포함되지 않는다) 외에는 가상계좌 발급서비스를 제공하지 않고 있는 점, 피고는 회원 가입시 본인인증절차를 거치도록 하고, 첫 현금 입금 또는 가상자산 입고로부터 72시간 동안 출금 내지 출고를 제한하고 있는 점, A는 2018. 12. 12. 피고의 회원으로 가입하여 같은 달 17. 현금 1,750만 원을 입금하고 그에 상응하는 가액의 이더리움으로 환전하여 출고하였던 점 등을 고려하면, 앞서 원고가 든 사정이나 원고가 제출한 증거로는 피고가 고의 또는 과실로 이 사건 보이스피싱 범죄를 방조하였다고 보기 어렵다. 따라서 원고의 위 주장은 이유 없다.

(원고 패소 판결 확정)

해설

Ⅰ. 대상판결의 의의 및 쟁점

이 사건은, 실명확인 없이 A가 입출금을 위하여 사용하던 가상자산 거래소 명의의 집금계좌를 보이스피싱범이 그 범행을 위하여 피해자로부터 돈을 입금받는 용도로 사용한 경우에 관한 것으로, ① 해당 집금계좌에 입금된 돈에 대하여 누가 예금주인지, ② 가상자산 거래소를 예금주로 볼 수 있다면 피해자가 그 거래소를 상대로 원인 없이 그 돈을 수령하였다는 이유로 부당이득반환청구를 할 수 있는지, ③ 한편 거래소가 실명확인되지 않은 형태의 집금계좌를 운영하였다는 이유 등으로 보이스피싱 불법행위의 방조범에 해당하는지 여부 등이 문제되었다.

Ⅱ. 대상판결의 분석

1. 가상자산 거래소 명의의 집금계좌에 대한 예금주 확정

'집금계좌'는 돈을 모으기 위한 계좌를 뜻하는 것으로 벌집계좌라고도 부른다. 가상자산 거래소에서는 이 집금계좌에 대하여 말 그대로 벌집처럼 거래소 법인계좌의 큰 부분 내에 불특정 다수의 개인계좌가 존재하면서 각각의 투자자들이 각 개인계좌에 돈을 입금하여 가상자산에 투자할 수 있도록 한다. 이 집금계좌는 특정금융거래정보법이 시행된 이후인 현재에는 대형 가상자산 거래소를 중심으로 실명확인 계좌로 운영되고 있는 반면에 그 전에는 그러한 실명확인 없이 집금계좌를 운영하면서 투자자 각각의 자산 내용은 은행에서 관리하는 것이 아니라 거래소에서 별도로 만든 장부 파일에 기입되어 관리되고 있었다.[1)]

이중 실명확인 없는 집금계좌와 관련하여 은행 등 금융기관은 가상자산 거래소에게 그 명의로 집금계좌를 발급해 준 이후에는 위 집금계좌에 터잡아 벌집계좌를 부여받은 이용자들이 명의자인 거래소 대신 해당 벌집계좌를 관리하고 그 계좌에 돈을 입출금할 수 있어 해

---

1) 금융위원회에 의하면 국내 가상자산사업자가 금융기관에 개설한 집금계좌는 크게 여덟 가지로 나뉜다고 한다.

1. 실명확인 입출금계좌: 실명확인 계좌를 통해 가상자산 입출금 허용.
2. 사업계좌 겸용 집금계좌: 가상자산 집금을 기존 사업 계좌와 겸용.
3. 집금·출금 계좌를 별도 은행에 둔 경우: 집금계좌와 출금계좌를 서로 다른 은행에 개설.
4. PG사 가상계좌 사용: 집금계좌를 PG사의 가상계좌서비스를 이용.
5. PG사 펌뱅킹서비스 사용: 집금계좌를 PG사의 펌뱅킹서비스를 이용.
6. 코인거래(BTC) 수수료 집금: 가상자산 입출금 없이 순수 코인 거래 수수료 집금.
7. 위장계좌/타인계좌: 거래 중단 추진 필요. 이상거래 모니터링.
8. 혼합 운영계좌: 2 내지 6번이 혼합 운영.

(금융위원회, "가상자산사업자 집금계좌에 대한 전수 조사결과 14개 위장계좌가 발견되었습니다.", 2021. 7. 28.자 보도자료)

당 이용자와 거래소 중 누구를 예금주로 보아 해당 금원을 보유하고 있다고 볼 수 있는지 문제될 수 있다.

대법원은 예금계약의 출연자와 예금명의자가 서로 달라 누가 예금주에 해당하는지 문제된 사안에서, '금융실명거래 및 비밀보장에 관한 법률하에서는 예금명의자를 예금주로 보는 것이 원칙이기는 하지만 예금의 출연자와 금융기관 사이에 예금명의인이 아닌 출연자에게 예금반환채권을 귀속시키기로 하는 명시적 약정이 있거나 또는 예금계약의 체결을 전후한 주관적·객관적 제반 사정을 종합하여 그와 같은 내용의 묵시적 약정이 있다고 인정되는 경우에는 출연자를 예금주로 하는 금융거래계약이 성립된 것으로 볼 수 있다'고 하면서 특별한 사정이 없는 한 예금명의자를 예금주로 인정하였다.[2] 이에 따르면 출연자를 예금주로 보기 위해서는 예금의 출연자와 금융기관 사이에 예금명의인이 아닌 출연자에게 예금반환채권을 귀속시키기로 하는 명시적 또는 묵시적 약정이 인정되어야 한다.

이러한 대법원 판례를 따를 경우 실명확인 없는 집금계좌에 대하여 금융기관으로서는 거래소와 계좌개설을 해주면서 제3자인 이용자의 존재를 상정하지 않았고 설령 그 이용자가 따로 존재할 수 있다고 예상하였더라도 종국적으로 그 이용자의 사용을 허용하였다고 보기 어려우며, 그 이용자의 예금정보가 은행에서 관리하는 것이 아니라 거래소에서 독자적으로 장부에 따로 기재하고 있으므로 출연자인 계좌 이용자가 예금주에 해당한다고 보기 어려울 것이다. 더욱이 이용자가 금융기관 사이에 예금명의인인 거래소가 아닌 이용자 자신에게 예금반환채권을 귀속시키기로 하는 약정에 대한 존재도 인정하기 어렵다. 이 사건에서도 예금명의인인 가상자산 거래소를 예금주로 인정할 수 밖에 없다. 만약 예금주를 이용자인 A로 볼 경우 금융실명거래 및 비밀보장에 관한 법률을 입법한 취지를 유명무실하게 할 수 있다.

그렇다면 반대로 실명확인 집금계좌를 사용한 경우는 어떻게 볼 것일까. 이러한 경우 금융기관에서는 특정금융거래정보법의 시행에 따라 이용자의 입출금에 사용하도록 하기 위하여 가상자산 거래소에게 해당 계좌를 제공하였다고 볼 수 있고 금융기관이 해당 이용자 각각에게 제공한 실명 확인 계좌는 거래소의 집금계좌와 연결되어 그 동일성을 확인할 수 있으므로 은행으로서는 출연자인 이용자를 예금주로 하려는 의사가 있었다고 볼 여지가 있다. 다만, 이러한 경우 자금 출처, 금융기관의 관여 정도, 사용된 인감이 누구의 것인지, 예금에 대한 실질적 지배 또는 귀속, 출연자의 계좌, OTP의 관리 현황 등을 종합적으로 참작하여야 할 것이다.[3]

---

2) 대법원 2004. 2. 27. 선고 2001다38067 판결, 대법원 2004. 11. 11. 선고 2004다37737 판결 등.

3) 박선아, "금융실명정책과 차명예금계약의 예금주 결정 — 대법원 2009. 3. 19. 선고 2008다45828 전원합의체 판결 —", 법과 정책연구 제9권 제2호, 한국법정책학회(2009. 12.), 735쪽.

2. 피해자가 가상자산 거래소를 상대로 부당이득반환청구를 할 수 있는지

가상자산 거래소를 예금주로 본다면, 피해자의 보이스피싱 피해금원이 위 거래소 명의의 계좌에 입금되었다는 이유로 거래소를 상대로 부당이득반환청구를 할 수 있는지 문제된다.

대상판결은 '계약의 한쪽 당사자가 상대방의 지시 등으로 급부과정을 단축하여 상대방과 또 다른 계약관계를 맺고 있는 제3자에게 직접 급부를 하는 경우, 그 급부로써 급부를 한 계약당사자가 상대방에게 급부를 한 것일 뿐만 아니라 그 상대방이 제3자에게 급부를 한 것이므로 계약의 한쪽 당사자는 제3자를 상대로 법률상 원인 없이 급부를 수령하였다는 이유로 부당이득반환청구를 할 수 없다'는 단축급부에 관한 대법원 판결의 법리를 인용하였다. 나아가 대상판결은 위 법리에 따라 원고가 피고의 이 사건 계좌에 A라는 이름으로 각 이체거래를 한 것은 원고가 A 또는 A를 가장한 보이스피싱범의 지시에 따라 A와 가상자산 거래계약을 맺고 있는 제3자인 피고에게 직접 급부를 한 것으로, 피고에 대한 관계에서 급부를 한 사람은 원고가 아닌 A로 보아 원고가 계약상대방인 A가 아닌 제3자인 거래소를 상대로 부당이득반환청구를 할 수 없다고 보았다.

이 사건에서 원고는 A(또는 보이스피싱범, 이하 'A 등')로부터 기망을 당하여 이 사건 계좌에 돈을 입금시켰는데 무효 또는 취소 사유가 있음을 불문하고 원고와 A 등과의 사이에 보관 등에 관한 법률관계 혹은 호의관계가 성립하였다고 볼 수 있을 것이다. A는 당시 가상자산 거래소(피고)에 가입하여 거래소와 서비스이용계약을 맺고 있었는데, 그중 계좌의 사용과 금전의 보관과 관련하여서는 임치계약이 성립하였다고 볼 수 있을 것이다. 결국 원고와 피고 사이에는 (무효, 취소 여부를 차치하고도) 어떠한 법률관계도 부존재한 상황으로, 급부관계가 실질적으로 원고－A 등－피고로 이루어져 있으므로 원고의 급부 상대방은 A 등이지 거래소라고 볼 수 없다고 할 것이다. 원고가 가상자산 거래소인 피고에게 급부한 것은 A 등의 지시를 받아 편의상 이행한 것에 불과한 것이고 그것만으로는 피고와 법률관계가 성립하였다고 평가할 수 없고 나아가 급부부당이득 반환을 구할 수도 없다. 그렇게 해석하지 않으면 대법원 판결에서 제시하고 있는 논거와 같이 원고가 그 책임 하에 체결한 계약을 위험부담을 거래소에게 전가하는 것이 되어 계약법 원리에 반하고 거래소의 A에 대한 항변권을 침해하는 결과가 될 것이다. 게다가 무자력의 위험은 정당하게 분배되어야 한다. 즉, 원고가 거래소가 아닌 A 등을 법률관계의 상대방으로 스스로 선택하였고 그를 신뢰하였으므로 그 결과 상대방의 무자력 위험을 부담하여야 하며 이를 제3자에게 전가하여서는 안 되는 것이다.[4)]

---

4) 윤진수, "부당이득법의 경제적 분석", 서울대학교 법학 제55권 제3호(2014. 9.), 130쪽.

이러한 경우 예외적으로 대법원 2008. 3. 13. 선고 2006다53733, 53740 판결에 따라 피해자인 원고로부터 편취한 금원을 거래소인 피고에게 입금한 경우로서 피고에게 악의 또는 중대한 과실이 있는 경우에 한하여 이를 인정할 여지가 있기는 할 것이나 이 사건에서 거래소인 피고에게 보이스피싱 범행에 대한 악의 또는 중대한 과실을 인정하기 어려울 것이다.

3. 거래소의 방조에 의한 불법행위책임 성립 여부

대상판결에서는 보이스피싱 불법행위에 대한 가상자산 거래소의 과실에 따른 방조행위가 성립되는지 여부에 관하여 설시하고 있다. 대상판결은 대법원 2016. 5. 12. 선고 2015다234985 판결의 법리에 따라 타인의 불법행위에 대하여 과실에 의한 방조로서 공동불법행위의 책임에 있어 상당인과관계를 판단할 때에는 과실에 의한 행위로 인하여 해당 불법행위를 용이하게 한다는 사정에 관한 예견가능성과 아울러 과실에 의한 행위가 피해 발생에 끼친 영향, 피해자의 신뢰 형성에 기여한 정도, 피해자 스스로 쉽게 피해를 방지할 수 있었는지 등을 종합적으로 고려하여야 한다고 보면서 그 책임이 지나치게 확대되지 않도록 신중을 기하여야 한다고 하여 과실의 방조행위에 따른 공동불법행위 성립 여부를 엄격하게 보아야 한다고 판시하고 있다. 그리고 대상판결은 위 법리에 따라 가상자산거래소인 피고가 실명확인을 하지 않은 집금계좌를 운용하고 있다는 사정만으로는 불법행위를 방조하였다고 보기 어렵다고 하였다.

원고의 주장과 달리 이 사건 보이스피싱 범행 당시 가상자산 거래소에서 실명확인되지 않은 집금계좌를 운용하고 있었다는 사정만으로는 그것이 보이스피싱 범행에 이용할 수 있을 것이라는 예견가능성이 있다거나 이를 방조하였다고 보기는 어렵다. 우선 당시 거의 모든 가상자산 거래소에서는 실명확인되지 않은 집금계좌를 운용하여 투자자들의 입출금서비스를 제공하였고, 설령 당시 가상자산을 이용한 보이스피싱 범행이 이루어지고 있었다고 하더라도 거래소 자체적으로 최소한의 보안설비를 갖추고 있으면서 이를 방지하기 위한 조치를 취하고 있었다. 그리고 집금계좌를 실명확인이 되도록 이를 개선하였다고 하더라도 그것만으로는 집금계좌를 이용한 보이스피싱을 완전히 막을 수 있다고 보이지도 않는다.[5)]

여기서 비교할 판결은 이 책에서도 소개하는 부산고등법원(창원) 2021. 10. 21. 선고 2020나14492 판결이다. 위 판결 사안에서는 해당 계좌가 수차례 지급정지되었거나 보이스피싱 범행에 이용된 상황에서 거래소가 아무런 조치를 취하지 않자 거래소에게도 최소한 중과실이 존재한다고 본 것이다. 결국 거래소인 피고에게 과실이 인정되기 위해서는 위와 같은 지급정지나 보이스피싱 범행에 이용된 정황이 인식될 것까지 요하지는 않더라도 최소

---

5) 예를 들어 정상적으로 경제활동을 전개하고 있는 일반인에게 보이스피싱범이 돈을 주고 실명확인된 계좌와 OTP 비밀번호 등을 빌리는 방식으로 여전히 집금계좌를 이용한 보이스피싱 범행을 범할 수 있기 때문이다.

한 이를 인식할 수 있는 표지가 존재하여야 한다는 취지로 볼 수 있다. 대상판결도 그러한 취지에 따라 피고가 집금계좌를 사용하고 있다는 것만으로는 보이스피싱 불법행위의 과실 또는 방조에 해당하지 않는다고 본 것으로 보인다.

Ⅲ. 대상판결의 평가

대상판결은 따로 설시하지는 않았으나 실명 확인되지 않은 집금계좌의 예금주를 가상자산 거래소로 보고 논의를 전개하였고 보이스피싱 피해자의 거래소 계좌에 대한 입금을 단축급부로 보고 거래소에 대하여 부당이득반환청구를 기각하였고 과실 및 방조에 의한 불법행위청구 또한 받아들이지 않았다.

대상판결은 보이스피싱 범행으로 인한 피해에 따른 위험부담을 누구에게 귀속시키느냐를 명확히 하였다는데 의의가 있다. 특히 특정금융거래정보법의 시행되기 전 실명확인되지 않은 집금계좌의 사용에 대하여 가상자산 거래소가 부당이득반환청구의 상대방이 될 수 있는지, 보이스피싱 불법행위에 대한 과실이 성립되는지를 판단하였다.

이제 특정금융거래정보법 제정으로 가상자산 거래소의 집금계좌가 해당 금융기관에서 발급한 실명 확인계좌와 연결되었고, 해당 계좌에 대한 실제 명의인을 확인할 수 있게 되었다. 그럼에도 불구하고 현재 금융기관이 발급한 계좌를 이용한 보이스피싱 범행이 성행하고 있는 점에 비추어 볼 때 실명확인된 계좌라 하더라도 가상자산 거래에 있어서도 그 실명확인 계좌를 이용한 보이스피싱 범행이 여전히 발생할 수 있을 것으로 보인다. 앞으로도 이 판결이 의미 있는 것은 이러한 이유 때문이다.

[48] 자본시장법상 '현실거래 시세조종행위' 법리의 가상자산 거래에 대한 적용가능성

— 서울중앙지방법원 2020. 2. 14. 선고 2018가합585047 판결,
서울고등법원 2020나2011375(원심 일부 변경[1]), 2021. 6. 10. 상고기각 확정 —

[사실 개요]

1. 원고는 국내 가상자산 거래소(이하 '이 사건 거래소')를 운영하는 회사이고, 피고들은 부부로서 이 사건 거래소의 회원들이다.
2. A코인은 이 사건 거래소가 자체적으로 발행하는 가상자산으로, 이 사건 거래소는 가상자산의 거래량을 증대시키기 위하여 이 사건 거래소를 통해 가상자산을 거래하는 경우 그 보상으로 해당 고객에게 거래수수료의 100%에 해당하는 A코인을 지급하였다. 그리고 이 사건 거래소는 A코인을 보유하고 있는 고객에게 A코인의 보유량에 따라 원화(KRW) 또는 가상자산인 비트코인, 이더리움 등으로 배당금을 지급하였다.
3. 이 사건 거래소에 회원 가입을 하여 가상자산 거래를 하던 피고들은 이 사건 거래소를 통해 가상자산 거래를 많이 할수록 더 많은 A코인을 지급받을 수 있다는 점에 착안하여, 매크로 프로그램을 이용하여 자전거래(본인이 보유한 가상자산을 혼자서 사고파는 행위를 의미한다)를 하였다. 피고들은 이와 같이 자전거래를 하면서 이 사건 거래소에 거래수수료를 지급한 후 그 대가로 이 사건 거래소로부터 거래수수료에 상응하는 A코인을 각 지급받았다(이하 피고들이 위와 같이 지급받은 A코인을 '트레이드 마이닝을 통해 얻은 A코인').
4. 한편, 피고들은 매크로 프로그램을 통하여 자전거래를 하는 과정에서 매도, 매수 주문을 제출한 직후 가상자산의 시가가 변동되어 거래가 체결되지 않는 경우가 있다는 점을 고려하여, 변경된 시가로 매도, 매수 주문이 다시 이루어질 수 있도록 매크로 프로그램에 일정한 간격으로 취소 주문을 반복하도록 설정하였는데, 이와 같은 방식으로 자전거래가 이루어지는 과정에서 동일한 매도 주문에 대하여 여러 개의 매도 취소 주문이 중복하여 제출되는 경우가 발생하였고, 그에 따라 이 사건 거래소의 서버가 매도 취소 주문을 2회 내지 3회로 잘못 인식하여 매도 취소에 따라 반환되어야 할 가상자산 등의 2배 내지 3배가 피고들에게 반환되는 경우가 발생하였다. 이에 따라 피고들은 원화와 비트코인, A코인 등을 추가로 반환받았다(이하 피고들이 위와 같이 지급받은 가상자산 등을 '중복 지급된 가상자산').
5. 피고들은 '트레이드 마이닝을 통해 얻은 A코인'과 '중복 지급된 가상자산'의 일부인 A코인을 각 보유함에 따라 이 사건 거래소로부터 배당금을 지급받았는데, 구체적으로 원화, 비트코인, 이더리움 등을

1) 청구취지 감축 및 확장에 따른 것이고 대체적으로 항소기각 취지이다.

배당받았다(이하 피고들이 위와 같이 지급받은 가상자산 등을 '배당받은 가상자산').

6. 원고는 2018. 10. 2. 피고들의 계정에 대하여 이상거래 징후가 있다면서 사용정지를 하였는데, 자체 조사 후 2018. 10. 4. 계정에 대한 사용정지를 해제해 주었다. 이후 원고는 2018. 10. 31. 재차 계정에 대한 사용정지를 하였다.

7. 원고는 피고들을 상대로 중복 지급되거나 배당받은 가상자산과 트레이드 마이닝을 통하여 얻은 A코인에 대하여 매크로 프로그램을 이용하여 불법적인 자전거래를 하였으므로 이는 부당이득으로 반환되어야 한다는 취지로 소를 제기하였다.

[판결 요지]

1. 중복 지급된 가상자산 관련

가. 피고들이 매크로 프로그램을 이용하여 이 사건 거래소에서 자전거래를 하는 과정에서 동일한 매도 주문에 대하여 여러 개의 매도 취소 주문이 중복하여 제출되는 경우가 발생하였고, 그에 따라 이 사건 거래소의 서버가 매도 취소 주문을 2회 내지 3회로 잘못 인식하여 매도 취소에 따라 반환되어야 할 가상자산 등의 2배 내지 3배가 반환되는 경우가 발생한 사실, 피고들이 A코인, 비트코인, 원화를 추가로 반환받은 사실이 인정되므로 피고들이 이와 같은 추가 반환을 의도하였는지 여부와 관계없이 피고들은 법률상 원인 없이 위 금원 내지 가상자산 상당의 이득을 취하고 그로 인하여 원고에게 같은 금원 내지 가상자산 상당의 손해를 가하였다고 할 것이므로, 원고에게 그 부당이득을 반환할 의무가 있다.

나. 이에 대하여 피고들은 증권발행절차를 무시하고 투자자들에게 마땅히 제공하여야 할 정보를 제공하지 않은 채 자본시장법에 따른 투자계약증권인 A코인을 발행하였고 인위적으로 시세를 부양하려 한 것과 아울러 자전거래를 부추겨 시장에서 수요 공급의 원칙에 따라 정해져야 하는 캡의 가격을 인위적으로 조정하였으므로 이는 시장경제질서에 반하는 반사회질서적 행위로 피고들이 추가로 반환받은 가상자산은 불법원인급여에 해당하므로 피고들이 위 가상자산을 원고에게 반환할 의무가 없다고 주장하였으나, 부당이득의 반환청구가 금지되는 사유로 민법 제746조가 규정하는 불법원인이라 함은 그 원인되는 행위가 선량한 풍속 기타 사회질서에 위배되는 경우를 말하는 것이고, 민법 제103조에 의하여 무효로 되는 반사회질서 행위는 법률행위의 목적인 권리의무의 내용이 선량한 풍속 기타 사회질서에 위배되는 경우뿐만 아니라, 그 내용 자체는 반사회질서적인 것이 아니라고 하여도 법률적으로 이를 강제하거나 법률행위에 반사회질서적인 조건 또는 금전적인 대가가 결부됨으로써 반사회질서적 성질을 띠게 되는 경우 및 표시되거나 상대방에게 알려진 법률행위의 동기가 반사회질서적인 경우를 포함하는데(대법원 2010. 5. 27. 선고

2009다12580 판결 등 참조), 피고들이 제출한 증거들만으로는 원고가 이 사건 거래소를 운영하는 과정에서 선량한 풍속 기타 사회질서에 위배되는 행위를 하였다고 인정하기에 부족하고 나아가 원고의 피고들에 대한 이 부분 부당이득반환청구권은 피고들이 매크로 프로그램을 이용하여 이 사건 거래소에서 자전거래를 하는 과정에서 매도 취소 주문이 중복하여 제출되는 바람에 원래 반환받아야 할 가상자산의 2배 내지 3배를 반환받게 되어 발생한 것이므로, 설령 원고가 이 사건 거래소를 운영하는 과정에서 선량한 풍속 기타 사회질서에 위배되는 행위를 하였다고 보더라도 이와 같은 원고의 행위와 피고들이 가상자산을 부당이득하게 된 원인 사이에는 직접적인 관련이 있다고 보기도 어렵다.

다. 또한 피고들은, 원고가 자신들의 불법적인 수익 확대를 위하여 피고들을 상대로 권리행사를 하지 않고 자전거래를 계속 방치 내지 묵인한 다음 이제 와서 피고들의 신의에 반하여 권리를 행사하는 것은 정의관념에 비추어 용인될 수 없으므로 원고의 피고들에 대한 권리행사는 신의성실의 원칙에 위배된다고 주장한다. 피고들이 자전거래를 통하여 2배 내지 3배의 가상자산을 지급받게 되었고 위 거래소 거래참여자들은 매크로 프로그램을 공공연하게 이용하였던 것으로 보이고, 원고는 이 사건 거래소 내에서 이루어지는 자전거래를 사실상 묵인하였던 것으로 보이기도 하나, 피고들이 제출한 증거들만으로는 원고가 더 나아가 피고들이 매크로 프로그램을 이용하여 원래 반환받아야 할 가상자산의 2배 내지 3배를 반환받는 행위를 허용하였다거나, 이를 알면서도 묵인하였다고 인정하기에 부족하고 달리 이를 인정할 증거가 없다. 이처럼 원고가 피고들에게 피고들이 추가로 반환받은 가상자산에 대하여 권리를 행사하지 않겠다는 점에 관한 신의를 공여하였다거나 객관적으로 보아 피고들이 이에 대한 신의를 가짐이 정당한 상태에 있다고 보기 어렵다.

2. 트레이드 마이닝을 통하여 얻은 A코인 관련

원고는 피고들이 위 중복 지급 A코인 외에 일반적인 트레이드 마이닝을 통하여 얻은 A코인과 관련하여, 이 사건 거래소의 정책상 매크로 프로그램을 통한 자전거래에 대해서는 A코인이 지급될 수 없으므로, 피고들이 불법적인 자전거래를 통해 이 사건 거래소로부터 지급받은 A코인은 부당이득으로 반환되어야 한다고 주장하였는데, ① 피고들은 자전거래를 하면서 이 사건 거래소에 거래수수료를 지급하였고 그 대가로 이 사건 거래소로부터 거래수수료에 상응하는 A코인을 지급받았으므로 설령 피고들이 매크로 프로그램을 이용하여 자전거래를 하였고 그로 인하여 이 사건 거래소로부터 상당히 많은 양의 캡을 지급받았다고 하더라도 이는 피고들이 이 사건 거래소에 지급한 거래수수료의 대가로 지급된 것이라고 보아야 하는 점, ② 원고가 2018. 8. 23. 이 사건 거래소 홈페이지에 '불공정 거래의 경우 트레이드 마이닝에서 제외된다'는 취지의 공지를 한 사실은 인정되나, 원고가 이 사건 거래소 내에서 이루어지는 자전거래를 사실상 묵인하였던 점 등에 비추어 보면, 피고들이 트레이드 마이닝을 통하여 이 사건 거래소로부터 지급받은 캡을 법률상 원인 없이 취득한 것이라고 보기는 어렵다.

해설

Ⅰ. 대상판결의 의의 및 쟁점

자본시장법 제176조 제2항 제1호에서는 상장증권 또는 장내파생상품의 매매를 유인할 목적으로 그 증권 또는 장내파생상품의 매매가 성황을 이루고 있는 듯이 잘못 알게 하거나 그 시세를 변동시키는 매매 또는 그 위탁이나 수탁을 하는 행위를 '현실거래에 의한 시세조종행위'라고 하여 이를 금지하고 있다. 위와 같이 거래가 허수로 이루어진 것이 아니라 실질적으로 존재함에도 이를 금지하는 것은 외관상 적법하게 보이는 거래라고 하더라도 투자자들의 정상적인 판단에 따라 행해지는 증권시장 거래의 안정성에 악영향을 미칠 수 있기 때문이다.

가상자산 거래의 경우에도 이와 같은 현실거래 시세조종행위와 유사한 모습이 나타난다. 특히 거래소에서 자체적으로 발행하는 가상자산에 대하여 거래소는 가격을 높이고 투자자들의 거래 참여를 활성화시켜 수수료 수익을 올리기 위하여 인위적으로 거래량을 올리려고 하는 경우가 있다. 그 방법은 거래소의 임직원 등 특수관계인들 사이의 거래를 활성화시키는 경우가 있고, 투자자들에게 해당 가상자산을 거래하는 경우 그 보상으로 수수료를 지급하겠다는 방식으로 이벤트를 구성하는 경우가 있다.

대상판결은 일반 투자자들에게 거래소가 발행하는 가상자산을 거래하는 경우 그 거래량에 따라 보상으로 해당 가상자산 등을 수수료로 지급하겠다고 한 경우로서 투자자들인 피고들이 매크로 프로그램을 돌려 다른 투자자들보다 더 많은 수수료를 수취한 경우 이를 무효로 보아 거래소인 원고가 피고들을 상대로 부당이득반환청구를 할 수 있는지, 부당이득반환청구를 할 수 있다고 하더라도 이는 불법적인 시세조종행위에 해당하여 반사회질서행위로서 그에 따라 수수료로 급부한 가상자산에 대하여 불법원인급여로서 반환할 수 없다는 피고들의 항변이 타당한지 등이 문제되었다. 특히 대상판결에서는 나타나지 않았지만 위 자본시장법상 현실거래 시세조종행위의 법리를 유추적용하여 반사회질서행위 여부의 판단에 참고할 수 있는지도 함께 살펴보도록 한다.

Ⅱ. 대상판결의 분석

1. 현실거래 시세조종행위 요건 분설

자본시장법 제176조 제2항 제1호에서 규정하는 현실거래 시세조종행위의 요건은 ① 매매를 유인할 목적으로 ② 그 증권 또는 장내파생상품의, ③ 매매 또는 그 위탁이나 수탁을 하는 행위를 할 것, ④ 그 행위가 해당 증권 등의 매매가 성황을 이루고 있는 듯이 잘못 알게 하거나 그 시세를 변동시킬 것이다.

원래 시세조종은 위장거래를 통하여 많이 이용하고 현실거래에 있어서는 시세조종 자금이 비교적 많이 소요되므로,[1] 이를 이용하는 경우가 많다고 볼 수는 없지만 불법성이 뚜렷한 위장거래와 달리 현실거래에 의한 시세조종행위는 그 불법성 여부 판단이 쉽지 않기 때문에 악용가능성이 충분하다. 이와 같이 현실거래 시세조종행위에 있어서 실물거래가 이루어지기 때문에 외견상으로는 투자자가 스스로 판단하여 이루어진 정상적인 거래인지, 불법적인 시세조종행위에 해당하는지가 명확하지 않기 때문에 이를 구별할 수 있는 기준이 필요하게 된다.[2] 위 규정에서 '매매를 유인할 목적'이라는 주관적 요건을 요구하는 것은 이를 구별하려는 취지에서 입법된 것이다.[3]

'매매를 유인할 목적'에 대하여 대법원은 '인위적인 조작을 가하여 시세를 변동시킴에도 불구하고 투자자에게는 그 시세가 유가증권시장에서의 자연적인 수요·공급의 원칙에 의하여 형성된 것으로 오인시켜 유가증권의 매매거래에 끌어들이려는 목적을 말한다'고 설시하고 있다.[4] 앞서와 같이 '매매를 유인할 목적'은 주관적 요건에 해당하는 내심의 의사이므로 직접적으로 입증할 수는 없고 결국 정황 또는 간접사실을 종합함으로써 직접사실을 추론할 수 있을 것인데, 그 간접사실들은 해당 종목의 거래량, 그에 따른 대가 존재 여부 또는 그 규모, 해당 종목에 대한 주문량과 그 지속성 등을 관찰하여야 할 것이고, 특히 거래행위에 있어 통상의 관행을 벗어난다면 매매 유인의 목적을 사실상 추정할 수 있을 것이다.

한편 '그 행위가 해당 증권 등의 매매가 성황을 이루고 있는 듯이 잘못 알게 하거나 그 시세를 변동시키는지 여부'에 관하여 대법원은 '본래 정상적인 수요·공급에 따라 자유경쟁시장에서 형성될 시세 및 거래량을 시장요인에 의하지 아니한 다른 요인으로 인위적으로 변동시킬 가능성이 있는 거래를 말하는 것으로서, 이에 해당하는지의 여부는 그 유가증권

---

1) 윤재남, "현실거래에 의한 시세조종행위에 관한 연구 — 옵션거래 사례를 위주로 —", 연세대학교 법무대학원 석사논문(2018. 6.), 7쪽.
2) 윤영신, 이중기, "증권거래법상 시세조종행위의 요건 및 제재에 관한 연구", 한국법제연구원 연구보고(2000. 9.), 7쪽.
3) 윤영신, 이중기, "증권거래법상 시세조종행위의 요건 및 제재에 관한 연구", 한국법제연구원 연구보고(2000. 9.).
4) 대법원 2005. 11. 10. 선고 2004도1164 판결.

의 성격과 발행된 유가증권의 총수, 매매거래의 동기와 유형, 그 유가증권 가격의 동향, 종전 및 당시의 거래상황 등을 종합적으로 고려하여 판단하여야 한다.'고 설시하고 있다.[5)]

마지막으로 현실거래 시세조종행위의 대상은 증권 또는 장내파생상품에 한하므로 가상자산은 그 적용대상에 해당하지 않을 것이므로 그 유추적용 여부가 문제된다.

2. 가상자산에 대하여 현실거래 시세조종행위 법리의 적용 가부 및 그 방법

앞서와 같이 현실거래 시세조종행위는 자본시장법에 규정된 것이고 위 규정은 증권 또는 장내파생상품에 한하여 적용되므로, 증권형 토큰이 아니고서야 대부분의 가상자산은 위 규정의 적용범위에 해당하지 않을 것이다. 대상판결의 가상자산인 A코인이 증권형 토큰에 해당할지 문제될 수 있으나 가상자산 거래소가 자체 발행한 가상자산은 대부분 기초자산이 없는 경우가 많으므로 기초자산의 존재를 전제로 한 증권형 토큰에 해당할 가능성이 크지는 않다고 보인다.

나아가 증권형 토큰이 아닌 가상자산에 해당하더라도 위 자본시장법 규정의 유추적용 가능 여부가 문제되는데, 자본시장법 자체가 자본시장에서의 금융혁신과 공정한 경쟁을 촉진하고 투자자를 보호하기 위하여 마련된 것인데, 자본시장 거래는 공개된 시장에서 이루어지는 특성상 그 자율성을 최대한 보호하여야 하고 그 시장의 자율성을 침해하는 행위에 한하여 이를 규제하는 경향을 보여주고 있으며, 거래의 자유를 중시하는 상법 체계보다도 더 시장참가자들의 거래의 자유를 보호하여야 할 것으로 보이는바, 자본시장법상 거래를 규제하는 각종 법령은 예외적으로 적용하여야 할 것이고 그 해석은 엄격하여야 할 것이다. 따라서 증권형 토큰이 아닌 가상자산에 대하여 자본시장법상 시세조종행위 규정을 함부로 유추적용할 수는 없을 것이다.

다만 민법 제103조에 의하여 무효로 되는 반사회질서 행위는 법률행위의 목적인 권리의무의 내용이 선량한 풍속 기타 사회질서에 위배되는 경우 등을 말하는데, 가상자산에 나타나는 시세조종행위에 대하여 위 자본시장법상 규정을 참고하여 그 불법성 여부를 판단할 수 있을 것으로 보이고 이는 신의칙 주장의 경우에도 마찬가지일 것이다.

3. 이 사건에서의 부당이득반환청구 타당성 여부

가. 대상판결 사안은 투자자인 피고들이 매크로 컴퓨터 프로그램을 이용하여 실거래가 아님에도 자전거래를 발생시켜 상당한 수수료를 수취한 사안이다. 대상판결에서는 ① 위와 같은 일반적인 자전거래에 따라 발생한 수수료에 대한 부당이득반환청구, ② 자전거래를

5) 대법원 2005. 11. 10. 선고 2004도1164 판결.

하면서 발생하는 오류를 이용하여 약정된 것보다 2~3배 많은 수수료를 취득한 것에 대한 부당이득반환청구 및 ③ 위 각 거래에 따른 배당 수익에 대한 부당이득반환청구의 각 성부가 문제되었다.

먼저 피고들이 매크로 프로그램을 이용하여 자전거래를 한 부분(트레이드 마이닝을 통해 얻은 가상자산)에 대하여, 대상판결은 피고들이 받은 가상자산은 이 사건 거래소에 지급한 거래수수료의 대가로 지급된 것이라고 보아야 하는 점, 거래참여자들은 매크로 프로그램을 공공연하게 이용하였던 것으로 보이고 원고는 이 사건 거래소 내에서 이루어지는 자전거래를 사실상 묵인하였던 것으로 보이는 점, 원고가 거래소 홈페이지에 금지되는 불공정 거래로 공지한 것에 대하여 그 '불공정 거래'에 매크로 프로그램을 통한 자전거래가 포함된다고 단정하기 어려운 점 등을 근거로 피고들이 법률상 원인 없이 취득하였다고 보기 어렵다고 판시하였다. 반면에 자전거래를 하는 과정에서 동일한 매도 주문에 대하여 여러 개의 매도 취소 주문이 중복하여 제출되는 경우가 발생하여 가상자산을 2~3배 넘게 반환받은 부분에 대하여는 원고의 부당이득반환청구가 타당하다고 보았다.

대상판결의 판시는 아마 매크로 프로그램을 이용한 자전거래 자체는 투자자들이 보편적으로 사용한 방식으로 원고도 이를 인식하였거나 인식할 수 있었음에도 불구하고 이를 묵인한 것인 반면에, 매도 취소 주문이 중복하게 제출된 경우는 비교적 오류가 명확하고 그와 같은 거래 행위는 피고가 승인하지 않을 것임이 추단되기 때문에 결론에 있어 차이가 발생한 것으로 보인다.

나. 한편 대상판결의 사안이 현실거래 시세조종행위에 해당하는지 여부와 관련하여 이견이 있을 수는 있으나, 가상자산 거래소를 운영하는 원고 측에서 A코인의 거래량에 따라 수수료를 지급하는 행위는 어디까지나 기초자산이 전무한 것으로 보이는 위 A코인의 거래량을 올리고 시세를 높이기 위한 방안으로 사용된 것으로 보이고 그 외 다른 목적이 있다고 볼 수는 없으므로 매매를 유인하기 위한 시세조종행위에 해당할 여지가 없지 않다고 보인다. 다만, 위 시세조종행위를 규제하는 가장 큰 목적은 시장참가자들에게 투자정보가 동등하게 주어져야 자본시장의 공정성과 신뢰성을 높일 수 있을 것인데 그 투자정보의 내용을 왜곡하는데 있어 반시장적이라는 평가에서 이루어지는 것인바, 대상판결 사안에서 이루어진 위와 같은 자전거래가 거래소 측에서 공지하여 공개적으로 행하여졌고 다른 투자자들이 차별 없이 동등하게 참여할 수 있었던 만큼 민법 제103조에 위반하였다고 볼 수 있는지는 의문이다. 대상판결은 '원고의 피고들에 대한 이 부분 부당이득반환청구권은 피고들이 매크로 프로그램을 이용하여 이 사건 거래소에서 자전거래를 하는 과정에서 매도 취소 주문이 중복하여 제출되는 바람에 원래 반환받아야 할 가상자산의 2배 내지 3배를 반환받게 되어 발생한 것이므로, 설령 원고가 이 사건 거래소를 운영하는 과정에서 선량한 풍속 기타 사회

질서에 위배되는 행위를 하였다고 보더라도 이와 같은 원고의 행위와 피고들이 가상자산을 부당이득하게 된 원인 사이에는 직접적인 관련이 있다고 보기도 어렵다'고 판시하였는바, 위 자전거래가 민법 제103조에 위반하였다거나 불법원인급여에 해당한다는 피고들의 주장을 받아들이지 않은 대상판결의 태도는 타당하다고 보인다.

Ⅲ. 대상판결의 평가

가상자산 거래소의 자전거래 자체에 대하여는 그 동안 이를 규제할 법적 근거가 없었고 거래소들이 자체 발행 가상자산의 거래량을 높여 투자를 활성화하는 방법으로 비교적 보편적으로 사용하였기 때문에 암묵적으로 허용되어 왔다. 그런데 최근 특정금융거래정보법 시행령 제10조의20 제5호에서 이러한 자전거래를 방지하도록 하기 위하여 거래소로 하여금 이를 제한하는 기준을 마련하여 시행할 것을 규정함으로써 자전거래가 금지되었다. 대상판결 사안은 위 시행령 시행 이전에 이루어졌으므로 향후 자전거래의 효력을 어떻게 보아야 할지 문제되는데, 이를 준수하지 않으면 사실상 관할관청으로부터 상당한 제재를 받게 되기는 하겠지만 이와 별개로 위 시행령의 시행만으로는 민법상 효력 자체를 무효화할 수는 없을 것으로 보인다.

다만 자전거래에서 더 나아가 위법적인 수단이 가미된 거래의 경우 민사상 불법행위로 볼 여지가 있는데, 그 기준과 내용에 대하여는 법률을 제·개정하여 이를 명확하게 함으로써 시장 참가자들에게 예측가능성을 부여할 필요가 있다. 대상판결은 자전거래를 이용하여 자체 발행 가상자산의 거래량을 인위적으로 증가시킨 사안에서 민사상 부당이득반환청구 성부를 판단하였는바 해당 사안을 직접적, 구체적으로 규율할 법령의 제·개정이 필요함을 잘 보여주고 있다.

[49] 가상자산 거래소에서의 착오주문과 관련하여, 거래 상대방에 대한 부당이득반환청구 성부

—서울중앙지방법원 2021. 4. 28. 선고 2020가합573443 판결—

[사실 개요]

1. 중국인인 원고는 2017. 11.경부터 가상자산 온라인 거래소(이하 '이 사건 거래소'라 한다)를 이용하여 이더리움 클래식[Ethereum Classic(ETC), 이하 '이더리움 클래식'이라 한다] 등 가상자산을 거래하여 온 사람이고, 피고도 2017. 7.경부터 이 사건 거래소를 포함한 여러 거래소를 이용하여 이더리움 클래식 등 가상자산을 거래하여 온 사람이다.
2. 원고는 이더리움 클래식 339,215여개를 보유하고 있던 중 2018. 1. 9. 09: 48: 50경 이 사건 거래소에 접속하여 매도수량을 '전량(MAX)'으로, 주문가격을 '1,000(원)'으로 입력하여 자신이 보유하고 있던 이더리움에 대한 매도주문(이하 '이 사건 매도주문'이라 한다)을 하였고, 그때부터 원고의 이더리움은 개당 1,000원의 가격으로 판매되기 시작하였다.
3. 원고는 이 사건 매도주문 직후인 09: 49: 47.211경과 09: 49: 47.335경 주문을 취소하였으나 취소처리가 되지 않았다.
4. 이 사건 거래소는 같은 날 09: 49경 순간적으로 대량의 매도 주문이 발생하고 이더리움 클래식의 실거래가가 54,000원 상당에서 1,000원으로 급락하자, 시스템 오류 및 해킹 여부를 확인하기 위해 같은 날 09: 49: 55경 긴급점검을 실시하면서 거래체결시스템에 새로 들어오는 주문을 차단하고 이더리움 클래식의 실거래가를 이 사건 매도주문 직전 체결가로 이 사건 거래소 인터넷 홈페이지 내 고객정보 제공용 차트에 수정 게시하였다가, 원고의 계정에서 주문된 사실을 확인하고는 같은 날 09: 55: 31경 거래체결시스템을 재가동하고 실제 체결된 가격 1,000원을 그대로 게시하였다.
5. 원고의 이더리움 클래식은 같은 날 09: 48: 50경부터 09: 55: 45.200경까지 이 사건 거래소에서 개당 1,000원의 가격으로 합계 339,196여개가 매도되었고, 매도 이후 원고의 이더리움 클래식은 18여개만 남게 되었다.
6. 피고는 같은 날 09: 49: 50.867경 원고의 이더리움 클래식 42,390여개를 개당 1,000원 합계 42,390,669여원에 매수하였다.
7. 이와 관련하여 원고는 매매 상대방인 피고를 상대로 '이 사건 매도주문 당시 보유하고 있었던 이더리움 클래식 339,215여개 중 일부를 당시 실거래가인 53,000원 내지 54,000원 정도에 매도하려고 하였으나, 실수로 매도수량을 '전량(MAX)'으로, 주문가격을 '1,000(원)'으로 입력하여 이 사건 매도주문을 하였는데, 영문이 아닌 한국어로 된 확인 팝업창이 생성되어 외국인인 원고로서는 그 내용을 이해하지 못하고 잘못된 매도주문을 하게 되었다. 이더리움 클래식의 당시 실거래가와 원고의 매도가의

차이를 감안하면 이 사건 매도주문은 법률행위의 중요한 부분의 착오에 해당하므로, 이 사건 매도주문은 취소되어야 하고, 피고는 이 사건 매도주문으로 인하여 취득한 이익을 부당이득으로 원고에게 반환하여야 한다.'는 취지로 착오 취소를 원인으로 한 부당이득반환청구의 소를 제기하였다.

[판결 요지]

1. 피고가 이더리움 클래식을 이 사건 전후인 2018. 1. 8.경 개당 57,000원에 매수하고 2018. 1. 10.경 개당 58,000원에 매도하기도 하는 등 이 사건 매도주문 당시 이더리움 클래식의 시세는 최소 개당 53,000원 이상이었다고 보이는 점, 원고는 2017. 11.경부터 이더리움 클래식 등 가상자산을 거래해 온 사람이므로 이 사건 매도주문 당시 이더리움 클래식의 실거래가를 알지 못하였다고 보이지는 않음에도 불구하고 실거래가보다 현저히 낮은 가격에 자신이 보유한 이더리움 클래식 전량을 매도한다는 매도주문을 한 것은 매우 이례적인 점, 원고는 이 사건 매도주문 직후 두 차례에 걸쳐 이를 취소하려는 시도를 하였는데 불과 2분 만에 판매가 완료된 것은 이더리움의 시세보다 현저히 낮은 가격에 매도되었기에 가능했던 것으로 보이는 점 등을 종합하면, 이 사건 매도주문은 원고의 착오로 인한 것이라고 봄이 상당하고, 이러한 매도가격의 착오는 법률행위 내용의 중요한 부분에 착오가 있는 때에 해당한다.

2. ① 원고는 금융거래 트레이더로서 2017. 11.부터 이 사건 거래소를 이용하여 이더리움 클래식 등 가상자산의 거래를 반복적으로 하여 왔던 점, ② 원고는 이더리움 클래식 1,000개를 당시 실거래가인 53,000원 내지 54,000원 정도에 매도하려고 하였으나, 실수로 'Amount'란에서 'MAX' 버튼을 잘못 클릭하고, 'Price'란을 '1,000'으로 잘못 입력하였다고 주장하나 이 사건 거래소의 매도시스템에 의하면, 'Amount'란 옆에는 'MAX' 버튼이 있으나 'Price'란 옆에는 'MAX' 버튼이 없고, 가상자산 거래의 특성상 'Price'의 'MAX', 즉 희망하는 매도가의 최대가격이 있을 수는 없으므로, 'Amount'란과 'Price'란을 착각하기는 쉽지 않아 보이는 점, ③ 또한 사용자가 가상자산을 매도하려고 할 경우 이미 최종 체결된 가격이 자동적으로 'Price'란에 입력되어 있는바, 최종 체결가격과 다른 가격을 입력하려면 이미 입력되어 있는 가격을 삭제하고 다시 원하는 가격을 입력하는 절차를 거쳐야 하는데 이 사건에서 원고는 이미 입력되어 있는 '53,000' 상당의 최종 체결가격을 삭제하고 그보다 훨씬 작은 숫자인 '1,000'을 입력한 것으로 볼 수 있는 점, ④ 이 사건 매도주문 당시 매도주문 내용을 확인하는 팝업창이 나타났는데, 팝업창은 거래 주문 금액이 100만원 이상이거나 최근 체결가격과 50% 이상 차이가 나는 지정가로 주문할 경우 나타나도록 되어 있으므로, 팝업창이 나타날 경우 원고로서는 자신이 의도한 가격과 수량대로 주문이 되었는지를 다시 한번 확인해 보았어야 함에도 이를 제대로 확인하지 않은 점, ⑤

원고는 자신이 외국인으로 한글로 된 팝업창이 떴기 때문에 팝업창의 내용을 제대로 확인하지 못하였다고 주장하나, 원고가 시연한 매도화면에서 나타난 팝업창을 보면 그 내용이 '200 ETC를 36,160 KRW에 매도합니다. 승인하시겠습니까?'라고 한글로 표시되었음을 알 수 있음에도 이더리움은 영문인 'ETC'로, 판매가격의 단위 역시 영문인 'KRW'로 표기되어 있으므로, 원고가 한글을 읽지 못한다고 하더라도 팝업창을 살펴보았다면 원고가 입력한 이더리움의 개수와 판매가격이 잘못되었음을 충분히 알 수 있었을 것으로 보이는 점 등을 종합하면, 원고는 가상자산을 판매하고자 하는 사람들에게 보통 요구되는 주의의무를 현저히 결여하여 이 사건 매도주문을 하였다고 봄이 상당하므로 이 사건 매도주문은 원고의 중대한 과실로 인한 것이라고 봄이 상당하다. 따라서 특별한 사정이 없는 한 원고는 이 사건 매도주문을 취소할 수 없다.

3. 원고는, 피고가 원고의 착오를 알고 이를 이용하여 이더리움을 매수하였으므로, 이 사건 매도주문이 원고의 중대한 과실로 인한 것이라고 하더라도 원고는 이를 취소할 수 있다고 주장하는데, 민법 제109조 제1항 단서 규정은 표의자의 상대방의 이익을 보호하기 위한 것이므로, 상대방이 표의자의 착오를 알고 이를 이용한 경우에는 그 착오가 표의자의 중대한 과실로 인한 것이라고 하더라도 표의자는 그 의사표시를 취소할 수 있다고 할 것인바(대법원 2014. 11. 27. 선고 2013다49794 판결 등 참조), 피고는 가상자산의 거래를 장기간 해온 사람으로 이 사건 매도주문상 가격이 이더리움의 종전 실거래가보다 현저히 적은 금액인 것은 알았을 것으로 보이나 피고는 이미 다수의 매수자들이 개당 1,000원의 가격으로 이더리움을 구입하고 있는 것을 알게 되어 자신도 그 가격에 이더리움을 매수하게 된 것으로 보이는 점, 이더리움 클래식을 비롯한 가상자산은 가격의 등락이 매우 심해 적정가격이 있다고 보기 어렵고, 일정 가격이 지속적으로 유지되는 것도 아닌데 이러한 가격의 등락에는 여러 요인이 작용하기 때문에 피고가 이 사건 매도주문이 원고의 착오에 의한 것이었음을 알았다고 단정할 수 없는 점, 이 사건 거래소는 이 사건 매도주문이 정상적인 매도주문이었음을 확인하는 내용의 공지사항을 올리기도 한 점 등을 종합하면, 피고가 원고의 착오를 알고 이를 이용하여 이더리움을 매수하였다고 보기 어렵고, 달리 이를 인정할 증거가 없다. 따라서 원고의 위 주장은 받아들이지 않는다.

(서울고등법원 2022. 3. 2. 선고 2021나2018977 항소기각판결로 확정)

해설

Ⅰ. 대상판결의 의의 및 쟁점

이 사건에서는 거래소에서 가상자산의 착오주문에 관하여 착오취소가 가능한지 문제되었는데 그 쟁점으로 ① 원고가 특정 가상자산에 대한 매도 호가를 잘못 입력한 경우 그것이 중대한 착오에 해당하는지 여부, ② 그 착오에 있어 원고에게 중대한 과실이 있는지 여부, ③ 설령 원고에게 중과실이 있다 하더라도 피고가 원고의 착오를 알고 이를 이용한 것인지 여부가 문제되었다.

가상자산의 착오주문이라 함은, 가상자산 거래소 등에서 투자자가 특정 가상자산의 종목에 대하여 그 진의와 다르게 시가보다 염가로 매도하거나 고가로 매수하거나 그 수량을 잘못 기입하는 것을 의미한다. 특히 거래소에서의 가상자산 주문은 주로 컴퓨터나 모바일을 통하여 이루어지는데, 하나의 거래가 이루어지면 그 이후에 이에 파생하여 연쇄적으로 수많은 가상자산 거래가 이루어지거나 해당 거래가 컴퓨팅 알고리즘 시스템에 따라 극도로 짧은 시간 내에 이루어지기도 하므로 그 파급효과가 상당하고 그에 반해 이를 되돌리기 어렵다고 볼 수 있다. 대상판결은 거래소에서의 가상자산 착오주문 문제에 대하여 매매 당사자들 사이에서 민법 제109조 제1항의 착오 취소를 원인으로 한 부당이득반환청구가 가능한지 여부에 관한 대표적인 판례이다. 대상판결은 기존에 착오주문이 문제되던 주식 또는 주식을 기초자산으로 하는 파생상품 및 파생결합증권 등의 거래에 관한 기존 판결과 법리를 참조하였을 것으로 보이는바, 먼저 주식 등의 착오 주문에서 문제된 법리와 판결 양상에 관하여 살펴보고 대상판결의 세부적인 판단 내용을 이해·분석하는 것이 필요하다.

Ⅱ. 대상판결의 분석

1. 주식 등에서의 착오주문

대상판결은 주식이나 주식을 기초자산으로 하는 파생상품 등의 착오주문에 관한 관련 판결들을 참조하여 설시한 것으로 보이는데, 가상자산의 주문 방식과 주식 등의 주문이 유사하므로 이를 살펴볼 필요가 있다.

주식 등과 관련하여 착오주문이 문제된 사안은 서울남부지방법원 2004. 7. 30. 선고 2003가합3356 판결로 이른바 '신흥증권 주식회사 사건'이다. 위 사건은 KOSPI 200 주가지수 옵션 중 2002년 12월물 풋옵션 80 종목에 관하여 9,998계약을 매도하려고 하였으나, 풋옵션과 콜옵션의 코드번호가 유사하였기 때문에 원고 측 직원이 풋옵션 매도호가를 입력하는 과정에서 콜옵션의 코드번호를 입력하였고 이를 피고가 매수한 후 즉시 재매도하여 원고에게 크게 손해가 발생한 사안이다. 위 사안에서 원고는 피고를 상대로 착오취소를 원인으로 하는 부당이득반환청구의 소를 제기하였고 위 법원은 원고의 착오가 법률행위 내용의 중요 부분에 관한 착오에 해당하나 거래의 안전이 요구되는 주가지수옵션거래는 한국증권거래소의 업무규정[1] 및 시행세칙 규정에 따라 취소권의 행사가 배제된다고 보면서 원고의 청구를

---

1) 현행 파생상품시장 업무규정에서 착오주문과 관련한 내용은 아래와 같다.

－아래－

파생상품시장 업무규정
제81조(착오거래의 정정)
② 거래소는 회원이 주문의 접수, 호가의 입력 등을 할 때에 착오로 주문의 내용에 부합되지 아니하게 성립된 거래(이하 "회원착오거래"라 한다)를 정정할 수 있다.
③ 제1항의 거래소착오거래, 제2항의 회원착오거래의 정정방법, 그 밖에 필요한 사항은 세칙으로 정한다.
제81조의2(대량투자자착오거래의 구제)
① 거래소는 회원 또는 위탁자의 착오로 인하여 본래의 의사와 다르게 성립된 거래 중 대량투자자착오거래(결제가 곤란하고 시장에 혼란을 줄 우려가 있다고 인정하는 경우로서 세칙으로 정하는 요건을 충족하는 거래를 말한다. 이하 같다)에 대하여 회원의 신청이 있는 경우에는 이를 구제할 수 있다. 다만, 시장상황의 급변, 그 밖에 시장관리상 필요하다고 인정하는 경우에는 제외한다.
② 제1항의 대량투자자착오거래의 구제방법, 그 밖에 필요한 사항은 세칙으로 정한다
파생상품시장 업무규정 시행세칙
제77조(착오거래의 정정방법)
① 거래소는 규정 제81조 제3항에 따라 거래소착오거래(규정 제81조 제1항에 따른 거래소착오거래를 말한다. 이하 같다)를 다음 각 호의 구분에 따른 방법으로 정정한다.

1. 종목, 수량, 가격, 매도와 매수, 호가의 종류 및 위탁자의 파생상품계좌번호 등에 대한 착오거래의 경우: 회원의 자기거래로 인수하게 한다.
2. 위탁거래와 자기거래의 구분 및 투자자의 구분에 대한 착오거래의 경우: 그 구분에 부합되도록 정정한다.

② 거래소는 규정 제81조제3항에 따라 회원착오거래(규정 제81조제2항에 따른 회원착오거래를 말한다. 이하 이 조에서 같다)를 다음 각 호의 구분에 따른 방법으로 정정한다. 다만, 규정 제75조의3에 따른 기초자산조기인수도부거래의 경우에는 착오거래의 정정을 적용하지 아니한다.

1. 종목, 수량, 가격, 매도와 매수, 호가의 종류 등에 대한 착오거래의 경우: 회원의 자기거래로 인수하게 한다.
2. 위탁자의 파생상품계좌번호에 대한 착오거래의 경우: 회원의 자기거래로 인수하게 하거나 착오거래가 성립된 파생상품계좌를 개설한 위탁자의 동의를 얻어 파생상품계좌번호를 정정한다.
3. 위탁거래와 자기거래의 구분, 제114조의3 제1항에 따른 최종투자자 구분코드 및 투자자의 구분에 대한 착오거래의 경우: 그 구분에 부합되도록 정정한다. 다만, 최종투자자 구분코드에 대한 착오거래의 경우에는 위탁자의 동의 또는 요청이 있는 경우로 한정한다.
4. 수량 및 위탁자의 파생상품계좌번호에 대한 동시착오거래의 경우: 주문의 내용에 부합하는 수량은 착오거래가 성립된 파생상품계좌를 개설한 위탁자의 동의를 얻어 파생상품계좌번호를 정정하고 그 외의 수량은 회원의 자기거래로 인수하게 한다.

제78조의2(대량투자자착오거래의 구제요건) 규정 제81조의2 제1항에서 "세칙으로 정하는 요건을 충족하는 거래"란 파생상품계좌별로 다음 각 호의 요건을 모두 충족하는 거래를 말한다.

1. 약정가격과 별표 24의 착오거래구제기준가격과의 차이에 해당 거래의 약정수량 및 거래승수를 곱하여 산출되는 수치를 합산한 금액이 상품시장별로 100억원 이상일 것. 다만, 선물스프레드시장(국채선물상품간스프레드시장은 제외한다)의 경우에는 기초자산 및 거래승수가 동일한 선물시장에 해당 금액을 포함하여 계산한다.
2. 약정가격이 별표 24에서 정하는 착오거래구제제한범위를 벗어날 것
3. 착오거래가 동일한 착오에 의하여 연속적으로 체결될 것
4. 착오자가 규정 제81조의2 제1항에 따른 대량투자자착오거래(이하 "대량투자자착오거래"라 한다) 구제 제도를 악용하지 않을 것
5. 그 밖에 안정적이고 원활한 결제를 위하여 해당 착오거래를 구제할 필요가 있을 것 (이하 생략)

기각하였고 항소심에서도 항소기각판결(서울고등법원 2005. 6. 24. 선고 2004나68412 판결)을 선고받아 위 판결이 확정되었다.

또 하나의 판결은 서울남부지방법원 2015. 9. 11. 선고 2014가합3413 판결[2])로, 이른바 '한맥투자증권 사건'이다. 이 사건은 주가지수옵션거래 상품에 관한 사안으로 KOSPI 200옵션 종목에 관한 것이다. 위 사안에서는 한맥투자증권이 시스템트레이딩 회사로부터 파생금융상품 자동거래프로그램인 '시스템 트레이딩 소프트웨어'(이하 '이 사건 소프트웨어'라 한다)의 사용권을 구매하여 시장 개장 후 이 사건 소프트웨어에 미리 입력된 조건에 따라 자동주문이 실행되는 이른바 '알고리즘 매매 방식'으로 파생금융상품 등을 주문하여 왔다. 이때 한맥투자증권은 시스템트레이딩 회사의 직원으로 하여금 한국거래소의 파생상품 시장 개장 전 이 사건 소프트웨어에 이자율 등 변수를 입력하도록 하여, 이에 따라 거래를 하도록 하였는데, 그 직원이 변수를 잘못 입력하여 비정상적인 범위의 호가를 포함하여 대량 거래를 반복하였고 피고와 불합리한 조건으로 매매하였다는 이유로 피고를 상대로 착오취소를 원인으로 한 부당이득반환청구의 소를 제기하였다. 위 법원은 이에 대하여 원고의 매도주문이 착오에 의한 의사표시에 해당하고 민법 제109조의 착오취소가 이 사건에서 배제되지도 않으나 금융투자상품의 매매를 위한 호가 제시업무는 투자매매업자인 한맥투자증권의 본질적 업무에 해당하여 금융위원회에 등록된 투자매매업자에게만 위탁할 수 있음에도 불구하고 이에 해당하지 않는 시스템트레이딩 회사에 위탁하여 그 직원이 잘못된 수치를 입력한 것은 중대한 과실에 의한 착오라고 하여 원고의 청구를 기각하였다.

'신흥증권 주식회사' 사건 판결은 원고 측이 풋옵션과 콜옵션의 코드번호를 착오로 입력한 것으로 대상판결 사안과 같은 일반적인 전자거래의 유형에 해당한다. 위 판결은 한국증권거래소의 업무규정 등에 호가한도제도와 착오 매매의 정정제도가 따로 있어 증권거래에 있어 일정한 요건에 해당하는 경우 착오를 보정하도록 하고 그 외의 거래는 정상적인 거래로 간주하여 착오주장의 여지를 배제함으로써 거래의 안전을 보호하려는 목적이므로 민법 제109조의 착오 취소권은 발생하지 않는다는 취지로 판시하고 있다.

한편 '한맥투자증권 사건' 판결은 알고리즘 방식에 따른 변수 입력이 잘못된 경우로서 대상판결 사안이나 위 '신흥증권 주식회사' 사건과 같은 일반적인 전자 거래와는 약간 다르기는 하나 대상판결과 착오 취소의 쟁점이 동일한 모습을 보이고 있다. 위 판결에서는 '신흥증권 주식회사 사건' 판결과 마찬가지로 자본시장법상 파생상품에 관한 것이기는 하나 위 '신흥증권 주식회사 사건' 판결과는 달리 위 업무규정 등을 이유로 민법 제109조의 착오 취소권이 배제되지 않는다고 설시하고 있다. 다만 결론에 있어 착오 취소를 원인으로 하는 부

2) 현재 미확정(대법원 2017다227264호로 계속 중)임.

당이득 반환청구는 모두 기각하고 있어 대상판결과 맥락을 같이 하고 있다고 할 수 있다.

2. 가상자산 거래의 전자적 특성 및 주식 등 거래와의 비교

가. 거래소에서 이루어지고 있는 가상자산 거래는 투자자가 컴퓨터나 모바일 앱을 통하여 해당 거래소에 가입하고 거래소의 계좌에 돈을 입금하거나 기존에 보유하던 가상자산을 전송하여 특정 가상자산을 매매하는 방식으로 이루어진다. 이와 같이 거래소에서의 가상자산 거래는 전자적으로 이루어지므로 다음과 같은 특징을 갖는다.

첫째, 거래소에서의 가상자산 거래는 정보의 송수신에 따라 이루어진다. 가상자산 매매를 하기 위하여 인터넷으로 연결된 설비를 통하여 그 거래정보를 입력하게 되는데 통신기술의 고도화에 따라 그 입력 정보는 극도로 단시간 내에 상대방에게 전달된다. 이에 따라 일단 전송된 정보는 이미 상대방에게 도달하였으므로 철회가 곤란하게 되고 철회가 곤란하므로 결국 착오의 문제가 발생할 확률이 커진다.[3)]

둘째, 거래소에서의 가상자산 거래는 컴퓨터 혹은 모바일을 통하여 이루어지므로 기계적 입력행위가 필요하다는 점이다.[4)] 통상 가상자산 거래를 하는 과정에서 매매를 원하는 수량과 가격을 입력하게 되는데 그 수량과 가격을 잘못 입력하여 손해가 발생하는 경우 착오 취소가 가능한지의 문제로 귀결된다.

셋째, 거래소에서의 가상자산 거래는 인터넷 상에서 전자적으로 이루어지므로 시장참여자가 상당히 많다는 점이다. 예를 들어 가상자산 거래에서 염가의 매도호가가 발생하게 되면 그 매수자는 단독으로 이루어질 수도 있으나 많은 시장참가자들이 그 매수에 참여하게 되는 경우도 많고 이에 파생되어 새로운 거래가 숱하게 생겨나게 되므로 그 이해관계자가 다수 발생한다는 점이다. 따라서 착오주문을 하게 되는 경우 그 이해관계의 조정을 어떠한 방식으로 할지 문제될 수 있다.

나. 주식 등 거래는 위와 같은 가상자산 거래의 특징과 상당한 공통점을 가지고 있다. 주식 등 거래도 많은 경우 인터넷 설비를 통하여 전자적으로 이루어지므로 거래정보를 송수신함으로써 거래에 관한 입력정보가 매우 단시일 내에 상대방에게 전달될 수 있다. 특히 파생상품, 파생결합증권의 거래에 있어서는 이러한 고빈도매매 등이 중요해서 증권회사 등에게 수수료를 주고 Co−location 시설을 따로 갖춰서 극도로 신속한 거래를 추구하는 경우가 많다.[5)]

한편 컴퓨터나 모바일로 이루어지고 있는 주식이나 가상자산 거래의 경우 모두 매매하

---

3) 서희석, “전자거래에서의 착오의 문제 서설”, 재산법연구 제24권 제2호, 한국재산법학회, 2007, 4쪽.

4) 상게 논문.

5) 이와 관련한 대법원 판결로 대법원 2014. 1. 16. 선고 2013도8700 판결, 대법원 2014. 1. 16. 선고 2013도9933 판결 등이 있다.

려는 특정 종목을 선택하고 수량을 입력한 다음 매도 또는 매수 주문을 하게 된다. 이는 선도나 옵션과 같은 파생상품 거래와 ELS와 같은 파생결합증권의 거래에서도 마찬가지이다. 일부 곡물, 원유 파생상품과 같은 경우 특정된 양 당사자가 미리 협의하여 그 계약을 체결하는 경우도 있으나, 상당히 많은 경우는 거래소에서 인터넷을 통하여 특정 종목의 거래단위와 포인트, 옵션의 종류 등에 대하여 기계적으로 조작하여 이를 매매하는 모습을 보인다.

또한 주식 등 거래는 가상자산 거래와 마찬가지로 대부분의 경우 익명의 상대방과 거래가 이루어지는데, 어느 한 특정인과 거래를 하는 사람이 거래 물량에 따라 다수일 수도 있고 또한 한번 거래가 이루어지면 그에 연계된 거래들이 많이 이루어질 수도 있다. 이는 주식 등 거래와 가상자산 거래 모두 거래의 안정과 거래 당사자에 대한 신뢰가 상당히 중요할 수 있음을 시사하는 부분이다.

다. 다만, 주식 등 거래는 가상자산 거래와는 다음과 같은 차이점이 있다. 첫째, 주식 등 거래에서는 착오주문을 방지하기 위한 장치들이 있다. 위에서 본 파생상품시장 업무규정 뿐만 아니라 유가증권시장 업무규정 제28조, 제28조의 2 등 다양한 규정들이 있고 이를 통하여 착오주문을 정정하거나 거래를 정상화하는 기능을 할 수 있다. 반면에 가상자산 거래는 주식 등 거래가 한국거래소에 일원화되어 있는 것과 달리 여러 개의 거래소가 존재하고 있고 이를 규율할 관할기관이 불분명하며 자율규제 또한 존재하고 있지 않기 때문에 착오주문을 정정하거나 거래를 정상화시킬 제도가 전무한 상황이다.

둘째, 주식과 파생상품 등은 그 자체로 실물이거나 기초자산이 실물 등으로 존재하고 있는데 가상자산은 증권형 토큰이 아니고서야 기초자산이 따로 존재하지 않다. 주식이나 파생상품은 그 시가가 주식을 발행한 회사의 가치 또는 파생상품 기초자산의 가치에 따라 결정되는 경향이 크나, 가상자산의 경우 그 기초자산이 되는 실물이 존재하지 않은 경우가 대다수이므로 그 가치평가는 향후 사업성, 시장성, 그리고 이에 대한 거래소 공시, 뉴스 등에 의존하게 된다.

3. 가상자산 착오주문에 대한 착오 취소 가능 여부

이와 같은 상황에서 앞서 든 주식 등의 거래에 관한 판결의 판시가 가상자산 거래에 관한 대상판결 사안에 동일하게 적용된다고 보기 어려울 것이다. '신흥증권 주식회사' 판결 사안은 위와 같은 파생상품시장 업무규정에 착오주문을 규율하는 내용이 있다는 등의 이유로 민법 제109조에 따른 착오 취소권을 배제하였는데 그와 같은 업무규정이 존재하지 않은 가상자산 거래에 있어서는 민법 제109조 착오 취소권을 투자자로부터 박탈하는 것은 타당하지 못한 결과가 될 것이다.

그리고 '한맥투자증권 사건'의 경우 그 사안이 거래내용을 기계적으로 잘못 입력한 일반적인 전자거래 사안이 아니라 변수를 입력하여 자동으로 거래 조건이 설정되는 알고리즘 거래 방식을 취하고 있기 때문에 사안이 다소 차이가 있음을 알 수 있다.

다만 가상자산 거래 중 수량과 가격을 잘못 입력하는 착오주문에 있어서 거래소가 자체적으로 그 수량과 가격을 입력창에 비교적 크게 표시하여 투자자로 하여금 이를 적정하게 분별할 수 있도록 하였는지 여부 또는 일단 투자자가 주문 버튼을 눌렀더라도 그 주문 내용을 다시 확인하는 팝업창을 띄우는 등 이를 재확인할 수 있는 장치를 마련하는 등의 제반조건을 갖추었는지 여부 등은 그 주문자의 중과실 여부를 확인할 수 있는 중요한 요소가 될 것으로 보인다.

또한 가상자산을 전문적으로 투자하는 업에 종사하는 사람의 경우 더욱 중과실을 인정할 여지가 크고 그 외에 가상자산 투자 경험 여부, 그 경력 등도 참고할 요인으로 볼 수 있을 것이다. 또한 설령 해당 가상자산 투자자가 초심자이거나 그 경험이 많지 않은 경우 전문투자자에 비하여는 중과실을 부인할 여지가 더 있다고 하더라도 이를 검토할 때 상당히 면밀하게 들여다보아야 할 것이다. 해당 착오주문에 따른 가상자산 거래에 연계된 수많은 거래들이 있는바 만연히 중과실을 부인할 경우 거래의 안정과 시장에 대한 신뢰를 침해하고 사적 자치의 원리를 위반할 소지가 있기 때문이다.[6)]

4. 이 사건의 경우

대상판결의 사안에서 원고는 이더리움 클래식 339,215여개 중 1,000개를 당시 실거래가인 53,000원 내지 54,000원 정도에 매도하려고 하였으나, 실수로 매도수량을 '전량'으로, 주문가격을 '1,000(원)'으로 입력하여 이 사건 매도주문을 하게 되었다. 위 매도주문에 있어서 해당 가상자산의 수량과 주문가격은 매우 본질적인 요소이므로 이는 착오에 있어 중요한 부분이라 할 수 있음은 이론의 여지가 없을 것이다.

결국 중과실 여부가 문제되는데 이 사건에서 원고는 금융거래 트레이더로서 가상자산의 거래 경험이 상당히 많고 원고의 매도주문 후 그 내용을 확인하는 팝업창이 나타났는데 원고는 이를 제대로 확인하지 않고 만연히 확인 버튼을 클릭한 것으로 보인다. 이와 같은 점에 비추어 볼 때 원고에게는 충분히 중과실이 인정된다고 보이고 대상판결도 이러한 이유로 중과실을 부인하지 않았다. 흥미로운 점은 원고가 외국인으로서 위 주문 내용은 한글로 되어 있어 그 내용을 제대로 이해하지 못하였다는 취지로 주장한 것인데 대상판결은, 이 사건 거래소의 매도시스템과 관련하여 설시하면서 'Amount'란 옆에는 'MAX' 버튼이 있으나

6) 주식과 파생상품에 대한 거래에 있어서도 착오취소를 잘 인정해주지 않는데 예외적으로 이에 대한 착오취소를 인정해준 실무례로 라임자산운용 사건 등이 있다. 그러나 이는 투자권유 단계에서 투자자를 기망하여 설명의무를 위반한 경우로서 투자자의 과실이 비교적 적었던 반면에 이 사건과 같이 온전히 투자자가 기계적 조작을 잘못 한 경우에는 중과실이 인정될 소지가 더 클 것이다.

'Price'란 옆에는 'MAX' 버튼이 없고, 가상자산 거래의 특성상 'Price'의 'MAX', 즉 희망하는 매도가의 최대가격이 있을 수는 없으므로, 'Amount'란과 'Price'란을 착각하기는 쉽지 않아 보인다는 취지로 판시하면서 원고의 주장을 기각하였다는 점이다. 즉, 거래소의 주문 버튼에 영문 내용들이 있을 뿐만 아니라 그 기재 내용 자체로도 수량과 가격 버튼을 용이하게 분별할 수 있어서 어느 정도 그 의미를 알 수 있었을 것이라는 취지이다. 여기에 그 동안 원고가 정상적으로 위 거래소에서 가상자산 거래를 수차례 한 점 또한 원고가 그 내용을 이해하지 못하였다고 볼 수 없는 요인 중 하나라고 보인다.

나아가 원고는 피고가 원고의 착오를 알고 이를 이용하였으므로 원고에게 중과실이 있더라도 위 거래를 취소할 수 있다고 주장하기도 하였으나 위 법원은 가상자산의 가격이 평소에 급등락하는 점, 이 사건 거래소가 이 사건 매도주문이 정상적이라는 공지사항을 올린 점 등을 들어 원고의 주장을 기각하였는데 이는 타당한 판시라고 보인다.

Ⅲ. 대상판결의 평가

위 법원은 당해 판결을 통하여 최초로 거래소에서의 가상자산 착오주문을 다루면서 거래 상대방에게 민법 제109조의 착오취소를 원인으로 한 부당이득반환청구를 인정할 수 있는지 여부에 관하여 판단하였다. 그리고 대상판결은 주문자의 중과실을 이유로 그 청구를 기각하는 판결을 선고하였는데 이는 거래소에서 다수당사자가 존재하고 대량으로 이루어지는 가상자산 거래에 있어 그 안정과 시장참가자들의 신뢰를 중요시하는 판결로 볼 수 있다. 그리고 이는 주식 등 거래와 완전히 동일하다고 볼 수는 없지만 주식 등의 착오주문에 관한 판결과 유사한 맥락의 판시라고 보인다.

이와 관련하여 주목할 점은 동일한 원고가 가상자산 거래소 측을 상대로 원고의 착오주문에 대하여 가상자산 거래소가 이를 방지하기 위한 적정한 조치를 취하지 않았다는 이유로 채무불이행 또는 불법행위에 기한 손해배상청구의 소를 제기하였고 이를 심리한 서울남부지방법원 2021. 10. 26. 선고 2018가합106938 판결에서는 위 거래소 측이 원고 등 회원들의 손해를 방지할 수 있는 알고리즘을 설정하는 등의 조치를 취하였어야 할 주의의무를 위반함으로써 원고가 취소의사를 표시한 이후에도 이 사건 매도주문에 따른 거래가 계속 체결되어 원고가 손해를 입게 되었으므로, 피고 회사(가상자산 거래소 측)는 원고에게 그 손해를 배상할 책임이 있다는 취지로 판시한 것으로 착오주문자의 권리를 보호해줄 여지를 남긴 것으로 그 판시 취지를 참고할 만하다.

[50] 거래소 해킹 사고에 따른 거래소 운영회사와 대표자의 책임

—서울고등법원 2021. 5. 27. 선고 2020나2031997 판결, 2021. 6. 17. 확정—

[사실 개요]

1. 피고 A는 2014. 1. 17.경 피고 회사를 설립하고 가상자산 거래소 B를 개설하여 운영하였는데, 2017. 4. 22.경 거래소의 해킹 사건이 발생하여 피고 회사는 약 55억 원 상당의 가상자산을 탈취당하는 손해를 입게 되었다.
2. 피고 회사는 2017. 10.경 가상자산 거래소 명칭을 'C'로 변경하고 가상자산 거래소 운영업무를 지속하였는데, 2017. 12. 19.경 C 거래소의 해킹 사건이 발생하여 피고 회사가 약 270억 상당의 가상자산을 탈취당하는 손해를 입게 되었다.
3. 이로 인한 피고 회사의 파산 여부가 문제되자 위 거래소를 이용하다가 피해를 보게 된 일부 회원들이 피고 회사에게 법인을 새로 설립하여 피고 회사의 영업을 양도받은 후 가상자산 거래소를 운영하여 그 수익을 해킹으로 인하여 회원들이 입은 피해 변제에 사용하자고 제안하였다. 이에 따라 2018. 1. 15.경 주식회사 D가 설립되었고, D는 2018. 3. 21.경 피고 회사와 사이에 이 사건 영업양수도계약을 체결하였는데 그 주요내용은 아래와 같다.

제2조(양도의 대상)

1. 본 계약에 의한 양도양수의 대상과 범위는 붙임 현금, 코인재무상태표(2017년 12월 31일자)와 같다.
   가. 피고 회사가 기존에 운영하던 암호화폐(가상자산) 거래소의 영업권 일체
   나. 피고 회사의 기존 사업장에 현존하는 재고자산, 영업용 집기 및 비품 등 동산 일체

제3조(양도양수 대금 및 지급방법)

1. 본 계약에 의하여 D는 첨부목록에 기재된 자산 및 부채를 인수하며, 양도양수대금은 0원으로 한다. 피고 회사와 D는 자산 및 부채의 평가액이 각 5,301,701,918원 및 37,285,863,244원이 됨에 합의한다. 다만 2018년 1월 1일부터 양도일까지 자산 또는 부채가 크게 변동이 있는 경우에는 D가 요청하는 경우 피고 회사와 D가 협의하여 양도양수대금을 조정할 수 있다. 최종 양도완료는 피고 회사가 주주총회를 한 후 최종 계약이 성립하는 것으로 한다.

제9조(특약사항)

1. 피고 회사의 대표이사 및 부대표는 D와 본 계약을 체결한 때로부터 5년간 첨부 근로계약서 내용과 같이 D의 회사에서 의무적으로 근무하여야 한다.

4. 이 사건 영업양수도계약 이후부터 피고 회사의 대표이사이던 피고 A는 D의 운영본부장 직위에서 운영업무를 전담하였고, 피고 회사의 사내이사이자 부대표이던 피고 E는 D의 경영지원실장 직위에서

회계 및 자금관리 업무를 담당하였다.

5. 한편 피고 A는 2018. 11. 21.경 비트코인 600개가 보관되어 있는 종이지갑에서 비트코인 80개를 D의 거래소 출금지갑으로 옮긴 후 비트코인 520개가 남아 있는 기존 지갑파일을 새로 저장하지 않고 삭제하는 바람에 D가 남은 비트코인 520개를 인출할 수 없게 되었고, 당시 비트코인 520개의 시가 상당액은 2,692,040,000원이다. 또한 2018. 11.경 피고 A가 이더리움 101.26개와 관련하여 종이지갑에 적은 패스워드가 실제 패스워드와 일치하지 아니하여 D가 이더리움 101.26개를 인출할 수 없게 되었고, 당시 이더리움 101.26개의 시가 상당액이 22,606,295원이다.

6. 피고 A와 피고 E는 2018. 12.경 D에서 퇴사하였고, D는 피고들을 상대로 이 사건 소를 제기하였는데, 이 사건 소송계속 중인 2019. 11. 5. 서울회생법원 2019하합29호로 파산선고를 받아 D의 파산관재인이 이 사건 소송을 수계하였다.

7. 원고는 피고들을 상대로 다음과 같이 청구하였다.

① 피고 회사 및 피고 A: 피고 A는 이 사건 영업양수도계약 이전부터 피고 A, E가 각종 횡령 내지 배임행위를 하였음에도 이를 은폐하고 가상자산 자산 내역을 밝히지 않는 등 D를 기망하여 이 사건 영업양수도계약을 체결하였다. 이로 인하여 D는 D가 인수한 부채 37,285,863,244원 상당의 손해를 입었으므로, 피고 회사와 피고 A는 원고에게 불법행위에 기한 손해배상으로 공동하여 위 손해액 및 지연손해금을 지급할 의무가 있다.

② 피고 A: 피고 A가 2018. 11. 21.경 D 소유인 비트코인 520개의 개인키를 고의로 은닉하거나 과실로 분실하여 D는 위 비트코인을 인출할 수 없게 되어 당시 위 비트코인 시가 상당액인 2,692,040,000원 상당의 손해를 입었고, 2018. 11.경 D 소유인 이더리움 101.26개의 비밀번호를 고의로 은닉 또는 과실로 분실하여 D는 위 이더리움을 인출할 수 없게 되어 당시 위 이더리움 시가 상당액인 22,606,295원 상당의 손해를 입었다. 따라서 피고 A는 원고에게 불법행위에 기한 손해배상으로서 위 손해를 배상할 의무가 있다.

③ 피고 A, 피고 E: 피고 A와 피고 E가 2018. 4. 27.경부터 같은 해 12. 27. 사이에 18회에 걸쳐 D 소유인 비트코인 21.09443918개, 이더리움 75.32462906개, 라이트코인 70.75341917개, 비트코인캐시 1.911개, 클럽코인 7100.2개, 비트코인골드 114.6728652개를 임의로 인출하여 D는 위 가상자산 시가 상당액인 2억 원 상당의 손해를 입었고, 피고 A와 피고 E가 2018. 12.경 D에서 퇴사하였음에도 D 소유의 업무용 노트북 PC를 가지고 가 이를 절취한 후 반환을 거부하고 있어 D는 노트북의 시가 상당액인 910,636원 상당의 손해를 입었다. 따라서 위 피고들은 공동하여 원고에게 불법행위에 기한 손해배상으로서 위 손해액 및 지연손해금을 지급할 의무가 있다.

④ 피고 E: 피고 E는 2018. 3. 23. D 소유인 피고 회사 명의 은행계좌에서 합계 102,001,000원을 무단인출 하였다. 따라서 피고 E는 원고에게 불법행위에 기한 손해배상으로서 위 손해액 및 지연손해금을 배상할 의무가 있다.

8. 이에 제1심은 (① 부분 생략) ② 피고 A에 대한 청구에 대하여는, 피고 A가 비트코인 520개가 남은

기존 지갑파일을 별도로 저장하지 않고 삭제한 행위와 이더리움 지갑의 패스워드를 잘못 기재한 행위는 피고 A의 과실로 인한 행위이므로 피고 A는 원고에게 불법행위로 인한 손해배상으로 위 손해액 합계 2,714,646,295원(= 2,692,040,000원 + 22,606,295원, 당시 각 시가 상당액) 중 원고가 일부 청구하는 100,000,000원 및 이에 대한 지연손해금을 지급할 의무가 있다 하여 이를 받아들이고, ③ 피고 A에 대한 노트북 미반환에 따른 노트북 가액 상당의 돈을 지급할 것을 명하였으나, 나머지 주장은 받아들이지 않았다.

9. 이에 피고 A만이 위 ② 부분 중 패소 부분에 대하여만 항소하면서 상계 주장을 새로이 추가하였고, 원고는 항소심에서 피고 A에 대해 부대항소를 하며 청구취지를 확장하였다. 따라서 항소심에서는 피고 A의 지갑파일과 이더리움 비밀번호의 은닉 또는 분실에 대한 손해배상청구만이 판단의 대상이 되었다.

[판결 요지]

1. 손해배상책임의 발생

피고 A가 비트코인 520개가 남은 기존 지갑파일을 별도로 저장하지 않고 삭제한 행위와 이더리움 101.26개의 패스워드를 잘못 기재한 행위는 피고의 과실로 인한 행위로 보이므로 원고에게 불법행위로 인한 손해를 배상할 책임이 있다(원고는 피고 A가 고의로 비트코인 지갑파일과 이더리움 패스워드를 은닉하였다고 주장하나, 이를 인정할 증거가 없다. 피고 A는 비트코인 개인키가 누출되는 것을 방지하기 위하여 당시 담당자인 F 차장으로부터 해당 업무의 처리 과정을 배운 대로 처리하였을 뿐인데, F 차장이 자신에게 기존 지갑파일을 새로 저장해야 한다는 사실을 알려주지 않아 이를 제대로 처리하지 못한 것이므로 과실이 없다고 주장한다. 그러나 비트코인을 일부 옮긴 후 남은 기존 지갑파일을 새로 저장해야 한다는 사실은 비트코인과 관련된 업무를 처리하는 사람이라면 기본적으로 알고 있어야 될 사항으로 보이는 점, 피고가 해당 업무를 자신이 담당하기로 한 이상 그 업무처리에 관한 과정을 충분히 숙지하여야 할 책임은 종국적으로 피고에게 있는 점 등을 감안하면, 피고 A가 주장하는 사정만으로 피고 A에게 과실이 없다고 볼 수 없다).

2. 책임의 제한

1) 사용자가 피용자의 업무수행과 관련한 불법행위 또는 채무불이행으로 인하여 직접 손해를 입은 경우, 사용자는 그 사업의 성격과 규모, 시설의 현황, 피용자의 업무내용과 근로조건 및 근무태도, 가해행위의 발생원인과 성격, 가해행위의 예방이나 손실의 분산에 관한 사용자의 배려의 정도, 기타 제반 사정에 비추어 손해의 공평한 부담이라는 견지에서 신의칙상 상당하다고 인정되는 한도 내에서만 피용자에 대하여 손해배상을 청구할 수 있다(대법원 1994. 12. 13. 선고 94다17246 판결, 대법원 1996. 4. 9. 선고 95다52611 판결 등 참조).

2) 피고 A는 손해배상책임이 제한되어야 한다고 주장하므로 살피건대, ① 피고 A는 이

사건 영업양수도계약에 따라 D를 위해 업무를 수행하다가 이 사건 사고가 발생하였는바, 피고 A의 고의로 이 사건 사고가 발생하였다고 볼 증거는 없는 점, ② D의 2018. 8. 31.자 가상자산 보안지침에서는 D의 가상자산 지갑 운영에 관하여 2명 이상의 다중요소 인증을 요구하고 있었으나(제5조 제3항) 사실상 이 사건 발생 무렵까지도 피고 A 혼자서 암호키를 사용하여 지갑을 관리하여 왔던 것으로 보이는 점, ③ 피고 A는 D에서 일반 경영 외에도 거래소 관리시스템 기획 및 운영, 가상자산 입출금 관리, 가상자산 지갑 관리, 가상자산 개인키 및 비밀번호 관리 등 적지 않은 업무를 담당하였던 점, ④ 피고 A가 담당하였던 업무는 그 특성상 사소한 실수만으로도 큰 거래사고가 발생할 수 있는 것이고, D가 이러한 사정을 인지하고 있었음에도 달리 사고예방을 위한 조치나 사고 발생시 피해를 최소화할 수 있는 보험가입 등의 조치를 취하지 않았던 것으로 보이는 점, ⑤ 원고는 피고 A가 은닉한 지갑파일이나 패스워드로 향후 비트코인이나 이더리움을 인출할 수 있다는 취지로 주장하나, 이를 인정할 증거가 없는 이상 피고가 이 사건 행위로 직접적인 이득을 취하였다고 볼 수도 없는 점 등 이 사건 변론에 나타난 제반 사정을 참작하면, 피고 A의 책임을 전체 손해액의 80%로 제한함이 타당하다.

따라서 피고 A가 배상할 손해배상액은 2,171,717,036원(= 2,714,646,295원 × 80%)이 된다.

(이하 피고 A의 상계항변 주장 및 판단 부분은 생략한다)

해설

I. 대상판결의 쟁점

비트코인 등 가상자산의 거래는 일종의 계좌번호 역할을 하는 공개키와 비밀 PIN과 같은 역할을 하는 개인키의 입력을 통해 이루어진다. 특히 개인키를 분실하는 경우 거래를 발생시킬 수 없어 가상자산 자체를 분실하는 것과 같은 효과를 가져오기 때문에 개인키의 보관은 매우 중요하다.

대상판결에서 문제된 거래소는 거래소가 관리하던 거래소 전자지갑의 개인키 분실로 결국 파산까지 이르렀다. 원고는 피고들을 상대로 횡령, 배임 등을 은닉하고 원고를 기망하여 영업양수도계약을 체결하였다는 이유로 한 손해배상청구, 피고 A에 대하여 개인키 고의 은닉 내지 분실을 이유로 한 손해배상청구, 피고 A, E의 횡령 등을 이유로 한 손해배상청구 등을 하였는데, 항소심에서는 피고 A의 전자지갑 삭제, 개인키 고의 은닉 내지 분실을 이유로 한 손해배상청구가 특히 쟁점이 되었고, 구체적으로 개인키 보관업무를 담당하는 자의 주의의무 정도, 개인키를 분실한 자에 대한 손해배상책임이 인정되는 경우 그 책임의 제한 여부가 문제되었는바, 항소심에서의 쟁점을 중심으로 살펴본다(피고 A의 상계 항변에 대한 판단도 이루어졌으나 평석에서는 이 부분은 생략한다).

Ⅱ. 대상판결의 분석

1. 거래소 전자지갑과 개인키를 관리하는 자의 보관상 주의의무와 위반 여부

대상판결에서 거래소 운영회사의 대표자였던 피고 A는 비트코인이 보관된 전자지갑을 삭제하고, 이더리움 전자지갑에 접근할 수 있는 개인키를 분실하여 회사에 막대한 손해를 입혔는바, 주의의무 위반이 존재하는지 문제된다.

피고 A는 거래소를 운영하는 회사의 대표이사로서 거래소 전자지갑의 보관, 관리를 함에 있어 회사에 대해 선관주의 의무를 부담한다. 그런데 전자지갑을 삭제하거나 개인키를 분실할 경우 가상거래가 불가능하게 되어 해당 전자지갑에 있는 가상자산은 영구히 찾을 수 없다고 보는 것이 일반적인바 이러한 전자지갑과 개인키의 관리상 중요성을 고려하면, 피고 A의 위와 같은 지갑 삭제 행위, 개인키 분실 행위는 거의 고의에 가까운 중대한 과실로 평가할 수 있을 정도로 주의의무 위반이 현저해 보인다. 더군다나 피고 A는 수년 전부터 거래소를 운영하여 온 점에서 과실의 정도가 더 중하다고 볼 수 있다. 때문에 원고는 이 사건 소송에서도 피고 A 등이 이를 고의로 은닉하여 횡령하였다는 취지로도 주장하면서, 별도로 형사 고소까지 한 것으로 보이나 대상판결은 이를 인정할 증거가 없다며 위 주장을 받아들이지 않았고, 형사사건 역시 무혐의 처분을 받은 것으로 보인다.

한편 피고 A는, 비트코인 전자지갑 삭제행위의 경우 개인키 누출을 방지하기 위해 당시 담당자로부터 해당 업무의 처리 과정을 배우는 과정에서 기존 지갑파일을 새로 저장해야 한다는 사실을 전해 듣지 못했다는 취지로 주장하였으나, 가상자산은 네트워크상으로만 존재하여 이를 보관하는 지갑파일의 보관, 관리는 매우 중요하다 할 것이므로 해당 업무를 하는 사람이라면 위와 같은 업무는 당연히 알고 있어야 할 내용으로 판단된다. 대상판결 역시 전자지갑 관리 관련 업무를 처리하는 사람이면 기본적으로 알고 있어야 하는 사항이고, 피고 A가 해당 업무를 담당하기로 한 이상 업무 처리 과정을 충분히 숙지해야 할 책임은 피고 A 본인에게 있다고 하면서 위 주장을 배척하였다.

2. 손해배상책임의 제한

제1심에서는 이 부분에 대한 설시가 없는바, 피고 A가 항소심에서 새로 주장한 것으로 보인다.

사용자가 피용자의 업무수행과 관련한 불법행위 또는 채무불이행으로 인해 손해를 입은 경우 사용자는 피용자를 상대로 손해배상청구를 할 수 있다. 그런데, 피용자는 사용자가 제공하는 환경과 근무조건 아래에서 사용자의 이익을 위하여 사용자의 지휘·감독 아래 업무를 수행하다가 불법행위 등을 하게 된 것인데, 사용자가 이로 인한 불이익 전체를 경제적 약자인 피용자에게 전가하는 것은 신의성실의 원칙이나 공평의 관념에 어긋난다는 점에서 사용자의 피용자에 대한 손해배상책임은 다소 제한된다. 즉, 사용자는 그 사업의 성격과 규모, 시설의 현황, 피용자의 업무내용과 근로조건 및 근무태도, 가해행위의 발생원인과 성격, 가해행위의 예방이나 손실의 분산에 관한 사용자의 배려의 정도, 기타 제반 사정에 비추어 손해의 공평한 부담이라는 견지에서 신의칙상 상당하다고 인정되는 한도 내에서만 피용자에 대하여 손해배상을 청구할 수 있다(대법원 1994. 12. 13. 선고 94다17246 판결, 대법원 1996. 4. 9. 선고 95다52611 판결 등 참조).

대상판결에서는 먼저 피고 A의 고의가 아닌 과실에 의한 사고인 점이 고려되었다. 앞서 본 바와 같이 피고 A의 과실 정도가 중한 정도라고 하더라도 고의임을 입증할 증거는 부족하였다. 개인키 관리에 대한 D의 부실한 운영 방식과 피고 A의 과다한 업무 내용도 문제되었다. D의 보안지침에서는 전자지갑운영에 대해 2명 이상의 다중요소 인증을 하도록 정하고 있었음에도 피고 A만이 이를 관리하고 있었고, 피고 A는 경영 외에도 관리시스템 기획 및 운영, 입출금 관리 등 적지 않은 업무를 담당하고 있었으며, 사고 예방을 위한 조치나 사고 발생을 최소화 할 수 있는 보험가입 등의 조치도 취하지 않았다. 이러한 여러 사정을 고려하면, 피고 A에게 D의 손해 전부를 부담시키는 것은 손해의 공평한 부담이라는 측면에서 바람직하지 않다고 보이는바, 대상판결의 판단은 타당하다.

Ⅲ. 대상판결의 평가

전자지갑의 삭제, 개인키의 분실로 막대한 손해를 입는 회사 또는 개인들이 사례가 종종 발생하고 있는데, 대상판결은 그로 인해 거래소가 파산에 이른 안타까운 사건이다. 그 피해는 궁극적으로 해당 거래소의 이용자들에게 돌아갈 가능성이 큰 점에서 더욱 큰 피해가 발생할 우려가 있다. 이러한 사태를 방지하기 위해 거래소를 운영하는 자는 이를 사전에 예방하고 손해 발생을 최소하여야 여러 안전장치를 마련해 두는 것이 필요하다.

대상판결은 피고 A에 대한 책임을 인정하면서도 회사의 부실한 안전장치 마련 등을 이유로 손해액을 대폭 감액함으로써 손해의 공평한 분배를 꾀한 점에서 그 의미가 있다.

[51] 가상자산 거래소의 가상자산에 대한 일방적 소각에 따른 손해배상책임

—서울남부지방법원 2021. 7. 22. 선고 2020가합113205 판결, 2021. 8. 10. 확정—

[사실 개요]

1. 피고는 가상자산을 거래하고 이를 현금으로 환전하는 거래소인 'A'를 운영한 회사이고, 원고는 위 거래소에서 B 가상자산을 거래한 사람이다.
2. 원고는 2019. 6. 19. 18:30경 A에 회원으로 가입하고, 거래소 내에서 B 가상자산 전자지갑을 발급받아 외부로부터 B 약 122,340,089개를 위 지갑에 투입하였다. 원고는 같은 날 18:30부터 20:30경까지 그 소유 B의 전량 매도를 시도하였고, 그중 36,834,419개가 매도되었다.
3. 그런데 피고는 위 거래를 이상 거래로 감지하여 같은 날 21:30경 원고의 계정을 정지하였고, 이후 원고 소유의 나머지 B 85,505,670.40640966개를 모두 소각 처리하였다.
4. 피고는 2020. 4. 30.경 A를 폐쇄하였다.
5. 이에 원고는 36,834,419개의 매도 대금의 지급과 함께 피고가 임의로 원고의 계정을 정지한 후 소각하여 거래가 불가능하게 된 85,505,670.40640966개의 반환의무도 이행불능 되었다고 주장하며 위 코인의 계정 정지 시점의 시가 상당액의 지급을 구하였다.

[판결 요지]

1. 거래소를 운영한 피고는 원고의 B 중 36,834,419개 매도대금뿐만 아니라 임의로 계정을 정지한 후 소각하여 거래가 불가능하게 된 나머지 85,505,670.40640966개의 가액도 이행불능의 채무불이행 책임에 따라 원고에게 지급할 의무가 있다.

2. 피고는 위 B는 그 수량으로 보아 B 발행 회사(재단) 소유로 추정되고, 그곳에서 악의적으로 B를 거래소로 옮겨 일시에 현금화하려 한 것으로 보아 이를 비정상거래로 판단하여 원고의 계정을 압류한 후 나머지 B를 소각 처리하였으므로 피고의 조치가 정당하다는 취지로 주장한다. 그러나 피고의 위 주장은 뒷받침할 만한 자료가 전혀 없다.

3. 원고가 그 소유 B를 매도하거나 매도를 시도하였으나 피고의 계정 정지로 매도할 수 없었던 시기는 2019. 6. 19. 18:30부터 20:30까지 사이이고, 위 시간 동안 B 1개의 최저 단가는 11원이다. 따라서 피고는 원고에게 1,345,740,983원[= 405,178,609원(= 36,834,419개 × 11원/개) + 940,562,374원(= 85,505,670.40640966개 × 11원/개), 원 미만 버림] 및 이에 대하여 2019. 6. 19.부터 이 사건 소장 부본 송달일인 2019. 11. 20.까지 상법이 정한

연 6%, 그 다음 날부터 다 갚는 날까지 소송촉진 등에 관한 특례법이 정한 연 12%의 각 비율로 계산한 지연손해금을 지급할 의무가 있다.

해설

Ⅰ. 대상판결의 쟁점

대상판결에서 원고는 피고 거래소에 자신의 가상자산을 예치하여 두고 일부를 매도하였는데, 피고는 위 거래를 이상거래로 판단하여 매도대금을 지급하지 않았고, 나아가 남아 있던 B 가상자산을 그대로 소각하는 조치를 하였다. 이에 대해 원고는 매도대금과 매도하지 않고 소각된 B 가상자산의 당시 시가 상당액의 지급을 구하는 소를 제기하였다.

대상판결에서는 피고가 위 거래를 이상거래로 판단하여 계정을 정지한 후 B를 소각 처리한 것이 채무불이행에 해당하는지와 관련하여 특히 피고의 귀책사유가 있는지, 채무불이행 책임이 성립하는 경우 그 손해액이 얼마인지가 쟁점이 되었다.

Ⅱ. 대상판결의 분석

1. 가상자산 거래소의 계정 정지의 위법성 및 귀책사유

(1) 채무불이행 책임의 성립

일반적으로 가상자산 거래소와 그 회원 사이의 거래소 이용계약은 회원이 거래소를 통해 가상자산을 거래하면 그 거래내용에 맞게 가상자산 내지 돈 등을 회원이나 회원이 지정하는 제3자에게 지급하고 회원은 그 대가로 거래소에 일정 수수료를 지급하는 것을 주된 내용으로 한다. 따라서 회원이 거래소에 가상자산의 매도 주문을 하였는데 거래소가 그 매도 대금을 회원에게 지급하지 않고 더 나아가 회원의 계정을 정지하여 회원이 보유하고 있는 가상자산을 일방적으로 소각시킨다면, 특별한 사정이 없는 한 거래소는 회원에 대해 채무불이행 책임을 부담한다고 보아야 할 것이다.

다만, 위와 같은 거래소의 회원 계정 정지 및 가상자산 소각 조치가 어떠한 채무불이행 유형에 해당하는지가 문제될 수 있다. 통상적인 경우 위와 같은 사안에서 거래소의 대금 등 지급 의무를 즉시 이행하지 않음으로써 이행지체가 될 수도 있고, 계정 정지, 가상자산의 소각 등의 조치를 이행거절로 구성할 수도 있을 것으로 보인다. 그러나 대상판결은 피고의 위와 같은 조치를 이행불능으로 보았다. 이행불능 여부는 사회거래의 통념에 따라 정할 것으로 일반 거래실정에서 이행하기 극히 곤란한 사정이 있다면 불능에 해당하는데

(대법원 1993. 5. 27. 선고 92다20163 판결), 대상판결은 피고가 122,340,089개의 가상자산을 지급할 채무를 이행하는 것은 사회통념상 불가능하다고 본 것이다. 추측건대 피고의 원고 계정 정지 및 가상자산 소각 조치 이후 위 가상자산의 가치는 거의 없었을 것으로 보이는바, 이러한 사정과 더불어 피고 거래소가 2020. 4. 30.경 폐쇄되어 더는 영업을 하지 않는 점 등도 고려된 것으로 보인다. 피고 역시 이행불능이라는 점 자체는 크게 다투지 않은 것으로 보인다.

(2) 위법성 및 귀책사유

채무불이행에 있어서 확정된 채무의 내용에 좇은 이행이 행하여지지 아니하였다면 그 자체가 바로 위법한 것으로 평가되는 것이고, 다만 그 이행하지 아니한 것이 위법성을 조각할 만한 행위에 해당하게 되는 특별한 사정이 있는 때에는 채무불이행이 성립하지 않는다(대법원 2002. 12. 27. 선고 2000다47361 판결 참조). 또한 일반적으로 채무불이행으로 인한 손해배상청구에 있어서 그 불이행의 귀책사유에 관한 입증책임은 채무자에게 있다(대법원 1985. 3. 26. 선고 84다카1864 판결 등 참조).

대상판결에서는 피고가 채무불이행을 하였으므로 그 자체로 위법한 것으로 평가할 수 있다. 그런데 피고는 '위 B는 그 수량으로 보아 B 발행 회사(재단) 소유로 추정되고, 그곳에서 악의적으로 B를 거래소로 옮겨 일시에 현금화하려 한 것으로 보아 이를 비정상거래로 판단하여 원고의 계정을 압류한 후 나머지 B를 소각 처리하였으므로 피고의 조치가 정당하다'는 취지로 주장하였는데, 이는 채무불이행 책임에 대한 위법성 조각사유에 대한 주장 내지 귀책사유 부존재에 대한 주장으로 보인다. 이러한 점에 대하여는 이를 주장하는 채무자에게 증명책임이 있다. 그런데 피고는 별다른 입증을 하지 못한 것으로 보이는바, 위와 같은 계정 정지 및 가상자산의 소각 처리는 뚜렷한 법적, 계약상의 근거가 없었던 것으로 보인다. 피고 거래소의 경우에는 이용약관 상에 이상거래에 대한 정의, 그 경우 거래소가 취할 수 있는 조치 및 정지시 해소 조치 등에 대하여 명확한 규정이 없었던 것으로 추측된다.

2. 손해배상책임의 범위

이행불능으로 인한 전보배상액은 이행불능 당시의 시가 상당액을 표준으로 산정한다(대법원 1990. 12. 7. 선고 90다5672 판결, 대법원 1997. 12. 26. 선고 97다24542 판결 등 참조).

계정정지로 인해 매도를 시도하였으나 매도가 이루어지지 않은 가상자산의 경우 이행불능 시점은 원고가 가상자산의 매도 시도를 하였으나 계정 정지로 인해 매도할 수 없었던 시점으로 봄이 타당할 것이므로 대상판결에서는 2019. 6. 19. 18:30부터 20:30를 이행불능 시점으로 봄이 상당하다. 그런데 계정 정지기간 동안 가상자산의 가격의 변동이 있는 경우 어떤 시점의 시가를 기준으로 위 손해액을 산정하여야 할지 문제된다. 실제 매도 주문이 이루어진 특정 시점에서의 가상자산의 수량을 정확히 특정할 수 있고, 매수 주문도 충분하여 위와 같은 매도 주문이 모두 체결될 수 있었다고 볼 수 있다면 위와 같이 특정된 수량의 가액 상당액이 손해액이 될 것이나 계정정지 등이 아닌 다른 요인(시세 불일치, 매수주문의 부족 등)도 개입될 여지가 있어 이러한 점을 완벽히 증명하는 것을 매우 어려울 것이다. 대상판결도 이러한 점을 고려하여, 위 시간 중에서의 가장 저가인 11원/개를 기준으로 손해액을 산정하였다. 통상적으로 최저가 이상으로는 매도가 가능하였을 것이라고 보는 것은 합리적이라는 점에서 일응 타당한 결론으로 생각된다.

Ⅲ. 대상판결의 평가

가상자산 거래의 경우 거래소가 이상거래 등을 발견한 경우 취할 수 있는 조치에 대하여 뚜렷한 법적 기준이 마련되어 있지 않고 거래소와 회원 사이에 체결된 이용계약에 근거한 자율적인 조치만이 시행되고 있는 것으로 보인다. 다만 대상판결의 경우에는 이러한 이용계약상 근거가 마련되어 있지 않았던 것으로 보이고 이로 인해 거래소를 운영하는 피고가 원고의 거래가 이상거래로 의심이 되어 거래 정지 및 가상자산 소각을 하였음에도 결국 손해배상책임을 부담하게 되었다.

또한 대상판결은 거래소의 일방적인 거래 정지 및 가상자산 소각으로 가상자산 반환의무가 이행불능이 된 경우 손해액 산정 시점과 관련하여 거래 정지 중 최저 시가를 기준으로 손해액을 산정하였는바, 유사 사례에 있어 참고가 될 수 있을 것으로 보인다.

[52] 가상자산 거래소 웹페이지에 발생한 하자로 인한 소프트웨어 공급자의 손해배상책임의 성부

—서울남부지방법원 2021. 9. 16. 선고 2019가합104731(본소), 2019가합116888(반소) 판결, 서울고등법원 2021나2037787로 항소 중—

[사실 개요]

1. 원고는 화장품 제조 판매업 등을 목적으로 설립된 회사이고, 피고는 컴퓨터 및 주변기기 제조 및 판매업, 소프트웨어 개발 및 공급업 등을 목적으로 설립된 회사이다.
2. 원고는 2018. 8. 17. 피고로부터 가상자산 거래소 웹페이지(이하 '이 사건 소프트웨어')를 개발·공급받기로 하는 소프트웨어 개발 계약(이하 '이 사건 계약')을 체결하였다. 위 계약의 주요 내용은 아래와 같다.

제2조(소프트웨어)

본 계약의 디지털화폐 거래소 웹솔루션은 아래와 같다.

(1) 상품명: 통합형 디지털화폐 거래소 웹솔루션

(2) 기능: 비트코인 및 알트코인의 거래를 중개하는 웹사이트

제3조(기한 등)

피고는 본 건 개발에 필요한 개발 업무는 아래 스케줄에 따라 성실하게 실시한다. 단 사양의 변경 기타 사유에 의해 기한까지 본 건 시스템을 원고에게 납품할 수 없는 경우에는 원고, 피고 협의 후 기한을 변경할 수가 있다.

(1) 계약금 입금 후 90일 후 1차 개발완료

- 1차 개발은 기존 솔루션을 변경하는 개발물을 말한다.
- 개발계획일정 별첨 6항에 명시

(2) 1차 개발완료 후 45일 후 2차 개발완료

- 2차 개발은 본 계약의 목적인 DB구조설계를 새로 해서 동시접속 5만 명 이상 접속이 가능하도록 만든 개발물을 말한다.

(3) 2차 개발완료 후 10일 검수완료

(4) 검수완료 후 계약종료

제4조(개발의뢰비용)

1. 본 계약의 개발 업무 비용을 요약하면 아래와 같다.

(1) 1차 개발물 [기존 솔루션 변경하는 개발물]: 일억 팔천만 원

(2) 2차 개발물 [DB구조설계를 새로 해서 동시접속 5만 명 이상 접속이 가능하도록 만든 개발물]: 칠천만 원

2. 원고는 피고에 대해 본 건 임대에 필요한 개발업무의 제작비용으로 총금액 이억 오천만 원[250,000,000 VAT 미포함]을 다음과 같이 지불한다.

(1) 본 계약 체결과 동시에 금 60,000,000원

(2) 본 계약 시작일 40일 후 금 50,000,000원

(3) 본 계약 1차 개발완료 후 금 50,000,000원

(4) 본 건 시스템의 2차 개발완료 후 금 50,000,000원

(5) 본 건 시스템의 검수완료 후 금 40,000,000원

제8조(검수)

1. 원고는 본 건 개발 소프트웨어의 납품 후 30일 이내에 검사를 하고 하자가 있는 경우에는 지체없이 피고에게 통지한다.
2. 피고는 위 항의 통지가 있을 때에는 곧바로 필요한 수정을 하고 원고, 피고 별도의 협의를 하여 정해진 기한까지 재납품한다.

제12조(지체보상금)

피고는 약정한 계약기간 내에 목적물을 납품하지 못한 경우 매 지연 일수당 총 계약 금액의 5/1,000에 해당하는 지체보상금을 원고에게 지불해야 한다.

단, 천재지변 등 불가항력적 사유로 인한 경우나 원고의 책임사유로 인한 또는 원고와의 합의에 의한 사유는 예외로 한다.

제14조(해지)

2. 일방이 본 계약상의 규정에 위배한 때 상대방은 15일 이상의 시정기간을 두고 사유를 명시하여 시정을 최고하며, 그럼에도 불구하고 시정이 이루어지지 아니할 시 즉시 계약의 해지를 통지한다.
4. 계약해지에 귀책사유 있는 당사자는 상대방에 대하여 손해배상의 책임이 있다.

특약사항

4. 본 계약에서 검수기간 중 계약에 없는 기능 및 수정사항을 요구하지 못한다.
9. 본 계약은 1차 개발완료 [임대솔루션 상품을 변경하는 개발물] 후 2차 개발완료 [DB설계 및 UI설계를 새롭게 개발하는 거래소]가 되기 전까지 1차 개발물을 임시적으로 사용을 할 수 있게 납품을 한다.

3. 원고의 요청에 따라 피고는 이 사건 계약이 정한 1차 개발완료일인 2018. 11. 21. 보다 일정을 앞당긴 2018. 11. 9. 1차 개발물인 임시 거래소를 제공하였다. 피고는 2019. 2. 18.경 이 사건 계약에 따른 2차 개발물인 이 사건 소프트웨어를 원고에게 공급하였다.
4. 원고와 피고는 2018. 11. 15. 가상자산 거래소 소프트웨어의 모바일 하이브리드 어플리케이션 개발 및 프로챠트 마켓장 개발 용역계약을 추가로 체결하였다. 위 추가 용역계약에 따른 어플리케이션 개발 용역대금은 20,000,000원, 프로챠트 마켓장 개발 용역대금은 25,000,000원으로 각 약정되었다.
5. 피고는 원고와의 수정 과정을 거쳐 프로챠트 마켓장의 경우 2019. 2. 초순경까지, 모바일 어플리케이션의 경우 2019. 2. 25.경까지 각 공급을 완료하였다.
6. 원고는 2019. 2. 27. 피고에게 피고가 약정에 따른 소프트웨어 공급 의무를 불이행하였음을 이유로 이 사건 계약을 해지한다고 통보하였다.

7. 원고는, 피고를 상대로 '피고가 공급한 이 사건 소프트웨어의 여러 하자로 인하여 원고의 가상자산 거래소 오픈 이후 수많은 문제가 발생하였다. 이는 피고가 이 사건 소프트웨어 개발 기획·설계를 잘 못하였을 뿐만 아니라 공급 전 미리 테스트 및 검수를 하지 않았기 때문이다. 그럼에도 피고는 하자 보수의무를 제대로 이행하지 아니하거나 지나치게 지체하였고, 그로 인하여 원고의 손해가 발생·확대되었다. 이에 원고는 피고의 채무불이행을 이유로 이 사건 계약서 제14조 제2항에 따라 2019. 2. 27. 이 사건 계약을 해지하였다. 당사자 일방이 계약을 해지한 경우 각 당사자는 민법 제548조에 따른 원상회복의무가 있는바, 피고는 원고가 이 사건 계약에 따라 지급한 대금 231,000,000원을 원상회복으로 반환할 의무가 있다.'는 취지로 소를 제기하였다(지체보상금, 손해보상금도 함께 포함).

(반소 부분 제외)

[판결 요지]

1. 수수료 할인 쿠폰 판매 당시 입금지연, 2차 상장 코인 정보 미표시 및 중복표시, 동일한 이더리움 마켓 중복 생성, 뱅크다 미작동, 공지사항 역순 업로드, 중복입금으로 인한 자산복사, 차트 및 호가창 실시간 미반영, 수수료 할인 쿠폰 미반영의 문제들은 이 사건 소프트웨어 자체의 하자에 해당하지 않거나 발생 당일 짧은 시간에 해결할 정도로 단순한 정도의 것으로서 하자로 보기 어렵다.

2. 가. 수수료 할인 쿠폰 판매 당시(접속인원 2,000명), 1차 코인 상장일 당시(접속인원 500명) 및 자체 코인 상장일 당시(접속인원 3,000명) 각 서버 마비, 호가를 무시한 계약 체결 문제, 미체결건 취소시 원화증발현상 등의 문제들에 대하여는 감정인이 '서버 마비와 관련한 대표적인 원인들은 ① 서버 아키텍쳐 구성, ② 웹 서비스 기능상의 하자, ③ SQL 튜닝, ④ 외부 서비스 연계로 볼 수 있는데, 위 ② 내지 ④의 경우 감정 목적물인 2019. 2. 6.자 소스코드에서는 수정 요청에 따른 개선과 거래소 서비스의 튜닝을 통해 원인이 제거된 것을 확인하였다. 결론적으로 "아키텍쳐 디자인"(① 항목)이 서버 마비 문제에 대한 결정적인 원인은 아닌 것으로 판단되며, 주요 원인은 서버 운영 실패라고 할 수 있다'는 의견을 제시하였다. 이러한 의견이 현저히 불합리하다고 볼 자료가 없다.

나. 통상적으로 서버 마비 문제 발생 시 반드시 고려해야 할 해결책들 가운데 중요한 요소 중 하나는 서버 증설이다. 서버가 서비스 사용량을 견디지 못해서 서버 마비가 발생했다면 서버를 증설한 후 증설된 서버를 가지고 발생할 수 있는 기술적인 문제를 하나씩 해결해가며 원인이 되는 사항을 제거하면서 서버안정화 작업을 진행해야 한다. 이러한 일련의 활동들은 '서버 운영'과 관련한 부분이고, 그에 의하여 서버 마비의 원인을 해결할 수 있다. 피고가 고객에게 제공하는 상품 중 서버 관리의 책임이 피고에게 있는 경우는 고객이 임대형 거래소 솔루션에 해당하는 'START 상품'을 선택하였을 때이다. 이 경우

에는 소프트웨어 개발 계약에 고객이 피고에게 매월 일정 금액의 서버 관리비용을 지급하는 내용이 추가된다. 그러나 이 사건 계약의 경우 원고는 'PRO 상품'을 선택하였고, 임대형 거래소 솔루션과 달리 피고에 대한 서버 관리비용 지급에 관한 조항은 없다.

다. 이 부분 문제 발생 시 피고는 원고에게 서버 증설에 대한 제안을 하였고, 원고도 일부 받아들여 비용을 투입하여 아마존 서버를 증설한 것으로 보인다. 여기에다가 서버 증설과 관련하여 이 사건 소프트웨어 소스코드를 통하여 DB 클러스터링 및 서버의 병렬 확장 기능을 구현하는 것은 아니며 원고가 이용하고 있는 아마존 서버 서비스를 통해 병렬 확장이 가능한 점, 이 사건 소프트웨어 소스코드에는 서버 병렬 확장 기능을 방해하는 요소는 존재하지 않고, 서버 구성도에 의하면 서버 병렬 확장이 가능하다는 것을 알 수 있는 점 등을 종합하면, 이 부분 문제가 이 사건 소프트웨어 자체에서 발생한 하자로 인한 것이라고 단정할 수 없고, 피고의 계약상 의무 불이행에 기한 것이라고 볼 수도 없다.

3. 원고는, 이 사건 소프트웨어에 코인 소각 기능 미비, 배당을 위한 홀드시에도 거래가 가능해지는 등의 이 사건 소프트웨어에 코인 소각 기능이 포함되어 있지 않는 문제가 있다고 주장한다. 원고가 피고에게 제공한 '백서'는 원고가 피고에게 이 사건 소프트웨어 개발을 의뢰하게 된 경위, 원고의 사업 비전 등과 관련한 참고자료에 해당하고, 백서에 기재되어 있는 거래소 서비스에 코인 소각도 포함되어 있기는 하지만, 원고와 피고의 합의에 따라 백서의 내용이 이 사건 계약에 포섭되었다고 볼 만한 사정은 없다. 또한 이 사건 계약서상 이 사건 소프트웨어가 코인 소각 기능을 갖추어야 한다고 볼 만한 내용도 기재되어 있지 않다. 따라서 이 사건 소프트웨어에 코인 소각 기능이 포함되지 않은 것이 피고의 이 사건 계약상 의무 위반이라고 보기 어렵다. 배당 위한 '홀드' 시에도 거래가 가능한 문제와 관련하여, 이 부분 기능과 관련한 '백서'의 내용이 이 사건 계약 내용으로 포섭될 수 없음은 앞서 본 바와 같다. 원고는 이 사건 소프트웨어 개발 진행 단계에서 이 부분 기능을 추가하여 줄 것을 요청하였고, 위 문제는 피고가 원고의 요구사항을 반영하여 변경하는 과정에서 발생한 일시적인 것으로서 이후 해결되었다.

4. 로그인 안됨의 문제와 관련하여 원고의 고객들이 2018. 12. 21.경 로그인 오류에 대한 민원을 제기하였고, 원고는 피고에 대하여 수정 또는 조치를 요구한 사실은 있다. 그러나 위 날짜 이후 같은 문제에 대한 언급이 없는 점에 비추어 피고가 이를 해결한 것으로 보이고, 이 법원의 감정목적물인 이 사건 소프트웨어 소스코드(2019. 2. 6. 기준)에서도 문제가 해결된 것이 확인된바, 이 부분 문제점도 하자라고 볼 수 없다.

5. 이상과 같은 사정들을 종합하면, 원고가 주장하는 사정 및 제출한 증거들만으로는 피고가 이 사건 계약에 위반하여 하자 있는 이 사건 소프트웨어를 공급하였다거나 하자보수의무를 불이행하였다는 점을 인정하기 부족하다. 피고의 채무불이행을 전제로 하는

원고의 계약 해지에 따른 원상회복 및 손해배상청구는 더 나아가 살필 필요 없이 받아들일 수 없다.

해설

Ⅰ. 대상판결의 의의 및 쟁점

대상판결은 가상자산 거래소 설립을 위한 소프트웨어 공급계약에 있어 공급된 소프트웨어에 하자가 존재하는 경우 그 공급자에게 계약 해지 및 손해배상청구를 할 수 있는지에 관한 것으로 가상자산 거래소 거래를 위한 웹페이지, 애플리케이션 공급계약의 분쟁을 다룬 구체적인 선례로서 가치가 있다. 대상판결에서 문제되는 법적 쟁점으로 위 소프트웨어 공급계약의 법적 성질, 공급된 소프트웨어에 하자가 존재한다고 하여 해지가 가능한지 여부, 특히 위 소프트웨어에 발생하는 하자가 가상자산 거래의 특수성을 감안하여 그 계약상 목적을 달성할 수 없는지 등에 관한 것이다.

Ⅱ. 대상판결의 분석과 평가

1. 가상자산 거래소 웹사이트 등 공급 계약의 법적 성질

대상판결 사안에서 문제된 법률관계는 가상자산 거래소를 운영하는 원고와 가상자산 거래를 위한 웹페이지 소프트웨어를 제작 및 공급하는 피고 사이의 계약이다. 대상판결 본소 부분에서는 언급되지 않았지만 피고가 원고를 상대로 위 소프트웨어 공급에 대한 보수를 청구한 반소 부분에서, 대상판결은 '소프트웨어 개발·공급계약은 일종의 도급계약'이라는 대법원 1996. 7. 30. 선고 95다7932 판결을 인용하면서 이 사건에서 문제된 웹페이지 소프트웨어 또한 도급계약의 목적물이라고 설시하였다.

이 사건 소프트웨어는 가상자산 거래를 중개하는 웹사이트로서 원고가 임대형 거래소 솔루션에 해당하는 'START 상품'을 선택하였고 수수료 할인 쿠폰 적용, 상장 코인 정보 표시, 로그인 등에 관한 원고의 요청에 따라 피고가 해당 소프트웨어를 제작하였고 추후에 웹페이지 외에도 모바일 어플리케이션 개발, 프로챠트 마켓장 개발 등의 용역을 추가로 수주하였는데, 이는 일방 당사자가 상대방의 주문에 따라 자기 소유의 재료를 사용하여 만든 물건 등을 공급하기로 하고 상대방이 그 일에 대한 대가를 지급하기로 약정하는 소위 '제작물 공급계약'에 해당한다고 할 것이다.

제작물공급계약의 성질에 대하여 혼합계약설과 분류설이 있는데, 혼합계약설에 의하면 제작물공급계약이 물건의 제조 측면에서 보면 도급의 성질을 가지고, 공급의 측면에서는 매매의 성질을 가지므로 도급과 매매가 혼합된 계약이라는 견해이고, 분류설은 제작물이 대체물이라면 매매계약이고, 부대체물인 경우에는 도급계약이라는 견해이다.[1] 대법원은, '제작물공급계약은 그 제작의 측면에서는 도급의 성질이 있고 공급의 측면에서는 매매의 성질이 있어 대체로 매매와 도급의 성질을 함께 가지고 있으므로, 그 적용 법률은 계약에 의하여 제작 공급하여야 할 물건이 대체물인 경우에는 매매에 관한 규정이 적용되지만, 물건이 특정의 주문자의 수요를 만족시키기 위한 부대체물인 경우에는 당해 물건의 공급과 함께 그 제작이 계약의 주목적이 되어 도급의 성질을 띠게 된다.'고 보아 분류설을 취하고 있다.[2]

대상판결 사안에서 이 사건 계약에 따라 피고가 원고에게 제작·공급하기로 한 이 사건 소프트웨어는 원고가 개설하려는 가상자산 거래소에 맞추어 일정한 사양으로 특정되어 있고, 추가로 원고의 요구사항을 받아 피고가 이에 맞추어 일부 기능을 수정하는 등의 업무를 하였으므로, 이 사건 계약은 대체가 어렵거나 불가능한 제작물의 공급을 목적으로 하는 계약으로서 도급의 성질을 띠고 있다고 봄이 타당하다.

2. 이 사건 소프트웨어에 하자가 존재한다는 이유로 해지가 가능한지

대상판결은 입금 지연, 상장 코인 정보 미표시, 공지사항 역순 업로드, 차트, 호가창 실시간 미반영 등의 문제들은 이 사건 소프트웨어 자체의 하자에 해당하지 않거나 짧은 시간에 해결 가능한 단순한 정도로 하자로 보기 어렵고, 서버마비 및 호가 무시한 거래 체결의 문제 등은 감정인의 감정 결과, 계약서 조항 등을 근거로 피고의 책임으로 볼 수 없다고 보았으며, 코인 소각 기능 등의 문제는 원고가 발행한 백서가 이 사건 계약 내용에 포함되어 있지 않은 이상 피고의 약정의무를 위반하였다고 볼 수 없다고 판시하였다.

대상판결의 특징은 몇 가지 정도로 요약할 수 있는데 첫째, 웹페이지 하자 부분은 전문감정인의 감정에 따라 그 원인이 제작물 공급자 측의 과실인지 여부를 심리하였다는 것이다. 가상자산 거래소의 거래용 웹페이지의 경우 각종 가상자산의 상장, 상장된 가상자산의 표시, 이용자들의 입출금 및 가상자산 이동, 차트 및 호가창 반영 등 다양한 기능과 복잡화된 기술적 조치들이 수반되는 만큼 해당 프로그램이 정상적으로 작동하는지 여부를 판단함에 있어 일반적인 웹페이지보다 더 고도의 전문적인 판단이 요구된다. 이는 법원이 섣불리 기록만 보고 판단할 것이 아니라 감정인의 전문적인 감정과 관련 자료 등을 보고 해당 프로

1) 김태경, "컴퓨터프로그램 개발공급계약에 있어서 하자를 둘러싼 법률적 문제", 인권과 정의 425권, 대한변호사협회, 126쪽.
2) 대법원 2010. 11. 25. 선고 2010다56685 판결.

그램의 하자 여부를 이해하고, 계약을 체결한 쌍방 당사자의 의사, 거래소 이용자의 가상자산 거래를 하는데 있어 통상적인 거래 양태 등을 감안하여 그 하자가 계약상 목적을 달성하는데 장애가 되는지 여부를 판단하여야 할 것이다. 그 감정인은 일반적인 웹페이지 개발 경력이 있는 자로 선임하기 보다는 더 나아가 위와 같은 가상자산 거래소 프로그램의 특수성을 감안하여 거래소 프로그램 관련 전문가를 선정하는 것이 바람직하다고 보인다.

둘째, 위와 같은 가상자산 거래소 프로그램 하자의 큰 부분을 차지하는 요소는 서버마비와 관련한 문제일 것이다. X거래소 비트코인캐쉬 급등 사건, Y거래소 서버마비 사건 등 여러 사안을 보더라도 서버마비와 관련한 문제는 이용자들로 하여금 제때에 가상자산을 거래할 수 없게 하여 손해를 발생하게 함으로써 거래소와 사이에 여러 법률적인 문제를 낳게 되었고 잠재적으로 거래소와 프로그램 공급자 사이의 분쟁으로도 비화될 수 있는 것이다. 이는 일반적인 웹페이지와 달리 가상자산 거래소 웹페이지에 수천 또는 수만 명 이상이 동시에 접속하여 거래에 참여하게 되고 특히 가상자산 상장, 트레이드마이닝, 에어드랍 등의 이벤트가 있는 경우 이용자들이 단시간에 몰려 서버 마비의 위험성이 더 커질 수 있다.

이 사건에서도 원고는 위 소프트웨어의 하자와 관련하여 서버마비에 상당히 주안점을 두어 주장을 하였는데, 대상판결은 서버마비 문제는 서버 증설 문제와 크게 관련이 있는, 즉 서버 운영과 관련한 부분인데, 원고는 추가적인 비용을 들여 피고가 운영상 솔루션을 제공하는 START 상품을 선택한 것이 아니라 추가비용이 없이 운영상 솔루션 제공이 없는 PRO 상품을 선택하여 그 운영상 책임이 원고에게 귀속되었다고 설시하였다. 대상판결의 판시는 서버마비의 문제는 이용자의 수를 미리 예측할 수 없는 만큼 거래소 개설 초기에 해결할 수 있는 문제가 아니라 운영 중에 이용자 급등으로 추후에 서버 마비가 발생하면 그때그때 서버를 증설하여 안정화 조치를 하여 해결하는 부분으로 이는 최초 소프트웨어 공급상 문제라기보다는 서버 운영과 관련한 문제이고 서버 운영과 관련한 사항은 원고와 피고의 계약 내용에 포함되지 않아 피고의 귀책사유로 볼 수 없다는 취지로 보인다.

셋째, 가상자산 거래소 운영자가 소프트웨어 공급자에게 백서를 제공하였다고 하더라도 그것만으로는 피고가 위 거래소 프로그램에 백서에 나오는 기능을 모두 갖추도록 웹페이지를 제작할 의무를 부과할 수는 없다는 것이다. 즉, 백서가 존재한다고 하여 그 자체로 피고가 이에 구속되는 것은 아니고 그 내용을 계약의 내용에 포섭할 만한 특별한 조치가 있어야 한다는 것이다. 예를 들어 백서의 내용을 계약서의 내용에 포함시키거나 계약서에 백서(추후에 백서의 내용이 변경 또는 개정될 수 있는 만큼, 백서의 작성일자, 버전의 일련번호를 기재하여 이를 특정할 필요가 있다)의 기능을 구동할 수 있도록 하여야 한다는 취지의 조항을 삽입하는 등의 특별한 사정이 요구된다.

Ⅲ. 대상판결의 평가

대상판결은 가상자산 거래소의 거래용 웹페이지, 어플리케이션의 공급과 관련한 분쟁에 관한 사안으로, 이러한 사안들은 가상자산 거래소들이 난립한 최근까지도 문제되어 다양한 법률적 쟁점들을 양산하였다. 그런데 특정금융거래정보법의 시행 및 실명확인 계좌이용 강제 등으로 상당히 많은 중소형 거래소들이 정리되고 몇 개 정도의 대형거래소들만 남게 되고 있는 현재 그 문제는 갈수록 적어질 것으로 보인다. 다만 채굴장, 다크풀(Dark pool), 거래용 초고속설비 등은 가상자산 채굴 및 거래에 있어 갈수록 중요해지고 있고 이 또한 컴퓨터 소프트웨어 등으로 구동하게 되므로 그 공급계약에 있어 유사한 분쟁이 증가할 것으로 예상되는바, 대상판결은 그 법적 문제 해결을 위한 단초를 제공하는 것으로 평가된다. 그 연장선상에서 항소심 판결의 결론도 주목할 필요가 있다.

[53] 보이스피싱에 따라 가상자산 거래소로 송금된 금원과 관련하여 거래소의 피해자에 대한 부당이득반환 책임 성부

—부산고등법원(창원) 2021. 10. 21. 2020나14492 판결—

[사실 개요]

1. 원고는 성명불상자로부터 '보이스피싱' 사기 피해를 입은 피해자이다. 피고는 가상자산 거래소를 운영하고 있는 법인이다.
2. 주식회사 A는 2019. 8.경 피고로부터 비트코인 등 가상자산을 공급받기 위해 가상자산 구매대행계약(이하 '이 사건 구매대행계약'이라고 한다)을 체결한 뒤 2019. 8.경부터 2019. 10.경까지 가상자산을 공급받은 법인이다.
3. 원고는 2019. 10. 21.경 경찰 수사관을 사칭한 성명불상자로부터 '원고의 계좌가 대포통장으로 이용되고 있으니 수사에 협조하라. 원고의 예금을 보호하고 국가배상을 받기 위해서는 원고가 보유한 전 예금을 국가안전계좌로 송금해야 한다.'는 전화를 받고, 성명불상자의 지시에 따라 원고의 개인정보 등을 탈취할 수 있는 애플리케이션을 백신 프로그램으로 알고 이를 휴대전화에 설치하였다.
4. 이후 성명불상자는 원고에게 국가안전계좌라며 피고 명의의 은행 계좌(이하 '이 사건 계좌')를 알려주었고, 성명불상자의 거짓말에 속은 원고는 2019. 10. 22. 이 사건 계좌로 세 차례에 걸쳐 합계 2억 5,000만 원을 송금하였다.
5. 피고는 주식회사 A로부터 가상자산 구매요청을 받은 다음 원고로부터 2019. 10. 22. 이 사건 계좌를 통하여 위 돈 2억 5,000만 원을 송금받았다.
6. 한편, 피고는 2019. 10. 22. 이 사건 계좌를 통하여 원고를 비롯한 사람들부터 합계 10억 3,000만 원을 송금받았고, 그 중 6억 8,000만 원을 인출한 뒤 위 돈에서 부가가치세·수수료·선취 보증금 등 약 18.45%를 공제한 금액에 상당하는 비트코인 57.58836085개를 구매하여, 주식회사 A가 지정한 전자지갑 주소에 전송하였다.
7. 이에 대하여 원고가 성명불상자로부터 기망을 당하여 피고에게 2억 5,000만 원을 송금한 것인바, 피고는 법률상 원인 없이 위 2억 5,000만 원을 취득하였는데, 피고는 주식회사 A의 실체에 대해 밝히지 못하고 있는 점, 이 사건 계좌와 이 사건 구매대행계약서에 기재된 피고의 계좌가 상이한 점 등을 종합하면, 위 돈을 가상자산 구매대금이라고 볼 수 없을 뿐만 아니라, 설령 위 돈이 가상자산 구매대금이라고 하더라도 피고로서는 성명불상자의 기망행위로 인하여 위 돈이 송금된 사실을 알았거나 이를 알지 못한 데 중대한 과실이 있었다고 할 것이므로, 피고는 원고에게 부당이득으로 위 2억 5,000만 원 및 이에 대한 지연손해금을 지급할 의무가 있다는 취지로 피고를 상대로 소를 제기하였다(예비적으로 방조로 인한 불법행위에 기한 손해배상청구를 주장함).

[판결 요지]

1. 부당이득제도는 이득자의 재산상 이득이 법률상 원인을 결여한 경우 공평·정의의 이념에 근거하여 이득자에게 반환의무를 부담시키는 것인데, 채무자가 피해자로 하여금 자신의 채권자에게 직접 송금 등의 방식으로 금전을 지급하도록 함으로써, 채무자부터 편취 또는 횡령한 금전을 자신의 채권자에 대한 채무 변제에 사용하는 경우에, 채권자가 그 변제를 수령할 때 그 금전이 편취된 것이라는 사실에 대하여 악의 또는 중대한 과실이 없는 한, 채권자의 금전 취득은 피해자와의 관계에서 법률상 원인이 있다(대법원 2008. 3. 13. 선고 2006다53733, 53740 판결, 대법원 2012. 1. 12. 선고 2011다74246 판결, 대법원 2016. 6. 28. 선고 2012다44358, 44365 판결 등 참조).

2. 또한, 부당이득제도는 이득자의 재산상 이득이 법률상 원인을 갖지 못한 경우에 공평·정의의 이념에 근거하여 이득자에게 그 반환의무를 부담시키는 것이므로, 이득자에게 실질적으로 이득이 귀속된 바 없다면 그 반환의무를 부담시킬 수 없는바, 피고가 특정 금액을 이득하였다고 하기 위해서는 피고가 그 돈을 사실상 지배할 수 있는 상태에까지 이르러 실질적인 이득자가 되었다고 볼 만한 사정이 인정되어야 하므로, 부당이득반환청구의 상대방이 되는 수익자는 실질적으로 그 이익이 귀속된 주체이어야 한다(대법원 2011. 9. 8. 선고 2010다37325 판결 참조).

3. ㉠ 가상자산거래소를 통한 보이스피싱 사기범행도 적지 않게 발생하고 있고 가상자산거래소를 통한 보이스피싱 사기범행도 적지 않게 발생하고 있어 가상자산 거래업무에 종사하는 피고로서도 가상자산거래가 보이스피싱 사기범행에 이용되고 있다는 사실을 충분히 알고 있었고, 따라서 이러한 거래를 함에 있어 충분한 주의를 할 의무가 있다고 보이는 점, ㉡ 주식회사 A는 이 사건 구매대행계약을 통해 피고로부터 제공받은 이 사건 계좌 외의 피고 명의의 계좌를 이용하여 수백차례에 걸쳐 가상자산 거래를 하였었는데, 위 계좌는 위 가상자산 거래 도중 발생한 대출사기 등으로 인해 지급정지가 된 적이 있었던 점, ㉢ 피고는 주식회사 A의 대표자가 소개한 중국의 성명불상자로부터 비트코인을 매입하겠다는 요청을 받고, 또 다른 피고 명의의 계좌를 제공하였는데, 위 계좌는 이 사건 직전에 전화금융사기신고로 인해 지급정지가 되었고 이와 같은 사실을 알았음에도 불구하고 재차 주식회사 A에 이 사건 계좌를 제공한 점, ㉣ 이 사건 계좌로 돈을 입금한 명의자는 주식회사 A가 아닌 원고였는바, 피고로서는 주식회사 A 측에게 거액인 위 2억 5,000만 원의 명확한 출처를 묻거나 확인하는 조치를 전혀 취하지 아니한 점 등을 종합하면, 피고로서는 위 2억 5,000만 원을 송금받음에 있어 위 돈이 성명불상자가 원고로부터 편취한 돈이라는 사정을 알았거나 알지 못한 데에 중대한 과실이 있었다고 봄이 타당하다.

4. 원고가 이 사건 계좌에 송금한 돈은 보이스피싱 관련 신고로 인하여 현재까지 위

계좌에서 출금되지 않고 있는바, 위 돈은 현재 피고에게 실질적으로 귀속되어 있다고 보는 것이 타당하다.

(주위적 청구를 인용하였으므로 예비적 청구는 판단하지 아니하였고, 위 판결에 대하여 상고하지 아니하여 판결 확정)

해설

Ⅰ. 대상판결의 의의 및 쟁점

대상판결은 그동안 실무에서 자주 다루어지는 유형의 사건으로 보이스피싱 거래로 취득된 금원이 가상자산 거래소에 입금되었고 위 금원으로 가상자산을 매수하여 외부로 유출된 경우 보이스피싱 피해자들이 거래소에게 위 금원에 대하여 부당이득반환청구를 할 수 있는지가 쟁점이 된 사건이다. 위 쟁점에 관하여 대부분의 유사 사건들은 거래소에게 부당이득반환 책임이 없다고 보고 보이스피싱 피해자들의 거래소에 대한 청구를 기각한 반면에 이 사건은 예외적으로 거래소의 부당이득반환책임을 인정하였다. 대상판결의 논리적 흐름을 이해하기 위해서는 편취금원에 대하여 제3자인 거래소에 대하여 악의 또는 중과실이 있는지 여부에 관하여 살펴보고(쟁점 ①), 아울러 다른 사건과 달리 이 사건에서 왜 거래소에게 이익을 실질적으로 귀속되었다고 인정하였는지(쟁점 ②)에 관하여 살펴보는 것이 필요하다고 보인다.[1)]

Ⅱ. 대상판결의 관련 법리

1. 사기송금에 있어 제3자에 대한 부당이득반환청구의 법리(쟁점 ①)

앞서 기재된 바와 같이 대상판결이 인용한 대법원 2008. 3. 13. 선고 2006다53733, 53740 판결 등은 채무자가 피해자를 기망하여 취득한 금원을 채무자의 채권자에게 송금함으로써 기존의 채권을 변제한 경우 채권자가 악의 또는 중과실이 있는 때에 한하여 그 채권자가 피해자에 대하여 부당이득반환 책임이 있다는 취지의 판결로 그 후에 선고된 대법원 판결들[2)]에 따라 상당 부분 확립된 법리이다.

원래 부당이득반환청구는 법률상 원인 없이 그 이득을 취득한 경우에 공평·정의의 이

---

1) 한편 제1심에서는 원고가 착오 또는 사기로 인한 송금으로서 그 취소에 따른 부당이득반환청구를 하였고 그 청구는 기각된 바 있다. 이러한 착오 또는 사기로 인한 송금에 관한 해설로는 윤광균, “지급결제시스템과 착오·사기 이체에 관한 자금의 귀속”, 법조 제68권 제2호, 법조협회, 2019를 참조할 수 있다.

2) 대법원 2012. 1. 12. 선고 2011다74246 판결, 대법원 2016. 6. 28. 선고 2012다44358, 44365 판결.

념에 따라 그 이득을 본 자로 하여금 반환하도록 하는 제도인데, 예외적으로 채무자가 피해자로부터 부당이득한 금원을 채권자에게 지급함으로써 기존 채무를 변제하는 경우 일정한 요건에 따라 제3자인 채권자에게도 부당이득반환 책임을 물을 수 있도록 함으로써 피해자의 보호에 충실하고자 하는 취지로 마련된 법리이다.

위 대법원 판결 사안은 회사의 경리 직원으로 근무하는 자가 회사의 돈을 횡령한 것을 은폐하기 위하여 피해자인 은행을 기망하여 대출을 받아 이를 회사의 예금계좌에 송금하여 횡령금을 변제한 것이기는 하나 실무상 다수의 하급심 판결에서는 보이스피싱에 의하여 돈을 편취한 사안에 대하여도 위 법리를 적용하고 있는 것으로 보인다.[3)]

여기서 '중과실'의 개념과 관련하여 대법원은 '중대한 과실'이라 함은 '통상인에게 요구되는 정도 상당의 주의를 하지 않더라도 약간의 주의를 한다면 손쉽게 위법·유해한 결과를 예견할 수가 있는 경우임에도 만연히 이를 간과함과 같은, 거의 고의에 가까운 현저한 주의를 결여한 상태'를 말한다고 하는바,[4)] 불법행위 손해배상청구와 관련한 사안에서의 판시이기는 하나 이 사건과 같은 부당이득반환청구 사안에서도 유사하게 적용할 수 있을 것으로 보인다.

2. 부당이득반환청구에 있어 실질적 이익의 귀속(쟁점 ②)

하지만 이러한 법리를 적용하여 금원을 송금받은 채권자 등 제3자에게 악의 또는 중대한 과실이 인정되더라도 어디까지나 그 제3자가 그 금원에 대한 실질적 이득을 취하여야 부당이득반환 책임이 인정될 것이다. 대상판결에서 두 번째 법리를 설시한 대법원 2011. 9. 8. 선고 2010다37325 판결 또한 이에 관한 것으로서 '피고가 특정 금액을 이득하였다고 하기 위해서는 피고가 그 돈을 사실상 지배할 수 있는 상태에까지 이르러 실질적인 이득자가 되었다고 볼 만한 사정이 인정되어야 한다'고 판시하였다.

원칙적으로 선의의 수익자는 그 받은 이익이 현존한 한도에서 부당이득을 반환할 책임이 있고,[5)] 그 이익의 현존은 추정되나 이와 달리 대법원 2011. 9. 8. 선고 2010다37325, 37332 판결은 위 실질적인 이득의 존재는 반환청구자가 입증하여야 한다고 보는 듯하다.[6)]

---

3) 서울중앙지방법원 2022. 1. 20. 선고 2021나21905 판결, 수원지방법원 2021. 11. 18. 선고 2020나92823 판결 등.

4) 대법원 2002. 8. 23. 선고 2002다12239 판결 등.

5) 민법 제748조 제1항.

6) 위 대법원 판결은 '반소원고가 송금한 위 각 금원이 반소피고의 이 사건 농협계좌로 입금되었다고 하더라도, 그로 인하여 반소피고가 위 각 금원 상당을 이득하였다고 하기 위해서는 반소피고가 위 각 금원을 사실상 지배할 수 있는 상태에까지 이르러 실질적인 이득자가 되었다고 볼 만한 사정이 인정되어야 할 것이다'고 설시하고 있다. 이러한 반환청구자의 입증책임에 관하여 반대하는 견해로 이계정, "송금된 금원에 대한 예금 명의인의 부당이득반환의무 유무의 판단기준", 민사판례연구 35권, 박영사, 2013. 2.이 있다.

Ⅲ. 대상판결의 분석

1. 사기송금에 있어 제3자에 대한 부당이득반환청구 가능 여부(쟁점 ①)

대상판결은, ㉠ 가상자산 거래업무에 종사하는 피고는 가상화산거래가 보이스피싱 사기범행에 이용되고 있다는 사실을 충분히 알고 있으므로 이를 방지할 주의의무가 있는 점, ㉡ 이 사건에 앞서서 주식회사 A가 피고 명의의 계좌를 이용하여 가상자산거래를 하였다가 금융사기 등으로 지급정지가 되어 피해자들에게 피해환급금을 지급한 바 있었고, 이 사건 직전에도 주식회사 A에게 또 다른 피고 명의의 계좌를 제공하였다가 피해자들의 보이스피싱 금융사기신고로 인하여 지급정지가 되었으면서 재차 주식회사 A에게 이 사건 계좌를 제공한 점, ㉢ 피고가 주식회사 A측에게 2억 5,000만 원의 거액이 입금된 경위 및 원고와 주식회사 A의 관계를 확인하는 조치를 전혀 취하지 않은 점 등을 종합적으로 살펴 피고로서는 위 금원이 보이스피싱 등으로 편취한 돈이라는 사정을 알았거나 알지 못한 데에 중대한 과실이 있었다고 봄이 타당하다고 보았다(사실상 중과실을 인정한 것으로 보인다).

특히 이 사건에서 제3자로부터 이 사건 계좌로 돈을 송금받고 이를 수표로 인출한 직후 보이스피싱 신고가 들어와 위 계좌의 거래가 중단되었고 그 직후에 이 사건 금원인 2억 5,000만 원을 원고로부터 송금받은 사실이 인정되었는데 이는 피고 측의 중과실을 더하는 사정 중 하나로 위 대상판결의 설시는 타당하다고 보인다.

한편 이 사건과 같이 보이스피싱 거래로 송금된 금원이 가상자산 거래소를 통하여 세탁되어 비트코인 등 가상자산의 형태로 출금되어 피해자들이 가상자산 거래소를 상대로 부당이득반환청구의 소를 제기한 사안이 일부 보인다.[7] 위 각 판결에서는 가상자산 거래소인 피고들이 악의 또는 중과실이 있는지를 판단하지 않고 곧바로 실질적인 이익을 취득하지 않았다는 취지로 보이스피싱 피해자인 원고들의 청구를 각각 기각하였다.

다만 서울중앙지방법원 2021. 8. 20. 선고 2019가단58361 판결 및 서울중앙지방법원 2021. 6. 29. 선고 2020가단5069904 판결의 경우 모두 피해자인 피고를 상대로 채무부존재의 소를 제기한 원고(거래소)에 대하여 악의 또는 중과실이 있는지 여부를 판단하고 악의 또는 중과실이 부존재한다고 보고 실질적인 이득 존재 여부는 더 나아가 판단하지 않았다. 위 각 판결 사안에서는 거래소인 원고가 이용 회원인 B, C에게 거래소 명의 계좌를 제공하였고 그 계좌가 보이스피싱 자금 세탁에 이용되었는데 거래소로서는 B, C의 계좌를 통한 거래가 가상자산의 이상거래임을 추단할 만한 사정을 발견할 수 없어 설령 원고가 이를 감지하지 못하였더라도 악의 또는 중과실이 있음을 인정할 수 없다는 것으로 대상판결 사안과

---

7) 광주지방법원 2018. 11. 30. 선고 2018가단16152 판결(확정), 서울북부지방법원 2018. 11. 6. 선고 2018나34030 판결(확정), 서울중앙지방법원 2018. 8. 28. 선고 2018가단5118360 판결(확정).

차이가 있다.

2. 부당이득반환청구에 있어 실질적 이익의 귀속(쟁점 ②)

대상판결은 '원고가 이 사건 계좌에 송금한 돈은 보이스피싱 관련 신고로 인하여 현재까지 위 계좌에서 출금되지 않고 있는바, 위 돈은 현재 피고에 실질적으로 귀속되어 있다고 보는 것이 타당하다'고 보았다. 이 사건에서 원고 외에도 보이스피싱으로 인하여 이 사건 계좌에 금원을 입금한 피해자들이 원고를 포함하여 여러 명 존재하고 그 후에 그 금원이 비트코인으로 바뀌져서 출금되었다. 만약 모든 피해자들의 피해금이 섞여 있다고 본다면 원고가 입금한 금원을 특정할 수 없었을 여지가 있고 이미 상당한 금원이 비트코인으로 거래되어 출금된 이상, 실질적 이익의 취득이 인정되지 않았을 것으로 보인다.

그러나 이 사건에서는 보이스피싱 피해자들이 거래소 계좌에 입금한 돈이 비트코인으로 바뀌져서 출금된 직후에 원고의 금원이 입금되었고 더 이상 출금되지 못하여 원고가 입금한 금원이 전액 남아있다고 볼 수 있는 상태였기 때문에 실질적인 이득의 존재가 인정되었다. 만약 대상판결 사안과 달리 원고가 금원을 입금한 이후에 비트코인으로 거래되어 출금되었다면 원고의 주장이 기각되었을 것으로 보이고, 이러한 경우 법원에서는 원고의 예비적 청구 부분인 방조로 인한 불법행위 손해배상청구 주장을 판단하였을 것이다. 법원에서는 예비적 청구에 관한 원고의 주장을 인용할 것으로 보이기는 하나 이 경우 인용될 금액이 과실상계 법리에 따라 부당이득반환청구를 하는 것보다 감액될 여지가 상당하다.[8)]

Ⅳ. 대상판결의 평가

대상판결에서 인용한 위 대법원 2008. 3. 13. 선고 2006다53733, 53740 판결은 채무자가 편취한 피해자로부터 금원을 채권자에 대한 채무 변제로 사용한 경우 피해자가 채권자에게 부당이득반환청구를 할 수 있는지에 관한 것으로 이 사건의 경우 보이스피싱으로 편취한 금원을 가상자산 거래소에 보내어 이를 자금세탁하려 한 경우 거래소를 마치 위 대법원 판결의 채권자와 같이 보아 그 법리를 적용할 수 있는지 문제될 수 있다.

대상판결의 거래소는 위 대법원 판결사안의 채권자와 완전히 들어맞지는 않지만 보이스피싱을 범한 성명불상자 측과 가상자산 거래에 관하여 상법상 중개계약 등을 비롯한 법률관계를 맺고 있는 것으로 보이고 그 법률관계에 기하여 위 금원을 송금받은 사안으로서 거래소를 그 법률관계의 채권자의 지위에 있다고 이론 구성한 것으로, 대상판결은 피해자

8) 김우성, "편취금전에 의한 변제", 서울대학교 법학 제57권 제1호, 서울대학교 법학연구소, 2016. 3, 108쪽.

가 보이스피싱 가해자인 성명불상자에게 실질적으로 민사적 구제방안을 강구할 수 없음을 고려하여 가상자산 거래소에 대한 부당이득반환을 통하여 피해 변제를 받을 수 있도록 함으로써 피해자 보호에 충실을 기하려 한 판결로 평가할 수 있다.

한편, 똑같이 보이스피싱 거래에 악용되었다고 하더라도 가상자산 거래소 명의의 계좌의 경우 일반 개인 명의의 금융계좌와는 다르게 볼 여지가 있다고 볼 수 있기 때문에 일반 개인 명의보다 더 엄격한 수준으로 거래소 명의의 계좌에 대한 관리기준을 정해놓고 불법거래 악용에 대처하는 거래소 행위규범을 설정할 필요가 있다고 보인다. 이는 법령 또는 표준약관에 따라 일정한 기준이 정해지고 그것이 판례에 의하여 구체화되어야 할 것이다.

[54] 해킹 사고에 따른 회원에 대한 가상자산 거래소 운영자의 손해배상책임(코인레일 사건 1)

—서울중앙지방법원 2021. 10. 21. 선고 2019가합574334 판결,
서울고등법원 2021나2043201로 항소 중—

[사실 개요]

1. 피고는 이 사건 사이트에서 'A'라는 명칭의 가상자산 거래소('이 사건 거래소')를 운영하는 회사이고, 원고들은 이 사건 거래소의 회원이다.
2. 이 사건 거래소는 ① 이용자가 A 사이트에 계정을 개설한 후 해당 계정에 가상자산 또는 현금을 예치한 후, 위 사이트에서 다른 이용자들과 가상자산을 매매, 교환하는 등의 거래를 하고, ② 피고는 이용자가 예치한 가상자산 중 상당 부분을 피고가 관리하는 서버의 DB에 저장되어 있는 '해당 이용자의 입금주소와 연결된 전자지갑'('이용자 연결 전자지갑')에, 나머지는 같은 DB에 저장되어 있는 '출금전용 전자지갑'에 보관한 상태에서 위 사이트에서 이용자들 사이의 가상자산 등 거래를 중개하고, ③ 만일 이용자가 피고에게 해당 계정에 예치되어 있는 현금, 가상자산의 인출을 요청하면, 피고는 이를 이용자가 지정한 전자지갑이나 예금계좌 등으로 이체해 주는 방식으로 운영되었다.
3. 이 사건 거래소가 2018. 6. 10. 01:00경 해킹 범죄('이 사건 해킹사고')로 피해를 입었고, 그로 인해 피고가 관리하는 전자지갑에 보관되어 있던 이용자들의 가상자산 중 일부가 외부로 유출되었다. 그 직후 피고는 이 사건 거래소의 거래를 중단하고 위 거래소를 폐쇄하였고, 위 거래소의 인터넷 사이트에 "6월 10일 새벽 해킹공격시도로 인한 안전점검이 있었고, 유출이 확인된 코인의 41% 가량은 각 코인사 및 관련 거래소와 합의를 통해 동결, 보상 등의 조치가 완료되었으며, 나머지는 관련 거래소, 수사시관 등과 조사 중이다"라는 내용의 포함된 공지문을 게시하였다.
4. 원고들은 2018. 6. 10.경 이 사건 해킹사고 소식을 듣고 각 자신들의 계정('이 사건 각 계정')에 예치된 가상자산의 인출을 시도하였으나, 피고의 거래 중단 및 이 사건 거래소 폐쇄 조치로 인해 이를 인출하지 못하였다. 이에 원고들은 2018. 6. 13.경부터 2018. 6. 21.경까지 내용증명 우편을 통해 피고에게 '이 사건 각 계정에 예치된 가상자산 등을 반환해 달라'는 내용의 이 사건 각 통지를 하였다.
5. 원고들은 이 사건 소송에서 다음과 같이 주장하였다. 원고들이 피고에게 이 사건 각 계좌에 입금된 가상자산의 인출을 요구할 경우, 피고는 즉시 원고들에게 위 각 가상자산을 반환할 의무를 부담하는데, 피고는 이 사건 해킹 사고 발생일인 2018. 6. 10.부터 계속해서 원고들로부터 이 사건 가상자산의 반환을 요구받았음에도 이를 거부하고 있고, 이 사건 해킹사고로 위 가상자산이 이 사건 각 계좌에서 유출됨으로 인하여 위 반환 의무가 이행불능 상태로 되었다. 따라서 피고는 원고들에게 이 사건 가상자산 반환의무의 이행거절 또는 이행불능으로 인한 손해배상으로 원고들이 최초로 위 가상자산

의 반환을 청구한 날(또는 위 가상자산 반환의무가 이행불능 상태로 된 날)인 이 사건 해킹사고 발생일 현재의 위 가상자산의 시가 상당액 및 그에 대한 지연손해금을 지급할 의무가 있다면서 청구를 하였다.

[판결 요지]

1. 청구원인에 대한 판단

가. 채무의 이행이 불능이라는 것은 단순히 절대적·물리적으로 불능인 경우가 아니라 사회생활에 있어서의 경험법칙 또는 거래상의 관념에 비추어 볼 때 채권자가 채무자의 이행의 실현을 기대할 수 없는 경우를 말한다(대법원 2003. 1. 24. 선고 2000다22850 판결, 대법원 2015. 12. 10. 선고 2013다207538 판결 등 참조). 한편 목적물 인도의무의 이행불능으로 인한 전보배상액은 원칙적으로 이행불능 당시의 시가를 기준으로 산정하여야 한다(대법원 2000. 5. 30. 선고 99다45826 판결 등 참조).

나. 원고들이 이 사건 해킹사고 당일 이 사건 거래소에서 이 사건 가상자산의 인출을 시도하였으나 피고가 위 해킹사고로 가상자산이 외부로 유출되었음을 이유로 거래 중단 조치를 하여 가상자산을 인출하지 못한 사실은 앞서 본 것과 같다. 여기에 이 사건 이용계약상 피고의 의무 내용, 피고의 가상자산 반환의무의 법적성격 등을 고려하면, 피고는 이 사건 해킹사고를 이유로 원고들의 이 사건 가상자산 반환요구에 불응함으로써 위 가상자산 반환의무의 이행을 거절하였고, 아울러 이 사건 해킹사고로 이용자 연결 전자지갑 또는 출금전용 전자지갑에 보관되어 있던 위 가상자산이 유출됨으로써, 피고가 이 사건 가상자산 반환의무를 더 이상 이행할 수 없게 되어 위 반환의무가 이행불능으로 되었다고 봄이 타당하다.

따라서 피고는 이 사건 각 가상자산 반환의무의 이행거절로 인한 손해배상 또는 이행불능으로 인한 전보배상으로 위 이행거절 또는 이행불능 당일인 2018. 6. 10. 현재 위 각 가상자산 중 위 원고가 보유하고 있던 가상자산의 시가 상당액에 해당하는 돈 및 이에 대한 지연손해금을 지급할 의무가 있다.

2. 피고의 항변에 대한 판단

가. 일반적으로 이행거절 또는 이행불능으로 인한 손해배상 청구에 있어서 그 귀책사유에 관한 증명책임은 채무자에게 있다(대법원 2010. 8. 19. 선고 2010다26745, 26752 판결 등 참조).

나. 그러나 이 사건 해킹사고는 전적으로 피고가 관리하는 영역에서 발생한 사고인 점, 일반적으로 가상자산을 보관하는 전자지갑 시스템의 보안강도 등에 비추어 보면, 어떤 형식으로든 피고 측의 전자지갑 접근수단에 대한 보안관리 소홀이 위 해킹사고의 원인이

었을 가능성을 배제할 수 없는 점 등에 비추어 보면, 피고에게 위 각 가상자산 반환의무의 이행거절 또는 이행불능에 관한 귀책사유가 없다고 인정하기에 부족하다.

해설

Ⅰ. 대상판결의 의의 및 쟁점

세계 최초의 가상자산 거래소인 일본의 마운트곡스, 홍콩의 비트피닉스 등 해외 가상자산 거래소의 대규모 해킹 사고에 이어 우리나라 역시 가상자산 거래소에서의 다수의 해킹 사고가 발생하고 있다.

대상판결은 가상자산 거래소 A의 해킹사고에 대한 회원들의 거래소에 대한 손해배상 책임에 관한 것으로 관련 사건들 중 최초로 선고된 제1심판결이다. A의 경우 해킹 사고의 범인, 범행 방식 등이 최종적으로 밝혀지지 않았는바 과연 가상자산 거래소의 책임이 있는지, 그 이론구성은 어떻게 해야 하는지가 쟁점이 되었다.

Ⅱ. 대상판결의 분석

1. 이행거절 또는 이행불능 해당 여부

(1) 원고들은 이 사건 해킹사고가 발생한 2018. 6. 10.경부터 가상자산의 인출을 시도하였으나 피고가 거래를 중단하고 거래소를 폐쇄하여 이를 인출하지 못하고 있는바, 이러한 피고의 행위는 이행거절에 해당하고, 가상자산의 유출로 인해 반환의무도 이행불능 되었다고 주장하였다.

(2) 이행거절이란 채무자가 채권자에 대하여 채무를 이행할 의사가 없음을 확정적이고 분명하게 표시함으로써 채권자가 채무자의 임의이행을 더 이상 기대할 수 없게 된 경우를 의미하는 것으로 학설과 판례 모두 이행불능, 이행지체 등의 다른 불이행 형태와 구별하여 취급하고 있다. 특히 이행기 이전의 이행거절에 대하여 대법원은, 계약상 채무자가 계약을 이행하지 아니할 의사를 명백히 표시한 경우에 채권자는 신의성실의 원칙상 이행기 전이라도 이행의 최고 없이 채무자의 이행거절을 이유로 계약을 해제하거나 채무자를 상대로 손해배상을 청구할 수 있다고 하여(대법원 1993. 6. 25. 선고 93다11821 판결, 대법원 1997. 11. 28. 선고 97다30257 판결 등 참조) 이행기 이전의 이행거절에 대하여도 계약 해제, 손해배상청구를 긍정한다. 여기서 채무자가 계약을 이행하지 아니할 의사를 명백히 표시하였는지 여부는 계약 이행에 관한 당사자의 행동과 계약 전후의 구체적인 사정 등을 종합적으로 살펴서 판단하여야 한다.

이 사건에서 원고들은 이 사건 해킹사고 소식을 들은 후 곧바로 인출 요청을 하였는데 피고가 거래소 폐쇄, 거래중단을 하며 이를 이행하지 않는 것이 이행거절의 의사를 명백히 표시한 것인지가 문제된다. 먼저 계약 이행에 관한 피고의 구체적인 조치를 살펴보면, 피고는 이 사건 해킹사고 직후 바로 거래 중단 및 거래소 폐쇄를 하였고, 해킹사고 발생과 조치 내용 등이 담긴 공지문을 이 사건 사이트에 게시하였는데 해당 게시문에는 거래재개 여부 및 그 시기에 대하여는 아무런 언급이 없었다. 또한 원고들은 해킹사고가 발생한 날에 바로 인출을 시도하였으나 거래소 폐쇄로 인해 인출을 하지 못하였다. 물론 피고 회사는 거래소 이용계약에 따라 원고들이 가상자산의 반환을 요구하면 그 즉시 원고들에게 원고들 계정에 예치되어 있는 가상자산을 반환할 의무가 있다할 것이나, 이 사건 해킹사고 직후의 거래 중단 및 거래소 폐쇄, 원고들의 인출 불가는 이 사건 해킹사고 직후 긴급하게 이루어진 조치로서 당시 피고 회사가 정확한 피해규모와 유출된 가상자산 회수 가능 여부를 충분히 검토한 후에 이루어진 조치라고 보기는 어려울 것이므로 위와 같은 조치만으로 이행거절의 의사가 분명히 표시된 것으로 볼 수 있는지는 다소 의문이다. 그러나 원고들은 그 이후에도 내용증명을 통해 가상자산 반환을 요청하였고 결과적으로 원고들은 이를 반환받지 못하였는바, 대상판결은 이러한 사후 사정도 고려하여 피고의 행위를 이행거절에 해당한다고 판단하였는바, 구체적으로 타당한 결론이라 생각된다.

특히 이 사건에서 주목할 만한 부분은 대상판결이 피고 회사의 원고들에 대한 가상자산 반환의무가 일종의 한정종류물의 인도의무와 유사하다고 본 것이다. 즉 거래소 이용계약에 의하면 피고 회사는 이용자들이 예치한 가상자산을 연결 전자지갑 또는 출금전용 전자지갑에 보관하고 있다가 이용자의 요구가 있는 경우 동종, 동량의 가상자산을 반환하게 되는바, 대상판결은 이러한 보관 및 거래 방식이 한정종류물의 인도 의무와 유사하다고 보았다. 가상자산의 법적 성격에 대해 아직 명확히 정리되지 않은 상황에서 가상자산 자체를 한정종류물처럼 취급할 수 있는지는 보다 심도 있는 논의가 필요해 보이나, 거래소에 보관하는 가상자산에 대하여 회원과 거래소 사이에는 일종의 임치계약과 유사한 계약 관계가 성립하고 있는 현실상황에서 이러한 해석의 시도는 의미가 있다고 보인다.

(3) 원고들은 이행불능에 해당한다고도 주장하였다. 채무의 이행이 불능이라는 것은 단순히 절대적·물리적으로 불능인 경우가 아니라 사회생활에 있어서의 경험법칙 또는 거래상의 관념에 비추어 볼 때 채권자가 채무자의 이행의 실현을 기대할 수 없는 경우를 말한다(대법원 2003. 1. 24. 선고 2000다22850 판결, 대법원 2015. 12. 10. 선고 2013다207538 판결 등 참조).

대상판결에서 인정된 사실관계에 의하면, 피고 회사가 해킹으로 유출된 가상자산 수량은 펀디엑스 84.2%, 애스톤엑스 42.9%에 달했다. 가상자산의 법적 성격을 떠나 피고 회사는 가상자산을 다른 곳에서 매입하여 원고들의 반환요구에 따라 응할 수 있으므로 절대적·물리적 불능에는 해당하지 않을 것이고, 유출된 가상자산 수량에 비추어 이 사건에 한정하여 원고들에게는 위 가상자산을 반환할 수 있는 수량을 보유하고 있었을 가능성도 존재한다. 그러나 피고 회사는 회원들의 인출 요청시 즉시 이를 반환할 의무가 있다고 할 것인데 이미 상당한 수량의 가상자산을 상실하여 해당 가상자산을 예치한 회원들 다수에 대해 즉시 이를 지급할 의무를 이행하지 못하는 경우라면 사회생활에 있어서의 경험법칙 또는 거래상의 관념에 비추어 이행하지 못하게 되었다고 보는 것이 합리적일 것이다. 또한 다수의 회원을 보유하고 있는 거래소 특성상 특정 일부에게만 거래를 허용하여 반환을 해주는 것도 사실상 불가능하다고 보이므로 피고의 지급의무는 사실상 이행불능이 되었다고 판단된다.

대상판결은 이에 대하여는 자세한 판단과정을 기재하지 않았지만 이행불능이 되었다고 판단하였고, 피고 역시 이행불능 여부 자체에 대하여는 크게 다투지 않은 것으로 보인다.

2. 피고 회사의 귀책사유 여부

피고 회사는 해킹 사고에 대해 아무런 귀책사유가 없다고 주장하였다. 실제 피고 회사는 해킹 사고 직후 수사기관에 신고하였으나 해킹 방법, 구체적인 범행경위가 밝혀지지 않았고, 해킹 사건 전에 IT보안컨설팅 업체와 한국인터넷진흥원으로부터 보안점검을 받았고, 이후에도 IT보안컨설팅 회사와의 보안서비스 계약, 인터넷 망분리 설비 도입계약 등 보안관련 계약들을 체결한 사실이 인정되기도 하였다.

그러나 이행거절 또는 이행불능으로 인한 손해배상 청구에 있어서 그 귀책사유에 관한 증명책임은 채무자에게 있다(대법원 2010. 8. 19. 선고 2010다26745, 26752 판결 등 참조). 아직 해킹 방지를 위해 취해야 할 안전보호조치에 대한 구체적이고 세부적인 제도가 마련되어 있지 않은 상태에서 거래소의 안전보호조치 의무를 어느 정도 취해야 하는지는 문제될 수 있으나, 이 사건 해킹사고는 전적으로 피고 회사의 영역에서 발생한 점에서 피고 회사가 일정한 조치를 취했다고 하더라도 궁극적으로 피고 회사의 과실을 부정하기는 어려울 것이다. 대상판결 역시 이러한 점을 이유로 피고의 주장을 배척하였다. 특히 이용자들에게 거래소 내에서 이루어지는 해킹사고에 대해서까지 위험을 부담하게 하는 것은 합리적인 결론이라고 보기 어렵다.

Ⅲ. 대상판결의 평가

대상판결은 피고 거래소가 해킹으로 다량의 특정 가상자산이 유출되어 거래소를 중단하고 회원들의 가상자산 지급요청을 이행하지 못한 행위를 피고의 가상자산 반환의무에 대한 이행거절 또는 이행불능에 해당한다고 판단하여, 피고로 하여금 원고들에게 이행거절 또는 이행불능 당일인 2018. 6. 10. 기준 원고들이 보유하던 가상자산의 시가 상당액 및 그 지연손해금의 지급을 명하는 판결을 선고하였다.

가상자산 거래소는 금융회사가 아니어서 금융회사에 요구되는 안전보호조치의무가 그대로 적용된다고 보기 어려워 가상자산과 가상자산 거래소의 특수성을 충분히 고려한 적절한 제도 마련이 필요해 보인다. 다만 아직까지 그러한 제도적 장치가 마련되어 있지 않은 상황에서 거래소 영역에서 발생한 해킹의 책임은 이용자와의 관계에서는 기본적으로 거래소가 부담하는 것이 결론적으로 타당해 보이고, 대상판결 역시 회원들을 보다 두텁게 보호하기 위한 법리 구성을 통해 회원들의 청구를 받아들였다. A 거래소 사건은 현재 법원에 여러 사건이 존재하고 항소심이 진행 중인 경우도 많은바 여러 쟁점에 대한 항소심의 판단을 살펴볼 필요가 있어 보인다.

[55] 해킹 사고에 따른 회원에 대한 가상자산 거래소 운영자의 손해배상책임(코인레일 사건 2)

— 서울중앙지방법원 2021. 11. 5. 선고 2018가합567582 판결,
서울고등법원 2021나2047876로 항소 중—

[사실 개요]

1. 피고 회사는 이 사건 사이트에서 A라는 가상자산 거래소('이 사건 거래소')를 운영하고 있고, 피고 B는 위 회사의 대표자 사내이사이며, 원고들은 위 거래소의 회원들이다.
2. 이 사건 거래소는 ① 이용자가 이 사건 사이트에 계정을 개설하고 해당 계정에 가상자산 또는 현금을 예치한 후, 이 사건 사이트에서 다른 이용자들과 가상자산을 매매, 교환하는 등의 거래를 하고, ② 피고 회사는 이용자가 예치한 가상자산 중 상당 부분을 피고 회사가 관리하는 서버의 DB에 저장되어 있는 '해당 이용자의 입금주소와 연결된 전자지갑'('이용자 연결 전자지갑')에, 나머지는 같은 DB에 저장되어 있는 '출금전용 전자지갑'에 보관한 상태에서 이 사건 사이트에서 이용자들 사이의 가상자산 등 거래를 중개하고, ③ 만일 이용자가 피고 회사에게 해당 계정에 예치되어 있는 현금, 가상자산의 인출을 요청하면, 피고 회사는 이를 이용자가 지정한 전자지갑이나 예금계좌 등으로 이체해 주는 방식으로 운영되었다.
3. 이 사건 거래소는 2018. 6. 10. 01:00경 해킹 범죄('이 사건 해킹사고')로 피해를 입었고, 그로 인해 피고 회사가 관리하는 전자지갑에 보관되어 있던 이용자들의 가상자산 중 일부가 외부로 유출되었다. 그 직후 피고 회사는 이 사건 거래소의 거래를 중단하고 위 거래소를 폐쇄하였고, 위 거래소의 인터넷 사이트에 '안정적인 서비스 환경을 제공하기 위해 현재 서버 점검 중에 있다. 예상 점검 시간: 2018. 6. 10. 02:00~ 2018. 6. 11. 04:00, 점검내용: 블록체인 코어 업그레이드 및 지갑 교체 작업, 유의사항: 점검 시간 동안 코인레일 홈페이지의 모든 서비스 이용 불가'라는 내용이 포함된 공지문을 게재하였다. 피고 회사는 2018. 7. 15. 이 사건 해킹사고로 유출된 가상자산의 수량에 대하여 펀디엑스는 84.2%, 비트코인은 34.8%, 엔퍼는 89.4%라고 밝히면서 해당 가상자산을 단계적으로 매입하여 유출된 가상자산을 갚거나 피고 회사의 가상자산 'C'를 발행하여 교환해주는 방법으로 복구할 계획이라고 공지하였으나, 현재까지 유출된 가상자산을 복구하지 못하였다.
4. 이에 원고들은, 피고 회사에 대하여, 원고들의 동의 없이 원고들의 가상자산을 원고들 고유의 전자지갑에서 피고 회사의 전자지갑으로 인출하여 보관하였고, 이용자의 가상자산이 유출되지 않도록 방지할 의무가 있음에도 기본적인 보안 관리체계도 갖추지 않던 중 피고 회사의 고의 또는 과실로 이 사건 해킹사고가 발생하여 원고들의 가상자산이 일부가 이 사건 각 계좌에서 유출되게 하였고, 원고들이 피고 회사에게 이 사건 각 계좌에 입금된 가상자산의 인출을 요구할 경우 즉시 원고들에게 동

종·동량의 가상자산을 반환할 의무를 부담함에도, 이 사건 해킹 사고 발생일인 2018. 6. 10.부터 거짓 사유를 들며 이 사건 거래소 서비스 일체를 중단하여 원고들에게 가상자산을 시장가에 매도할 수 있는 서비스를 제공할 의무를 이행하지 않았고, 이후에도 원고들에게 동종·동량의 가상자산을 반환할 의무의 이행을 거절하였으므로, 주위적으로 거래소 폐쇄일인 2018. 6. 10. 당시의 이 사건 각 가상자산의 시가 상당액 및 그에 대한 지연손해금을, 예비적으로는 해킹사고 이후 피고 회사가 서비스를 재개하면서 해킹당한 비율만큼의 가상자산을 출금할 수 없도록 한 2018. 7. 15. 당시의 이 사건 각 가상자산의 시가 상당액 및 그에 대한 지연손해금의 지급을 구하였다.

그리고 피고 B에 대하여는, 이사로서의 충실의무 및 선관주의 해태에 대한 책임으로 피고 회사와 연대하여 위 손해를 배상할 것을 구하였다.

[판결 요지]

1. 피고 회사에 대한 청구에 관한 판단

가. 가상자산 무단 인출 여부

이용약관에 따른 피고 회사의 서비스 내용, 피고 회사가 이용자에게 제공한 전자지갑의 용도 등을 고려하면 피고 회사가 원고들에 대하여 원고들이 보유한 가상자산을 원고들 고유의 전자지갑에 보관할 의무를 부담한다고 볼 수 없으므로 피고 회사가 이 사건 가상자산을 피고 회사가 관리하는 전자지갑에 보관하였다고 하더라도, 위 의무를 위반하였다고도 볼 수 없다.

나. 가상자산 유출 방지 의무 위반 여부

해킹사고에 피고의 고의 또는 과실이 있다고 보기 어렵다.

다. 이행거절 여부

(1) 이용계약상 피고 회사의 가상자산 반환의무의 법적 성격(한정종류물의 인도의무와 유사), 현재까지 가상자산 반환을 받지 못하고 있는 사정 등 고려하면, 피고 회사는 이 사건 해킹사고를 이유로 이 사건 거래소의 거래를 중단하고 이 사건 거래소를 폐쇄함으로써 원고들에 대한 이 사건 각 가상자산 반환의무의 이행을 거절하였고, 아울러 이 사건 해킹사고로 이용자 연결 전자지갑 또는 출금전용 전자지갑에 보관되어 있던 위 가상자산이 유출됨으로써, 피고가 이 사건 가상자산 반환의무를 더 이상 이행할 수 없게 되어 위 반환의무가 이행불능으로 되었다고 봄이 타당하다.

따라서 피고 회사는 이행거절로 인한 손해배상 또는 이행불능에 따른 전보배상으로 원고들에게 폐쇄일인 2018. 6. 10. 원고별 보유 각 가상자산의 시가 상당액 및 지연손해금을 지급할 의무가 있다.

(2) 피고 회사는 추가 피해를 막기 위해 거래소를 중단한 것일 뿐 이행거절한 것은 아

니며, 이 사건 해킹사고에 관하여 피고 회사에게 아무런 고의 또는 과실이 없으므로 피고 회사의 귀책사유 없이 반환의무가 이행불능된 것이어서 손해배상책임이 없다고 주장한다.

그러나 일반적으로 이행거절 또는 이행불능으로 인한 손해배상 청구에 있어서 그 귀책사유에 관한 증명책임은 채무자에게 있다고 할 것인데(대법원 2010. 8. 19. 선고 2010다26745, 26752 판결 등 참조), 이 사건 해킹사고는 피고 회사가 관리하는 전자지갑들인 이용자 연결 전자지갑 또는 출금전용 전자지갑에 보관되어 있었던 '원고들이 예치한 가상자산' 중 일부가 해킹으로 외부로 유출된 사고로 전적으로 피고 회사가 관리하는 영역에서 발생한 사고인 점, 전자지갑 시스템의 보안강도 등에 비추어 어떤 형식으로든 피고 회사의 보안관리 소홀이 해킹사고의 원인이었을 가능성을 배제할 수 없다고 하여 귀책사유가 없다고 인정하기 부족하다.

2. 피고 B에 대한 청구에 관한 판단

이 사건 해킹사고의 해킹 방법, 구체적인 범행 경위 등이 밝혀지지 않았고, 피고 회사는 이 사건 해킹사고 전에 IT보안컨설팅 업체와 한국인터넷진흥원으로부터 보안점검을 받았고, 이후에도 IT보안컨설팅 회사와의 보안서비스 계약, 인터넷 망분리 설비 도입계약 등 보안관련 계약들을 체결한 사실이 인정되는바, 이에 비추어 보면, 피고 회사가 이 사건 해킹사고로 인하여 원고들에 대한 가상자산 반환의무를 이행거절하거나 이행불능 상태가 됨에 있어서 피고 B에게 고의 또는 중대한 과실이 있었다고 인정할 수 없다.

해설

Ⅰ. 대상판결의 의의 및 쟁점

대상판결 역시 서울중앙지방법원 2021. 10. 21. 선고 2019가합574334 판결과 같이 A 거래소에 대한 해킹사고에 관한 판결로서 전체적인 결론과 이론 구성은 위 판결과 동일하다. 다만 위 서울중앙지방법원 2019가합574334에 비해 피고 회사의 전자지갑으로 인출하여 보관한 것에 대한 의무위반 여부, 가상자산이 유출되지 않도록 방지할 의무위반 여부 등 몇 가지 주장이 추가되었고, 피고 회사의 대표자에 대하여 청구도 이루어졌는바 차이가 있는 부분에 한하여 기술하기로 한다.

Ⅱ. 대상판결의 분석

1. 가상자산의 무단 인출 여부

대상판결의 거래소의 가상자산 거래구조는 ① 이용자의 계정 개설 및 계정에 대한 가상자산 또는 현금의 예치, ② 피고 회사는 이용자가 예치한 가상자산 중 상당 부분을 피고 회사가 관리하는 서버의 DB에 저장되어 있는 이용자 연결 전자지갑에, 나머지는 같은 DB에 저장되어 있는 출금전용 전자지에 각 보관, ③ 만일 이용자가 피고 회사에게 해당 계정에 예치되어 있는 현금, 가상자산의 인출을 요청하면, 피고 회사는 이를 이용자가 지정한 전자지갑이나 예금계좌 등으로 이체해 주는 방식으로 이루어졌다. 원고들은 자신들이 송금한 가상자산을 피고 회사가 인출하여 피고 회사의 전자지갑에 보관하던 중 해킹 사고를 당한 점에서 위와 같은 인출 및 자신의 전자지갑에의 보관이 의무 위반이라고 주장하였다.

이에 대해 대상판결은, 이 사건 거래소 이용약관에는 이용자가 가상자산 거래 서비스를 이용할 수 있도록 전자지갑을 이용할 수 있는 서비스를 제공할 뿐이고, 이용자에게 고유의 전자지갑을 제공하고 위 전자지갑에 해당 이용자의 가상자산을 보관한다는 내용은 없었고, 피고 회사가 이용자에게 제공한 전자지갑은 입금전용으로 출금 시까지 해당 전자지갑에 가상자산을 보관하고 있어야 한다고 볼 근거도 없다고 보면서, 거래소가 이용자의 가상자산을 반드시 특정 이용자의 전자지갑에 보관하여야 할 의무는 없다고 판단하였다. 현실적으로도 거래시마다 특정 이용자의 전자지갑으로 가상자산을 송금하는 경우 블록체인 처리 속도에 따라 거래지연이 발생할 수 있고, 네트워크 이용 수수료도 부담하게 되므로 A 거래소 뿐만 아니라 다른 거래소들도 일반적으로 위와 같은 관리 및 보관방식을 선택하고 있는 것으로 보이기도 하는바, 대상판결의 결론은 타당해 보인다.

2. 가상자산 유출의무 위반 여부

이 사건 해킹사고가 가상자산 거래소의 운영 영역에서 발생한 점에서 피고 회사가 가상자산 유출의무를 위반하였는지가 문제되었다.

대상판결은 해당 부분에 대하여 자세한 설시 없이 피고 회사에 고의 또는 과실이 있다고 보기 어렵다고 보아 이 부분 주장을 받아들이지 않았다. 원고들은 이 부분 청구원인을 불법행위책임으로 구성한 것으로 보이는데 이 경우 채무불이행에 기한 손해배상책임을 구하는 경우와 달리 귀책사유의 증명책임이 손해배상을 구하는 원고들에게 있다. 그러나 가상자산 거래소의 경우 해킹 방지를 위해 취해야 할 안전 조치 등이 아직 제도화 되지 않은 상태이고, 귀책사유 입증에는 고도의 기술적 지식과 거래소에 편중되어 있는 많은 정보가 요구된다는 점에서 이에 대한 증명은 현실적으로 쉽지 않을 것으로 보인다는 점에서 증명책임의 원칙에 따른 대상판결의 결론은 수긍할 만하다.

3. 피고 B에 대한 청구

원고들은 피고 회사의 대표자인 피고 B에 대하여 그 직무상 충실의무 및 선관주의 의무를 해태하여 원고들의 이 사건 가상자산을 무단으로 인출하고 해커에게 유출되게 하였다고 주장하였다. 그러나 앞서 본 바와 같이 무단으로 인출하여 피고 회사 계좌에 보관한 것은 의무 위반이라 볼 수 없을 것이다. 또한 피고 B의 경우에는 가상자산 인도의무를 직접 부담하는 피고 회사와 달리 이사로서 회사에 대하여 충실의무와 선관주의 의무를 부담하는 것인데, 피고 회사는 이 사건 해킹사고 전의 보안점검 및 보안서비스 등 보안 관련 여러 계약들을 체결한 점에 비추어 피고 B에게는 충실의무 및 선관주의 의무를 위반하였다고 보기는 어려워 보인다.

Ⅲ. 대상판결의 평가

대상판결 역시 앞서 본 판결과 같이 피고 거래소가 해킹으로 다량의 특정 가상자산이 유출되어 거래소를 중단하고 회원들의 가상자산 지급요청을 이행하지 못한 행위를 피고의 가상자산 반환의무에 대한 이행거절 또는 이행불능에 해당한다고 판단하여, 피고로 하여금 원고들에게 이행거절 또는 이행불능 당일인 2018. 6. 10. 기준 원고들이 보유하던 가상자산의 시가 상당액 및 그 지연손해금의 지급을 명하는 판결을 선고하였다.

특히 대상판결에서는 피고가 회원들로부터 지급받은 가상자산을 회원들 고유의 전자지갑이 아닌 피고의 전자지갑에 보관하는 것이 의무위반에 해당하는지가 문제되었는데, 대상판결은 이용계약상 그러한 의무를 부담하지 않는다고 판시하여, 피고 뿐만 아니라 일반적인 거래소가 취하는 가상자산 보관 및 거래 방식이 적법하다는 점을 인정한 점에서 의미가 있다. A 거래소 사건은 현재 법원에 여러 사건이 존재하고 항소심이 진행 중이 경우도 많은바 여러 쟁점에 대한 항소심의 판단을 살펴볼 필요가 있어 보인다.

[56] 비트코인의 법적 성격 및 오송금시 거래소의 책임

— 서울고등법원 2021. 12. 8. 선고 2021나2010775 판결 —

[사실 개요]

1. 원고는, 피고가 운영하는 거래소를 통하여 가상자산을 거래하던 사람인데, 위 거래소의 계정상 잔고에 표시된 5.03비트코인(BTC)을 타 거래소로 송금하기 위하여 주소록에 저장되어 있던 주소A로 출금요청을 하였으나, 원고가 요청하지 않은 다른 주소 B로 출금된 사안이다. 이에 원고는 피고를 상대로 위 비트코인 5.03BTC의 인도 및 그 강제집행이 불능일 때에는 1BTC당 54,280,000원의 비율로 환산한 돈의 지급을 구하는 소를 제기하였다.
2. 이와 관련하여 원고는 주위적으로, 원고와 피고 사이에는 가상자산에 대한 임치계약이 성립하였으므로 설령 원고가 피고에게 임치한 가상자산이 잘못 출금되는 등 멸실되었더라도 피고는 여전히 임치인인 원고의 반환청구에 따라 멸실된 가상자산과 동종·동질·동량의 대체물을 반환할 의무가 있고 만일 비트코인 인도의무의 강제집행이 불능인 경우에는 전보배상으로서 비트코인의 이 사건 변론종결 당시의 시가에 해당하는 돈을 지급할 의무가 있다고 주장하였다. 또한 원고는 예비적으로 피고는 거래소 회원인 원고가 요청한 출금 주소와 실제 출금되는 주소의 일치 여부를 확인하여야 할 계약상 의무를 부담함에도 이를 해태하였고, 그로 인해 다른 주소로 비트코인이 출금되는 이 사건 사고가 발생하여 원고가 손해를 입게 되었다는 취지로 채무불이행에 따른 손해배상을, 혹은 전자금융거래법을 유추적용하여 이 사건 사고는 피고의 관리영역에서 발생한 것으로 피고의 과실이 존재하므로, 결국 피고는 전자금융거래법 제21조 제1항, 제9조 제1항 제3호에 의하여 원고에게 손해를 배상할 책임을, 또는 피고가 거래소 홈페이지의 전산시스템을 안전하게 구축하고 관리하지 못한 과실로 인하여 이 사건 사고가 발생하여 원고가 손해를 입었다는 취지로 불법행위에 따른 손해배상을 각각 구하면서 원상회복으로서 비트코인을 반환하는 방법으로 손해를 배상하거나 설령 금전배상 방법으로 손해를 배상하더라도 이 사건 변론종결 당시의 비트코인 시가를 기준으로 환산한 금액을 배상하여야 한다는 취지로 주장하였다.
3. 위 출금 당시 비트코인은 1BTC당 5,159,000원이었다가 변론종결일에 가까운 2021. 9. 21. 당시 1BTC당 54,280,000원이고, 한편 피고가 운영하는 가상자산 거래소를 이용하여 비트코인 등 가상자산을 매수하거나 송금받는 경우, 거래소 회원은 각 거래마다 피고로부터 부여받은 계정을 이용하지만 회원이 지급받은 가상자산은 피고 소유의 전자지갑에 보관되고, 다만 회원의 계정상 잔고에 입금된 가상자산의 수량이 표시된다.

[판결 요지]

1. 원고와 피고 사이에는 피고가 원고에게 원고 명의의 계정을 통해 피고 소유의 전자지갑에 저장·보관된 가상자산에 관하여 일련의 서비스를 제공하기로 하는 계약이 체결되었다고 보아야 한다. 원고가 피고가 운영하는 거래소를 이용하여 비트코인을 매수하거나 취득할 경우 원고는 피고에게 원고가 매수·취득한 비트코인의 보관을 위탁하게 된다는 점에서, 위 계약은 민법상 임치계약과 유사한 면이 있다. 비트코인은 물리적인 실체 없이 경제적 가치를 디지털로 표상하여 전자적으로 이전, 저장 및 거래가 가능하도록 한 가상자산의 일종으로서 디지털 정보에 해당하므로, 현행법상 물건이라고 볼 수는 없으므로 비트코인 보관에 관한 법률관계를 민법상의 임치계약관계 그 자체로 볼 수는 없고, 원고와 피고 사이의 계약은 유상임치계약의 성질을 가지는 비전형계약이라고 봄이 상당하다.

2. 원고와 피고 사이에 적용되는 피고 약관에는 피고가 제공하는 서비스 중 하나로 가상자산 판매 및 구매 관련 거래 서비스를 명시하고 있고, 가상자산의 판매 등 거래 과정에는 가상자산의 이동이 수반될 수 있으므로, 위 '가상자산 거래 서비스'에는 원고가 자신의 계정상 잔고에 표시된 가상자산을 다른 주소로 이동시키는 것도 포함된다. 따라서 피고는 원고의 요청이 있는 경우 원고 명의의 계정을 통해 피고 소유의 전자지갑에 저장·보관된 가상자산을 원고가 요청한 주소로 이전하거나 반환할 의무를 부담한다. 그런데 비트코인 자체에는 고유한 값이나 번호가 부여되어 있지 않아 각개의 개성이 중요시되지 않으므로, 피고의 원고에 대한 비트코인 이전 내지 반환의무는 종류채무와 유사한 성질을 가지므로 피고는 원고가 출금을 요청한 주소로 비트코인을 이전하기 전에 비트코인의 멸실·훼손 등 사정이 발생하였더라도 특별한 사정이 없는 한 원고에게 동종·동질·동량의 비트코인을 다시 조달하여 이전하거나 반환할 의무를 부담한다.

3. 원고가 2018. 11. 22. 11:18경 자신의 계정상 잔고에 표시된 비트코인 5.03BTC를 위 거래소에서 타 거래소로 송금하기 위해 주소록에 저장되어 있던 주소로 출금요청을 한 사실, 원고의 위와 같은 출금 요청이 처리되는 과정에서 알 수 없는 이유로 원고가 기입한 출금 주소가 전혀 다른 주소로 변조되어 피고 서버로 전송된 사실, 피고가 이를 알지 못한 채 피고 서버에 변조되어 전송된 다른 주소로 비트코인 5.03BTC를 이전한 사실이 인정된다. 그러나 피고의 비트코인 이전 내지 반환의무는, 피고가 원고 요청에 의하여 특정되는 주소로 비트코인 전송을 완료하여야만 채무의 내용에 좇은 이행이 완료되는 것이다. 즉, 비트코인 이전 내지 반환의무의 이행을 위한 송부장소(출금 주소)는 원고가 지정하는 주소로 특정되는데, 특별한 사정이 없는 한 원고가 출금요청을 하면서 지정한 주소 정보가 피고 서버에 접수되면 송부장소의 지정이 이루어지므로, 피고는 이 송부장소로

비트코인 전송을 마쳐야 채무이행을 완료하게 된다. 그리고 피고는 보안 프로그램 등을 통하여 출금 요청이 진행되는 과정에서 원고가 요청한 주소와 실제 출금이 이루어지는 주소의 동일성을 확인하여 악성 코드 또는 해킹 등 만일의 사태로 인하여 원고가 요청한 주소와 다른 주소로 출금이 이루어지는 것을 방지하여야 할 주의의무를 부담하므로, 피고가 원고와의 계약에 따라 비트코인을 이전하여야 할 출금 주소는 당초 원고가 요청한 출금 주소이지, 불상의 이유로 변조되어 피고 서버에 전송된 주소라고 볼 수는 없다. 따라서 피고가 실제 출금 요청이 진행되는 마지막 단계에서 피고의 서버에 수신된 출금 주소로 비트코인을 이전하였다고 하더라도, 그 주소가 당초 원고가 요청한 출금 주소와 일치하지 않는 이상, 원고에 대한 계약상 비트코인 이전 내지 반환의무를 모두 이행하였다고 인정하기 어렵고, 달리 이를 인정할 증거도 없다.

4. 나아가 설령 피고의 비트코인 반환의무가 이행되지 않았다고 하더라도, 피고가 원고의 출금요청에 따라 비트코인을 피고 소유의 보관용 전자지갑에서 출금서비스용 전자지갑으로 옮겨놓거나 타 거래소의 주소로 이전한 때 급부목적물은 특정되었고, 그 이후 잘못된 주소로 송금됨으로써 이미 특정이 이루어진 비트코인이 멸실된 것이므로, 원고에 대한 비트코인 반환의무는 이행불능이 되었으므로 원고는 비트코인 자체의 반환을 구할 수는 없고, 단지 채무불이행책임만을 추궁할 수 있을 뿐이라는 피고의 주장이 타당하는지 여부에 관하여 본다. 종류채권의 경우 채무자가 이행에 필요한 행위를 완료하거나 채권자의 동의를 얻어 이행할 물건을 지정한 때에는 그때로부터 그 물건이 채권의 목적물로 특정되는바(민법 제375조 제2항 참조), 피고가 원고와 원고의 출금요청에 따라 이전할 비트코인을 특정하는 합의를 하였다거나, 원고의 동의를 얻어 이전 대상이 되는 비트코인을 지정하였다고 볼 자료가 없는 점, 피고의 의무는 피고가 급부목적물을 선정하고 이를 분리·획정하여 원고가 지정한 송부장소로 발송함으로써 '이행에 필요한 행위를 완료'한 것이 되어 그 때 급부목적물이 특정되는데, 이 사건의 경우 송부장소는 원고가 당초 출금요청을 한 주소이나 피고는 이 사건 사고 당시 피고의 서버에 전송된 변조된 주소로 비트코인을 발송하였을 뿐, 원고가 지정한 송부장소인 정상적인 주소로 비트코인을 발송한 적이 없어 피고는 채무 이행에 필요한 행위를 완료하였다고 볼 수 없는 점 등에 비추어 볼 때 피고의 비트코인 이전 과정에서 원고의 출금요청에 따른 급부목적물이 특정되었다고 보기 어렵고, 달리 이를 인정할 증거가 없으므로 피고의 주장은 이유 없다.

5. 그러므로, 피고는 원고에게 원고와의 계약에 따라 비트코인 5.03BTC를 인도할 의무가 있고, 만일 위 비트코인에 대한 강제집행이 불능일 때에는 비트코인 1BTC당 이 사건 변론종결일에 가까운 2021. 9. 23.경의 시가에 해당하는 54,280,000원의 비율로 환산한 돈을 지급할 의무가 있다(주위적 청구를 인용하였으므로 예비적 청구는 판단하지 아니하였

음).

(대법원 2022다204029호로 계속 중이다가 상고취하로 확정됨)

해설

Ⅰ. 대상결정의 의의 및 쟁점

원고가 전송한 가상자산 전자지갑의 주소와 별개의 주소로 비트코인이 송금된 경우 피고에게 비트코인 반환 또는 금전배상 책임이 있는지에 관하여 판단한 서울고등법원의 본 판결은 현재까지 고객과 가상자산 거래소간 계약관계를 정면으로 취급한 대표적인 판결 사례이다. 그 점에서 대상결정의 세부적인 설시사항을 살펴보는 것은 법원이 비트코인의 법적 성격 및 가상자산 오전송시 그 거래소의 반환책임에 대하여 어떠한 법리적 관점을 취하고 있는지 확인하여 보는 의의가 있다.

Ⅱ. 대상결정의 판단 구조

1. 비트코인의 성격

위 법원은 우선 가상자산의 대표격에 해당하는 비트코인의 법적 성격에 관하여 언급하고 있다. 이에 따르면 비트코인은 '그 자체에는 고유한 값이나 번호가 부여되어 있지 않아 각개의 개성이 중요시되지 않으므로, 피고의 원고에 대한 비트코인 이전 내지 반환의무는 종류채무와 유사한 성질을 가진다'고 하고 있다.

민법 제375조에서 규정하고 있는 종류채권은 일정한 종류에 속하는 물건의 일정량에 대한 인도를 목적으로 하는 채권으로, 인도하여야 할 물건의 종류와 수량은 정하여져 있으나 그 종류에 속하는 물건 가운데에서 어느 것을 인도할 것인지는 아직 특정되어 있지 않은 채권이다.[1] 종류는 해당 물건의 사회적·경제적·기술적 속성에 따른 공통적인 표지에 따라 정해지고, 그 표지를 통하여 다른 물건들과 구별될 수 있다.[2] 그리고 이러한 종류의 표지는 상대적으로 정해질 수 있는데, 외관상 특정물로 보이더라도 종류물로 볼 수 있는 경우들이 있을 수 있고, 디지털자산도 이와 마찬가지로 볼 수 있다. 예를 들어 모나리자와 같은 미술작품을 수백개로 NFT화 시켰다면 그 NFT 10개의 매매를 종류물과 마찬가지로 취급할 수 있을 것이다. 비트코인의 경우 위 NFT와 완전히 동일하다고 볼 수 없지만 그 기

1) 곽윤직, 채권총론, 박영사, 2018, 27~28쪽.
2) 편집대표 김용덕, 주석 민법, 한국사법행정학회, 2022, 112쪽.

술적, 사회·경제적 특징, 사용양태 등에 비추어 볼 때 비트코인의 거래에 있어 해당 비트코인 각각 개별적인 개성이 중요시되는 것은 아니어서 비트코인 관련 채무는 종류채무와 유사하다고 볼 수 있을 것이다. 이는 설령 비트코인의 채굴, 전송 과정에서 각각의 비트코인에 대한 정보가 블록체인에 기록된다고 하더라도 마찬가지라고 할 수 있다.

나아가 이 판결에서 주목할 점은 비트코인이 민법상 물건에 해당하지 않는다고 본 점이다. 위 법원은 '비트코인은 물리적인 실체 없이 경제적 가치를 디지털로 표상하여 전자적으로 이전, 저장 및 거래가 가능하도록 한 가상자산의 일종으로서 디지털 정보에 해당하므로, 현행법상 물건이라고 볼 수는 없다'는 취지로 판시하고 있다. 물건은 유체물 및 전기 기타 관리 가능한 자연력을 의미하는데(민법 제98조), 위 유체물에 관하여 '지배가능한 내재적 가치가 있는 물질'로 더 넓게 정의내리는 전제 하에 비트코인도 이에 해당하므로 물건의 영역에 포섭할 여지가 있다거나[3] 물건의 범위를 전기 기타 관리할 수 있는 자연력까지 확장시킨 것은 사회경제의 발전과 새로운 과학기술의 출현에 대응하기 위한 것이므로 비트코인도 최소한 관리가능한 자연력에 해당한다고 보는[4] 적극적인 견해들이 있으나(이런 견해에 따르면 비트코인은 종류물 유사적 성격이 아닌 종류물 그 자체가 된다) 대상판결은 비트코인이 물리적인 실체가 없다는 이유로 물건성을 부정하고 있다. 이와 같은 논지는 비트코인이 전기와 같은 자연력에 해당한다기 보다는 가공처리된 데이터에 불과하다는 것을 전제로 하고 있는데, 오늘날 거래현실에서 디지털정보나 디지털콘텐츠가 중요한 거래의 대상으로 인정받고 있다고 하더라도 관련 법령에 따라 데이터 소유권이라는 개념이 인정되지 않는 이상 물건으로 인정할 수는 없다는 것이다. 이러한 점에서 비트코인은 종류물이라고 볼 수는 없고 종류물 유사적인 성격을 가지는 데이터 정보에 해당한다고 볼 수 있다.

2. 가상자산 거래소와 이용자 사이의 법률관계

대상판결은 원고가 위 거래소를 이용하여 비트코인을 매수하거나 취득할 경우 피고에게 위 비트코인의 보관을 위탁하게 된다는 점에서, 위 계약은 민법상 임치계약과 유사한 면이 있는데, 비트코인은 현행법상 물건이라고 할 수는 없으므로 결국 원고와 피고 사이의 계약은 민법상 임치계약 그 자체로 볼 수 없고, 유상임치계약의 성질을 가지는 비전형계약이라고 봄이 상당하다고 판시하였다.

가상자산 거래소와 이용자 사이의 법률관계는 완전하게 확립된 견해와 관련 법리는 없는 것으로 보인다. 다만 당사자들의 의사, 거래의 실질관계, 이용자가 가입한 거래소 이용약

3) 김이수, "비트코인의 사법상 지위에 관한 고찰", 법학연구 제59권 제4호, 한국법학회, 20쪽.
4) 전우정, "가상자산의 법적 성격과 규제개선 방안", 금융법연구 제16권 제1호, 한국금융법학회, 2019, 162~163쪽.

관 등을 참조하여 그 대략적인 법률관계에 대하여 판단할 수 있을 것으로 보인다. 특히 이용자의 거래소 가입 단계부터 가상자산 거래, 전송, 탈퇴 단계로 나누어서 그 법률관계를 세분화할 수 있을 것이다.

먼저 가입 단계를 살펴보면, 이용자가 가상자산 거래소에 회원 가입을 하게 되면 특정 이용자가 사용할 수 있도록 거래소 명의로 된 계좌가 부여되는데, 이용자는 그 계좌에 금원을 이체하면 거래소는 이용자에게 위와 같이 이체한 금원 상당의 KRW 포인트를 지급하게 된다. 해당 KRW 포인트로 이용자는 해당 거래소 내에 상장된 가상자산을 매입할 수 있게 된다.

다음으로 가상자산 거래 단계를 보면 이용자는 위 해당 KRW 포인트로 제3자로부터 가상자산을 매입하거나 보유하고 있던 비트코인 또는 이더리움 등으로 다른 가상자산과 교환할 수 있는데, 거래소는 위 가상자산 거래를 위한 플랫폼을 제공하는 대신 그 수수료를 지급받고 있으므로 이 단계에서의 법률관계는 상법상 중개계약의 요소를 가지고 있다고 볼 수 있다.

한편 위와 같이 매입한 가상자산 또는 이용자의 다른 전자지갑에서 위 거래소의 계정으로 전송한 가상자산은 보통 거래소의 전자지갑에 보관되므로 이용자와 거래소 운영자 사이의 법률관계는 임치계약적 요소를 가지고 있다고 볼 수 있다.

마지막으로 탈퇴 및 출금 요청 단계에서는 이용자가 거래소 운영자를 상대로 임치물 반환청구권 등을 통하여 보유 중인 가상자산을 개인지갑으로 반환하거나 현금을 자신 명의의 계좌로 이체하도록 청구할 수 있을 것이다.

이와 같이 가상자산 거래소와 이용자간 법률관계는 상법상 중개계약, 임치계약적 요소 등이 포함되어 있는 복합계약이라고 볼 수 있을 것이다. 특히 가상자산의 거래 및 전송 단계에서는 이용자와 거래소 운영자 사이의 법률관계가 위 임치계약과 유사한 비전형계약의 요소가 있기 때문에 그 임치의 대상인 가상자산에 대한 권리는 수치인인 거래소가 아닌 임치인에 해당하는 이용자에게 귀속되어야 하고 민법상 임치는 수임인의 취득물 등의 반환의무를 규정하는 민법 제684조를 준용하고 있으므로 거래소는 이용자의 가상자산의 반환청구에 응하여야 한다. 이러한 점에서 대상 판결은 비트코인 보관에 관한 법률관계를 유상임치계약의 성질을 가지는 비전형계약이라고 보면서 피고는 원고의 요청이 있는 경우 원고 명의의 계정을 통해 피고 소유의 전자지갑에 저장·보관된 가상자산을 원고가 요청한 주소로 이전하거나 반환할 의무를 부담할 의무가 있다고 판시하였다.

3. 거래소의 비트코인 반환의무 이행방법

이 사건에서 피고는 최종 출금 요청이 진행되는 단계에서 피고 서버로 전송된 출금 주소로 비트코인을 이전한 이상 비트코인 이전 내지 반환의무를 모두 이행하였다고 주장하는 취지로 항변하였고, 이에 대하여 원고는 피고가 원고가 요청한 주소가 아닌 다른 주소로 비트코인을 이전한 이상 비트코인 이전 내지 반환의무를 이행하지 않았다고 다투었다.

대상판결은 이와 관련하여 피고는 보안 프로그램 등을 통하여 출금 요청이 진행되는 과정에서 원고가 요청한 주소와 실제 출금이 이루어지는 주소의 동일성을 확인하여 악성 코드 또는 해킹 등 만일의 사태로 인하여 원고가 요청한 주소와 다른 주소로 출금이 이루어지는 것을 방지하여야 할 주의의무를 부담한다는 전제 하에서, 피고가 원고와의 계약에 따라 비트코인을 이전하여야 할 출금 주소는 당초 원고가 요청한 출금 주소이지, 불상의 이유로 변조되어 피고 서버에 전송된 주소라고 볼 수는 없다고 판시하면서 설령 피고가 실제 출금 요청이 진행되는 마지막 단계에서 피고의 서버에 수신된 출금 주소로 비트코인을 이전하였다고 하더라도, 그 주소가 당초 원고가 요청한 출금 주소와 일치하지 않는 이상, 원고에 대한 계약상 비트코인 이전 내지 반환의무를 모두 이행하였다고 인정하기 어렵다고 보았다.

대상판결의 위와 같은 판단을 이끄는 논거와 관련하여 특징적인 요소들이 발견되었는데, 첫째 거래소 운영자의 비트코인 반환 또는 이전채무를 송부채무와 마찬가지라고 보아 원고가 지정하는 송부장소(출금 주소)로 피고가 비트코인 전송을 마쳐야 채무이행을 완료한다고 본 점이다. 우리 민법상 변제장소의 결정에 있어 지참채무가 원칙이기는 하나 비트코인을 USB에 저장하여 이를 직접 건네는 방식이 아닌 이상 전산상으로 부여된 주소에 비트코인을 출금시키는 것은 송부채무의 방식에 의하지 않을 수 없을 것이다. 이는 해당 채무의 고유의 성질에 따른 것일 뿐만 아니라 이용자와 거래소 운영자 간 합의에 의한 것이라고 볼 수 있다.

둘째, 피고의 비트코인 이전 내지 반환의무 이행 여부와 관련하여 피고의 해킹방지의무 등과 같은 주의의무위반 여부를 중요한 판단기준으로 삼은 것이다. 대상판결은 원고가 요청한 주소와 다른 주소로 출금이 이루어진다고 하여 피고의 반환의무가 모두 이행되었다고 볼 수 없고 각 주소의 일치 여부를 확인할 의무를 부과하여 그 의무를 해태한 경우 위 비트코인 반환의무를 제대로 이행하였다고 보기 어렵다고 판시하였다. 이는 원고가 출금을 요청한 비트코인이 모두 피고의 전자지갑에 저장되어 있는 등 피고의 영역 하에서 이루어지는 것일 뿐만 아니라 이용자인 원고가 비트코인을 출금하는 경우 거래소 운영자인 피고에게 일정한 금액의 수수료를 지급하고 있는 것은 피고가 원고에게 제공하는 거래소 서비스에는 원고가 입력한 출금주소와 일치하는 주소로 이체시키는 서비스도 포함되어 있고 위 수수료는 그 대가라는 점이 반영되어 있는 것으로 보인다.

셋째, 대상판결은 해당 거래소의 비트코인 출금 절차[5]에 관하여 일별하고 이를 '우리나라의 여러 대형 은행에서 이루어지고 있는 인터넷 뱅킹 출금 요청과 비교한 후' 피고에게도 가상자산 출금 각 단계마다 피고 서버에 전송되는 출금 주소의 동일성을 확인할 의무를 부담한다고 본 것이다.

위 법원은 여러 시중 은행들이 제공하는 인터넷 뱅킹에 있어서는 내부 프로그램 또는 전산을 통하여 최초에 고객이 입력한 계좌정보가 이체완료 단계에 이르기까지 위·변조되었는지 여부를 계속 확인하고, 중간단계에서 계좌정보가 변조된 경우에는 해당 거래를 오류처리하고 계좌이체를 실행하지 않도록 하고 있는데 피고가 취급하는 가상자산 거래가 은행 등 일반적인 금융기관이 취급하는 업무와 동일하지는 않아 전자금융거래법 적용 여부에 있어서 일부 차이가 있다 하더라도, 은행 등 일반적인 금융기관이 취급하는 예금 이체 거래와 피고가 취급하는 가상자산 출금 거래는 모두 계약에 따라 보관 중인 물건 등을 고객의 요청에 따라 다른 계좌 내지 주소로 이동시키는 것으로서, 그 과정에서 계약상 요구되는 주의의무의 내용이 본질적으로 다르다고 보기 어렵다고 보았다.

4. 종류물적 성격을 띠고 있는 비트코인의 특정 방법

종류채권의 급부대상이 되는 목적물은 원래 종류 및 수량만 정해져 있을 뿐이고, 이를 이행하기 위해서 위 종류에 해당하는 목적물 중 미리 정한 수량에 해당하는 부분을 확정하여야 할 것이다. 그 부분을 확정하게 되면 해당 종류채권의 목적물은 특정물채권으로 바뀌게 되는데 이를 종류채권의 특정이라 한다.

종류채권에서는 채무자가 이행에 필요한 행위를 완료하거나 채권자의 동의를 얻어 이행할 물건을 지정한 때에는 그때로부터 특정이 이루어지게 되는데(민법 제375조 제2항), 이는 임의규정이므로 당사자의 합의에 의하여도 특정될 수 있을 것이다. 이와 같이 특정이 이루어지게 되면 채무자가 지는 목적물 조달의무의 부담이 덜어지게 되고, 급부위험이 채권자에게 이전되는 효과가 발생하므로 해당 목적물이 불상의 이유로 멸실되는 경우 그 목적물 반환의무는 이행불능이 될 것이다.

이 사건에서도 피고는 설령 피고의 비트코인 반환의무가 이행되지 않았다고 하더라도, 피고가 원고의 출금요청에 따라 비트코인을 피고 소유의 보관용 전자지갑에서 출금서비스용 전자지갑으로 옮겨놓거나 타 거래소의 주소로 이전한 때 급부목적물은 특정되었고, 그 이후 잘못된 주소로 송금됨으로써 이미 특정이 이루어진 비트코인이 멸실된 것이므로, 원고에 대한 비트코인 반환의무는 이행불능이 되어, 원고는 비트코인 자체의 반환을 구할 수는 없고, 단지 채무불이행책임만을 추궁할 수 있을 뿐이라는 취지로 주장하였다.

---

5) 이용자가 주소록 화면에서 원하는 항목을 선택(1단계) – 피고의 서버에서 선택한 항목에 대한 출금 주소를 획득(2단계) – 피고가 획득한 출금 주소에 대한 유효성 검사를 진행(3단계) – 출금 주소가 거래소 내부 주소인지 검사한 후(4단계) – 그 출금 주소로 출금 요청(5단계).

이와 같은 피고의 주장은 위 출금 사고가 발생한 때와 비교하여 볼 때 항소심 변론종결시 때의 비트코인 시가가 10배 이상 상승하였고 원고의 비트코인 자체의 반환 및 그 대상청구를 인정하게 되면 피고가 이를 모두 부담할 상황이 되었기 때문으로 보인다. 피고와 반대되는 입장에 있는 원고의 예비적 주장에서도 채무불이행, 불법행위 등에 따른 손해배상을 인정하더라도 민법에서 원상회복 방법에 의한 손해배상을 금하고 있지 않으므로 잘못 출금된 비트코인과 동종·동질·동량의 비트코인을 반환하는 방법으로 손해를 배상하여야 한다거나 설령 금전배상 방법으로 손해를 배상하더라도 이 사건 사고 당시가 아닌 이 사건 변론종결 당시의 비트코인 시가를 기준으로 환산한 금액을 배상하여야 한다는 주장도 이와 맥락을 같이 한다.

이 사건에서 대상판결에서는 피고가 원고와 원고의 출금요청에 따라 이전할 비트코인을 특정하는 합의를 하였다거나, 원고의 동의를 얻어 이전 대상이 되는 비트코인을 지정하였다고 볼 자료가 없다면서 피고는 이 사건 사고 당시 피고의 서버에 전송된 변조된 주소로 비트코인을 발송하였을 뿐, 원고가 지정한 송부장소인 정상적인 주소로 비트코인을 발송한 적이 없어서, 피고는 채무 이행에 필요한 행위를 완료하였다고 볼 수 없다고 하여 피고의 주장을 배척함으로써 원고에게 비트코인 5.03BTC를 인도하고, 그것이 강제집행이 불능일 때에는 1BTC당 54,280,000원의 비율로 환산한 돈을 지급할 것을 명하였다. 위 비트코인 반환의무는 송부채무임은 앞서 언급한 바와 같은데, 송부채무에서 '이행에 필요한 행위의 완료'라는 의미는 '급부목적물을 선정하고 이를 분리·획정하여 변제장소로 발송'하는 것을 의미하고 이로써 해당 급부목적물은 특정이 생기는데 위 변제장소는 채권자가 지정한 정상적인 송부장소를 의미하므로 원고가 지정한 정상적인 장소로 비트코인을 발송하지 아니한 이 사건에서 이전할 비트코인이 특정되지 않았다는 이유로 피고의 주장을 배척한 위 판결의 논지는 타당하다고 보인다.

Ⅲ. 대상결정의 평가

제1심판결(서울중앙지방법원 2021. 2. 3. 선고 2019가합515496 판결) 사안에서는 제1심원고들이 피고에 대하여 채무불이행 또는 불법행위로 인한 손해배상을 선택적으로 구하면서 특별손해로서 위 오송금 사고가 발생하고 비트코인의 시세가 폭등한 이후인 제1심판결 변론종결 당시의 비트코인 시세를 기준으로 환산한 금액을 배상하여야 한다고 주장하였다. 이에 대하여 위 법원에서는 채무불이행에 따른 손해배상을 인정하면서도 제출된 증거들만으로는 피고가 이 사건 사고 당시 비트코인의 가격 상승을 알 수 있었다거나, 제1심원고들이 그 이후 비트코인의 가격이 오르고 이를 처분하여 그 시세차익에 관한 이익을 확실히 취득할 수 있었다고 인정하기 어렵다고 보아 특별손해 주장은 배척하고 통상손해로서 위 사고가 발생한 이 사건 사고가 발생한 2018. 11. 22.경 종가 기준 시가인 비트코인 1개당 5,159,000원만을 인정하였다. 이에 제1심원고들 중 원고만이 피고를 상대로 항소를 제기하면서 임치계약을 원인으로 하는 비트코인의 반환을 구하는 주위적 청구를 추가하고 예비적 청구인 채무불이행 등에 따른 손해배상에서도 원상회복 청구를 구한 것이다.

대상판결은 위와 같은 경위에서 이루어진 것으로서 가상자산 거래소와 이용자 사이의 법률관계를 최초로 판시하였을 뿐만 아니라 비트코인은 물건에 해당하지 아니함을 분명히 하였음에 의의가 있다. 게다가 일종의 데이터 정보에 불과한 비트코인에 대하여 종류물과 유사한 것으로 보아 민법상 종류채무에 관한 규정을 유추적용하고 그 특정 방법을 밝힌 것은 앞으로 많은 사안에서 계속 참고가 될 것으로 보인다.

[57] 거래소의 전산시스템 오류로 인한 투자자 잔고 미차감에 따른 투자자의 부당이득반환책임

— 서울서부지방법원 2022. 2. 10. 선고 2020가합38006 판결,

서울고등법원 2022나2011577로 항소 중—

[사실 개요]

1. 원고는 가상자산거래소를 운영하는 자이고, 피고들은 위 거래소의 회원이다.
2. 피고들은 위 거래소에 자신들의 비트코인 일정 수량을 자신들의 각 전자지갑으로 출고하여 줄 것을 요청함('1차 출고 요청')에 따라 원고는 출고를 시도하였는데 '전자지갑 서버'에 과부하가 걸려 '코어 서버'는 출고 처리가 정상적으로 이루어지지 않은 것으로 판단해 피고들의 차감되었던 잔고를 다시 회복시켰다. 그런데 전산시스템의 오류로 '전자지갑 서버'는 피고들의 요청 수량만큼 비트코인을 피고들이 지정한 전자지갑으로 전송이 이루어졌다('1차 출고 처리').
3. 피고 A, B, C, D, E는 위 1차 출고요청에 따른 출고처리 내역이 확인되지 않자 다시 동일한 수량의 비트코인에 관하여 출고 요청을 하였고 이에 따라 그 비트코인이 '수신 전자지갑 주소' 전자지갑으로 전송되었다('2차 출고').
4. 피고 F는 2018. 11. 15. 거래소 데이터베이스에 피고 F의 잔고로 기록되어 있던 비트코인 2.42691065개를 업비트 거래소에 개설된 자신의 전자지갑으로 전송하였다. 피고 G는 2018. 10. 17. 15:52:40경 원고에게 2018. 10. 17.자 1차 출고 요청 시와는 다른 전자지갑 주소로 비트코인 0.25844708개의 전송을 요청하여 2018. 10. 17. 15:54:22경 그 출고가 이루어졌다. 또한 피고 G는 2018. 10. 21.부터 2018. 11. 2.까지 4차례에 걸쳐 비트코인 합계 0.81510386개를 2018. 10. 20.자 1차 출고 요청 시와는 다른 전자지갑 주소로 전송하였다(위 '2차 출고'와 피고 F, G의 가상자산 처분을 통틀어 '2차 출고 등').
5. 원고는, 이 사건 잔고 회복 시점 또는 1차 출고 처리가 된 시점에 그 회복된 잔고 상당의 비트코인을 부당이득하였고, 적어도 피고들이 2차 출고 등에 따라 회복된 잔고 상당의 비트코인을 처분한 시점에는 그 처분한 비트코인 상당을 부당이득한 것으로 보아야 한다고 주장하며, 주위적으로 비트코인 자체의 인도 및 그에 대한 대상청구를, 예비적으로 비트코인의 시세에 해당하는 금원의 지급을 구하는 소를 제기하였다.
6. 반면 피고들은 공통적, 개별적으로 다음과 같이 주장하였다.[1] ① 1차 출고 처리에 의해 전송된 비트코인을 취득하여 실질적 이익을 얻은 것은 피고들이 아닌 이를 전송받은 제3자이다. ② 피고들이 회복된 잔고 상당의 비트코인을 부당이득 하였다고 보더라도, 이는 제3자에게 전송되어 현존하지 않으

1) 의미 있는 주장만 기재한다.

므로 선의의 수익자인 피고들은 반환의무를 부담하지 않는다. ③ 설령 반환의무가 있다 하더라도 그 방법은 가액반환으로 하여야 하며, 그 범위는 부당이득일의 시세를 기준으로 산정하여야 한다. ④ 피고 G은 전산오류에 대한 우려가 있어 잔고를 출금해 둔 상태인바, 1차 출고 처리 당시 시세로 환산한 금액을 초과한 반환의무는 없다.

[판결 요지][2)]

1. 잔고 회복에 따라 피고들이 회복된 잔고 상당의 비트코인을 부당이득하였는지 여부

계약은 원칙적으로 당사자들의 의사표시의 합치, 즉 합의에 의하여 성립하며, 합의는 청약과 승낙으로 성립한다. 승낙의 기간을 정하지 아니한 계약의 청약은 청약자가 상당한 기간 내에 승낙의 통지를 받지 못한 때에는 그 효력을 잃는다(민법 제529조).

피고들이 원고에게 1차 출고 요청을 한 것은 원고가 그 요청한 내용대로 비트코인을 전송하여 주면 피고들은 원고에게 수수료를 지불하는 계약에 관한 청약을 한 것으로 볼 수 있는데, 원고가 피고들의 청약을 거절하였거나 적어도 상당한 기간 내에 원고의 승낙이 이루어지지 않아 원고와 피고들 사이에 비트코인 전송 계약이 성립되지 않았다고 봄이 타당하고, 이 사건 잔고 회복은 그와 같은 계약 불성립에 따른 것으로 실체적 권리관계에 부합한다.

2. 피고들이 1차 출고 처리에 따라 전송된 비트코인을 부당이득하였는지 여부

1차 출고 처리는 법률상 또는 계약상 원인 없이 이루어진 것으로서 1차 출고 처리로 전송된 비트코인을 실질적으로 취득한 사람이 이를 부당이득한 것으로 볼 수 있다.

피고 A, F, D의 경우, 1차 출고 처리에 의해 위 피고들이 그 비트코인 또는 그 상당의 이익을 실질적으로 취득하였다고 인정하기에 부족하다.

피고 G의 경우, 피고 G가 반환의무를 인정하고 있는 700만 원을 초과하여 1차 출고 처리에 따라 원고가 청구하고 있는 1.06282 비트코인 또는 그 상당의 부당이득을 얻은 사실을 인정하기 부족하다.

피고 B의 경우, 1차 출고 처리에 따라 피고 B가 지정한 H의 전자지갑 주소로 1.56279876 비트코인이 전송되었고, 그 대가로 피고 B에게 그에 해당하는 수량의 광고팩(일종의 금융투자상품)이 지급되었을 것으로 보이므로 광고팩의 환가가치로 볼 수 있는 1차 출고 처리 당시 비트코인의 시세에 해당하는 돈을 부당이득하였으므로 이에 대한 반환의무가 있다(피고 B가 지급한 비트코인은 H 전자지갑으로 지급되었고 피고 B가 H에게 그 비트코인의 반환을 구할 수 있었다는 등의 특별한 사정이 없는 한 피고 B가 위 비트코인을 부당이득하였다고 보기 어려워 원물의 반환을 구하는 주위적 청구는 이유 없

---

2) 자백간주로 종결된 당사자에 대한 부분은 제외하였다.

다). 피고 B는 1차 출고 요청에 따른 비트코인 전송 계약이 성립하지 않았음에도 광고팩을 지급받았고 피고 B도 그와 같은 사실을 알았을 것으로 보이므로 선의의 수익자에 해당하지 않는다.

피고 C의 경우, 1차 출고 처리에 따라 2018. 10. 22. 피고 C가 지정한 I의 전자지갑 주소로 0.54 비트코인이 전송되었고 그에 따른 금융투자상품을 취득하였을 것으로 보이므로, 1차 출고 처리 당시 비트코인 시세로 환산한 금원에 대한 부당이득반환의무가 있다(위 0.54 비트코인은 I에게 지급되었고 피고 C는 I에 대하여 금융투자상품의 내용에 따른 채권을 취득하였을 뿐이어서 위 0.54 비트코인 자체를 부당이득한 것으로 보기는 어려우므로, 비트코인 원물의 반환을 구하는 원고의 주위적 청구는 이유 없다).

해설

Ⅰ. 대상판결의 의의 및 쟁점

대상판결에서 가상자산 거래소를 운영하는 원고는 원고의 코어 서버와 전자지갑 서버 사이의 오류로 인해 전자지갑 서버에서는 출고가 이루어졌음에도 코어 서버에서는 출고가 이루어지지 않은 것으로 인식하여 출고처리 되었던 피고들의 잔고를 회복시켰다. 그런데 출고가 이루어지지 않은 것으로 인식한 피고들이 이를 재차 송금 등을 하면서 분쟁이 발생하게 되었다.

원고는 주위적으로 잔고 회복 시점 또는 1차 출고 처리 시점에 피고들이 회복된 잔고 상당의 비트코인을 부당이득하였다며 그 자체의 반환을 구하였고, 예비적으로는 2차 출고 등에 따라 회복된 잔고 상당의 비트코인을 각 처분한 시점에 처분한 비트코인 상당을 부당이득하였다고 주장하였다. 대상판결은 결론적으로 자백간주에 의해 판결한 일부 피고를 제외한 나머지 피고들 중 일부에 대하여만 1차 출고 처리 시점을 기준으로 한 비트코인 시가 상당의 금원의 지급을 명하였는데(다만 피고 G의 경우는 피고 G가 700만 원의 반환의무를 인정하여 해당 금액의 부당이득반환의무가 인정되었다), 대상판결에서 쟁점은 잔고 회복 시점 또는 1차 출고 처리 시점에 피고들이 부당이득을 하였는지와 관련하여 1차 출고 요청에 따라 피고들과 원고 사이의 비트코인 전송계약이 성립하였는지가 문제되었고, 1차 출고 처리에 따른 부당이득책임 성립과 관련하여서는 1차 출고 처리로 각자 전송한 비트코인에 상응하여 취득한 이익이 존재하는지 및 반환액이 문제되었다.

Ⅱ. 대상판결의 분석

1. 출고 및 전송 메커니즘

원고 운영 가상자산거래소의 경우, 다음과 같이 가상자산의 입고, 보관, 출고 절차가 이루어진다.

회원에게 회원 전자지갑 생성 → 특정 회원 전자지갑 주소로 가상자산 전송시 블록체인네트워크 승인을 거쳐 회원 전자지갑으로 전송, 원고는 데이터베이스상 회원의 잔고 내역에 입고된 가상자산 기록 → 원고는 위 회원 전자지갑에 입고된 가상자산을 거래소 내에 별도로 개설된 원고 관리의 전자지갑('회사 전자지갑')으로 전송하여 보관 → 회원이 자신의 가상자산을 제3자의 전자지갑으로 전송하여 줄 것을 요청하면, 원고는 회사 전자지갑에 보관되어 있던 그 회원의 가상자산을 블록체인 네트워크를 통하여 제3자의 전자지갑으로 전송하고, 그 회원의 잔고에서 위와 같이 전송된 가상자산이 차감된 것으로 기록.

또한 이 사건 당시 원고 거래소에서 회원의 가상자산 출고 요청 가상자산의 출고가 이루어지는 절차는 다음과 같다. ① 회원의 출고 요청 신호를 수신한 거래소의 메인 데이터베이스 서버가 출고 요청 신호를 수신한 시점에 회원의 잔고에서 출고 요청 수량에 해당하는 가상자산만큼을 차감 → ② 위 ①과 동시에 거래소의 'APP 서버(모바일)' 또는 'Web 서버(PC)'는 '코어 서버'에 가상자산의 출고를 위한 '전자지갑 서버'의 잠금상태 해제 및 가상자산 출고를 요청 → ③ '코어 서버'는 '전자지갑 서버'에 전자지갑의 잠금상태를 해제시켜 달라는 unlock RPC(Remote Prodedure Call) 신호를 전송하고, 그 응답을 위하여 3분간 대기 → ④ 3분 내에 전자지갑 잠금상태가 해제되면 '전자지갑 서버'는 '코어 서버'에 해제가 완료되었다는 신호를 보내고, 그와 같은 신호가 수신되는 때에 '출고 요청 로그'가 생성·기록. 해제 완료 신호가 3분 내에 전송되지 않는 경우 '코어 서버'는 3분이 되는 시점에 '출고 요청 로그'를 생성·기록 → ⑤ '출고 요청 로그'가 기록되면 '코어 서버'는 '전자지갑 서버'에 출고를 요청한 후 3분간 대기. '전자지갑 서버'가 3분 내에 가상자산의 출고를 처리하지 못하면 '코어 서버'는 출고 처리가 정상적으로 이루어지지 않은 것으로 판단하며, 이에 따라 위 ①항과 같이 차감되었던 회원의 잔고는 다시 회복된 것으로 기록 → ⑥ '전자지갑 서버'가 3분 내에 출고 대상 가상자산을 출고 처리, 즉 블록체인네트워크를 통해 출고 대상 가상자산을 전송하면, 이러한 거래기록이 '코어 서버'에 전송.

2. 1차 출고 요청에 따른 계약 체결 여부(잔고 회복으로 그 상당의 비트코인을 부당이득하였는지 여부)

대상판결은 피고들의 원고에 대한 1차 출고 요청을 원고가 피고의 요청대로 비트코인을 전송하여 주면 피고들은 원고에게 수수료를 지불하는 계약에 관한 '청약'으로 보았다. 이를 전제로 원고의 가상자산 출고 시스템상 전자지갑 서버가 코어서버로부터 출고 요청을 받은 후 3분 내에 출고 처리를 하였어야 했는데, 위 시간 내에 가상자산 출고가 이루어지지 않아 코어 서버는 피고들의 출고 요청을 이행할 수 없는 것으로 판단해 잔고를 회복시켰는바, 이러한 자동시스템에 의한 잔고회복조치를 '청약에 대한 거절의 의사표시'로 보아 가상자산 출고에 대한 계약은 체결되지 않았다고 판단하였다. 가상자산 거래소와 회원은 회원가입시 약관 등에 의해 포괄적인 가상자산 거래를 위한 계약을 체결하고, 각 가상자산 거래시 마다 각각의 거래 및 수수료 지급에 관한 계약을 체결한다고 봄이 상당할 것이다.

다만 위와 같은 잔고회복조치만으로 청약자인 피고들이 원고가 거절의 의사표시를 한 것인지를 분명하게 인지하지 못하였을 가능성도 있으나, 승낙의 기간을 정한 계약의 청약은 청약자가 그 기간내에 승낙의 통지를 받지 못한 때에, 승낙의 기간을 정하지 아니한 계약의 청약은 청약자가 상당한 기간내에 승낙의 통지를 받지 못한 때에 청약의 효력을 잃게 되는데(민법 제528조 제1항, 제529조), 원고의 승낙의 의사표시로 볼 수 있는 전자지갑 서버의 출고 처리가 즉시 또는 상당한 기간 내에 이루어지지 않았으므로 승낙의 의사표시라고 볼 만한 다른 사정이 없는 이상 그 자체만으로 청약을 거절한 것으로 보아야 한다. 나아가 대상판결의 경우 정상적인 출금 처리가 이루어지는 경우 발생하는 이메일, 문자메시지 등에 의한 통지가 없었는바, 피고들로서도 좀 더 명확하게 계약의 불성립에 대해 인지하였다고 봄이 타당할 것이다.

위와 같이 당사자들 사이에 가상자산 출고에 대한 계약이 성립하지 않았다면 실체적인 권리 변동이 이루어지지 않았으므로 잔고 회복 조치는 계약 불성립에 따른 결과를 반영한 것에 불과하므로 회복된 잔고 상당의 비트코인의 이득을 취한 것으로 보기는 어려울 것이다. 대상판결도 위와 같은 잔고 회복은 일종의 장부 기재 행위에 불과하여 피고들이 이로써 그 회복된 잔고 상당의 비트코인을 취득한 것은 아니라고 보았다. 나아가 위와 같은 잔고 회복 조치가 궁극적으로 실체관계에 부합하므로 피고들은 회복된 잔고 상당의 비트코인에 대하여 권리를 가진다고 봄이 타당할 것이다.

3. 1차 출고 처리에 따라 전송된 비트코인을 부당이득 하였는지 여부

위와 같이 잔고 회복 조치는 실체관계에 부합하여 부당이득을 한 것이 아니나, 1차 출고 처리가 법률상 또는 계약상 원인 없이 이루어진 것으로 1차 출고 처리로 전송된 비트코인을 실질적으로 취득한 자가 이를 부당이득한 것으로 볼 수 있는데, 이와 관련하여 피고들이 1차 출고 처리로 인해 실질적인 이득을 취하였는지가 문제되었다. 1차 출고에 대한 원고와 피고들 사이의 계약은 체결되지 않았음에도 1차 출고 처리에 따라 비트코인이 제3자에 전송되었는데 그에 대한 대가로 취득한 것이 있다면 이는 법률상 또는 계약상 원인 없이 이득을 얻고 그로 인해 원고로 하여금 손해를 입힌 것이므로 이를 부당이득으로 반환할 의무가 있을 것이다.

대상판결에서는 크게 ① 비트코인 상당의 이익을 취득하지 못하였거나 이를 단순 전송하고 그에 상응하는 대가를 취득하지 못한 경우(피고 A, F, D), ② 비트코인을 제3자에게 전송하고 그에 상응하는 대가를 취득한 경우(피고 B, C), ③ 비트코인 일부를 그대로 보유하고 있었던 경우(피고 G)로 나뉘어 졌고, 대상판결은 결론적으로 ①의 경우는 부당이득반환책임을 부정하였으나, ②, ③의 경우는 당시 보유하고 있던 비트코인 내지 그 대가로 취득한 자산을 부당이득하였다고 보고, 당시의 비트코인 시세에 따른 부당이득반환의무를 인정하였다.

대상판결에서 ①에 해당하는 피고들에 대하여는 이들이 비트코인 상당의 이익이나 비트코인 전송으로 대가를 취득하였는지가 증명되지 않았다는 이유로 원고의 청구를 받아들이지 않았다. ③의 경우는 피고가 일부의 비트코인을 출금하여 개인지갑에 보관하여 두고 있어 해당 비트코인에 대한 1차 출고 처리 당시 시세 상당의 금원에 대하여는 부당이득반환책임을 스스로 인정하여 해당 금원 상당의 부당이득반환책임이 인정되었다. ②의 경우에 해당하는 피고들은 당시 비트코인을 지급하고 일정한 금융투자상품을 구입한 자들이었다. 이들은 금융투자상품을 구입하여 그에 상응하는 금원을 부당이득하였다고 봄이 상당한데, 위 피고들이 위 금융투자상품 상당의 금원(비트코인의 1차 출고 처리 시점 당시의 시세)을 부당이득하였다고 봄이 합리적이다. 대상판결도 위 금융투자상품을 구매한 비트코인의 당시 시세 상당의 부당이득반환책임을 인정하였다. 한편, 원고는 이들에 대해 주위적으로 원물반환을 구하였으나, 앞서 본 바와 같이 위 피고들은 1차 출고 처리로 인해 위 금융투자상품에 투자하여 그 내용에 따른 채권을 취득하였을 뿐이므로 원물 자체의 반환을 구하는 것은 허용되지 않을 것이다.

Ⅲ. 대상판결의 평가

대상판결은 가상자산 거래소 내부 전산시스템의 오류로 비트코인이 출금 되었음에도 출고 처리되지 않은 것으로 기록되어 회원들이 부당이득을 취하였는지가 문제되었다. 대상판결은 원고 가상자산 거래소의 가상자산 출고 시스템의 절차를 고려하여 출고 요청과 서버에서의 실제 출고 처리 과정을 일종의 계약의 청약과 승낙으로 본 점에 특징이 있다. 또한 부당이득 성립 여부를 실질적 이익의 취득 여부라는 기준으로 판단을 하여, 잔고회복조치는 계약 불성립에 따른 권리상태의 회복에 불과하여 이득이 있다고 볼 수 없고, 다만 1차 출고 처리로 인해 금융투자상품 등 실질적인 이익을 취득한 경우에만 부당이득반환의무를 인정하였다.

[58] 이용자 명의 휴대전화 해킹에 따라 가상자산을 탈취당한 경우 거래소의 책임

—서울중앙지방법원 2022. 2. 16. 선고 2020나85261 판결, 2022. 3. 4. 확정—

[사실 개요]

1. 피고는 소프트웨어 자문, 개발 및 공급업 등을 영위하는 회사로서 온라인 가상자산 거래소인 A거래소를 운영하고 있고, 원고는 A거래소를 통하여 이더리움 등 가상자산 거래를 하여 온 사람이다.
2. 원고는 2019. 8. 27. 23:06경부터 그 다음날 04:20경까지 총 10회에 걸쳐 당시 A거래소의 전자지갑에 보유하고 있던 41,938,270원 상당의 이더리움을 성명불상자에 의해 해킹 등 알 수 없는 방법에 의하여 도난당하였다(이하 '이 사건 사고').
3. 원고의 가상자산이 외부로 출금된 2019. 8. 27.자 원고의 서비스 이용 기록에 의하면, 성명불상자는 2019. 8. 27. 22:26경 A거래소에 원고 명의로 로그인을 하였다. 성명불상자는 로그인 과정에서 실패 없이 한번에 로그인을 성공하였는데, 이는 성명불상자가 원고의 ID와 비밀번호 및 보안비밀번호까지 모두 정확하게 입력했다는 것을 의미한다.
4. 피고는 회원이 A거래소에 로그인하면 회원의 휴대폰으로 SMS를 보내서 로그인 사실을 알려주고 있는데, 위 2019. 8. 27. 22:26경 성명불상자의 A거래소 로그인 당시에도 원고의 휴대폰 번호인 010-4317-8805로 로그인 안내 SMS가 발송되었다.
5. 성명불상자는 위와 같이 로그인에 성공한 후 22:59:22 A거래소 회원 정보에 등록된 휴대폰 번호를 '010-4317-8805'에서 '010-3257-6521'로 변경하였다.
6. 피고는 회원의 OTP 등록 신청시 회원의 휴대폰으로 인증번호를 발송해서, 회원이 휴대폰으로 수신한 인증번호를 OTP 등록 신청 화면에 입력해야 OTP를 등록시켜주는데, 원고의 당일 23:20경 OTP 등록 당시에도 원고의 변경된 휴대폰 번호인 010-3257-6521로 인증번호가 발송되었고, 동 인증번호가 정확하게 OTP 등록 신청 화면에 입력되어 OTP가 등록되었다.
7. 성명불상자는 2019. 8. 27. 23:02경부터 총 10회에 걸쳐서 원고의 전자지갑에 있던 가상자산을 외부로 출금했는데, 초반 3건은 SMS인증 및 보안비밀번호 입력방식으로 출금인증을 완료해서 가상자산을 출금했고, 나머지 7건은 앞서 변경된 휴대폰에 23:20경 OTP를 새로 등록하여 OTP인증 및 보안비밀번호 입력방식으로 출금인증을 완료해서 가상자산을 출금했다.
8. 이와 관련하여 원고는 피고를 상대로 '휴대전화의 경우 본인이 아닌 사람도 위조된 주민등록증 등을 이용하여 손쉽게 개통할 위험이 있으므로, 피고는 고객이 기존에 입력하였던 휴대전화 번호를 변경하는 경우 기존의 휴대전화 번호로 연락하여 휴대전화 번호를 변경할 것인지 여부를 확인하거나, 추가적인 인증 절차를 거칠 의무가 있다. 그런데 피고는 이 사건 사고 발생 당시 이러한 조치를 취하지

아니하였다. 이 사건 사고 발생 당시 피고의 OTP 번호 발급절차가 지나치게 허술하였고, 범인은 이를 이용하여 임의로 OTP 번호를 발급받아 범행에 사용하였다. 이에 피고는 현재 OTP 번호 발급을 위해서는 3단계 인증절차를 거치도록 하는 등 OTP 번호 발급절차를 개선하기도 하였다. 피고는 이상거래를 감지하기 위한 FDS(이상거래탐지) 시스템을 운영하고 있는데, 이 사건 사고 당시 범인은 범행 시작 후 5시간 14분 동안 약 100여회에 걸쳐 원고의 가상자산을 급하게 매수, 매도한 뒤 이를 현금화하는 등 이상거래를 하였음에도 불구하고 피고의 FDS 시스템은 이를 감지하지 못하였다. 위와 같이 피고가 고객들의 가상자산을 도난당하는 것을 방지하기 위한 조치를 취하지 아니한 결과 이 사건 사고가 발생한 것이므로, 피고는 선관주의의무 위반에 따른 손해배상 책임이 있다.'고 주장하면서 이 사건 소를 제기하였다.

[판결 요지]

1. 휴대전화의 경우 통상 신분증 등을 통한 본인확인 절차를 거쳐 개통되는 것이고, 위조된 신분증을 통하여 타인 명의의 휴대전화를 개통하는 일이 빈번하게 발생한다고 보기 어려우며, 휴대전화를 이용한 본인 인증 절차는 현재 온라인상에서 본인인지 여부를 확인하기 위한 방법으로 널리 활용되고 있으므로, 피고가 이 사건 사고 발생 당시 범인이 휴대폰 번호를 변경하는 과정에서 한국모바일인증의 본인확인 서비스를 이용하여 기존 전화번호의 명의인과 변경되는 전화번호의 명의인이 동일한지 여부를 확인하는 것 외에 추가적인 조치를 취하지 아니하였다고 하더라도 피고에게 요구되는 주의의무를 다하지 아니한 것이라 보기는 어렵다. 또한 통상 피고의 회원은 기존의 휴대전화 번호 사용을 중지하고 새로운 휴대전화 번호를 발급받은 경우 회원 정보에 기입되어 있던 휴대전화 번호를 변경할 것으로 예상되므로, 이 때 피고가 통상 사용이 중지되어 있을 회원의 기존 휴대전화 번호로 연락을 취하거나, 회원으로 하여금 기존 휴대전화 번호를 이용할 본인 인증절차를 거치도록 하여야 할 주의의무가 있다고 보기도 어렵다.

2. 이 사건 사고 발생 당시 피고가 휴대전화를 이용한 본인확인절차를 거쳐 OTP번호를 발급한 것이 주의의무 위반에 해당한다고 보기 어려울 뿐만 아니라, 범인은 OTP번호 발급 이전에 이미 변경된 휴대전화 번호를 이용하여 가상자산을 매도하거나, 현금화한 가상자산을 출금할 수 있었으며, 실제 초반 3건은 SMS인증 및 보안비밀번호 입력방식으로 출금인증을 완료해서 가상자산을 출금하였으므로, 피고의 OTP번호 발급 과정에서의 주의의무 위반이 이 사건 사고의 원인이 되었다고 보기도 어렵다.

3. 이 사건 사고 발생 당시 범인은 한 번의 실패도 없이 원고 명의로 로그인을 하였고, 휴대전화 번호 변경과 OTP번호 발급을 위한 휴대전화 인증 과정에서도 올바른 정보를 입력하였으므로, 그 과정에서 피고가 이상거래의 징후를 감지할 수 있었다고 보기 어렵

다. 또한 가상자산의 경우 빈번하게 거래가 이루어지는 특성이 있고, 그 거래가 시간대에 구애받는 것도 아니므로, 범인이 100여 회에 걸쳐 가상자산을 시장가에 매도하고 그 직후 이를 현금화하여 출금하였다는 것만으로 피고가 이상거래의 징후를 감지할 수 있었다고 보기도 어렵다.

4. 이와 같은 점을 종합하여 볼 때 이 사건에서 제출된 증거들만으로는 이 사건 사고 발생에 관한 피고의 주의의무 위반이 있었다고 인정하기에 부족하고, 달리 이를 인정할 만한 증거가 없으므로, 이 부분 원고의 주장 역시 이유 없다.

해설

Ⅰ. 대상판결의 의의 및 쟁점

이 사건에서는 A거래소에서 가상자산 거래를 하고 있는 원고가 성명불상자에 의하여 자신의 휴대전화가 해킹을 당해 위 가상자산을 탈취당한 경우 A거래소를 운영하는 피고를 상대로 손해배상을 구할 수 있는지가 문제되었다. 이용자가 해킹에 의하여 가상자산을 탈취당한 경우 거래소를 운영하는 자를 상대로 손해배상청구 등의 소를 제기하는 판결 사안은 여러 개가 있는데, 이 책에서 다루는 서울중앙지방법원 2020. 8. 20. 선고 2018가합504376 판결은 가상자산 거래소에서 해킹에 의하여 이용자들의 개인정보가 유출된 경우에 관한 것이고, 서울중앙지방법원 2019. 1. 10. 선고 2018가단5048171 판결은 가상자산 거래소를 이용하는 회원이 피싱사이트를 거래소 웹페이지로 착각하여 로그인하였다가 개인정보를 탈취당한 경우에 관한 것인 반면에, 대상판결은 거래소 이용자인 원고가 자신이 사용하는 휴대전화를 해킹당하여 거래소 계정정보를 탈취당한 경우에 거래소인 피고가 가상자산 탈취를 방지하기 위한 휴대전화 인증 시스템을 보강하는 조치가 미비되었다는 등의 이유로 선관주의의무를 위반하였는지 여부가 쟁점이 되었다.

Ⅱ. 대상판결의 분석

대상판결의 사안에서 인정된 사실관계에서 회원이 A거래소에 로그인하기 위하여는, 우선 ID와 비밀번호를 입력해야 하고 입력한 ID와 비밀번호가 정확할 경우, 추가로 ① 보안비밀번호(4자리) 또는 ② 휴대폰에서 생성되는 OTP(One Time Password, 일회용 비밀번호)를 2차 비밀번호로 입력해야 한다. 로그인에 성공한 회원이 전자지갑에 있는 가상자산을 외부로 출금하기 위해서는 출금신청 메뉴에 접속하여 출금신청을 하고 '출금인증'을 거쳐야 한다. 출금인증 방식은 SMS인증(회원의 휴대폰으로 전송되는 6자리 인증번호를 입력하는 방식) 방식이 기본적으로 적용되고, 회원이 OTP를 사용하겠다고 설정한 경우는 휴대폰에 생성되는 OTP 번호를 입력하는 OTP인증 방식으로 출금인증이 진행된다. 피고는 회원의 휴대폰 번호 변경 신청시 주식회사 한국모바일인증의 본인확인 서비스를 통해, 기존 전화번호의 명의인과 변경되는 전화번호의 명의인이 동일한지 여부를 확인하고 있다.

또 휴대폰 번호를 변경하려는 회원이 거래소 내 계정관리 메뉴에 접속하여 휴대폰 번호 변경을 클릭하면 한국모바일인증이 제공하는 본인확인 서비스 팝업창이 표시되고, 회원은 동 팝업창에 이동통신사 및 생년월일, 성별, 내/외국인 여부, 성명, 휴대폰 번호를 입력하고, 휴대폰으로 받은 인증번호를 팝업창에 입력하여 본인확인을 거친 후 휴대폰 번호를 변경하게 되는데, 성명불상자는 원고의 명의로 2019. 8. 27. 22:59 휴대폰 번호 변경 당시 위 절차에 따라 정상적으로 본인확인을 거친 후 휴대폰 번호를 변경한 바도 있었다. 이 사건은 이러한 피고의 A거래소 인증 시스템만으로 거래소 이용자를 올바르게 식별하여 그 피해를 방지할 보호의무를 다하였는지 여부가 문제되었다.

이에 대하여 대상판결은 휴대전화를 이용한 본인 인증 절차는 현재 온라인상에서 본인인지 여부를 확인하기 위한 방법으로 널리 활용되고 있는 한편 성명불상자가 휴대폰 번호를 변경하는 과정에서 한국모바일인증의 본인확인 서비스를 이용하여 기존 전화번호의 명의인과 변경되는 전화번호의 명의인이 동일한지 여부를 확인하는 것 외에 추가적인 조치를 취하지 아니하였다고 하여 피고에게 요구되는 주의의무를 다하지 아니한 것이라 보기는 어렵다고 보고 나아가 피고가 휴대전화를 이용한 본인확인절차를 거쳐 OTP번호를 발급한 것이 주의의무 위반이 되기도 어렵다고 보았다.

그리고 휴대전화 번호 변경과 OTP번호 발급 과정에서도 올바른 정보가 입력되었으므로 그 과정에서 피고가 이상거래의 징후를 감지할 수 있었다고 보기도 어렵다고 보았다.

이와 같이 대상판결은 피고가 시행하는 휴대전화를 이용한 본인확인조치에 대하여 이용자들을 보호하는데 불충분하다고 보기는 어렵고 그에 수반하여 이루어진 휴대전화 번호 변경과 OTP번호 발급은 위 본인인증시스템에 의거하여 정상적으로 이루어진 이상 이에 피고 측의 과실이 개입되기 어렵다고 판시하였다. 피고 측 거래소에서 위와 같은 인증시스템을 충분히 갖춘 이상 원고의 휴대전화가 해킹당한 경우 이는 원고의 과실로 귀속되고 피고에게 손해배상책임을 물을 수 없다는 것이다.

한편 대상판결에서는 원고가 현재까지 휴대전화를 해킹당하거나 복제를 당한 바가 없으며, 이 사건 사고를 일으킨 성명불상자가 원고의 명의로 새로이 휴대전화가 개통하면서 사용한 주민등록증을 분실한 바도 없다고 하면서 범인은 피고의 내부자라는 취지로도 주장하였으나 증거가 불충분하다고 보고 이를 배척하였다.

Ⅲ. 대상판결의 평가

대상판결은 현재 5대 대형 가상자산 거래소에서 사용하고 있는 휴대전화를 이용한 인증시스템이 금융거래에 있어 보편적으로 사용되고 있고 여기에 추가적으로 조치를 취할 의무가 있다고 보기는 어렵다고 판시하면서 이용자의 휴대전화가 해킹당한 경우 거래소에게 그 책임을 물을 수 없고 이용자의 책임으로 귀속되어야 한다는 취지로 판시하였는데, 이는 앞서 언급한 서울중앙지방법원 2019. 1. 10. 선고 2018가단5048171 판결의 피싱사이트 사례의 판시와 흡사하다. 결국 최근 선고되는 관련 민사판결들의 흐름은 어떠한 경위로든 거래소 측에서 보편적인 인증시스템만 갖추어 있다는 전제 하에 이용자 측에게 해킹 사고가 발생한 경우 이용자 측의 책임이고 거래소 측에게 책임을 묻기 위해서는 거래소 측에게 해킹 사고가 발생하여 그로 인하여 이용자의 가상자산이 탈취당하는 등 손해가 발생하여야 할 것으로 보인다. 대상판결은 그러한 맥락에서 이루어진 것으로 의미가 있다.

다만 대상판결은 이용자와의 계약관계, 약관 내용 등을 살펴본 후 거래소 운영자인 피고의 계약상 책임과 그 한계에 대하여 살펴본 다음 판시와 같이 그 조치를 다하였는지를 판단하는 단계를 거쳤어야 했는데, 그러한 계약상 책임과 한계에 대하여 살펴보지 않은 아쉬움이 있다.

[59] 가상자산 거래소 웹프로그램의 영업비밀 해당성 및 그 침해 여부

—서울중앙지방법원 2022. 3. 25. 선고 2019가합533746 판결, 2022. 5. 4. 확정—

[사실 개요]

1. 원고는 시스템, 응용 소프트웨어 개발 및 공급업 등을 목적으로 하는 회사로 가상자산 거래소 웹 솔루션(이하 '원고 프로그램')의 저작권자이고, 피고는 인터넷 관련 소프트웨어 개발 및 제조 판매업, 전자화폐 환전 및 중개업 등을 목적으로 하는 회사이다.
2. 원고는 2018. 5. 4. 피고와 사이에 원고 프로그램을 100,000,000원(부가가치세 별도)에 공급하는 내용의 공급계약(이하 '이 사건 공급계약')을 체결하였다.
3. 피고는 이 사건 공급계약 체결 이후 주식회사 A, B, C에 피고가 제작한 가상자산 거래소 웹 솔루션(이하 '피고 프로그램')을 판매하였다.
4. 이에 대하여 원고는 피고를 상대로, '피고는 원고로부터 공급받은 원고 프로그램에서 재배포 방지를 위해 중요 모듈 일부분에 적용된 암호화코드를 무력화시킨 뒤 소스코드를 임의로 수정하여 피고 프로그램을 제작한 다음, 이를 주식회사 P 등 6개 업체에 무단으로 판매하였다. 이로써 피고는 원고의 지적재산권을 침해하였을 뿐 아니라, 피고의 이러한 행위는 부정경쟁방지법 제2조 제3호 라.목에서 정한 영업비밀 침해행위에 해당한다. 따라서 피고는 원고에게 선택적으로 저작권법 제125조 제2항 또는 부정경쟁방지법 제14조의2 제3항에 따라 "권리의 행사로 통상 받을 수 있는 금액에 상당하는 액"을 손해배상으로 지급할 의무가 있다. 원고가 피고에게 원고 프로그램을 공급한 가격이 100,000,000원이고, 피고가 피고 프로그램을 판매한 수량이 총 6개이므로, 피고는 원고에게 손해배상금 합계 600,000,000원(= 원고 프로그램 공급가격 100,000,000원 × 6개) 및 이에 대한 지연손해금을 지급할 의무가 있다.'는 취지로 소를 제기하였다.

[판결 요지]

1. 관련 법리

부정경쟁방지법 제2조 제2호의 '영업비밀'은 공공연히 알려져 있지 아니하고 독립된 경제적 가치를 가지는 것으로서, 상당한 노력에 의하여 비밀로 유지된 생산방법, 판매방법 그 밖에 영업활동에 유용한 기술상 또는 경영상의 정보를 말하는데, 여기서 '공공연히 알려져 있지 아니하다'는 것(비공지성)은 정보가 간행물 등의 매체에 실리는 등 불특정 다수인에게 알려져 있지 않기 때문에 보유자를 통하지 아니하고는 정보를 통상 입수할 수 없는 것을 말하고, '독립된 경제적 가치를 가진다'는 것(경제적 유용성)은 정보 보유자가 정보의 사용을 통해 경쟁자에 대하여 경쟁상 이익을 얻을 수 있거나 또는 정보의 취득이나 개발을 위해 상당한 비용이나 노력이 필요하다는 것을 말하며, '상당한 노력에 의하여 비밀로 유지된다'는 것(비밀관리성)은 정보가 비밀이라고 인식될 수 있는 표시를 하거나 고지를 하고, 정보에 접근할 수 있는 대상자나 접근 방법을 제한하거나 정보에 접근한 자에게 비밀준수의무를 부과하는 등 객관적으로 정보가 비밀로 유지·관리되고 있다는 사실이 인식 가능한 상태인 것을 말한다(대법원 2011. 7. 14. 선고 2009다12528 판결 등 참조).

2. 비공지성 충족 여부

① 원고 프로그램의 소스코드는 원고 프로그램 제작에 사용되는 설계파일로서, 위 소스코드가 일반에게 공개되었거나 공개가 예정되어 있다고 보기 어려운 점, ② 원고는 원고 프로그램의 소스코드를 비밀로 유지하여 왔는바, 불특정 다수인이 원고를 통하지 아니하고는 통상 이를 입수할 수 없을 것으로 보이는 점 등에 비추어 보면, 원고 프로그램의 소스코드는 비공지성을 갖추었다고 봄이 타당하다.

3. 경제적 유용성 충족 여부

다음과 같은 사정들 즉, ① 소스코드는 매우 세밀하고 구체적으로 짜인 설계파일로서 소스코드만 있으면 손쉽게 프로그램의 제작이 가능한 점, ② 원고는 시스템, 응용 소프트웨어 개발 및 공급업 등을 목적으로 설립된 회사로서 상당한 시간과 노력을 들여 원고 프로그램의 소스코드를 제작하였을 것으로 보이는 점, ③ 가상자산 거래소 웹 솔루션 제작 경험이 없는 경쟁업체에서 원고 프로그램의 소스코드를 활용하여 같은 웹 솔루션을 개발할 경우 제작 과정에서 발생할 수 있는 시행착오와 노력, 비용 등을 최소화할 수 있는 점, ④ 원고는 원고 프로그램의 소스코드 제작에 투입된 노력과 비용을 가상자산 거래소 웹 솔루션 공급계약을 통해 회수할 수 있는바, 원고 프로그램의 소스코드는 그 자체로 경제적 가치를 평가받고 있는 점에 비추어 보면, 원고 프로그램의 소스코드는 유용한 기술정보로서의 독립된 경제적 가치를 가진다고 봄이 타당하다.

4. 비밀관리성 충족 여부

다음과 같은 사정들, 즉 ① 원고는 지적재산권 보호와 영업 활동 보호를 위해 중요 모듈 일부분에 재배포 방지를 위한 암호화 코드 소프트웨어를 적용한 점, ② 원고는 원고 프로그램 공급계약을 체결하면서 거래 상대방을 상대로 원고 프로그램을 재판매하거나 소스코드를 제3자에게 공개해서는 안 된다는 비밀유지의무를 부과한 점(이 사건 공급계약 제5조 제5항), ③ 이 사건 공급계약 제7조 제1항에서도 '피고는 계약 체결 및 이행으로 취득한 상대방의 업무상 비밀에 대해서는, 그 사항을 상대방의 사전 서면 승인 없이는 제3자에게 유출하거나 타 목적에 사용해서는 안 되고, 상대방이 요구하는 비밀 사항을 철저히 준수해야 하며, 이는 본 계약 종료 이후에도 유효하다'고 규정하고 있는 점 등에 비추어 보면, 원고가 합리적이고 의식적인 노력에 의해 원고 프로그램의 소스코드를 비밀로 유지·관리하였다고 봄이 타당하므로, 비밀관리성 역시 인정된다. 따라서 원고 프로그램의 소스코드는 부정경쟁방지법 제2조 제2호 소정의 '영업비밀'에 해당한다.

5. 피고 프로그램이 원고 프로그램의 소스코드에 의거하여 제작된 것인지 여부

앞서 본 바와 같이 피고가 이 사건 공급계약에 따라 원고로부터 원고 프로그램을 공급받은 뒤 피고 프로그램을 제작 및 판매한 사실에다가 다음과 같은 사실 및 사정들 즉, ① 원고 프로그램과 피고 프로그램 사이에 각 데이터베이스의 구조적 유사성과 관련하여, 양 프로그램에 있는 테이블 이름이 같은 경우가 총 41개 발견되었는데(전체 테이블 수: 원고 83개, 피고 70개), 양 프로그램이 같은 기능을 제공한다는 점을 감안하더라도, 테이블 이름이 완전히 같은 쌍이 41개나 존재한다는 것은 양 프로그램의 데이터베이스 구조가 상당히 유사하다는 것을 의미하는 점, ② 한편 데이터베이스 테이블 이름이 우연히 같을 수 있더라도, 컬럼으로 표현되는 데이터 속성까지 완전히 같기는 어려움에도 불구하고, 피고 프로그램에 원고 프로그램과 데이터 속성까지 같은 데이터베이스 테이블이 19개 존재한다. 양 프로그램이 모두 가지고 있는 "web_member" 테이블의 경우 대부분 컬럼이 동일한 이름을 가지고 있을 뿐 아니라 컬럼의 데이터 형식, 컬럼 설명, 컬럼 정의 순서까지 모두 동일한 점, ③ 원고 프로그램의 데이터베이스 컬럼 설명에서 발견되는 오타가 피고 프로그램이 함께 가지고 있는 컬럼의 컬럼 설명에도 동일하게 나타나는 점, ④ 피고 프로그램이 사용하는 외부 오픈 소스의 구성과 내용이 원고 프로그램과 같고, 양 프로그램에서 상당히 유사도가 높은 소스 파일이 51개 발견되었으며, 피고 프로그램의 소스 파일 20개에 원고 프로그램의 저작권 관련 주석이 남아있는 점, ⑤ 감정인은 '원고 프로그램과 피고 프로그램 사이의 데이터베이스의 구조적 유사성은, 피고가 피고 프로그램을 개발할 때 원고 프로그램의 데이터베이스 구조를 가져와 피고 프로그램의 용도에 맞게 일부 변경한 정도이고, 피고가 피고 프로그램 개발 시 메일 템플릿과 코인 거래용 RPC 통신 지원 영역에서 원고 프로그램을 활용한 것으로 보인다'는 의견을 밝힌 점을 보태어 보면, 피고는 원고 프로그램의 소스코드에 의거하여 피고 프로그램을 제작하였다고 봄이 타당하다.

6. 부정경쟁방지법상 영업비밀 침해행위에 해당하는지 여부

피고는 이 사건 공급계약 제5조, 제7조에 따라 영업비밀에 해당하는 원고 프로그램의 소스코드를 비밀로서 유지하여야 할 의무가 있음에도 불구하고, 원고 프로그램의 소스코드를 활용하여 피고 프로그램을 제작하였고, 이로써 제품 개발에 소요되는 시간과 비용을 상당히 절약한 것으로 보인다. 피고의 이러한 행위는 부정한 이익을 얻을 목적으로 영업비밀을 사용한 것으로, 부정경쟁방지법 제2조 제3호 라.목에서 정한 '영업비밀 침해행위'에 해당한다.

7. 부정경쟁방지법 제14조의2 제3항에 의한 손해배상액의 산정

원고가 입은 손해는 이 사건 공급계약에 따른 원고 프로그램의 공급가격을 기준으로 산정할 수 있을 것인데, 원고가 피고에게 원고 프로그램을 100,000,000원에 공급한 사실은 앞서 본 바와 같고 위 금액이 이례적으로 높게 책정된 것으로 보이지 않으므로, 원고의 손해액은 피고가 원고의 영업비밀을 침해하여 제작 후 판매한 피고 프로그램의 수량 6개에 원고 프로그램의 사용대가 100,000,000원을 곱한 금액으로 산정할 수 있다. 따라서 피고는 원고에게 영업비밀 침해로 인한 손해배상금으로 600,000,000원(= 100,000,000원 × 6개) 및 이에 대한 지연손해금을 지급할 의무가 있다(영업비밀 침해로 인한 손해배상책임을 인정하는 이상 이와 선택적 관계에 있는 저작권 침해로 인한 손해배상책임 주장에 관하여는 별도로 판단하지 않는다).

해설

Ⅰ. 대상판결의 의의 및 쟁점

가상자산 산업과 관련하여 이에 대한 투자가 늘어나고 그 발전이 거듭될수록 다양한 유형의 사건들이 발생하게 되어 법리적으로 활발한 논의가 진행될 수 있다. 대상판결은 그동안 논의되지 않았던 내용인 가상자산 산업 관련 부정경쟁방지법 제2조 제2호의 영업비밀 해당 여부에 대해 다루고 있다는 점에서 의의가 있으며, 그 밖에도 부정경쟁방지법상 손해액 계산 방법에 대한 쟁점도 포함되어 있다. 이에, 이 사건에서 문제되는 가상자산 거래소 웹 프로그램의 부정경쟁방지법상 영업비밀 해당 여부와 관련하여 비공지성, 경제적 유용성, 비밀관리성 해당 여부는 물론 피고 프로그램이 원고 프로그램의 소스코드에 의거하여 제작된 것인지 여부, 피고 프로그램 제작 및 판매가 부정경쟁방지법상 영업비밀 침해행위에 해당하는지 여부, 손해배상액의 산정 방법과 관련하여 대상판결의 법리를 이해 및 분석할 필요가 있다.

Ⅱ. 대상판결의 분석

1. 부정경쟁방지법 제2조 제3호 라.목의 영업비밀 침해행위

영업비밀은 ① 공공연히 알려져 있지 아니하고(비공지성), ② 독립된 경제적 가치를 가지는 것으로서(독립한 경제적 가치), ③ 비밀로 관리된(비밀관리성)[1] 생산방법, 판매방법, 그 밖에 영업활동에 유용한 기술상 또는 경영상의 정보를 말한다.[2] 영업비밀 침해행위에 대하여

부정경쟁방지법 제2조 제3호에서는 여섯 가지의 유형으로 나누어 규제하고 있는데, 이중 부정경쟁방지법 제2조 제3호 라.목의 부정공개 또는 사용행위는 '계약관계 등에 따라 영업비밀을 비밀로서 유지하여야 할 의무가 있는 자가 부정한 이익을 얻거나 그 영업비밀의 보유자에게 손해를 입힐 목적으로 그 영업비밀을 사용하거나 공개하는 행위'를 말한다. 위 부정공개 또는 사용행위는 같은 호 가.목의 부정취득행위와 함께 최초의 침해행위가 발생하는 경우를 규율한다는 점에서 공통점이 있다고 하고,[3] 같은 호 마.목, 바.목과 함께 비밀유지의무 위반과 관련이 있다고 한다.[4] 여기서 비밀준수의무는 법령이나 계약관계 신의칙 등에 의하여 명시적 또는 묵시적으로 부과될 수 있다.[5] 이 글에서 문제되는 라.목의 부정공개 또는 사용행위는 보통 해당 기업에 소속된 근로자가 동일한 업종의 경쟁 기업으로 자리를 옮김으로써 생길 수 있는 영업비밀 유출 사건인 경우가 많은데,[6] 이 사건의 경우는 위 근로계약의 전직 문제가 아니라 영업비밀이 들어 있는 가상자산 관련 프로그램을 납품받은 업체가 재배포 방지를 위한 암호화코드를 무력화한 다음 이를 이용하여 유사한 프로그램을 제작하여 이를 다른 업체에 재판매한 사안으로 다소 차이가 있다.[7]

2. 영업비밀 해당 여부(비공지성, 경제적 유용성, 비밀관리성)

영업비밀의 요건으로서 비공지성, 즉 '공연히 알려져 있지 않음'의 의미는 그 정보가 간행물 등의 매체에 실리는 등 불특정 다수인에게 알려져 있지 않기 때문에 보유자를 통하지 아니하고는 그 정보를 통상 입수할 수 없는 것을 말하고, 보유자가 비밀로서 관리하고 있다고 하더라도 당해 정보의 내용이 이미 일반적으로 알려져 있을 때에는 영업비밀이라고 할 수 없다.[8] 여기서 문제된 원고 프로그램과 관련하여 대상판결은 해당 프로그램의 소스코드가 일반에게 공개되었는지, 불특정 다수인이 원고를 통하지 아니하고는 통상 이를 입수할 수 없는지 등을 참작하여 비공지성이 인정된다고 보았다. 여기에 더하여 가상자산 거래소 웹페이지 프로그램을 개발하는 업체들이 국내·외적으로 일부 존재하고 있기 때

1) 위 영업비밀의 요건인 '비공지성', '독립한 경제적 가치', '비밀관리성'은 미국의 UTSA(제1조 제4항) 및 DTSA(제1839조23)), EU 영업비밀보호지침(제2조), 일본 부정경쟁방지법(제2조 제6항) 등의 내용과도 대체로 일치한다[윤선희·김지영·조용순, 영업비밀보호법, 제3판(2019), 법문사, 80쪽].
2) 부정경쟁방지법 제2조 제2호.
3) 박준석, "영업비밀의 부정공개 및 이후의 침해행위에 대한 고찰", 인권과 정의 통권 479호, 대한변호사협회(2019), 479쪽.
4) 지식재산권재판실무편람 집필위원회, 지식재산권재판 실무편람, 사법연수원(2020), 283쪽.
5) 대법원 2009. 7. 9. 선고 2006도7916 판결, 대법원 1996. 12. 23. 선고 96다16605 판결 등.
6) 서울중앙지방법원 2022. 2. 11 선고 2017가합589394 판결, 서울남부지방법원 2022. 1. 28. 선고 2020가합113014 판결, 서울중앙지방법원 2022. 1. 14. 선고 2019가합574792 판결 등 다수.
7) 그 밖에 납품과 관련한 부정공개행위 사안으로 서울중앙지방법원 2020. 6. 18. 선고 2018가합561461(반소) 판결 등이 있다.
8) 대법원 2004. 9. 23. 선고 2002다60610 판결.

문에 기술 개발 양상에 비추어 보았을 때 원고 프로그램이 어느 정도 독자적인 형태로 웹페이지 프로그램을 개발하였는지 아니면 외부의 선행하는 프로그램이 가상자산 관련 프로그램 업계에서 널리 이용되어 있고 원고 프로그램이 여기서 다소 수정을 가한 것에 불과하였는지 등을 들여다 볼 필요는 있어 보인다.

한편 경제적 유용성 즉, 정보가 '독립된 경제적 가치를 가진다'는 의미는, 그 정보의 보유자가 그 정보의 사용을 통해 경쟁자에 대하여 경쟁상의 이익을 얻을 수 있거나 또는 그 정보의 취득이나 개발을 위해 상당한 비용이나 노력이 필요하다는 것인바, 어떠한 정보가 위와 같은 요건을 모두 갖추었다면, 위 정보가 바로 영업활동에 이용될 수 있을 정도의 완성된 단계에 이르지 못하였거나, 실제 제3자에게 아무런 도움을 준 바 없거나, 누구나 시제품만 있으면 실험을 통하여 알아낼 수 있는 정보라고 하더라도, 위 정보를 영업비밀로 보는데 장애가 되는 것은 아니다.[9] 대상판결은 상당한 시간과 노력을 들여 원고 프로그램의 소스코드를 제작한 것으로 보이는 점, 가상자산 거래소 웹 솔루션 제작 경험이 없는 경쟁업체에서 원고 프로그램의 소스코드를 활용한다면 노력, 비용 등을 최소화할 수 있다는 점을 들어 경제적 유용성이 있다고 보았다.

마지막으로 비밀관리성, 즉 '상당한 노력에 의하여 비밀로 유지된다'는 것은 그 정보가 비밀이라고 인식될 수 있는 표시를 하거나 고지를 하고, 그 정보에 접근할 수 있는 대상자나 접근 방법을 제한하거나 그 정보에 접근한 자에게 비밀준수의무를 부과하는 등 객관적으로 그 정보가 비밀로 유지·관리되고 있다는 사실이 인식 가능한 상태인 것을 말한다.[10] 여기서 해당 대상을 비밀로 관리할 의사로 해당 영업비밀 보관 장소로의 출입을 금지 또는 제한하거나, 비밀취급자를 지정하거나, 상대방에게 비밀준수의무를 지키도록 강제하는 등의 방법으로 비밀을 유지·관리하고 있다면 비밀관리성이 인정된다.[11] 대상판결은 원고 프로그램에서 재배포 방지를 위한 암호화 코드 소프트웨어를 적용한 점, 피고와 원고 프로그램 공급계약을 체결하면서 피고에게 위 프로그램을 재판매하거나 소스코드를 제3자에게 공개해서는 안 되며 이를 원고 사전 동의 없이 제3자에게 유출해서는 안 된다는 내용의 비밀유지의무를 부과한 점 등에 비추어 비밀관리성이 인정된다고 보았다.

3. 피고 프로그램이 원고 프로그램을 토대로 개발되었는지, 그것이 영업비밀 침해행위에 해당하는지

통상 부정경쟁방지법 제2조 제3호 라.목의 부정공개 또는 사용행위는 원래 영업비밀을

9) 대법원 2008. 2. 15. 선고 2005도6223 판결.
10) 대법원 2008. 7. 10. 선고 2008도3435 판결.
11) 지식재산권재판실무편람 집필위원회, 지식재산권재판 실무편람, 사법연수원(2020), 281쪽.

유지하여야 할 의무가 있는 자가 이를 사용하거나 공개하였을 때 그 해당성이 인정되므로 구체적인 사안에서 해당 영업비밀을 그대로 사용하였다면 부정공개행위에 해당할 것인데, 이 사건에서는 피고가 원고 프로그램이 아니라 피고 프로그램을 따로 제작하여 사용하였으므로 원고는 피고 프로그램이 독자적으로 제작된 것이 아니라 원고 프로그램을 토대로 개발되었는지를 따로 증명할 책임이 발생하게 되므로 대상판결에서는 별개의 요건으로 이를 심리하였다.

대상판결은 감정인의 감정결과를 주요 증거로 하여 원고 프로그램과 피고 프로그램에 있는 테이블 이름이 상당수 유사한 점, 해당 테이블의 데이터 속성이 동일하기는 쉽지 않음에도 데이터 속성도 상당수 같은 점, 데이터베이스 컬럼 설명의 오타마저 유사하고 양 프로그램에서 사용하는 외부 오픈소스 구성과 내용이 상당수 유사한 점 등을 토대로 피고 프로그램은 원고 프로그램에 의거하여 제작되었다고 보았다.

나아가 대법원은 '영업비밀의 "사용"은 영업비밀 본래의 사용 목적에 따라 상품의 생산·판매 등의 영업활동에 이용하거나 연구·개발사업 등에 활용하는 등으로 기업활동에 직접 또는 간접적으로 사용하는 행위로서 구체적으로 특정이 가능한 행위를 가리킨다. 그리고 영업비밀인 기술을 단순 모방하여 제품을 생산하는 경우뿐 아니라, 타인의 영업비밀을 참조하여 시행착오를 줄이거나 필요한 실험을 생략하는 경우 등과 같이 제품 개발에 소요되는 시간과 비용을 절약하는 경우 또한 영업비밀의 사용에 해당한다.'[12]고 보고 있는바, 대상판결은 피고가 피고 프로그램을 제작하는 과정에서 원고 프로그램을 활용하여 제품 개발에 소요되는 시간과 비용을 절약한 것으로 보인다고 보고 피고의 행위는 결국 부정한 이익을 얻을 목적으로 영업비밀을 사용한 것으로, 부정경쟁방지법 제2조 제3호 라.목에서 정한 '영업비밀 침해행위'에 해당한다고 보았다.

4. 손해액 계산

부정경쟁방지법 제14조의2 제2항에서는 '영업비밀 침해행위 등으로 영업상의 이익을 침해당한 자가 제5조 또는 제11조에 따른 손해배상을 청구하는 경우 영업상의 이익을 침해한 자가 그 침해행위에 의하여 이익을 받은 것이 있으면 그 이익액을 영업상의 이익을 침해당한 자의 손해액으로 추정한다.'고 보아 그 손해액의 입증을 쉽게 할 수 있도록 추정 규정을 따로 두고 있는데 위 조항에 따르면 피고가 위 4개의 업체에 피고 프로그램을 판매한 대금을 손해액으로 보아 원고가 피고를 상대로 그 손해배상을 구할 수 있을 것으로 보인다. 그럼에도 원고가 위 조항에 따르지 않고 굳이 같은 법 제3항에 따라 원고 본인이 원고 프로

12) 대법원 2019. 9. 10. 선고 2017다34981 판결 참조.

그램을 판매할 경우 통상 받을 수 있는 금액을 손해액으로 구한 것은 아마 피고가 피고 프로그램을 원고 프로그램의 금액보다 염가로 판매하였기 때문인 것으로 보인다.

대상판결은 '저작권자가 당해 저작물에 관하여 사용계약을 체결하거나 사용료를 받은 적이 전혀 없는 경우라면 일응 그 업계에서 일반화되어 있는 사용료를 저작권 침해로 인한 손해액 산정에 있어서 기준으로 삼을 수 있겠지만, 저작권자가 침해행위와 유사한 형태의 저작물 사용과 관련하여 저작물사용계약을 맺고 사용료를 받은 사례가 있는 경우라면, 그 사용료가 특별히 예외적인 사정이 있어 이례적으로 높게 책정된 것이라거나 저작권 침해로 인한 손해배상청구 소송에 영향을 미치기 위하여 상대방과 통모하여 비정상적으로 고액으로 정한 것이라는 등의 특별한 사정이 없는 한, 그 사용계약에서 정해진 사용료를 저작권자가 그 권리의 행사로 통상 얻을 수 있는 금액으로 보아 이를 기준으로 손해액을 산정함이 상당하다. 이때 저작권자가 침해행위와 유사한 형태의 저작물 사용과 관련하여 저작물사용계약을 맺고 사용료를 받은 사례가 반드시 저작권침해 행위의 이전의 것이어야 하거나 2회 이상 있어야 되는 것은 아니다'라는 대법원 2013. 6. 27. 선고 2012다104137 판결을 인용하면서 위 대법원 판결은 저작권법 제125조 제2항에 관한 것이나, 조문의 구조 및 내용의 유사성에 비추어 부정경쟁방지법 제14조의2 제3항에도 위 법리가 그대로 적용될 수 있다고 보고, 원고가 피고에게 원고 프로그램을 100,000,000원에 공급하였는데 위 금액이 이례적으로 높게 책정된 것으로 보이지 않으므로, 원고의 손해액은 피고 프로그램의 수량 6개에 원고 프로그램의 사용대가 100,000,000원을 곱한 금액으로 산정할 수 있다고 보았다.

Ⅲ. 대상판결의 평가

대상판결은 원고의 가상자산 거래소 프로그램이 부정경쟁방지법상 영업비밀에 해당하고 피고 프로그램이 위 원고 프로그램을 토대로 만들어졌으므로 그 손해를 배상할 책임이 있다고 보았다. 그런데 대상판결은 이 사건에서 문제된 가상자산 거래소 프로그램에 대하여 소스코드, 테이블 이름, 데이터 속성 등 보통의 컴퓨터 프로그램의 경우와 마찬가지로 판시를 하였고 가상자산 거래의 특수성을 감안하지는 않은 것으로 보인다. 결론적으로 문제는 없어 보이기는 하나, 가상자산 산업의 측면에서 그 특성과 내용, 거래관행 등을 들여다 볼 필요는 있어 보인다. 앞으로는 위 영업비밀과 관련하여 가상자산 거래소 프로그램뿐만 아니라 가상자산 발행 시스템, 블록체인 산업, 채굴기 산업 등 다방면에서 법적 문제가 제기될 것으로 보이는데 대상판결은 최초로 제기된 가상자산 관련 영업비밀 침해 관련 본안판결로 의미가 있어 보인다.

[60] 시스템 오류로 롤백을 한 가상자산 거래소의 책임

—서울동부지방법원 2022. 6. 9. 선고 2021가합105802 판결, 2022. 6. 25. 항소취하로 확정—

[사실 개요]

1. 피고는 소프트웨어 개발업, 전자화폐 개발업 등을 목적으로 하는 법인으로서 원화로 가상화폐 거래를 할 수 있는 거래소('원화마켓')를 운영하는 한편, 싱가포르 법인 Ark 운영하는 가상화폐 거래소인 USDT, ETH 및 BTC 마켓의 오더북(가상화폐 시장 중 특정 시장에 존재하는 구매자와 판매자의 모든 매도 및 매수 주문을 기록한 전자목록을 말한다)을 연동하여 피고의 회원들이 USDT, ETH 및 BTC 마켓을 이용할 수 있도록 서비스를 제공하였다. 원고는 피고의 회원으로서 피고가 제공하는 서비스를 이용하여 가상화폐 거래를 한 자이다.
2. A는 2021. 3. 25. 한국 시간 기준으로 6:00부터 8:00까지 시스템 점검을 위해 A 플랫폼 내 모든 가상화폐 거래를 정지하였다(이하 '거래 정지'라 하고, 그 정지된 시간을 '거래 정지 시간'). 그러나 시스템 오류로 인해 위 시스템 점검 도중 거래가 가능하게 되었고, 원고는 위 거래 정지 시간에 USDT 및 BTC 마켓에서 가상화폐 거래를 하였다.
3. A는 2021. 4. 1. 거래 정지 시간에 시스템 오류로 이상 거래가 진행되었음을 이유로, 원고의 가상화폐 보유 상태를 이상거래가 발생하기 전인 2021. 3. 25. 7:04의 시점으로 되돌리는 이 사건 롤백을 하였다.
4. 원고는 피고를 상대로, 법률상 원인 없이 이루어진 이 사건 롤백으로 인해 피고는 2021. 3. 25. 7:04의 직전 거래시점인 2021. 3. 25. 6:42부터 이 사건 롤백을 한 2021. 4. 1.까지 원고의 가상화폐 증감액 총 200,485,321원 상당의 부당이익을 얻었다고 하면서 이에 대한 반환청구를, 선택적으로 시스템 점검 및 거래정지에 대한 사전공지 의무 미이행, 가상화폐 인출 요구에 대한 즉시 반환 의무의 거절 내지 이행불능으로 인한 위 200,485,321원 상당의 손해배상을 청구하였다.
5. 이에 대해 피고는 자신은 이 사건 롤백의 주체가 아니어서 당사자 적격이 없다는 본안전 항변을, 본안에 대하여는 책임을 부인하였다.

[판결 요지]

1. 본안전 항변에 관한 판단

피고는, 이 사건 롤백을 한 주체는 피고가 아니라 A이므로 피고에 대한 이 사건 소는 당사자적격이 없는 자에 대한 것으로 부적법하다는 취지의 본안전 항변을 한다. 그러나 이행의 소에서는 소송물인 이행청구권을 주장하는 자와 그에 의하여 이행의무자로 지정된 자가 당사자적격이 있고, 실제로 이행청구권이 존재하는지 여부는 본안심리를 거쳐서 판명되어야 할 사항에 불과하므로, 원고가 피고에 대하여 부당이득반환 또는 손해배상금 지급을 구하고 있는 이상 피고는 당사자적격이 있다고 보아야 한다. 따라서 피고의 위 주장은 이유 없다.

2. 본안에 관한 판단

가. 부당이득반환청구에 관한 판단

원고는, 피고가 이 사건 롤백으로 인해 원고가 이 사건 롤백 이전에 보유하던 가상화폐와 이 사건 롤백 시점에 보유하던 가상화폐 사이의 증감액 상당의 이익을 얻었음을 전제로 부당이득반환청구를 한다. 그러나 이 사건 롤백으로 인해 원고가 거래 정지 시간 중 매수한 가상화폐는 다시 그 매도인에게로, 매도한 가상화폐는 다시 원고에게로 각 환원되는 결과가 발생하였을 뿐, 그로 인해 피고가 어떠한 이익을 얻었음을 인정할 아무런 증거가 없다. 따라서 원고의 위 주장은 더 나아가 살펴볼 필요 없이 이유 없다.

나. 손해배상청구에 관한 판단

1) 피고가 손해배상책임의 주체가 될 수 있는지 여부

먼저, 피고는 이 사건 롤백에 관한 책임 주체가 될 수 없다고 주장하므로 이에 관하여 살펴본다. A가 이 사건 롤백을 하고 원고와 피고에게 위 롤백 조치에 관하여 공지한 사실은 인정된다.

그러나 비록 피고에게 USDT 및 BTC 마켓에서 이루어진 거래에 관한 전산을 임의로 조작할 권한이 없다 하더라도, 피고는 A의 한국지사로서 설립되었다고 보이는 점, 원고는 피고의 회원으로서 피고가 유상으로 제공하는 서비스를 이용하여 피고의 거래소에서 가상화폐 거래를 하던 중 이 사건 롤백 조치를 받은 점, 원화마켓에서 매수한 BTC 가상화폐를 BTC 마켓에서 매도하거나 BTC 마켓에서 매수한 BTC 마켓을 원화마켓에서 매도하는 등 원화마켓과 그 외의 다른 마켓들은 유기적으로 연결되어 있어 거래소 관리에 관한 책임 주체를 각 마켓별로 명확히 구분하기 어려운 점 등을 고려하면, 피고는 자신이 운영하는 거래소에서 거래가 발생한 이상 그 거래가 어느 마켓에서 발생하였는지 관계없이 그 거래를 관리할 책임을 부담한다고 봄이 타당하다. 따라서 피고의 위 주장은 이유 없다.

2) 피고의 손해배상책임 발생 여부

가) 피고가 원고를 포함한 피고의 회원들에게 A의 시스템 점검 및 이로 인한 거래 정지에 관한 공지를 하지 않은 사실은 당사자 사이에 다툼이 없다. 먼저, 이러한 피고의 공지의무 불이행 내지 과실로 인하여 원고가 그 주장의 손해를 입게 된 것인지 여부에 관하여 보건대, 피고가 만일 이 사건 당시 원고를 비롯한 피고의 회원들에게 A의 시스템 점검 및 이로 인한 거래 정지에 관한 공지를 제대로 전달함으로써 가상화폐 거래소 관리자로서의 주의의무를 위반하지 아니하였더라면, 원고는 거래 정지 시간 중 가상화폐 거

래를 하지 않았을 것으로 보아야 하므로, 이 경우 원고가 주장하는 이행이익 상당의 손해는 발생할 여지가 없다. 따라서 피고의 관리책임의 소홀 또는 주의의무 위반으로 인하여 원고가 입은 손해는 존재하지 않고, 설령 원고에게 어떠한 손해가 있다 하더라도 이는 거래 정지 시간 중 시스템 오류로 이루어진 거래로 인해 얻은 반사적 이익의 환원에 불과하여 원고 주장의 위 손해와 피고의 위 주의의무 위반 등의 과실과 사이에 인과관계가 있다고 볼 수 없다.

나) 나아가, 원고는 피고의 가상화폐 반환의무 이행거절로 인한 손해배상을 청구하므로 이에 관하여 살피건대, 피고는 현재 원고가 보유하고 있는 가상화폐에 관하여만 반환의무를 가지는데, 이 사건 롤백 이후 원고는 그 인출을 요구하는 가상화폐를 보유하고 있지 아니하므로, 피고에게 원고가 주장하는 가상화폐를 반환할 의무 자체가 발생하지 않는다.

덧붙여, 채무자의 이행거절이 채무불이행으로 인정되기 위해서는 채무를 이행하지 아니할 채무자의 명백한 의사표시가 위법한 것으로 평가되어야 하는데(대법원 2015. 2. 12. 선고 2014다227225 판결 등 참조), ① A는 2021. 3. 23. A의 전체 회원들을 대상으로 A의 공식 커뮤니티를 통해 시스템 점검으로 인한 거래 정지 시간에 관하여 공지를 한 점, ② 실제로 A의 거래소에서는 위 공지된 시간에 대체로 거래가 정지되었으나 시스템 오류로 인하여 A 거래소의 일부 사용자들 사이에 거래가 이루어진 점, ③ 이 경우 거래 정지 시간에 거래를 하지 못한 사용자들과 거래를 한 사용자들 사이에 형평의 문제가 발생할 것으로 보이는 점, ④ 이에 A는 거래 정지 시간에 시스템 오류로 이루어진 거래들을 이상거래로 보아 그 거래들 이전의 상태로 일괄적으로 롤백 조치를 한 것으로 보이는 점 등을 고려하면, 이 사건 롤백은 A가 그 거래소의 시스템 오류를 바로 잡아 복구한 것에 불과할 뿐, 그것을 위법하다고 평가하기는 어려우므로, 이 사건 롤백으로 인해 원고가 더 이상 보유하고 있지 않은 가상화폐의 반환을 거절한다고 하여 그 반환거절에 위법성이 있다고 볼 수도 없다. 따라서 원고의 이 부분 주장은 이유 없다.

다) 마지막으로, 가상화폐 반환의무 이행불능으로 인한 손해배상청구에 관하여 보건대, 설령 이 사건 롤백으로 인해 원고가 위 롤백 이전에 보유하던 가상화폐를 반환받을 수 없게 되었다 하더라도, 앞서 본 바와 같이 이 사건 롤백은 A가 그 거래소의 시스템 오류를 바로 잡아 복구한 것에 불과하여 그 위법성이 없을 뿐만 아니라, 피고가 거래 정지 시간에 관한 공지를 제대로 전달하였다면 원고가 거래 정지 시간에 거래하지 않음으로써 이 사건 롤백이 이루어질 여지도 없었을 것이므로, 이 사건 롤백 및 이에 따른 위 반환의무 이행불능에 관한 피고의 귀책사유도 인정할 수 없다. 따라서 원고의 이 부분 주장 역시 이유 없다.

해설

Ⅰ. 대상판결의 쟁점

대상판결에서 원고는 원화마켓 거래소를 운영하는 피고의 회원으로서 거래 정지 시간 중임에도 시스템 오류로 거래를 하게 되었고, 이에 피고의 본사 격인 싱가포르 법인 A가 원고의 가상화폐 보유 상태를 이상거래 발생 전 시점으로 되돌리는 이 사건 롤백 조치를 하게 되었다. 그런데 이 사건 롤백 조치와 이상거래 직전 거래 사이에 1주일 정도의 시간적 간격이 생기자 가상화폐 보유상태나 가격의 변동이 발생하였고, 원고는 그 감소액에 대하여 피고를 상대로 부당이득반환청구, 손해배상청구를 하게 되었다.

피고는 이 사건 롤백의 주체는 A이므로 당사자적격이 없다고 본안전항변을 하기도 하였지만, 이행의 소에서 피고적격은 원고에 의해 이행의무자로 지정된 자에게 있으므로 위 항변은 받아들여지지 않았다.

대상판결은 본안에 대한 원고의 청구도 모두 기각하였는데, 부당이득반환청구와 관련하여서는 피고의 이익 취득 여부, 손해배상청구와 관련하여서는 피고가 이 사건 롤백의 주체가 아님에도 손해배상책임의 주체가 될 수 있는지 여부, 시스템 점검 및 이로 인한 거래 정지에 관한 공지 의무 불이행과 손해발생 사이의 인과관계 유무, 이행거절 내지 이행불능 성립 여부가 문제되었다.

Ⅱ. 대상판결의 분석

1. 부당이득반환청구에 관한 판단

법률상 원인없이 타인의 재산 또는 노무로 인하여 이익을 얻고 이로 인하여 타인에게 손해를 가한 자는 그 이익을 반환하여야 한다(민법 제741조). 부당이득반환청구가 성립하기 위해서는 수익자에게 이익이 있어야 하는데, 수익은 방법에 제한이 없음은 물론 그 수익에 있어서도 그 어떠한 사실에 의하여 재산이 적극적으로 증가하는 재산의 적극적 증가나 그 어떠한 사실의 발생으로 당연히 발생하였을 손실을 보지 않게 되는 재산의 소극적 증가를 가리지 않는다(대법원 1995. 12. 5. 선고 95다22061 판결 등 참조).

대상판결에서 원고는, 피고가 이 사건 롤백으로 인해 원고가 이 사건 롤백 이전에 보유하던 가상화폐와 이 사건 롤백 시점에 보유하던 가상화폐 사이의 증감액 상당의 이익을 얻었다고 주장하였다.

롤백이란 일반적으로 시스템 오류, 이상거래 등이 발생하여 블록체인 네트워크에 유효하지 않은 데이터가 있을 때 이를 바로잡기 위해 특정 시점의 기존 데이터로 되돌리는 것을 의미하는 것으로, 이 사건의 경우에는 구체적으로는 거래 정지 시간 동안 이루어진 이상거래를 무효로 돌려 이상거래로 원고가 매수한 가상화폐는 다시 그 매도인에게로, 매도한 가상화폐는 다시 원고에게로 돌리는 조치를 취하게 된다. 이러한 롤백의 정의와 롤백을 하는 이유 등을 고려하면, 원고가 주장하는 가상화폐의 증감액 상당액을 거래소인 피고가 취득하는 것은 아니라고 보는 것이 타당하다. 대상판결도 피고가 어떠한 이익을 얻었음을 인정할 증거가 없다는 이유로 이 부분 주장을 받아들이지 않았다.

한편, 이상거래라 하더라도 거래가 발생한 이상 원고는 거래시마다 피고에게 일정 금액의 수수료를 지급하였을 것이므로 해당 수수료 상당에 대하여는 피고가 이익을 취득한 것으로 평가할 수도 있을 것이나, 해당 소송에서 이러한 주장은 없었던 것으로 보인다.

2. 손해배상청구에 관한 판단

(1) 피고의 손해배상책임 주체성 여부

대상판결에서 피고는 이 사건 롤백 조치는 A가 한 것으로 자신은 당사자적격이나 손해배상책임의 주체에 해당하지 않는다는 주장을 하였다. 이에 따라 대상판결은 해당 부분에 대하여 특별히 판단을 하였다.

채무불이행에 기한 손해배상책임에서 손해배상책임은 계약상 의무를 위반하여 상대방에게 손해를 입힌 자가 부담한다 할 것이므로, 이 사건에서 피고가 손해배상책임의 주체가 되는지는 피고가 원고에 대하여 문제가 되는 계약상 의무를 부담하는지, 해당 의무를 위반하여 원고에게 손해를 입혔는지로 귀결된다.

대상판결은 해당 부분에 대한 판단을 하면서, 피고가 원고에 대하여 일정한 계약상 의무를 부담하는 주체라고 판단하면서 그 근거가 되는 여러 사정들을 설시하였다. 즉, 피고가 A의 한국지사로 보이는 점, 원고는 피고의 회원으로서 피고가 유상으로 제공하는 서비스를 이용하여 가상화폐 거래를 하던 중 이 사건 롤백 조치를 받은 점, 원화마켓과 그 외 다른 마켓들이 유기적으로 연결되어 있어 거래소 관리에 관한 책임 주체를 각 마켓별로 명확히 구분하기 어려운 점 등을 고려하면, 피고 운영의 거래소에서 거래가 발생한 이상 어느 마켓에서 거래가 발생하였는지 관계없이 거래를 관리할 책임을 부담한다고 보았다. 피고는 원고와 거래소 이용계약을 체결하고 거래시마다 수수료를 지급받으면서 원고의 요청에 따라 원화 내지 가상자산의 지급, 송금 등을 해야 할 의무를 부담한다고 할 것이고, 그 일환으로 거래소에 대한 전반적인 관리의무를 부담한다고 볼 것이므로 이 사건 롤백 조치의 주체와 무관하게 피고에게 계약상 의무 위반이 있다면 그로 인한 손해배상책임을 부담함이 합리적일 것이다.

(2) 피고의 관리책임 소홀 또는 주의의무 위반 여부

피고는 원고를 포함한 피고의 회원들에게 A의 시스템 점검 및 이로 인한 거래 정지에 관한 공지를 하지 않아 계약상 의무를 위반하였다고 주장하였고, 실제 그러한 공지는 없었던 것으로 보인다.

이에 대해 대상판결은 ① 만일 피고가 시스템 점검 및 거래 정지 공지를 하였더라면 원고는 가상화폐 거래를 하지 않았을 것이어서 원고가 주장하는 이행이익 상당의 손해 발생의 여지가 없어 피고의 의무 위반으로 인한 원고의 손해는 없고, ② 설령 원고에게 손해가 있다 하더라도 이는 거래 정지 시간 중 시스템 오류로 이루어진 거래로 인해 얻은 반사적 이익의 환원에 불과하여 원고 주장의 위 손해와 피고의 위 주의의무 위반 등의 과실과 사이에 인과관계가 있다고 볼 수 없다고 판시하였다.

채무불이행으로 인한 손해배상의 범위를 정함에 있어서는 채무불이행과 손해와의 사이에 자연적 또는 사실적 인과관계가 존재하는 것만으로는 부족하고 이념적 또는 법률적 인과관계, 즉 상당인과관계가 있어야 한다(대법원 2012. 1. 27. 선고 2010다81315 판결 참조). 대상판결은 피고가 공지를 하였더라면 원고가 거래를 하지 않았을 것이므로 공지의무위반과 손해 사이는 인과관계가 없다는 취지로 설시하였다. 그러나, 피고가 공지를 하였더라도 공지방식 등에 따라 원고가 이를 인지하지 못하고 거래를 하였을 가능성, 공지를 보았음에도 거래를 시도하였을 가능성을 배제할 수 없으므로 위와 같은 설시는 다소 부적절해 보이기도 한다. 그러나 결론적으로 원고가 주장하는 손해는 시스템 오류로 인해 이루어진 이상거래를 바로 잡으면서 발생한 것일 뿐 손해라고 보기는 어려우므로 대상판결의 해당 부분 결론은 타당해 보인다.

(3) 피고의 이행거절 내지 이행불능 해당 여부

원고는 피고가 원고의 가상화폐 반환요청에도 이를 이행거절 하였다고도 주장하였다. 원고는 피고와의 거래소 이용계약에 따라 피고에게 원화 또는 특정 가상자산의 대한 지급 내지 송금 요청을 하면 피고는 즉시 이에 응할 의무를 부담한다고 할 것이고, 만일 원고의 위와 같은 요청에 대해 미리 이행하지 아니할 의사를 종국적으로 표시한다면 피고에게 이행거절이 성립할 것이다. 그런데 이러한 이행거절 역시 채무의 존재를 전제로 하는 것인데, 이 사건 롤백 조치가 적절하고 유효한 조치인 이상 원고에게는 이 사건 롤백 조치 이후 보유하게 된 가상화폐에 대하여만 매도, 인도, 송금 등의 권리가 있다 할 것이다. 그러나 원고는 이 사건 롤백이 효력이 없다는 전제하에 이 사건 롤백 전 보유하던 가상화폐에 대한 반환청구를 한 것으로 보이는바, 이에 대하여 원고는 이에 대해 아무런 권리가 없으므로 피고 역시 의무를 부담하지 않는다고 봄이 타당하다.

대상판결은 추가로 피고의 이행거절의 의사표시가 위법하지 않다고도 설시하였다. 이행거절이 채무불이행으로 되기 위해서는 이행거절 의사표시가 위법하여야 한다고 하는 것이 판례의 입장이다(대법원 2015. 2. 12. 선고 2014다227225 판결 등 참조). 그런데 대상판결에서 피고는 이 사건 롤백 조치로 인해 원고가 보유하지 않게 된 가상화폐에 대하여 이행거절을 한 것이고, 위 롤백 조치는 적절한 조치이므로 이행거절 역시 위법하지 않다고 보아야 할 것이다.

마지막으로 대상판결은 이러한 롤백 조치가 적절하고 유효한 조치임을 전제로 피고의 가상화폐 이행불능에 대해 피고에게 귀책사유가 없다고도 판단하였다.

정리하면 대상판결은 이 사건 롤백 조치가 적법하므로 피고는 원고에게 이 사건 롤백 조치 전에 원고가 보유한 가상화폐를 지급할 의무가 없고, 나아가 피고에게 어떠한 이행거절 또는 이행불능 등 채무불이행이 있다고 가정 하더라도 위법하거나 피고에게 귀책사유가 없어 손해배상책임을 부담하지 않는다고 보았다.

Ⅲ. 대상판결의 평가

대상판결은 거래 정지에도 불구하고 시스템 오류로 거래가 이루어져 이를 바로잡기 위해 거래소를 운영하는 피고의 본사가 이 사건 롤백 조치를 취한 것에 대한 한국지사 격인 피고의 책임유무에 관한 사안이다. 결과적으로 이 사건 롤백 조치는 잘못된 결과를 바로 잡기 위한 조치로서 적절하고 유효한 조치에 해당하므로 원고가 롤백 전 소유한 가상화폐에 대하여 어떠한 권리도 행사할 수 없다고 본 대상판결은 타당하다. 대상판결은 적법한 롤백의 경우 회원의 거래소에 대한 권리의 변동, 롤백 조치로 인해 보유 가상자산이 감소한 경우 손해의 유무 등 롤백 조치로 발생할 수 있는 여러 쟁점에 대한 판단이 이루어져 관련 사건에서 참고가 될 것이다.

[61] 휴면계정상태에서 가상자산 예약매도주문이 체결된 경우 가상자산거래소의 책임유무

—서울중앙지방법원 2022. 7. 13. 선고 2021가합557516 판결,

서울고등법원 2028773으로 항소 중—

[사실 개요]

1. 원고는 2017. 12. 경 피고 운영의 이 사건 거래소의 회원으로 가입하여 자신의 이름으로 이 사건 계정을 개설하였고, 그 이후로 이 사건 거래소를 이용하여 가상자산 거래를 하였다.
2. 원고는 2019. 10. 10. 가상화폐(이하 '이 사건 코인'이라 한다) 약 41,523개에 대해 지정가 매도주문(20,761.5개에 대해 개당 1,433원, 나머지 20,761.5개에 대해 개당 1,599원, 이하 '이 사건 매도주문'이라 한다)을 하였다. 당시 원고가 보유한 이 사건 코인의 개수는 69,456개였다.
3. 원고는 2019. 11.경부터 이 사건 거래소에 접속하지 않았다. 피고는 2020. 11. 4.경 원고에게 원고가 1년 이상 접속을 하지 않아 원고의 개인정보를 분리 · 보관(이른바 '휴면화')하였다고 통지(이하 '이 사건 통지'라 한다)하였다.
4. 이 사건 코인 중 41,523개가 이 사건 매도주문에 따라 2021. 1. 27. 및 2021. 1. 28.에 걸쳐 62,822,984원(=20,761.5개 × 1,433원 + 20,761.5개 × 1,599원)에 매도거래(이하 '이 사건 매도거래'라 한다)가 이루어졌고 그 거래금액이 이 사건 계정에 지급되었다.
5. 원고는 2021. 3. 18. 피고에게 요청하여 이 사건 계정을 다시 활성화하고 이 사건 거래소에 접속하였는데, 위 계정에 이 사건 코인이 27,933.3989397개(≒ 69,456개 – 41,523개), KRW포인트(현금으로 교환이 가능한 피고가 인정한 가상의 지급수단)가 62,831,732원이 있음을 알게 되었다.
6. 원고는 2021. 8. 5. 피고에게 손해배상금(원고가 이사건 거래소에 재접속한 2021. 3.기준 이 사건 코인의 합계 가액에서 이 사건 매도거래로 수령한 매매대금을 제외한 잔액)의 지급을 구하는 이 사건 소를 제기하였는데 주된 주장은 다음과 같다.

가. 채무불이행 책임

이 사건 거래소를 이용하는 회원들에게 적용되는 기본약관(이하 '이 사건 약관'이라 한다)은 제8조 제4항, 제17조 제4항 제2호에서 12개월 이상 로그인하지 않은 계정에 대해 피고가 계정 정지 조치를 취할 의무가 있고 계정이 정지되는 경우 전자지갑을 통한 거래를 할 수 없다고 정하고 있다. 그러나 피고는 위 약관을 위반하여 이 사건 매도거래가 이루어지게 하였으므로 채무불이행책임이 성립한다.

나. 불법행위 책임

개인정보보호법상 원고가 정보통신서비스를 1년의 기간 동안 이용하지 않을 경우 그 개인정보를 분리, 보관하는 등 필요한 조치를 하여야 하는데 이를 하지 않아 이 사건 매도거래가 이루어졌다. 이 사건 계정이 휴면화되는

경우 휴면계정에서는 서비스이용이 불가한데 이 사건 매도거래가 이루어졌다. 따라서 피고가 업무처리를 잘못하여 원고가 손해를 입었으므로 불법행위 책임이 성립한다.

[판결 요지]

1. 아래의 사정을 종합하면 피고에게 채무불이행 책임은 성립하지 않는다.

가. 계정의 '휴면화'와 '정지'는 구별되는 개념이고, 피고는 이 사건 계정을 '정지'한 것이 아니므로 이와 다른 전제에 있는 원고의 주장은 받아들일 수 없다.

나. 이 사건 약관은 제8조 제4항에서 회원이 일정기간 접속한 기록이 없는 경우 개인정보를 분리·보관할 수 있다고 정하고 있고, 계정이 도용당하는 등의 사정으로 인하여 회원에게 발생할 수 있는 사고를 예방에 따른 절차, 즉 계정정지를 할 수 있다고 정하고 있다. 즉, 피고 회원의 계정이 장기간 미접속으로 휴면화되었다고 하더라도 피고가 그 계정을 반드시 정지를 해야 하는 것은 아니고 위와 같은 특별한 사정이 있는 경우에 계정정지에 나아갈 수 있다.

다. 계정이 정지된 회원들은 전자지갑을 통한 거래를 할 수 없을 뿐 아니라 그 사유에 따라 KRW포인트 입금 및 출금 중단, 로그인 불가 등 강력한 제한조치를 받을 수도 있다.

라. 1년 이상 접속한 기록이 없다는 사유만으로 피고가 일률적으로 위와 같은 조치를 해야 한다는 것은 회원들에게 지나치게 가혹하여 구체적 타당성에 부합하지도 않는다.

마. 이 사건 약관에서는 계정정지 사유를 24가지로 열거하고 피고는 계정을 정지하기에 앞서 해당 회원에게 그 사유, 일시 및 기간을 전자우편, SMS의 방식으로 통지하고 회원은 서비스 이용 제한에 대해 통지일로부터 7일간 이의를 신청할 수 있다고 정하고 있다(제17조 제1항). 그러나 원고에게 위 정지사유가 발생했다고 볼 자료도 없고, 피고가 원고에게 계정정지에 대한 소명절차를 밟았다고 볼 증거도 없다.

바. 이 사건 약관에서는 계정을 휴면화 하는 경우의 효과에 대해 명시적으로 정하고 있지는 않다. 그러나 이 사건 약관은 제21조에서 약관 및 서비스 이용에 관한 중요한 사항을 계정에 등록된 이메일을 발송하는 방법으로 통지할 수 있다고 정하고 있고, 피고는 2020. 11. 4. 이 사건 통지를 통해 ① 서비스 이용에 필요한 최소한의 개인정보가 분리·보관되었다는 점, ② 휴면상태에서는 서비스 이용이 불가능하다는 점, ③ 이 사건 매도주문이 자동으로 취소되지 않는다는 점을 알렸다.

사. 원고는 피고가 이 사건 계정이 휴면화 된 기간 중에는 매도거래가 이루어지지 않게 했어야 한다고 주장하나, 피고는 이 사건 통지를 통해 원고에게 계정이 휴면화 된 이후에도 이 사건 매도주문이 취소되지 않을 것이라는 점을 고지하였다. 원고는 피고가 이 사건 계정이 활성화 된 후 이 사건 매도주문을 유지할지 여부에 관한 의사를 원고에게 재차

확인할 의무가 있었다는 취지로 주장하나, 이 사건 약관에서 피고의 그와 같은 의무를 정하고 있는 내용을 찾아볼 수 없다.

2. 아래의 사정을 종합하면 피고의 행위가 위법하다거나 피고의 행위와 원고 주장 손해사이에 상당인과관계가 존재하지 아니하여 피고에게 불법행위 책임은 성립하지 아니한다.

가. 이 사건 거래소와 같은 가상화폐거래소는 그 특성상 이용자들이 장기간 미이용하더라도 잔고를 회수하거나 다시 거래를 하기 위한 목적에서 재이용할 가능성이 높다는 특징이 있고, 이용자가 거래되지 않은 매도주문을 1년 이상의 기간 동안 취소하지 않고 있다면 그 이용자는 여전히 그 매도주문이 체결될 것을 여전히 희망하는 것으로 볼 여지가 많다. 따라서 매도주문에 따른 효력을 그대로 유지하는 것은 회원들의 추정적 의사에 부합하므로 그에 필요한 필요최소한의 개인정보는 서비스 중인 DB에 남겨둘 필요가 있다.

나. 피고는 이 사건 통지를 통해 원고에게 휴면화 이후 그와 같은 조치가 이루어질 것임을 알리기도 하였다.

다. 이 사건 거래소에서 이루어지는 매도거래는 매도 주문이 있고 그 매도가격에 매수하려는 회원이 있는 경우 즉시 체결되는 구조이다. 이 사건 코인과 같은 가상자산은 그 가상자산이 보관된 전자지갑의 주소를 알더라도 그 주소를 사용하는 사람의 인적사항을 알 수 없다는 특징이 있고, 매도거래가 이루어지는 과정에서 회원의 개인일련번호가 처리되기는 하지만 이는 이 사건 계정의 아이디 그 자체가 아니라 난수화된 숫자이거나 해시(hash)값의 형태를 띠고 있어 그 자체로 원고를 식별할 수는 없다. 즉, 매도거래가 이루어졌다는 사정만으로 피고가 필요최소한을 넘어서는 양의 개인정보를 분리·보관하지 않고 이용했다거나 그 보호조치를 이행하지 않았다고 단정할 수 없다.

라. 원고는 2019. 10. 10.경 이 사건 매도주문을 하였으나 원고가 지정한 가격에 응하는 매수자가 나타나지 않아 한동안 매도가 이루어지지 않았고 원고가 1년 이상 이 사건 거래소에 접속을 하지 않아 원고의 계정은 휴면화되기에 이르렀다. 이 사건 계정이 휴면화된 것은 원고의 자발적 의사에 기한 것이고 원고는 이 사건 계정이 휴면화 되고 나서도 재접속하여 활성화할 수 있었으나 위와 같은 조치를 취하지 않았다.

마. 피고는 이 사건 통지를 통해 휴면화 기간 중 이 사건 매도주문에 따른 거래가 이루어질 수 있다는 점을 고지하기도 했다.

바. 원고가 주장하는 손해는 원고가 이 사건 계정을 활성화 하여 원하는 시점에 이 사건 코인을 처분하여 얻을 수 있는 시세차익에 상당한 금원인데, 원고가 그 차익을 누리지 못하게 된 것은 이 사건 매도주문, 그리고 그 효력을 유지하기로 한 원고의 선택이 보다 근본적인 원인이었다고 판단된다.

해설

이 사건 판결에 대해 원고가 항소하여 항소심 계류중인 상태이다. 이 사건 판결에 대한 해설 역시 집필자의 개인적 의견에 불과하다는 점을 밝혀둔다.

Ⅰ. 12개월 이상 로그인 하지 않은 계정에 대해 계정정지조치를 하여야 할 의무가 있는지 여부

1. 피고 회사의 약관 내용 발췌

제8조(서비스 이용방법 및 주의점)

④ 회사는 법령에서 정하는 기간 동안 회원이 서비스를 이용하기 위하여 로그인 혹은 접속한 기록이 없는 경우 회원이 등록한 전자우편, SMS 등 기타 유효한 수단으로 통지 후 회원의 정보를 파기하거나 분리·보관할 수 있고, 이로 인하여 서비스 이용을 위한 필수적인 정보가 부족할 경우 이용계약이 해지될 수 있습니다. 또한 회원이 서비스에 일정 기간 이상 로그인하지 아니할 경우 회원의 계정이 도용당하는 등의 사정으로 인하여 회원에게 발생할 수 있는 사고를 예방하기 위하여 회사는 회원의 서비스 이용에 필요한 추가 정보를 요구할 수 있고 특히 12개월 이상 로그인하지 아니할 경우 회사는 제17조 제4항의 규정에 따른 절차에 착수할 수 있습니다.

제17조(서비스 이용제한 및 유의사항)

① 회사는 아래의 기준에 따라 회원의 서비스 이용을 제한할 수 있습니다. 이 경우 회사는 그 사유, 일시 및 기간을 정하여 회원이 기재한 정보에 따른 전자우편, SMS등의 방법으로 통지하고, 회원은 회사의 서비스 이용제한에 대하여 통지일로부터 7일간 이의를 신청할 수 있습니다.

구분	정지사유	해제조건	정지효력
서비스 제한 (로그인 외 서비스 이용불가)	• 명의(연락처)미확인 • 회원이 미성년자 또는 민법상 제한능력자임이 확인된 경우 • 해킹/사기사고 발생(긴급제한 요청시 해당내용으로 간주) • 사고회원 관련자(또는 관련된 것으로 의심할만한 합리적 이유가 있는 자) • 결제보안 연속오류 • 탈퇴신청 • 범죄행위에 이용되 는경우 • 부당한 이익을 얻기 위하여 시세조종등의 행위,시장의 질서를 교란하는 행위등을 하는 경우 • 기타관리자가 정상적인 서비스 제공에 심각한 장애(DDos, 인증 받지 아니한 방법으로의 접속, 채굴에	정지사유 해결 또는 관리자 판단	로그인 이외의 일체의 거래중단, KRW포인트 입금 및 출금중단

	따른 트래픽발생 등을 포함하고, 이에 제한되지 아니합니다)를 유발하는 것으로 판단하는 경우		
로그인 제한	• 비밀번호연속오류 • 해킹/사기사고 발생 • 명의도용으로 의심되는 경우 • 법원 및 정부기관의 요청이 있는 경우 • 거래과정에서 발생한 오류정보의 확인 요청을 거부하는 등 부정이용행위가 있는 것으로 의심되는 현저한 사정이 있는 경우 • 동일한 명의의 사용자가 계정을 2개 이상 신청/보유/사용하는 것으로 확인되는 경우 • 회원이 제3자에게 계정의 이용을 허락하거나 계정을 대여하는 등 실제이용자와 회원의 명의가 일치하지 아니한 것으로 의심되는 경우	정지사유 해결 또는 관리자 판단	로그인불가
일부 서비스 (가상자산출금, KRW환전 등) 제한	• 본인인증절차의 이행을 전제하는 서비스임에도 불구하고 회사가 요청하는 본인인증절차를 이행하지 아니하는 경우 • 자금세탁방지의무위반 및 또는 통신 사기등 범죄에 이용되었거나, 부정한 이용 또는 비정상적인 거래를 위하여 서비스를 이용하는 것으로 의심되는 현저한 사정이 있는 경우 • 회사의 서비스고객지원과정에서 회원이 누적하여 3회 이상 회사의 직원 또는 회사의 업무처리를 위탁받은 자에게 폭언/고성 등의 행위를 하고, 이로 인하여 회사의 직원 또는 회사의 업무처리를 위탁받은 자가 원활한 고객지원이 불가능하다고 판단하는 경우 • 회사의 서비스고객지원과정에서 안내된 절차를 이행하지 아니하거나, 회원의 서비스요청에 따라 회사가 필요로 하는 회사의 요청을 거부하는 경우 • 회원이 제3자에게 계정의 이용을 허락하거나 계정을 대여하는 등 실제이용자와 회원의 명의가 일치하지 아니한 것으로 의심되는 경우 • 서비스 이용정책변경에 따른 유예기간이 도과되었음에도 불구하고 변경된 정책에 따른 서비스를 이용하기 위한 회원정보 등이 충족되지 아니한 경우 • 대한민국의 정부기관 및 금융회사에서 회원의 계정이 자금세탁방지의무를 위반하였거나 통신 사기등 범죄에	정지사유 해결 또는 관리자 판단	관리자가 지정한 서비스이용 제한

	이용된 것으로 통지하는 경우 • 법원의 판결, 결정, 명령 및 또는 수사기관의 수사협조에 따라 회사의 회원에 대한 서비스 제공이 중단되는 경우		

④ 회사가 회원의 계정 사용을 제한하는 경우 회원은 회사에 대하여 아래와 같은 의무를 부담합니다.

1. 계정정지시 회사는 계정에 대한 자체 조사를 실시하며 회원은 회사의 조사에 적극적으로 협력해야 합니다.
2. 계정정지시 회원은 계정에 KRW 포인트 충전 또는 인출을 할 수 없으며 각종 전자지갑을 통한 거래를 할 수 없습니다.
3. 계정에 대한 자체 조사 종료 후 회사는 재량에 따라 7일 간의 사전통지 후 회원 계정 사용을 제한할 수 있고 회사는 이 같은 결정에 대한 이유를 통지하며 회원은 이에 대한 소명절차를 가질 수 있습니다.

2. 휴면계정과 계정정지는 다른 개념으로 약관에 기재에 따르더라도 12월 이상 로그인하지 않았다고 하여 반드시 약관 17조 4항에 따른 계정정지 조치를 해야 한다고 할 수 없다.

이 사건 판결에서도 1년 이상 접속기록이 없다는 사유만으로 일률적으로 로그인 불가 등과 같은 강력한 제한 조치를 해야 한다는 것은 구체적 타당성에 부합하지 않고, 피고가 원고에게 계정정지를 위한 소명절차를 밟았다는 증거도 없으므로 원고의 계정정지를 해야 함에도 계정정지를 하지 않았다고 볼 수 없다고 판시하였다.

Ⅱ. 휴면계정상태에서는 가상자산예약매수신청이 자동으로 중지되는지 여부

1. 원고는 휴면계정 상태에서는 아무런 서비스 이용이 되지 아니할 것으로 기대하였고, 가상자산 예약매도신청 역시 수행되지 않을 것으로 생각하였으나 휴면계정상태에서 원고의 예약매도신청은 조건이 충족되어 원고의 가상자산은 매도되었다. 계정정지와 휴면계정은 다른 의미이고, 휴면계정 상태에서도 가상자산 예약매도신청이 취소되지 않고 실행될 것이라는 것은 약관 기재에 비추어 분명하다.

2. 피고는 2020. 11.경 원고에게 서비스 이용에 필요한 최소한의 개인정보가 분리보관되었고, 휴면상태에서는 서비스 이용이 불가능하며 이 사건 가상자산예약매도주문이 자동으로 취소되지 않는다는 점을 통지하였다. 피고는 원고의 계정을 휴면상태로 전환하면서 기왕에 원고가 한 가상자산예약매도주문을 취소할 의무가 없을 뿐 아니라 해당 주문을 취

소할 권한도 가지고 있지 않는다.

3. 휴면상태에서는 서비스 이용이 불가능하도록 한 것은 장기간 계정에 접속하지 않는 경우 해킹 등 보안위험이 커지지 때문으로 계정이 휴면상태에서는 고객이 자신의 자산과 관련한 요청을 할 수 없도록 한 것이다. 장기간 서비스를 이용하지 않은 고객이 새로이 자신의 계정에 접속하여 자신의 자산과 관련하여 매수 및 매도를 하는 경우에는 바로 해당 서비스를 이용할 수 없고, 자신이 해당 고객이 맞다는 소명을 추가적으로 요구하여 고객을 해킹이나 보안위험에서 보호하도록 하는 것이 휴면상태에서의 서비스 이용 중지의 목적이다. 이러한 휴면상태에서의 서비스 이용 중지의 목적이나 필요성에 비추어 보면 휴면상태 이전의 가상자산매도신청은 고객 계정이 휴면상태로 전환된다고 하여 바로 취소된다고 볼 수 없다.

4. 휴면상태로 전환되는 경우 해당 고객의 가상자산매수주문 혹은 매도주문이 자동으로 취소된다는 것은 거래소가 고객의 의도와 무관하게 주문에 개입하는 것으로 이러한 취소가 가능하려면 첫째 약관에 분명하게 그러한 기재가 있어야 하고, 둘째 그러한 주문취소가 고객에게 유리하여야 하며, 셋째 주문취소가 사람이 취소입력을 하는 것이 아니라 자동화되어 처리되어야 할 것이다. 그러나 이 사건에서는 오히려 피고의 약관에 고객의 계정이 휴면상태가 되더라도 자동으로 주문이 취소되지는 않는다고 기재되어 있고, 그러한 주문취소가 고객에게 유리하다고 볼 수도 없으며, 고객계정이 휴면상태가 되는 경우 피고의 전산시스템에서 해당 고객계정의 주문을 정지 혹은 취소하도록 프로그래밍된 바도 없다.

Ⅲ. 결론

1. 원고의 계정이 휴면상태가 되는 경우 원고가 휴면상태 이전에 주문한 가상자산매도주문이 자동으로 취소된다는 명확한 약관규정이 없고, 원고는 자신의 계정이 휴면상태가 되었더라도 이를 해제하고 자신이 휴면상태 이전에 한 가상자산매도 주문을 취소할 수 있었다.

2. 원고의 계정이 휴면상태가 되었음에도 원고가 휴면상태 이전에 한 가상자산매도주문이 체결되도록 한 것은 약관에 위배된다고 볼 수 없으므로 채무불이행책임은 성립하지 아니하고, 휴면상태에서 가상자산매도주문이 체결되었다고 하여 거래소인 피고가 위법한 업무처리를 하였다고 볼 수도 없으므로 불법행위책임도 부담하지 아니한다.

3. 현재 이 사건은 항소심 계류중인바 항소심에서 어떤 새로운 쟁점이 부각되어 결론이 달라질 가능성이 있으므로 그 추이를 살펴볼 필요가 있다.

[62] 가상자산 거래소 플랫폼 제작계약의 법적 성격 및 이행 여부

— 서울고등법원 2022. 7. 21. 선고 2021나2014425 판결, 확정 —

[사실 개요]

1. 원고와 피고는 2018. 7.경부터 가상화폐거래소 플랫폼 개발·공급계약의 체결을 위하여 접촉하고 있었고, 피고는 2018. 7. 24.경 원고에게 위 계약의 내용에 관하여 다음과 같이 제안하였다.
   가. SPECIAL 버전은 P2P, 즉 개인과 개인 간 거래(중앙집중형 P2P 또는 탈중앙형 P2P 중 선택) 또는 중앙집중형(원화마켓, 코인과 코인 거래 가능) 중 하나만 선택해서 설치가 가능하다.
   나. PRO 버전은 P2P + 중앙집중형, 즉 자동/수동 거래가 버튼 하나로 거래소에서 거래 실행이 가능하다.
   다. SPECIAL 버전은 P2P 거래만 가능한 거래소와 중앙집중형 거래만 가능한 거래소 사이트가 각각 생성되는 반면, PRO 버전은 하나의 거래소 내에서 위의 두 가지 방식의 거래가 모두 가능하다.
2. 원고와 피고는 2018. 8. 9. 피고가 원고에게 '가상화폐거래소 플랫폼 PRO 버전'을 개발하여 주기로 하는 내용의 프로그램 개발·공급계약(이하 '이 사건 계약', 이 사건 계약의 목적물을 '이 사건 프로그램')을 대금 350,000,000원(부가가치세 별도)으로 하여 체결하였다
3. 원고는 2018. 8. 10. 피고에게 이 사건 계약에서 정한 착수금에 해당하는 계약금액의 80%인 3억 800만 원을 지급하였다. 피고는 당초 원고에게 2018. 10. 26.경 가상화폐거래소 사이트를 오픈하기로 약속하였으나 일정이 순연되어 2018. 9. 10.경과 2018. 10. 26.경 원고에게 이 사건 프로그램의 시연을 하였다.
4. 원고는 2018. 10. 30.경부터 2018. 11. 16.경까지 여러 차례에 걸쳐 피고에게 이 사건 프로그램의 기능상 문제점들에 관하여 수정·보완을 요구하였고, 피고는 원고에게 2018. 11. 23.까지 피고의 자체 테스트를, 2018. 11. 26.경부터 원고의 테스트를 각각 거치고 2018. 11. 30.까지 최종 점검을 마친 후 2018. 12. 3. 가상화폐거래소 사이트를 오픈하겠다고 약속하였다.
5. 원고는 2018. 11. 23. 피고에게 피고가 약속한 2018. 11. 30. 18:00까지 이 사건 프로그램 개발을 완료한 후 완료 통지를 하여 줄 것과 완료 통지 이후에는 피고의 시스템 접근을 차단하겠다는 취지를 통보하였다. 이후 피고는 2018. 11. 26. 원고에게 이메일로 이 사건 프로그램에 관한 '가상화폐거래소 웹사이트 구축에 대한 완료보고서 및 프로젝트 산출물 리스트'를 발송하면서 프로그램 개발을 완료하였다는 취지를 통지하였다.
6. 원고는 피고로부터 위 2018. 11. 26.자 이메일을 송부받은 후 피고의 거래소 서버접속을 차단하였고, 2018. 11. 29. 피고에게 '2018. 11. 30.까지 당초 약정한 내용대로 이 사건 프로그램의 개발을 완료하고 원고에게 공급할 것을 최고하고 이를 이행하지 아니할 경우 이 사건 계약을 해제하겠다'는 내용의 내용증명우편을 발송하였으며, 위 내용증명우편은 2018. 11. 30. 피고에게 도달하였다.

7. 피고가 2018. 11. 30.경 원고에게 이 사건 계약을 모두 이행하였으므로 잔금을 지급하여 달라는 취지를 통보하자, 원고는 2018. 12. 3. '피고의 채무불이행으로 인하여 이 사건 계약을 해제한다'는 내용의 내용증명우편을 발송하였고, 위 내용증명우편은 2018. 12. 4. 피고에게 도달하였다.
8. 이에 원고는 피고를 상대로 이 사건 계약은 도급계약이고, 이 사건 계약의 목적물은 '탈중앙형 P2P' 방식의 거래소 플랫폼의 개발임을 전제로 ① 피고는 '탈중앙형 P2P' 방식이 아닌 '중앙집중형 DB' 방식의 플랫폼을 제작·공급하였고, ② 그 외에도 이 사건 계약에서 정한 플랫폼 설치완료, 커스터마이징 완료, 교육, 인수인계, 검수완료, 그랜드오픈의 4가지 단계를 모두 제대로 이행하지 않았으므로 이 사건 계약에 따라 원고는 이 사건 계약을 해제하였다고 주장하며 원상회복으로 이미 지급된 개발비 3억 800만 원의 지급을 구하였다.
   반면, 피고는 이 사건 계약은 프로그램 저작권 사용권 설정계약이고, 이 사건 계약의 목적물은 '중앙집중형' 방식과 '중앙집중형 P2P' 방식이 하나의 거래소 내에서 이루어지는 거래소 플랫폼으로 이에 대한 제작·공급을 완료하였다고 주장하며, 원고를 상대로 잔금 및 지연손해금의 지급을 구하는 반소를 제기하였다.
9. 이에 제1심 법원[서울중앙지방법원 2019가합589322(본소), 2019가합558486(반소)]은 원고의 본소청구는 기각하고, 피고의 반소청구를 기각하였다. 이에 원고가 제1심판결에 불복하여 항소하였고, 위 해제에 기한 원상회복청구 외에 예비적으로 피고의 불완전한 채무이행을 통한 하자 있는 목적물 제공을 이유로 민법 제667조 제2항 또는 민법 제390조에서 정한 손해배상청구를 추가하였다.

[판결 요지]

1. 이 사건 계약의 목적물 및 법적 성격

가. 이 사건 계약의 목적물

아래 사정들 종합하여 보면, 이 사건 계약의 목적물은 원고 주장의 '탈중앙형 P2P' 방식이 아니라 피고 주장의 '중앙집중형 P2P' 방식과 '중앙집중형' 방식이 결합된 가상화폐 거래소 플랫폼이라고 봄이 상당하다.

① P2P 방식을 가상화폐거래와 결합할 경우 구체적으로 어떠한 형태의 거래가 P2P 거래를 의미하는 것인지에 관하여는 법령에 명문으로 규정되어 있지 않을 뿐만 아니라 업계에 통일적인 관행이 존재한다고 볼 수도 없다.

원고는 피고가 피고 주장의 '중앙집중형 P2P' 방식이 구현된 가상화폐거래소 플랫폼을 제작하여 공급한 사실 자체는 인정하고 있으므로, 위와 같은 사정에 비추어 이 사건 프로그램에 P2P 거래 방식 자체가 구현되어 있지 않다고 볼 만한 근거는 충분하지 않다.

② 피고가 2018. 7. 24. 원고에게 "PRO 버전은 2018 ICT K-AWARDS 디지털 콘텐츠 솔루션 부문 대상(장관상)이 확정되었고 현재 가상화폐거래소 P2P 기능은 국내 최초 적

용/도입이라 특허 진행 중에 있습니다."는 내용이 기재된 이메일을 발송하였다거나, 홈페이지나 블로그 등을 통하여 원고 주장의 '탈중앙형 P2P' 방식의 가상화폐거래소 플랫폼에 관한 홍보를 하였다고 하더라도, 그와 같은 사정만으로는 원고와 피고가 이 사건 계약의 목적물로 '탈중앙형 P2P' 방식의 거래소플랫폼을 제작하여 공급하기로 합의하였다고 볼 수 없고, 달리 이를 인정 할 증거가 없다.

③ 피고는 2018. 5.경 가상화폐거래소 운영 프로그램인 '가상화폐거래소 플랫폼 프로 버전'이라는 솔루션을 개발하여 출시하였고, 자체적으로 이를 설치하여 '굿비트'라는 가상화폐거래소를 열어 운영하는 등 위 솔루션을 홍보하였다. 피고가 보유하고 있는 '가상화폐거래소 플랫폼 프로 버전' 저작권은 '중앙집중형' 방식의 자동거래와 '중앙집중형 P2P'방식의 수동거래가 하나의 거래소 내에서 이루어지도록 설계되어 있는 솔루션이다.

④ 이 사건 계약서에는 계약의 목적물로 '가상화폐거래소 플랫폼 PRO 버전'이라고만 기재되어 있을 뿐 원고가 주장하는 '탈중앙형 P2P' 방식의 거래가 가능한 가상화폐거래소 플랫폼이 계약의 목적물로 기재되어 있지 않고, 원고가 계약에 관한 교섭과정이나 계약 체결 무렵 피고에게 '탈중앙형 P2P' 거래가 가능한 방식으로 프로그램을 구현해 달라는 취지의 의사표시를 하였음을 인정할 만한 자료는 없다.

⑤ 원고 측도 피고가 설명한 수동거래 방식이 'P2P' 방식에 해당하고 이 사건 프로그램에 피고 주장의 수동거래인 '중앙집중형 P2P' 방식이 구현될 예정이라는 사실도 잘 알고 있었던 것으로 보이고, 이 사건 계약 체결일로부터 상당한 기간이 경과하여서야 비로소 이의를 제기하였다.

나. 이 사건 계약의 법적 성격

소프트웨어 개발·공급계약은 통상 도급계약에 해당하는 점(대법원 1996. 7. 30. 선고 95다7932 판결, 대법원 1998. 3. 13. 선고 97다45259 판결 참조), 이 사건 계약서에는 원고의 피고에 대한 대가 지급의무가 "사용료"가 아닌 "착수금", "잔금"으로 표현되어 있는 점, 원고와 피고가 이 사건 계약의 목적물에 관하여 사용기간과 정기적인 사용료의 지급을 약정한 바 없는 점, 이 사건 계약서 제6조에 의하면, 원고는 피고의 동의를 받아 이 사건 프로그램을 제3자에게 양도할 수 있는 등 일정한 처분권한을 가지는 점, 피고가 기존의 거래소 플랫폼 소프트웨어의 저작권을 보유하고 있었다고 하더라도, 이 사건 계약의 목적물은 위 소프트웨어 자체가 아니라 원고와의 합의에 따라 원고가 원하는 사업내용 등에 부합하도록 상당 부분 그 내용이 변경된 소프트웨어인 것으로 보이는 점 등에 비추어 보면, 이 사건 계약은 프로그램 저작권 사용권 설정계약이 아니라 피고가 원고에게 가상화폐거래소 플랫폼을 개발하여 공급하는 내용의 도급계약이라고 봄이 상당하다.

3. 본소청구에 관한 판단

가. 이 사건 계약의 목적물이 원고 주장의 '탈중앙형 P2P' 방식의 가상화폐거래소 플랫폼이 아니라 피고 주장의 '중앙형 P2P' 방식의 가상화폐거래소 플랫폼인 사실은 앞서 본 바와 같으므로, 피고가 '탈중앙형 P2P' 방식의 가상화폐거래소 플랫폼을 제작·공급하지 않았다는 이유로 이 사건 계약을 해제한다는 원고의 주장은 이유 없다.

그 밖의 여러 의무 불이행으로 인한 해제권 발생 주장 역시 이유 없다.

나. 원고가 주장하는 이 사건 프로그램 관련 하자 내지 불완전이행을 인정할 증거가 부족함을 앞서 판단한 바와 같으므로, 이와 다른 전제에 선 원고의 예비적 본소청구 부분 주장은 더 나아가 살필 필요 없이 이유 없다.

4. 반소청구에 관한 판단

소프트웨어 개발·공급계약은 기본적으로 도급계약의 성격을 갖고 있어, 수급인은 원칙적으로 일을 완성하여야 보수를 청구할 수 있고, 도급계약에서 일의 완성에 관한 주장·증명책임은 일의 결과에 대한 보수의 지급을 구하는 수급인에게 있다. 그리고 도급계약에서 일이 완성되었다고 하려면 당초 예정된 최후의 공정까지 종료하였다는 점만으로는 부족하고 목적물의 주요부분이 약정된 대로 시공되어 사회통념상 일반적으로 요구되는 성능을 갖추고 있어야 하며, 개별적 사건에 있어서 예정된 최후의 공정이 종료하였는지 여부는 수급인의 주장에 구애됨이 없이 당해 계약의 구체적 내용과 신의성실의 원칙에 비추어 객관적으로 판단할 수밖에 없으므로, 보수의 지급을 청구하는 수급인으로서는 그 목적물 제작에 관하여 계약에서 정해진 최후 공정을 종료하였다는 점뿐만 아니라 그 목적물의 주요부분이 약정된 대로 시공되어 사회통념상 일반적으로 요구되는 성능을 갖추고 있다는 점까지 주장·증명하여야 한다(대법원 2006. 10. 13. 선고 2004다21862 판결 참조).

원고가 2018. 11. 26. 피고로부터 이 사건 프로그램 완료보고서 등을 받은 이후 피고의 서버 접속을 차단하고 계약내용이 아닌 '탈중앙형 P2P 방식'을 고집하며 그러한 방식으로 이 사건 프로그램이 제작되지 않았음을 주된 원인으로 이 사건 계약을 해제하는 등 후속 작업을 거부하였기 때문에, 피고가 2018. 11. 26. 이후 계획한 교육 및 인수인계 과정 등 원고의 협조가 필요한 일부 공정을 수행하지 못하였고, 원고가 주장하는 이 사건 프로그램 관련 하자 내지 불완전이행을 인정할 증거가 부족한 점 등에 비추어 보면, 이 사건 프로그램은 이 사건 계약에서 정한 목적물의 주요부분이 약정된 대로 제작되어 사회통념상 일반적으로 요구되는 성능을 갖추고 있고, 이 사건 계약의 내용과 신의성실의 원칙에 비추어 피고가 2018. 11. 26.경 프로그램의 개발을 일응 완료하고 원고에게 결과물인 이 사건 프로그램을 인도하여 이 사건 계약에서 정한 일을 완성하였다고 봄이 상당하므로, 원고는 피고에게 이 사건 계약에서 정한 잔금 7,700만 원(= 부가가치세를 포함한 계약금액 3억 8,500만 원 × 20%)을 지급할 의무가 있다.

해설

Ⅰ. 대상판결의 의의 및 쟁점

대상판결은 가상자산 거래소 플랫폼 제작과 관련된 소송이다. 제작을 의뢰한 원고는 이 사건 계약의 목적물이 '탈중앙형 P2P' 방식임을 전제로 여러 계약불이행을 주장하며 계약의 해제에 따른 원상회복청구, 손해배상청구를 한 반면, 이 사건 프로그램을 제작한 피고는 이 사건 계약의 목적물이 '중앙집중형' 방식과 '중앙집중형 P2P' 방식이 혼합된 형태의 것이라고 주장하며 약정한 플랫폼을 제작하여 원고에 공급하였다면서 잔금 지급을 구하였다. 이에 제1심은 원고의 본소청구는 배척하고 피고의 반소청구는 전부 받아들였는바, 항소심인 대상판결 역시 제1심판결의 결론을 그대로 유지하였다.

대상판결에서는 피고의 여러 계약상 의무 불이행 여부가 문제되었으나, 가장 문제가 된 부분은 계약의 주된 목적인 이 사건 계약의 목적물 자체의 공급 여부였고, 이는 이 사건 계약의 목적물이 무엇인지와 직접 관련이 있는 내용으로, 해당 부분이 가장 비중 있게 다루어졌다.

Ⅱ. 대상판결의 분석

1. 가상자산 거래소의 거래 방식

가상자산의 거래는 블록체인 기술을 기초로 이루어지는데, 주지하다시피 블록체인은 개별 노드(node)들의 자발적이고 자율적인 연결에 의해 피투피(P2P) 방식으로 작동하여, 탈중앙화를 가장 중요한 특징으로 가진 기술이다. 이러한 블록체인의 기술을 이용하여 탈중앙화된 여러 시스템이 등장하였고, 나아가 탈중앙화 애플리케이션인 디앱(DApp, Decentralized Application), 탈중앙화 금융인 디파이(Decentralized Finance, DeFi), 탈중앙화된 자율조직인 다오(Decentralized Autonomous Organization) 등 다양한 분야가 등장하고 있다.

그러나, 가상자산 거래소의 경우 탈중앙 방식보다 중앙집중형 방식으로 운영되는 경우가 많다. 탈중앙 방식(DEX, Decentralized Exchange)은 중개인이나 관리자 없이 개인이 직접 중개자 역할을 하는 거래 방식으로 개인 간 금융(P2P, Peer-to-Peer) 방식으로 거래가 이루어진다. DEX는 구매자와 판매자의 거래를 중계하는 역할을 수행하는 형태로서 거래대금의 거래소에 대한 에스크로 구조가 존재하는 방식으로 거래소에 자금을 맡길 필요가 없고, 거래소는 가상자산과 비밀키를 개인이 관리하게 되며 해킹으로부터의 보안에 강하다고 평가받는다. 그러나 DEX는 운영주체가 없어 관리에 어려움이 있고, 개개의 거래마다 블록체인에 기록되게 되어 수수료가 많이 들고 시간이 소요되며, 초보 거래자가 접근하기 어려운 단점이 있다. 이에 반해 중앙집중형 방식(CEX, Centralized Exchange)은 구매자와 판매자가 모두 신뢰하는 제3자(가상자산 거래소)를 통해 가상자산의 거래가 이루어지는 방식으로 거래시 거래소의 데이터베이스(DB)에 장부상으로만 거래가 이루어진 것으로 기록되는 방식으로 처리가 되고 가상자산의 입출금시에도 거래소 지갑에서 입출금이 이루어지는 방식으로, 거래가 끝나더라도 거래소가 구매자의 현금과 판매자의 가상자산을 보유하는 방식으로 이루어진다. CEX는 중앙화된 서버에 거래내역을 기록, 보관하는 것으로 해당 서버에 대한 해킹으로 가상자산 탈취 등이 이루어질 수 있는 치명적인 단점이 있으나, 위와 같은 거래방식으로 인해 가상자산 거래시마다 블록체인에 기록을 할 필요 없어 그에 따라 발생하는 수수료 비용과 시간을 줄일 수 있고, 초보 거래자가 비교적 손쉽게 접근할 수 있는 큰 장점이 있어, 대부분의 가상자산 거래소는 CEX 방식을 취하고 있는 것이다.

2. 이 사건 계약의 목적물

이 사건에서 피고는 원고에게 가상자산 거래소 플랫폼 개발 업무를 의뢰하였는데, 계약에서 정한 가상자산 거래소 플랫폼이 탈중앙형 방식인지, 중앙집중형 방식인지가 당사자 사이에 다투어졌다. 원고는 탈중앙형 방식이라고 주장하면서 피고의 계약 불이행을 이유로 한 계약해제 내지 하자담보책임 등 손해배상책임을 주장한 반면, 피고는 계약의 목적물이 중앙집중형 방식으로 해당 방식의 플랫폼을 제작하여 원고에게 공급하였다고 주장하며 오히려 잔금 지급을 구하였다. 이 사건 계약의 목적물이 무엇인지는 결국 당사자 사이의 의사해석의 문제로 귀결된다. 특히 대상판결과 같이 계약의 목적물이 특정방식의 가상자산 거래소 플랫폼인 경우에는 처분문서의 계약서의 내용과 계약 체결 경위, 계약 체결 및 이행의 전후 상황 뿐만 아니라 가상자산 거래소 운영방식에 관한 일반적인 법규정 내지 관행의 존부, 통상적인 가상자산 거래소가 채택하는 방식 등도 충분히 고려되어야 할 것이다.

이 사건 계약서에는 계약의 목적물로 가상자산거래소 플랫폼 PRO 버전이라고만 되어 있을 뿐 구체적인 거래 방식에 관하여는 아무런 기재가 없었다. 피고는 이 사건 계약 체결 전 탈중앙형 방식의 플랫폼 서비스를 원고에 홍보하기도 하였으나, 반면 피고가 저작권을 가지고 있었던 프로그램은 중앙집중형 방식이었고 그 또한 원고에 홍보하였던 것으로 보인다. 나아가 계약 체결 협상 과정, 계약 체결 직후의 회의 등에서는 중앙집중형 방식으로 구현될 것임을 전제로 한 논의내용도 존재하였고, 이에 대해 원고는 개발이 한창 진행 중이던 무렵까지도 이에 대하여 이의제기를 하지 않은 사실도 인정되었다. 이러한 처분문서의 내용이나 계약 체결 및 이행의 경위 등을 고려하면, 이 사건 계약의 목적물은 피고가 주장하는 중앙집중형 방식이라고 보는 것이 합리적일 것이다.

나아가 대상판결은 위와 같은 사정들 외에도, P2P 방식으로 구현되는 가상자산 거래소의 정의에 대한 별도의 규정이나 관행이 존재하지 않는 점도 하나의 근거로 제시하였는데, 현실적으로는 중앙집중형 방식의 가상자산 거래소가 다수임에도 탈중앙형 방식에 의한 거래소도 존재하는 점에서 위와 같은 고려는 타당해 보인다. 또한 위와 같이 탈중앙형 방식의 거래소 운영방식의 단점으로 인해 현재 주요 거래소들이 중앙집중형 방식으로 거래소를 운영하고 있는 점에서 계약서에 명문의 규정이 없는 이상 탈중앙형 방식의 플랫폼 제작에 관한 의사합치가 있었음을 인정하기는 어려웠을 것이다.

결과적으로 대상판결은 이 사건 계약의 목적물은 중앙집중형 방식의 가상자산 거래소 플랫폼이라고 판단하였다.

3. 이 사건 계약의 법적 성격 및 계약 이행여부

이 사건 계약의 법적 성격에 관하여도 쟁점이 되었다. 원고는 이 사건 계약을 도급계약이라고 주장하였고, 피고는 프로그램 저작권 사용권 설정계약이라고 주장하였다. 원고는 이 사건 계약의 목적물이 탈중앙형 방식의 가상자산 거래소 플랫폼으로 도급계약임을 주장하여 피고가 수급한 업무를 이행하지 못함을 이유로 해제 및 손해배상청구 등을 한 것으로 보이며, 피고는 이 사건 계약의 목적물이 자신이 저작권을 보유한 중앙집중형 방식의 가상자산 거래소 플랫폼으로 자신이 저작권을 가진 채 이용허락만 원고에게 한 것이라는 취지의 주장을 한 것으로 보인다.

도급계약은 당사자 일방이 어느 일을 완성할 것을 약정하고 상대방이 그 일의 결과에 대하여 보수를 지급할 것을 약정하는 계약(민법 제664조)으로 특히 대상판결과 같이 물건이 특정의 주문자의 수요를 만족시키기 위한 부대체물인 경우에도 통상 도급계약으로 취급된다. 저작권 사용권 설정계약은 저작권자가 저작권은 자신이 보유한 채 저작권을 제3자에 이용하도록 허락하는 것으로 이용허락에 의하여 이용자가 가지게 되는 권리는 채권에 불과하므로 제3자에 대하여는 그 권한을 주장할 수 없다. 이러한 저작물 사용권 설정계약은 크게 배타적 이용권을 부여하는 경우와 비배타적 이용허락을 부여하는 경우 등으로 나눌 수 있고, 배타적 이용권을 부여하는 경우에는 실질적으로 일정 기간 동안 이용권자에게 저작재산권의 일부분을 양도한 것과 같은 효과를 가져올 수 있는데, 그럼에도 제3자와의 관계에서는 저작재산권은 여전히 그대로 원래의 권리자에게 남아 있으므로 배타적 이용권자는 아무런 권리를 가지고 있지 않다.

위와 같이 이 사건 계약이 도급계약인지 저작물 사용권 설정계약인지에 따라 당사자에 미치는 법률효과가 매우 달라 이에 관한 판단은 신중하여야 할 것이고, 이를 판단할 경우에는 도급계약과 저작물 사용권 설정계약의 목적, 특성 등을 고려하여 계약의 구체적인 내용, 경위, 대가의 지급 내용, 당사자들의 의사, 목적물에 관한 완전한 소유권 이전 여부 등을 충분히 고려하여야 할 것이다.

대상판결의 경우, 이 사건 계약서에는 대가 지급의무로 '사용료'가 아닌 '착수금', '잔금' 등 도급계약에서 주로 사용되는 용어가 기재되어 있고, 특히 저작물 사용권 설정계약에서 핵심요소로 볼 수 있는 사용기간과 사용료의 정함이 별도로 없었으며, 원고는 피고의 동의를 받아야 하는 일정 제한이 있으나 처분권한 자체를 보유하고 있었고, 이 사건 계약의 목적물은 피고가 보유한 저작물 그 자체가 아니라 원고가 필요로 하는 내용을 반영하여 다소 변경된 형태의 프로그램이었던 사실 등이 인정되었는바, 이에 따르면 이 사건 계약은 프로그램 제작 및 공급계약으로 도급계약으로 봄이 타당해 보인다. 나아가 대상판결과 같이 지속적으로 사용하여야 할 가상자산 거래소 플랫폼 제작 및 공급계약의 경우에는 자신들이 특별히 필요로 하는 기능을 담아야 하고, 향후 필요에 따라 프로그램을 자유롭게 수정하여야 할 필요도 크며, 사업 도중 저작권자의 사용권 이용허락의 거부 등의 경우 거래소 운영에 큰 타격이 있을 수 있으므로 자유로운 저작물의 사용, 개작 등이 어렵고 채권적 권리만을 보유하게 되는 저작물 사용권 설정계약을 하였다는 점을 인정하는 것은 신중해야 할 필요가 있다.

대상판결 역시 해당 계약은 도급계약이라고 판단하였고, 이를 전제로 피고가 계약의 내용을 모두 이행하였다고 판단하여 원고의 여러 계약 의무 위반 주장은 모두 배척하고 피고의 잔금 지급 청구를 받아들였다.

Ⅲ. 대상판결의 평가

대상판결은 원고와 피고 사이의 가상자산 거래소 플랫폼 개발, 공급 계약의 목적물의 구체적인 내용이 무엇인지, 해당 계약의 성격이 어떠한지가 주로 문제가 되었다. 가상자산 거래소 플랫폼의 경우 많은 거래소가 중앙집중형 방식을 이용하고 있다고 하더라도 탈중앙형 방식을 이용하는 거래소 역시 그 수가 적지 않고 중앙집중형 방식에 비해 해킹으로부터의 보호 등 적지 않은 장점이 존재하는 만큼 가상자산 거래소 플랫폼 계약 체결시 그 방식을 분명히 정해 두는 것이 매우 중요하다. 또한 도급계약과 저작물 사용권 설정계약도 역시 당사자들에 미치는 효과가 매우 크므로 마찬가지의 신중을 기할 필요가 있다.

대상판결은 가상자산 거래소 플랫폼 개발, 공급계약에 있어서 당시의 규정과 관행의 존부, 계약서의 내용과 경위, 당사자들이 진정한 의사를 종합적으로 고려하여 이 사건 계약의 목적물의 성격을 확정하였다. 이러한 판단기준은 향후 유사 사건에서 참조할 만하다.

[63] 거래소 서버증설 미비로 인한 거래소의 책임 성부(비트코인캐시 급등락 사건)

—서울고등법원 2022. 8. 25. 선고 2020나2032211 판결—

[사실 개요]

1. 피고는 가상자산 거래소 사이트(이하 '이 사건 사이트')를 운영하는 회사이고, 원고들은 위 거래소에 가입하여 피고와 거래소 서비스 이용계약을 체결한 회원들이다.
2. 이 사건 사이트는 아래와 같은 역할을 담당하는 웹서버, API서버, DB서버(Master), DB서버(Slaver)로 구성되어 있고, 피고는 아래의 전산장애가 발생한 시점에 웹서버 20대, API서버 6대, DB서버(Master) 1대, DB서버(Slaver) 6대를 운영하고 있었다}.

   웹서버 : 회원의 단말기와 통신하여 회원이 이 사건 사이트에 접속할 수 있도록 도와주고 회원에게 호가 등 거래정보를 제공하며 매도·매수 주문 등의 접수를 지원한다.

   API서버 : 회원이 자신의 서버에 API(Application Programming Interface) 프로그램을 설치하고 이 사건 사이트에 접속하여 주문 등을 할 수 있도록 지원하는 서버로서 웹서버와 유사한 역할을 담당한다.

   DB서버(Master) : 매도·매수 주문 및 취소, 변경을 접수하여 실시간으로 주문 가액의 크기순으로 매도리스트와 매수리스트를 정렬하고 그에 따라 호가를 결정하여 매도주문과 매수주문을 연결함으로써 거래가 체결되도록 하는 역할을 담당하는 유일한 서버이다.

   DB서버(Slaver) : 회원에게 데이터베이스 정보를 제공하는 역할만을 담당하고, 매도·매수 주문, 취소, 변경의 접수나 거래의 체결에는 관여하지 않는다. 이 사건 사이트는 아래와 같은 역할을 담당하는 웹서버, API서버, DB서버(Master), DB서버(Slaver)로 구성되어 있고, 아래 그림은 서버의 구성을 도식화한 것이다{피고는 아래 제1의 다.항 기재 전산장애가 발생한 시점에 웹서버 20대, API서버 6대, DB서버(Master) 1대, DB서버(Slaver) 6대를 운영하고 있었다}.
3. 2017. 11. 11. 22시경부터 이 사건 사이트의 거래량이 증가하기 시작하여 2017. 11. 12. 11시 이후부터 시간당 주문량이 10만 건에서 16만 건 이상으로 지속되었다. 이와 같이 대량의 매도·매수 대기주문이 쌓여있는 상태에서 계속해서 많은 양의 주문이 추가로 접수됨에 따라 DB서버(Master)에 과부하가 발생하였고, 이로 말미암아 DB서버(Master)가 주문 접수, 거래 체결 등을 실시간으로 처리하지 못하여 거래가 지연되고 주문 접수를 시도하는 회원의 단말기에 "잠시 후 다시 시도해주세요" 등의 메시지(이하 '오류 메시지'이라 한다)가 전달되면서 주문이 접수되지 않는 '거래장애' 상태가 발생하였다.
4. 주문 접수, 거래 체결 등이 제대로 이루어지지 않자 회원들이 주문 요청을 반복적으로 시도함에 따라 웹서버에도 과부하가 발생하여 회원들이 이 사건 사이트에 접속하기 어려운 '접속장애' 상태로 발전하였다.

5. 2017. 11. 12. 15시부터 시간당 주문량이 20만 건을 넘어서고 오류 메시지 발생 비율이 50% 이상 되자(15시부터 15시 53분 34초 사이에 발생한 주문 건수는 합계 279,022건이고 그중 150,368건에 오류 메시지가 발생하여 오류 메시지 발생비율이 53.9%에 달하였다), 피고는 DB서버(Master) 데이터의 손상 위험이 있다고 판단하여 2017. 11. 12. 15시 53분 34초에 회원들에게 '전산장애'(시스템에 접속장애 또는 거래장애가 발생하거나 접속장애와 거래장애가 동시에 발생하여 더 이상 거래소 시스템을 운영하기 어려운 수준의 장애를 의미한다. 이하 '이 사건 전산장애'라 한다)가 발생하였음을 공지하고 주문 접수를 차단하는 등 서비스 전체를 일시적으로 중단하였다.
6. 피고는 서버 점검 및 메모리 리셋, 유입 트레픽 제어 등 시스템 안정화 조치를 취하고 대기 중인 매도 주문 2,249건과 매수 주문 4,831건을 모두 취소 처리한 다음 17시 31분 00초에 거래를 재개하였다.
7. 피고가 서비스를 일시적으로 중단하기 직전 비트코인캐시(BCH)의 최종 거래가격은 2,839,600원이었고, 거래 재개 후 1,972,500원에 최초 거래되었으며, 2017. 11. 13. 00: 00경 시세는 1,735,467원이었다.
8. 원고들은 피고를 상대로, '피고는 원고들과 맺은 서비스 이용계약에 따라 원고들이 이 사건 사이트를 통해 가상화폐 거래를 할 수 있도록 서비스를 제공하고 원활한 서비스 제공을 위해 시스템을 정상적으로 유지, 운영, 관리할 의무가 있다. 피고는 이 사건 전산장애가 발생할 수 있음을 예상할 수 있었음에도 사전에 적절한 방지 조치를 취하지 않아 이 사건 전산장애가 발생하였고, 이로 말미암아 원고들은 이 사건 사이트에 접속하거나 가상화폐의 매도·매수 주문을 할 수 없었다. 피고가 서비스 이용을 차단하여 거래가 중단된 시점인 2017. 11. 12. 15시 53분경과 이 사건 사이트의 시스템이 안정된 2017. 11. 13. 00: 00경 사이에 비트코인캐시(BCH), 이더리움 클래식(ETC) 등 가상화폐의 가격이 급락하였고, 이에 따라 원고들은 그 시세 차액 상당의 손해를 입었는바, 피고에 대하여 채무불이행을 원인으로 한 손해배상과 불법행위로 인한 손해배상을 선택적 청구원인으로 하여 손해배상금 및 이에 대한 지연손해금의 지급을 구한다.'는 취지로 소를 제기하였다.

[판결 요지]

1. 채무자가 채무의 내용에 좇은 이행을 하지 아니한 때에는 채권자는 손해배상을 청구할 수 있으나, 채무자의 고의나 과실 없이 이행할 수 없게 된 때에는 그러하지 아니하다(민법 제390조). 즉 채무불이행으로 인한 손해배상책임이 성립되기 위해서는 채무의 불이행과 그로 인한 손해의 발생이라는 객관적 요건과 채무불이행에 대한 채무자의 귀책사유라는 주관적 요건이 필요하다. 채무불이행으로 인한 손해배상청구에서 '채무의 내용에 좇은 이행'이 없다는 사실과 손해의 발생 사실에 관한 증명책임은 채권자에게 있으나(대법원 2000. 2. 11. 선고 99다49644 판결, 대법원 2000. 11. 24. 선고 2000다38718, 38725 판결 등 참조), 그 불이행의 귀책사유에 관한 증명책임은 채무자에게 있다(대법원 1985. 3. 26. 선고 84다카1864 판결, 대법원 2010. 8. 19. 선고 2010다26745, 26752 판결 등 참조).

2. 앞서 본 사실 및 이 사건 사이트의 약관 제12조 제1항에 따르면, 피고는 이 사건 사이트의 운영자로서 이 사건 사이트에 가입하여 피고와 서비스 이용계약을 체결한 원고들에게 이 사건 사이트의 시스템을 통해 가상화폐 거래를 할 수 있도록 서비스를 제공할 의무가 있고, 원활한 서비스 제공을 위해 통신 설비의 확충과 점검, 시스템과 서버의 주기적인 관리, 서버 용량의 확보 등 가상화폐 거래 중개 사이트 운영에 필요한 전반적인 시설과 시스템을 구축하고 유지, 보수하여 시스템이 원활하게 운영되도록 관리할 의무를 부담한다. 그런데 앞서 인정한 바와 같이 DB서버(Master)에 과부하가 발생하여 이 사건 전산장애가 발생하였고, 이에 따라 원고들이 이 사건 사이트에 접속하지 못하거나 매도주문을 하지 못하는 등 서비스를 이용하지 못하였는바, 피고는 서비스 이용계약에 따른 채무를 불이행하였다고 할 것이다. 따라서 피고는 특별한 사정이 없는 한 원고들에게 이 사건 전산장애와 상당인과관계 있는 손해를 배상할 책임이 있다.

3. 피고는, 이 사건 전산장애가 발생한 이유는 짧은 시간에 예측할 수 없는 정도의 많은 거래량이 폭발적으로 발생하였기 때문인데, 피고로서는 이러한 거래량의 폭증을 예측할 수 없었고 서버를 정기적으로 점검하고 증설하는 등 이 사건 전산장애가 발생하기 전부터 이를 방지하기 위한 노력을 계속함으로써 주의의무를 다하였으므로, 이 사건 전산장애의 발생에 관하여 피고에게 귀책사유가 없다는 취지로 주장한다. 제1심 감정인의 감정결과에 의하면 이 사건 전산장애 발생 당시 기존에 주문량이 많았던 경우의 두 배에 해당하는 양의 주문이 몇 시간 동안 계속해서 발생한 사실, 피고는 적어도 2017. 7.경부터는 회원수와 거래량 증가로 인한 DB서버(Master)의 과부하가 전산장애를 유발할 수 있다는 점을 인식하고 이를 개선하기 위하여 2017. 8. 7. 주식회사 C와 데이터베이스관리시스템을 MySQL에서 SUNDB[1]로 변환하는 내용의 개발용역계약을 체결하였으나 2017. 12. 말경 개발 결과를 피고의 거래시스템에 적용하는데 실패하였고, 2018. 1. 22.에는 주식회사 트레이딩컨설팅그룹이음과 데이터베이스관리시스템을 MySQL에서 Goldilocks[2]로 변환하는 내용의 개발용역계약을 체결하였으나 위와 같은 시스템을 기술적으로 도입하는 것이 불가능하다고 판단하고 개발을 중단하였으며, 2018. 2. 28. 주식회사 D와 데이터베이스관리시스템을 MySQL에서 Oracle[3]로 전환하는 내용의 개발용역계약을 체결하고 2018. 7. 25.경 시스템 교체에 성공하여 현재까지 이 사건 사이트를 운영하고 있는 사실을 인정할 수 있다.

---

1) 디스크가 아닌 메모리에 데이터를 보유하고 있는 '인 메모리 데이터베이스(In Memory DB)'의 제품 중 하나로, 디스크 기반의 데이터베이스관리시스템에 비하여 처리속도가 빠르다.

2) SUNDB에 클러스터 기능(하나의 데이터베이스를 복수의 서버에 구축하는 기능으로, 데이터베이스 서버의 부하를 분산할 수 있다)을 추가한 제품.

3) 클러스터 기능을 보유한 데이터베이스관리시스템 제품.

4. 그러나 다음과 같은 사정에 비추어보면, 위 인정사실과 피고가 제출한 증거들만으로는 피고가 이 사건 전산장애를 방지하기 위해 사회통념상 합리적으로 기대 가능한 조치를 다하여 이 사건 전산장애에 대한 귀책사유가 없다고 인정하기에 부족하고, 달리 이를 인정할 증거가 없다.

가. 피고가 이 사건 사이트의 데이터베이스관리시스템으로 사용한 MySQL은 하나의 데이터베이스를 하나의 DB서버(Master)에 구축한 것으로, 이 사건 전산장애의 경우와 같이 회원들의 접속량·주문량이 폭증하는 경우 발생하는 과부하에 매우 취약한 구조를 가지고 있다. 그런데 피고는 설립 당시 이 사건 사이트의 데이터베이스관리시스템으로 MySQL을 상용화하면서도 위와 같은 과부하를 분산할 수 있는 별다른 조치를 취하지 않았다.

나. 피고의 회원수는 2017. 5.경 약 50만 명에서 2017. 11.경 약 150만 명으로 3배 이상 증가하였고 그에 따라 거래량도 급증하였으며, 피고가 이 사건 사이트에 가입한 회원들에게 서비스를 제공하고 대가로 지급받은 수수료 매출이 2016년 약 40억 원에서 2017년 약 3,332억 원으로 약 80배 이상 증가하였고, 이 사건 전산장애 발생 전에도 접속장애, 거래장애 등이 10여 차례 발생하여 2017. 7. 24. 23시경부터 오류 메시지가 발생하기 시작하여 이 사건 전산장애 발생 전까지 시간당 오류 메시지 발생 비율이 10%를 넘는 경우가 17번 발생하는 등 피고로서는 늦어도 2017. 7.경부터는 접속량 및 주문량 폭증으로 이 사건 사이트의 DB서버(Master)에 과부하가 발생할 수도 있다는 점을 알 수 있었을 것으로 보이는데도 이 사건 전산장애가 발생하기 전까지 시스템 과부하를 해결할 수 있는 별다른 조치를 취하지 않았다.

다. 피고가 2017. 8.경 주식회사 C와 데이터베이스관리시스템을 MySQL에서 SUNDB로 변환하는 내용의 개발용역계약을 체결하였으나 위 시스템을 이 사건 사이트에 적용하는데 실패하였을 뿐 아니라, SUNDB는 DB서버(Master)의 처리속도를 향상시키는데 강점이 있는 것이지 서버 과부하를 분산하는데 효과가 있는 클러스터 기능이 있는 것은 아니므로, 피고가 주식회사 C와 위 개발용역계약을 체결하였다는 사정만으로 피고가 이 사건 전산장애가 발생하기 전에 서버의 과부하를 해결하기 위한 최선의 대처를 한 것이라고 평가하기 어렵다.

라. 제1심 감정인은 DB서버(Master)의 데이터 손실 위험성 때문에 DB서버(Master)의 부하를 분산시키는 방법을 도입하는 것이 기술적으로 어려운 작업인 점 등을 고려하면 DB서버(Master)의 과부하 개선 작업을 완료하는 데에 최소한 8개월 이상의 기간이 소요될 것으로 예상되므로, 피고가 이 사건 전산장애와 같은 상황이 발생할 수 있음을 인지한 2017. 7.경부터 8개월이 지난 2018. 3.경 이후에야 DB서버(Master)의 문제점이 개선될 수 있었다고 보인다는 감정결과를 보고하였다. 그러나 피고가 2018. 2. 28. 주식회사 D와 데

이터베이스관리시스템을 MySQL에서 Oracle로 전환하는 내용의 개발용역계약을 체결하고 그로부터 약 5개월이 지난 2018. 7. 25.경 시스템 교체에 성공하여 현재까지 이 사건 사이트를 운영하고 있는 점을 감안하면, 원고가 2017. 7.경 데이터베이스관리시스템을 MySQL에서 Oracle로 전환하는 시도를 하였을 경우 이 사건 전산장애가 발생하지 않았을 가능성을 전적으로 배제할 수 없다. 물론 피고가 현재까지 사용하고 있는 Oracle 이외의 다른 데이터베이스관리시스템을 통해 서버의 과부하를 분산시킬 수 있는 기술적 가능성을 배제할 수는 없다. 그러나 그러한 기술적 시도가 실패했을 때 발생하는 부담 및 비용은 이 사건 사이트를 운영하면서 서비스를 제공하는 주체인 피고가 책임져야 하는 것이지, 이를 피고가 제공하는 서비스를 이용하고 수수료를 지급하는 회원들에게 전가시킬 수 없다. 이와 반대로 피고가 Oracle 이외의 다른 데이터베이스관리시스템을 도입하기 위한 일련의 계약을 체결하였다는 사정만으로 피고의 귀책사유를 부정한다면, 피고로서는 위 계약과 관련된 비용을 지출하는 것 이외에 아무런 손해도 보지 않는 반면(시스템 교체에 실패한 경우 피고가 개발용역계약상 대금을 전액 지급하여야 하는 것인지도 알 수 없다) 원고들로서는 피고의 시스템 관리 실패로 인한 전산장애를 감내하여야만 하는 부당한 결과를 낳게 된다.

마. 피고는 이 사건 전산장애 발생일인 2017. 11. 12. 15시~16시 사이에 DB서버(Master)로의 시간당 주문량이 20만 건을 초과하였을 때 CloudFlare의 유입량 제어기능[4]을 사용하여 회원들이 웹서버로의 과다 접속을 하지 못하도록 통제하거나, 웹서버로의 접속을 제한하기 위하여 활성화된 웹서버의 수를 줄이고, 또는 위험관리 매뉴얼에 따라서 DB서버(Master)의 과부하에 대처하기 위한 다양한 대책을 마련하고 있었어야 함에도 위와 같은 조치를 취하지 아니하였다.

바. 이 사건 전산장애 발생 전에 CloudFlare의 유입량 제어기능을 사용하였더라도 당시 폭증한 주문량을 처리하여 전산장애를 예방하기에는 역부족이었던 것으로 보이나, 피고는 당시 위 유입량 제어기능을 사용하여 시스템을 안정화하려는 시도조차 하지 않았다. 더욱이 피고가 이 사건 전산사고가 발생한 이후 위 제어기능을 통하여 거래시스템 일부를 안정화시킨 점을 고려하면 위 제어기능이 아무런 효과가 없었을 것이라고 단정할 수 없다(한편, 시스템을 안정화시키기 위하여 위 제어기능을 사용하는 경우 부득이 일부 회원들이 시스템에 접속하지 못하게 되는데, 이를 두고 모든 회원들의 접속 및 거래를 정지하고 매도·매수주문을 취소한 이 사건 전산장애와 동일한 결과를 초래하는 것이라고 평가할 수 없다).

---

4) 웹서버 접속 유입량을 제어하는 기능으로, 피고는 2017. 6. 25. CloudFlare 사이트에 가입하면서 위 기능을 사용하기 시작하였다.

사. 피고는 새로운 가상화폐를 상장하거나 장애 상태가 발생할 때마다 웹서버, API서버, DB서버(Slaver)를 증설하였다. 그러나 위와 같은 조치들은 회원수가 증가하여 웹서버 접속이 지연되거나 조회가 지연될 때 이를 해결하기 위한 방안으로 DB서버(Master)의 과부하, 거래장애 및 전산장애 발생 시 취할 수 있는 대책이 아니며, 오히려 이들 서버들의 증설이 DB서버(Master)의 주문량과 체결량을 증가시켜서 전산장애를 유발할 수도 있는 것으로, DB서버(Master)의 과부하를 해결하기 위한 적절한 대책이 아니다.

아. 비록 피고가 전자금융거래법상 전자금융업자가 아니어서 위 법률 및 관련 규정의 규율 대상이 아니라고 하더라도 그러한 사정만으로 피고가 운영하는 가상화폐 거래소 시스템의 안정성에 대한 기준이 주식시장 시스템 안정성에 대한 기준보다 완화되어 적용되어야 한다고 보기 어렵다. 오히려 주식시장은 영업일 기준 오전 9시부터 오후 3시 30분까지 한정된 시간 동안 거래가 가능한데, 이에 반하여 가상화폐 거래소는 휴일까지 포함하여 모든 날 24시간 동안 거래가 가능하고 또한 단기적인 시세차익을 노리고 짧은 기간 동안 다수의 거래가 발생하는 점, 가상화폐의 가격 변동폭이 매우 큰 점 등에 비추어보면 가상화폐 거래소를 이용하는 고객들로서는 가상화폐 거래소에 대하여 주식시장에 준하는 시스템 안정성 내지 보다 더 안정적인 시스템을 기대하는 것이 합리적이라고 보인다.

5. 원고별 손해 인정 여부와 관련하여 제2원고들의 경우 원고들이 제출한 증거들만으로는 위 원고들이 실제로 자신들이 보유한 가상화폐를 매도할 의사가 있었음에도 이 사건 전산장애로 인하여 시세 정보를 확인할 수 없었다거나 이 사건 사이트에 접속하지 못하여 이를 매도할 기회를 상실하였다는 점을 인정하기에 부족하고, 달리 이를 인정할 증거가 없으므로, 위 원고들이 이 사건 전산장애로 재산상 손해나 어떠한 정신적 고통을 입었다고 볼 수 없다. 따라서 제2원고들의 청구는 받아들일 수 없다.

6. 한편 제1원고들의 경우, 이 사건 전산장애로 제1원고들이 주장하는 재산상 손해가 발생하였다고 인정하기 위하여는 ① 전산장애 발생 당시 위 원고들에게 매매의사가 있었다는 점, ② 매도주문 호가가 당시 호가상황을 고려할 때 체결한 가능한 것이었다는 점, ③ 전산장애 종료 후 가상화폐를 매도하여 결과적으로 전산장애 발생 당시보다 불리한 가격에 매매계약이 체결되는 등의 손해를 입었다는 점을 입증하여야 한다. 앞서 든 각 증거 및 변론 전체의 취지를 종합하면, 위 해당 원고들이 전산장애 발생 당시 별지2 표 '매도주문 가상화폐 종류, 주문량, 거래구분' 기재와 같이 가상화폐 매도주문을 한 사실을 인정할 수는 있으나, 갑 제13, 14호증을 포함하여 원고들이 제출한 증거만으로는 이 사건 전산장애가 발생하지 않았더라면 위 원고들이 주장하는 주문시도 호가 또는 거래가 중단되기 직전의 거래가격과 같은 내용으로 매매계약이 체결되었을 것이라고 단정하기 부족하고, 달리 이를 인정할 증거가 없다. 나아가 앞서 든 각 증거에 변론 전체의 취지를 종

합하면 비트코인의 가격은 이 사건 전산장애 직후 하락된 추세에서 등락을 계속하다가 2017. 12. 1. 기준 종가 3,320,500원에 이르고 2017. 12. 20.경 종가 5,050,000원까지 가파르게 가격이 상승하였으며, 이더리움의 가격도 이 사건 전산장애 직후에는 등락을 계속하다가 2017. 12. 1. 기준 종가 35,740원에 이르도록 상승하였고 이후로도 대체로 시세가 지속적으로 상승하였던 점, 그런데 이 사건 전산장애 발생 이후 위 원고들이 보유한 가상화폐를 처분하였는지, 처분하였다면 얼마에 처분하였는지 등에 관한 아무런 자료가 없는 점 등에 비추어 보면, 가상화폐 거래의 특수성을 고려하여 보더라도, 이 사건 전산장애 해소 이후 원고들이 보유한 가상화폐를 주문시도한 호가 또는 직전의 거래가격보다 불리한 가격에 매도할 수밖에 없었다고 단정하기 어려우므로, 위 원고들의 주장은 받아들일 수 없다.

7. 다만 제1원고들의 정신적 손해에 대하여, 불법행위 또는 채무불이행으로 인하여 입은 정신적 피해에 대한 위자료 액수에 관하여는 사실심법원이 여러 사정을 참작하여 그 직권에 속하는 재량에 의하여 이를 확정할 수 있는바(대법원 1999. 4. 23. 선고 98다41377 판결, 대법원 2011. 1. 27. 선고 2009다98775 판결 등 참조), 피고는 서비스 이용계약을 체결한 제1원고들에게 이 사건 사이트의 시스템을 통해 가상화폐 거래를 할 수 있도록 서비스를 제공할 의무가 있음에도 불구하고 피고의 귀책사유로 발생한 이 사건 전산장애로 인하여 위 원고들이 서비스를 이용하지 못하였고, 비록 위와 같은 전산장애와 위 원고들이 주장하는 재산상 손해 사이에 인과관계를 인정하기에 부족하다 하더라도 최소한 피고가 운영하는 이 사건 사이트에서 안정적으로 가상화폐를 거래할 수 있었다고 믿었다가 이 사건 전산장애 당시 비트코인과 이더리움이 급격히 하락하는 장세가 펼쳐지고 있음에도 이 사건 전산장애로 자신이 원하는 가격에 매도 주문을 할 수 없었다는 초조감과 상실감을 겪게 되었다고 보이므로 이로 말미암아 위 원고들이 입게 된 정신적 충격에 대하여는 이를 보호할 필요가 있다. 따라서 이러한 위 원고들의 정신적 고통을 금전으로나마 위자하기로 하되, 그 수액은 위에서 인정된 여러 사정과 아울러 이 사건 전산장애로 가상화폐 거래를 할 수 없었던 기간, 위 기간 동안 원고들이 보유한 가상화폐의 가격이 하락한 점, 위 원고들이 매도하려고 하였던 가상화폐의 규모, 개별적인 주문취소 내역, 이 사건 전산장애로 거래가 중단되기 직전 가상화폐의 거래가격 및 시스템이 정상화된 직후의 가상화폐의 시세, 그 밖에 피고의 주의의무 위반 정도 및 주문량 폭증이 이 사건 전산장애의 원인이 되었던 사정 등 이 사건 변론에 나타난 제반 사정을 종합적으로 고려하면, 위 해당 원고들 1인당 위자료를 결정함이 타당하다.

해설

Ⅰ. 대상판결의 의의

가상자산은 주식, 상품이나 변동성이 높다고 평가받는 파생상품, 파생결합증권보다 더 가격의 급등락이 극심하다고 평가받는다. 그 이유로 가상자산 거래 자체의 속성상 다른 투자상품에 비하여 더 작은 시간 단위로 거래행위가 이루어질 뿐만 아니라 상당히 빨리 거래환경이 변화하고 있다는 점이 지적되고, 또 한편으로는 주식 등의 거래에 있어서는 사이드카, 서킷브레이커 등의 제도가 있어 가격이 급등락을 막는 장치가 있는 반면에 가상자산 거래의 경우 이러한 제도가 전무하여 시세조종이나 부정거래에 노출되기 때문으로 볼 수도 있었다. 또 한편으로는 주식과 파생상품 등 금융상품은 기초자산이 전제되어 있어 기초자산의 시가를 통하여 그 가치를 평가할 수 있는 최소한의 기준이 제공된다고 볼 수 있지만 가상자산의 경우 대부분 기초자산이 존재하고 있지 않아 그 평가의 객관적인 기준을 마련하기 쉽지 않아 투자자들이 위 시세 등락에 취약하기 때문으로 볼 수 있다.

대상판결에서는 이러한 가상자산의 급등락 사안에 있어 많은 투자자들이 그 거래에 참여함으로써 피고 거래소의 서버장애가 발생하자 투자자들이 해당 가상자산을 원하는 시기 또는 적기에 매각하지 못하여 손해를 보게 되자 그 거래소를 운영하는 피고를 상대로 채무불이행에 따른 손해배상책임을 물을 수 있는지 여부를 판단하였다. 대상판결은 가상자산 급등락 사안에서의 서버장애에 있어 불가항력적으로 보지 않고 그 서버장애를 예방하지 못한 책임을 인정하였다는 데 의의가 있다. 다만, 민사소송법 제200조의2에서는 손해액을 입증하기 어려운 경우 법원에서는 상당한 금액을 손해배상액으로 인정하도록 되어 있음에 비하여 대상판결에서는 여전히 원고들의 손해액 증명이 부족하다는 이유로 이를 기각하고 일부 원고들의 위자료 청구만 인용하였다는 측면에서 법률 규정에 비하여 경직된 입장이라는 비판이 존재할 수 있다.

Ⅱ. 대상판결의 분석 및 평가

1. 법원의 판결이유

법원은 피고와 서비스 이용계약을 체결한 원고들에게 가상자산폐 거래를 할 수 있도록 서비스를 제공할 의무가 있고, 원활한 서비스 제공을 위하여 전반적인 시설과 시스템을 구축하여 시스템이 원활하게 운영되도록 관리할 의무를 부담하는데 서버에 과부하가 발생하여 이 사건 전산장애가 발생하였다는 이유로 피고의 채무불이행 책임이 존재하다고 보았다. 이에 대하여 피고는 자신에게 위 서버장애의 귀책사유가 없다고 주장하였으나, 피고가 구축한 서버 시스템은 회원들의 접속량·주문량이 폭증하는 경우 발생하는 과부하에 매우 취약한 구조를 가지고 있음에도 위 과부하를 분산할 수 있는 별다른 조치를 취하지 않은 점, 피고의 회원수가 상당히 많이 증가하였고 그에 따라 거래량도 급증하였으며, 이 사건 전산장애 발생 전까지 시간당 오류 발생이 상당히 많이 발생하여 서버에 과부하가 발생할 수도 있다는 점을 알 수 있었을 것으로 보이는데도 별다른 조치를 취하지 않은 점, 서버 과부하를 개선하기 위한 기술적 시도가 실패했을 때 발생하는 부담 및 비용은 피고가 책임져야 하는 것이지, 피고에게 수수료를 지급하는 회원들에게 전가시킬 수 없는 점, 투자자들의 주문량이 일정 수준을 초과할 때 과다 접속을 하지 못하도록 통제하거나, 웹서버로의 접속을 제한하는 조치를 하는 등 다양한 대책을 마련하고 있었어야 함에도 위와 같은 조치를 취하지 아니한 점, 가상자산 거래소는 휴일까지 포함하여 모든 날 24시간 동안 거래가 가능하고 또한 단기적인 시세차익을 노리고 짧은 기간 동안 다수의 거래가 발생하는 점, 가상자산의 가격 변동폭이 매우 큰 점 등에 비추어 보면 가상자산거래소를 이용하는 고객들로서는 거래소에 대하여 주식시장에 준하는 시스템 안정성 내지 보다 더 안정적인 시스템을 기대하는 것이 합리적이라고 보인다는 점 등을 근거로 피고의 항변을 기각하였다.

나아가 법원은 손해액 입증 여부와 관련하여 원고별 손해 인정 여부와 관련하여 원고들이 실제로 자신들이 보유한 가상화폐를 매도할 의사가 있었음에도 이 사건 전산장애로 인하여 시세 정보를 확인할 수 없었다거나 이 사건 사이트에 접속하지 못하여 이를 매도할 기회를 상실하였다는 점을 인정하기에 부족하다고 보거나, 이 사건 전산장애가 발생하지 않았더라면 위 원고들이 주장하는 주문시도 호가 또는 거래가 중단되기 직전의 거래가격과 같은 내용으로 매매계약이 체결되었을 것이라고 단정하기 부족하고, 달리 이를 인정할 증거가 없다고 보아 원고들의 손해액 증명이 이루어지지 않았다고 보았다. 다만, 가상자산이 급격히 하락하는 장세가 펼쳐지고 있음에도 이 사건 전산장애로 자신이 원하는 가격에 매도 주문을 할 수 없었다는 초조감과 상실감을 겪게 되었다고 보이므로 이로 말미암아 위 원고들이 입게 된 정신적 충격에 대하여는 이를 보호할 필요가 있다고 보아 소정의 위자료액만 인정하였다.

2. 대상판결의 타당성 여부

대상판결에서는 (1) 이 사건 서버장애에 대한 거래소 운영자인 피고의 귀책사유 여부, (2) 서버장애로 인한 손해액을 원고들이 입증한 것으로 평가할 수 있는지 여부가 주요한 쟁점이 되었다.

이 사건 서버장애에 대한 피고의 귀책사유 여부와 관련하여 법원은 피고의 귀책사유 부존재 항변을 기각하였는데, 이는 채무불이행에 대한 고의 또는 과실을 단서 조항으로 규정하고 있는 민법 제390조의 내용, 채무불이행의 귀책사유에 관한 증명책임은 채무자에게 있다는 대법원 1985. 3. 26. 선고 84다카1864 판결, 대법원 2010. 8. 19. 선고 2010다26745, 26752 판결 등의 법리에 따른 것이다. 이는 거래소 서버가 해킹되어 거래소 이용자들의 가상자산이 외부로 유출된 경우에 문제되는 거래소의 책임과 동일한 평면에 있는데 해킹의 경우 서울중앙지방법원 2021. 11. 5. 선고 2018가합567582 판결, 서울중앙지방법원 2021. 10. 21. 선고 2019가합574334 판결은 위 법리에 기하여 거래소인 피고에게 귀책사유 부존재를 증명할 책임을 부과하는 등 대체적으로 피고에게 증명책임을 인정하고 있고 반대로 투자자인 원고들에게 피고의 귀책사유 존재를 증명할 책임을 부담하는 일부 판결도 존재하기는 하나 위 법리에 비추어 볼 때 타당성이 부족하지 않나 싶다. 요컨대 거래소의 귀책사유 부존재의 증명책임을 피고에게 부과한 대상판결의 취지는 위 법리 내용, 위 서버장애는 거래소 영역에서 발생하였다는 점에 비추어 볼 때 타당한 판시라고 볼 수 있다.

다만 대상판결은 원고들이 해당 가상자산을 매도할 의사가 있었음에도 매도할 기회를 상실하였다거나 원고들이 주장하는 주문시도 호가 또는 거래가 중단되기 직전의 거래가격과 같은 내용으로 매매계약을 체결하였다고 보기 어렵다고 보아 재산상 손해 발생을 불인정하였다. 그러나 당시 비트코인캐시 등 가상자산의 시가가 매우 급등하였다가 급락하였고 당시 서버장애가 발생할 정도로 많은 투자자들이 거래에 참여하고 있었던 사정에 비추어 볼 때 일응 투자자들이 위 시가가 고점을 찍고 내려가는 과정에서 이를 매도하려는 시도를 하였다고 추정할 수 있을 것으로 보이고 많은 투자자들이 참조하는 캔들차트나 RSI 등 보조지표를 통하여 투자자들이 통상 매각할 수 있는 기준점 혹은 중간점 등을 통하여 손해액을 정하는 것이 불가능하다고 보인다. 무엇보다 민사소송법 제202조의2에서는 '손해가 발생한 사실은 인정되나 구체적인 손해의 액수를 증명하는 것이 사안의 성질상 매우 어려운 경우에 법원은 변론 전체의 취지와 증거조사의 결과에 의하여 인정되는 모든 사정을 종합하여 상당하다고 인정되는 금액을 손해배상 액수로 정할 수 있다'고 규정하고 있는데 만약 매도 지점을 산정하기 어렵다면 위 규정을 적용하여 손해액을 일응 확정시키려는 노력을 할 수도 있었다고 보인다. 그런데 대상판결은 일부 투자자들에 대하여 비교적 소액의 위자료만 인정하였는데 거래소가 얻는 수수료 이익과 투자자들의 거래소 서버 확충에 대한 기대치에 비하여 투자자들에 대한 보호가 충분하지 못하고 너무 경직된 입장이 아니냐는 비판이 가능할 것이다.

그럼에도 불구하고 대상판결은 거래소의 서버장애와 이로 인한 투자자들의 손해에 대하여 거래소 측에게 귀책사유 부존재 증명책임이 있음을 명확하게 함으로써 가상자산 거래소에게 가상자산 거래에 필요한 일정한 수준의 설비 확충을 촉구하고 이를 유도하였다는 점에서 의의를 갖는다. 더 나아가자면 대상판결은 가상자산 거래소를 규제할 관할관청이 명확하지 않은 상황에서 거래소의 물적 설비 확충, 투자자들의 투자환경 개선 등 일정한 공적 지위에서 필요한 법적 책임을 인정하였다고 볼 여지도 있다.

제6장

가상자산 관련 범죄 등

[64] 보이스피싱 피해자에 대한 가상자산 거래소의 법적 책임

―서울중앙지방법원 2020. 1. 14. 선고 2018가단5215377 판결, 2020. 2. 1. 확정―

[사실 개요]

1. 피고 회사는 가상화폐 거래를 중개하는 업무를 영위하는 회사로서, 자신 명의로 피고 은행에 이 사건 계좌를 개설하고 이를 가상화폐 거래소 회원들이 가상화폐 거래 관련 대금을 입출금하는 집금계좌로서 사용했다.
2. 원고는 2017. 10. 30. 성명불상자로부터 보이스피싱을 당하여 자신 명의 계좌에서 위 성명불상자가 지시하는 A 명의의 하나은행 계좌로 72,000,000원을 송금하였다. 이후 위 돈은 성명불상자에 의해 이 사건 계좌로 이체되어 가상화폐 구매 자금으로 사용되었고, 2017. 11. 1. 위와 같이 구매한 가상화폐를 현금화한 돈은 위 성명불상자 측에 의해 현금으로 인출되었다.
3. 원고는 2017. 11. 3. 보이스피싱 피해사실을 경찰에 신고함과 동시에 하나은행에 피해구제 및 A 명의의 위 계좌에 대한 지급정지를 신청함으로써 위 계좌는 지급정지 되었고, 이에 따라 피해구제 신청을 받은 하나은행은 피해금이 이체된 피고 은행에게 지급정지를 요청하여 이 사건 계좌도 지급정지 되었다.
4. 피고 회사는 2017. 11. 6. 피고 은행에게 이 사건 계좌는 정상적인 상거래의 대가로서 금전을 지급받아 피고 회사의 소유가 된 금전이 예치된 계좌일 뿐 특별법상의 사기이용계좌에 해당하지 않는다고 주장하며 이 사건 계좌에 대한 지급정지에 대하여 이의제기를 하였고, 피고 은행은 2017. 11. 8. 원고에게 피고 회사의 위 이의제기 사실을 통지했다.
5. 피고 은행은 2018. 1. 9. 원고에게 피고 회사의 이의제기에 따라 채권소멸절차의 진행이 종료되었고 원고는 소송 등 별도의 법적 절차를 통해 피해금을 환급받아야 하며 그로부터 2개월이 경과하면 지급정지가 해제될 것이라는 점을 통지했다. 이 사건 계좌는 2018. 3. 9. 그 지급정지가 해제되었다.
6. 원고는 다음과 같이 주장하였다. 이 사건 계좌는 통신사기피해환급법에 따른 사기이용계좌에 해당하므로 채권소멸절차에 따라 계좌 명의인인 피고 회사의 예금채권은 소멸되어 피해자인 원고에게 환급되어야 하는데, 피고 회사는 그 이용 경위, 거래형태, 거래 내역 등에 비춰 이 사건 피해금이 정당한 권원에 의해 취득되지 아니하였을 개연성이 다분함에도 불구하고 중대한 과실로 이를 알지 못한 채 지급정지의 이의제기를 통해 피해자의 이 사건 피해금 환급을 방해하였다. 또한 피고 은행은 구 특별법이 요구하는 요건에 따른 자료가 소명되지 않았음에도 불구하고 섣불리 지급정지의 해제에 나아가 원고로 하여금 이 사건 피해금의 환급을 받을 수 없게 만들었다. 따라서 피고들은 연대하여 불법행위로 인한 손해배상으로 원고의 피해금 72,000,000원 중 환급받은 A 명의 계좌에 대한 채권소멸절차를 통해 환급받은 3,068,655원을 제외한 68,931,345원 및 그 지연손해금을 지급할 의무가 있다고 주장하였다.

[판결 요지]

1. 피고 회사에 대한 청구에 관한 판단

가. 구 통신사기피해환급법에 의해 채권소멸절차와 지급정지에 대해 이의를 제기할 수 있고(구 통신사기피해환급법제 7조 제1항), 그 경우 피해자가 이의제기 사실을 통보받은 날부터 2개월이 경과하기 전에는 지급정지가 해제되지 아니하며(같은 법 제8조 제2항), 명의자가 해당 계좌가 사기이용계좌가 아니라는 사실이 소명되어야 채권소멸절차가 종료되거나 지급정지가 해제된다(같은 법 제7조 제1항, 제8조 제1항). 따라서 명의인인 피고가 이의를 제기했다는 사실만으로 그와 피고 명의의 계좌의 지급정지가 해제된 것 사이에 인과관계가 있다고 보기 어렵고, 원고가 주장하는 손해와도 인과관계가 있다고 볼 수 없다.

나. 나아가 피고 회사는 원고의 피해금이 이 사건 계좌에 입금되기 전 A 명의 계좌로 송금된 형태가 비정상적이었는지에 관하여는 전혀 알 수 없었던 점, 원고의 피해금은 이 사건 계좌에 입금되어 가상화폐 구입자금으로 사용되었고 당시 피고 회사는 가상화폐 구입을 신청한 회원들에 관하여 일반적인 본인 확인 및 인증절차를 거친 것으로 보이는 점, 피고 회사는 보이스피싱에 사용되는 것을 방지하기 위해 가상화폐거래 집금계좌에 가상화폐거래를 위해 현금이 입금된 때부터 72시간동안 현금의 출금을 금지하는 방침을 시행하고 있었는데, 위 방침상 이 사건이 위 방침의 적용 대상이라고 보기 어려운 점 등을 종합하여 보면, 피고 회사가 이 사건 피해금이 정당한 권원에 의해 취득되지 아니하였음을 알지 못한 데에 중대한 과실이 있다고 인정하기 부족하고, 달리 이를 인정할 증거가 없다.

2. 피고 은행에 대한 청구에 관한 판단

가. 명의인은 해당 계좌가 사기이용계좌가 아니라는 사실을 소명함으로써 지급정지 제한이 이뤄진 날부터 채권소멸절차의 개시 공고일을 기준으로 2개월이 경과하기 전까지 금융회사에 이의를 제기할 수 있고(구 통신사기피해환급법 제7조 제1항 제1, 2호), 이러한 이의제기가 있을 경우 금융회사는 이를 피해자 및 금융감독원에 통지해야 한다(같은 법 제7조 제2항). 금융회사, 금융감독원은 명의인으로부터 위와 같은 이의제기가 있을 경우 지급정지, 채권소멸절차, 전자금융거래 제한을 종료해야 한다(같은 법 제8조 제1항 제2호). 단, 금융회사는 이의제기가 피해자에게 통지된 날로부터 2개월이 경과하기 전까지는 그 중 지급정지를 해제하지 않으며(같은 법 제8조 제2항 제2호), 지급정지 전에 제기된 손해배상, 부당이득반환 등의 청구 소송이 계속 중인 경우에도 지급정지를 해제하지 않는다(같은 법 제8조 제2항 제1호).

나. 그렇다면, 금융회사는 명의인으로부터의 이의제기가 있는 경우, 이의제기가 피해

자에게 통지된 날로부터 2개월이 경과하였고, 지급정지 전에 제기된 손해배상, 부당이득 반환 등의 청구 소송이 계속 중이지 않다면, 지급정지를 해제해야 한다고 봄이 상당하다.

다. 한편 구 통신사기피해환급법 제7조 제1항은 명의인의 이의제기와 관련하여, '해당 계좌가 사기이용계좌가 아니라는 사실을 소명하여' 이의를 제기할 수 있다고 규정하고 있는데, 피고 은행이 피고 회사의 이의제기가 사기이용계좌가 아니라는 것이 소명되었다고 본 데에 과실이 있는지 살펴본다. 피고 은행이 이 사건 계좌에 대하여 명의자로부터 사기이용계좌가 아니라는 소명이 있다고 보아 그에 대한 채권소멸절차를 종료하거나 지급정지를 해제한 데에 피고 은행의 고의나 과실이 있다고 보기 부족하고, 달리 이를 인정할 증거가 없다. 이를 전제로 하는 원고의 주장은 더 나아가 살필 필요 없이 이유 없다.

1) 구 통신사기피해환급법 제8조 제1항은 구 통신사기피해환급법 제7조 제1항에서 정하는 '사기이용계좌가 아니라는 소명'이 있는지 여부에 관하여는 법률전문가라고 할 수 없는 금융회사가 그 해당 여부를 판단하여 채권소멸절차 등을 종료하도록 규정하고 있다.

2) 채권소멸절차는 금융회사와 같은 사인이 법원의 심판 없이 명의인의 재산권을 강제적으로 박탈하여 피해자에게 환급하는 것이므로 명의인이 채권소멸절차에 동의하거나 동의한 것으로 간주될 수 있는 경우에만 정당성을 가진다고 볼 수 있는바 이를 중단시키는 명의인의 이의제기에 채권소멸절차에 대한 동의를 거부하는 정도를 넘어서는 지나치게 엄격한 해석을 요구하는 것은 정당화되기 어렵다.

3) 이의제기에 필요한 '사기이용계좌가 아니라는 소명'의 의미는 그것이 해당 계좌에 피해금이 입금되지 않았다는 것을 밝히거나, 사기 피해금이 입금되었음이 의심된다 하더라도 일반인의 관점에서 해당 계좌에 대해 채권소멸절차나 지급정지가 유지되는 것에 대한 타당성에 의문이 생길 정도로 자료를 갖춰 그 사정을 밝히는 정도를 의미하는 것으로서, 이른바 '해명'(解明)을 의미한다고 해석함이 타당하다.

4) 이 사건 계좌는 피고 회사가 가상화폐의 거래를 중개하면서 가상화폐 거래를 위해 회원으로 가입한 이용자들과의 약정에 따라 가상화폐거래의 중개를 위해 가상화폐 거래대금의 입금 및 출금에 사용하도록 일반적으로 제공하는 계좌이다.

5) 피고 회사는 위와 같은 사정을 이유로 들어 피고 은행에게 사기이용계좌라 함은 보이스피싱 범죄 집단의 지배하에 있는 계좌를 말할 뿐이어서, 이 사건 예금계좌는 피고 회사가 정당한 재화 및 용역을 지급하고 대금을 지급받은 계좌로서 구 통신사기피해환급법상의 사기이용계좌에 해당하지 않는다고 해석해야 한다면서 이의제기를 신청하였다.

6) 피고 회사는 당시 법률전문가인 법무법인의 자문에 따라 그 의견서를 첨부하여 이의제기를 신청한 데에 반하여 피고 은행은 법률전문가라고 보기 어려운바 피고 회사의 위 주장의 당부를 판단함에 있어 이러한 점을 고려해야 한다.

7) 구 통신사기피해환급법은 2018. 3. 13. 개정되어 제7조 제1항 제2호에 "소멸될 채권의 전부 또는 일부를 명의인이 재화 또는 용역의 공급에 대한 대가로 받았거나 그 밖에 정당한 권원에 의하여 취득한 것임을 객관적인 자료로 소명하는 경우"를 이의제기의 사유로 구체화하기도 하였는바, 금융회사인 피고 은행의 관점에서는 피고 회사의 위 주장이 근거 없는 것이라고 판단하기도 어렵다고 보인다.

해설

Ⅰ. 대상판결의 쟁점

대상판결에서 가상자산 거래소를 운영하는 피고 회사의 집금계좌인 이 사건 계좌가 원고의 신청으로 지급정지 되자 피고 회사는 통신사기피해환급법에 정해진 절차에 따라 위 계좌가 사기이용계자가 아님을 주장하며 이의제기를 하였고(통신사기피해환급법 제7조 제1항), 피고 은행은 그러한 주장이 소명되었다고 판단하여 지급정지를 해제하였다(같은 법 제8조 제2항 제2호 단서). 원고는 위와 같은 피고 회사의 이의제기 및 피고 은행의 지급정지 해제 조치가 불법행위라고 주장하며 환급 부분을 제외한 자신의 피해금에 대한 손해배상청구를 하였으나, 대상판결은 원고의 주장을 모두 받아들이지 않았다.

Ⅱ. 대상판결의 분석

1. 통신사기피해환급법의 내용

보이스피싱 범죄를 포함한 전화 또는 인터넷 메신저 등 전기통신수단을 이용한 금융사기 범죄의 증가에 따라 다수의 피해자가 발생하였고, 이에 피해자가 소송절차를 거치지 않고 피해금을 신속히 돌려받을 수 있도록 채권 소멸절차와 피해금 환급절차 등을 마련하는 것을 목적으로 하는 통신사기피해환급법이 2011년 제정되어 현재 시행중이다. 특히 가상자산의 거래가 활성화 된 이후에는 가상자산 거래소를 통한 피해금 은닉 시도가 이루어지고 있고, 대상판결 역시 가상자산 거래소가 이러한 보이스피싱 범죄의 은닉 수단으로 이용되었다.

통신사기피해환급법에 따르면, 명의인은 금융회사의 채권소멸절차와 지급정지에 대해 이의를 제기할 수 있고(통신사기피해환급법 제7조 제1항), 그 경우 금융회사는 이를 즉시 피해자 및 금융감독원에 통지하는데(같은 법 제7조 제2항), 피해자는 명의인이나 금융회사 등에 대하여 손해배상·부당이득반환 등의 소송을 제기할 수 있고, 위와 같은 소송이 계속 중이거나 이의제기 사실을 통보받은 날부터 2개월이 경과하기 전에는 지급정지가 해제되지 아니하나

(같은 법 제8조 제2항), 명의자가 해당 계좌가 사기이용계좌가 아니라는 사실을 소명하면 채권소멸절차를 종료되거나 지급정지를 해제하여야 한다(같은 법 제7조 제1항, 제8조 제1항).

명의인은 해당 계좌가 사기이용계좌가 아니라는 사실을 소명함으로써 지급정지 제한이 이뤄진 날부터 채권소멸절차의 개시 공고일을 기준으로 2개월이 경과하기 전까지 금융회사에 이의를 제기할 수 있고(같은 법 제7조 제1항 제1, 2호), 이러한 이의제기가 있을 경우 금융회사는 이를 피해자 및 금융감독원에 통지해야 한다(같은 법 제7조 제2항). 금융회사, 금융감독원은 명의인으로부터 위와 같은 이의제기가 있을 경우 지급정지, 채권소멸절차, 전자금융거래 제한을 종료해야 한다(같은 법 제8조 제1항 제2호). 단, 금융회사는 이의제기가 피해자에게 통지된 날로부터 2개월이 경과하기 전까지는 그 중 지급정지를 해제하지 않으며(같은 법 제8조 제2항 제2호), 지급정지 전에 제기된 손해배상, 부당이득반환 등의 청구 소송이 계속중인 경우에도 지급정지를 해제하지 않는다(같은 법 제8조 제2항 제1호).

2. 피고 회사의 지급정지에 대한 이의제기의 위법성

원고는 이 사건 피해금이 정당한 권원에 의해 취득되지 아니하였을 개연성이 다분함에도 불구하고 피고 회사가 중대한 과실로 이를 알지 못한 채 지급정지의 이의제기를 통해 피해자의 이 사건 피해금 환급을 방해하여 불법행위를 하였다고 주장하였다.

먼저 원고의 이의제기 신청과 지급정지 해제 사이의 인과관계가 있는지 문제된다. 그러나 위에서 본 바와 같이 명의인이 자신의 계좌가 사기이용계좌에 해당하지 않는다는 내용으로 이의제기하였다는 것만으로 곧바로 채권소멸절차가 종료되거나 지급정지가 해제되는 것이 아니라 금융회사 등이 그에 대한 소명여부를 검토하여 그 여부를 스스로 최종 결정하게 된다. 대상판결 역시 이러한 점을 고려하여 해당 행위 사이에는 직접적인 인과관계가 있다고 보기 어렵다고 판시하였다.

또한 피고 회사가 중대한 과실로 이 사건 피해금의 정체를 알지 못한 채 이의제기를 하였다고 주장하였다. 이러한 원고의 주장은 가상자산 거래소에 대하여 집금계좌에 입금되는 돈의 성격을 파악하고 범죄 피해금인 경우 일정한 조치를 취할 의무가 있다는 것을 전제로 한다. 그러나 일반적으로 집금계좌인 이 사건 계좌에는 하루에도 거액의 돈이 입금되어질 것인데 피고 회사가 개별 입금되는 돈의 성격을 일일이 파악하는 것은 사실상 불가능하다. 또한 피고 회사는 거래소 회원들이 거래를 위하여는 본인 확인 및 인증절차를 거치도록 하는 조치를 취하고 있었는데, 당시 성명불상자는 위와 같은 절차를 모두 거친 후에 가상자산 거래를 하였으므로 성명불상자의 송금 행위 자체로 범죄 연루 가능성 또는 비정상적 송금행위임을 알기는 역시 어려웠을 것이다. 나아가 대상판결에서 확정된 사실관계에 의하면, 피고 회사는 보이스피싱 등 범죄에 이 사건 계좌가 이용되는 것을 방지하기 위해 가상화폐거래 집금계좌에 가상화폐

거래를 위해 현금이 입금된 때부터 72시간동안 현금의 출금을 금지하는 방침을 시행하고 있었는데, 위 방침상 이 사건이 위 방침의 적용 대상 않았던 것으로 확인되었다. 대상판결은 위와 같은 사정을 고려하여 피고 회사에 이 사건 피해금이 정당한 권원에 의해 취득되지 아니하였음을 알지 못한 데에 중대한 과실이 있다고 인정하기 부족하다고 판단하였다.

가상자산 거래업을 영위하는 피고 회사로서는 집금계좌로 활용되는 이 사건 계좌의 이용정지가 지속되는 경우 막대한 손실을 입을 우려도 높고, 피고 회사가 적극적인 소명을 통해 지급정지 해제조치를 요청하는 것은 통신사기피해환급법에서 정한 정당한 권리이기도 하다. 대상판결에서는 위와 같이 피고 회사가 이 사건 피해금의 성격을 알지 못하였고, 알지 못한 데에 과실이 있다고 보기 어려운 이상 자신의 영업상의 이익을 위해 법에서 정한 정당한 권리를 행사한 것이 위법한 행위라고 보기는 어려울 것이다.

3. 금융기관의 지급해제 조치의 위법성

원고는 피고 은행에 대하여 피고 은행이 충분한 소명이 이뤄지지 않은 상태에서 피고 회사의 이의제기 신청에 따라 이 사건 계좌에 대한 지급정지를 해제하여 불법행위를 저질렀다고 주장하였는데, 대상판결은 원고의 이 부분 청구도 받아들이지 않았다.

통신사기피해환급법에 따르면, 금융회사 등은 명의인으로부터 해당 계좌가 사기이용계좌가 아니라는 사실을 소명하면서 이의제기가 있을 경우 이의제기가 피해자에 통지된 날로부터 2개월이 경과하기 전이나 지급정지 전에 제기된 손해배상, 부당이득반환 등의 소송이 계속 중인 경우를 제외하고는 지급정지 등의 제한을 종료하여야 하도록 정하고 있는데(통신사기피해환급법 제8조 제1항, 제2항), 이에 대해 대상판결은, 금융회사는 명의인으로부터의 이의제기가 있는 경우, 이의제기가 피해자에게 통지된 날로부터 2개월이 경과하였고, 지급정지 전에 제기된 손해배상, 부당이득반환 등의 청구 소송이 계속 중이지 않다면, 지급정지를 해제해야 한다고 봄이 상당하다고 보았다. 그런데 이의제기가 원고에게 통지된 날로부터 2개월이 경과하였고, 원고는 금융회사인 피고 은행으로부터 이의제기 통지를 받고도 소송 등을 제기하지 않았으므로, 결국 피고 은행이 이 사건 계좌가 사기이용계좌가 아니라는 소명을 받아들여 해제 조치를 한 데 귀책사유가 존재하는지가 문제된다.

통신사기피해환급법은 사기이용계좌가 아니라는 소명 및 이에 따른 채권소멸절차 등의 종료 여부에 대한 판단을 법률전문가나 수사 등에 전문성이 있다고 보기 어려운 금융회사의 자체 판단에 맡기고 있다. 대상판결은 피고 은행의 귀책사유 여부를 판단하는데 위와 같이 법률전문가나 수사 기관이 아닌 사인에 불과한 금융회사에 개인의 재산권을 강제적으로 박탈할 수 있는 권한을 부여한 통신사기피해환급법의 취지를 충분히 고려하였다.

먼저 대상판결은, 채권소멸절차는 사인이 재산권을 강제적으로 박탈하여 피해자에게 환급하는 것이므로 명의인이 채권소멸절차에 동의하거나 동의한 것으로 간주될 수 있는 경우에만 정당성을 가진다고 볼 수 있다고 하면서, 이를 중단시키는 명의인의 이의제기에 채권소멸절차에 대한 동의를 거부하는 정도를 넘어서는 지나치게 엄격한 해석을 요구하는 것은 정당화되기는 어렵다고 전제하였다. 또한 대상판결은 '사기이용계좌가 아니라는 소명'의 의미는 '해명'의 수준을 의미한다고 보았는데, 그 구체적인 의미에 대해 해당 계좌에 피해금이 입금되지 않았다는 것을 밝히거나, 사기 피해금이 입금되었음이 의심된다 하더라도 일반인의 관점에서 해당 계좌에 대해 채권소멸절차나 지급정지가 유지되는 것에 대한 타당성에 의문이 생길 정도로 자료를 갖춰 그 사정을 밝히는 정도만으로 충분하다고 보았다. 모두 채권소멸절차의 종료 여부의 판단주체가 법률전문가가 아닌 금융기관인 점을 고려한 것이다.

이 사건에서 피고 회사는 법무법인의 자문을 받아 이 사건 계좌는 가상자산 거래 중개를 위해 그 대금의 입출금을 위해 사용되는 일반적인 계좌에 불과하고, 보이스피싱 범죄 집단의 지배하에 있는 계좌를 의미하는 사기이용계좌에는 해당하지 않는다는 취지로 이의제기하였고, 피고 은행은 이를 받아들였다. 당시 원고는 이의제기를 통지받고도 소송 등 별다른 법적조치를 취하지 않았고, 이 사건 계좌에는 당시 예금잔액이 충분하여 지급정지조치가 해제되더라도 원고가 소송을 통해 손해금을 배상받았을 가능성도 있었던 것으로 보인다. 이러한 점을 고려하면 법률전문가가 아닌 피고 은행으로서는 위와 같은 법률전문가의 의견을 토대로 한 피고 회사의 이의제기를 받아들였다고 하여 설령 이 사건 계좌에 입금된 돈이 범죄 피해금이라는 사실이 사후 밝혀지더라도 그 판단과정에서 고의나 과실이 있었다고 평가하기는 어려울 것이다.

더군다나 구 통신사기피해환급법은 2018. 3. 13. 개정되어 제7조 제1항 제2호에 '소멸될 채권의 전부 또는 일부를 명의인이 재화 또는 용역의 공급에 대한 대가로 받았거나 그 밖에 정당한 권원에 의하여 취득한 것임을 객관적인 자료로 소명하는 경우'를 이의제기의 사유로 구체화하기도 하였는바, 금융회사인 피고 은행의 입장에서는 피고 회사의 주장이 근거 없는 것이라고 판단하기 어려웠을 것으로 봄이 상당하다.

Ⅲ. 대상판결의 평가

대상판결은 가상자산 거래소의 집금계좌가 "사기이용계좌"에 해당한다고 하여 지급정지가 된 경우 이에 대한 이의제기 및 금융기관의 그 해제 조치의 위법성 여부에 대한 판결이다. 특히나 통신사기피해환급법의 취지와 거래 관행 등을 충분히 검토하여 합리적인 결론에 도달한 의미 있는 판결이라고 생각된다.

[65] 가상자산 개발사의 사용자 책임

—서울중앙지방법원 2020. 6. 19. 선고 2019가단5204800 판결, 2020. 7. 8. 확정—

[사실 개요]

1. 피고의 대표이사인 A는 2017. 3. 24.경 B과 가상화폐 발행업 등을 목적으로 하는 주식회사 C('C')를 설립하고, 2017. 6.경부터 2017. 7.경까지 사업설명회를 개최하여 '"D코인"은 일련번호가 있는 가상화폐이고, D코인을 보관하는 "코알집"은 절대 해킹이 불가능한 전자보안지갑이다. 다른 가상화폐와는 달리 시중 은행과 연계되어 있어 언제든지 현금처럼 사용이 가능하다. 또한, 네이버 등 대기업에서 투자를 하고 있어 안전하고, 절대로 단 하루도 시세가 떨어지지 않고 오직 상승만 있어 원금 손실이 발생하지 않고, 향후 엄청난 가격 상승이 있을 것이다.'라는 등으로 말하며 참석자들에게 D코인에 대한 투자를 권유하는 한편 12명의 거래소 운영자를 모집하여 이들을 통해 2017. 8. 7.경까지 원고들을 비롯한 약 5,000명의 피해자들로부터 투자금 명목으로 송금을 받았다.
2. 그러나 사실은 C에서 발행한다는 가상화폐인 'D코인'은 시중 은행과 어떠한 거래계약도 체결된 사실이 없어 현금으로 환전될 수 없었고, 시중에서 현금처럼 유통하거나 화폐로 사용하는 것이 가능한 것도 아니었으며, D코인에 일련번호를 부여하는 등의 기능은 아직 개발되지 아니하였고, 정상적으로 통용되는 가상화폐와 달리 채굴의 방법으로 취득하는 것이 아니라, A가 임의로 입력하는 전산상의 수치에 불과한 가짜 가상화폐에 불과하였다.
3. A는 2017. 8. 29. 위와 같이 원고들을 비롯한 피해자들을 기망하여 투자금을 편취하였다는 등의 공소사실로 기소되어 제1심과 항소심에서 모두 유죄판결을 선고받았고, 그대로 확정되었다.

[판결 요지]

A는 원고들에 대하여 불법행위(사기)로 인한 손해배상책임을 진다. 그리고 A의 위 불법행위는 피고의 대표이사로서의 직무에 관한 행위에 해당한다고 봄이 상당하므로, 피고는 피고의 대표이사인 A의 위 불법행위에 대하여 원고들에게 그 사용자책임에 따른 손해를 배상할 의무가 있다.

① A는 피고의 대표이사로서 피고를 운영하면서 D코인 관련 기술을 개발하던 중(D코인 개발에 관한 용역계약을 체결한 당사자가 피고이다), 개발 자금이 부족하자 투자자를 물색하였다. A는 2017. 1.경 B를, 2017. 3.경 E를 각 소개받아 그들로부터 개발비를 투자받는 한편, B와는 D코인 판매를 담당하는 C를 설립하였고, E에게는 D코인 거래소인 F를 운영하게 하였다.

② A는 위와 같은 사기 범행을 위하여 C, F, 피고를 함께 운영하였는데, D코인 기술과

직접적으로 관련된 업무는 피고가 수행하였고, C는 피고로부터 D코인을 제공받아 F를 비롯한 거래소를 통하여 D코인을 판매하는 형태로 운영되었다.

③ F 등이 피해자들로부터 송금 받은 D코인 판매대금은 피고의 계좌로 이체되어 A가 이를 관리하였다.

해설

Ⅰ. 대상판결의 쟁점

대상판결에서 피고의 대표이사인 A가 코인 발행 관련 업무를 하면서 위와 같은 기망행위를 통해 원고들로부터 투자금을 편취하는 불법행위를 저질렀다. 이러한 피고 대표이사의 불법행위에 대해 피고가 손해배상책임을 부담하는지가 쟁점이다.

Ⅱ. 대상판결의 분석

1. 법인의 불법행위책임에 따른 손해배상책임

(1) 의의, 요건

민법은 '법인은 이사 기타 대표자가 그 직무에 관하여 타인에게 가한 손해를 배상할 책임이 있다'고 정하고 있고(민법 제35조), 상법은 합명회사 부분에 '회사를 대표하는 사원이 그 업무집행으로 인하여 타인에게 손해를 가한 때에는 회사는 그 사원과 연대하여 배상할 책임이 있다.'고 정하면서(상법 제210조), 주식회사 등 다른 종류의 회사의 경우 위 조항을 준용하도록 정하고 있다. 이는 법인에 대한 불법행위책임에 따른 손해배상책임을 정하고 있는 것인데, 법인의 행위는 법인의 대표기관을 통해 표출되는 것이므로 위 규정들은 모두 법인에 대한 독자적인 청구권의 기초가 된다고 하기 보다는 다른 해당규범, 즉 대표기관의 불법행위의 성립요건에 관한 해당규범인 민법 제750조의 법률효과(즉 손해배상책임)가 일정한 요건(직무 관련성)하에서 법인에게로 귀속되도록 지시하여 주는 귀속규범에 해당한다. 따라서 위 규정에 따라 법인에 손해배상책임을 묻기 위해서는 ① 대표기관의 행위, ② 업무집행에 관한 행위(직무관련성), ③ 대표기관의 행위가 불법행위에 관한 일반적인 요건 충족이라는 요건을 만족하여야 한다. 또한 위 규정에 의한 손해배상책임의 경우 법인에게 면책가능성이 인정되지 않아, 피용자의 불법행위에 대한 책임을 정하고 있는 민법 제756조의 사용자책임과 구별된다.

상법의 적용을 받는 회사의 경우에도 민법 제35조가 적용되는지 문제된다. 민법의 법인에 관한 규정들은 모든 종류의 법인과 단체에 적용되는 일반단체법의 성격을 지니고 있으므로 특별한 규정이 없는 한 민법의 법인에 관한 규정들은 모든 종류의 법인과 단체에 적용된다고 보아야 한다. 그러나, 회사는 민법의 특별법이라 볼 수 있는 상법의 적용을 받고 상법 제210조는 민법 제35조와 동일한 목적, 취지, 효과를 갖는 규정이므로 상법 제210조를 적용하는 것이 바람직할 것이나, 실무에서는 민법 제35조만을 적용하는 경우도 적지 않아 보인다.

(2) 직무에 관한 행위 - 외관이론[1)]

법인의 불법행위책임에 대한 사건 중 실무에서 가장 문제가 되는 요건은 직무관련성에 관한 것이다. 대표기관이 '직무에 관하여' 타인에게 손해를 가한 경우에만 법인이 책임을 부담한다. 대표기관이 한 행위는 직무와 관련한 행위만이 법인의 행위로 인정되므로, 대표기관이 한 불법행위가 직무와 관련하여 발생한 것에 한해서 법인의 불법행위가 성립될 수 있는 것이다.

그 직무에 관한 것이라는 의미는 행위의 외형상 법인의 대표자의 직무행위라고 인정할 수 있는 것이라면 설사 그것이 대표자 개인의 사리를 도모하기 위한 것이었거나 혹은 법령의 규정에 위배된 것이었다 하더라도 위의 직무에 관한 행위에 해당한다(대법원 2004. 2. 27. 선고 2003다15280 판결 등 참조).

또한 행위 그 자체로는 본래의 직무행위에 속하지 않지만 직무행위와 적당한 견련성을 가지는 행위도 직무에 관한 것에 포함된다. 노동조합의 간부들이 불법쟁의행위를 기획·지시·지도하는 등으로 주도함으로써 사용자에게 손해를 입힌 경우 등이 이에 해당한다(대법원 1994. 3. 25. 선고 93다32828, 32835 판결 참조).

직무관련성을 외형적으로 판단하는 것은 상대방에 대한 배상가능성을 넓히기 위함이므로 법인의 대표자의 행위가 직무에 관한 행위에 해당하지 아니함을 피해자 자신이 알았거나 또는 중대한 과실로 인하여 알지 못한 경우에는 법인에게 손해배상책임을 물을 수 없다(대법원 2004. 3. 26. 선고 2003다34045 판결 등 참조).

3. 대상판결에의 적용

대상판결의 경우 피고의 대표이사인 A가 이미 사기로 인해 유죄판결을 받은 상황이었으므로 ① 대표기관의 행위, ③ 대표기관의 행위가 불법행위에 관한 일반적인 요건 충족이라는 요건은 특별히 문제되지 않은 것으로 보이고, ② 직무에 관한 행위에 해당하는지가 문제되었다.

---

1) 편집대표 김용덕, 주석 민법－민법 총칙(1), 한국사법행정학회, 2022, 698쪽 이하.

대상판결이 인정한 사실관계에 따르면, A는, D코인 개발은 피고, D코인의 판매는 A가 설립한 C와 F를 이용하였다. 또한 F 등이 피해자들로부터 송금받은 D코인 판매대금은 피고의 계좌로 이체되었다. 직무관련성은 외형적으로 판단하여야 하는바, 위와 같은 사정들에 비추어 보면, 피고는 D코인 개발 및 판매업을 하였고 A는 그 과정에서 피해자들을 기망하여 D코인을 판매한 것이므로 직무관련성은 충분히 인정될 것으로 보인다.

대상판결 역시 직무관련성을 인정하여 손해배상책임을 인정하였다. 다만, 대상판결에서는 별다른 판단이 이루어지지 않았지만 피해자들 역시 무리한 투자 욕심으로 제대로 된 검토를 하지 못한 채 투자를 하였을 것이므로 이를 고려한 책임제한 역시 가능하였을 것으로 보인다.

Ⅲ. 대상판결의 평가

대상판결은 대표자의 가상자산 발행 및 판매를 통한 사기범행에 있어 법인이 불법행위책임을 부담한다고 판시하였다. 다만, 대상판결의 경우 피해자들의 과실 등을 고려한 책임제한 등이 이루어지지 않았는데, 만일 피고가 적극 이를 다투었다면 법원 역시 이러한 점을 감안하여 판결을 하였을 가능성은 있어 보인다.

[66] 적법한 가상자산 투자중개와 위법한 다단계 방조와의 구별

—울산지방법원 2021. 5. 25. 선고 2019나13971 판결, 2021. 6. 11. 확정—

[사실 개요]

1. 원고 A는 2017. 12. 31. 경주시에 거주하는 친구 X를 만나러 갔다가 당시 X의 집에 있던 X의 동생인 피고를 만나 비트코인 투자업체인 비트커넥트에 대한 설명을 듣고 투자를 결심하였고, 나머지 원고들은 2018. 1. 6.경 광주 소재 피고의 여동생이 운영하는 식당으로 피고를 만나러 가서 피고로부터 비트커넥트에 대한 설명을 듣고 각 투자를 결심하였다.
2. 원고 A는 2017. 12. 31. 1,200만 원, 나머지 원고들은 2018. 1. 6. 각 1,650만 원을 피고 또는 피고의 여동생 Y의 은행계좌로 송금하였고, 피고는 원고들이 송금한 위 돈으로 가상자산 거래소에서 비트코인을 구입하여 그 거래소 내의 원고들 개인지갑으로 이전하였다가 비트커넥트 사이트에 개설한 원고들 명의 계정으로 옮겨 원고들이 위 비트코인으로 비트커넥트에 투자할 수 있도록 하였다(이하 원고들의 위 비트커넥트에 대한 투자를 '이 사건 투자').
3. 비트커넥트 사이트는 2018. 1. 중순경 폐쇄되어, 원고들은 위 사이트를 통해 얻은 수익금이나 비트커넥트 코인에 투자했던 비트코인을 출금하지 못하였다.
4. 원고 A, B, C는 피고가 원고들을 기망하여 위 비트커넥트 투자금 명목으로 합계 6,150만 원을 교부받아 편취하였다는 혐의로 피고를 고소하였으나, 검사는 2018. 9. 28. 피고에 대하여 불기소처분(증거불충분)을 하였다(이하 '관련 형사사건').
5. 이와 관련하여, 원고들은 피고를 상대로 '피고는 원고들에게 비트커넥트에 투자하면 한 달에 400만 원의 수익을 얻을 수 있고, 4개월이 지나면 원금도 반환받을 수 있다고 설명하면서 원고들을 현혹하여 투자금을 유치하였으나, 비트커넥트는 전형적인 금융피라미드 수법의 사기업체로서 원고들이 피고의 설명과 같은 수익을 올리거나 투자금을 반환받는 것이 불가능하였고, 피고는 이를 알면서도 위와 같이 원고들을 기망하여 비트커넥트에 투자하도록 하였거나, 설령 그렇지 않더라도 원고들에게 비트커넥트에 대한 투자의 위험성을 제대로 알리지 않은 과실이 있으므로 고의 또는 과실에 의한 불법행위에 대한 손해배상으로 원고들이 입은 위 투자금 상당의 손해를 배상할 책임이 있다.'고 주장하면서 이 사건 소를 제기하였다.

[판결 요지]

1. 원고 A는 X의 집에서 피고로부터 비트커넥트에 대한 설명을 듣고 돈을 송금하였고, 나머지 원고들은 광주에 있던 피고를 찾아가 비트커넥트에 대한 설명을 듣고 돈을 송금

하였는바, 피고가 먼저 원고들에게 이 사건 투자를 권유하였거나 투자를 유치하려 했던 정황은 보이지 않는다. 오히려 원고 A는 친구 X가 비트커넥트에 대한 투자를 통해 상당한 수익을 얻고 있다는 사실을 알게 되자, 피고에게 비트커넥트 투자방법 등을 물어봤던 것으로 보이고, 원고 B, C는 관련 형사사건에서 피고와의 대질 조사 당시 이 사건 투자 결정은 피고가 종용한 것인지를 묻는 경찰의 질문에, '(피고가) 종용한 사실이 없다', '원고 A의 말을 듣고 투자한 것이다'라고 진술하고 있다.

2. 관련 형사사건에 대하여 검사가 피고에 대하여 불기소처분(증거불충분)을 하면서 '피고가 원고들로부터 받은 돈을 모두 가상자산으로 바꾸어 비트커넥트 사이트에 투자하였고, 그로부터 비트커넥트 사이트에서 일정한 수익이 발생하여 그 수익이 원고들에게 일부 지급되었으며, 피고가 예상치 못한 이유로 갑자기 비트커넥트 사이트가 폐쇄되는 바람에 원고들은 물론 피고가 비트커넥트 사이트에 투자한 돈이 손실을 보게 된 사실이 인정되므로, 원고들의 주장만으로 피고가 비트커넥트 사이트에 투자할 의사나 능력이 없었다거나 원고들을 기망하여 비트커넥트 투자금 명목의 금원을 교부받아 이를 편취하였다는 점을 인정하기에 부족하다'는 취지로 불기소 이유를 밝히고 있다. 그리고 원고들이 제출한 증거들만으로 피고가 원고들이 송금한 돈으로 비트커넥트 사이트에 투자를 할 당시 비트커넥트 사이트가 곧 폐쇄되어 위 투자금을 회수할 수 없다는 것을 알고 있었다고 볼만한 정황은 찾기 어렵다. 게다가 피고가 원고들에게 비트커넥트에 투자를 하게 되면 한 달에 3~400만 원을 벌 수 있으며, 4달 뒤에는 원금만큼의 수익을 낼 수 있다는 취지로 설명한 것으로 보이기는 한다. 그런데 피고의 비트커넥트 거래내역에 의하면, 피고가 2017. 7. 25. 비트커넥트에 투자한 이후 피고의 비트커넥트 계정에는 지속적으로 비트커넥트 코인이 수익금으로 지급된 사실이 확인되고, 약 4개월 후인 2017. 11. 22.에는 한 번에 40.12114756 비트커넥트 코인이 지급되기도 하였는바, 피고는 이와 같은 자신의 투자 경험을 토대로 하여 원고들에게 이를 설명해 주었던 것으로 보인다. 무엇보다 피고의 위 비트커넥트 거래내역에 의하면, 피고는 비트커넥트 사이트를 통해 지급된 비트커넥트 코인을 대부분 재투자한 사실이 인정되고, 이러한 투자는 원고들의 이 사건 투자 이후에도 계속되었으며, 2018. 1. 중순경 비트커넥트 사이트가 폐쇄됨으로써 피고 또한 다른 비트커넥트 투자자들과 마찬가지로 비트커넥트 코인의 환전이나 인출이 불가능하게 되었다. 이는 피고가 원고들의 이 사건 투자 당시 비트커넥트 사이트가 곧 폐쇄될 것을 알았거나 이를 알 수 있었다고 보기 어려운 유력한 정황이다. 따라서 피고에게 원고들에 대한 '기망의 의사'가 있었다거나 피고가 비트커넥트 사이트의 폐쇄를 알았거나 알 수 있었다고 보기도 어렵다.

3. 피고가 원고들이 송금한 투자금을 원고들 명의로 비트코인을 구매하는데 사용하고,

비트커넥트 사이트 내 원고들 명의 계정을 개설하여 투자한 사실은 앞서 본 바와 같고, 그와 같은 거래과정에서 피고가 별도로 이득을 취득한 것으로는 보이지 않는다. 물론 원고들이 비트커넥트 사이트에 투자한 것으로 인해 피고가 비트커넥트 사이트에서 일정액의 추천인 수당을 지급받은 것은 사실로 보인다. 그러나 이는 가상자산 투자업체인 비트커넥트가 투자를 유치하기 위해 진행한 판촉 활동에 따라 지급한 것으로 보이고, 피고가 비트커넥트 사이트가 곧 폐쇄될 것이라는 것을 알거나 알 수 있었다고 볼 수 없는 이상 피고가 받은 위 추천인 수당이 비트커넥트 사이트가 폐쇄됨으로써 원고들이 입은 투자금 상당의 손해와 인과관계가 있는 이득이라고 볼 수는 없다. 피고 또한 비트커넥트 사이트가 폐쇄됨으로 인하여 원고들과 마찬가지로 비트커넥트 코인의 환전이나 인출을 할 수 없게 되어 손실을 입게 되었다는 점은 앞서 본 바와 같다. 따라서 피고가 원고들의 손해와 인과관계가 있는 이득을 얻었다고 단정하기도 어렵다.

해설

Ⅰ. 대상판결의 의의 및 쟁점

대상판결의 제1심인 울산지방법원 2019. 7. 11. 선고 2018가단68430 판결에서는 원고들이 피고에게 돈을 빌려주었다는 이유로 대여금청구를 하였다가 그 돈은 대여금이 아니라 투자금이라는 취지로 패소판결을 선고받자, 이에 대하여 항소를 하면서 그 청구를 불법행위에 기한 손해배상청구로 교환적 변경하였다. 대상판결에서 원고들은 위 돈이 투자금임을 전제로 비트커넥트는 금융피라미드 수법의 다단계 사기단체로서 피고는 이를 알면서 원고들을 기망하여 위 비트커넥트에 투자하도록 하였다거나 그 투자의 위험성을 제대로 알리지 못한 과실책임이 있다고 주장하였다. 결국 원고들이 피고를 통하여 비트커넥트에 투자한 사실은 당사자 사이에 다툼이 없으므로 대상판결의 쟁점은 피고의 행위가 적법한 투자중개행위에 불과한지, 아니면 사기행위 또는 방문판매 등에 관한 법률 위반행위에 고의 또는 과실이 있는지에 대한 것이다.

Ⅱ. 대상판결의 분석

1. 원고들과 피고의 법률관계

먼저 원고들과 비트커넥트 재단과의 관계에 있어서는 원고들이 비트코인을 미리 매입하여 이를 비트커넥트 사이트에 송금함으로써 비트커넥트 코인을 교부받기 때문에 원고들과 비트커넥트 재단 사이에 투자약정이 존재한다고 볼 수 있다. 이와 관련하여 피고는 원고들과 어떠한 법률관계에 있는지 문제될 수 있는데 위 가상자산은 금융투자상품으로 규정되어 있지 않으므로 자본시장법상 투자중개계약에 해당하지 않고 상법상 중개계약에 해당할 여지가 있다.

상법 제93조에서 규정하는 중개계약에 있어 '중개'란 타인 사이에 이루어지는 상행위 등의 성립을 위하여 조력하는 행위라고 볼 수 있다. 상법상 중개에서 말하는 상행위란 쌍방적 상행위뿐만 아니라 일방적 상행위도 포함된다. 이 사건에서 피고는 원고들에게 피고 또는 피고의 여동생의 은행계좌를 제공하여 돈을 그 계좌로 송금하도록 하였고, 피고는 원고들이 송금한 위 돈으로 가상자산 거래소에서 직접 비트코인을 구매하여 원고들 개인지갑으로 이전시키는 등 위 투자에 상당한 조력을 하였다. 원고들이 자신들의 이름으로 비트커넥트에 비트코인을 투자하였고 원고들을 대리하여 피고가 계약을 체결한 것이 아니므로 체약대리상에 해당하지 않고 피고의 명의로 투자를 한 것도 아니므로 위탁매매인에 해당하지도 않을 것이다. 다만 상법상 중개는 영업으로 하여야 하는바 일시적으로 위 중개를 한 것이라면 상법상 중개계약에 해당하지 않으나 추천인 수당 등 금전적인 이득을 취득하려는 목적하에 계속적인 의사로 중개를 한 것이라면 상법상 중개계약에 해당할 여지가 있다.

2. 피고의 행위가 다단계 방조 등 위법행위에 해당하는지

가. 피고의 행위가 다단계 방조 등에 해당하는지와 관련하여 이 사건에서 비트커넥트 시스템이 방문판매법에서 금지하는 다단계판매에 해당하는지 문제될 수 있다. 현재 비트커넥트 시스템에 대하여 명확하게 드러나 있는 것은 아니나 이 책의 '가상자산 렌딩계약의 법적 성격'에서 나오는 바와 같이 위 비트커넥트 재단은 투자자가 비트커넥트 사이트에 일정기간 동안 비트코인을 맡기면 그것을 BCC코인으로 교환하여 주고 그 동안 비트코인 등을 거래하여 취득한 수익을 월 40% 상당의 비율에 의한 이자 또는 배당금을 지급하여 준다는 조건을 들어 투자자들을 모집하였고, 그 투자자들을 모집한 사람에게는 추천인 수당을 부여하였다. 방문판매법 제2조 제5호 다.목에서는 '다단계판매'에 대하여 판매업자가 판매원에게 일정한 후원수당을 지급하는 방식을 가지고 있을 것이라고 규정하고 있는데, 이 사건에서 지급하는 추천인 수당도 위 법에서 규율하는 다단계판매에 해당할 여지가 있고 관할관청에 등록하지 않았으므로 위법하게 될 것이다. 설령 그렇지 않다 하더라도 위 비트커넥트 시스템은 투자자들로부터 비트코인을 수령만 하고 이를 운용하는 등 투자를 하지 않는 등의 사기적 행위를 하였으므로 비트커넥트 재단이 원고들에게 위법행위를 가하였다고 볼 수 있다.

그러나 이와 관련하여 피고의 중개행위가 비트커넥트 재단의 불법행위를 방조하거나 공모하였는지에 관하여 대상판결은 피고에게 그러한 고의가 있다고 볼 증거가 부족하다고 보았다.

나. 나아가 피고가 위 비트커넥트 시스템의 사기적 행태에 대하여 알 수 있었음에도 피고가 원고들에게 이를 알려주지 않은 과실책임이 있는지에 관하여 문제되었는데, 대상판결은 피고가 원고들에게 적극적으로 비트커넥트에 투자를 권유한 것이 아니라 원고들이 피고의 언니인 X가 비트커넥트 투자를 통하여 돈을 많이 벌었다는 소문을 듣고 먼저 피고를 찾아가 투자방법 등을 문의하였고 피고는 이를 안내해주거나 호의로 도와준 것에 불과하다고 보았다. 물론 피고가 원고들의 가입으로 추천인 수당 등의 이익을 취득한 것은 맞으나 대상판결은 피고가 비트커넥트 사이트가 곧 폐쇄될 것이라는 것을 알 수 있었다고 볼 수 없어 추천인 수당이 비트커넥트 사이트가 폐쇄됨으로써 원고들이 입은 투자금 상당의 손해와 인과관계가 있는 이득이라고 할 수 없다고 판시하였다.

Ⅲ. 대상판결의 평가

대상판결은 비트커넥트 재단의 투자유치 행태는 위법하기는 하나 피고가 원고들의 투자행위에 대하여 기망하였거나 고지의무를 위반한 과실이 있다고 보기는 어렵다고 보았다. 대상판결은 이와 관련하여 원고들의 투자 경위, 이에 대한 피고의 언행, 피고가 그 대가로 비트커넥트로 지급받은 추천인 수당의 액수 등 이득액 등 여러 가지 사정들을 종합적으로 판단하였다.

무엇보다 피고에게 고의 또는 과실이 있었는지에 관하여 중요한 요소는 관련 형사사건에서 피고가 사기 혐의에 대하여 불기소처분을 받았다는 점이다. 형사사건에서 무죄 추정의 원칙에 따라 심리하므로 민사사건에 비하여 그 입증책임이 강화 또는 엄격하게 되어 있고 형사사건에서 법원의 무죄판결이나 검찰의 불기소처분은 관련 민사사건의 결론에 미치는 영향이 적지 않을 것이다. 이 사건에서도 피고는 원고들로부터 사기 혐의로 고소를 당하기도 하였는데 이에 대한 검사의 불기소처분은 이 사건의 결론에 영향을 미치는 상당한 요인이 되었다고 보인다.

이는 유사수신행위나 다단계행위 등이 문제되는 여타의 사기사건에서도 마찬가지인데 많은 민사판결들이 관련 형사사건의 결론을 따라가는 경향을 많이 보이고 있으므로 그 분쟁 해결방법이나 승소가능성에 있어서 이를 참조할 만하다고 보인다.

[67] 유사수신행위를 이용한 가상자산 모집행위에 관한 손해배상책임

—부산지방법원 2021. 9. 29. 선고 2019가합43098 판결, 부산고등법원 2021나58786으로 항소 중—

[사실 개요]

1. 원고들은 피고들의 투자 권유를 받아 가상자산 X코인(이하 'X코인'이)에 투자한 사람들이다. 한편 피고 주식회사 A(이하 '피고 회사')는 가상자산과 관련된 사업을 추진하기 위하여 설립된 법인으로, 피고 회사의 법인등기부등본에는 사업목적으로 '가상화폐 중개 및 코인거래업' 등이 기재되어 있다. 나머지 피고들은 피고 회사의 대표이사(피고 B), 사내이사(피고 C), 센터장, 그 밖의 영업이사 내지 지점장이었다.
2. 피고들은 피고 회사 사무실 등을 찾은 불특정 다수에게 '한국, 미국, 중국 등에 동시에 가상자산 거래소를 오픈할 예정인데 그 거래소를 이용할 회원유치 차원에서 소액주주 10만 명을 모집하고 있다. 1구좌당 1,300,000원을 투자하면 소액주주로 등재해 주고, 그 거래소를 운영하여 발생하는 수익의 60%를 소액주주들에게 매월 배당금으로 지급해 줄 것이다. 또한 1구좌당 1,300,000원을 투자하면 투자를 한 다음 주부터 매주 56,000원씩 약 10개월간 무조건 최소 2,000,000원을 지급해 주고, 다른 투자자를 소개하면 1명당 60,000원에서 210,000원을 소개수당 명목으로 지급해 주겠다. 하루에 최대 4,000,000원을 벌 수 있다.'라고 설명하여 원고들을 포함한 다수의 투자자로부터 투자금을 모집하였다.
3. 피고들은 원고들 및 불특정 다수를 상대로 투자설명회를 개최하면서 '2017. 12. 7. 드디어 가상자산 거래소가 만들어졌다. 피고 회사의 상호로 거래소 오픈행사를 할 예정이고 X코인을 상장 전 2017. 12. 8.부터 2017. 12. 18.까지 1차 프리세일로 개당 120원에 판매하며, 성황리에 투자자들이 모집이 되면 2018. 1.경 2차 프리세일로 개당 180원에 판매하겠다. 위 X코인은 거래소 출범 기념으로 개당 120원, 180원으로 판매하는데, 상장이 되기만 하면 100배인 12,000원까지 가치가 뛴다.'라고 설명하면서 원고들을 포함한 다수의 투자자로부터 투자금을 모집하였다.
4. 피고 B, C는 '피고 B, C가 공모하여 위와 같은 방법으로 약 10개월간 원고들을 포함한 총 3,787명으로부터 합계 약 314,000,000,000원 상당의 유사수신행위를 하였다'는 내용의 범죄사실로 기소되어 부산지방법원에서 2018. 5. 3. 유사수신행위의규제에관한법률위반죄로 피고 B은 징역 2년, 피고 C는 징역 1년 2개월의 형을 각 선고받았다(부산지방법원 2018고단442). 한편 피고 B, C의 항소에 따라 진행된 항소심에서는 2018. 8. 30. 위 피고들의 위 범죄사실은 그대로 유죄로 인정하면서도 원심의 양형이 다소 무겁다는 이유로 원심판결을 파기하고 피고 B에게 징역 1년 8개월, 피고 C에게 징역 1년의 형을 각 선고하였으며(부산지방법원 2018노1726), 위 판결에 대해서는 피고 B, C가 상고를

취하하여 그대로 확정되었다. 나머지 피고들도 유사수신행위의규제에관한법률위반죄 내지 방조죄 등으로 처벌을 받거나 기소유예처분을 받은 바 있다.

[판결 요지]

1. 유사수신행위의 규제에 관한 법률이 유사수신행위를 금지하고 있고, 이를 위반하는 행위에 대한 형사처벌까지 규정하고 있는 것은 공신력 없는 자가 불특정 다수인으로부터 자금을 조달함으로써 금융질서를 교란하는 것을 막고, 유사수신행위에 유인되어 거래를 하는 제3자의 피해를 방지하기 위한 것이므로, 유사수신행위는 형사상 처벌대상이 될 뿐만 아니라 그에 내재된 위험이 현실화되어 거래상대방에게 손해가 발생한 경우에는 민사상 불법행위를 구성하고, 설령 유사수신업체가 약정한 금원 반환의무가 이행되지 않을 것을 알면서 투자금을 유치한 것이 아니라고 하더라도 유사수신행위의 위험성과 기망성을 충분히 인식하지 못한 채 함부로 이에 가담하여 그 거래를 유인하는 행위를 하였다면 위 거래에 따른 피해자의 손해에 대한 배상 책임을 면할 수 없다(대법원 2007. 12. 27. 선고 2006다1343 판결 참조).

2. 피고들이 가상자산 거래소 투자금과 관련하여 유사수신행위의규제에관한법률위반죄로 관련 형사사건에서 유죄판결을 선고받아 확정되거나 기소유예 처분을 받은 사실은 앞서 본 바와 같고, 앞서 본 법리에 비추어 살펴보면, 피고들은 순차로 공모하여 원고들을 비롯한 투자자들을 상대로 유사수신행위의규제에관한법률위반 범행(이하 '이 사건 범행')을 하였고, 그로 인하여 원고들에게 투자금 상당의 손해를 입게 하였으므로 피고들은 공동하여 위와 같은 불법행위로 인하여 발생한 원고들의 손해를 배상할 책임이 있다

3. X코인 관련 투자금 부분에 대해서는 피고들에게 이 사건 변론종결일 현재 관련 형사판결 등이 선고되거나 확정되지 않은 사실이 인정되기는 하나 ① X코인의 장래 수익 실현이 불투명한 상태에서 피고들은 '상장이 되기만 하면 100배의 가치가 뛴다'는 말 등으로 현혹하여 원고들로 하여금 계속해서 투자금을 송금하도록 유도한 점, ② X코인은 이미 외국에서 상장되어 있던 코인으로서 피고들의 노력에 의하여 상장될 수 있는 것이 아니었고, 더 이상 거래되지 않을 뿐만 아니라 현금화도 불가능하여 전혀 가치가 없던 가상자산인 것으로 보이기도 하는 점, ③ 원고들의 X코인 관련 투자금 또한 원고들에 대한 피해회복이 대부분 이루어진 못한 점, ④ X코인 관련 투자금의 유치는 그 수단과 시기 면에 있어서 가상자산 거래소 관련 투자금의 유치와 유사한 것으로 보이는 점 등에 비추어 보면 피고들이 X코인 관련 거래행위의 위험성과 기망성을 원고들에게 제대로 알리지 않은 채 원고들에게 그 거래를 유인하는 행위를 하였고, 그로 인하여 내재된 위험이

현실화되어 원고들에게 투자금 상당의 손해가 발생한 이상 원고들의 X코인 관련 투자금에 대해서도 피고들은 공동하여 불법행위로 인한 손해배상책임을 부담한다고 봄이 타당하다.

4. ① 투자에는 항상 위험이 뒤따르므로 누구보다 투자자 스스로가 그 위험성을 면밀하게 살펴보아야 할 책임이 있는 점, ② 원고들로서도 고율의 투자수익에 유인되어 사업구조의 위험성, 수익의 실현성 등에 관한 신중한 검토 없이 만연히 투자를 결정한 잘못이 있다 할 것인 점, ③ 피고 B, C를 제외한 나머지 피고들의 경우 이 사건 범행에 대한 가담 정도가 상대적으로 가볍고 본인들도 투자자로서 적지 않은 손실을 입은 것으로 보일 뿐 아니라 이사건 범행으로 취득한 이득을 보유한 것으로 보이지도 않는 점, ④ 피고 C가 피해자대책위원회에 법인계좌에 있던 잔여코인 전량을 지급하는 등 피해회복을 위하여 일부 노력한 사정이 존재하는 것으로 보이는 점 등에 비추어 보면 피해자인 원고들의 과실을 참작하여 피고들의 책임을 제한하더라도 신의칙에 반하는 결과를 가져온다고 볼 수는 없고, 손해 분담의 공평이라는 손해배상제도의 이념을 고려할 때 피고들의 책임의 범위를 원고들의 각 손해액의 60%로 제한하는 것이 적절하다.

5. 이에 대하여 피고 D는 이 사건 범행에 따른 피해자대책위원회위원장에게 법인계좌에 있던 잔여 코인 전량을 지급하였고, 530,000,000원을 피해자대책위원회의 총무에게 즉시 이체하였으므로 원고들에 대한 피해 변제가 이루어졌다는 취지로 주장하나 제출된 증거만으로는 이와 같은 피해자대책위원회에 대한 일부 피해 변제만으로 원고들에 대한 투자금 상당의 손해가 회복되었다는 사실을 인정하기에 부족하고 달리 이를 인정할 만한 증거가 없다. 따라서 피고 D의 이 부분 주장은 이유 없다.

해설

Ⅰ. 대상판결의 의의 및 쟁점

대상판결은 가상자산 투자모집행위와 관련한 유사수신행위를 다루고 있다. 유사수신규제법에 따른 인가, 허가를 받지 아니하는 등 필요한 절차를 거치지 않고 가상자산을 모집하는 행위에 대하여 불법행위 손해배상청구를 한 사안이다. 이 판결에 대한 평가는 다양할 수 있는데, 특히 가상자산, 블록체인 산업, 저작권 매매 플랫폼 등 첨단 산업과 관련하여 위 법률을 그대로 적용할 수 있는지, 이에 따라 유사수신행위의 해악을 방지할 수 있는지 문제될 수 있다.

Ⅱ. 대상판결의 분석

1. 유사수신행위의 요건성

가. 유사수신규제법에 의하면, 유사수신행위에 대하여 인가·허가를 받지 아니하거나 등록·신고 등을 하지 아니하고 불특정 다수인으로부터 자금을 조달하는 것이라고 규정하면서 각호에 ① 장래에 출자금의 전액 또는 이를 초과하는 금액을 지급할 것을 약정하고 출자금을 받는 행위, ② 장래에 원금의 전액 또는 이를 초과하는 금액을 지급할 것을 약정하고 예금·적금·부금·예탁금 등의 명목으로 금전을 받는 행위, ③ 장래에 발행가액 또는 매출가액 이상으로 재매입할 것을 약정하고 사채를 발행하거나 매출하는 행위, ④ 장래의 경제적 손실을 금전이나 유가증권으로 보전하여 줄 것을 약정하고 회비 등의 명목으로 금전을 받는 행위로 구체화하고 있다(제2조). 이에 따라 유사수신규제법은 유사수신행위를 금지하면서 이를 위반한 경우 처벌하고 있다(제3조, 제6조).

나. 여기서 말하는 유사수신행위의 인가·허가 및 등록·신고에 대하여 각 법률이 산개하여 명확하게 확립되지는 않았지만, 은행법과 자본시장법을 예로 들자면 은행업 인가, 종합금융투자업 인가, 공모 집합투자업 인가, 사모 집합투자업 등록 등을 의미할 것이다.[1]

다. 한편 유사수신규제법 제2조 제1, 2, 4호는 금전을 받는 행위에 대하여 규정하고, 제3호는 재매입 약정부 사채 발행 등의 행위를 규정하고 있다. 따라서 비트코인이나 이더리움 등의 수량을 늘려준다면서 비트코인 등을 받는 행위, 다른 가상자산으로 교환하여 준다면서 비트코인 등을 받는 행위는 유사수신행위에 해당하지 않을 가능성이 있다.

라. 그리고 상품거래와 관련하여 금원을 지급받는 행위는 유사수신규제법에 따른 유사수신행위에 해당하지는 않기는 하나 대법원에서 설령 상품거래의 형식을 띠었다고 하더라도 그것이 상품의 거래를 가장하거나 빙자한 것일 뿐 사실상 금전의 거래라고 볼 수 있는 경우라면 위 법이 금하는 유사수신행위로 볼 수 있다고 판시하였는바,[2] 가상자산 거래와 관련하여 가상자산을 위 상품으로 볼 수 있는지 문제되는데 가상자산의 상품성 여부는 이를 곧바로 부정할 것은 아니고 해당 가상자산의 특징, 기초자산의 존부 여부 및 그 내용, 거래 동향 등 종합적인 사정을 고려하여 판단하여야 할 것으로 보이는데, 이를 정면으로 연구한 사례는 거의 없는 것으로 보인다.

---

1) 한병기, "유사수신행위의 규제에 관한 법률에 대한 새로운 이해 — 형사법의 관점에서 금융혁신을 개선하는 금융규제법의 관점으로 —", 금융법연구 제17권 제2호, 한국금융법학회(2020), 171쪽.

2) 대법원 2009. 9. 10. 선고 2009도5075 판결, 위 대법원 판결의 원심(서울고등법원 2009. 5. 13. 선고 2008노3261 판결)에서는 가맹점에서 취급하는 물품이나 용역 등의 내용은 주유소, 음식점, 생활용품, 서비스 등으로 제한되어 있음에도 피해자들이 많게는 수억 원이 넘는 상품권을 구매한 것을 보더라도 피해자들이 물품이나 용역의 구매보다는 상품권의 현금 상환으로 인한 이득을 보기 위한 것임을 말해준다고 하면서 상품거래를 빙자한 유사수신행위라고 보았고 위 대법원 판결도 원심의 판단을 수긍하였다.

마. 이와 관련하여 대상판결은 일부 청구 부분에 대하여 피고들이 가상자산 거래소 투자금과 관련하여 유사수신행위의규제에관한법률위반죄로 관련 형사사건에서 유죄판결을 선고받아 확정되거나 기소유예 처분을 받은 사실이 있다고 하면서 이미 확정된 형사판결이 유죄로 인정한 사실은 유력한 증거자료가 되므로, 특별한 사정이 없는 한 이와 반대되는 사실을 인정할 수 없다는 대법원 판결의 법리[3]를 인용하면서 불법행위 손해배상청구를 그대로 인용하였다. 그리고 나머지 청구인 X코인 투자금 관련 부분에 대하여는 X코인의 장래 수익 전망이 불투명한 상태에서 상장만 되면 100배 가치가 뛴다는 말 등으로 기망행위를 하였고 실제로는 가치가 없다는 이유로 기망행위를 인정하였다.

2. 변제 항변과 과실상계

대상판결에서 일부 피고는 피해자대책위원회 측에게 피해 변제 명목으로 가상자산과 금전을 송금해 위 손해배상청구금에 변제되어 일부 소멸하였다는 취지의 항변도 하였는데, 법원은 피해자대책위원회에 대한 일부 피해 변제만으로 원고들에 대한 투자금 상당의 손해가 회복되었다는 사실을 인정하기에 부족하다면서 위 피고의 항변을 기각하였다. 이 사건에서 원고들이 피해자대책위원회에 이에 소속되어 있는지도 불분명한 것으로 보이고 설령 소속되어 있다고 위 피해자대책위원회의 성질이 어떠한 것인지 알 수 없는 상황에서 그에 대한 변제를 원고들에 대한 일부 변제와 동일시하기는 어렵고 그것이 위 판결에 반영된 것으로 보인다.

한편 대상판결은 투자자인 원고들로서도 고율의 투자수익에 유인되어 사업구조의 위험성, 수익의 실현성 등에 관한 신중한 검토 없이 만연히 투자를 결정한 잘못이 있고 투자에는 항상 위험이 뒤따르므로 누구보다 투자자 스스로가 그 위험성을 면밀하게 살펴보아야 할 책임이 있는 점 등을 설시하면서 피고들의 책임의 범위를 원고들의 각 손해액의 60%로 제한하였다. 여기서 피해자대책위원회에 잔여코인 전량을 지급한 것에 대하여 과실상계의 책임비율에 참작한 것은 특징적인데 이는 피고들의 주장을 일부 받아들였기 때문인 것으로 보인다.

Ⅲ. 대상판결의 평가 및 과제

대상판결은 가상자산의 유사수신행위 해당 여부와 불법행위 손해배상청구에 대한 리딩 케이스 중 하나로 평가할 수 있다. 그런데 대상판결은 X코인을 제외한 나머지 부분에 대

---

3) 대법원 1995. 1. 12. 선고 94다39215 판결.

하여 관련 형사판결과 기소유예처분서 등이 있다는 이유로 곧바로 유사수신행위로서 불법행위 손해배상청구를 인정한다는 취지로 판시하였는데, 앞서 본 형사판결의 사실판단 채용에 관한 대법원 판결은 어디까지나 확정된 형사판결에서 인정된 사실을 존중하라는 취지일 뿐 법리에까지 구속된다는 의미는 아니기 때문에, 설령 관련 형사판결에서 피고들의 행위가 유사수신행위에 해당함을 인정하였다고 하더라도 위 대상판결에서 해당 가상자산의 상품성 여부, 출자금 모집행위에 해당성 등을 법리적으로 다시 판단하였어야 한다고 보인다. 그럼에도 위 형사판결에서 유사수신행위를 인정하였다고 하여 곧바로 불법행위 손해배상청구를 인용하여 그 판단에 대한 이유 설시가 다소 부족해 보인다. 다만 X코인에 대하여는 유사수신행위가 아닌 일반적인 피고들의 사기 기망행위를 이유로 한 손해배상청구를 인정하였는데 그 이유에 관한 설시가 적절하다고 보인다.

한편 유사수신행위에 해당하기 위해서는 출자금 등 금전을 수납하여야 하고 앞서 기재한 바와 같이 비트코인이나 이더리움 등의 수량을 늘려준다면서 비트코인 등을 받는 행위, 다른 가상자산으로 교환하여 준다면서 비트코인 등을 받는 행위는 죄형법정주의에 따라 유사수신행위에 해당하지 않을 것이다. 그러나 이와 같은 방법으로 가상자산을 받아 모집하는 행위를 할 수 있는 가능성도 상당하고 그에 따른 해악은 일반적인 금전을 지급받는 행위에 상응한다고 보인다. 따라서 입법론으로 가상자산 수납행위도 유사수신행위에 포함되는지를 적극적으로 검토해야 한다고 생각한다.

[68] 보이스피싱과 가상자산거래소의 공모관계

—수원지방법원 성남지원 2021. 10. 28. 선고 2020가단204130 판결,
수원지방법원 2021나97528로 항소 중—

[사실 개요]

1. 원고는 성명불상자가 보낸 문자메세지를 받고 보이스피싱을 당해 보이스피싱 조직에서 말하는 은행 계좌로 은행예금을 모두 이체하였는데, 해당 계좌에서 돈이 출금되어 6,000만 원 상당의 피해를 입었다.
2. 피고 회사의 계좌로 금원이 입금되자 즉시 이를 자기앞 수표로 인출하였다.
3. 원고는 원고가 보이스피싱 조직에 속아 편취당한 돈이 피고 회사 계좌에 입금되었고, 피고 회사는 법률상 원인 없이 입금된 예금액 상당의 이득을 얻었으므로 피고 회사는 이를 원고에게 부당이득으로 반환하여야 한다는 소를 제기하였으며, 이에 피고 회사는 가상자산 거래소를 운영하고 있는데 피고 회사의 이사가 중국에서 바이어와 동행한 자리에서 성명불상의 바이어들로부터 가상자산 구매 대행 요청을 받았고, 피고 회사는 피고 회사의 계좌에 돈이 입금하는 것을 확인하고 해당금액만큼의 비트코인을 구매해 위 바이어들의 전자지갑으로 전송해주었으므로 부당이득을 얻은 바 없다고 주장하였다.

[판결 요지]

1. 채무자가 피해자로부터 편취한 금전을 자신의 채권자에 대한 채무 변제에 사용하는 경우에, 채권자가 그 변제를 수령할 때 그 금전이 편취된 것이라는 사실에 대하여 악의 또는 중대한 과실이 없는 한, 채권자의 금전 취득은 피해자와의 관계에서 법률상 원인이 있다(대법원 2008. 3. 13. 선고 2006다53733, 53740 판결, 대법원 2012. 1. 12. 선고 2011다74246 판결, 대법원 2016. 6. 28. 선고 2012다44358, 44365 판결 등 참조).

2. 다음과 같은 사정에 비추어 볼 때 피고 회사는 피고 회사에게 입금된 돈이 누군가에게 편취된 금원이라는 사정을 알았거나 알지 못한 데에 중대한 과실이 있다.

① 피고 회사는 가상자산 거래소를 운영하고 있으며 피고 회사에 입금된 돈으로 비트코인을 구입하여 이를 구매요청자에게 지급하였다고 주장하나 피고 회사가 주장하는 가상자산거래소 운영사업과 관련한 사업수행실적이 없다.

② 원고의 피해금으로 비트코인을 구매해서 성명불상의 바이어에게 전송하여 주었다고 주장하면서 제출한 피고 회사의 거래내역도 거래시간과 원고 갑의 피해금 발생시간에 비추어 원고의 피해금으로 구매한 비트코인이라고 볼 수 없다.

③ 피고 회사의 은행계좌로 입금 즉시 이를 자기앞수표로 인출하는 등의 거래형태는 불법행위로 인한 자금세탁을 용이하게 하는 위한 목적으로 추정되고 달리 번거로운 거래 방식을 사용할 합리적인 이유에 대한 주장과 입증이 없다.

3. 피고 회사의 대표이사인 피고 A 또한 피고 회사의 계좌에 입금된 원고의 피해금이 불법행위의 피해금에 해당한다는 점을 알았거나 알 수 있었음에도 불구하고 위 금액을 인출하여 피고 회사의 다른 계좌에 옮기는 방법으로 범죄 수익 은닉을 용이하게 하여 성명불상자의 범죄행위를 용이하게 하였고 그에 관하여 고의, 과실이 있으므로 피고 회사의 대표이사인 피고 A는 불법행위로 인한 손해배상책임을 부담한다.

해설

Ⅰ. 관련 판결 소개

1. 채무자가 편취한 금전을 자신의 채권자에 대한 채무변제에 사용하는 경우 그 변제를 수령함에 있어 그 금전이 편취된 것이라는 점을 알았거나 중대한 과실로 알지 못한 경우 채권자의 금전취득이 부당이득이 되는지 여부 - 부당이득이 되지 않는다(대법원 2008. 3. 13. 선고 2006다53733, 53740 판결).

2. 사기이용계좌의 명의인이 전기통신금융사기(소위 보이스피싱) 피해금을 횡령한 사건

송금의뢰인이 다른 사람의 예금계좌에 자금을 송금·이체한 경우 특별한 사정이 없는 한 송금의뢰인과 계좌명의인 사이에 그 원인이 되는 법률관계가 존재하는지 여부에 관계없이 계좌명의인(수취인)과 수취은행 사이에는 그 자금에 대하여 예금계약이 성립하고, 계좌명의인은 수취은행에 대하여 그 금액 상당의 예금채권을 취득한다. 이때 송금의뢰인과 계좌명의인 사이에 송금·이체의 원인이 된 법률관계가 존재하지 않음에도 송금·이체에 의하여 계좌명의인이 그 금액 상당의 예금채권을 취득한 경우 계좌명의인은 송금의뢰인에게 그 금액 상당의 돈을 반환하여야 한다. 이와 같이 계좌명의인이 송금·이체의 원인이 되는 법률관계가 존재하지 않음에도 계좌이체에 의하여 취득한 예금채권 상당의 돈은 송금의뢰인에게 반환하여야 할 성격의 것이므로, 계좌명의인은 그와 같이 송금·이체된 돈에 대하여 송금의뢰인을 위하여 보관하는 지위에 있다고 보아야 한다. 따라서 계좌명의인이 그와 같이 송금·이체된 돈을 그대로 보관하지 않고 영득할 의사로 인출하면 횡령죄가 성립한다(대법원 2018. 7. 19. 선고 2017도17494 전원합의체 판결).

이러한 법리는 계좌명의인이 개설한 예금계좌가 전기통신금융사기 범행에 이용되어 그 계좌에 피해자가 사기피해금을 송금·이체한 경우에도 마찬가지로 적용된다. 계좌명의인

은 피해자와 사이에 아무런 법률관계 없이 송금·이체된 사기피해금 상당의 돈을 피해자에게 반환하여야 하므로, 피해자를 위하여 사기피해금을 보관하는 지위에 있다고 보아야 하고, 만약 계좌명의인이 그 돈을 영득할 의사로 인출하면 피해자에 대한 횡령죄가 성립한다. 이때 계좌명의인이 사기의 공범이라면 자신이 가담한 범행의 결과 피해금을 보관하게 된 것일 뿐이어서 피해자와 사이에 위탁관계가 없고, 그가 송금·이체된 돈을 인출하더라도 이는 자신이 저지른 사기범행의 실행행위에 지나지 아니하여 새로운 법익을 침해한다고 볼 수 없으므로 사기죄 외에 별도로 횡령죄를 구성하지 않는다.

Ⅱ. 관련 법적 쟁점

1. 서론

대상판결은 가상자산에 대한 깊은 이해가 필요한 사안은 아니다. 다만 보이스피싱 등 범죄에 가상자산이 많이 이용되고 있는데 가상자산이 이용되는 현황, 가상자산으로 범죄수익을 은닉하는 경우 범죄수익의 회수방법 등 생각해볼 이슈가 있다.

2. 보이스피싱(전기통신금융사기)에 속아 피해자가 금전을 자신의 계좌에서 다른 계좌로 송금한 경우

가. 해당 계좌의 명의인과 송금의뢰인 사이에 그 원인이 되는 법률관계가 존재하는지 여부와 무관하게 계좌명의인은 수취은행에 대하여 송금받은 금액 상당의 예금채권을 취득한다. 이때 송금의뢰인과 계좌명의인 사이에 송금의 원인이 되는 법률관계가 존재하지 않은 경우 계좌명의인은 송금의뢰인에게 해당 금액 상당의 돈을 반환하여야 하므로 계좌명의인은 송금의뢰인에게 부당이득반환의무를 부담한다.

나. 그런데 계좌명의인이 그와 같이 송금된 돈을 그대로 보관하지 않고 영득할 의사로 인출하면 횡령죄가 되지만, 계좌명의인이 사기의 공범이라면 자신이 가담한 범행의 결과 피해금을 보관하게 된 것일 뿐이므로 피해자와 사이에 위탁관계가 없고 그가 송금한 돈을 인출하더라도 자신이 저지른 사기범행의 실행행위에 지나지 아니하여 새로운 법익을 침해한다고 볼 수 없으므로 사기죄 외에 별도로 횡령죄를 구성하지는 않는다. 결론적으로 보이스피싱에 속아 피해자가 자신의 계좌에서 다른 계좌로 송금한 경우 다른 계좌의 명의인이 보이스피싱 범죄의 공범(방조범을 포함한다)이 되면 그 인출행위는 별도의 범죄를 구성하지 아니하나 공범이 아니라면 이를 인출한 경우 횡령죄가 된다.

다만 위와 같은 다수의견에 대해 ① 계좌명의인과 사기피해자 사이에서는 아무런 위탁관계가 존재하고 있지 아니하고 사기피해자가 여전히 송금 이체된 돈에 대해 소유권을 유지하고 있다고 볼 수 없으므로 새로운 법익침해가 있는 것은 아니라는 이유로 접근매체 양수인에 대한 횡령죄가 성립할 뿐 송금인에 대해서는 횡령죄는 성립하지 않는다거나 ② 계좌명의인과 송금인 사이에는 위탁관계가 없어 송금인에 대해서 횡령죄가 되지 아니하고, 계좌명의인과 접근매체 양수인 사이의 위탁관계 역시 형법상 보호가치가 있는 신임에 의한 것이 아니어서 접근매체양수인에 대한 횡령죄 역시 성립하지 않는다는 별개의견과 소수의견이 있었다.

3. 보이스피싱(전기통신금융사기)에 속아 피해자가 금전이 아닌 가상자산을 자신의 가상자산거래소 계정 또는 전자지갑에서 다른 계정 혹은 다른 전자지갑으로 송금한 경우

가. 가상자산 권리자의 착오나 가상자산 운영 시스템의 오류 등으로 법률상 원인관계 없이 다른 사람의 가상자산 전자지갑에 가상자산이 이체된 경우, 가상자산을 이체받은 자는 가상자산의 권리자 등에 대한 부당이득반환의무를 부담하게 될 수 있다. 그러나 이는 당사자 사이의 민사상 채무에 지나지 않고 이러한 사정만으로 가상자산을 이체받은 사람이 신임관계에 기초하여 가상자산을 보존하거나 관리하는 지위에 있다고 볼 수 없다.

가상자산은 국가에 의해 통제받지 않고 블록체인 등 암호화된 분산원장에 의하여 부여된 경제적인 가치가 디지털로 표상된 정보로서 재산상 이익에 해당한다. 가상자산은 보관되었던 전자지갑의 주소만을 확인할 수 있을 뿐 그 주소를 사용하는 사람의 인적사항을 알 수 없고, 거래 내역이 분산 기록되어 있어 다른 계좌로 보낼 때 당사자 이외의 다른 사람이 참여해야 하는 등 일반적인 자산과는 구별되는 특징이 있다. 이와 같은 가상자산에 대해서는 현재까지 관련 법률에 따라 법정화폐에 준하는 규제가 이루어지지 않는 등 법정화폐와 동일하게 취급되고 있지 않고 그 거래에 위험이 수반되므로, 형법을 적용하면서 법정화폐와 동일하게 보호해야 하는 것은 아니다(대법원 2021. 12. 16. 선고 2020도9789 판결).

나. 금전이 아닌 가상자산을 착오로 송금한 경우의 민사적 법률관계에 대해서는 직접적으로 판시한 대법원 판결은 존재하지 않는다. 가상자산 거래소에서는 가상자산 송금당시 송금인이 송금주소를 잘못 기재하거나 송금되는 네트워크를 잘못 지정한 경우 송금한 가상자산을 다시 돌려받을 수 없다는 주의사항을 계속해서 알려주고 있다. 그럼에도 오입금된 가장자산이 상당히 많은 것이 현실이고, 이를 어떻게 찾을 수 있는지 명확한 권리관계와 절차가 확립되어 있지는 않다. 현재로서는 잘못 송금된 가상자산을 어떻게 되찾을 수 있는가는 기술적으로 분명하지 않다.

4. 가상자산 거래소 계정 또는 개인전자지갑에서 다른 가상자산 거래소 계정으로 가상자산을 송금한 경우

송금받은 곳이 중앙화된 가상자산 거래소(거래소 운영법인이 내부 데이터베이스로 고객 및 고객의 자산을 관리하는 거래소)인 경우 가상자산 거래소는 고객의 동의 없이도 해당 계정을 동결하거나 해당 계정의 자산을 처분할 수 있다. 현재 한국의 가상자산 거래소와 거래하는 고객은 가상자산 거래소에서 매수한 가상자산을 배타적으로 점유하고 있다고 보기는 어렵고 가상자산 거래소에 매수한 가상자산을 자신의 개인지갑에 이전하여 달라는 채권을 가지고 있은 것으로 해석된다.

보이스피싱에 속아 다른 가상자산 거래소의 계정에 송금한 경우 피해자는 법정화폐를 잘못 보낸 경우와 동일하게 계정 명의자로부터 부당이득반환청구로 오입금한 가상자산을 반환받을 수 있다고 할 것이다.

5. 가상자산 거래소 계정 또는 개인전자지갑에서 다른 개인전자지갑으로 가상자산을 잘못 송금한 경우

블록체인기술을 적용한 전자지갑의 경우 중앙화된 지갑관리자가 존재하지 않는다. 따라서 가상자산을 잘못 입금한 해당 전자지갑의 처분권한을 가지고 있는 자가 누구인지 알 수 있는 방법도 없다. 지갑 생성당시 해당 전자지갑의 프라이빗 키를 소지한 자가 누구인지 등록하도록 하지 않기 때문이다. EU 의회 경제통화위원회는 2022. 3. 31. 가상자산 거래소 등 가상자산 서비스 제공업자들이 개인지갑을 통해 자금이 오갈 때 거래하는 개인들로부터 개인 식별이 가능한 정보를 수집할 수 있도록 하는 법안초안을 의결하였고,[1] 이에 대해 현재 많은 반발이 있고, 기술적으로도 쉽지 않다.

Ⅲ. 이 사건에의 적용

1. 보이스피싱을 당해 피해자가 보낸 돈이 입금된 계좌의 명의인을 보이스피싱 사기범죄의 방조범으로 볼 수 있는지 여부 및 피해자와의 관계에서 계좌 명의인의 금전 취득이 법률상 원인이 있는지 여부

가. 보이스피싱을 당해 다른 계좌로 입금된 돈을 입금된 계좌명의인으로부터 반환받는 것은 쉽지 않다. 계좌에 입금된 돈이 여러 번에 걸쳐 입출금을 반복한 경우에는 더더욱 그러하다. 본 사건은 보이스피싱의 경우 민사적으로 계좌명의인을 상대로 부당이득반환청구를 할 수 있다는 판결이다.

나. 보이스피싱으로 인한 편취금이라는 점을 알지 못하였다는 피고의 주장을 다음과 같은 이유로 모두 인정하지 않고 계좌명의인인 피고가 보이스피싱 등으로 인한 편취금을

---

1) www.coindeskkorea.com/news/ariticleView.html?idxno=79575.

알았거나 중대한 과실로 알지 못하였다고 인정하였다.

○ 피고는 자신이 가상자산 거래소를 운영하였다고 주장하고 있으나 이를 인정할 증거가 없다.

○ 피고가 비트코인 구입 대금으로 주장하는 거래내역은 원고의 손해금이 입금된 돈과 관련이 없다.

○ 원고의 돈이 피고의 계좌로 입금된 후 당일 수차례에 걸쳐 자기앞 수표 등으로 인출 및 입금 되었는데 입금직후 자기앞 수표로 전액 출금한 후 다른 계좌에 입금하고 다시 자기앞 수표로 출금하는 방식은 전형적인 자금추적을 회피하기 위한 방식이다.

○ 비트코인으로 자금세탁이 많이 이루어지고, 보이스피싱 사기범죄에 가상자산이 이용되고 있는 현실에서 아무런 조사 없이 처음 보는 바이어들로부터 주문을 받고 그 입금내역을 확인하지 않은 상태에서 가상자산 거래를 하였다는 주장은 그 자체로 가상자산 거래에 필요한 주의의무를 해태한 것이다.

2. 피고는 보이스피싱 편취금이라는 점을 중대한 과실로 알지 못하였으므로 자신의 계좌에 송금된 금원에 대해서는 법률상 원인이 없이 예금채권을 취득한 것이어서 이를 원고에게 반환하여야 한다.

3. 부당이득반환청구를 받아들였기 때문에 별도로 불법행위에 대한 성립여부에 대해서는 판단하지 않았다.

4. 이 판결에서는 또한 피고 회사의 대표가 입금된 돈을 자기앞 수표로 인출하였다는 사정을 참작하여 회사 계좌에 입금된 돈이 사기범행의 피해금임을 알았거나 알 수 있었다고 판단하였고, 피고 회사의 대표의 행위는 범죄수익의 은닉을 용인하게 하는 방조행위에 해당하여 피고 회사와 연대하여 원고의 손해를 배상할 책임이 있다고 판시하였다. 불법행위에 기한 손해배상에 대해서는 보이스피싱 피해자의 과실을 참작하여 손해배상액을 제한하였는데 이는 과실에 기한 방조책임을 염두에 둔 것으로 판단된다.

Ⅳ. 결론

1. 보이스피싱 등으로 기망당하여 잘못 금전이나 가상자산을 타인의 계좌로 송금한 경우 해당 계좌의 명의인이 입금받은 금전이나 가상자산이 사기범죄의 피해금임을 알았거나 알 수 있었다고 인정될 사정이 있는 경우에는 피해자인 송금인은 해당 계좌의 명의인을 상대로 부당이득반환청구 혹은 방조의 불법행위로 인한 손해배상청구를 할 수 있다는 취지의 판결이다.

2. 가상자산을 잘못 입금한 경우 아직 가상자산거래소 등에서 명확한 처리절차가 마련되어 있지 않고, 전자지갑 소프트웨어의 경우에는 이를 반환받을 기술적 수단이 미비하다.

[69] 보이스피싱의 과실방조 불법행위 책임 성부

—서울서부지방법원 2022. 5. 18. 선고 2019가단234610 판결, 2022. 6. 8. 확정—

[사실 개요]

1. 피고 A는 2019. 1.경 성명불상자로부터 체크카드 대여 제안을 받고 300만 원을 받기로 하고 S은행 예금계좌와 연결된 자신의 체크카드 1장을 택배를 통하여 성명불상자에게 대여하고 비밀번호를 알려 주었다.
2. 피고 B는 성명불상자에게 자신의 T은행 예금계좌 번호를 알려주고, 성명불상자의 지시에 따라 2019. 1. 9. X가상자산 거래소에 자신의 계정을 만들었다.
3. 원고는 2019. 1. 14.경 R은행 D 대리를 사칭하는 성명불상자의 전화를 받고 '대출을 받아 상환하는 방식으로 신용평점을 올리면 저금리 대출을 받을 수 있다.'라는 말을 듣고, 이에 속아 카드론 대출을 받은 다음 위 성명불상자의 지시에 따라 2019. 1. 14.부터 2019. 1. 17.까지 위 성명불상자가 지정하는 피고 B의 T은행 예금계좌로 10,000,000원, D의 계좌로 10,000,000원, 피고 A의 S은행 예금계좌로 20,480,000원, E의 예금계좌로 5,000,000원을 각 송금하였다.
4. 피고 A의 예금계좌에 입금된 돈 중 470,000원은 피고 A의 K뱅크 계좌로 이체되었고, 나머지는 성명불상자에 의하여 출금되었다.
5. 피고 B는 자신의 T은행 계좌에 입금된 돈을 X거래소 계좌로 이체하였고, 이후 X거래소 원고 계정에 위 돈이 등록되어 가상자산 구입이 이루어졌으며 위 가상자산이 2019. 1. 14.부터 2019. 1. 16.까지 9회에 걸쳐 수취인을 알 수 없는 전자지갑으로 보내져 출금되었다.
6. 이에 대하여 원고는 피고들이 성명불상자의 보이스피싱 범행에 대하여 방조하여 손해가 발생하였다고 주장하면서 불법행위를 원인으로 하는 손해배상청구소송을 제기하였다.

[판결 요지]

1. 민법 제760조 제3항은 불법행위의 방조자를 공동불법행위자로 보아 방조자에게 공동불법행위의 책임을 지우고 있다. 방조는 불법행위를 용이하게 하는 직접, 간접의 모든 행위를 가리키는 것으로서 손해의 전보를 목적으로 하여 과실을 원칙적으로 고의와 동일시하는 민사법의 영역에서는 과실에 의한 방조도 가능하며, 이 경우의 과실의 내용은 불법행위에 도움을 주지 말아야 할 주의의무가 있음을 전제로 하여 그 의무를 위반하는 것을 말한다(대법원 2016. 5. 12. 선고 2015다234985 판결 참조).

2. 보이스피싱 수법의 범죄의 발생 빈도나 규모, 수법이 널리 알려져 있다고 볼 수 있으므로 일반적으로 접근매체 교부나 자신의 예금계좌에 입금된 돈을 다른 예금계좌로 이

체하라는 등의 요구를 받을 경우 보이스피싱 범죄에 이용될 수 있다는 점에 관하여 주의를 기울이고 도움을 주지 말아야 할 의무가 있다.

이 사건에서 피고 A는 성명불상자로부터 300만 원이라는 고액의 대가를 받기로 하고 체크카드를 성명불상자에게 보내준 점, 피고 B는 단순히 자신의 예금계좌에 입금된 돈을 성명불상자의 지시에 따라 계좌이체를 시키는 것에서 더 나아가 가상자산 거래소에 계정을 등록하였다는 점에서 자신의 행위가 보이스피싱 등 불법행위에 이용되고 있다는 점을 예견할 수 있었다고 봄이 타당하다. 그러므로 피고들은 보이스피싱 등 불법행위에 자신의 행위가 도움을 주지 말아야 할 주의의무를 위반하여 성명불상자와 공동으로 원고에게 피해금 상당의 손해를 가하였다고 인정된다.

3. 원고 역시 보이스피싱 범죄임을 예상하고 피해 발생을 막을 수 있었던 점을 고려하여 피고들의 책임을 제한한다. 다만, 공동불법행위에 있어서는 피해자의 과실을 공동불법행위자 전원에 대한 과실로서 전체적으로 평가하여야 하는 점에 비추어 피고들의 책임을 손해액의 70%로 제한한다. 그러므로 원고에게, 피고 A는 14,336,000원(=20,480,000원 × 0.7), 피고 B는 7,000,000원(=10,000,000원 × 0.7) 및 각 이에 대하여 불법행위일 이후로서 원고가 구하는 바에 따라 2019. 1. 18.부터 이 사건 소장 부본 송달일인 피고 A는 2019. 11. 15., 피고 B는 2019. 8. 29.까지 민법이 정하는 연 5%, 그 다음날부터 다 갚는 날까지 소송촉진 등에 관한 특례법이 정하는 연 12%의 각 비율로 계산한 지연손해금을 지급할 의무가 있다.

해설

Ⅰ. 대상판결의 의의 및 쟁점

보이스피싱의 손해배상책임에 있어서는 고의범의 책임보다는 과실범의 공동불법행위 책임 여부가 가장 큰 문제가 된다. 보통 고의범의 경우 중국 등 해외에서 우리나라에 소재한 피해자에게 전화를 거는 방식으로 진행되므로 실질적으로 해당 고의범에게 손해배상책임을 묻기 어렵기 때문에 위 고의범이 보이스피싱 사기범행을 범하는데 있어 계좌를 제공한 사람을 대상으로 과실책임을 묻게 되기 때문이다. 대상판결은 보이스피싱 범행으로 취득한 이익이 가상자산으로 그 형태가 바뀌어 은닉된 사안으로 예금계좌 또는 그 체크카드를 제공한 자 뿐만 아니라 가상자산 거래소의 계정을 만들도록 협조한 자에게도 그 과실책임을 물을 수 있는지 문제되었다.

Ⅱ. 대상판결의 분석

민법 제760조 제1항은 수인이 공동의 불법행위로 타인에게 손해를 가한 때에는 연대하여 그 손해를 배상할 책임이 있다고 하여 공동불법행위 책임에 대하여 규정하고 있고 이는 고의에 의한 행위자 뿐만 아니라 과실에 의한 행위자도 포함된다. 여기서 공동불법행위는 고의에 의한 행위자들 뿐만 아니라 과실범들 사이 또는 고의범과 과실범 사이에서도 성립할 수 있다. 위 책임은 부진정연대책임이므로 과실범 1인이 취득한 이익이 거의 없더라도 손해 전액에 대한 배상책임을 지게 된다.

대법원은 '접근매체를 통하여 전자금융거래가 이루어진 경우에 그 전자금융거래에 의한 법률효과를 접근매체의 명의자에게 부담시키는 것을 넘어서서 그 전자금융거래를 매개로 이루어진 개별적인 거래가 불법행위에 해당한다는 이유로 접근매체의 명의자에게 과실에 의한 방조 책임을 지우기 위해서는, 접근매체 양도 당시의 구체적인 사정에 기초하여 접근매체를 통하여 이루어지는 개별적인 거래가 불법행위에 해당한다는 점과 그 불법행위에 접근매체를 이용하게 함으로써 그 불법행위를 용이하게 한다는 점에 관하여 예견할 수 있어 접근매체의 양도와 불법행위로 인한 손해 사이에 상당인과관계가 인정되는 경우라야 한다'[1]고 하여 접근매체 양도만으로는 과실에 의한 방조책임이 있다고 단정할 수 없고 당시의 여러 사정을 기초하여 판단하여야 한다고 설시하고 있다.

대상판결은 '단순히 자신의 예금계좌에 입금된 돈을 성명불상자의 지시에 따라 계좌이체를 시키는 것에서 더 나아가 암호화폐 거래소에 계정을 등록하였다는 점에서 자신의 행위가 보이스피싱 등 불법행위에 이용되고 있다는 점을 예견할 수 있었다고 봄이 타당하다.' 고 설시하였는데 위 대법원 판결의 취지에 비추어 볼 때 가상자산 거래소에 자신의 계정을 등록한 후 이를 제3자에게 넘겼다고 한다면 반드시 그것이 보이스피싱 거래에 이용된다고 단정할 수 없고 가상자산 거래 자체가 위법은 아니기 때문에 그 손해배상책임을 묻는 것은 어려울 것으로 보이나,[2] 대상판결이 피고 B에게 손해배상책임이 있다고 판시한 것은 가상자산 거래소에 자신의 계정을 등록을 넘어서서 피고 B가 성명불상자의 지시를 받고 계좌이체를 한 점까지도 아울러 고려한 것으로 보인다.

---

1) 대법원 2007. 7. 13. 선고 2005다21821 판결.

2) 가상자산 거래소 계정을 넘겨준 사안은 아니나 금융계좌 또는 체크카드를 성명불상자에게 넘겨준 사람에 대하여 민사상 손해배상책임을 부정한 경우가 많다고 보인다(서울중앙지방법원 2022. 5. 19. 선고 2021나62906 판결, 서울중앙지방법원 2022. 5. 17. 선고 2021나38804 판결 등 다수).

Ⅲ. 대상판결의 평가

대상판결은 가상자산의 거래소 계정을 만들어 타인이 사용할 수 있도록 한 경우 보이스피싱 사기범행에 따른 공동불법행위 책임을 물을 수 있는지에 관하여 그 과실책임을 인정한 사안이다. 다만 이 사건은 피고 B가 위 거래소 계정을 넘기는 외에도 동시에 고의범의 지시를 받고 돈을 이체하기도 하였으므로 이와 달리 단순히 가상자산 거래소 계정만 만들어 양도만 한 경우에도 그 과실책임을 물을 수 있는지는 논의가 필요하다고 보인다.

이와 같은 논지는 대상판결의 피고 A에 대하여도 마찬가지로 적용되는데 피고 A는 체크카드를 성명불상자에게 대여하고 비밀번호만 알려준 행위만 하였기 때문이다. 참고로 이와 유사한 많은 민사사건에서 손해배상책임을 부정하고 있는 상황에서 대상판결에서는 그 민사책임을 인정하였다.

대상판결의 판시는 성명불상자에게 가상자산 거래소 계정이나 체크카드를 대여하여 준 피고들에게 보이스피싱 공동불법행위 책임을 동시에 물을 수 있게 해 준 것으로, 고의범으로부터 피해를 전보받기 어려운 피해자들에 대한 보호를 우선시하였다고 평가할 수 있을 것이다.

제7장

신청사건

[70] 채무자의 제3채무자인 가상자산 거래소에 대한 가상자산 관련 반환청구권에 대한 가압류신청의 가부

—울산지방법원 2018. 1. 5.자 2017카합10471 결정[1]—

[사실 개요]

1. 채권자들은 채무자들로부터 투자 사기를 당해 피해를 입었다면서 채무자들에 대한 손해배상채권을 피보전권리로 하여 채무자들의 가상자산거래소를 운영하는 제3채무자들에 대한 가상화폐 일체에 대한 출금청구권에 대해 가압류신청을 하였다.
2. 법원은 아래와 같은 채무자의 제3채무자들에 대한 채권을 피가압류채권으로 특정하여 가압류결정을 하였다.

– 아　래(일부만 기재) –

제3채무자 주식회사 비티씨코리아닷컴

청구금액 : 전체 청구금액 359,800,000원 중 179,900,000원

제3채무자가 운영하는 온라인 가상화폐거래소인 빗썸(bithumb.com)에서 피고들이 아래의 개인정보를 사용하여 개설한 각 전자지갑에 보관되어 있는 비트코인 등 가상화폐 일체에 대한 출금청구권.

피고 A

생년월일 : 19ㅇㅇ. ㅇㅇ. ㅇㅇ.

휴대폰번호 : ㅇㅇㅇ-ㅇㅇㅇㅇ-ㅇㅇㅇㅇ

이메일주소 : ㅇㅇㅇ@ㅇㅇㅇ.ㅇㅇㅇ

ID : ㅇㅇㅇㅇ

채권자별 청구금액

채무자들이 제3채무자에 대하여 가지는 아래 기재 채권 중 위 청구금액에 이를 때까지의 금액(단, 민사집행법 제246조 제1항 제7호, 제8호 및 동법 시행령에 의하여 압류가 금지되는 보험금 및 예금을 제외한다)

1) 본안: 울산지방법원 2017가합25549 채권자들 일부 승소 확정.

해설

Ⅰ. 대상결정의 쟁점

가상자산에 대한 법적 성격과는 별개로 가상자산의 자산으로서의 가치를 점차 인정받게 되면서 이를 목적물로 한 보전처분도 증가하고 있다. 대상결정은 채무자의 가상자산거래소에 대한 가상자산 등 반환청구권에 대하여 가압류 신청을 인용한 최초의 가압류 결정이다.

Ⅱ. 대상결정의 분석

1. 가압류의 의미, 대상

가압류란 금전채권이나 금전으로 환산할 수 있는 채권의 집행을 보전할 목적으로 미리 채무자의 재산을 동결시켜 채무자로부터 그 재산에 대한 처분권을 잠정적으로 빼앗는 집행보전제도이다(민사집행법 제276조 제1항).

가압류는 가압류의 대상이 되는 재산의 종류에 따라 부동산가압류, 선박·항공기·자동차·건설기계에 대한 가압류, 채권가압류, 유체동산가압류, 전세권 등 그 밖의 재산권에 대한 가압류로 구분된다.

2. 가상자산에 대한 가압류의 가부[2)]

가상자산에 관련된 가압류의 경우로 생각해 볼 수 있는 경우는 다음과 같다.

① 먼저 채무자 개인의 전자지갑에 보관된 가상자산 자체에 대한 것이다. 가상자산을 부동산으로 볼 수 없음은 명백하고, 제3채무자가 없어 채권 내지 기타 재산권의 집행의 대상도 될 수 없다. 문제는 가상자산 자체를 유체동산으로 볼 수 있는지 여부인데, 민법 제98조, 제99조는 부동산 이외의 물건은 동산으로 보면서, 유체물 및 전기 기타 관리할 수 있는 자연력을 물건으로 보고 있기 때문에, 가상자산의 경우에도 비록 유체물은 아니지만 배타적 지배가 가능하여 관리가능성이 있으므로 이를 물건으로 볼 수 있다는 견해도 있을 수 있지만, 물건성을 부정하는 것일 일반적인 견해이다. 결국 이에 따르면 위와 같은 경우에 현행법상 가압류의 대상이 되기 어려워 보인다.

② 채무자가 거래를 위해 가상자산 거래소와 이용계약을 체결하고 거래소 내 자신 계정의 전자지갑에 가상자산을 보관하고 있는 경우이다. 이러한 경우 채무자는 이용약관에

2) 박영호, "가상화폐와 강제집행", 민사집행법 실무연구(V), 재판자료 제141집, 2021, 397쪽 이하.

따라 거래소에 대하여 가상자산에 대한 출급청구권 내지 금전지급청구권 등의 채권을 갖게 되고 이러한 청구권은 채권 그 밖의 재산권에 해당하므로 이를 가압류할 수 있을 것이다.

③ 계약 기타의 원인으로 채무자가 제3자에 대하여 가상자산의 반환 내지 지급(발행 후 지급을 포함)을 요구할 수 있는 권리를 가진 경우도 있을 수 있다. 이 경우 역시 위 ②의 경우와 마찬가지로 채무자의 제3자에 대한 가상자산 반환 내지 지급청구권을 가압류 할 수 있을 것이다.

3. 대상결정에의 적용 및 유사 사례의 소개

(1) 대상결정은 위 ②의 경우에 해당한다. 대상결정에서 법원이 가압류한 청구권은 채무자가 가상자산 거래소과 이용계약을 체결하고 자신의 명의로 개설한 전자지갑에 보관되어 있는 '암호화폐 일체에 대한 출급청구권'이며, 이를 특정하기 위해 특별히 채무자의 휴대폰번호, 이메일 주소, ID를 기재하였는데, 이러한 특정방식은 타당해 보인다. 다만, 채권자별 청구금액 부분에서 금융기관에 대한 예금채권을 가압류하는 경우에서 일반적으로 사용되는 압류금지 채권에 관한 문구를 기재하였는데, 가상자산에 대한 각종 청구권은 압류금지채권에 해당하지 않으므로 해당 문구의 기재는 불필요해 보인다.

나아가 가상자산 출급청구권의 가압류만으로 보전처분의 목적을 달성할 수 있을지 의문이다. 채무자가 가상자산 거래소에서 가상자산을 모두 매각하여 현금포인트만을 가지고 있는 경우라면 '가상자산' 출급청구권에 대한 결정의 효력이 현금 지급청구권에는 미치지 않는다고 해석될 여지도 있기 때문이다. 따라서 효과적인 보전처분을 위해서는 채무자의 제3채무자에 대한 가상자산 출급청구권 외에 현금 지급청구권 등 이용계약에 기한 각종 청구권 일체에 대한 가압류가 필요해 보인다.

(2) 서울중앙지방법원 2018. 2. 1.자 2017카단817381 결정 역시 대상결정과 같이 ②의 경우에 해당하는 사건인데, 채무자가 약관에 따라 가상자산 거래소에 대해 가지는 '가상자산 전송, 매각 등 이행청구채권'을 가압류의 대상으로 보았다.

위 ③의 경우에 해당하는 사례도 존재한다. 서울중앙지방법원 2018. 3. 19.자 2018카단802743 결정은 채무자가 거래소가 아닌 제3채무자에게 가상자산을 맡겨둔 사안에서, 그 반환청구권에 대한 가압류결정을 하였고, 서울중앙지방법원 2018. 4. 12.자 2018카단802516 결정도 채무자가 제3채무자에 대해 가지는 가상자산 지급청구권을 가압류하였다. 채무자가 제3채무자에 대하여 IEO 등의 거래관계로 받아야 할 각종 채권(가상화폐 양도 청구권 등 포함)을 가압류한 사례도 있다(서울동부지방법원 2019. 1. 7.자 2019카단500003 결정). IEO(Initial Exchange Offering)는 가상자산 거래소를 통해 새로운 프로젝트의 배포 및 판매가 이루어지는 것으로 쉽게 말해 개발사가 발행한 가상자산을 거래소에 위탁 판매하는 것을 말하는데, 채무자가

IEO를 통해 장래 발행할 가상자산의 지급청구권 등도 가압류의 목적물이 될 수 있다고 본 것이다.

(3) 그런데 대상결정과 같이 거래소에 대한 출급청구권을 가압류하더라도 계정 이용의 정지 내지 서비스 제한 등의 조치가 동반되지 않을 경우, 채무자는 가상자산을 다른 전자지갑을 전송하는 등 임의로 처분하여 보전처분의 처분금지효를 무력화 시킬 가능성이 높다. 따라서 거래소가 위와 같은 가압류 결정만으로 채무자의 계정 정지 등의 조치를 취할 수 있는지 문제될 수 있다. 우리나라 대형 거래소들의 경우 법원의 보전처분, 강제집행 등의 있는 경우 서비스 이용제한을 할 수 있도록 하는 내용을 이용약관에 두고 있어 실무상으로는 가상자산 출급청구권에 대한 가압류 결정만으로 서비스 이용제한 조치를 취하고 있는 것으로 보인다. 만일 위와 같은 약관 규정이 없다면, 만일 보전처분 발령받은 제3채무자가 가상자산을 임의로 처분하는 경우 추후 법적 분쟁에 휘말릴 수도 있으므로 이에 대한 개정이 필요해 보인다.

Ⅲ. 대상결정의 평가

대상결정은 가상자산 관련 각종 청구권에 대한 가압류결정을 한 최초의 결정으로 유사결정의 선례라는 점에서 큰 의미가 있다.

가상자산 관련 각종 보전처분 및 강제집행을 위하여는 가상자산 자체의 성격이 먼저 정의되어야 하고, 그 전이라도 가상자산아 자산으로서의 가치를 점차 인정받고 있는 현실을 고려한 세밀한 제도 개선이 우선되어야 할 것으로 보인다.

[71] 가상자산 가압류에 있어 가상자산 시가 산정 기준시점에 관하여

— 대전지방법원 2018. 7. 25.자 2018카단52300 결정 —

[사실 개요]

1. 채권자들 30명은 치과의사들로 구성된 카카오톡 단체 채팅방 (이하 '이 사건 채팅방'이라 한다) 멤버들이고, 채무자는 골프강사인데, 가상자산 공동구매를 위해 만들어진 카카오톡 채팅방(이하 '가상자산 채팅방'이라 한다)에서 가상자산 공동구매를 주도하여 왔다.
2. 채무자는 가상자산 채팅방에서 'ST코인을 구할 수 있다'고 말하였고, 위 채팅방 멤버였던 채권자 A가 피고를 이 사건 채팅방에 초대하였다.
3. 채무자는 이 사건 채팅방에서 채권자들에게, 'ST사(社)로부터 가상자산을 지급받은 벤처캐피탈 회사와 채무자가 직접 대면하여 ST코인 구매계약을 체결할 것이고, 구매 실패시에는 100% 환불되며, 1이더리움(이하 '이더'라 한다)당 1,380ST코인(보너스 15% 포함)을 지급하겠다'고 말하였다.
4. 채권자들은 채무자에게 500여개의 이더리움을 채무자의 가상자산 개인지갑으로 전송하였다.
5. 채권자들은 2018. 6. 28. 채무자를 사기, 횡령, 배임죄로 고소하였는데, 2018. 12. 26. 불기소(혐의없음)처분이 이루어졌다.
6. 채권자들은 채무자를 상대로 불법행위에 기한 손해배상청구권을 청구채권(청구금액 296,837,583원)으로 하여 채무자가 거래하는 가상자산 거래소의 운영자인 제3채무자에 대한 채무자의 가상자산 출금청구권 등에 대하여 가압류신청을 하였다.

[결정 요지]

이 사건 채권가압류 신청은 이유 있으므로 담보로 공탁보증보험증권 제출받고, 채무자의 제3채무자에 대한 다음의 채권을 가압류한다. 제3채무자는 채무자에게 위 채권에 관한 지급을 하여서는 아니된다.

–다음–

채무자가 제3채무자와 체결한 일체의 계약에 따라 채무자가 제3채무자에 대하여 보유하고 있는 가상자산 등(가상자산 종류 불문하며 금전 포함)에 대한 반환청구권 또는 출금청구권 중 아래 순서에 따라 본 가압류명령이 제3채무자에 송달된 시점에 제3채무자 거래소 가상자산 시가(일별 종가)에 의해 원화로 환가한 금액 중 위 각 채권자의 각 청구금액에 이르는 금액

가압류할 순서
1. 동종의 위 거래소 지갑 주소 중 먼저 개설된 지갑 주소 우선
2. 가압류된 가상자산 등(금전포함)과 가압류되지 않은 가상자산 등(금전포함) 중에서는 가압류되지 않은 가상자산 등(금전포함) 우선

해설

Ⅰ. 대상결정의 의의 및 쟁점

가압류 결정문에는 그 가압류를 통하여 보전하고자 하는 피보전권리(청구채권)를 기재하고 있고, 그 피보전권리의 청구금액 또한 명시하고 있다. 위 청구금액은 가압류해방금액 산정의 기준이 되고, 가압류집행의 한도가 되며, 가압류한 채권에 대하여 배당될 때 그 기준금액이 되기도 한다. 따라서 청구금액은 구체적으로 표시되어야 한다. 채권자가 여러 명인 경우에도 '청구금액 20,000,000원(채권자 甲 50,000,000원, 채권자 乙 30,000,000원)'과 같이 합계액과 채권자별 금액을 기재하여야 한다.

앞서와 같이 청구금액은 가압류집행의 한도가 되는바, 만약 비트코인 등 가상자산을 가압류하는 경우 그 시가를 특정하여야 청구금액과 비교하여 가압류집행의 한도를 정할 수 있게 될 것이다. 대상결정은 다른 가압류결정과 달리 이례적으로 가상자산의 원화 환가의 기준시점을 '가압류명령이 제3채무자에게 송달된 시점'이라고 기재하여 이에 대한 검토가 필요해 보인다. 그리고 그 이전에 가상자산을 가압류하려는 경우 해당 가상자산 자체를 그대로 가압류할 수 있는지 살펴볼 필요도 있다.

Ⅱ. 대상판결의 분석

1. 가상자산 가압류의 대상

가압류는 금전채권이나 금전으로 환산할 수 있는 채권에 대하여 동산 또는 부동산에 대한 강제집행을 보전하기 위하여 할 수 있다(민사집행법 제276조 제1항). 여기서 '동산'이라 함은 유체동산 뿐만 아니라 채권 및 기타 재산권을 포함하는 개념이므로 결국 가압류의 대상은 재산적 가치가 있는 재산권이면 모두 해당된다고 볼 수 있다. 따라서 비트코인 등 가상자산 또한 이론적으로 대부분 가압류의 대상이 될 수 있을 것으로 보인다. 다만, 가상자산 거래소에 보관되어 있는 이용자인 채무자의 가상자산의 경우 채무자 계정의 전자지갑에 가상자산이 전송되면 자동적으로 거래소의 전자지갑(Hot wallet)으로 재전송되도록 설정(코딩,

Coding)되어 있으므로 거래소가 그 가상자산을 실질적으로 관리하고 있다고 볼 수 있으므로 예금채권의 예와 같이 가상자산 거래소를 제3채무자로 하여 채무자의 제3채무자에 대한 해당 가상자산의 출금청구권에 대하여 가압류하는 것이 실무례로 보인다.[1)] 학계에서도 거래소에 위탁된 가상자산 등은 소유자가 자신이 위탁해 둔 가상자산의 잔액 범위 내에서 출금할 권리를 가져 은행 계좌와 유사하다고 보면서 그 강제집행의 절차는 채무자의 은행예금에 대한 강제집행 절차와 다를 바가 없다고 본다.[2)]

마찬가지로 대상결정도 이러한 연장선상에서 채무자가 거래하고 있는 가상자산 거래소에 있는 채무자 소유 가상자산과 관련하여 그 출금청구권 또는 반환청구권이라는 채권에 대하여 가압류를 하였다.

2. 가상자산 출금청구권의 시가 산정 기준시점

앞서 본 바와 같이 거래소에 있는 가상자산에 대한 가압류는 해당 가상자산을 실질적으로 거래소가 보유 및 관리하고 있으므로 가상자산 그 자체에 대해서 가압류하는 것은 곤란하고 채무자의 제3채무자인 거래소에 대한 출금청구권에 대하여 가압류를 하고 있다. 이와 같이 가압류를 하게 되면 거래소는 채무자의 계정에 락업(Lock-up)을 걸게 되어 채무자는 이를 처분 및 전송이 불가하게 되어 그대로 보전되게 된다. 따라서 가압류에서는 위 가상자산의 환가 문제가 없고 환가를 전제로 한 시가 산정의 문제 또한 없게 된다.

다만 가상자산 가압류에 있어 가압류집행의 한도가 청구금액에 해당하므로 실제로 가상자산을 환가하지는 않더라도 마치 환가하는 것을 가정하여 그 시가 산정시기를 특정할 필요가 있을 것이다. 특히 부동산이나 여타 물건에 비하여 시가 등락이 상당히 급격한 가상자산의 경우 더욱 그렇다. 예를 들어 채권자가 보전하려는 채무자에 대한 피보전채권의 청구금액이 300,000,000원인데, 채무자가 A거래소에 보관하고 있는 가상자산의 시가 총합이 1,000,000원에 불과한 경우 그 가상자산이 그 가압류 기간 동안 위 청구금액을 초과하게 될 확률이 크지 않아 전체 가상자산에 대하여 가압류가 이루어질 것으로 상정할 수 있다. 반면에 청구금액이 300,000,000원이고 가상자산의 시가가 가압류 전후로 100,000,000원에서 500,000,000원 사이를 등락하고 있다면 그 시가를 확정할 필요성이 커질 것이다. 그럼에도 불구하고 재판실무에서는 이를 정하지 않는 것으로 보인다.[3)] 이에 따라 대부분의 거래소는

1) 서울중앙지방법원 2022. 2. 23.자 2022카단803102 결정, 서울남부지방법원 2022. 2. 3.자 2022카단200382 결정, 서울중앙지방법원 2021. 9. 13.자 2021카단814701 결정 등 다수.

2) 전승재·권헌영, “비트코인에 대한 민사상 강제집행 방안 — 가상자산의 제도권 편입 필요성을 중심으로”, 정보법학 제22권 제1호, 한국정보법학회, 2018. 5. 31, 96쪽.

3) 앞서 든 결정 외에도 서울동부지방법원 2021. 8. 17.자 2021카단52362 결정, 2021카단21417 2021. 6. 29. 2022카단200382 결정 등 다수의 결정은 단순히 ‘채무자 A의 제3채무자 B주식회사(가상자산 거래소 운영회사)에 대하여 가지는 아래 기재 채권 중 위 청구금액에 이를 때까지의 금액’으로만 기재하고 그 시가 산정

가압류 결정문에 그 시가 산정 기준 시기가 기재되어 있지 않아 부득이하게 자체적으로 이를 정하여 당사자들에게 고지하고 있는 것으로 보인다. 국내의 대형 거래소 T는 가압류결정문이 제3채무자에게 송달되는 시점을 기준으로 이를 산정하고 있다. 대상결정 또한 '가압류명령이 제3채무자에 송달된 시점에 제3채무자 거래소 가상자산 시가(일별 종가)에 의해 원화로 환가한 금액'이라고 하여 유사한 입장을 보이고 있는데, 민법 등 여러 법률에서 가압류 효력 발생일, 채권양도통지와의 우열 등에 있어 해당 가압류결정문의 제3채무자 송달 시점을 기준으로 하고 있으므로 합리적인 설시라고 보인다.

Ⅲ. 대상결정의 평가

대상결정은 가압류 집행의 한도를 정하는데 있어 가상자산의 시가가 매우 급등락하는 경향을 고려하여 그 시가 산정 시기를 특정한 매우 의미 있는 결정이라 할 것이다. 그럼에도 현재 재판실무는 이를 특정하지 않고 있어 각 거래소별로 자체적으로 산정하고 있고 그 시기가 서로 달라질 가능성이 없지 않으므로 이를 일률적으로 정할 필요가 있는데 이를 거래소 등 시장에 맡기지 않고 법원에서 하나의 기준으로 특정해주는 것이 옳다고 보인다.

시기를 넣지 않는 것으로 보인다.

[72] 가상자산 거래소의 집금계좌로 사용되는 다른 은행의 계좌가 존재하는 경우 특정 은행의 집금계좌에 대한 입금정지조치가 있을 때의 가처분 인용 여부

—서울중앙지방법원 2019. 1. 23.자 2018카합349 결정, 2019. 2. 8. 확정—

[사실 개요]

1. 채권자는 가상통화 거래소를 운영하는 회사이고, 채무자는 은행업을 영위하는 금융회사이다.
2. 채권자는 채무자와 2018. 1. 9. 예금계약을 체결한 다음, 예금계약에 따라 각 예금계좌(이하 통틀어 '이 사건 계좌')를 개설하였다.
3. 한편 금융위원회 산하의 금융정보분석원이 2018. 1. 30. 가이드라인을 공표하자, 채무자는 2018. 4. 23. 채권자에게, 가이드라인에 근거하여 채권자가 운영하는 가상화폐 거래소 영업 서비스의 내용, 신원확인 여부 등 관련 정보제공을 요청하면서, 향후 채권자의 본점을 방문하여 현지실사를 하겠다고 통보하였다.
4. 이후 채무자는 채권자가 실명확인 입출금계정서비스를 이용하지 않는 등 가이드라인의 요건을 갖추지 못하였다고 판단하여 2018. 4. 25.부터 이 사건 계좌에 대하여 입금정지조치를 취하고 있다.
5. 이와 관련하여 채권자는 채무자를 상대로, '가이드라인은 행정지도에 불과할 뿐만 아니라 법률적 근거도 제대로 갖추지 않고 있어서, 이를 근거로 채권자와 채무자 사이에 체결된 예금계약에 따라 채권자가 자유롭게 이 사건 계좌에 돈을 입출금할 권리를 제한하는 것은 위법하다. 채권자는 장차 다른 은행의 계좌가 거래 정지될 경우 이 사건 계좌를 가상화폐 거래소 집금계좌로 사용할 계획을 세우고 있는바, 그에 앞서 이 사건 계좌에 취해진 입금정지의 제한을 해소하기 위해 금융거래 중단 등의 행위를 하여서는 아니된다'는 이유로 그 가처분을 구하였다.

[결정 요지]

1. 보전처분에 있어서 피보전권리와 보전의 필요성의 존재라는 두 요건은 서로 별개의 독립된 요건이기 때문에 그 심리에 있어서도 상호 관계없이 독립적으로 심리되어야 한다(대법원 2005. 8. 19.자 2003마482 결정 등 참조). 임시의 지위를 정하기 위한 가처분은 다툼 있는 권리관계에 관하여 그것이 본안소송에 의하여 확정되기까지 가처분권리자가 현재의 현저한 손해를 피하거나 급박한 위험을 막기 위하여, 또는 그 밖의 필요한 이유가 있는 경우에 허용되는 응급적·잠정적인 처분이므로, 이러한 가처분이 필요한지 여부는 당해 가처분신청의 인용 여부에 따른 당사자 쌍방의 이해득실관계, 본안소송의 승패 예

상, 기타 여러 사정을 고려하여 법원의 재량에 따라 합목적적으로 결정하여야 한다(대법원 2007. 1. 25. 선고 2005다11626 판결 등 참조).

2. 기록에 의하면, 채권자가 이 사건 신청 전에 주식회사 A은행 금융계좌(이하 'A은행계좌')에 대해 입금정지 조치가 이루어진 사실, 이에 채권자가 주식회사 A은행을 상대로 서울중앙지방법원 2018카합21459호로 금융거래중단행위 금지 가처분을 신청하였고, 법원이 채권자의 신청을 받아들여 '주식회사 신한은행은 A은행계좌에 대하여, 2018. 8. 29.자 "가상통화 관련 대고객 안내문"에 기초한 입금정지조치를 하여서는 아니 된다.'라는 가처분 결정을 한 사실, 채권자가 현재 주식회사 신한은행의 계좌를 가상화폐 거래소의 집금계좌로 사용하고 있는 사실이 소명되고, 주식회사 신한은행이 현재까지 위 가처분결정에 대한 이의나 취소를 신청하였다거나, A은행계좌에 대하여 입금정지조치를 계획하고 있다는 사정은 찾아볼 수 없다.

3. 위와 같은 사정을 고려할 때, 채권자도 당장 이 사건 계좌를 가상통화 거래소 영업을 위해 사용할 계획은 없어 보이고, 이 사건 계좌에 대한 입금정지조치가 유지되더라도 채권자가 가상통화 거래소 영업을 영위하는 데에 큰 지장을 받게 된다고 보이지도 않으므로, 현재 상황에서 가처분으로서 이 사건 계좌에 대한 입금정지 등 거래제한 행위의 금지를 명할 보전의 필요성이 충분히 소명되었다고 보기 어렵다.

4. 더구나 기록에 의하면, 채권자가 2018. 11. 8. 채무자의 마사회 지점에서 신규 계좌를 개설한 사실, 개설 과정에서 채무자 직원으로부터 가상통화 취급 업소임을 밝혀야 되고 이를 알리지 않을 경우 금융거래를 거절하거나 종료한다는 내용의 대고객 안내문을 안내받고 이에 서명까지 하였음에도 채무자의 직원에게 가상통화 취급 업소임을 밝히지 않은 사실, 채무자가 신규 개설 계좌에 대해 2018. 11. 26.자로 거래정지조치를 취한 사실이 소명되는바, 채무자로서는 채권자의 위와 같은 고지 의무 위반을 이유로 이 사건 계좌에 관한 거래를 종료할 여지도 있어 보인다. 따라서 이 사건 신청은 그 피보전권리에 대하여도 충분한 소명이 이루어졌다고 볼 수 없다.

해설

Ⅰ. 대상결정의 의의 및 쟁점

이 사건은 가이드라인을 근거로 하여 실명확인 입출금계정서비스를 이용하지 않고 집금계좌를 사용한 거래소 운영 회사에 대해 은행이 해당 계좌에 대한 입금정지조치를 취한 사안에서 위 거래소 운영 회사가 은행을 상대로 위 입금정지조치의 금지를 구하는 가처분을 제기한 것이다. 이 사건에서 문제되었던 쟁점은 첫째, 피보전권리와 관련하여 이 사건 입금정지조치가 가이드라인에 근거하여 이루어졌다면 그것이 법적 효력이 있는지 여부, 둘째 이미 채권자가 다른 은행의 계좌를 이용할 수 있는 상황이라면 이 사건 입금정지조치에 대한 가처분 신청을 구할 보전의 필요성이 있는지 여부 등이었다.

Ⅱ. 대상결정의 분석

1. 피보전권리 관련

행정기관이 소속 공무원이나 하급행정기관에 대하여 세부적인 업무처리절차나 법령의 해석·적용 기준을 정해 주는 '행정규칙'은 상위법령의 구체적 위임이 있지 않는 한 조직 내부에서만 효력을 가질 뿐 대외적으로 국민이나 법원을 구속하는 효력이 없다.[1] 위 가이드라인이 행정규칙으로 볼 수 있다면 상위법령에 근거하여 그 위임 취지에 맞게 제정되어야만 한다. 한편 행정지도가 강제성을 띠지 않은 비권력적 작용으로서 행정지도의 한계를 일탈하지 아니하였다면, 그로 인하여 상대방에게 어떤 손해가 발생하였다 하더라도 행정기관은 그에 대한 손해배상책임이 없으나,[2] 권력적 작용으로 이루어진 것이라면 이는 법률상 근거에 따라 이루어져야 할 것인데, 위 가이드라인을 행정지도로 보고 이를 근거로 이 사건 입금정지조치가 이루어졌다면 이 역시 법률상 근거가 있어야 할 것이다.

이 사건에서 대상결정은 이에 대한 판단을 하지 않고 유보하였는데 만약 이 사건 입금정지조치가 가이드라인을 근거로 이루어진 것이라면 이는 위법하다고 볼 여지가 있다(서울중앙지방법원 2020. 12. 2. 선고 2019가합540577 판결 참조). 반면에 위 가이드라인을 근거로 하지 않고 채권자와 채무자 사이의 계약관계에 근거하여 이루어진 것이라면 위 조치는 적법할 것이다. 대상결정은 '계좌 개설 과정에서 채무자 직원으로부터 가상자산 취급 업소임을 밝혀야 되고 이를 알리지 않을 경우 금융거래를 거절하거나 종료한다는 내용의 대고객 안내문을 안내받고 이에 서명까지 하였음에도 채무자의 직원에게 가상자산 취급 업소임을 밝히지 않은 사실, 채무자가 신규 개설 계좌에 대해 2018. 11. 26.자로 거래정지조치를 취한 사실이 소명되는바, 채무자로서는 채권자의 위와 같은 고지 의무 위반을 이유로 이 사건 계좌에 관한 거래를 종료할 여지도 있어 보인다'고 판시하여 위 조치가 계약관계에 근거하여 정당하므로 피보전권리의 소명이 부족하다는 취지의 판시를 하였다.

2. 보전의 필요성

대상결정은, 채권자가 이 사건 신청 전에 먼저 다른 은행의 금융계좌에 대해 입금정지

1) 대법원 2020. 5. 28. 선고 2017두66541 판결 등.
2) 대법원 2008. 9. 25. 선고 2006다18228 판결.

조치가 이루어지자 이에 대하여 금융거래중단행위 금지 가처분 신청 및 인용 결정을 받아 현재 위 계좌를 가상화폐 거래소의 집금계좌로 사용하고 있다는 점을 들어 이 사건 계좌에 대한 입금정지조치가 유지되더라도 채권자가 거래소 영업을 영위하는 데에 큰 지장을 받게 된다고 보이지도 않는다고 보아 보전의 필요성이 충분히 소명되었다고 보기 어렵다는 취지로 판시하였다.

채권자가 이 사건에서 이 사건 계좌를 집금계좌로서 영업에 사용할 계획이라는 취지로 주장하였는바, 대상결정은 이미 다른 은행 계좌를 정상적으로 집금계좌 용도로 사용하였으므로 보전의 필요성이 없다는 판시를 한 것이다. 그렇다면 만약 이 사건 계좌를 집금계좌가 아닌 다른 용도(일반적인 직원 급여 제공, 회사 일상 업무 등)로 사용할 계획이라고 주장하였다면 어떻게 될 것인가? 이에 대한 가처분이 인용될 가능성이 더 높아질 것이라고 예측되는데, 집금계좌가 아닌 다른 용도로 사용할 것인지에 대한 채권자 측의 진의와 이 사건 계좌에 대한 그전까지의 사용 방법과 경위 등을 고려하여 결정하여야 할 것으로 생각된다.

Ⅲ. 대상결정의 평가

이 사건은 가상자산 거래소 등에 대하여 특정금융거래정보법의 적용범위로 개정하지 않았던 때에 은행의 입금정지조치에 대한 가처분을 구한 초기 결정으로, 가처분신청에 대한 기각결정의 논리 구성을 어떻게 할지에 대한 재판부의 고민이 상당히 많이 이루어졌다고 보인다. 위 가이드라인은 법적 근거가 없이 제정되었기 때문에 외부에 미치는 법 효과가 있다고 보기 어렵기 때문에 행정지도에 불과하다는 채권자 측의 주장이 맞다고 볼 여지가 있었기 때문이다. 이에 따라 법원은 대상결정에서 거래소 측에서 다른 은행의 계좌를 정상적으로 사용하고 있기 때문에 이 사건 보전의 필요성이 존재하지 않는다고 보고 가이드라인에 대한 채권자의 주장은 회피한 것으로도 볼 여지가 있다. 당시 가상자산을 활용한 탈법행위가 증가하고 거래소 계좌가 전자금융거래법상 금지되는 계좌 등 양도행위에 이용될 소지 등이 있어서 국가적으로 이를 방지하기 위한 대책마련이 시급한 상황이었고 대상결정은 이러한 부분을 충분히 감안하여 내린 초기 가처분 결정으로 의미가 있어 보인다.

[73] 가상자산인도 내지 반환청구권을 피보전권리 한 처분금지가처분의 가부

— 수원지방법원 2020. 3. 13.자 2019카합10503 결정[1] —

[사실 개요]

1. 가상자산인 A코인을 개발하는 채권자는 2018. 11.경 약 4천만 개의 A코인을 채권자의 이사들이 보유하게 하기로 결의하였는데, 다만, 전자지갑의 다중서명 기능을 구현하지 못해 부득이 채권자의 이사들 중 한 명인 채무자의 전자지갑에 40,000,005.097205개의 A코인을 보관시켰다.
2. 채권자는 채무자가 2019. 10. 8. 채권자의 이사직을 상실하여 채권자에 위 A코인을 반환할 의무가 있는데도 이를 거부하고 있다면서 채무자를 상대로 위 전자지갑에 보관된 A코인에 대한 처분금지를 명하는 가처분과 간접강제를 구하는 신청을 하였다.

[결정 요지]

아래의 사정을 고려하면, 피보전권리 및 보전의 필요성에 대한 소명이 충분하다고 볼 수 없으므로, 이 사건 가처분 신청 및 이를 전제로 한 간접강제 신청은 모두 이유 없다.

1. 다툼의 대상에 관한 가처분은 다툼의 대상이 갖는 현상이 바뀌면 채권자가 권리를 실행하지 못하거나 실행하는 것이 매우 곤란할 염려가 있을 경우에 허용되는 것으로서 그 피보전권리는 특정물을 대상으로 한 이행청구권이 되어야 한다. 또한 부대체물인 불특정물을 인도받을 채권은 채권자에게 특정할 수 있는 권리가 주어져 있는 경우가 아니면 채무자의 특정이 없는 한 집행 목적물이 정해지지 않으므로 가처분의 피보전권리가 될 수 없다.

2. 암호화폐는 채무자 개인의 전자지갑에 보관된 것으로 현물이 존재하지 않는 가상의 화폐인바, 부동산이나 유체동산이 될 수 없어 부동산 집행이나 유체동산 집행의 대상이 아니다.

3. 암호화폐는 블록체인 내에서 채무자가 배타적, 독립적으로 보관, 관리하기 때문에 제3채무자가 있을 수 없으므로 채권 내지 기타 재산권으로서의 집행도 어렵다.

4. 채무자는, 자신이 대표이사인 주식회사 B가 채권자와 서비스 및 소프트웨어 개발 공급계약을 체결하고 2018. 11.경 A코인 네트워크를 개발하였는데, 채권자는 2019. 1.경 A코인 프로젝트 개발자금의 집행을 일방적으로 중단하고 2019. 3.경 위 계약을 일방적으

---

1) 확정.

로 파기하는 등으로 이미 A코인에 대한 모든 권리·의무를 포기하였고, 위 회사가 보스코인 네트워크를 자비로 운영하면서 이 사건 암호화폐를 유지하기 위해 약 5억 원을 지출하였으므로 유지비 반환청구권을 피담보채권으로 하여 이 사건 암호화폐를 유치할 권리가 있다고 주장하고 있는바, 현 보전처분 단계에서 피보전권리의 존부 및 범위를 정하는 것이 부적당하고, 본안소송에서 이를 확정하는 것이 상당하다.

해설

Ⅰ. 대상결정의 쟁점

대상결정은 채권자가 채무자에 대하여 가상자산 인도청구권을 가지고 있는 상태에서 위 채권을 피보전권리로 하여 채무자가 자신의 전자지갑에 보유하고 있는 가상자산에 대한 처분금지가처분을 한 사안으로, 대상결정은 이 신청을 기각하였다.

대상결정은 가상자산이 특정물이 아니고 강제집행도 되지 않으므로 피보전권리가 없고, 보전의 필요성도 없다고 판단하였는바, 이하에서는 피보전권리의 대상적격 부분에 한하여 검토한다.

Ⅱ. 대상판결의 분석

1. 다툼의 대상에 관한 가처분에서의 피보전권리[2)]

다툼의 대상에 관한 가처분은 현상이 바뀌면 당사자가 권리를 실행하지 못하거나 이를 실행하는 것이 매우 곤란할 염려가 있을 경우에 한다(민사집행법 제300조 제1항).

다툼의 대상에 관한 가처분의 피보전권리가 되기 위해서는 일반적으로 ① 특정물에 관한 이행청구권일 것, ② 청구권이 성립하여 있을 것, ③ 민사소송절차에 의해 보호받을 수 있는 권리로서 강제집행에 적합한 권리일 것, ④ 다툼의 대상의 현상의 관한 것일 것의 요건을 충족하여야 한다.

특히 다툼의 대상에 관한 가처분은 다툼의 대상에 관한 현상이 바뀌면 채권자가 권리를 실행하지 못하거나 이를 실행하는 것이 매우 곤란할 염려가 있을 경우에 허용되므로 금전채권을 제외한 특정물에 관한 이행청구권만을 피보전권리로 한다. 여기에서 다툼의 대상이라고 함은 당사자 사이에 다투어 지고 있는 물건 또는 권리를 가리킨다고 해석하는 것이 통설이다. 다툼의 대상은 유체물에 한하는 것은 아니며 채권적 청구권, 물권적 청구권, 지식

2) 법원실무제요 민사집행 V 보전처분, 사법연수원(2020), 58쪽 이하.

재산권, 공법상의 규제를 받는 광업권이나 공유수면매립 면허권 등도 다툼의 대상이 될 수 있다. 다툼의 대상에 관한 가처분은 그 피보전권리가 특정물에 관한 이행청구권이므로 가처분의 결정 및 집행에서 그 대상 목적물인 다툼의 대상이 명확히 특정되어야 하나(대법원 1999. 5. 13.자 99마230 결정), 대체물이라도 채권자나 집행관이 집행의 목적물을 특정할 수 있는 경우에는 예외적으로 인정될 수 있다.

다툼의 대상에 관한 가처분은 실체적 청구권의 장래의 집행을 위한 것이므로 그 피보전권리는 후에 강제집행이 가능한 것이어야 한다. 따라서 소송상 청구는 가능하더라도 집행이 불가능한 경우에는 해당 권리는 피보전권리가 되지 못한다.

2. 가상자산 인도 내지 반환청구권을 피보전권리로 한 가처분의 가부

(1) 문제의 소재

가상자산 인도 내지 반환청구권이 가처분에 있어서 피보전권리가 될 수 있는지와 관련하여서는 위 요건 중 특히 ① 특정물에 관한 이행청구권일 것, ③ 민사소송절차에 의해 보호받을 수 있는 권리로서 강제집행에 적합한 권리일 것이라는 요건을 충족하는지가 문제되고 있다.

(2) 특정물에 관한 이행청구권인지 여부

앞서 본 바와 같이 다툼의 대상에 관한 가처분은 다툼의 대상에 관한 현상이 바뀌면 채권자가 권리를 실행하지 못하거나 이를 실행하는 것이 매우 곤란할 염려가 있을 경우에 허용되는 것으로 금전채권을 제외한 특정물에 관한 이행청구권만을 피보전권리로 하나, 다툼의 대상은 유체물에 한하지 않고 채권적 청구권, 물권적 청구권, 지식재산권, 공법상의 규제를 받는 광업권, 공유수면매립면허권 등도 다툼의 대상이 될 수 있으며, 대체물이라도 채권자나 집행관이 집행의 목적물을 특정할 수 있는 경우에는 예외적으로 인정된다.

가상자산이 특정물은 아니므로, 대상결정에서 가상자산 인도청구권이 집행의 목적물을 특정할 수 있는지가 문제될 것이다. 이에 대해 대상결정은 '부대체물인 불특정물을 인도받을 채권은 채권자에게 특정할 수 있는 권리가 주어져 있는 경우가 아니면 채무자의 특정이 없는 한 집행 목적물이 정해지지 않으므로 가처분의 피보전권리가 될 수 없다'고 설시하였는데, 특정할 수 없거나 특정되지 않았다고 판단한 것으로 보인다.

이와 관련하여 서울남부지방법원 2019. 4. 2.자 2019카단200955 결정 역시 위 대상결정과 유사한 결론을 취했다. 위 결정 역시 채권자가 채무자에 대한 가상자산 인도청구권을 피보전권리로 하여 채무자가 거래소를 통해 보유하는 가상자산에 대하여 처분금지가처분을 구한 사안인데, 위 결정은 채권자의 채무자에 대한 위 가상자산 인도청구권은 특정물을 대상으로 한 것이 아니어서 피보전권리가 되기 어렵다고 판단하였다. 위 결정은 덧붙여 '금전

채권의 집행(보전)을 위한 (가)압류의 경우 특정계좌에 입고된 암호화폐에 대한 출급청구권의 (가)압류를 통한 환가로 집행하는 방법을 고려해 볼 수 있겠으나, 금전채권의 집행보전을 위한 처분금지가처분이 허용되지 아니하는 것과 마찬가지로 암호화폐가 통용되고 채무자의 전자지갑을 통한 암호화폐의 자유로운 입출고가 가능한 이상 암호화폐 인도청구권의 집행보전을 위한 처분금지가처분이 허용된다고 보기 어려울뿐더러 실효성 있는 집행방법이 된다고 보기도 어렵다'고 설시하기도 하였다.

반면, 가상자산 인도 내지 반환청구권이 가처분의 피보전권리가 된다고 본 결정례도 있다. 서울중앙지방법원 2021. 7. 29.자 2021카합21033 결정은 채권자의 채무자에 대한 가상자산 지급청구권을 피보전권리로 하여 채무자가 제3채무자에 대하여 가지는 같은 가상자산 출급청구권에 대한 처분금지가처분을 인용하였다. 광주지방법원 2021. 2. 3.자 2021카합50078 결정 역시 채권자의 채무자에 대한 비트코인 이전 청구권에 대해 피보전권리 적격을 인정하였다.

사견으로는 가상자산 인도 내지 반환청구권이 특정물에 관한 것은 아니라고 하더라도 다툼의 대상이 되는 가처분은 유체물에 한하지 않고 채권적 청구권 등을 보전하기 위하여도 가능하며 <u>대체물이라도 채권자나 집행관이 집행의 목적물을 특정할 수 있는 경우에는 예외적으로 인정될 수 있으므로,</u> 개인의 전자지갑 주소와 가상자산의 종류, 수량 등을 통해 가상자산을 특정할 수 있다 할 것이므로 이러한 특정이 가능한 경우에는 위 요건을 충족한다고 보는 것이 타당해 보인다. 만일 가상자산의 특정이 어려운 경우 가상자산은 재산상 이익을 지니고 있어 가상자산 인도 내지 반환청구권은 금전으로 환산이 가능하므로 가압류를 통한 보전처분을 고려하여야 할 것이다.

(3) 강제집행에 적합한 권리인지 여부[3)]

㈎ 우리 민사법은 강제집행 방법으로 부동산, 유체동산, 채권 내지 기타 재산권으로 구별하고 있는데, 채권자가 채무자에 대해 가지는 가상자산 인도 내지 반환청구권이 현행법상 강제집행이 가능한지에 대하여는 현재 여러 견해가 존재한다. 먼저 가상자산을 채무자가 보유하는 경우에는 크게 ① 가상자산을 유체동산으로 취급하자는 견해,[4)] ② 가상자산을 '그 밖의 재산권'으로 보아 채권집행절차를 적용하자는 견해가 존재한다.

가상자산을 가상자산사업자가 관리하는 경우에는 ① 채무자의 가상자산사업자에 대한 가상자산반환청구권을 '그 밖의 재산권'으로 보아 채권집행절차를 적용하자는 견해, ② 예탁유가증권지분에 대한 강제집행방식에 의하자는 견해, ③ 가상자산을 유체동산으로 취급

---

3) 자세한 내용은, 이혜정, 가상자산에 대한 민사집행 연구, 사법정책연구원, 2021, 188쪽 이하 참조.

4) 위 견해는 다시 ① 가상자산은 동산에 해당한다는 견해, ② 가상자산은 유체동산은 아니나 집행의 편의를 위해 동산으로 의제하는 입법조치를 통해 동산 집행방법에 의하자는 견해 등으로 나뉘어 진다.

하여 가상자산반환청구권도 유체동산에 대한 강제집행방식에 의하자는 견해 등이 있다.

㈏ 이에 대해 민사집행절차에서 가상자산의 성질을 '그 밖의 재산권'으로 취급하고, 채무자가 가상자산을 관리(가상자산의 이전에 필요한 개인키 등을 관리하는 경우를 의미한다)하는 경우에는 채무자에 대한 처분금지와 가상자산의 집행관에게로의 이전을 명하는 방식으로 집행을 하고, 채무자가 제3자에게 가상자산이전청구권을 가지고 있는 경우에는 제3채무자에게 채무자의 가상자산의 이전금지, 채무자에게 가상자산이전청구권의 처분 및 가상자산 이전받는 행위 금지를 명하는 방식으로 집행하기로 하는 내용을 입법론으로 제시하는 견해가 있다.[5]

㈐ 한편, 실무에서는 가상자산사업자를 제3채무자로 하여 가상자산 반환 또는 이전청구권을 피압류채권으로 하는 압류명령 신청과 그 결정이 대부분이고, 채무자가 직접 가상자산을 관리하는 경우에 대하여는 특별히 사례가 없는 것으로 보인다.

㈑ 현재의 민사집행 제도는 가상자산이라는 새로운 형태의 자산을 상정하지 못하고 만들어진 것으로 궁극적으로는 입법을 통해 해결이 필요해 보이고, 이러한 점을 이유로 가상자산은 현행법상 강제집행을 할 수 없다고 보는 견해도 있는 것으로 보인다. 그러나, 가상자산 인도 내지 반환청구를 소송물로 한 소송이 날로 증가하고 있고, 가상자산에 대한 보전처분, 강제집행 등의 조치가 실질적으로 필요한 만큼 명확한 법률 규정이 없다는 이유로 가상자산에 대한 집행을 외면하는 것은 지나치게 형식적인 판단으로 부당해 보이고, 명확한 입법이 있기 전까지는 기존 제도를 최대한 활용하는 방안을 모색해보는 것이 바람직하다. 우리 강제집행 제도는 강제집행 방법을 부동산, 유체동산, 채권 내지 기타 그 밖의 재산권으로 나누어 정하고 있으므로 가상자산 인도 내지 반환청구권은 '그 밖의 재산권'에 해당하는 것으로 취급하는 것이 타당해 보인다. 한편 구체적인 집행방법에 대하여는 제3자가 가상자산을 관리하는 경우에는 채무자의 제3자에 대한 가상자산반환청구권을 '그 밖의 재산권'으로 보아 이에 따라 집행을 하고, 다만 채무자가 가상자산을 직접 관리하는 경우에는 제3자가 없는 점을 고려하여 구체적인 집행방법에 대하여는 유체동산에 대한 집행방법을 따르면 될 것이다. 그러나, 민사집행절차에서 실제 채무자 개인이 관리하는 가상자산에 대한 강제집행 절차가 시도된 적은 거의 없는 것으로 보인다.

㈑ 대상결정은, 가상자산이 '채무자 개인의 전자지갑에 보관된 것으로 현물이 존재하지 않는 가상의 화폐인바, 부동산이나 유체동산이 될 수 없어 부동산 집행이나 유체동산 집행의 대상이 아니고, 이 사건 암호화폐는 블록체인 내에서 채무자가 배타적, 독립적으로 보관, 관리하기 때문에 제3채무자가 있을 수 없으므로 채권 내지 기타 재산권으로서의 집행도 어

---

5) 이혜정, 가상자산에 대한 민사집행 연구, 사법정책연구원, 2021, 188쪽.

렵다'고 설시하였는데, 이는 현행 민사집행제도를 가상자산에 그대로 적용한 결과로서 이러한 판단이 법리상 부당하다고 보기는 어려울 것이다. 그러나, 앞서 본 바와 같이 가상자산에 대한 강제집행이 필요한 현실 속에서 제도의 미비만을 이유로 법적 보호를 외면하는 것은 신중히 검토해 볼 필요가 있어 보인다.

실제, 앞서 본 서울중앙지방법원 2021. 7. 29.자 2021카합21033 결정, 광주지방법원 2021. 2. 3.자 2021카합50078 결정(항고기각 확정)의 경우에는 특별한 설시 없이 피보전권리성을 인정하기도 하였다.

Ⅲ. 대상판결의 평가

대상결정의 결론에 의하면, 가상자산 인도 내지 반환청구권을 피보전권리로 한 가처분은 사실상 불가능할 것이다. 그러나 앞서 본 바와 같이 위 청구권을 피보전권리로 하여 인정된 가처분 결정례도 존재하는 등 대상결정의 태도가 법원의 확립된 입장이라 보기는 어렵다. 또한 가상자산이 재산적 가치를 지니고 있고, 이에 대한 가처분 등이 필요한 상황에서 이에 대한 강제집행은 현실적으로도 필요하다. 현재 가상자산의 법적성격의 정의를 포함한 보전처분, 강제집행 등의 가부, 방식 등에 대한 논의가 진행 중인 상태로 실무의 혼란을 방지하기 위한 조속한 제도 마련이 필요해 보인다.

[74] 가상자산거래소를 운영하는 회사에 대한 각종 장부 열람등사 신청 가처분

— 서울중앙지방법원 2020. 7. 14.자 2020카합20458 결정[1] —

[사실 개요]

1. 채무자는 가상자산거래소를 운영하는 회사이고, 채권자는 채무자의 10.29% 지분을 보유한 주주이다.
2. 채권자는 채무자의 현 경영진이 채무자를 사실상 지배하는 A의 지시를 받아 이사회결의도 거치지 아니한 채 A의 관계 회사에 거액의 자금을 대여하거나 전환사채를 인수하였다는 등의 의혹이 있어 그 운영실태를 파악하고 채무자의 경영진에 그 책임을 묻는다면서, 채무자를 상대로 ① 5년간의 주주총회 의사록, ② 2017. 1. 1.부터 2019. 12. 31.까지의 법인세세무조정계산서 및 계정별 원장 등 자료, ③ 같은 기간 법인카드 사용 내역, 보수 등 지급 현황 자료, ④ 특수관계인과의 대여, 투자 내역 등 서류, ⑤ 최근 5년간의 전환사채 인수 거래 관련 서류, ⑥ 자회사들에 대한 재무제표, 감사보고서 등, ⑦ 가상화폐 상장 관련 업무위탁 업체와의 계약 내역, ⑧ 주식회사 비엘케이홀딩스에 대한 자금 대여, 거래 내역 등 자료에 대한 열람 등사를 허용하여야 한다는 취지의 가처분 신청을 하였다.

[판결 요지]

1. 관련 법리

회계장부 등을 열람·등사시키는 것은 회계운영상 중대한 일이므로 그 절차를 신중하게 함과 동시에, 상대방인 회사에 열람·등사에 응하여야 할 의무의 존부 또는 열람·등사를 허용하지 않으면 아니 될 회계의 장부 및 서류의 범위 등의 판단을 손쉽게 하기 위하여, 그 청구의 이유는 구체적으로 기재하여야 한다(대법원 1999. 12. 21. 선고 99다137 판결 등 참조). 이때 열람·등사청구의 대상이 되는 '회계의 장부와 서류'는 소수주주가 열람·등사를 구하는 이유와 실질적으로 관련이 있는 회계장부와 그 근거자료가 되는 회계서류를 가리킨다(대법원 2001. 10. 26. 선고 99다58051 판결 등 참조).

또한 가처분결정에 의해 주주가 회계장부와 서류를 열람·등사하는 경우 주주로서는 본안판결에 의하여 얻을 수 있는 만족을 모두 얻게 되어 본안소송을 제기할 필요성조차 없어지게 되고, 회사로서는 일단 가처분결정에 따라 열람·등사를 허용한 후에는 이전의 단계로 회복하는 것이 사실상 불가능하게 되는 등 고도의 만족적 가처분의 성격을 가진다는 점을 고려하면, 채권자는 그 기재이유가 사실일지도 모른다는 합리적인 의심이 생

---

1) 확정.

길 정도로 구체적으로 소명되어야 하고, 나아가 보전의 필요성과 관련하여서는 단순히 회사가 회계장부 등을 훼손, 폐기, 은닉할 우려가 있다는 사정만으로는 부족하고, 가처분에 의하지 아니할 경우에는 채권자에게 현저한 손해나 급박한 위험이 발생할 것이라는 등의 긴급한 사정이 소명되어야 한다.

2. 채권자가 열람등사를 구하는 범위가 지나치게 광범위하고 포괄적인 점, 채권자는 채무자의 부적절한 회계운영, 자료 은닉, 자금 거래 등에 대해 추상적인 주장과 의혹만 제기고 있고 세부적인 내용에 대한 소명이 부족하여 열람등사를 구하는 사유가 구체적으로 드러났다고 보기 어렵거나 청구 이유와 실질적 관련성이 있음이 소명되었다고 보기 어려운 점, 일부 서류들은 다른 방법에 의해 확보가능하고 열람등사청구권의 권리 실현이 지연되는 경우 회복하기 어려운 현저한 손해나 위험이 발생할 우려가 적은 점, 자회사에 대한 서류에 대하여는 모회사인 채무자가 이를 보관하고 있다고 볼 만한 점이 소명되었다고 보기 어려운 점 등을 고려하면, 주주총회 의사록을 제외한 나머지 서류들에 대하여는 피보전권리 및 보전의 필요성이 없다.

해설

Ⅰ. 대상결정의 쟁점

대상결정에서 채권자는 채무자의 현 경영진과 채무자를 사실상 지배하고 있는 자들이 적법한 절차를 거치지 않은 채 회사의 자금을 대여하거나 전환사채를 인수하였다는 의혹을 규명한다는 목적 하에 주주총회의 의사록과 채무자의 각종 회계장부에 대한 열람등사를 위한 가처분 신청을 하였다. 대상결정은 이 중 ① 주주총회 의사록에 대한 열람등사만을 인용하고, 나머지 ②~⑧ 자료들에 대한 신청은 받아들이지 않았다.

대상결정에서는 열람등사 가처분이 만족적 가처분인 점을 고려하여 채권자가 주장하는 열람등사의 이유가 구체적으로 소명되었는지(피보전권리), 채권자에게 현저한 손해나 급박한 위험이 발생할 우려가 있는지(보전의 필요성)가 문제되었다.

Ⅱ. 대상결정의 분석

1. 회계장부 등에 대한 열람등사 청구권[2)]

이사는 회사의 정관, 주주총회의 의사록을 본점과 지점에, 주주명부, 사채원부를 본점

2) 정대익, "주주의 회계장부 열람등사청구권", 상법판례백선(제3판), 법문사, 2014, 638쪽 이하.

에 비치하여야 한다. 이 경우 명의개서대리인을 둔 때에는 주주명부나 사채원부 또는 그 복본을 명의개서대리인의 영업소에 비치할 수 있다. 주주와 회사채권자는 영업시간 내에 언제든지 제1항의 서류의 열람 또는 등사를 청구할 수 있다(상법 제396조).

주식회사의 주주는 실질적인 소유자의 지위에 있으면서 자기의 이익을 옹호하기 위하여 주주총회에 출석하여 의결권을 행사함으로써 회사의 중요사항의 결정에 참가하고, 대표소송을 통해 이사의 책임을 추궁하고, 이사에 대한 해임청구권, 유지청구권 등을 행사하여 이사의 업무집행을 감독, 시정할 수 있는 한편, 원하는 시점에 주식을 양도하여 손실을 사전에 방지할 수도 있다. 이러한 권리들을 적시에 행사하기 위해서는 회사의 경영상태를 알아볼 수 있어야 하므로, 주주총회 의사록, 이사회 의사록, 감사보고서 등뿐만 아니라 회계의 장보와 서류에 대한 열람등사청구권을 보장할 필요가 있다.

그러나 주주에게 회계장부 열람등사청구권을 무제한으로 허용할 경우 회사의 영업에 지장을 줄 수 있고, 주주가 이로 인해 얻은 회계정보를 경쟁관계의 다른 회사에 누설하거나 유상양도 하는 등 부당하게 이용할 가능성이 있으므로 회계장부 열람등사청구권에는 일정한 제한이 따른다. 즉, 일정 비율 이상의 주식을 보유하고 있어야 하고(상법 제466조 제2항, 제542조의6 제4항 등), 구체적으로 기재한 서면에 의하여야 하며(대법원 1999. 12. 21. 선고 99다137 판결 등 참조), 회계장부, 회계서류의 범위에 속하여야 한다.

회사는 주주의 청구가 부당한 것임을 증명하여 주주의 열람등사청구를 거부할 수 있는데(상법 제466조 제2항), 주주의 열람·등사권 행사가 부당한 것인지 여부는 그 행사에 이르게 된 경위, 행사의 목적, 악의성 유무 등 제반 사정을 종합적으로 고려하여 판단하여야 할 것이고, 특히 주주의 이와 같은 열람·등사권의 행사가 회사업무의 운영 또는 주주 공동의 이익을 해치거나 주주가 회사의 경쟁자로서 그 취득한 정보를 경업에 이용할 우려가 있거나, 또는 회사에 지나치게 불리한 시기를 택하여 행사하는 경우 등에는 정당한 목적을 결하여 부당한 것이라고 보아야 할 것이다(대법원 2004. 12. 24.자 2003마1575 결정 참조).

상법상 자회사의 회계장부가 상법 제466조 제1항에 따라 모회사의 회계서류로서 모회사 소수주주의 열람·등사청구의 대상이 되기 위해서는, 그것이 모자관계에 있는 모회사에 보관되어 있고 모회사의 회계 상황을 파악하기 위한 근거자료로서 실질적으로 필요한 경우여야 한다(대법원 2001. 10. 26. 선고 99다58051 판결 등 참조).

2. 대상결정에의 적용

(1) 우선 주주총회 의사록의 경우 열람등사 청구를 인용하는 것에 큰 무리가 없을 것이다.

문제는 나머지 자료 내지 서류들에 대한 것인데, 이 사건 신청은 이른바 만족적 가처분에 해당하여 피보전권리와 보전의 필요성이 통상의 보전처분의 경우보다 신중하게 고려되어야 한다. 대상결정 역시 채권자는 그 기재이유가 사실일지도 모른다는 합리적인 의심이 생길 정도로 구체적으로 소명하여야 하고, 단순히 채무자가 회계장부 등을 훼손, 폐기, 은닉할 우려가 있다는 사정만으로는 부족하고 가처분에 의하지 않을 경우 채권자에게 현저한 손해나 급박한 위험이 발생할 것이라는 등의 긴급한 사정이 소명되어야 한다고 전제하였다.

(2) 이러한 기준 하에 나머지 자료들에 대한 열람등사청구를 본다.

먼저, 채권자는 채무자의 부적절한 회계운영 내지 과세 관련 자료 은닉 의심, 채무자 임직원들과 채무자, A의 관계 회사들에 대한 불법 자금 유출 의심 등을 거론하며 자금을 유출하고 있는 것으로 의심된다면서 각종 서류들에 대해 열람 등사 청구를 하였으나, 전체적으로 이러한 주장은 막연한 의심에 근거한 추상적인 내용에 불과할 뿐 구체적인 사실관계에 대한 소명은 이루어지지 않은 것으로 보인다.

또한 채권자는 위 ② 법인세세무조정계산서 등, ④ 특수관계인과의 거래 내역 등에 대하여는, 채무자가 과세관청으로부터 기타소득세 및 법인세 합계 약 730억 원의 과세예정 통보를 받았음에도 이를 감사보고서에 적시에 반영하지 않은 사정, 특수관계인들에 대한 대여금 대부분이 대손충당금으로 설정된 사정을 근거로 회계처리의 부정이 의심된다고 주장하였다. 그러나 당시 가상화폐 양도에 대한 과세 선례가 없어 채무자는 위 과세예정 통보에 대해 과세전적부심사를 청구한 상태여서 해당 불복 절차가 종결되기 전까지 법인세비용을 인식하지 않은 것이 채무자가 탈세, 부당한 세금계산 등을 하였다고 보기는 어려운 사정이 존재하였다. 또한 가상자산 사업에 대한 규제 위험으로 가상자산 사업을 영위하는 특수관계인들에 대한 대여금 중 상당액이 손실될 우려가 있어 대손충당금을 과하게 설정하였다는 정황도 존재하였다. 대상결정은 이러한 사정들은 모두 당시 가상자산 거래 상황에 비추어 납득할 만한 정도라고 하면서 위와 같은 채권자의 주장 정도만으로는 회계처리에 부정이 있음에 관하여 구체적인 소명이 있다고 보기는 어렵다고 판단하였다.

채권자는 당시 채무자 이사들과 A를 상대로 주주대표소송을 제기하여 소송 중에 있었고, 열람등사 청구를 한 각종 장부 및 서류들이 소송 수행에 필요하다는 주장도 하였다. 그러나, 역시 소송과 각 장부 및 서류의 관련성에 관하여 별다른 소명이 없었다. 또한 소송절차에서 문서송부촉탁, 문서제출명령 등과 같이 해당 소송 절차를 통해 필요한 자료들을 확보할 수 있었으므로 반드시 가처분 신청을 통해 위와 같은 목적을 달성하여야 할 긴급한 사정이 있다고 보기도 어려울 것이다.

채권자는 ⑥ 자회사들에 대한 재무제표, 감사보고서에 대하여도 열람등사 청구를 하였는데, 앞서 본 바와 같이 자회사의 회계장부가 모회사의 회계서류로서 모회사 소수주주의 열람·등사청구의 대상이 되기 위해서는, 그것이 모자관계에 있는 모회사에 보관되어 있고 모회사의 회계 상황을 파악하기 위한 근거자료로서 실질적으로 필요한 경우여야 하는데,

대상결정은 채권자가 제출한 자료들만으로는 채무자가 자회사들의 각종 장부 및 서류를 보관하고 있다는 점에 대한 소명이 이루어지지 않았다고 판단하였다.

결국 대상결정은 주주총회 의사록을 제외한 나머지 장부 및 서류들에 대하여는 모두 받아들이지 않았다.

Ⅲ. 대상결정의 평가

주주라 하더라도 회사의 회계장부 및 서류를 무제한적으로 열람등사할 수는 없고, 열람등사를 원하는 구체적인 이유가 있고, 그 이유와 연관된 장부 등에 대하여만 제한적으로 열람등사가 이루어져야 한다.

대상결정은 당시 가상자산 사업의 특수성(규제 위험에 따른 과도한 대손충당금 설정, 과세 대상 여부의 불분명한 상황에서의 세금 처리 등)을 고려하여 채권자의 열람등사청구를 제한한 점에서 참조할 만한 점이 있다.

[75] 거래소에서 투자자에게 IEO로 판매한 가상자산에 대하여 투자자들의 출금을 제한한 조치의 적법성

—서울고등법원 2020. 11. 6.자 2020라20613 결정, 2020. 11. 19. 확정—

[사실 개요]

1. 채무자는 S가상자산 거래소(이하 '이 사건 거래소')를 운영하는 회사이고, 채권자들은 그 고객이다. X코인은 싱가포르에 기반을 둔 프로젝트 팀이 개발한 가상자산이다.
2. 채무자는 2019. 2.경부터 이 사건 거래소에서 X코인을 IEO(Initial Exchange Offering) 방식[1])으로 사전판매하기 시작하였고, 2019. 4. 30. X코인을 이 사건 거래소에 상장하였다.
3. 채권자들은 상장 전후에 걸쳐 X코인을 구매하여 각자의 전자지갑에 보관하였으나(이하 '이 사건 가상자산'), 채무자는 현재까지 채권자들의 출금을 제한하고 있다.
4. 이 사건 거래소 약관 제6조 제2항 제15, 16호에 따르면, 회사의 서비스 개선을 위한 회사 정책상 불가피한 경우, 서비스의 운영자 또는 관리자가 운영에 부적합하다고 판단하는 경우 회사는 고객이 기간을 정하여 고객의 서비스 이용을 제한하거나 고객과의 이용계약을 해지할 수 있다고 규정하고 있고, 같은 약관 제11조 제4항 제3, 4호에 의하면 결제서비스 제공사 및 발행사의 요청이 있는 경우, 기타 회사의 운영정책상 결제 이용을 제한해야 하는 경우 회사는 사전 고지 없이 회사의 재량으로 서비스를 통해 제출된 주문을 거부하거나 거래 금액 및 기타 다른 거래 조건에 제한을 둘 수 있다고 명시하고 있다.
5. 채권자는, 채무자를 상대로 '채무자는 이 사건 거래소 약관에 따라 채권자들의 출금 요청에 응할 의무가 있음에도 아무런 근거 없이 이 사건 가상자산의 출금을 제한하였는바, 채권자들은 회복할 수 없는 경제적 손해를 피하기 위해 "채무자는 채권자들의 의사에 반하여 채권자들의 X코인의 출금제한을 하여서는 아니 된다"'라는 취지의 가처분신청을 하였다.

[결정 요지]

1. 본안판결을 통하여 얻고자 하는 내용과 실질적으로 동일한 내용의 권리관계를 형성하는 이른바 만족적 가처분의 경우에는, 본안판결 전에 채권자들의 권리가 종국적으로 만족을 얻는 것과 동일한 결과에 이르게 되는 반면, 채무자로서는 본안소송을 통하여 다투어 볼 기회를 가져보기도 전에 그러한 결과에 이르게 된다는 점을 고려해 볼 때, 피보전권리와 보전의 필요성에 관하여 통상의 보전처분보다 높은 정도의 소명이 요구된다.

---

1) 거래소가 발행 예정인 가상자산을 검증한 후 고객들에게 사전판매하고, 프로젝트팀은 이에 따라 조달된 자금으로 거래소에 가상자산을 상장·발생하는 방식이다.

2. 이 사건 거래소 약관 제11조 제4항은 채무자는 결제서비스 제공사 및 발행사의 요청이 있는 경우(제3호) 또는 기타 채무자의 운영정책상 결제 이용을 제한해야 하는 경우(제4호)에는 사전 고지 없이 재량으로 서비스를 통해 제출된 주문을 거부하거나 거래 금액 및 기타 다른 거래 조건에 제한을 둘 수 있다고 규정하고 있는바, 채무자가 프로젝트 팀의 일정 등에 따라 이 사건 가상자산에 대한 출금을 제한하고 있는 것은 위 조항에서 정한 사유에 해당한다고 볼 여지가 있다.

3. 채무자는 2019. 4. 26. 이 사건 거래소에 X코인의 상장을 공지하면서 "[입금/출금 지갑 오픈 일정]은 추후 안내 예정"이라고 명시적으로 기재하였고, 채권자들은 X코인이 상장된 이후 상당기간 채무자의 출금제한에 대하여 이의를 제기하지 아니한 것으로 보인다. 따라서 채권자들은 적어도 이 사건 가상자산이 상장된 이후에는 위 가상자산의 출금이 지연될 수 있다는 점에 대하여 사후적으로 양해하였다고 볼 수 있다.

4. 채무자가 이 사건 가상자산의 출금을 허용할 경우 프로젝트 팀과 체결한 위탁판매계약상 채무불이행 또는 손해배상책임을 부담할 우려가 있어 프로젝트 팀의 일정에 따라 이 사건 가상자산의 출금을 제한할 수밖에 없는 상황인지, 아니면 채무자가 프로젝트 팀의 의사와 무관하게 이 사건 가상자산의 출금을 허용할 수 있음에도 불구하고 스스로의 판단 하에 출금을 제한하고 있는 것인지 여부, 채무자의 주장과 같이 신규 가상자산을 발행할 때 상장 시점과 출금 가능 시점 사이에 시간적 간격을 두는 것이 통상적인 경우에 해당하여 채권자들이 이 사건 가상자산을 매수할 당시 상장 이후에도 출금이 제한될 수 있다는 점을 예상할 수 있었는지 여부 등 이 사건의 주요 쟁점은 본안소송에서 보다 상세하고 구체적인 증거조사와 사실심리를 거쳐 판단되어야 할 필요가 있다.

5. 이 사건 가상자산의 출금을 허용할 경우 투자자들 및 향후 가상자산 시장에 미칠 영향, 채무자가 정당한 사유 없이 이 사건 가상자산의 출금을 제한하고 있는 것인지 여부가 불분명한 현 상황에서 본안소송에 앞서 이 사건 가처분으로 이 사건 가상자산의 출금 제한을 금지하는 데에는 신중을 기할 필요가 있다.

6. 위와 같은 법리와 더불어 기록 및 심문 전체의 취지에 의하여 인정되는 사정을 종합하면, 채무자가 부당하게 이 사건 가상자산의 출금을 제한하고 있다고 단정하기 어려우므로, 채무자에 대하여 신청취지 기재와 같은 가처분을 명할 수 있을 정도로 그 피보전권리가 충분히 소명되었다고 보기 어렵다.

7. 채권자들은 이 사건 가상자산이 이 사건 거래소에 상장된 시점으로부터 약 1년이 지나서 이 사건 신청을 하였고, 현재 본안소송을 제기하지도 아니한 것으로 보인다. 또한 이 사건 가상자산의 출금이 지연됨에 따라 채권자들이 입게 되는 손해는 금전으로 배상이 가능한 것으로 보이는 점, 거래소 내에서는 이 사건 가상자산의 거래가 가능한 것으로

보이는 점 등을 종합해 보면, 가처분으로 시급히 이 사건 가상자산의 출금제한을 금지하여야 할 보전의 필요성이 충분히 소명되었다고 보기도 어렵다.

해설

Ⅰ. 대상결정의 의의 및 쟁점

가상자산 거래소에서 이용자들에 대하여 입출금 제한조치를 한 것이 위법이라는 이유로 이에 대하여 법원에 중지 또는 금지 가처분을 구하는 경우가 있는데, 대부분의 사건들은 이용자들이 보이스피싱, 마약 거래 및 이상 거래 등 위법한 행위와 관련이 되어 있다는 의심이 있다고 거래소가 판단하는 경우에 관한 것들이다. 그런데 이 사건은 위법 또는 탈법적인 경우와 전혀 관련이 없이 정상적으로 가상자산을 매입한 이용자들에 대하여 거래소가 매입한 가상자산에 대해 일정 기간 동안 외부로 출금하는 것을 막는 입출금제한조치를 하였는데 그와 같이 위법한 행위와 관련이 없는 경우에도 그 조치가 정당한지 여부가 문제되었다.

Ⅱ. 대상결정의 분석

가상자산 거래소와 이용자 사이의 법률관계에 대한 부분은 이 책에서 나오는 서울고등법원 2021. 12. 8. 선고 2021나2010775 판결 "비트코인의 법적 성격 및 오송금시 거래소의 책임" 부분에서 잘 기재되어 있다. 가상자산 거래를 하려는 이용자는 거래소에 가입하여 원화 또는 가상자산을 외부에서 반입해오게 되고 거래소는 전자지갑을 통하여 이를 보관하고 있으므로 이용자와 거래소 간에 체결하는 거래소 이용계약은 임치계약적 요소가 있다. 이용자들이 가상자산 거래를 함에 있어 가상자산 및 원화를 반입 또는 반출하는 것이 필수불가결하다고 할 것이고, 위와 같은 반입 또는 반출행위는 해당 가상자산 등을 소유 또는 보유하고 있다고 볼 수 있는 거래소 이용자들의 헌법상 재산권 행사의 일환으로 보호되어야 할 것이다.

따라서 이 사건과 같이 거래소가 이용자들이 취득한 가상자산의 반출을 막는 것은 위법한 행위로 보는 것이 원칙인데 다만 거래소와 이용자 사이에 일정한 요건 하에 가상자산의 반출을 제한할 수 있는 약정이 있다고 볼 수 있는 때에 그러한 조치를 적법하다고 볼 수 있을 것이다.

대상결정에서는 약관 제11조 제4항의 규정에서 채무자는 결제서비스 제공사 및 발행사의 요청이 있는 경우(제3호) 또는 기타 채무자의 운영정책상 결제 이용을 제한해야 하는 경우(제4호)에는 사전 고지 없이 재량으로 다른 거래 조건에 제한을 둘 수 있다고 규정하고 있어 가상자산 출금 제한도 위 약관 조항에 해당할 여지가 있다는 점, 거래소에서 X코인 상장을 공지하면서 입출금 지갑 오픈 일정을 추후 안내할 예정이라는 취지로 기재하였고 이용자들도 이를 알면서 X코인을 구매하여 일정 기간 출금이 지연될 수 있다는 점을 양해한 점 등을 들어 거래소의 조치가 적법하다고 보았다.

사실 초기 상장된 가상자산에 대하여 거래소가 출금을 제한하는 경우가 적지 않은데, 이는 가상자산 프로젝트팀이 거래소 측 등과 출금제한을 협약조항으로 넣었기 때문이다. 그 취지는 초기 상장된 가상자산에 대하여 가격이 크게 하락할 위험을 방지하고 투자자를 보호하며 대량 출금사태를 방지함으로써 거래소의 해당 가상자산 종목의 거래를 유지하기 위한 목적도 있기 때문이다. 특히 이용자들인 채권자들로서는 가상자산 자체를 외부로 반출하는 것이 제한된다. 대신에 해당 거래소 내에서 가상자산 매도가 가능하여 언제든지 이를 현금화 시킬 수 있고 출금 지연으로 일어나는 손해는 금전으로 전보가 가능한 이상 단행적 가처분은 가급적 허용될 필요성이 적다고 할 것이다.

Ⅲ. 대상결정의 평가

위와 같은 이유 외에도 이용자들의 가상자산 반출을 제한하는 것은 거래소로서는 처음에 가상자산 상장을 할 때 해당 가상자산의 보유수량을 유지하고 거래소 내의 거래량을 부양시킬 의도로 이루어지는 경우가 있을 것이다. 또한 해당 가상자산이 단기간 내에 외부로 반출되는 경우 단기간에 시세조종이나 사기적 거래행위가 이루어질 여지도 있을 것이고(물론 장기간으로 보면 그 시가 차이를 이용한 거래를 위하여 외부에서 반입할 것이므로 그 보유량은 유지될 것이다) 특히 상장 초기로서 거래가 안정되지 못한 가상자산 종목의 경우 더욱 그리하여 종국적으로 이용자들의 손해로 귀속될 수 있을 것이다. 거래소의 반출제한 조치는 이러한 다각적 목적에 의하여 이루어진 것으로 공익적 요소도 있을 뿐만 아니라 해당 가상자산을 매입한 이용자들도 묵시적으로 합의한 사항으로 그 가처분 신청을 기각한 법원의 결정은 그 정당성이 인정된다.

[76] 채무자 명의 전자지갑에 대한 보전처분 가부

—광주지방법원 2021. 2. 3.자 2021카합50078 결정—

[사실 개요]

1. 제3채무자는 가상자산 거래소를 운영하는 자이고, 채무자는 위 거래소에 가입한 자이다.
2. 채권자는 2019. 9. 2. 채무자와 사이에, 채무자가 채권자에게 1,345비트코인(이하 '이 사건 비트코인'이라 한다)을 이전하기로 하는 내용의 이행각서를 작성하였는데, 이 사건 보전처분 당시까지 채무자가 채권자에게 위 이행각서에 기하여 이 사건 비트코인을 전송하지 않고 있었다.
3. 이에 채권자는 채무자를 상대로 위 2019. 9. 2.자 비트코인 이전에 관한 합의 이행각서에 기한 청구권을 피보전권리로 하여, '채무자 명의의 비트코인(BTC) 지갑에 대하여 양도, 처분, 입질, 환불의 청구 등 일체의 처분을 하여서는 아니 되고, 제3채무자는 채무자에 대하여 비트코인(BTC)을 지급하거나, 3자에게 이전하지 않도록 채무자의 비트코인(BTC) 지갑 계좌를 거래 중지하여야 한다.'는 청구취지로 가처분을 신청하였다.

[판결 요지]

1. 채권자는 2019. 9. 2. 채무자와 사이에, 채무자가 채권자에게 비트코인(BTC) 1,345주(이하 '이 사건 비트코인'이라 한다)를 이전하기로 하는 내용의 약정을 체결한 사실, 위 약정에도 불구하고 현재까지 채무자가 채권자에게 이 사건 비트코인을 이전하지 않고 있는 사실이 각 소명된다.

2. 위 소명사실에 의하면, 채권자에게 채무자를 상대로 채무자 명의의 비트코인 지갑에 대한 가처분을 명할 피보전권리 및 보전의 필요성을 인정할 수 있다. 그러나 채무자 개인의 전자지갑에 보관되어 있는 이 사건 비트코인은 블록체인 내에서 채무자가 배타적, 독립적으로 보관, 관리하기 때문에 제3채무자가 있을 수 없어 채권 내지 기타 재산권으로서의 집행이 어려우므로, 제3채무자들에 대하여 채무자의 이 사건 비트코인 지갑 계좌의 거래 중지를 구하는 이 부분 신청은 피보전권리와 보전의 필요성을 인정하기 어렵다.

(광주고등법원 2021라1021호로 계속 중)

해설

Ⅰ. 대상결정의 의의 및 쟁점

이 사건에서 채권자는 채무자를 상대로 채무자 명의의 비트코인 지갑에 대한 양도, 처분, 입질, 환불의 청구 등 일체의 처분을 하여서는 아니 된다는 취지의 처분금지가처분과 제3채무자는 채무자에 대하여 비트코인(BTC) 지갑 계좌를 거래 중지 하여야 한다는 취지의 거래중지가처분을 동시에 제기하였다.

여기서 처분금지가처분의 경우 채권자는 비트코인 전자지갑에 대한 양도, 처분, 입질, 환불의 청구로 신청취지를 기재하였고 대상결정의 주문도 그와 같이 명시되었다.

거래중지가처분에 있어서도 비트코인 전자지갑과 관련한 신청으로 대상결정은 채무자 개인의 전자지갑에 보관되어 있는 이 사건 비트코인은 블록체인 내에서 채무자가 배타적, 독립적으로 보관, 관리하기 때문에 제3채무자가 있을 수 없어 피보전권리와 보전의 필요성을 인정하기 어렵다고 보았다.

그런데 가상자산 거래소 실무에서는 이용자 명의의 전자지갑에 가상자산이 보관되는 것이 아닐 뿐만 아니라 채무자와 제3채무자 사이에는 서비스이용계약이 체결되어 있어 법률관계가 존재하여 제3채무자 또한 유효하게 관계되어 있어 위 결정이 타당한지 여부가 문제된다.

Ⅱ. 대상결정의 분석

1. 가상자산 거래소에 입고된 가상자산의 보관 실무

이용자가 가상자산 거래소에 가입하여 채무자 명의의 전자지갑(상당수의 거래소는 벌집계좌의 형태이다)을 부여받고 해당 계정에 입금한 원화로 가상자산을 매입하거나 다른 가상자산 지갑에서 위 전자지갑으로 가상자산을 전송함으로써 해당 거래소 내에 이용자 소유의 가상자산을 보유하게 된다.

그런데 대상결정에서는 마치 채무자 명의의 전자지갑에 계속적으로 가상자산이 존재하고 있는 것처럼 설시하고 있으나 실제로는 우리나라의 대형 거래소에서는 보통 다른 전자지갑에서 채무자 명의의 전자지갑에 가상자산이 입고되는 경우 거의 동시에 거래소 명의의 가상지갑에 전송되도록 코딩되어 있고 거래소 내에서 해당 가상자산을 매입하거나 교환하는 경우에도 거래소 명의의 전자지갑에 해당 가상자산이 보관되도록 되어 있어서 실제로는 가상자산 거래소 운영자가 이용자 소유의 가상자산을 대신하여 보관하게 된다.

이 사건에서도 제3채무자는 국내에서 1, 2위권의 대형 거래소로서 위와 마찬가지로 채무자 명의의 전자지갑에 가상자산이 입고되더라도 즉시적으로 거래소 명의의 전자지갑에 해당 가상자산이 전송되어 해당 거래소 내부의 거의 모든 가상자산이 위 거래소 명의의 전자지갑에 존재하고 있다고 봄이 상당하다.

2. 채무자(이용자)와 제3채무자(가상자산 거래소 운영자) 간 법률관계

채무자는 가상자산 거래소의 가상자산 매매·보관 등의 서비스를 이용하기 위하여 해당 거래소에 가입하고 채무자 명의의 전자지갑을 부여받아서 원화를 입금하거나 가상자산을 전송하며, 그 거래소에서 가상자산을 매매하거나 다른 가상자산과 교환하게 된다. 이와 같은 거래소 운영자와 이용자 사이의 법률관계에 대하여 여러 가지 견해가 있을 수 있지만 이 책에서 다룬 서울고등법원 2021. 12. 8. 선고 2021나2010775 판결에 관한 "비트코인의 법적 성격 및 오송금시 거래소의 책임" 평석에서 볼 수 있듯이 거래소는 위 가상자산 거래를 위한 플랫폼을 제공하는 대신 그 수수료를 지급받고 있고, 다른 한편 이용자의 가상자산은 보통 거래소의 전자지갑에 보관되므로 상법상 중개계약적 요소와 임치계약적 요소를 가지고 있다고 보인다.

다음으로 가상자산 거래 단계를 보면 이용자는 위 해당 KRW 포인트로 제3자로부터 가상자산을 매입하거나 보유하고 있던 비트코인 또는 이더리움 등으로 다른 가상자산과 교환할 수 있는데, 거래소는 위 가상자산 거래를 위한 플랫폼을 제공하는 대신 그 수수료를 지급받고 있으므로 이 단계에서의 법률관계는 상법상 중개계약의 요소를 가지고 있다고 볼 수 있다.

한편 위와 같이 매입한 가상자산 또는 이용자의 다른 전자지갑에서 위 거래소의 계정으로 전송한 가상자산은 앞서 본 바와 같이 거래소의 전자지갑에 보관되므로 이용자와 거래소 운영자 사이의 법률관계는 임치계약적 요소를 가지고 있다고 볼 수 있다.

3. 대상결정의 타당성 여부

먼저 처분금지가처분 부분에 대하여 보면 비트코인 지갑에 대한 양도, 처분, 입질, 환불의 청구 등의 금지를 구하는 것인데, 그 지갑에 비트코인이 실제로 보관되어 있는 것이 아닌 만큼 해당 전자지갑에 대한 처분금지가처분이 위와 같은 실무를 정확하게 반영하고 있는지는 재고의 여지가 있다. 물론 위와 같은 처분금지가처분이 있게 되면 거래소에서는 그 취지를 이해하고 해당 가상자산 자체에 대한 처분금지를 해주고 있는 것이 실무이기는 하나 조금 더 정확성을 기하여 비트코인 지갑에 대한 처분금지를 구하는 것인지, 비트코인 또는 (임치계약적 성질의 약정에 기하여) 제3채무자에 대한 비트코인 반환청구권에 대한 처분금지를 구하는 것인지 보정을 하는 것이 타당하다고 보인다.

둘째로 거래중지가처분에 대하여 대상결정은 제3채무자가 존재하지 않는다고 판시하였으나 이용자와 거래소 운영자 사이에 임치계약적 성질의 약정이 성립되어 있고 실무상 거래소 운영자가 이용자의 가상자산을 보유하고 있기 때문에 이용자가 운영자에게 해당 가상자산 반환청구권이 있고 상법상 중개계약적 요소도 있기 때문에 거래소 운영자는 이용자에게 거래소 서비스 이용역무를 제공할 의무가 있다. 따라서 채권자가 채무자를 상대로 비트코인 지갑 계좌를 거래 중지 하여야 한다는 취지의 거래중지가처분을 제기하더라도 채무자는 제3채무자에게 피보전권리가 존재하고 비트코인을 함부로 이전 또는 처분할 수 없도록 거래 중지를 할 보전의 필요성이 있기 때문에 그 신청은 유효하다고 보인다.

Ⅲ. 대상결정의 평가

대상결정은 비트코인 지갑에 대한 처분금지가처분과 거래중지가처분에 대한 당부를 판단한 사안인데, 가상자산 거래소 운영자와 이용자 사이의 법률관계, 거래소에 입고된 가상자산에 대한 보관에 관한 실무를 확인하는 계기가 될 수 있는 사례로서 의미가 있다. 이 사건은 채권자가 항고를 제기하여 현재 광주고등법원에서 항고심 계속 중이다.

[77] 가상자산 거래소 사이의 영업비밀침해 관련 가처분

―서울중앙지방법원 2021. 3. 22.자 2020카합21624 결정[1]―

[사실 개요]

1. 채권자는 2017. 5. 23. 설립되어 가상자산거래소를 운영하였고, 채무자는 2018. 12. 20. 설립되어 2020. 7. 29.경부터 역시 가상자산거래소를 운영하고 있다.
2. 채권자의 대표이사는 2020. 7. 31. A가 사임하고 B가 취임하였는데, 그 16일 전인 2020. 7. 15. '채무자가 채무자의 소스코드 및 운영 중인 콘텐츠 등 거래소운영에 있어 필요한 서비스를 채권자에 제공하고 채권자는 그 대가로 11,000,000원을 지급한다'는 내용의 서비스공급계약이 체결하였다.
3. 위 계약 체결 후인 2020. 7. 23. 위 계약서상 채무자 대표자로 기재된 C는 채무자의 사내이사로 등기되었고, 위 2020. 7. 31. 전까지 채권자의 대표이사였던 A가 2020. 8. 27. 채무자 회사의 대표자로 취임등기 되었다.
4. 채권자는 채무자가 이 사건 계약으로 취득한 이 사건 소스코드를 사용하여 채권자 거래소와 동일한 구조의 채무자 거래소를 운영하고 있다면서, 이 사건 계약 및 채무자 거래소 운영은 채권자의 대표이사였던 A와 채권자의 직원이었던 C 등이 공모하여 벌인 부정경쟁방지법 제2조 제3호 가.목의 영업비밀 침해행위에 해당한다고 주장하며, 위 소스코드를 이용한 채무자 인터넷 홈페이지 영업 및 광고 활동 금지를 구하는 가처분 신청을 하였다.

[판결 요지]

1. 피보전권리

가) 부정경쟁방지법 제2조 제3호 가.목은 절취, 기망, 협박, 그 밖의 부정한 수단으로 영업비밀을 취득하는 행위 또는 그 취득한 영업비밀을 사용하거나 공개하는 행위를 '영업비밀 침해행위'로 규정하고 있다. 여기서 '부정한 수단'은 절취·기망·협박 등 형법상 범죄를 구성하는 행위뿐만 아니라 비밀유지의무 위반 또는 그 위반의 유인 등 건전한 거래질서의 유지 내지 공정한 경쟁의 이념에 비추어 위에 열거된 행위에 준하는 선량한 풍속 기타 사회질서에 반하는 일체의 행위나 수단을 말한다.

나) 채권자 직원이었던 A의 사임 및 취임 시점의 근접, 채무자가 공급하는 서비스의 내용에 비해 이례적으로 낮은 용역대금 등을 고려하면, 이 사건 소스코드를 취득하는 방법으로 맺은 이 사건 계약이 '부정한 수단'으로 평가될 여지가 있어 보이기는 한다.

---

1) 확정.

다) 그러나, 부정경쟁방지법 제2조 제2호의 '영업비밀'이란 공공연히 알려져 있지 아니하고(비공지성) 독립된 경제적 가치를 가지는 것으로서(경제적 유용성), 비밀로 관리된(비밀관리성) 생산방법·판매방법·그 밖에 영업활동에 유용한 기술상 또는 경영상의 정보를 말한다. 여기서 '비밀관리성' 요건이 인정되기 위해서는 영업비밀 보관 장소에의 출입을 제한하거나, 비밀자료의 보관·파기방법을 지정하거나, 비밀취급자를 특정하거나, 비밀 준수 의무를 부과하는 등과 같이 비밀로 관리하는 의식적인 노력이 인정되어야 한다.

그런데, 이 사건 소스코드의 비밀관리성 요건을 갖추었는지 소명되지 않았고, 오히려 채권자 직원이었던 C가 퇴사 후인 2020. 7. 31. 별다른 제재 없이 채권자 사무실에서 컴퓨터 본체를 반출하기도 한 점, 채권자의 대표이사였던 A에 의하여 이 사건 소스코드를 포함하여 거래소 플랫폼 서비스를 채무자 회사에 공급하는 이 사건 계약이 추진된 점 등을 고려하면, 이러한 행위가 배임에 해당하여 법적 책임을 지는지는 별론으로 하더라도 이 사건 소스코드가 비밀로 유지·관리되었다는 점에 관한 소명이 부족하므로 이를 전제로 한 채권자의 피보전권리는 인정되지 아니한다.

2. 보전의 필요성

채권자는 채무자의 거래소 운영과는 다른 원인으로 현재 거래소 운영을 중단한 반면, 채무자 거래소의 운영이 중단되면 채무자 거래소를 통해 가상자산을 거래하는 사용자들에게 불측의 손해를 입을 수 있는 점 등을 고려하면, 보전의 필요성도 인정되지 않는다.

해설

Ⅰ. 대상결정의 쟁점

대상결정은 가상자산거래소를 운영하는 당사자 사이의 영업비밀 침해여부에 대한 사건이다. 채권자의 대표이사였던 A의 사임 직전, 채무자가 소스코드 등을 제공하면 채권자가 이례적으로 적은 금액을 대가로 지급하기로 하는 내용의 계약이 체결되었고, A는 채권자의 대표이사 사임 후 얼마 되지 않아 채무자의 대표자로 취임하였다. 이에 채권자는 이러한 행위가 영업비밀 침해행위에 해당한다고 주장하며 이 사건 소스코드를 이용한 영업 및 광고 금지의 가처분 신청을 하였는데, 결과적으로 법원은 이를 받아들이지 않았다.

특히 대상결정에서는 이 사건 소스코드가 비밀로서 관리되지 않았다는 이유로 피보전권리의 존재를 부정하였고, 당사자들의 당시 영업 상황을 고려하여 보전의 필요성도 부정하였다.

Ⅱ. 대상결정의 분석

1. 부정경쟁방지법상 영업비밀 침해 행위[2)]

(1) 영업비밀의 개념 및 요건

영업비밀이란 공공연히 알려져 있지 아니하고 독립된 경제적 가치를 가지는 것으로서, 비밀로 관리된 생산방법, 판매방법, 그 밖에 영업활동에 유용한 기술상 또는 경영상의 정보를 말한다(부정경쟁방지법 제2조 제2호). 이에 따라 영업비밀의 요건은 ① 비공지성, ② 독립한 경제적 가치, ③ 비밀관리성으로 나눌 수 있다.

(2) 비밀관리성

특히 대상결정에서는 비밀관리성이 문제되었다.

대법원은 구법하에서 비밀관리성 요건에 관하여 '그 정보가 비밀이라고 인식될 수 있는 표시를 하거나 고지를 하고, 그 정보에 접근할 수 있는 대상자나 접근방법을 제한하거나 그 정보에 접근한 자에게 비밀준수의무를 부과하는 등 객관적으로 그 정보가 비밀로 관리되고 있다는 사실이 인식가능한 상태인 것'이라는 판단기준을 제시하였다(대법원 2008. 7. 10. 선고 2008도3435 판결 참조). 또한, 구 부정경쟁방지법상 비밀관리의사를 객관적으로 인식시킬 수 있는 조치의 수준 내지 정도를 판단하면서 영업비밀 보유자의 예방조치의 구체적 내용, 해당 정보에 접근을 허용할 영업상의 필요성, 영업비밀 보유자와 침해자 사이의 신뢰관계의 정도, 영업비밀의 경제적 가치, 영업비밀 보유자의 사업 규모 및 경제적 능력 등을 종합적으로 고려하여 그러한 조치가 '상당한 정도' 또는 '합리적인 정도'에 이르렀는지를 판단하였다(대법원 2019. 10. 31. 선고 2017도13791 판결).

비밀관리성 규정은, 종전 구 부정경쟁방지법(2015. 1. 28. 법률 제13081호로 개정되기 전의 것) 제2조 제2호는 '상당한 노력에 의하여 비밀로 유지된'이었다가 '합리적인 노력에 의하여 비밀로 유지된'으로 개정되었다가, 현행 부정경쟁방지법(2019. 1. 8. 법률 제16204호, 2019. 7. 9. 시행) 제2조 제2호는 '비밀로 관리된'으로 개정되었다. 현행법에서 '합리적인 노력에 의하여'라는 문구가 삭제되었으나 그럼에도 해당 정보는 비밀로서 관리되어야 하므로 여전히 보유자의 비밀관리행위가 필요하다고 보아 구법하에서의 대법원의 판단기준이 그대로 적용된다고 본다.

(3) 부정취득행위에 의한 영업비밀침해 행위

부정경쟁방지법 제2조 제3호 가.목은 '절취, 기망, 협박, 그 밖의 부정한 수단으로 영업비밀을 취득하는 행위('부정취득행위') 또는 그 취득한 영업비밀을 사용하거나 공개(비밀을 유지

2) 지식재산권재판실무편람 집필위원회, 지식재산권재판 실무편람, 사법연수원(2020), 277쪽 이하.

하면서 특정인에게 알리는 것을 포함한다)하는 행위'를 영업비밀침해행위로 정하고 있다. 여기서 '부정한 수단'은 절취·기망·협박 등 형법상 범죄를 구성하는 행위뿐만 아니라 비밀유지의무 위반 또는 그 위반의 유인 등 건전한 거래질서의 유지 내지 공정한 경쟁의 이념에 비추어 위에 열거된 행위에 준하는 선량한 풍속 기타 사회질서에 반하는 일체의 행위나 수단을 의미한다(대법원 2011. 7. 14. 선고 2009다12528 판결 참조).

2. 대상결정에의 적용

(1) 대상결정에서 인정된 사실에 의하면, 채권자 대표이사였던 A는 채권자의 대표이사를 사임하기 16일 전인 2020. 7. 15. 채무자와 이 사건 계약을 체결하고 2020. 8. 27. 채무자의 대표이사로 취임하는 등 이해충돌의 문제가 될 만한 소지가 있었다. 또한 이 사건 계약으로 채권자는 채무자에게 '거래소 플랫폼 관련된 소스코드, 거래소 관련된 모든 UI 및 기능과 이미지, CMS 페이지, 문자·이메일 발송 서비스, 서버 셋팅, 매수매도 체결 엔진, 코인 자동입금 엔진, 호스팅계약의 이전, 거래소 운영 정책 및 이용 규정 수립 대행 서비스'를 제공하는 반면, 채무자가 채권자에게 지급하는 대가 1,100만 원은 일반적인 거래 실정에 비추어 매우 낮은 금액으로 확인되었다. 채무자의 이 사건 소스코드의 취득행위가 부정한 수단을 통해 이루어진 것으로 볼만한 사정들이 존재한 것이다.

그러나, 그 전제로서 이 사건 소스코드가 영업비밀에 해당하는지가 비밀관리성 요건과 관련하여 문제되었는데, 대상결정에 따르면, 채권자를 퇴사한 직원이 퇴사 후에도 별다른 제재 없이 채권자 사무실에서 이 사건 소스코드를 확인할 수 있는 컴퓨터 본체를 반출하기도 하였고, A에 의하여 이 사건 소스코드를 포함한 거래소 플랫폼 서비스를 채무자에 공급하는 계약이 추진되기도 하는 등 이 사건 소스코드가 비밀로서 특별히 관리되었다는 사정은 없었다. 결국 이 사건 소스코드가 영업비밀에 해당하지 않으므로 위와 같은 부정취득행위로 의심되는 사정이 존재한다 하더라도 이 사건 가처분 신청의 피보전권리는 부존재한다고 보아야 할 것이다.

이 사건에서 문제된 소스코드는 프론트 소스코드 파일과 백엔드 소스코드 파일로써 가상자산 거래 홈페이지의 디자인, 기능, 거래를 위한 각종 기능 등에 대한 것으로 가상자산 거래소마다 전체적인 원리는 유사하더라도 세부적인 차이에서는 구별이 되는 만큼 비공지성의 요건을 갖추었는지도 심리가 필요해 보이는데 이 사건의 경우에는 비밀관리성에 해당하지 않아 이에 대한 구체적인 심리 및 판단은 생략된 것으로 보인다.

(2) 한편, 채권자는 채무자의 거래소 운영과는 다른 원인으로 이미 거래소 운영을 중단한 상태여서 현저한 손해를 피하거나 급박한 위험을 막기 위한 필요성이 적었고, 반면 채무자는 거래소의 운영이 중단되면 채무자 거래소를 통해 가상자산을 거래하는 사용자들에게

불측의 손해를 입을 수 있었으므로, 대상결정은 보전의 필요성 역시 부정하였는바, 타당한 결론이라 생각된다.

Ⅲ. 대상결정의 평가

대상결정은 가상자산 거래소 사이의 영업비밀 침해행위에 대한 사건으로 비밀관리성이 없어 영업비밀의 요건을 갖추지 못하였다는 이유로 가처분 신청이 기각된 사안이다. 가상자산 관련 시장이 커지면서 가상자산 거래소 뿐만 아니라 다방면에서의 영업비밀 침해 분쟁이 발생할 가능성이 높다. 그러나 대상결정의 경우와 같이 소규모의 회사의 경우에는 특히 비밀관리를 위한 특별한 조치가 마련되어 있지 않은 경우가 많으므로, 이에 대한 주의가 필요해 보인다.

[78] 가상자산인도청구권의 집행불능을 대비한 대상청구권을 피보전권리로 한 가압류의 가부

— 서울동부지방법원 2021. 5. 31.자 2021카단51208 결정[1] —

[사실 개요]

1. 채권자는 피고 운영 가상자산거래소의 회원으로 해당 거래소에 비트코인 2.73110243BTC, 리플 24,837.17496616 XRP, 원화 5,529,585.71 KRW를 보유하고 있다.
2. 채권자는 채무자에 대하여 위 가상자산 등에 대해 여러 차례 출금을 청구하였음에도 채무자가 이를 이행하지 않자 위 원화의 지급과 각 가상자산의 인도를 구하면서 인도청구의 집행불능을 대비하여 사실심 변론종결 무렵 시가를 기준으로 한 금전지급 청구를 예비적으로 청구하였고, 위와 같은 본안 소송에 앞서 가상자산 인도청구권의 집행불능과 그 가상자산의 원화 상당 금원 청구권, 즉 대상청구권을 피보전권리로 하여 채무자의 금융기관에 대한 예금채권에 대한 가압류신청을 하였다.

[결정 요지]

이 사건 신청은 피보전권리 및 보전의 필요성에 대한 소명이 부족하므로 주문과 같이 결정한다{대상청구권은 "① 급부의무의 존재, ② 급부의무의 후발적 불능, ③ 급부불능을 야기한 사유로 인한 채무자의 급부목적(물)을 대신하는 이익의 취득, ④ 급부목적(물)과 대상(代償) 사이의 동일성"의 요건을 갖춘 경우에 인정될 수 있는데, 이 사건에서 채권자가 주장하는 암호화폐 인도청구권의 집행불능과 그 암호화폐의 원화 상당 금원에 관하여는 위 ③, ④의 요건[2]을 인정할 수 없는 점, 채권자의 주장대로라면 소송상 행사하는 모든 청구권에 대하여 그 집행이 불능될 경우에 대비하여 대상청구로서 그 청구권에 상응하는 채무자 보유 금전을 가압류할 수 있다는 것이 되어 현행 민사소송 및 민사집행의 법리에 맞지 않는 점 등에 비추어 볼 때, 그 피보전권리를 인정할 수 없다}.

---

1) 확정, 본안 서울동부지방법원 2021가단111206 자백간주 원고 승소.
2) 대상청구권이 인정되기 위하여는 급부가 후발적으로 불능하게 되어야 하고, 급부를 불능하게 하는 사정의 결과로 채무자가 채권의 목적물에 관하여 '대신하는 이익'을 취득하여야 한다(대법원 2003. 11. 14. 선고 2003다35482 판결).

해설

Ⅰ. 대상결정의 쟁점

가상자산 인도를 구하는 소송의 경우 대부분의 실무례가 집행불능을 대비한 대상청구를 함께 청구하고 있고, 법원도 대상청구를 대부분 인정하고 있는 것으로 보인다. 다만 대상청구권을 피보전권리로 하여 보전처분이 가능하지 문제되는데, 대상결정은 이를 부정하였다.

Ⅱ. 대상결정의 분석

1. 대상청구의 의의 등

대상청구권이란 이행불능을 야기한 사정으로부터 채무자가 이행할 목적물의 대상을 취득한 경우 채권자가 그 대상의 상환을 청구할 수 있는 권리를 말한다. 민법상 대상청구권에 대한 명시적인 규정은 없지만, 대법원 1992. 5. 12. 선고 92다4581 판결이 이를 정면에서 인정한 이래 판례와 학설은 대상청구권을 인정해오고 있다. 또한 판례는 대상청구권의 행사요건으로 이행불능이 채무자의 귀책사유에 의한 것인지 여부를 묻지 않고 있다.

대상청구는 본래적 급부청구와 함께 병합하여 청구하는 것이 가능하다. 대상청구는 본래적 급부청구권이 현존함을 전제로 하여 이것이 판결확정 전에 이행불능되거나 또는 판결확정 후에 집행불능이 되는 경우에 대비하여 전보배상을 미리 청구하는 경우로서 양자의 병합은 현재 급부청구와 장래 급부청구의 단순병합에 속하는 것으로 허용된다(대법원 1975. 7. 22. 선고 75다450 판결, 대법원 2011. 8. 18. 선고 2011다30666, 30673 판결 등 참조).

2. 대상결정의 경우

가상자산 인도청구의 경우 집행불능이 되는 경우가 많아 이를 대비해 대상청구를 병합하여 청구하는 것이 일반적이다. 대상결정의 경우, 채권자는 먼저 가상자산 인도 및 대상청구에 관한 본안 소송을 제기한 후[3] 채무자를 상대로 인도청구권의 집행불능 등을 대비한 대상청구권을 피보전권리로 하여 채무자의 금융기관에 대한 채권에 관하여 이 사건 가압류 신청을 하였다.

대상청구의 요건은 ① 급부의무의 존재, ② 급부의무의 후발적 불능, ③ 급부불능을 야기한 사유로 인한 채무자의 급부목적(물)을 대신하는 이익의 취득, ④ 급부목적(물)과 대상

---

3) 채권자는 무변론 전부 승소를 하였다.

(代償) 사이의 동일성 등이다. 대상결정은 먼저 이 중 ③, ④ 요건을 충족하지 못하였다고 설시하였는데, 이는 결국 가상자산 인도의무가 불능이 되는 경우 채무자가 위 가상자산을 매도 등을 통해 취득한 금전 등이 가상자산을 대신하는 이익에 해당하지 않는다고 본 것으로 이러한 설시는 다소 의문이 있다. 또한 대상결정은 위 ④ 요건도 충족하지 못하였다고 보았는데, 대상청구의 경우 본래의 급부와 대상(보통 금전인 경우가 많을 것임)이 동일할 필요가 없을 것으로 보인다.

대상결정은 또한 채권자의 신청은 소송상 행사하는 모든 청구권에 대하여 그 집행불능을 대비한 대상청구로서 그 청구권에 상응하는 채무자 보유 금전을 가압류 할 수 있다는 것이 되어 법리에 맞지 않는다고 보았다. 그러나, 가압류의 피보전권리는 가압류신청 당시 확정적으로 발생되어 있어야 하는 것은 아니고, 이미 그 발생의 기초가 존재하는 한 조건부 채권이나 장래에 발생할 채권도 가압류의 피보전권리가 될 수 있다(대법원 1993. 2. 12. 선고 92다29801 판결 등 참조). 따라서 만일 심리 과정에서 가상자산 인도의무가 이행불능 내지 집행불능이 될 우려가 높다고 판단되는 사정이 존재한다면, 대상청구권을 피보전권리로 한 보전처분 신청 자체를 무조건 배척하는 것이 옳은지 다소 의문이다.

다만, 위와 같은 이행불능 내지 집행불능의 가능성은 결국 채권자에게 소명책임이 있다 할 것인데, 대상결정의 경우 이러한 소명이 부족하였다고 보이므로 결론적으로 피보전권리의 소명이 없어 신청을 기각한 것은 타당해 보인다.

Ⅲ. 대상결정의 평가

가상자산인도청구와 대상청구를 병합하여 청구하는 것이 일반적인 실무의 입장인데, 이러한 경우 대상청구권을 피보전권리로 하여 채무자의 재산을 가압류 할 수 있는지와 관련하여 논의의 장을 마련한 결정이다. 비록 대상결정은 대상청구권을 피보전권리로 한 가압류 신청은 허용될 수 없다고 보았으나, 이와 관련하여서는 집행불능 등의 가능성 등에 대한 채권자의 소명 정도를 고려하여 개별적으로 판단하는 것이 보다 타당해 보인다.

[79] 가상자산에 관한 집행권원으로 채무불이행자명부 등재신청이 가능한지

—서울중앙지방법원 2021. 7. 9.자 2021카불668 결정—

[사실 개요]

1. 채권자는 채무자에게 2017. 8. 3.경부터 같은 달 24.경까지 4차례에 걸쳐 가상자산 리플(XRP, ripple) 350,000개를 전송하면서, 가상자산 시장에서 이를 거래하여 2017. 12. 10.경까지 그 수량을 500,000개로 증가시켜 달라고 위탁하였다.
2. 채무자는 2017. 12. 10.경까지 500,000개의 수량을 달성하지 못하자, 2017. 12. 13.경 채권자에게 '2017. 12. 30.까지 리플 350,000개를 돌려주겠다'는 취지로 된 이행각서를 작성해 주었다.
3. 채권자는 채무자를 상대로, 주위적으로 위 각서를 원인으로 리플 350,000개의 지급을, 예비적으로 위 위탁계약의 사기 취소를 원인으로 한 리플 350,000개의 반환 등을 구하는 소를 제기하였고(서울북부지방법원 2018가합21610호), 위 법원으로부터 '채무자는 채권자에게 위 리플 350,000개를 지급하라'는 내용의 채권자 일부 승소판결을 받았다.
4. 이에 채권자는 채무자를 상대로 위 민사판결을 집행권원으로 하는 채무불이행자명부등재신청을 하였다.

[결정 요지]

채무불이행자명부 등재신청은 금전의 지급을 명한 집행권원에 기초한 신청인바, 제출 집행권원에 의할 시, 채무자는 채권자에 대하여 가상자산을 반환하는 작위채무만을 부담하고 있어 이는 금전의 지급을 명한 집행권원이 될 수 없다.

해설

Ⅰ. 대상결정의 의의

대상결정은 가상자산에 관하여 채무불이행명부등재가 가능한지 판단한 결정으로, 가상자산이 금전인지 혹은 물건인지 등 그 본질적 속성과 매우 긴밀하게 연결되어 있는 결정이다.

Ⅱ. 채무불이행자명부와 대상결정의 분석

1. 채무불이행자명부의 개념

채무불이행명부라 함은 '금전의 지급을 명한 집행권원이 확정된 후 또는 집행권원을 작성한 후 6월 이내에 채무를 이행하지 아니하는 때 또는 재산명시절차에서 불출석하거나 재산목록 제출 및 선서를 거부한 경우에 채무자 인적 사항을 일정한 양식에 따라 기재하여 법원에 비치하는 명부'를 의미한다.

채무불이행자명부 등재제도는 채무를 이행하지 아니하는 불성실한 채무자의 인적 사항을 공개함으로써 명예와 신용의 훼손과 같은 불이익을 가하고 이를 통하여 채무의 이행에 노력하게 하는 간접강제의 효과를 거둠과 아울러 일반인으로 하여금 거래상대방에 대한 신용조사를 용이하게 하여 거래의 안전을 도모하게 함을 목적으로 한다.[1)]

2. 대상결정의 분석

채무불이행명부 등재제도는 금전의 지급을 명한 집행권원이 있는 경우에만 신청이 가능한 것인데, 이 사건에서는 채권자가 채무자에 대하여 리플 코인 350,000개의 인도 또는 반환청구권이 있다는 취지로 승소판결이 확정된 상황에서 그 채무 이행을 게을리하는 채무자를 상대로 채무불이행명부 등재를 신청하였는바, 적법한 신청 대상에 해당하는지 문제되었다.

이는 가상자산의 법적 성격과도 연결되는데 이를 금전으로 보게 되면 적법한 신청이 되지만 그 외의 것으로 보면 금전의 지급을 명한 집행권원에 해당하지 않게 되어 부적법해지기 때문이다. 가상자산의 법적 성격에 대해서는 금전이라는 견해, 민법상 물건이라는 견해, 자본시장법상 증권에 해당한다는 견해[2)] 등이 있다. 대법원은 형사사건에서의 판결이기는 하나 '비트코인은 경제적인 가치를 디지털로 표상하여 전자적으로 이전, 저장 및 거래가 가능하도록 한, 이른바 "가상자산"의 일종인 점으로서 재산적 가치가 있는 무형의 재산이라고 보아야 한다'고 판시하여 최소한 비트코인에 대하여는 재산적 가치가 있는 무형의 재산으로 보았다.

가상자산은 원화와 달러와 같은 화폐에 해당하지는 않은 것은 명확하므로 금전에 해당하지 않고, 유체물 내지 관리가능한 자연력에 해당하지 않으므로 물건에 해당하지도 않을 것이다. 증권에 해당할지 문제되는데, 증권형 토큰 등의 경우 해당할 여지가 있고 가상자산

---

1) 대법원 2010. 9. 9.자 2010마779 결정.
2) 전우정, "가상자산의 법적 성격과 규제개선 방안－민법상 물건, 금전, 자본시장법상 증권인지 여부 검토", 금융법연구 제16권 제1호, 한국금융법학회, 2019, 147쪽~199쪽.

의 발행 목적, 특성 등에 따라 개별적으로 투자계약증권 등에 해당할 여지는 있을 것이다. 대부분의 경우 재산적 가치가 있는 데이터 정보에 불과할 것으로 보이고 특히 비트코인이 그렇다. 이 사건에서 문제된 리플의 경우 미국의 소송에서 증권인지 여부가 문제되고 있다.

따라서 이 사건에서 리플 코인은 최소한 금전 화폐에 해당하지는 않으므로 금전의 지급을 명한 집행권원 등이 있는 경우를 전제로 한 이 사건 신청은 부적법하다고 보는 것이 타당하다(마찬가지로 이 사건 신청에 대한 집행권원이 된 위 관련 민사판결의 주문은 '지급하라'라고 되어 있으나 위 지급하라는 주문은 금전을 전제로 하므로 '인도하라' 또는 '전송하라' 주문이 타당하다고 보인다).

Ⅲ. 대상결정의 평가

대상결정은 가상자산의 법적 성격과 결부하여 채무불이행명부 등재 신청의 대상요건을 명확히 제시하고 있다. 이에 따라 대상결정은 가상자산이 금전이 아니라는 전제에서 관련 민사판결이 금전의 지급을 명하는 집행권원에 해당하지 않는다는 이유로 신청을 각하하였다. 따라서 대상결정은 채무불이행명부 등재 신청의 적법 요건과 가상자산의 법적 성격에 기초하여 타당한 결정을 한 것으로 이해할 수 있다.

[80] 가상자산거래소의 토큰상장폐지에 대한 효력정지가처분

—서울중앙지방법원 2021카합20936 결정, 2021. 8. 18. 확정—

[사실 개요]

1. 채권자는 가상자산인 P토큰(이하 '이 사건 토큰'이라고 한다)을 발행하여 2021. 1. 18.경 채무자 운영의 가상자산거래소에 상장하였다.
2. 채무자는 2021. 6. 11. 위 이 사건 토큰에 대해 투자유의종목으로 지정하였고, 이후 2021. 6. 16. 이 사건 토큰에 대해 2021. 6. 28.일 상장폐지(거래지원 종료)할 것을 결정하였고, 채권자는 이에 대해 채무자의 상장폐지결정은 효력이 없으므로 본안사건의 거래지원종료결정 무효확인소송의 제1심 판결 선고시까지 거래지원 종료결정의 효력을 정지하고, 거래지원을 하여야 한다는 이 사건 가처분 신청을 하였다.
3. 이 사건 토큰 상장폐지 관련 사실

가. 채권자가 채무자 운영의 거래소에 이 사건 토큰 상장을 하기 전에 해당 가상자산의 유통제한(locked up) 해제 시기 및 해당 물량의 스케줄에 담긴 분배계획을 제출하였는데 채무자는 2021. 3. 이 사건 토큰의 유통공급량이 예정된 9,860만 개가 아니라 1억 5,500만 개가 유통 공급된 사실을 인지하고, 채권자에게 다시 이 사건 토큰의 분배계획, 임직원 및 특수관계자 등이 보유 중인 이 사건 토큰물량 등 세부명세를 제출할 것을 요청하였다. 채권자는 2021. 3. 26. 2021. 3. 21. 기준 이 사건 토큰의 유통량은 3억 3,019만 개(그 중 프로젝트 팀 용도는 6,891만 개)라고 회신하였는데 이는 당초 채권자의 분배계획에 따른 2021. 3. 21.까지의 유통량 124,694,429개(프로젝트 팀 용도는 7,910,000개)보다 매우 많다.

나. 채권자는 또한 이 사건 토큰 상장 당시 제출한 프로젝트 백서에서 프로젝트 물량은 가격 안정화 및 유통량 관리를 위해 상장 이후 6개월간 락업을 하고 6개월 이후에는 채무자 거래소와 상의 후 유통량을 조정하겠다고 기재하였는데 이 사건 토큰 유통당시 채권자는 채무자에게 사전상의를 한 바는 없다.

다. 채권자는 2021. 3.경 ERC-20 표준으로 이더리움 체인에서 발행된 이 사건 토큰 10억 개 중 5억 개를 소각하고 BEP-20 표준으로 바이낸스 체인에서 새로 이 사건 토큰 5억 개를 생성하였는데 이와 관련하여 소각한 토큰과 이 사건 거래소에서 거래되던 이 사건 토큰의 관계나 유통계획 등에 대한 아무런 해명이 없었다.

라. 채권자 대표가 이 사건 거래소에 10만 개를 입고하고자 하자 채무자는 채권자 대표에게 입고하고자 하는 이 사건 토큰의 출처에 대해 소명을 요청하였고, 이에 대해 채권자 대표는 별다른 소명을 하지 못하였다. 한편 2021. 3.부터 4.경까지 채권자가 임의로 이 사건 토큰의 유통량 조정하였는지, 채권자 보유 중인 이 사건 토큰을 처분하였는지와 관련한 진상조사를 요청하는 이 사건 거래소 사용자들의 민원이 채무자에게 다수 접수되었다.

[판결 요지]

1. 가상자산거래소를 운영하는 채무자는 사적 경제주체이지만 가상자산의 특수성에 비추어 가상자산시장의 투명성과 안정성을 유지할 공익적 기능 및 가상자산 투자자를 보호할 책임도 부담하고 있으므로 거래지원 유지 여부에 대한 거래소의 판단은 존중되어야 한다.

2. 채권자는 이 사건 토큰 상장 당시 채무자에게 제출한 백서의 규정을 어기고, 거래지원 당시 예정한 이 사건 토큰 분배계획을 위반하였을 뿐 아니라 채권자의 특수관계인이 시장에 알리지 않고 부정한 방법으로 이 사건 토큰 거래를 시도한 사정이 인정되므로 채무자의 이 사건 토큰 상장폐지결정이 위법하다고 하기 어렵다.

3. 채무자가 이 사건 토큰 상장폐지결정을 하기 전에 2021. 6. 11. 이 사건 토큰을 투자유의종목으로 지정 공지하였고, 이에 대해 채권자가 2021. 6. 16. 채무자에게 자신의 입장을 정리한 소명서와 이 사건 토큰 유통물량 변동의 적법성에 관한 의견서를 제출하였으며, 채권자는 다시 2021. 6. 16.경 이 사건 토큰 상장폐지일을 2021. 6. 28.로 정하여 채권자에게 통지하고 거래소에도 공지하였는데 이러한 채무자의 이 사건 토큰 상장폐지결정에 있어 절차적 위법이 없다.

4. 채무자의 이 사건 토큰 상장폐지결정이 공정거래법이 금지한 시장지배적 지위를 남용한 행위이거나 불공정행위에 해당한다고 볼 사정이 없고, 이 사건 토큰 상장폐지결정의 근거가 된 채무자의 약관이 신의성실의 원칙에 반하여 공정을 잃은 약관에 해당하지도 않는다.

해설

Ⅰ. 가상자산의 가상자산거래소의 상장과 상장폐지

1. 2022. 3. 현재 가상자산의 가상자산거래소에 대한 상장 및 상장폐지와 관련한 법령은 존재하지 않는다. 2017년부터 현재까지 거래소에 상장된 가상자산에 대하여 증권성 여부가 여러 차례 문제가 되었고, 미국에서는 리플이나 텔레그램의 가상자산 발행에 대해 증권 여부가 다투어진 바 있다. 우리나라에서는 아직 거래소에 상장된 가상자산에 대하여 증권임을 전제로 자본시장법이 적용된 바는 없었고, 앞으로도 결국 가상자산에 대하여는 이 증권에 해당하므로 자본시장법이 적용되어야 한다는 주장은 쉽게 현실화되기는 어려울 것이다.

2. 가상자산의 거래소 상장 및 상장폐지와 관련한 법령은 현재 존재하지 않는다. 2022년 3월 현재 기준으로는 가상자산거래소에서 자체적인 기준에 의해 가상자산을 해당 거래

소의 비트코인 마켓이나 원화 마켓에 상장하고, 가상자산에 대한 거래지원 종료 즉 상장폐지 역시 자체적인 기준에 따라 결정하고 있다. 가상자산이 가치를 부여받기 위해서는 많은 투자자들이 거래하고 있는 가상자산에 상장되는 것이 중요하기 때문에 상장을 위한 금원을 지급하기도 하고, 상장하는 가상자산의 일부를 마케팅 비용이라는 이름으로 가상자산거래소에 제공하기도 하였는데 이에 대한 관리 감독과 관련한 법령 역시 존재하지 않는다.

3. 가상자산을 발행한 회사로서는 가상자산을 상장하여야 시장에서 해당 가상자산을 사용하는 프로젝트나 서비스를 개발 운영할 자금을 조달할 수 있으므로 주요 가상자산거래소에 가상자산을 상장하고 상장을 유지하는 것은 사활이 걸린 문제이다. 한편 가상자산거래소로서는 지속적으로 성장하고, 투자자들에게 투자수익을 올려 줄 수 있는 가상자산을 상장시키고, 상장을 유지하여야 시장의 신뢰를 얻고 존속할 수 있으므로 가상자산 상장 및 상장폐지와 관련한 별도의 기관이 없는 현 시점에서 상장 및 상장폐지는 가상자산거래소의 고유권한이라고 볼 수 있고, 가상자산 발행 및 유통을 하는 회사, 재산 등 조직과 가상자산거래소와의 계약에 따른 것은 아니다.

4. 가상자산거래소에서 어떠한 가상자산을 어떠한 형식으로 상장하고, 상장폐지를 할 것인가는 가상자산거래소의 약관에 미리 공지하여야 함은 불특정다수가 비대면으로 자동화된 거래를 하는 가상자산거래소의 거래방식에 비추어 필수불가결하고, 가상자산거래소의 고객이 가상자산 투자를 함에 있어 가상자산과 관련하여 가상자산거래소가 획득가능한 필수적인 정보를 제공하지 않는 약관은 현행 공정거래법이나 약관규제법에 따라 규제될 수도 있을 것이다.

Ⅱ. 이 사건에서의 적용

1. 이 사건에서 법원은 가상자산거래소의 가상자산에 대한 상장(거래지원개시) 및 상장폐지(거래지원종료)는 원칙적으로 가상자산거래소의 고유의 권한으로 보았다. 따라서 가상자산을 발행한 회사나 재단의 동의 없이도 가상자산을 상장할 수 있고(그라운드 X에서 발행한 클레이튼에 대해 국내거래소에 상장하지 않겠다는 그라운드 X의 발표에도 불구하고, 국내거래소 일부가 스스로의 판단 아래 상장한 사례가 있다), 블록체인 프로젝트를 위해 가상자산을 발행한 조직의 동의 없이도 자신의 거래소에서 상장을 종료할 수 있다.

2. 수많은 사람들이 가상자산의 가격이 상승할 것을 바라면서 가상자산에 투자하는 현실을 고려할 때 가상자산을 상장하고, 상장폐지를 하는 가상자산거래소는 투자자를 보호할 의무가 있고, 이는 개별 고객과 별도의 계약을 하지 않거나 가상자산거래소의 약관에 기재되지 않았다고 하더라도 인정된다. 가상자산을 발행하고 가상자산거래소에 상장을 요청한

회사나 재단과의 계약과는 별도로 가상자산의 상장과 상장폐지와 관련하여 절차적 공정 및 실체적인 공정이 요구되며 이러한 공정 여부에 대한 분쟁이 생긴 경우 가상자산거래소의 상장과 상장폐지와 관련하여 사법심사를 받을 수 있고, 이 사건에서는 해당 가상자산의 상장폐지에 대해 절차적 공정성을 갖추지 못하였고, 약관규제법 및 공정거래법 위반이 있다는 가상자산 발행 재단의 주장을 모두 받아들이지 않았다.

3. 이 사건은 본안사건이 아닌 신청사건으로 이 사건 가상자산 상장폐지의 위법성 여부를 판단받기 전에 잠정적으로 '임시지위를 정하기 위한 가처분'을 구한 것이다. 이 사건 가상자산 상장폐지가 이후 본안소송에서 위법한 것으로 판단되더라도 채권자로서는 이로 인한 손해를 금전적으로 배상받을 수 있는 반면 이 사건 가상자산이 상장유지요건을 갖추지 못한 경우 가상자산거래소를 이용하는 다수의 고객에 대한 보호는 금전적으로 배상하기도 어렵고 오히려 급박한 사정이 있으므로 보전처분 사건에서 쉽사리 채무자의 상장폐지 결정을 부인하고 상장을 유지하도록 하기는 어렵다고 보았다.

4. 이 사건에서 법원은 채권자와 주장하는 바에 따라 이 사건 가상자산 상장폐지의 근거가 된 채무자의 약관이 약관규제법 및 공정거래법 위반으로 무효가 될 수 있는지를 검토한 후 채무자의 약관은 모두 유효하다고 보았으며, 상장 당시 ① 채권자가 채무자에게 제출한 가상자산 분배계획에 위배되는 가상자산 증가, ② 이 사건 가상자산을 발행한 채권자의 특수관계인이 부정한 방법으로 이 사건 가상자산을 거래하려고 시도한 사정을 종합하면 이는 채무자 운영 가상자산거래소 약관의 상장폐지 요건에 부합하고, 상장폐지를 위한 절차적 요건도 갖추었다고 판단하였다.

Ⅲ. 결론

1. 가상자산에 대하여 아직 명확한 규제가 존재하지 않는 현실(가상자산에 대하여 직접적인 자본시장법 적용은 어렵다고 본다)에서 가상자산을 이용한 자금조달과 투자자 보호를 위해서는 가상자산거래소의 약관에 대한 통제로 간접적인 규제를 할 수 밖에 없다.

2. 상장 자체에 대해서도 투자자 보호를 위해 가상자산이 상장될 때 갖추어야 할 요건에 대해 약관에 기재될 필요가 있고, 이러한 요건을 갖추지 않은 가상자산이 상장된 경우 이에 대한 사법적 통제 역시 필요하다.

3. 가상자산의 상장폐지와 관련하여 가상자산을 발행한 주체와 가상자산거래소 사이에 분쟁이 생긴 사례로 앞으로 비슷한 사례가 많이 발생할 것으로 보인다.

[81] 거래소 법인의 운영계좌에 대하여도 거래소의 집금계좌로 간주하여, 특금법에 근거한 이용제한조치를 할 수 있는지 여부

—서울중앙지방법원 2021. 8. 13.자 2021카합21134 결정—

[사실 개요]

1. 채권자는 가상자산 거래소(이하 '이 사건 거래소')를 운영하는 회사이고, 채무자는 은행업을 영위하는 금융회사이다.
2. 채권자는 2014. 3. 25. 및 2018. 3. 16. 채무자와 사이에 예금계약을 체결하고, 위 계약에 따라 채권자 명의로 a, b 계좌를 개설한 다음, 그 중 b 계좌를 통하여 이 사건 거래소의 고객들로부터 돈을 입금받아 거래소 영업을 하여 왔다.
3. 한편 금융위원회 산하의 금융정보분석원은 2018. 1. 30. '가상통화 관련 자금세탁방지 가이드라인'(이하 '가이드라인'이라 한다)을, 2018. 7. 10. 개정안을 각각 공표하였다. 개정안 제5절에는 특정금융거래정보법(이하 '특정금융정보법') 제5조의2 제4항은 금융회사 등이 금융회사 등의 고객이 신원확인 등을 위한 정보제공을 거부하여 고객확인을 할 수 없는 경우에는 계좌개설 등 해당 고객과의 신규 거래를 거절하고, 이미 금융거래 관계가 수립되어 있는 경우에는 해당 금융거래를 종료하여야 한다는 규정이 포함되어 있다.
4. 채무자는 2020. 6. 30. 채권자에게 '기존 가상자산사업자는 특정금융정보법 시행일로부터 6개월 이내인 2021. 9. 24.까지 금융정보분석원에 신고 접수를 완료해야 한다. 또한 특정금융정보법 제5조의2 제4항에 의거, 가상자산사업자인 고객이 신고 및 변경신고의무를 이행하지 아니한 사실이 확인된 경우 또는 신고가 수리되지 아니한 사실이 확인된 경우 등에 해당하는 때에는 금융회사 등은 계좌개설 등 해당 고객과의 신규 거래를 거절하고, 이미 거래관계가 수립되어 있는 경우 해당 거래를 종료하여야 한다.'라는 내용으로, 특정금융정보법에 따른 사전 안내문을 통지하였다.
5. 채무자는 2021. 7. 14. 특정금융정보법 제5조의2, 금융정보분석원 고시 '자금세탁방지 및 공중협박자금조달금지에 관한 업무규정' 제42조, 가이드라인을 근거로, 가이드라인을 준수하고자 불가피하게 2021. 7. 30.부터 이 사건 각 계좌에 대한 입금 거래를 정지하겠다는 내용의 안내문을 통보하였다(다만 현재 입금정지는 유보된 상태이다, 이하 '이 사건 입금정지통보').
6. 2020. 3. 24. 법률 제17113호로 개정되어 2021. 3. 25. 시행된 특정금융정보법의 내용 중 이 사건과 관련된 부분은 다음과 같다.

제2조(정의) 이 법에서 사용하는 용어의 뜻은 다음과 같다.

1. "금융회사등"이란 다음 각 목의 자를 말한다.

라. 「은행법」에 따른 은행

하. 가상자산과 관련하여 다음 1)부터 6)까지의 어느 하나에 해당하는 행위를 영업으로 하는 자(이하 "가상자산사업자"라 한다)

1) 가상자산을 매도, 매수하는 행위

2) 가상자산을 다른 가상자산과 교환하는 행위

3) 가상자산을 이전하는 행위 중 대통령령으로 정하는 행위

4) 가상자산을 보관 또는 관리하는 행위

5) 1) 및 2)의 행위를 중개, 알선하거나 대행하는 행위

제5조의2(금융회사등의 고객 확인의무)

④ 금융회사등은 다음 각 호의 어느 하나에 해당하는 경우에는 계좌 개설 등 해당 고객과의 신규 거래를 거절하고, 이미 거래관계가 수립되어 있는 경우에는 해당 거래를 종료하여야 한다.

1. 고객이 신원확인 등을 위한 정보 제공을 거부하는 등 고객확인을 할 수 없는 경우
2. 가상자산사업자인 고객이 다음 각 목의 어느 하나에 해당하는 경우

   가. 제7조제1항 및 제2항에 따른 신고 및 변경신고 의무를 이행하지 아니한 사실이 확인된 경우

   나. 제7조제3항제1호 또는 제2호에 해당하는 사실이 확인된 경우

   다. 제7조제3항에 따라 신고가 수리되지 아니한 사실이 확인된 경우

   라. 제7조제4항에 따라 신고 또는 변경신고가 직권으로 말소된 사실이 확인된 경우
3. 그 밖에 고객이 자금세탁행위나 공중협박자금조달행위를 할 위험성이 특별히 높다고 판단되는 경우로서 대통령령으로 정하는 경우

제7조(신고)

① 가상자산사업자(이를 운영하려는 자를 포함한다. 이하 이 조에서 같다)는 대통령령으로 정하는 바에 따라 다음 각 호의 사항을 금융정보분석원장에게 신고하여야 한다.

1. 상호 및 대표자의 성명
2. 사업장의 소재지, 연락처 등 대통령령으로 정하는 사항

③ 금융정보분석원장은 제1항에도 불구하고 다음 각 호의 어느 하나에 해당하는 자에 대해서는 대통령령으로 정하는 바에 따라 가상자산사업자의 신고를 수리하지 아니할 수 있다.

1. 정보보호 관리체계 인증을 획득하지 못한 자
2. 실명확인이 가능한 입출금 계정[동일 금융회사등(대통령령으로 정하는 금융회사등에 한정한다)에 개설된 가상자산사업자의 계좌와 그 가상자산사업자의 고객의 계좌 사이에서만 금융거래등을 허용하는 계정을 말한다]을 통하여 금융거래등을 하지 아니하는 자. 다만, 가상자산거래의 특성을 고려하여 금융정보분석원장이 정하는 자에 대해서는 예외로 한다.

부칙 〈법률 제17113호, 2020. 3. 24.〉

제1조(시행일) 이 법은 공포 후 1년이 경과한 날부터 시행한다.

제2조(금융회사등의 가상자산사업자에 대한 고객 확인의무에 관한 적용례) 금융회사등의 이 법 시행 전부터 영업 중인 가상자산사업자에 대한 제5조의2의 개정규정 적용은 이 법 시행 후 최초로 실시되는 금융거래등부터 한다. 다만, 이 법 시행 전부터 영업 중인 가상자산사업자가 이 법 시행일부터 6개월 이내에 제7조제1항의 개정규정에 따라 신고

를 하고 같은 조 제3항 및 제4항의 개정규정에 따라 신고가 수리되지 아니하거나 직권으로 말소된 사실이 확인되지 아니한 경우에는 제5조의2제4항제2호가목의 개정규정은 적용하지 아니한다.

제5조(가상자산사업자의 신고에 관한 경과조치) 제7조의 개정규정에도 불구하고 이 법 시행 전부터 영업 중인 가상자산사업자는 이 법 시행일부터 6개월 이내에 같은 개정규정에 따른 요건을 갖추어 신고하여야 한다.

7. 이에 대하여 채무자는 ① 특정금융정보법 제5조의2, 자금세탁방지 및 공중협박자금조달금지에 관한 업무규정, 가이드라인에 기하여 이 사건 각 계좌에 대하여 입금정지통보를 하였으나 별지 목록 제1항 기재 계좌는 채권자의 법인 운영계좌에 해당할 뿐, 이 사건 거래소의 집금계좌[1]로 사용된 사실이 없고, ② 별지 목록 제2항 기재 계좌와 관련하여서도, 특정금융정보법 제5조의2 제4항은 모두 입금정지조치의 근거가 될 수 없고, ③ 특히 채무자는 '가상자산사업자가 정보보호 관리체계(Information Security Management System, 이하 'ISMS'라 한다) 인증을 획득하지 못하였거나, 실명확인이 가능한 입출금계정을 통하여 금융거래 등을 하지 아니하는 경우' 해당 사업자와의 거래종료의무를 규정한 제5조의2 제4항 제2호 나목, 제7조 제3항 제1호, 제2호를 주된 근거로 제시하나, 특정금융정보법 부칙 제2조, 제5조에서 기존 가상자산사업자에 대하여는 개정 특정금융정보법 시행일인 2021. 3. 25.로부터 6개월의 유예기간을 두고 있으므로, 유예기간 도중 이뤄진 이 사건 입금정지통보는 위법하므로, 채권자와 채무자 사이에 체결된 예금계약에 따라 채권자가 자유롭게 계좌에 돈을 입금할 권리를 제한하는 것은 위법하다고 주장하면서, 채무자를 상대로 이 사건 입금정지조치의 정지를 구하는 내용의 가처분을 제기하였다.

[결정 요지]

1. 특정금융정보법 제5조의2 제4항 제2호 나목, 제7조 제3항 제1호, 제2호는 가상자산사업자인 고객이 ISMS 인증을 획득하지 못하였거나, 실명확인이 가능한 입출금 계정을 통하여 금융거래 등을 하지 않는 사실이 확인된 경우, 금융회사로 하여금 계좌 개설 등 해당 고객과의 신규 거래를 거절하고, 이미 거래관계가 수립되어 있는 경우 해당 거래를 종료하도록 하고 있는데, 기록에 의하면, 채권자는 2021. 4. 21. 한국인터넷진흥원으로부터 이 사건 거래소 운영에 관하여 유효기간을 2024. 4. 20.까지로 정하여 ISMS 인증을 받은 사실, 한편 채권자는 채무자를 비롯한 금융회사들로부터 실명확인 입출금계정서비스를 제공받고 있지 아니한 사실이 소명되고, 제출된 자료에 의하더라도 채권자가 금융회사들과 실명확인 입출금계정서비스 개설에 관하여 정식의 절차를 밟고 있다고 볼 별다른 사정을 찾아볼 수 없으므로, 채무자는 특정금융정보법 제5조의2 제4항 제2호 나목에 기

1) '집금계좌'라 함은 어떠한 사업과 관련하여 돈을 모으는 목적으로 개설된 계좌로 보통 입금자별 입출금관리가 되어 있지 않고 거래소별 장부로만 관리가 되는 등 이용자의 실명확인 및 특정이 이루어지지 않는 경우가 많다.

하여 가상자산사업자인 채권자와의 신규 거래를 거절하고, 기존에 수립된 거래를 종료할 의무를 부담한다. 따라서 위 특정금융정보법 조항은 이 사건 입금정지통보의 근거가 될 수 있다.

2. 부칙 제2조에서 개정 특정금융정보법 시행 전부터 영업 중인 가상자산사업자에 대하여, 법 시행 후 최초로 실시되는 금융거래 등부터 특정금융정보법 제5조의2를 적용하도록 하면서(본문), 해당 사업자가 2021. 9. 24.까지 금융정보분석원장에게 법 제7조 제1항에 기하여 신고를 하고 제7조 제3항, 제4항에 따라 신고가 수리되지 않거나 직권으로 말소된 사실이 확인되지 않는 경우, 제5조의2 제4항 제2호 '가목', 즉 가상자산사업자의 '신고의무 불이행'을 거래거절·종료 사유로 삼은 규정이 적용되지 않는다는 단서를 두고 있고, 부칙 제5조에서 금융정보분석원장에 대한 신고 또는 수리에 관한 특정금융정보법 '제7조'에도 불구하고, 기존 가상자산사업자의 위 '신고'기한만을 2021. 9. 24.까지로 유예하고 있다는 점은 문언상 분명하므로, ISMS 인증 미획득 또는 실명확인 입출금계정서비스 미이용을 거래종료사유로 규정한 개정 특정금융정보법 제5조의2 제4항 제2호 '나목'의 경우, 법 시행 이전부터 영업 중인 가상자산사업자 역시 법 시행과 동시에 적용대상이 된다 할 것이고, 2021. 9. 24.까지 적용이 유예된다고 볼 수는 없다.

3. 특정금융정보법 제5조의2 제4항은 '가상자산사업자인 고객이' 각호에 해당하는 경우 '해당 고객과의' 거래를 거절·종료하도록 규정하고 있어, 개별 집금계좌를 통한 거래가 아니라, 실명확인 입출금계정서비스를 이용하지 않는 가상자산거래소인 채권자의 개설계좌를 통한 거래 일체에 종료 사유가 발생한 것으로 봄이 상당한 점, 채권자가 얼마든지 이 사건 거래소의 집금계좌를 a 계좌로 변경할 수 있고, 만일 집금계좌로 사용되고 있지 않다는 이유로 위 계좌를 통한 입금 거래가 계속될 경우 특정금융정보법 제5조의2의 취지가 몰각될 수 있다는 채무자의 주장도 어느 정도 일리가 있는 점 등을 고려하면, 집금계좌로 사용된 사실이 없는 계좌에 대한 입금정지통보도 부당하다고 볼 수 없다.

4. 설령 이 사건 입금정지통보가 위법한 것으로 판명된다 하더라도, 채권자가 현재 금융회사들로부터 실명확인 입출금계정서비스를 제공받고 있지 않고, 금융회사들과 그에 관한 협의, 실사 등이 진행되고 있다고 볼 사정도 기록상 확인되지 아니하며, 채무자가 실명확인 입출금계정서비스 제공에 난색을 표하고 있는바, 실명확인 입출금계정 개설에 소요되는 현실적인 기간 등을 고려할 때 결국 2021. 9. 25. 이후 실명확인 입출금계정서비스 미사용에 따른 신고 불수리로 인하여 이 사건 거래소의 운영이 종료될 개연성이 있는 점 등 여러 사정을 종합하면, 현 상황에서 시급히 이 사건 각 계좌에 대한 입금정지조치를 금지할 필요성도 충분히 소명되었다고 보기 어렵다.

(서울고등법원 2021. 10. 26. 2021라20877 항고기각결정 후 확정)

해설

Ⅰ. 대상결정의 쟁점

특정금융정보법이 시행되면서 많은 가상자산 거래소에서는 금융기관으로부터 계좌의 신규개설 및 기존 계좌의 이용을 거부당하거나 계좌의 입출금이 정지되는 일이 발생하였다. 이에 따라 일부 거래소들은 법원에 금융기관의 거래정지조치 금지 또는 입출금중지에 대한 금지를 각각 구하는 가처분을 신청하기도 하였다. 이 사건은 입금정지조치에 대한 금지를 구하는 가처분신청을 한 사안으로, ① 채권자가 채무자로부터 발급받은 a, b 계좌 중 b 계좌가 집금계좌로 사용된 사실이 없음에도 입금정지조치의 대상이 될 수 있는지 여부, ② 특정금융정보법 제5조의2 제4항이 이 사건 입금정지조치의 법적 근거가 될 수 있는지 여부, ③ 기존 가상자산사업자에 대하여 그 시행에 대하여 6개월의 유예기간을 두고 있는 특정금융정보법 부칙 제2조, 제5조에 의하여 유예기간 도중 이루어진 이 사건 입금정지통보가 위법한지 여부 등이 문제되었다.

Ⅱ. 대상결정의 분석

채권자는 집금계좌로 사용된 b 계좌 외에 a 계좌에 대하여 집금계좌로 사용된 사실이 없으므로 위 계좌에 대한 입금정지통보는 부당하다고 주장하였는데, 대상결정은 특정금융정보법 제5조의2 제4항의 문언상 거래정지의 대상은 개별 집금계좌 등 물적 기준으로 할 것이 아니라, '해당 고객'이라는 인적 사항을 기준으로 하여 해당 고객과의 거래에 대하여 종료사유가 있는 경우 해당 금융거래와 관련된 일체의 계좌 전부에 정지조치의 효력이 발생하였다고 보았을 뿐만 아니라 그 용도상 채권자가 현재 a 계좌를 집금계좌로 사용하지 않다 하더라도 잠재적으로 언제든지 집금계좌로 사용할 수 있는 가능성이 있다고 하여 채권자의 위 주장을 받아들이지 아니하였다.

대상결정이 판시하고 있는 특정금융정보법 제5조의2 제4항에서의 거래 종료는 예금계약의 종료를 뜻하는데 이를 종료함으로써 전체 계좌에 대한 이용이 불가능해진다고 볼 수 있는 점, 채권자의 주장대로 개별 집금계좌 등 물적 기준으로 하여 정지 여부를 판단하게 되면 가상자산사업자가 금융기관들로부터 여러 개의 계좌를 발급받는 경우 금융기관들은 각각 개별적으로 해당 계좌의 정지사유를 판단하여 종료조치 여부를 검토하여야 하므로 매우 비효율적이고 집금계좌로 사용하는 일부 계좌에 대하여만 정지조치를 하게 되면 그 후에 순차적으로 정지조치의 적용을 받지 않는 계좌를 집금계좌로 악용함으로써 금융거래 등을 이용한 자금세탁행위와 공중협박자금조달행위를 규제하려는 취지의 특정금융정보법의 입법 목적을 달성시키지 못할 우려가 상당한 점 등을 고려할 때 대상결정의 취지는 타당하다고 보인다.

그리고 특정금융정보법 제5조의2 제4항은 입금정지조치의 근거가 될 수 없고, 특정금융정보법 부칙 제2조, 제5조에서 기존 가상자산사업자에 대하여는 개정 특정금융정보법 시행일인 2021. 3. 25.로부터 6개월의 유예기간을 두고 있다는 채권자의 주장은 그 문언상 타당하지 않음이 명백하다고 보인다. 기록상 당시 채권자는 채무자로부터 실명확인이 가능한 입출금 계정을 제공받고 있지 않았고 향후 그러한 움직임조차 보이지 않아 특정금융정보법 제5조의2 제4항 제2호 나목, 제7조 제3항 제2호의 거래 종료사유에 해당한 상황이었다. 그리고 부칙 제2조 단서의 유예기간 규정은 특정금융정보법 제5조의2 제4항 제2호 가목에 한하여 적용된다고 규정하고 있으므로 이 사건 입금정지조치의 근거가 되는 특정금융정보법 제5조의2 제4항 제2호 나목에 대하여 적용되지 않음은 명확하고, 이는 당시 개정 특정금융정보법의 소관 부서인 금융위원회의 회신 내용과도 일치한다.

Ⅲ. 대상결정의 평가

대상결정에서 드러난 사실관계에 의하면, 당시 금융위원회에서는 특정금융정보법 시행 수개월 전부터 널리 가상자산사업자들은 실명확인이 필요한 계좌를 통하여 거래를 하여야 한다는 취지로 고지하였던 것으로 보이고, 언론에서도 상당히 많이 기사화되었던 것으로 보인다. 그리고 채권자가 현재 금융회사들로부터 실명확인 입출금계정서비스를 제공받지 않고 있어 거래가 정지된 상황으로 채무자 측에서는 실명확인 입출금계정서비스 제공이 어렵다는 취지의 의사표시를 하고 있었다. 대상결정은 이러한 사정과 실명확인 입출금계정서비스 미사용에 따른 신고 불수리로 인하여 이 사건 거래소의 운영 자체가 종료될 개연성이 있는 점 등을 고려하여 보전의 필요성도 부인하였다.

당시 가상자산거래소가 금융기관으로부터 발급받은 계좌는 실명확인이 안 되는 집금계좌로 사용되어 자금세탁행위 등 탈법적으로 돈을 조달하는 수단으로 활용되었고, 국제자금세탁방지기구(FATF)를 비롯하여 전세계적으로 이를 방지하기 위한 조치를 강구하였는데, 우리나라도 그와 같은 추세에 보조를 맞춰서 가상자산에 대하여도 특정금융정보법을 적용하도록 개정하였다. 여기에 가상자산 송수신자의 이름 등을 기록하고 불법자금으로 의심되면 금융당국에 보고할 의무 등을 부과하는 트레블룰 시행이 눈앞에 있는 점 등을 고려하여 볼 때 대상결정은 가상자산의 거래를 투명화하여 불법목적의 거래를 방지하려는 특정금융정보법의 규제취지를 뒷받침하기 위한 목적을 분명히 드러낸 의의가 있다고 판단된다.

[82] 가상자산거래소와 에스크로 계약을 체결하고 입출금업무를 한 법무법인이 특정금융거래정보법상의 가상자산사업자에 해당하는지 여부

—서울중앙지방법원 2021. 8. 13.자 2021카합21055 결정, 2021. 8. 27. 확정—

[사실 개요]

1. A 주식회사(이하 'A회사')는 2021. 1. 27.경부터 'A'라는 이름의 가상자산 거래소(이하 '이 사건 거래소')를 운영하는 회사이고, 채무자들은 은행업을 영위하는 금융회사이다.
2. A 회사는 2021. 1. 25. 채권자 법무법인(유한) B(이하 '채권자 법무법인')와 사이에, 이 사건 거래소 사용자들이 가상자산 거래를 위하여 예탁한 금원에 관한 에스크로 약정을 체결하였다(이하 '이 사건 약정').
3. 채권자 법무법인은 2018. 6. 25.부터 2021. 3. 19.까지 사이에 채무자들과 예금계약을 체결한 다음 계좌를 순차로 개설하였고, 이 사건 약정에 기하여 위 각 계좌를 통해 이 사건 거래소 사용자들과 입출금 거래를 하여 왔다.
4. 한편 금융위원회 산하의 금융정보분석원은 2018. 1. 30. 가이드라인을, 2018. 7. 10. 개정안을 각각 공표하였다. 개정안에는 금융회사 등의 고객이 신원확인, 실제 소유자, 금융거래목적 등을 위한 정보 제공을 거부하여 금융회사등이 고객확인을 할 수 없는 경우, 금융회사 등이 고객이 취급업소인 것으로 의심되는 경우로서 고객이 확인을 위하여 제공한 정보를 신뢰할 수 없어 사실상 정보 제공을 거부한 것과 동일시할 수 있는 경우, 금융회사 등의 고객이 취급업소인 경우로서 실명확인 입출금계정 서비스를 이용하지 않는 등 자금세탁 등의 위험이 특별히 높다고 판단하는 경우 등에 위 금융회사 등은 '지체없이' 금융거래를 거절하거나 해당 금융거래를 종료할 수 있다는 내용이 포함되어 있다.
5. 채무자 C은행은 2021. 6. 16. 채권자 법무법인이 위 각 계좌를 가상통화 관련 집금계좌로 이용하고 있다는 이유로, 특정금융거래정보법 제5조의2, 금융정보분석원 고시 '자금세탁방지 및 공중협박자금조달금지에 관한 업무규정' 제42조, 가이드라인을 근거로 채권자 법무법인에게 1개월 내에 위 계좌를 통한 집금행위를 중지할 것을 요구하고, 미이행 시 입금정지 조치 등을 검토할 예정임을 통지하였고, 이후 2021. 7. 22.부터 입금 거래를 정지할 예정임을 통보하였다(다만 현재 입금정지는 유보된 상태이다).
6. 채무자 D은행은 2021. 7. 5. 채권자 법무법인에 가이드라인을 준수하고자 불가피하게 2021. 7. 15.부터 각 계좌에 대한 입출금 거래를 정지하겠다는 내용의 안내문을 통보하였다(다만 현재 거래정지는 유보된 상태이다. 이하 채무자 C은행의 입금정지 통보, 채무자 D은행의 입출금정지 통보를 통틀어 '이 사건 거래정지통보').

7. 이에 채권자 법무법인은 채무자들을 상대로 '채권자 법무법인은 특정금융거래정보법의 적용대상인 가상자산사업자에 해당하지 않는다. 또한 특정금융거래정보법 제5조의2 제4항은 모두 입금정지조치의 근거가 될 수 없고, 위 계좌는 채권자 법무법인의 엄격한 관리를 거쳐 에스크로 계좌로 사용되었을 뿐 집금계좌에 해당하지 않기 때문에, 가이드라인을 들어 채권자 법무법인과 채무자들 사이에 체결된 예금계약에 따라 채권자 법무법인이 자유롭게 계좌에 돈을 입출금할 권리를 제한하는 것은 위법하다.'

[결정 요지]

1. 채권자 법무법인은 기본적으로 채무자들과 체결한 예금계약에 따라 이 사건 각 계좌에 자유롭게 돈을 입출금하고, 제3자로부터 이 사건 각 계좌로 돈을 입금받을 권리가 있다. 따라서 채무자들이 정당한 근거 없이 이 사건 각 계좌에 대하여 입출금 정지조치를 취하는 것은 예금계약 위반이다. 한편 특정금융거래정보법 제2조 제1호 하.목은 '가상자산사업자'를 가상자산을 매도·매수하거나, 다른 가상자산과 교환하거나, 매도·매수·교환 행위를 중개, 알선, 대행하거나, 가상자산을 이전, 보관 또는 관리하는 행위를 영업으로 하는 사람으로 정의하고 있고, 제5조의2 제4항 제2호 나.목, 제7조 제3항 제1호, 제2호는 가상자산사업자인 고객이 ISMS 인증을 획득하지 못하였거나, 실명확인이 가능한 입출금 계정을 통하여 금융거래 등을 하지 않는 사실이 확인된 경우, 금융회사로 하여금 계좌개설 등 해당 고객과의 신규 거래를 거절하고, 이미 거래관계가 수립되어 있는 경우 해당 거래를 종료하도록 하고 있다.

2. 기록에 의하면, 2021. 1. 25. 이 사건 약정이 체결된 후 현재까지 A회사는 이 사건 거래소를 운영하면서 그 사용자들에게 가상자산 거래대금을 채권자 법무법인의 에스크로 계좌에 예치하도록 안내하였고, 채권자 법무법인은 거래소 사용자들이 입금한 금원을 보관하다가 출금요청이 있는 경우 A회사로부터 제공받은 입금현황 자료, 등록계좌 및 변경 현황 등을 토대로 자체적인 실명확인 절차를 거쳐 거래소 사용자들에게 출금하여 온 사실이 소명된다. 그렇다면 가상자산 거래소 운영 주체인 A회사는 물론이고, 채권자 법무법인 역시 가상자산 매도·매수과정에서 불가분적으로 결부되는 매도·매수대금 입출금업무를 대행하거나, 매도·매수대금 입출금을 중개하거나 그 과정에서 편의를 도모함으로써 알선한 것으로 볼 여지가 크므로, 결국 특정금융거래정보법 제2조 제1호 하.목 5)에서 정한 '가상자산사업자'에 해당한다고 보인다(채권자 법무법인은 2021. 6. 18.경 은행연합회 정보공유체계에 '가상통화 취급업소'로 등재된 바 있기도 하다).

3. A회사가 2021. 1. 25. 채권자 법무법인과 이 사건 약정을 체결한 후 2021. 1. 27.경부터 이 사건 거래소 운영을 개시한 사실은 앞서 본 바와 같은데, 기록에 의하면 채권자

법무법인은 거래소 개설 이전인 2018. 6. 25., 2020. 8. 6.뿐만 아니라, 그 이후인 2021. 2. 2. 및 3. 19.에도 채무자 D은행에 각 계좌의 개설을 신청한바, 개설 과정에서 채무자 D은행 직원으로부터 가이드라인의 주요 내용 뿐만 아니라, 계좌를 개설할 경우 가상자산 취급 업소임을 밝혀야 되고 이를 알리지 않을 경우 채권자 법무법인과의 금융거래를 거절하거나 종료한다는 내용, 추후 채무자 D은행의 계좌를 가상자산 취급업소 운영에 사용할 경우 이를 반드시 고지하여야 한다는 내용, 가상자산 취급 업소 여부와 상관없이 채권자 법무법인이 보유한 계좌가 가상자산 거래를 위한 집금계좌의 용도로 사용될 경우 채권자 법무법인을 가상자산 취급 업소로 간주할 수 있다는 내용까지 담긴 대고객 안내문을 안내받은 사실이 소명되고, 채권자 법무법인은 이 사건 약정 체결 이후 각 계좌를 개설하면서, 채무자 D은행의 직원에게 가상자산 취급 업소에 해당한다거나 채무자 D은행의 계좌를 가상자산 취급업소 운영에 사용할 예정임을 달리 밝히지 않은 것으로 보이는바, 채무자 D은행으로서는 채권자 법무법인의 위와 같은 고지 의무 위반을 이유로 계좌 거래를 종료할 여지도 있어 보인다. 따라서 이 사건 거래정지통보가 위법함을 전제로 하는 이 사건 신청은 그 피보전권리에 대한 소명이 부족하다.

해설

Ⅰ. 대상결정의 의의 및 쟁점

대상결정의 쟁점은 거래소 이용자가 가상자산 거래를 위하여 예탁한 금원에 대하여 거래소와 에스크로 약정을 체결한 법무법인 또는 변호사에 대하여 특정금융거래정보법 제2조 제1호 하.목의 가상자산사업자로서 해당 법을 적용할 수 있는지 여부이다. 여기서 문제된 법률조항은 ① 가상자산사업자로 하여금 정보보호 관리체계 인증을 획득하거나 실명확인이 가능한 입출금 계정을 통하여 금융거래 등을 하도록 의무화하고 있는 같은 법 제7조 제3항 제1, 2호와 ② 위 법 제7조 제3항 제1, 2호를 위반하여 정보보호 관리체계 인증을 획득하지 못하거나 실명확인이 가능한 입출금 계정을 갖추지 못한 경우에는 계좌 개설 등 해당 고객과의 신규 거래를 거절하고, 이미 거래관계가 수립되어 있는 경우에는 해당 거래를 종료하여야 한다고 규정하는 같은 법 제5조의2 제4항 제2호이다. 대상결정은 은행법상 은행인 채무자들이 위 법률조항 및 가이드라인을 근거로 채권자 법무법인에 대하여 각 계좌에 대한 입출금정지 통보를 한 것에 대하여 그 적법 여부를 판단하였다.

Ⅱ. 대상결정의 분석

주요 법리적 쟁점은 법무법인은 법무 관련 대리 업무를 주된 영업으로 하고 있고, 가상자산 관련 영업을 주된 업무로 하지 않음에도 가상자산사업자로 볼 수 있는지에 관한 것이다. 특정금융거래정보법 제2조 제1호 하.목은 가상자산사업자에 대하여 가상자산을 매도, 매수하는 행위, 다른 가상자산과 교환하는 행위, 가상자산을 이전·보관·관리하는 행위, 매매행위를 중개, 알선하거나 대행하는 행위를 영업으로 하는 자로 규정하고 있어 ① 위 법무법인이 가상자산 매매행위를 중개·대행하는 것으로 볼 수 있는지 여부, ② 이를 영업으로 하고 있는지 여부 등을 살펴보아야 한다.

가상자산 매매행위 자체의 중개행위는 가상자산 거래소가 수행하고 있다고 볼 수 있으나 위 법무법인은 거래소 운영자와 에스크로 약정만 체결하였을 뿐 매매행위에 대하여 관여 하지는 않았다. 그러나 가상자산의 매매에 대한 중개·알선·대행에 대하여는 그 가상자산의 매매에 편의를 제공하고 해당 매매의 성립을 위하여 조력하는 법률행위 또는 사실행위로서 넓게 해석할 수 있으므로 채권자 법무법인도 그 투자자들이 가상자산 매매를 위하여 에스크로 계좌를 제공하고 매매대금 입출금을 할 수 있도록 조력하였으므로 그 중개 또는 알선 행위를 하였다고 봄이 타당하다. 대상결정도 '채권자 법무법인 역시 가상자산 매도·매수과정에서 불가분적으로 결부되는 매도·매수대금 입출금업무를 대행하거나, 매도·매수대금 입출금을 중개하거나 그 과정에서 편의를 도모함으로써 알선한 것으로 볼 여지가 크다'고 하여 이와 동일한 맥락에서 판시하였다.

나아가 채권자 법무법인이 위 중개 및 알선을 '영업'으로 하였는지 여부에 관하여 위 영업의 의미에 대하여 상법 제47조 보조적 상행위에 해당하는지와 연결된다고 보이는데, 채권자 법무법인의 주된 업무는 법률상 조력 또는 대리에 해당하고 위 가상자산 중개 및 알선은 위 법무법인의 등기부상 목적 사업에 기재되어 있다고 보이지도 않으나, 위 법률상 조력 또는 대리라는 기본적 상행위에 대한 부수적 행위로서 보조적 상행위에 해당한다고 보이고, 채권자 법무법인은 위 에스크로 약정에 따라 수수료 수입을 얻거나 자문료 또는 수임료에 포함되어 이익을 취득하게 되므로 영업을 위한 행위로 인정될 수 있다. 대상결정은 이에 대하여 별도의 판시는 하지 않았고 다만 채권자 법무법인이 이를 영업으로 하고 있었음을 전제로 하여 판시하였다고 보인다.

한편 대상결정은 채권자 법무법인이 보유한 계좌가 가상자산 거래를 위한 집금계좌의 용도로 사용될 경우 채권자 법무법인을 가상자산 취급 업소로 간주할 수 있다는 내용까지 담긴 대고객 안내문을 안내받은 사실이 소명됨에도 위 계좌를 개설하면서, 채무자 은행의 직원에게 가상자산 취급 업소에 해당한다거나 그 계좌를 가상자산 취급업소 운영에 사용할 예정임을 달리 밝히지 않은 것으로 보이는바, 채무자들로서는 채권자 법무법인의 위와 같은 고지 의무 위반을 이유로 계좌 거래를 종료할 여지도 있어 보인다고 판시하였는데, 이는 채권자 법무법인의 주관적 귀책사유를 참고로 밝힘으로써 위 계좌 거래정지통보의 정당성을 밝힘과 아울러 채권자 법무법인과 채무자들 사이에 이익형량을 한 것으로도 볼 수 있다.

Ⅲ. 대상결정의 평가

대상결정은 이 사건 법률조항들을 통하여 채권자 법무법인은 가상자산 거래소 운영자 등에 해당하지 않고 이를 주된 영업으로 하지도 않음에도 가상자산사업자에 해당하여 이를 규제할 수 있는지 여부에 대하여 중점적으로 검토하고 있다. 만약 채권자 법무법인에 대하여 가상자산사업자에 해당하지 않는다고 하여 채무자 은행들의 위 계좌 거래정지통보가 위법하다고 본다면 다른 가상자산 사업자들 또한 법무법인 또는 그 외의 기타 법인을 내세워 계좌를 개설하여 이를 관리만 하도록 함으로써 위 특정금융거래정보법상의 규제를 회피하여 그 규율을 형해화시킬 수 있다. 대상결정은 가상자산 거래소의 역할 강화, 가상자산 산업의 발달 양상에 더하여 가상자산을 악용한 마약 거래, 자금세탁 등 여러 탈법행위가 발생하고 있고 실명확인계좌는 이를 방지하기 위한 첫걸음이 된다는 점에서 특정금융거래정보법상 입법취지에 상당히 부합한다고 볼 수 있겠다.

[83] 가상자산 거래소에서 일부 투자자들에 대하여 거래소 이용제한처분을 하는 경우 그 근거가 되는 약관조항에 대한 효력정지가처분의 가부

—서울중앙지방법원 2021. 8. 25.자 2021카합21030 결정—

[사실 개요]

1. 채무자는 A 가상자산 거래소(이하 '이 사건 거래소'라 한다)를 운영하는 회사이고, 채권자들은 이 사건 거래소의 서비스를 이용하는 회원들이다.
2. 이 사건 거래소 약관 제20조 제1항 제5호는 '수사기관이 거래 및 입출금 제한을 요청하는 경우 시세조정, 자금세탁, 불공정거래, 범죄행위 등에 관여하고 있다고 합리적으로 의심되는 경우 등에 회원의 서비스 로그인을 제한할 수 있다'라는 취지로, 같은 조 제2항 제5호는 위와 같은 경우 회원의 거래, 입금 및 출금 이용을 보류하거나 제한할 수 있다는 취지로 규정(이하 '이 사건 약관조항')하고 있다.
3. 채무자는 이 사건 거래소 이용약관 제20조 제1항 제5호, 제2항 제5호를 근거로 채권자들로 하여금 이 사건 거래소에 로그인하거나 이 사건 거래소의 현금 및 디지털 자산을 입·출금하는 것을 제한(이하 '이 사건 이용제한처분'이라 한다)하였다. 이에 따라 채권자들은 이 사건 거래소의 서비스에 접속이 불가능할 뿐 아니라 접속하더라도 이 사건 거래소 계정에 있는 자산을 자유롭게 처분할 수 없는 상황이다.
4. 이에 대하여 채권자들은 채무자를 상대로, 이 사건 거래소 이용약관은 약관규제법의 규율대상인 약관인데, 이에 관하여 채무자는 회원인 채권자들에게 명시·설명을 한 바 없고(약관규제법 제3조 제3항), 위 이용약관 제20조 제1항 제5호, 제2항 제5호(이하 '이 사건 약관조항'이라 한다)는 회원에게 부당하게 불리하고 공정성을 잃은 조항이며(약관규제법 제6조 제1항, 제2항 제1호), 회원의 해지권을 박탈하는 조항이고(약관규제법 제9조 제1호), 상당한 이유 없이 급부를 일방적으로 중지하는 조항이며(약관규제법 제10조 제2호), 상당한 이유 없이 회원에게 입증책임을 부담시키는 조항으로서(약관규제법 제14조 제2호) 효력이 없음에도 채무자가 무효인 이 사건 약관조항을 근거로 회원인 채권자들에 대하여 이 사건 이용제한조치를 하였으므로, 위 이용약관 제20조 제1항 제5호 및 같은 조 제2항 제5호의 효력을 각 정지하고, 위 서비스 로그인 거래 및 입출금 제한 등 이용제한조치를 해제하는 등을 신청취지로 한 가처분을 신청하였다.

[판결 요지]

1. 이 사건 약관조항은 가상자산의 안전하고 건전한 거래질서를 조성하고, 가상자산 관련 불법행위의 발생을 예방하며, 가상자산 투자자에게 발생할 수 있는 피해를 방지하

는 것을 목적으로 하고 있고, 이러한 목적달성을 위하여는 이에 반하는 불법행위에 관여되었다는 합리적인 의심이 드는 회원에 대하여 로그인, 거래 및 입출금 등 이용을 제한하는 방법으로 통제할 필요성이 있는 점, 특히 가상자산 관련 불법행위가 급증하고 있고 그 피해 또한 심각하게 발생하고 있음에도 가상자산 투자자 내지 피해자 보호 등에 관하여 법적 보호장치가 충분히 정비되지 않은 현 상황에서 가상자산 시장 관리 및 투자자 내지 피해자 보호 등의 책임을 부담하는 채무자로서는 불법행위에 관여되었다는 합리적인 의심이 드는 회원에 대하여 더욱 적극적인 조치를 할 필요가 있는 점, 이 사건 약관조항은 평균적이고 일반적인 대다수의 회원들에게는 불이익을 전혀 주지 않는 것이고 불법행위가 의심되는 등의 합리적인 사유가 인정되는 경우에 한하여 특정한 제한 조치를 가능하게 하는 것에 불과한 점 등에 비추어보면, 이 사건 약관조항이 약관규제법 제6조 제1항, 제2항 제1호에 따라 신의성실의 원칙에 반하여 공정을 잃은 약관에 해당한다고 단정하기 어렵다.

2. 이 사건 약관조항은 불법행위에 관여되었다는 합리적인 의심이 드는 회원에 대하여 로그인, 거래 및 입출금 등 이용을 제한하는 규정일 뿐 거기에 회원인 채권자들의 해제권 또는 해지권을 배제하거나 그 행사를 제한하는 내용은 담겨 있지 않고, 설령 회원인 채권자들이 해제권 또는 해지권을 행사하는 것이 사실상 제한된다는 주장으로 선해하더라도, 약관규제법 제9조 제1호는 법률에 따른 해제, 해지권 행사를 전제로 하는 규정인데, 이 사건 약관조항은 회원인 채권자들의 약정해제권 또는 약정해지권을 제한하는 것에 불과한바, 이 사건 약관조항에 약관규제법 제9조 제1호가 적용될 여지는 없다.

3. 약관규제법 제14조 제2호는 '상당한 이유 없이 고객에게 입증책임을 부담시키는 약관 조항은 무효로 한다'고 규정하고 있는데, 이 사건 약관조항은 원칙적으로 '시세조종, 자금세탁, 불공정거래, 범죄행위 등에 관여하고 있거나 관여하고 있다고 합리적으로 의심'된다는 사실에 관한 입증책임을 채무자에게 부담시키고 있고, 다만 회원인 채권자들로서는 불법행위와 무관하다는 점을 소명함으로써 서비스의 이용을 재개할 수 있는 것일 뿐인바, 이 사건 약관조항이 회원에게 입증책임을 부담시키는 조항으로 보기 어려울 뿐 아니라, 설령 부수적으로 회원에게 입증책임을 일부 부담시키는 효과가 발생한다고 하더라도, 시세조종, 자금세탁, 불공정거래, 범죄행위 등에 관련이 있는지 여부에 관하여 채무자로서는 그 조사 권한이 매우 제한되어 있는 반면 회원으로서는 스스로 자신이 불법행위와 관련이 없음을 소명할 권한이 충분히 있는바, 그와 같은 부담에 상당한 이유가 없다고 단정하기 어렵다.

4. 이 사건 거래소에 가입 및 계좌개설 등의 전 과정이 비대면 전자거래 방식으로 이뤄지고, 비대면 전자거래의 경우 그 특성상 회원에 대한 약관 등의 교부 및 설명 등도 전자

적인 방식으로 이루어지는 것이 보통인 점, 채무자는 이 사건 약관조항을 회원이 언제든지 확인할 수 있도록 홈페이지 및 모바일 애플리케이션 '고객선터'의 '공지사항' 게시판을 통해 공지하고 있고, 개정 여부도 수시로 공지하고 있으며, 만일 약관 및 그 개정에 동의하지 않을 경우 고객센터를 통해 거부의사를 표시함으로써 서비스 이용계약을 해지할 수 있도록 안내하고 있는 점 등에 비추어보면, 현 단계에서 채무자가 이 사건 약관조항에 관하여 회원인 채권자들에게 명시·설명의무를 이행하지 않아 약관규제법 제3조 제3항에 위반하여 이 사건 약관조항이 무효라고 단정하기 어렵다.

(서울고등법원 2021. 12. 7. 2021라20956호 항고기각 확정됨)

해설

Ⅰ. 대상결정의 쟁점

가상자산거래소에서는 약관에 이용자가 해킹을 통하여 가상자산을 탈취하거나 보이스피싱, 마약 거래 등에 위 가상자산을 이용하려 한다는 의심이 상당히 있는 경우 이용제한조치 또는 출금제한조치를 할 수 있다고 규정하는 경우가 많다. 거래소에서 이용자에 대하여 이러한 이용제한조치 또는 출금제한조치를 취하는 경우 이용자로서는 당장 가상자산 또는 금전을 출금할 수 없게 되는 문제가 발생하는바, 시간이 많이 소요되는 소송을 통하여 위 문제를 해결하기는 적절하지 않기 때문에 거래정지조치금지가처분이나 입출금중지금지가처분 등을 통하여 해결하는 경우가 있다. 이 사건에서는 이용제한조치 및 입출금중지금지가처분을 구하는 외에도 이와 같은 위 각 조치의 근거가 되는 거래소 약관의 효력 정지 자체를 구하는 가처분을 제기하였다. 특히 이 사건 가처분을 제기한 채권자들은 위 약관의 효력을 다투면서 약관규제법의 다양한 규정들을 근거로 하였는바 그 쟁점으로 ① 거래소의 명시·설명의무 위반 여부, ② 일정한 회원에게 로그인 및 입출금을 제한할 수 있도록 하는 이용약관 제20조 제1항 제5호, 제2항 제5호 조항이 회원에게 불공정한 조항인지 여부, ③ 위 이용약관이 회원의 해지권을 박탈하는 조항인지 여부, ④ 위 이용약관이 일방적인 급부를 중지하는 조항인지 여부, ⑤ 위 이용약관이 상당한 이유 없이 회원에게 입증책임을 부담시키는 조항인지 여부가 문제되었다.

Ⅱ. 대상결정의 약관규제법 쟁점 정리

1. 쟁점 ①

쟁점 ① 거래소의 명시·설명의무 위반 여부와 관련하여, 약관규제법 제3조 제3항에서는 '사업자는 약관에 정하여져 있는 중요한 내용을 고객이 이해할 수 있도록 설명하여야 한다.'고 규정하고 있다. 설명의무의 대상이 되는 '중요한 내용'은 사회통념에 비추어 고객이 계약체결의 여부나 대가를 결정하는 데 직접적인 영향을 미칠 수 있는 사항을 말하는데,[1] '일정한 경우 입출금제한조치를 포함하는 이용제한조치를 할 수 있다'는 내용의 약관조항은 설명의무의 대상이 되는 '중요한 내용'에 해당할 것으로 보인다. 나아가 이 사건 거래소는 홈페이지 또는 모바일을 통하여 가입이 가능하므로 온라인상 명시·설명의무와 관련이 되는데, 이 경우 반드시 직원이 고객과 대면하여 중요 내용을 설명할 것을 요하는 것은 아니고 마찬가지로 온라인을 통하여서도 중요 내용을 이해할 수 있을 정도로 설명할 수 있는 방법을 취하면 족하다고 할 것이다.

그 정도에 관하여 살펴보면 가입 진행 중에 고객이 연결링크를 직접 눌러야 비로소 약관 내용을 볼 수 있는 방법은 명시·설명의무 위반으로 보이고, 실무상으로는 ㉠ 홈페이지 또는 모바일 화면에 약관의 전체 내용을 게시하는 방법, ㉡ 전체 내용을 게시하지 않더라도 화면상 일정한 크기의 박스에 약관을 게시하고 고객들이 이를 마우스 휠 등을 통하여 내려가면서 내용을 볼 수 있도록 하는 방법, ㉢ 중요 내용을 텍스트로 제공하면서 이를 클릭하면 전체 약관이 나오는 화면으로 넘어가는 방법 등을 사용하는 것으로 보이고,[2] 이와 같은 방법들은 적절한 방안으로 보인다. 다만, 중요한 내용에 대하여는 부호, 색채, 굵고 큰 문자 등으로 명확하게 표시하여 알아보기 쉽게 하여야 할 것이다.[3]

2. 쟁점 ②

이 사건 약관 조항이 회원에게 불공정한 조항인지 여부와 관련하여, 약관규제법 제6조 제2항에 의하면 '고객에 대하여 부당하게 불리한 조항', '고객이 계약의 거래형태 등 제반 사정에 비추어 예상하기 어려운 조항', '계약의 목적을 달성할 수 없을 정도로 계약에 따르는 본질적 권리를 제한하는 조항'은 공정을 잃은 것으로 추정되므로 이를 참고할 수 있다. 그리고 약관규제법에서 규정한 불공정 약관조항에 해당하는지 여부를 심사할 때에는, 문제되는 조항만을 따로 떼어서 볼 것이 아니라 전체 약관내용을 종합적으로 고찰한 후에 판단하여야 하고, 그 약관이 사용되는 거래분야의 통상적인 거래관행, 거래대상인 상품이나 용역의 특성 등을 함께 고려하여 판단하여야 한다.[4]

1) 대법원 2019. 7. 4. 선고 2016다258872 판결.
2) 송혜진, 윤민섭, "소비자 이해도 제고를 위한 약관 표시형식 개선방안 연구 - 온라인 쇼핑몰을 중심으로", 정책연구 18-21, 한국소비자원, 29 내지 44쪽.
3) 약관규제법 제3조 제1항.
4) 대법원 2020. 9. 3. 선고 2017다245804 판결.

3. 쟁점 ③ 내지 ⑤

이용약관이 회원의 해지권을 박탈하는 조항인지 여부와 관련하여 약관규제법 제9조 제1호는 법률에 따른 고객의 해제권 또는 해지권을 배제하거나 그 행사를 제한하는 조항은 무효로 한다. 사업자가 약관에 의거하여 고객 등이 법률에 따라 가지게 되는 계약의 해제·해지권을 완전히 배제하거나 행사를 제한하면 고객에게 피해가 크게 발생될 수 있어 부당하므로 이러한 취지에서 위 규정을 마련한 것이다.[5] 다만 위 법률 조항은 법문상 법정해제권이나 법정해지권을 대상으로 하기 때문에, 약정해제권이나 약정해제권에는 적용되지 않는다.

한편 위 이용약관이 일방적인 급부를 중지하는 조항인지 여부와 관련하여 약관규제법 제14조 제2호는 '소송 제기 등과 관련된 약관의 내용으로서 상당한 이유 없이 고객에게 입증책임을 부담시키는 약관 조항은 무효로 한다'고 규정하고 있는데 납득될 만한 사유 없이 부당하게 고객에게 소송 절차와 관련한 입증책임을 부담시키게 되면 사실상 고객의 이익을 보호하기 위한 권리 행사 자체를 무력화시킬 우려가 있기 때문이다.

그리고 약관규제법 제10조 제2호에 의하면 '채무의 이행에 관하여 정하고 있는 약관의 내용 중 상당한 이유 없이 사업자가 이행하여야 할 급부를 일방적으로 중지할 수 있다는 취지의 내용을 정하고 있는 조항은 무효로 한다.'로 규정하고 있다. 이는 약관에 기한 채무의 이행 여부, 그리고 계약 위반 여부 등에 대한 판단은 잔존하는 채권과 채무의 확정에 중대한 영향을 미치므로 이를 결정할 수 있는 일방적 권리를 어느 한쪽 당사자에게만 부여하는 약관 조항은 불공정하다는 취지에서 마련된 것이다.[6] 이때 이행하여야 할 '급부'는 물건, 서비스 등을 가리지 않고 채무의 대상이 될 수 있으면 족할 것이다.

Ⅲ. 대상결정의 분석

1. 이 사건 이용약관이 약관규제법상 약관에 해당하는지 여부

이 사건 거래소 이용약관은 위 거래소 홈페이지 혹은 애플리케이션을 통하여 가입절차 진행 중에 부동문자로 게시되어 누구나 이를 볼 수 있고, 그 가입절차 진행 중에 가입을 희망하는 사람들은 위 이용약관을 읽고 동의 혹은 부동의를 표시하도록 되어 있으며 모든 거래소 가입자들에게 일률적으로 적용되어 있으므로 약관규제법이 적용되는 '약관'에 해당함

5) 최병규, "약관규제법 제9조 계약의 해제·해지에 대한 연구 — 대법원 2014. 12. 11. 선고 2014다39909 판결에 대한 평석을 중심으로 —", 경제법연구 제14권 1호, 한국경제법학회, 2015, 31쪽.

6) 이금노, "약관규제법상 불공정약관 조항 개정에 관한 연구", 법과정책 제23권 제1호, 법과정책연구원, 2017. 3, 108~109쪽.

은 이견이 없을 것이다.

2. 쟁점 ①

대상결정은 '이 사건 거래소에 가입 및 계좌개설 등의 전 과정이 비대면 전자거래 방식으로 이뤄지고, 비대면 전자거래의 경우 그 특성상 회원에 대한 약관 등의 교부 및 설명 등도 전자적인 방식으로 이루어지는 것이 보통인 점, 채무자는 이 사건 약관조항을 회원이 언제든지 확인할 수 있도록 홈페이지 및 모바일 애플리케이션 '고객센터'의 '공지사항' 게시판을 통해 공지하고 있고, 개정 여부도 수시로 공지하고 있으며, 만일 약관 및 그 개정에 동의하지 않을 경우 고객센터를 통해 거부의사를 표시함으로써 서비스 이용계약을 해지할 수 있도록 안내하고 있는 점 등에 비추어보면, 현 단계에서 채무자가 이 사건 약관조항에 관하여 회원인 채권자들에게 명시·설명의무를 이행하지 않아 이 사건 약관조항이 무효라고 단정하기 어렵다.'고 하였다.

이 사건 거래소의 이용약관의 경우 가입 과정에서 전체 내용을 게시하지 않더라도 마우스 휠이나 손가락 터치 등의 방식으로 내려가면서 내용을 볼 수 있게 된 것으로 보이는데, 그 약관 조항 내용 분량 자체가 방대하지 않고, 가입 후 거래 과정에서도 약관조항 자체를 공지사항 게시판 등을 통하여 언제든지 확인할 수 있도록 되어 있어서 대상결정에서는 명시·설명의무를 위반하지 않았다고 본 것으로 보인다.

3. 쟁점 ②

대상결정은 '이 사건 약관 조항이 약관규제법 제6조 제1항, 제2항 제1호에 따라 고객에 대하여 부당하게 불리한 조항으로서 신의성실의 원칙에 반하여 공정을 잃은 약관 조항이라는 이유로 무효라고 보기 위해서는, 약관 조항이 고객에게 다소 불이익하다는 점만으로는 부족하고, 약관 작성자가 거래상 지위를 남용하여 계약 상대방의 정당한 이익과 합리적인 기대에 반하여 형평에 어긋나는 약관 조항을 작성·사용함으로써 건전한 거래질서를 훼손하는 등 고객에게 부당하게 불이익을 주었다는 점이 인정되어야 할 것이다'고 전제하였다. 그리고 위 대상결정은 '가상자산의 안전하고 건전한 거래질서를 조성하고, 가상자산 관련 불법행위의 발생을 예방하며, 가상자산 투자자에게 발생할 수 있는 피해를 방지하는 것을 목적으로 하고 있고, 이러한 목적달성을 위하여 불법행위에 관여되었다는 합리적인 의심이 드는 회원에 대하여 로그인, 거래 및 입출금 등 이용을 제한하는 방법으로 통제할 필요성이 있다고 보았으며, 가상자산 투자자 내지 피해자 보호 등에 관하여 법적 보호장치가 충분히 정비되지 않은 현 상황에서 더욱 적극적인 조치를 할 필요가 있다. 이 사건 약관조항은 평균적이고 일반적인 대다수의 회원들에게는 불이익을 전혀 주지 않는 것이고 합리적인 사유가 인정되는 경우에 한하여 특정한 제한 조치를 가능하게 하는 것에 불과하다'고 보았다.

대상결정은 행정판결 혹은 헌법소원 등의 설시례와 유사하게 목적의 정당성, 수단의 적합성, 법익균형성 등으로 보이는 듯한 문구를 들며 이유를 설시하였는데, 이 사건 거래소의 이용제한조치가 고객들에 대하여 우월적 지위에서 마치 처분과 같이 일방적으로 이루어지게 됨을 고려하여 그와 같은 방식으로 판시한 것으로 보이고, 해킹, 가상자산을 이용한 마약, 보이스피싱 등 불법거래가 심각한 반면에 이를 규제할 법령 등 관련 시스템이 확립되지 않았기 때문에 비록 로그인과 입출금을 아예 막아버리는 이 사건 이용제한조치가 채권자들에게 다소 과중할 수는 있으나 적정한 조치에 해당한다고 판단한 것으로 보인다.

4. 쟁점 ③

대상결정은 '이 사건 약관조항이 불법행위에 관여되었다는 합리적인 의심이 드는 회원에 대하여 로그인, 거래 및 입출금 등 이용을 제한하는 규정일 뿐 거기에 회원인 채권자들의 해제권 또는 해지권을 배제하거나 그 행사를 제한하는 내용은 담겨 있지 않다'고 하면서 '설령 채무자가 서비스 이용제한 조치를 하여 회원인 채권자들이 해제권 또는 해지권을 행사하는 것이 사실상 제한된다는 주장으로 선해하더라도, 약관규제법 제9조 제1호는 법률에 따른 해제, 해지권 행사를 전제로 하는 규정인데, 이 사건 약관조항은 회원인 채권자들의 약정해제권 또는 약정해지권을 제한하는 것에 불과하다'고 하여 법정해제권 또는 법정해지권에만 적용되는 약관규제법 제9조 제1호의 적용 여지가 없다고 판시하였다.

5. 쟁점 ④, ⑤

대상결정은 '이 사건 약관조항은 원칙적으로 시세조종, 자금세탁, 불공정거래, 범죄행위 등에 관여하고 있거나 관여하고 있다고 합리적으로 의심'된다는 사실에 관한 입증책임을 채무자에게 부담시키고 있고, 다만 회원인 채권자들로서는 불법행위와 무관하다는 점을 소명함으로써 서비스의 이용을 재개할 수 있는 것일 뿐인바, 이 사건 약관조항이 회원에게 입증책임을 부담시키는 조항으로 보기 어렵다'고 하였다.

여기서 문제된 약관규제법 제14조 제2호는 소송 제기와 관련한 것으로, 소송 절차에서는 거래소인 채무자에게 관련 입증책임이 있다고 보이고 이 사건 가처분과 관련하여서는 채권자에게 위 범죄행위와 무관함을 소명하기만 하면 되므로 약관규제법 제14조 제2호를 위반하였다고 보기 어려우므로 대상결정 또한 이러한 취지에서 판시한 것으로 보인다.

또한 대상결정은 이 사건 약관조항의 목적과 필요성, 회원이 입는 불이익의 내용과 정도 등에 비추어보면, 상당한 이유 없이 사업자가 이행하여야 할 급부를 일방적으로 중지할 수 있는 약관 조항으로 보기 어렵다고 판시하였는데, 시세조종, 자금세탁 등 범죄행위에 연루되었다고 합리적으로 의심할 만한 사유가 있다면 상당한 이유가 없다고 보기는 어렵다고 보인다.

Ⅳ. 대상판결의 평가

대상판결은 선례가 없었던 가상자산거래소의 이용약관에 대한 약관규제법위반 여부에 대하여 법원의 입장을 명확히 하고 당사자들에게 예측가능성을 제시하였다는 점에서 그 의의가 있다. 대상결정은 현재 가상자산거래소의 실무를 지지·확인하면서 그 판단에 있어서 고려하여야 할 사정들을 제시하였는바, 현재로서는 모두 정당한 결정이라고 생각된다.

다만 최근에 공정거래위원회에서는 8개 가상자산사업자의 이용약관을 심사하여, 이 사건에서 문제된 서비스 이용제한 조항을 비롯하여, 약관 개정 조항, 이용계약 중지 및 해지 조항, 부당한 면책 조항 등 15개 유형의 불공정 약관 조항에 대하여 시정권고를 한 일 있었다.[7] 이러한 점을 고려하여 가상자산 시장이 안정화되고 이요제한조치보다 정도가 낮은 다른 조치로도 탈법적인 거래를 방지할 수 있게 되는 등 그 목적을 달성할 수 있다면 향후 이용제한조치에 대한 약관을 개선할 필요는 있을 것이다. 이러한 측면에서 대상결정은 향후 가상자산거래소의 가상자산 시장 관리 및 피해자보호 측면과 투자자들의 자유로운 거래를 조화할 만한 방안을 찾을 수 있는 계기가 될 수 있다고 보인다.

7) '8개 가상자산사업자의 불공정약관 시정권고', 정책뉴스 2021. 7. 28.자 기사.

[84] 가상자산 거래소의 등록상표와 유사명칭을 자동차 회사 모델명에 사용한 경우 상표권 침해 여부 판단

—서울중앙지방법원 2022. 3. 2.자 2021카합21852 결정, 서울고등법원 2022라20234 항고 중—

[사실 개요]

1. 채권자는 2017년부터 가상자산 거래소인 '업비트(Upbit)'를 운영하면서 '업비트', 'UPBIT' 등 표장(이하 '채권자 표장')을 사용하고 있고, **UPBIT** 등록상표(출원일/ 등록일/ 등록번호: 2019. 6. 5./ 2020. 3. 10./ 제1584xxx호, 지정상품: 육상/항공/해상 또는 철도를 통해 이동하는 수송수단 등, 이하 '이 사건 등록상표')의 상표권자이다.
2. A자동차 주식회사(이하 'A자동차')는 소형 SUV 자동차인 '티볼리(TIVOLI)'의 2022년형 모델을 출시하면서 여러 트림(trim) 중 한 명칭을 '업비트(UPBEAT)'로 하였고, 웹사이트 등을 통하여 업비트, UPBEAT 등의 표장(이하 '채무자 표장')을 표시하여 위 자동차를 전시, 광고, 판매하고 있다.
3. 이에 대하여 채권자는 A자동차가 자동차 상품에 채무자 표장을 사용하는 행위는 이 사건 등록상표에 관한 상표권을 침해하는 행위이고, 부정경쟁방지 및 영업비밀보호에 관한 법률 제2조 제1호 나.목(영업주체 혼동행위), 다.목(식별력/명성 손상행위)으로 부정경쟁행위에 해당한다는 이유로, 회생채무자 A자동차의 관리인인 채무자를 상대로 채무자 표장을 자동차 상품 또는 그 표장에 표시하거나, 위 표장이 표시된 자동차 상품 또는 그 포장을 양도 또는 인도하거나, 양도 또는 인도할 목적으로 전시·수출 또는 수입하는 등의 행위를 하여서는 아니된다는 내용의 가처분을 구하였다.

[결정 요지]

1. 상표권 침해 및 영업주체 혼동행위 주장 부분

이 사건 등록상표 및 채권자 표장과 채무자 표장은 '업비트'라는 호칭과 한글 문자의 외관 부분에서 동일·유사하기는 하다. 그러나 자동차 상품의 거래실정에 비추어 일반 수요자나 거래자들이 충분한 주의를 기울여 거래할 것으로 보인다. 채무자 표장은 자동차 상품의 명칭으로 사용된 것이 아니라 '티볼리(TIVOLI)' 자동차의 트림 명칭으로 사용되었고, 자동차의 거래실정에 트림 명칭으로만 분리 인식되는 관행이 형성되어 있다고 보기 어렵다. 해당 자동차 모델명인 '티볼리(TIVOLI)'는 자동차 거래업계에서 상당한 인지도를 형성하고 있는 반면 채권자가 자동차 관련 영업을 하고 있지는 않다. 채무자가 채무자 표장을 '티볼리(TIVOLI)'와 분리하여 독립적으로 사용한 경우는 보이지 않는다. 이런 사정 등을 종합적으로 고려하면, 채무자 표장이 그 해당 상품명인 '티볼리(TIVOLI)'와 분리 인식될 가능성이 희박하다고 볼 여지가 크다. 따라서 채무자가 사용하는 '티볼리 업비트

(TIVOLI UPBEAT)' 표장에서 채무자 표장(업비트/UPBEAT) 부분을 요부(要部)로 하여 이 사건 등록상표 및 채권자 표장과 유사 여부를 판단하기는 어렵고, 양 표장을 전체적·객관적·이격적으로 관찰할 경우 일반 수요자나 거래자가 그 출처에 대한 오인·혼동을 일으킬 염려가 있다고 볼 정도로 외관·호칭·관념이 서로 유사하다고 보기 어렵다.

2. 식별력/명성 손상행위 주장 부분

채권자가 제출한 자료만으로는 채권자 표장이 가상자산 관련 거래자 또는 수요자들 사이에 알려지게 된 '주지의 정도'를 넘어 일반 공중의 대부분에까지 널리 알려지게 된 이른바 '저명의 정도'에 이르렀다고 단정하기는 어렵다. 그리고 'upbeat'는 '빠른 비트', '긍정적인/낙관적인'이라는 뜻의 영어 단어로, 이를 포함하는 표지가 음향기기, 신발, 음료수, 옷, 화장품 등 다양한 상품에 사용되고 있다. 이에 더하여 앞서 본 채무자 표장의 사용 태양과 채권자 표장과의 비교 관찰의 결론까지 고려하면, 채무자 표장의 사용으로 채권자 표장의 식별력이나 명성이 손상된다고 단정하기도 어렵다. 따라서 채권자가 제출한 자료만으로는 채무자 표장이 부정경쟁방지법 제2조 제1항 다.목이 보호하는 '국내에 널리 인식된 영업표지'에 해당한다는 점과 채무자 표장의 사용으로 채권자 표장의 식별력이나 명성이 손상된다는 점이 소명되었다고 보기 어렵다.

해설

Ⅰ. 대상결정의 쟁점

부정경쟁방지법은 경쟁의 자유를 허용하면서도 타인의 성과물을 무단으로 이용하는 등의 불공정한 경쟁행위를 적절히 규제함으로써 헌법상 보장된 경제활동의 자유를 실질적으로 보장하고 자유와 창의에 기반을 둔 경제질서를 확립하기 위하여 마련된 것으로,[1] 크게 두 가지 행위 즉, 부정경쟁행위와 영업비밀 침해행위로 나누어 규정하고 있다. 영업비밀 침해행위는 부정경쟁방지법 제2조 제3호에서 규정하고 있는데, 이에 대하여는 이 책에서 나오는 서울중앙지방법원 2022. 3. 25. 선고 2019가합533746 판결의 가상자산 거래소 웹프로그램의 영업비밀 해당성 및 침해 여부와 그 손해액 산정 부분에서 소개한 바 있다. 부정경쟁행위의 경우 부정경쟁방지법 제2조 1호에서 규정하고 있는데 대상결정에서 문제되는 쟁점은 영업주체 혼동행위(나.목)과 저명표지의 식별력 또는 명성 손상행위(다.목)에 해당하는지와 관련한 것으로, 이 사건에서 채권자는 가상자산 거래소 업계 1위 회사로 자동차의 생산·판매업을 영위하는 채무자 측의 위 회사가 위 가상자산 거래소 표장과 유사한 명칭의

1) 헌법재판소 2021. 9. 30. 선고 2019헌바217 전원재판부 결정.

트림(해당 자동차의 옵션모음을 명칭화한 것, 예를 들어 모든 옵션을 갖춘 최상위 트림은 풀옵션)을 사용한 경우 위 나.목 및 다.목의 각 행위에 해당하는지 여부가 문제되었다.

Ⅱ. 대상결정의 분석

1. 영업주체 혼동행위 관련(부정경쟁방지법 제2조 제1호 나.목 관련)

부정경쟁방지법 제2조 제1호 나.목에서는 부정경쟁행위의 한 종류로서 국내에 널리 인식된 타인의 성명, 상호, 표장, 그 밖에 타인의 영업임을 표시하는 표지와 동일하거나 유사한 것을 사용하여 타인의 영업상의 시설 또는 활동과 혼동하게 하는 행위를 명시하고 있다. 위 조항은 이른바 '영업주체 혼동행위'를 부정경쟁행위로 규정하고 있는데, 부정경쟁방지법 같은 호 가.목의 '상품주체 혼동행위'와 함께 자기의 상품이나 영업을 타인의 상품이나 영업과 혼동을 초래하도록 상품표지나 영업표지를 사용하는 행위를 부정경쟁행위로 규정하여 부정경쟁방지법상 규제가 가능하도록 하고 있는바, 타인이 상당한 노력과 투자에 의하여 구축한 성과물을 무단으로 이용하는 부정경쟁행위를 금지시켜 주지된 상품표지 내지 영업표지의 주체를 보호함과 아울러 일반 수요자 내지 거래자를 보호함으로써 공정한 경쟁질서를 유지하기 위한 규정이다.[2)]

국내에 널리 인식된 타인의 영업임을 표시하는 표지는 주지성[3)]을 뜻하는 것으로,[4)] 국내의 전역에 걸쳐 모든 사람에게 인식될 것을 요하지는 않고, 일정한 범위 내에서 거래자 또는 수요자들이 그것을 통하여 특정의 영업을 다른 영업으로부터 구별하여 널리 인식하는 경우를 말하는 것이다.[5)] 그 표지와 영업주체 사이에 강한 이미지 내지 독특한 특징에 의하여 결합되어 일반 수요자가 일견하여 해당 영업표지를 특정 영업주체의 표지라는 것을 인식할 수 있을 정도의 식별력을 갖추고 있고, 나아가 어떤 영업표지가 장기간에 걸쳐 특정 영업주체의 표지로 계속적·배타적으로 사용되어 그 표지가 가지는 차별적 특징이 일반 수요자에게 특정 영업주체임을 인식시킬 정도로 현저하게 개별화된 정도에 이르렀다면 부정경쟁방지법의 보호대상이 된다.[6)] 이 사건의 경우 이 사건 등록상표 또는 채권자 표장은 가상자산 거래를 하는 사용자들 사이에서는 대형 거래소로서 널리 인식되고 있고, 그 이미지

2) 헌법재판소 2021. 9. 30. 선고 2019헌바217 전원재판부 결정.
3) 주지성은 저명성과 구별되는 것으로 저명성은 어느 표지가 계속적인 사용 등에 따라 그 상품이 갖는 명성이 국내 전 지역에 걸쳐 일정한 범위의 수요자 뿐 아니라 일반 대중에까지 널리 알려진 상태로 주지성은 그 지명도가 저명성보다 낮다[지식재산권재판실무편람 집필위원회, 지식재산권재판 실무편람, 사법연수원(2020), 245~246쪽].
4) 지식재산권재판실무편람 집필위원회, 지식재산권재판 실무편람, 사법연수원(2020), 244쪽.
5) 대법원 2011. 12. 22. 선고 2011다9822 판결.
6) 대법원 2006. 1. 26. 선고 2003도3906 판결.

와 가상자산 거래소라는 특징과 결합되어 수요자들인 가상자산 투자자들 또는 이용자들이 그 거래소의 영업표지라는 점이 식별력을 갖추고 장기간에 걸쳐 이용되어 있어 채권자 표지는 부정경쟁방지법상 보호대상이 되는 표지에 해당한다고 보인다.

다만, 채무자 표장이 이 사건 등록상표 등과 유사한지 여부와 관련하여, 대법원은 '상표의 유사 여부는 외관·호칭 및 관념을 객관적·전체적·이격적으로 관찰하여 지정상품 거래에서 일반 수요자나 거래자가 상표에 대하여 느끼는 직관적 인식을 기준으로 하여 상품 출처에 관하여 오인·혼동을 일으키게 할 우려가 있는지에 따라 판단하여야 하므로, 대비되는 상표 사이에 유사한 부분이 있다고 하더라도 당해 상품을 둘러싼 일반적인 거래실정, 즉 시장의 성질, 수요자의 재력이나 지식, 주의 정도, 전문가인지 여부, 연령, 성별, 당해 상품의 속성과 거래방법, 거래장소, 사후관리 여부, 상표의 현존 및 사용상황, 상표의 주지 정도 및 당해 상품과의 관계, 수요자의 일상 언어생활 등을 종합적·전체적으로 고려하여 그 부분만으로 분리 인식될 가능성이 희박하거나 전체적으로 관찰할 때 명확히 출처의 혼동을 피할 수 있는 경우에는 유사상표라고 할 수 없어 그러한 상표 사용의 금지를 청구할 수 없다. 그리고 이러한 법리는 부정경쟁방지법 제2조 제1호 가.목, 나.목에서 정한 상품표지, 영업표지에도 마찬가지로 적용된다'고 판시하고 있다.[7] 대상결정에서도 위 법리에 따라 채무자 표장과 이 사건 등록상표 등이 한글 호칭에서 동일하고 영문 호칭에서도 유사한 점이 있으나 자동차 거래의 특성상 일반 수요자들이 충분한 주의를 기울여 매매할 것으로 보이고, 채무자 표장은 자동차 상품 명칭 자체로 사용된 것이 아니라 옵션 구비 여부와 관련한 트림 명칭으로만 사용하였고 그 트림 명칭이 분리되어 그것으로만 특정되어 사용되는 것이 아니라 티볼리라는 자동차 명칭과 함께 사용될 것으로 보는 등 채무자 표지의 쓰임새, 사용어법, 사용자들의 직관적인 인식 등에 비추어 볼 때 채무자 표장이 이 사건 등록상표 및 채권자 표장과 일반 수요자나 거래자가 그 출처에 대한 오인·혼동을 일으킬 염려가 있다고 볼 정도로 외관·호칭·관념이 서로 유사하다고 보기 어렵다고 판시하였다.

2. 저명표지의 식별력 또는 명성 손상행위 관련(부정경쟁방지법 제2조 제1호 다.목 관련)

부정경쟁방지법 제2조 제1호 다.목에서는 가.목 또는 나.목의 혼동하게 하는 행위 외에 비상업적 사용 등 정당한 사유 없이 국내에 널리 인식된 타인의 성명, 상호, 상표, 상품의 용기·포장, 그 밖에 타인의 상품 또는 영업임을 표시한 표지와 동일하거나 유사한 것을 사용하거나 이러한 것을 사용한 상품을 판매·반포 또는 수입·수출하여 타인의 표지의 식별

7) 대법원 2011. 12. 27. 선고 2010다20778 판결.

력이나 명성을 손상하는 행위를 규정하고 있다. 위 조항은 이른바 '저명표지의 식별력 또는 명성 손상행위'를 부정경쟁행위로 규정하고 있는데, 이는 혼동가능성을 전제로 한 상품주체 혼동행위 또는 영업주체 혼동행위와 달리 혼동가능성이 없는 경우에도 적용된다.[8)]

'국내에 널리 인식된'이라는 용어는 '주지의 정도를 넘어 저명 정도에 이른 것'을 요하므로[9)10)] 국내 전 지역에 걸쳐 일정한 범위의 수요자 뿐 아니라 일반 대중에까지 널리 알려진 상태가 되어야 하고, '식별력의 손상'이라는 용어는 '특정한 표지가 상품표지나 영업표지로서의 출처표시 기능이 손상되는 것'을 의미하는 것으로 해석함이 상당하다고 보고 있다.[11)]

대상결정에서는 채권자 표장이 가상자산 업계에서 알려지게 된 '주지의 정도'를 넘어 일반 대중에까지 널리 알려지게 된 이른바 '저명의 정도'에 이르렀다고 단정하기는 어렵다고 보고 '국내에 널리 인식된' 상태로 보지 않았고, 나아가 앞서 본 채무자 표장의 사용 태양과 채권자 표장과의 비교 관찰의 결론까지 고려하면, 채권자 표장에 대한 식별력 등이 손상된다고 보기 어렵다고 판시하였다. 대상결정은 현재 아무리 가상자산 산업이 발달하였다고 하더라도 주식과 같이 일반 대중이 이를 투자하거나 해당 가상자산 거래소를 이용하지 않는 이상 그 표지가 저명한 정도에까지 이르지는 않았고, 'UPBEAT'의 의미, 해석, 쓰임새 등을 고려하여 볼 때 긍정적인 이미지가 강하고 자동차뿐만 아니라 여러 다양한 상품에 사용되고 있어 채권자 표장의 명성이 손상된다고 단정하기 어렵다고 본 듯하다.

Ⅲ. 대상결정의 평가

대상결정은 가상자산 거래소의 영업표지도 부정경쟁방지법상 보호대상에 해당하기는 하나, 기존 부정경쟁방지법상 영업주체 혼동행위와 저명표지의 식별력 또는 명성 손상행위 등에 대한 기존의 법리를 재확인하면서 가상자산 업계에서 사용되는 상호나 영업 표지에 대한 부정경쟁행위 해당 여부에 대한 선례를 제시한다. 대상결정이 설시한 논리에 비추어 추후 보호가 필요한 가상자산 업계의 표지 내용과 관련된 설정 및 보호 방법 등에 대한 심도 깊은 논의가 필요하다.

---

8) 지식재산권재판실무편람 집필위원회, 지식재산권재판 실무편람, 사법연수원(2020), 252쪽.
9) 대법원 2004. 5. 14. 선고 2002다13782 판결.
10) 예를 들어 대법원은, 미국의 유명한 의약제조회사의 상호인 'viagra'와 유사한 'viagra.co.kr'이라는 도메인이름을 생칡즙 등 건강보조식품의 판매 사이트에 사용한 경우 위 상호는 저명한 표지에 해당하여 위와 같은 사용행위는 식별력 손상행위에 해당한다고 보았다(대법원 2004. 5. 14. 선고 2002다13782 판결 사안).
11) 대법원 2004. 5. 14. 선고 2002다13782 판결.

[85] 메인넷 개발 용역의무의 이행거절을 이유로 한 계약해제에 대한 효력 정지 등 가처분

— 서울중앙지방법원 2022. 3. 18.자 2022카합20203 결정, 서울고등법원 2022라20276으로 항고 중—

[사실 개요]

1. 채권자는 2021. 3. 16. 채무자 주식회사 A(이하 채무자들의 표시에서 '주식회사'는 모두 생략), 채무자 B와 사이에 이 사건 양해각서를 작성하였고, 2021. 4. 14. 채무자들과 사이에 D코인 발행 등에 관한 합의서('이 사건 합의서')를 작성함으로써 이 사건 각 계약을 체결하였다.
2. 이 사건 합의서 제3조 제1항은 '채권자는 코인발행 등 권한을 통해 발행한 D 메인넷 토큰 중 30%(전체 발행토큰 수 100억 개)를 채무자들에게 지급하기로 한다. 단, 채권자가 지급할 토큰 30%를 채무자들에게 언제 어떤 비율로 지급할지에 관해서는 "갑"(채무자 A)이 최종결정하여 채권자에게 통지해야 하고, 채권자는 "갑"의 통지에 따라 지급할 뿐 "을" 기타 제3자의 요청에 응할 의무를 부담하지 아니한다'고 정하고 있다.
3. 채무자 A의 부사장 E는 2021. 12. 6. 채권자의 대표이사 F에게 D 메인넷 토큰 100억 개 중 30억 개를 즉시 지급해줄 것을 요청하는 내용의 메일을 발송하였으나, 채권자 측은 2021. 12. 8. 메인넷 개발이 진행 중으로 완료 후 지급할 예정이라며 그 지급을 거절하였다.
4. 이에 채무자들은 2022. 1. 17. 채권자에게 채권자의 이행거절과 신뢰관계 훼손을 이유로 이 사건 계약의 해제를 통보하였다.
5. 채권자는 채무자들의 계약 해제 통보는 해제사유가 없고 그 절차도 위법하여 효력이 없음에도 채무자들은 제3자와 사이에 D 블록체인 서비스사업을 추진하고 있다고 주장하며, 채권자가 이 사건 계약 당사자의 지위에 있음을 정하고, 이 사건 계약에 기한 채권자의 위 가상자산의 발행 등 운영행위와 메인넷 개발 업무 방해행위 금지 및 채무자들의 제3자를 통한 위 업무수행의 금지, 간접강제 등을 구하는 가처분 신청을 하였다.

[결정 요지]

1. 피보전권리에 대한 판단

D 메인넷시스템에 의한 코인 발행 절차, 이 사건 합의서의 문언 내용 및 당사자들의 의사 등을 고려하면, 채권자의 채무자들에 대한 메인넷 토큰 지급채무의 이행기는 D 서비스 기반의 메인넷시스템 개발 전후를 불문하고 '채무자 A가 결정하여 통지한 때'로 봄이 타당하다. 나아가 채무자 A 측은 2021. 12. 6. 채권자에 메인넷 토큰 100억 개 중 30억

개의 즉시 지급을 요청하였음에도 채권자는 법률의견서까지 첨부하여 '메인넷 개발 진행 중이므로 완료 후 지급하겠다'고 통보하였는바, 이는 D 메인넷시스템이 개발되기 전까지는 채무자들에게 토큰을 지급할 의사가 없음을 진지하고 명백하게 종국적으로 표시한 것으로 이행거절로 평가된다. 따라서 이 사건 합의서에 의한 계약은 채무자들의 2022. 1. 17.자 해제 통지로 해제되었으므로 피보전권리가 소명되었다고 볼 수 없다.

2. 보전의 필요성에 대한 판단

채권자의 채무불이행이 계속되고 있는 상황에서 채무자들은 적법한 절차를 거쳐 다시 계약을 해제할 수 있을 것으로 보이는 점, 이 사건 합의서에 기한 계약은 사업의 성격과 진행 단계에 비추어 향후에도 계약당사자 상호간에 고도의 신뢰관계가 필요하다고 할 것인데, 이미 채권자와 채무자들 사이에 자발적 협력을 기대하기 어려울 정도로 신뢰관계가 상당히 훼손된 것으로 보이는 점, 본안소송에서 이 사건 합의서에 기한 계약이 여전히 유효한 것으로 판명된다 하더라도, 그로 인한 채권자의 손해는 궁극적으로 금전으로 전보될 수 있는 성질의 것으로 보이고, 달리 금전적 손해배상만으로 회복될 수 없는 손해가 있다는 점에 관하여는 소명이 없거나 부족한 점 등을 종합하면, 본안판결에 앞서 시급히 신청취지와 같은 가처분을 발령할 필요성을 인정하기 어렵다.

해설

Ⅰ. 대상결정의 쟁점

채권자는 채무자들의 이 사건 계약의 해제 통보가 효력이 없음을 전제로 이 사건 가처분 신청을 하였다. 대상결정에서는 피보전권리의 존부와 관련하여 메인넷 개발 과정에서 메인넷 토큰의 지급채무의 이행기와 채권자의 이행 거부가 채무불이행으로 볼 수 있는 이행거절에 해당하는지 등이 문제되었고, 위와 같은 고도의 신뢰관계가 필요한 계약의 해제의 효력 정지를 전제로 한 가처분 신청 사건에서의 보전의 필요성 유무가 문제되었다.

Ⅱ. 대상결정의 분석

1. 피보전권리에 대한 판단

(1) 메인넷 토큰 지급채무의 이행기

채무자들은 이행기가 도래하였음에도 채권자가 D 메인넷 토큰의 지급을 거절하였다는 이유로 이 사건 계약을 해지하였는바, 우선 메인넷 토큰의 의미, 그에 따른 계약상 이행기의 확정이 우선되어야 한다.

블록체인 프로젝트에서 메인넷이란 일반적으로 기존 다른 플랫폼을 활용해서 구현된 토큰이 자체 독립된 플랫폼을 의미한다. 보통의 경우 메인넷을 출시하기 위해서는 기존의 다른 블록체인 네트워크 상에서 토큰을 개발하고, 이후 독립적인 생태계 구축을 위해 기존의 플랫폼을 벗어나 새로운 플랫폼 즉 메인넷을 개발하게 된다. 메인넷 개발이 완료되면 코인은 '토큰'에서 '코인'으로 불리게 된다. 메인넷 구축은 자체적인 생태계 개발과 구축에 있어 필요하고 그 네트워크 상에서 수많은 가상자산 및 NFT의 거래가 이루어지므로 높은 기술력이 요구되고 따라서 전문 업체를 통해 개발작업이 진행되는 경우가 많다.

이 사건의 경우도 채무자들은 메인넷 개발을 채권자에게 의뢰하였는데, 이 사건에서 메인넷 개발은 '다른 메인넷시스템을 기반으로 한 ERC-20토큰 발행 → D의 독자적인 메인넷시스템 개발·구축 → ERC-20토큰을 D 메인넷 코인으로 전환'의 절차를 거친다. 이러한 이 사건의 메인넷 개발 절차와 메인넷 개발 관련 일반적인 용어의 정의를 고려하면, 이 사건 계약서의 '메인넷 토큰'은 '메인넷 코인'으로 전환되기 전의 것을 지칭하는 것으로 해석하는 것이 타당해 보인다. 채권자의 대표이사가 작성하여 2021. 8.경 채무자 A에게 보낸 ERC-20토큰 발행확인서에도 '채권자가 1억 개의 ERC-20토큰을 발행하였고, 그것이 D의 메인넷 토큰이다'라는 기재가 있었는데, 당사자들 사이에서도 메인넷 토큰을 메인넷 개발 전 다른 플랫폼을 기반으로 발행한 ERC-20토큰을 의미하는 것으로 인지하고 있었다고 봄이 타당하다.

이러한 용어 정의를 전제로, 채권자는 메인넷 토큰 지급의무가 메인넷 개발 완료 후에 도래한다고 주장하였는바, 채권자의 D 메인넷 토큰 지급의무의 이행기가 문제된다. 대상결정은 이 사건 합의서의 문언의 내용, 이 사건 합의 당시 당사자들의 진정한 의사 등을 합리적으로 고려하여 채권자의 메인넷 토큰 지급의무의 이행기는 채무자 A의 그 지급 요청에 의해 이미 도래했다고 판단하였다.

먼저 대상결정은 이 사건 합의서의 문언 자체에 주목하였는데, 이 사건 합의서에 따르면, 채권자는 코인발행 등 권한을 통해 발행한 D 메인넷 토큰 중 30%(전체 발행토큰 수 100억 개)를 채무자들에게 지급하기로 하되, 채권자가 지급할 위 토큰 30%의 지급시기, 지급량은 '오로지 채무자 A만이 결정하여 채권자에게 통지'하도록 정하고 있어, 메인넷 토큰의 지급의무의 이행기는 채무자 A의 지급요청이 있는 때 곧바로 도래한다고 보는 것이 타당하다고 보았다. 또한 이 사건 합의서 작성 당시의 당사자들의 진정한 의사도 고려되었다. 대상결정은, 채권자의 주된 채무는 메인넷 토큰의 지급인데 만약 위 채무의 이행기를 채권자에 의해 결정되는 D 메인넷 시스템의 개발시점 이후로 정할 의사였다면 적어도 위 메인넷 시스템의 개발기한을 구체적으로 정하였을 것으로 보이는데 그러한 정함이 존재하지 않은 사정, 채권자는 D 클래식 서비스 오픈베타 후 채무자들에게 지급한 위 메인넷 토큰 30억 개 중 1억 개씩을 매월 15일 언락(unlock)해 주기로 하는 약정을 하였는데 이는 서비스 오픈베타 전에 메인넷 토큰을 전부 지급하는 것을 전제로 한 것인 점, 메인넷 개발과정에서 채권자는 토큰의 발행과 운영에 관한 권한을 전부 보유하게 되어 채권자가 이를 무단으로 전부 처분할 수도 있는데 채무자 A가 원하는 경우 일부의 토큰에 대한 지배를 즉시 확보할 수 있도록 하여 채권자를 견제할 필요가 있었던 사정 등 특히 메인넷 개발 업무를 채권자에게 맡긴 채무자들의 의사를 충분히 고려하였다.

결국 채무자 A는 2021. 12. 6. 채권자 측에 메인넷 토큰 100억 개 중 30%에 해당하는 30억 개의 즉시 지급을 요청하였으므로 위 일자 무렵에 채권자의 의무는 이행기가 도래했다고 보는 것이 타당해 보인다.

(2) 이 사건 각 계약의 해제 여부

대상결정에서 채무자들은 상당한 기간을 정한 이행의 최고 없이 채권자의 이행거절이 있다는 등의 이유로 곧바로 해제 통보를 하였는바, 채권자 측이 '2021. 12. 8. 메인넷 개발이 진행 중으로 완료 후 지급할 예정'이라며 그 지급을 거절한 것이 이행거절의 의사를 명백히 표시한 것인지가 문제되었다.

당사자 일방이 그 채무를 이행하지 아니하는 때에는 상대방은 상당한 기간을 정하여 그 이행을 최고하고 그 기간 내에 이행하지 아니한 때에는 계약을 해제할 수 있다. 그러나 채무자가 미리 이행하지 아니할 의사를 표시한 경우에는 최고를 요하지 아니한다(민법 제544조). 계약상 채무자가 계약을 이행하지 않을 의사를 명백히 표시한 경우에는 채권자는 이행기 전이라도 이행의 최고 없이 채무자의 이행거절을 이유로 계약을 해제하거나 채무자를 상대로 손해배상을 청구할 수 있다. 이때 채무자가 계약을 이행하지 않을 의사를 명백히 표시하였는지는 계약 이행에 관한 당사자의 행동과 계약 전후의 구체적인 사정 등을 종합적으로 살펴서 판단하여야 한다(대법원 2005. 8. 19. 선고 2004다53173 판결 참조).

대상판결에서 인정된 사실관계에 의하면, 채권자는 채무자 측의 지급요청에 대하여 2021. 12. 8. 메인넷 개발 진행을 이유로 토큰 지급을 거절한 직후 2021. 12. 13. 채무자 측에 법무법인 2곳의 법률의견서를 첨부하여 채무자 측 요청 토큰 지급은 메인넷 완료 후 지급하는 것이 타당하다는 의견을 표시했다. 이처럼 채권자는 법률자문까지 거쳐 현재로서는 토큰 지급을 하지 않겠다는 점을 분명히 표시한 만큼 적어도 그 무렵에는 이행거절의사를 명백히 표시했다고 보아야 할 것이고, 이러한 이행거절의사는 종국적이라고 보아도 무방할 것이다.

이에 대해 채권자는 이행기에 관한 채무자들의 주장이 옳더라도 위와 같이 법무법인의 의견서 등을 받는 등 이행기가 도래하지 아니하였다고 믿을 만한 상당한 근거가 있어 명백하고 종국적인 이행거절의 의사표시가 없다고 주장하기도 하였다. 그러나 무엇보다 이 사건 합의서의 문언과 추단되는 당시 당사자들의 진정한 의사에 비추어 보면 이행기에 관한 당사자들의 의사는 분명해 보이므로 위와 같은 주장은 받아들이기 어려울 것이다.

결국 채권자는 이행거절의 의사를 분명히 표시하였다고 봄이 상당하고, 대상결정 역시 이를 전제로 채무자들이 해제 의사표시 통지를 한 2022. 1. 17. 무렵 이 사건 각 계약은 해제되었다고 판단하였다.

3. 보전의 필요성

대상결정은 위와 같이 피보전권리의 기초가 된 이 사건 각 계약이 해제되어 피보전권리가 존재하지 않는다고 보았고, 보전의 필요성에 대하여도 추가적으로 판단하였다.

보전의 필요성과 관련하여서는 원고의 가처분 신청이 그 이행에 있어 신뢰관계가 요구되는 개발 업무에 관한 계약의 효력에 관한 것인 점이 문제되었다.

계약 해제·해지의 효력정지 가처분에서 계약 해제 등의 효력이 없음이 본안 판결에 의하여 확정된다고 하더라도 채권자는 손해배상의 방법으로 구제받을 수 있기 때문에 그 효력정지 가처분에 대한 보전의 필요성 판단에 신중을 기해야 하고, 특히 계약위반으로 인하여 채권자가 입은 손해가 금전에 의한 손해배상으로 전보될 수 있고, 달리 금전적 손해배상의 방법으로는 그 손해를 회복하기 어려운 특별한 사정이 없는 반면, 상대방의 협력 없이 그 계약의 이행 자체를 강제적으로 관철하기 어려운 성질의 계약인 경우에는 그 계약위반 및 이로 인한 손해를 주장·입증하여 손해배상의 권리구제를 받는 것은 별론으로 하고, 계약의 이행을 전제로 하는 가처분에 대한 보전의 필요성을 인정함에는 한층 신중을 기할 필요가 있다(대법원 2022. 2. 8.자 2021마6668 결정 등 참조).

임시의 지위를 정하기 위한 가처분의 경우 현저한 손해를 피하거나 급박한 위험을 막기 위하여, 또는 그 밖의 필요한 이유가 있을 경우에 이루어지는 것인데(민사집행법 제300조 제2항), 계약 해제 등의 효력에 관한 가처분의 경우에는 추후 금전으로 손해의 전보가 가능한 경우가 많을 것이므로 보전의 필요성을 신중하게 인정하여야 한다는 위와 같은 대법원의 태도는 타당해 보인다.

대상결정 역시 추후 본안소송을 통해 이 사건 각 계약에 대한 채무자들의 해제가 효력이 없다는 점이 밝혀지더라도 채권자는 채무자들을 상대로 금전적 손해배상을 통한 손해의 전보가 가능할 것이고, 이 사건 각 계약은 상호간의 고도의 신뢰관계가 필요한데 신뢰관계가 상당히 훼손된 점 등을 이유로 보전의 필요성을 부정하였는바, 위 법리에 비추어 타당하다.

Ⅲ. 대상결정의 평가

가상자산을 비롯한 블록체인 생태계를 만드는데 있어서 메인넷의 존재 및 개발은 매우 중요하고, 때문에 이를 위한 용역 계약과 그 과정에서 발행되는 토큰의 관리, 지배, 처분 및 토큰의 구체적인 지급의무의 내용과 이행기 등이 지속적으로 문제될 것으로 보인다. 대상결정은 메인넷 개발 계약 체결 및 이행과정에서 개발업무를 담당하는 자의 메인넷 토큰 지급의무와 이행기에 대하여 처분문서의 문언과 메인넷 개발의 특수성을 고려한 당사자들의 합리적인 의사 등을 고려하여 타당한 결론을 도출하였는바, 계약 체결 과정 및 분쟁발생시 여러 가지 참고할 만한 점을 제시한 점에서 의미가 있다.

[86] 가상자산 전자지갑 시스템의 특허성 여부

—서울중앙지방법원 2022. 4. 29.자 2021카합21753 결정, 2022. 5. 7. 확정—

[사실 개요]

1. 채권자는 산학협력 계약의 체결 및 이행, 지식재산권의 취득 및 관리에 관한 업무 등을 목적으로 하는 법인으로, 아래 특허발명의 특허권자이다.

1) 발명의 명칭: 안전한 암호화폐 거래를 위한 분산 원장 기술 기반의 전자지갑 시스템 및 그 방법

2) 출원일 / 등록일 / 등록번호: 생략

3) 특허청구의 범위

청구항 1(이하 '이 사건 특허발명')

상호 이해 관계가 없는 각각 독립적인 기관인 암호화폐거래소, 전자지갑제공자, 그리고 전자지갑통제자를 이용한 안전한 암호화폐 거래를 위한 전자지갑시스템에 있어서(이하 '구성 1'),

상기 암호화폐거래소는 법정화폐로 암호화폐를 매매하는 암호화폐 매매부와 상기 암호화폐를 전자지갑으로부터 입출하는 암호화폐 입출금부를 구비하고(이하 '구성 2'),

상기 전자지갑제공자는 암호화폐 입출금 시 사용되는 암호화키를 암호화키 관리부에 보관하고, 암호키의 생성, 이용, 분배 그리고 파기에 관한 이력을 기록하고 관리하며, 상기 암호화폐 입출금부를 통하여 입금 시 상기 암호화키 관리부의 암호알고리즘을 사용하여 암호화폐를 암호화하여 보관용 전자지갑에 보관하고, 상기 암호화폐거래소로 출금 시는 입출금용 전자지갑을 통하여 상기 보관용 전자지갑에 보관 중인 암호화폐를 상기 암호화키 관리부의 암호알고리즘으로 복호화하여 출금하고(이하 '구성 3'),

암호화폐 입출금을 위한 상기 암호화폐 입출금부와 상기 전자지갑제공자 간의 전송구간은 물리적으로 이중화된 회선을 사용하고, 안전한 암호알고리즘으로 전송구간 암호화를 적용하며(이하 '구성 4'),

설정된 횟수 이상의 빈번한 입출금, 설정된 금액 이상의 과도한 금액 입출금을 포함하는 비정상적인 입출금 정보를 수집하고, 수집한 정보를 전송구간 암호화를 적용하여 상기 전자지갑통제자로 전송하고, 상기 전자지갑통제자는 전송받은 비정상적인 입출금 정보를 분석하여 자금세탁 또는 비인가된 입출금을 포함하는 비정상적인 거래를 탐지하고(이하 '구성 5'),

상기 암호화폐거래소, 전자지갑제공자, 그리고 전자지갑통제자가 참여하는 분산원장 네트워크를 구성하여 입출금거래원장을 생성/합의/저장/공유/동기화하되, 상기 전자지갑제공자가 입출금거래원장을 생성하여 상기 암호화폐거래소와 전자지갑통제자에게 전송하는 경우 암호알고리즘을 사용하여 전송하는 안전한 암호화폐 거래를 위한 전자지갑 시스템(이하 '구성 7').

(이하 생략)

2. 채무자는 컴퓨터 및 통신기기를 이용한 정보통신서비스업, 증권정보 제공업 및 이와 관련된 부대사업 등을 목적으로 하는 회사로, 가상자산 등 디지털 자산 거래소를 운영하면서 'A가상자산 거래소' PC 및 모바일 어플리케이션 프로그램(이하 통틀어 '채무자 프로그램')을 통하여 이용자들에게 가상자산 거래, 보관 등의 서비스를 제공하고 있다.
3. 채무자는 2021. 10. 29. 채권자를 상대로 이 사건 특허발명의 무효를 구하는 심판을 청구하였고, 특허심판원은 2022. 3. 21. '주위적으로 이 사건 특허발명의 구성 1, 2, 3, 5, 7의 기재가 불명확하여 특허법 제42조 제4항 제2호에 위배되고, 예비적으로 위 특허발명의 진보성이 부정된다.'는 이유로 이 사건 특허발명을 무효로 하는 심결을 하였다.
4. 이에 대하여 채권자는 채무자를 상대로 '채무자 프로그램은 이 사건 특허발명의 방법과 같은 "① 채무자가 모바일애플리케이션 PC프로그램 등을 이용하여 고객이 구매한 가상자산을 채무자의 전자지갑에 입금 및 보관하는 행위, ② 위 입금받은 가상자산을 콜드웰렛에 암호화하여 보관하는 행위, ③ 위 보관하던 가상자산을 복호화하여 출금하는 행위, ④ 가상자산 입출금시 비정상 거래를 탐지하는 행위, ⑤ 위 비정상 거래 내역을 금융정보분석원에 제공하는 행위"를 이용자들에게 제공하고 있다. 따라서 채무자가 위 프로그램을 작성·배포하는 등의 행위는 이 사건 특허발명에 관한 채권자의 특허권을 침해하는 행위이다. 이에 채권자는 특허법 제126조에 따라 위 ① 내지 ⑤ 행위의 서비스 컴퓨터 프로그램을 사용, 생산, 판매, 양도, 대여, 수출, 수입하거나 양도나 판매 및 대여를 위한 청약(판매나 대여를 위한 전시 포함)을 하여서는 아니된다'는 취지의 가처분 신청을 제기하였다.

[판결 요지]

1. 특허권침해소송의 상대방이 제조 등을 하는 제품 또는 사용하는 방법(이하 '침해제품 등')이 특허발명의 특허권을 침해한다고 하기 위해서는 특허발명의 특허청구범위에 기재된 각 구성요소와 그 구성요소 간의 유기적 결합관계가 침해제품 등에 그대로 포함되어 있어야 한다(대법원 2019. 1. 31. 선고 2018다267252 판결 등 참조).

2. 채권자는 '채무자 프로그램의 운용 과정에서 금융정보분석원이 이 사건 특허발명상 "전자지갑통제자"에 대응되고, 금융정보분석원이 위 특허발명상 전자지갑통제자의 기능이나 역할에 관한 구성을 수행한다'고 주장하면서, '금융회사 등이 금융정보분석원에게 특정 거래 내역을 보고할 의무가 있다'는 특정금융정보법상의 관련 규정(위 표 구성 5의 대응 구성란 참조) 내용만을 그 주장의 근거로 들고 있을 뿐이다. 그러나 과연 금융정보분석원이 이 사건 특허발명상 전자지갑통제자의 기능이나 역할에 관한 구성 5, 7과 동일하거나 그와 등가관계에 있는 구성을 수행하고 있는지 알 수 없고, 이에 관하여 구체적인 주장과 이를 뒷받침하는 소명자료가 제시되지 않았다.

3. 이 사건 특허발명은 구성 3에 관한 청구범위의 기재 및 발명의 상세한 설명에서 '입

금정보', '입출금거래원장', '입금내역', '출금내역', '입출금 정보' 등, 암호화할 것을 예정하고 있는 것들과 구분하여 '암호화폐'를 '암호화'할 것을 명시하고 있다. 그런데 채권자도 인정하고 있듯 가상자산 자체는 물리적인 실체가 없으므로 이를 '암호화'한다는 것은 상정하기 어렵다. 이에 관하여 채권자는, 통상의 기술자는 쟁점 구성을 '가상자산을 입금받을 보관용 전자지갑(콜드월릿)에 사용자의 "개인키"가 암호화된 채로 보관된' 구성으로 해석할 것이므로, 채무자 프로그램에는 쟁점 구성과 동일하거나 그와 등가관계에 있는 구성이 존재한다는 취지로 주장한다. 그러나 설령 통상의 기술자가 쟁점 구성의 '가상자산'을 '개인키'로 해석한다고 하더라도, '입금 시 개인키를 암호화하여 보관용 전자지갑에 보관'한다는 별도의 행위가 이루어지는 것으로 기재된 문언의 의미를 '암호화 된 개인키가 보관된 상태에서 가상자산을 입금' 받는다는 취지로 해석하는 것은 그 문언의 포섭범위를 넘는 것으로서 허용된다고 보기 어렵다. 나아가 일반적으로 가상자산의 거래에서 개인키는 최초 전자지갑이 생성될 때 함께 생성된 후 가상자산의 출금 등에 사용하기 위하여 전자지갑에 계속 보관되고 있는 것으로 가상자산을 입금 받을 때에는 사용되지 않는 점 등을 고려하면, '암호화 된 개인키가 보관된 상태에서 가상자산을 입금' 받는다는 것은 불필요한 기재에 불과하므로 쟁점 구성을 채권자의 주장처럼 해석할 동기를 찾기도 어렵다. 따라서 채권자의 위 주장을 받아들이지 아니한다. 그렇다면 채무자 프로그램이 이 사건 특허발명의 나머지 구성을 갖추고 있는지에 관하여 나아가 살필 필요 없이 이 사건 신청의 피보전권리가 소명되지 않았다.

4. 만일 가처분신청 당시 특허청에 별도로 제기된 등록무효심판절차에서 그 특허권이 무효라고 하는 취지의 심결이 있은 경우나, 등록무효심판이 청구되고 그 청구의 이유나 증거관계로부터 장래 그 특허가 무효로 될 개연성이 높다고 인정되는 등의 특별한 사정이 있는 경우에는 당사자 간의 형평을 고려하여 그 가처분신청은 보전의 필요성에 대한 소명이 없거나 부족한 것으로 보아 이를 기각함이 상당하다(대법원 2007. 6. 4.자 2006마907 결정 등 참조).

5. 앞서 보았듯이 채무자가 채권자를 상대로 제기한 이 사건 특허발명에 관한 무효심판 청구 사건에서 특허심판원은 위 특허발명을 무효로 하는 심결을 하였다. 그 밖에 앞서 본 피보전권리의 소명 정도와 기록에 나타난 당사자들의 사업 현황 등에 비추어 알 수 있는 가처분 신청의 인용 여부에 따른 당사자 쌍방의 이해득실관계, 본안소송에 있어서의 장래의 승패의 예상 등을 종합하여 위 법리에 비추어 보면, 이 사건 신청의 보전의 필요성도 소명되지 않았다.

해설

Ⅰ. 대상결정의 쟁점

특허법 제126조에서는 특허권자는 자기의 권리를 침해한 자 또는 침해할 우려가 있는 자에 대하여 그 침해의 금지 또는 예방을 청구할 수 있고(제1항), 위 청구를 할 때에는 침해행위를 조성한 물건(물건을 생산하는 방법의 발명인 경우에는 침해행위로 생긴 물건을 포함한다)의 폐기, 침해행위에 제공된 설비의 제거, 그 밖에 침해의 예방에 필요한 행위를 청구할 수 있다고(제2항) 규정하고 있다. 특허권자는 위 특허법 제126조에 따른 침해금지 등 청구권을 피보전권리로 하여 그 침해행위의 금지 또는 중지를 구하는 가처분을 제기할 수 있는데, 이 사건도 위 특허권 침해행위 금지에 관한 것이다.

이 사건은 가상자산 전자지갑 프로그램을 제작한 특허권자인 채권자가, 가상자산 거래소를 운영하는 채무자가 위 거래소의 웹페이지 및 어플리케이션 프로그램에 관한 이용서비스를 제공하면서 채권자의 위 전자지갑 특허를 침해하였다는 이유로 가처분 신청을 한 것으로 채권자의 특허발명 각 구성요소가 채무자 거래소 프로그램과 등가관계가 있는지 문제되었다.

Ⅱ. 대상결정의 분석

1. 특허발명에 관한 일반론

특허발명의 침해행위에 관한 유형으로 문언침해를 기본으로 하여, 균등침해,[1] 이용침해,[2] 우회침해[3] 등이 있는데 균등침해, 이용침해, 우회침해는 문제가 되는 특허발명을 이용하여 그 특허발명과 동일성을 실질적으로 유지하는 범위 내에서 변경을 가한 것으로 판례에 따르면 특허 침해로 인정된다. 그 기본형으로서의 침해형태인 문언침해는 청구범위의 문언해석에 의하여 특정된 특허발명의 각 구성요소와 그 구성요소 간의 유기적 결합관계가

1) 특허발명의 구성요소에 대응하는 상대방의 물건 또는 방법의 구성요소가 문언상 동일하지 않더라도 서로 등가관계에 있는 경우에 상대방의 물건 또는 방법이 특허발명을 침해하는 것으로 보는 것[지식재산권 재판실무편람 편찬위원회, 지식재산권 재판실무편람, 사법연수원(2020), 62쪽].

2) 상대방의 물건 또는 방법이 해당 특허발명의 기술적 구성에 새로운 기술적 요소를 부가하는 것으로서, 상대방의 물건 또는 방법이 특허발명의 권리범위에 기재된 구성요소와 구성요소들 사이의 유기적 결합관계를 그대로 포함하고 이를 그대로 이용하되, 상대방의 물건 또는 방법 내에서 특허발명이 발명으로서의 일체성을 유지하는 경우(지식재산권 재판실무편람 편찬위원회, 지식재산권 재판실무편람, 사법연수원(2020), 67~68쪽).

3) 물건 생산 관련한 발명에서 출발요소와 최종요소는 동일하게 하면서 특허에 위반하는 것을 회피할 의도로 불필요한 요소를 추가한 것(X + Y + Z → A의 특허발명에 대하여 X + Y' + Y + Z → A의 침해방법을 실시하는 경우, 지식재산권 재판실무편람 편찬위원회, “지식재산권 재판실무편람”, 사법연수원(2020), 67쪽).

상대방의 물건 또는 방법에 그대로 포함된 경우에 성립하는 것을 말한다.[4] 이 사건에서는 채권자가 명확하게 침해의 형태를 특정하지는 않았지만 그 주장 내용으로 미루어 볼 때 특허발명의 방법과 같은 형태로 이용자들에게 서비스를 제공하고 있다는 것으로 미루어 볼 때 최소한 문언침해를 주장한 것으로 보이고 주장 내용상 균등침해를 주장한 것으로 볼 여지가 있어 보이는 문구도 보인다.

문언침해의 경우 통상 청구범위에 기재된 각각의 구성요소와 그에 대응하는 것으로 특정된 상대방의 물건 또는 방법의 각각의 구성요소를 일대일로 대비하여 동일 여부를 검토하는 방식으로 결정이 이루어지고,[5] 균등침해의 경우 양 발명에서 과제의 해결원리가 동일하고, 그러한 변경에 의하더라도 특허발명에서와 실질적으로 동일한 작용효과를 나타내며, 그와 같이 변경하는 것이 그 발명이 속하는 기술분야에서 통상의 지식을 가진 자라면 누구나 용이하게 생각해 낼 수 있는 정도가 되어야 특허침해가 인정된다.[6]

2. 이 사건의 경우

이 사건에서 대상결정은 특허발명의 특허권을 침해한다고 하기 위해서는 특허발명의 특허청구범위에 기재된 각 구성요소와 그 구성요소 간의 유기적 결합관계가 침해제품 등에 그대로 포함되어 있어야 한다는 대법원의 판결[7]을 인용하면서 특허발명의 구성과 채권자가 주장하는 채무자 프로그램의 대응 구성을 일대일로 개별적으로 비교하였는데, 구성 5의 대응 구성란에서 채무자 프로그램의 금융정보분석원이 이 사건 특허발명의 전자지갑통제자에 대응하여 동일한 기능 또는 역할을 수행한다는 채권자의 주장에 대하여 이를 알 수 없거나 소명자료가 없다는 이유로 배척하고, 구성 3에서 '입금시 가상자산을 암호화하여 보관용 전자지갑에 보관하는 구성'에 대하여 이론상 불가능하다거나 해당 특허발명의 문언해석 범위를 뛰어 넘는다거나 위 각 문구를 개별하여 불필요한 기재에 불가하다는 이유로 이 사건 특허발명의 구성 3, 5의 요소가 채무자 프로그램과 대응되지 않아 피보전권리가 존재하지 않는다고 판시하였다.

한편 대상결정은 가처분채무자에 대하여 본안판결에서 명하는 것과 같은 내용의 특허권침해금지라는 부작위의무를 부담시키는 이른바 만족적 가처분일 경우에 있어서는 그에 대한 보전의 필요성 유무를 판단함에 있어서 위에서 본 바와 같은 제반 사정을 참작하여 보다 더욱 신중하게 결정하여야 할 것이므로, 만일 가처분신청 당시 특허청에 별도로 제기된 등록무효심판절차에서 그 특허권이 무효라고 하는 취지의 심결이 있은 경우 그 가처분신청

4) 지식재산권 재판실무편람 편찬위원회, 지식재산권 재판실무편람, 사법연수원(2020), 62쪽.
5) 지식재산권 재판실무편람 편찬위원회, 지식재산권 재판실무편람, 사법연수원(2020).
6) 대법원 2014. 7. 24. 선고 2012후1132 판결.
7) 대법원 2019. 1. 31. 선고 2018다267252 판결.

은 보전의 필요성에 대한 소명이 없거나 부족한 것으로 보아 이를 기각함이 상당하다는 취지의 대법원 결정[8)]을 인용하면서 채무자가 채권자를 상대로 제기한 이 사건 특허발명에 관한 무효심판 청구 사건에서 특허심판원은 위 특허발명을 무효로 하는 심결을 하였다는 이유로 보전의 필요성도 소명되지 않았다고 판시하였다.

Ⅲ. 대상결정의 평가

채권자의 특허발명과 채무자 프로그램의 각 구성요소를 구별하여 대응 분석한 후 채무자 프로그램이 채권자의 특허발명의 구성요소를 모두 갖추지 못하였다는 이유로 가처분 신청을 기각한 대상결정의 결론은 합리적이고 타당하다고 생각된다.

특히 대상결정은 가처분 신청에 관한 것이지만 특허발명 침해금지의 소와 마찬가지의 결과를 얻을 수 있는 만족적 가처분으로 그 소명과 자료 제출에 있어 소송에 준할 정도의 심리가 필요하다고 보이는 하나, 채무자에 의하여 특허청에 별도로 제기된 등록무효심판절차에서 채권자의 특허발명이 무효의 심결을 받았다는 점에서 채권자의 가처분 신청이 채무자와의 법률상 분쟁에 대응하고 위 심결을 무력화하기 위한 차원에서 이루어졌을 가능성이 농후한 바 위 결정의 결론에 도달하는 것이 매우 어렵지는 않았을 것으로 보인다. 대상결정은 가상자산 전자지갑과 관련한 특허침해 여부를 다룬 사안으로 의의가 있고, 다만 위 가상자산 전자지갑 특허 사건을 단순히 컴퓨터 프로그램의 특허 사건으로 준해서 보기 보다는 가상자산 산업의 특성을 고려하여 독자적으로 법리를 구성할 수는 없는지 연구가 필요하다고 생각된다.

---

8) 대법원 2007. 6. 4.자 2006마907 결정.

[87] 유사수신행위 의심을 받는 가상자산 이용자에 대한 거래정지처분의 적법성

— 서울중앙지방법원 2022. 5. 13.자 2022카합20001 결정, 2022. 5. 24. 확정 —

[사실 개요]

1. 채무자는 'A'라는 가상자산 거래소(이하 '이 사건 거래소')를 운영하는 회사이고, 채권자는 이 사건 거래소의 서비스를 이용하는 회원이다.
2. 채무자는 2021. 6. 2. 채권자에 대하여 수사기관의 협조요청을 이유로 이 사건 거래소의 서비스 이용을 제한(거래정지)하는 조치(이하 '이 사건 이용제한조치')를 하였다.
3. 수원지방법원은 2022. 2. 18. 채권자의 이 사건 거래소 전자지갑에 보관 중인 가상자산의 반환채권에 대하여 기소 전 추징보전결정을 하였다.
4. 이에 대하여 채권자는, 채무자를 상대로, '채권자의 이 사건 거래소 전자지갑에 있는 가상자산은 범죄행위와 아무런 관련이 없고 수사기관의 협조요청만으로 채권자가 범죄행위에 관여하고 있다고 합리적으로 의심되는 경우에 해당한다고 볼 수도 없고, 추징보전을 대비한 거래정지는 약관에 정해진 바 없으므로, 채권자에게는 약관상 이용제한조치의 사유가 존재하지 않는다'는 등의 이유로 채무자의 거래정지조치를 하여서는 아니된다는 취지로 가처분 신청을 제기하였다.

[결정 요지]

1. 경기도남부경찰청은 채무자에게 2021. 5. 6.부터 2022. 1. 10.까지 5회에 걸쳐 '채권자 등 피의자들이 2020. 8. 31.부터 2021. 3. 10.까지 피해자들로부터 유사수신을 하여 가상자산을 취득하였다'는 내용의 사건과 관련하여 채권자의 이 사건 거래소 전자지갑 주소에 대하여 임시동결하여 줄 것을 요청하는 수사협조의뢰 공문을 보냈다. 수원지방법원은 2022. 2. 18. 채권자의 이 사건 거래소 전자지갑에 보관 중인 가상자산의 반환채권에 대하여 기소 전 추징보전결정을 하였는데, 그 피의사실의 요지는 '채권자는 유사수신 조직의 8단계 회원등급 중 최상위인 체어맨급 회원으로서, 2020. 7. 29.부터 2020. 11. 24.까지 리더스클럽을 결성하여 에어드랍서비스 투자설명회를 개최하는 등으로 피해자들 52,245명으로부터 합계 2,219,574,337,500원을 편취하고, 유사수신행위를 하였다'는 것이었다. 위 각 수사협조의뢰와 기소 전 추징보전결정 등에 비추어, 채권자가 주장하고 있는 사정을 고려하더라도 채권자는 이 사건 거래소 약관에 정해진 이용제한조치 사유인 '범죄행위 등에 관여하고 있거나 관여하고 있다고 합리적으로 의심되는 경우'에 해당한다고

볼 여지가 크다.

2. 나아가 설령 채권자의 가상자산에 대하여 범죄행위와의 관련성이 인정되지 아니하여 최초 이 사건 이용제한조치가 부당하였다고 가정하더라도, 앞서 본 추징보전결정의 집행으로 인하여 이 사건 거래소 약관 제17조 제2항 제11호[1]의 이용제한조치 사유가 발생하였고, 위 추징보전결정이 위법하여 무효라는 점에 대한 소명이 없거나 부족하므로, 현 단계에서 채권자에 대한 이용제한조치 사유가 존재하지 않는다고 할 수는 없다. 최근 가상자산 관련 불법행위가 급증하고 있고 그 피해 또한 심각하게 발생하고 있음에도 가상자산 투자자 내지 피해자 보호 등에 관하여 법적 보호장치가 충분히 정비되지 않은 현 상황에서 가상자산 시장 관리 및 투자자 내지 피해자 보호 등의 책임을 부담하는 채무자로서는 범죄행위에 관여되었다는 합리적인 의심이 드는 회원에 대하여 더욱 적극적인 조치를 할 필요가 있으므로, 이용제한조치의 범위에 대하여 이 사건 거래소를 운영하는 채무자에게 폭넓은 재량이 인정된다고 할 것이고, 단순히 가상자산의 매도대금 출금을 제한하는 것만으로 이용제한조치의 목적을 충분히 달성할 수 있다고 단정하기도 어렵다.

3. 채권자는 2021. 11. 25. 이 사건 이용제한조치에 대하여 이 사건 거래소에 이의신청을 하였는데, 채무자는 '경기남부경찰청의 요청으로 인해 부득이 동결된 계정이기 때문에 해당 경찰청의 해제 요청 없이 계정의 정상이용이 불가하다'라는 답변을 하였다. 이는 채무자가 채권자의 이의신청을 받아들이지 아니하는 의사를 표시한 것으로 판단되므로, 이의신청의 기회를 보장하지 않은 것이라는 채권자의 주장은 이유 없다. 채권자가 이 사건 이용제한조치로 인하여 이 사건 거래소의 가상자산을 보다 유리한 가격에 처분하지 못함으로써 발생하는 손해는 간접적인 것에 불과하고 금전배상으로 회복이 가능한 반면, 채무자로서는 이 사건 이용제한조치가 해제될 경우 본안소송에서 승소하더라도 이 사건 거래소에 대한 신뢰 저하 및 평가의 훼손 등 금전으로 배상하기 어려운 손해를 감수하여야 할 가능성이 있으므로, 이 사건 신청은 그 보전의 필요성도 소명되지 않는다.

해설

Ⅰ. 대상결정의 쟁점

그 동안 해킹을 이용한 가상자산 탈취, 유사수신행위 및 다단계를 이용한 가상자산 모집, 마약 또는 음란물 거래를 위한 비트코인 전송 등의 형사처벌을 어떻게 할 것인지가 문

1) 회원과 회원의 계정 내 KRW, 디지털 자산을 각 채무자 등 대상자, 집행 대상 자산으로 하여 (가)압류 결정, (가)처분 결정, 추징보전명령, 기타 이와 유사한 법원 또는 수사기관의 결정이나 명령, 처분 등이 있는 경우

제되었고, 이와 연동되어 민사적으로 불법행위 손해배상, 부당이득반환청구 등의 본안 사건이 상당히 많이 발생하였다. 그리고 대상결정은 이와 맥락을 같이 하여 가상자산 거래소의 이용자 계정이 범죄행위와 연관되었다는 의심이 있어 이루어진 거래정지조치가 과연 적법한지 문제된 사안으로 그 판시 내용을 주목할 만하다.

Ⅱ. 대상결정의 분석

이용자 계정이 범죄행위에 연루되었다는 의심이 있다는 사유로 이루어진 거래소의 이용제한조치와 관련하여 해당 범죄행위의 인지 여부 또는 수사 개시 시점에 따라 내사 및 수사 전 단계, 내사 및 수사 단계, 기소 단계, 판결 확정 단계로 나눌 수 있을 것이다. 거래소의 이용자 계정에 대한 이용제한조치는 범죄행위와 관련되었다는 표지가 존재하거나 그 의심이 있을 때 긴급하게 행해지므로 보통 내사·수사 전 단계와 내사·수사단계에서 이루어질 것이다. 그런데 내사·수사 전 단계의 경우 경찰이나 검찰 등 수사기관에서 개입하지 않은 상태로서 형사적으로 공신력 있는 기관에서 해당 이용자 계정이 형사범죄와 관련이 있음을 객관적으로 뒷받침하지 못한 상황에서, 피해자의 신고 또는 이용자 계정의 이상거래만으로 거래소의 이용제한조치를 행할 수 있는지에 대하여 다소 엄격하게 볼 필요는 있을 것이다.

이와 달리 이 사건의 경우 이미 수사기관에 인지된 수사단계에 있었다고 보이는데, 피해자들의 신고가 이루어진지 기간이 많이 경과하지 않은 단계로서 경찰청의 거래소에 대한 수사협조의뢰 공문과 기소 전 추징보전결정이 있었는데 대상결정은 '위 각 수사협조의뢰와 기소 전 추징보전결정 등에 비추어, 채권자가 주장하고 있는 사정을 고려하더라도 채권자는 이 사건 거래소 약관에 정해진 이용제한조치 사유인 "범죄행위 등에 관여하고 있거나 관여하고 있다고 합리적으로 의심되는 경우"에 해당한다고 볼 여지가 크다.'고 하여 이용제한조치를 행할 충분한 사유가 존재한다고 판단하였다.

게다가 이 사건 거래소 약관 제17조 제2항 제11호에서는 법원은 추징보전결정은 이용제한조치에 사유에 해당함을 명시하였고 채권자는 위 거래소 계정에 가입할 당시 위 약관을 숙지하고 가입신청을 하였음이 추단되므로 약정 내용에 따라 위 이용제한조치를 행할 수 있다고 볼 수 있다.

이와 관련하여 법원은 '가상자산 관련 불법행위가 급증하고 있고 그 피해 또한 심각하게 발생하고 있음에도 가상자산 투자자 내지 피해자 보호 등에 관하여 법적 보호장치가 충분히 정비되지 않은 현 상황에서 채무자로서는 범죄행위에 관여되었다는 합리적인 의심이 드는 회원에 대하여 더욱 적극적인 조치를 할 필요가 있다'고 판시하면서 이용제한조치의 발동 및 그 내용에 대하여 거래소에게 넓은 재량을 부여하였다고 판시하였는데, 이는 주목할 만하다.

Ⅲ. 대상결정의 평가

대상결정은 유사수신행위 등 범죄행위에 가상자산 거래소의 이용자 계정이 연관되어 있는 경우 거래소의 이용제한조치에 대하여 정당성을 제공하였다는 점에서 큰 의의가 있다. 특히 이용자는 위 이용제한조치로 인하여 제때에 해당 가상자산을 처분하지 못하여 손해가 발생할 수 있기는 하나 이는 직접적으로 발생하는 손해가 아니라 간접적인 반사적 손해에 불가하고 나중에 위 이용제한조치가 위법 또는 부당하다고 밝혀진 경우 금전배상으로 전보될 수 있지만 위 범죄행위가 사실로 밝혀져 손해가 발생한다면 피해자들로서는 이를 배상받기 어려울 수도 있고 거래소에 대한 신뢰 저하 등이 발생할 수 있으므로 보전의 필요성도 넉넉히 존재하는바 대상결정은 결론적으로 타당하다고 평가된다.

[88] 가상자산의 발행과 저작권 침해

—서울중앙지방법원 2022카합20467 결정, 서울고등법원 2022라20743호로 항고심 중—

[사실 개요]

1. 채권자 A는 만화 '열***'(이하 '이 사건 저작물')의 어문저작물에 관한 저작권자, 채권자 B는 이 사건 저작물의 미술저작물에 관한 저작권자이다.
2. 채권자 A가 대표이사로 있던 회사 및 채권자 B는 2021. 5. 20.경 채무자에게 이 사건 저작물을 활용한 모바일 게임의 개발 및 판매에 관한 권한을 부여하는 계약(이하 '이 사건 계약')을 체결하였다.
3. 채무자는 2022. 3. 7.경 이 사건 저작물을 활용하여 제작한 모바일 게임 '열*******'(이하 '이 사건 게임')의 사전 예약 홈페이지를 개설하였고, 이 사건 게임은 2022. 3. 31.경 출시되었다.
4. 채권자는 ① 채무자가 일반적인 모바일 게임이 아닌 가상화폐(이하 '이 사건 토큰')를 결합한 P2E(Play to Earn) 게임인 이 사건 게임을 개발·판매하는 행위는 이 사건 계약에서 정한 이 사건 저작물 이용허락의 범위를 넘어서는 것이어서 이 사건 저작물에 관한 채권자들의 2차적 저작물 작성권 및 공중송신권을 침해하는 행위이고, ② 채무자가 이 사건 토큰을 발행·판매하면서 이 사건 저작물을 활용하여 홍보하는 것 역시 이 사건 저작물에 관한 채권자들의 복제권, 2차적 저작물 작성권 및 공중송신권을 침해하는 행위라고 주장하면서 이 사건 가처분 신청을 하였다.
5. 이 사건 가처분 신청의 신청취지는 다음과 같다.
   가. 이 사건 게임에서 이 사건 토큰을 발행, 채굴, 지급, 유통, 다른 토큰과의 교환기능, 이 사건 게임 내 NFT 및 블록체인 기술을 이용한 모든 기능을 제외하지 않고는 이 사건 게임을 제작, 배포, 판매, 대여, 광고, 전시 또는 전송하여서는 아니 된다.
   나. 이 사건 게임 사전예약페이지에서 진행 중인 이 사건 토큰 에어드랍 이벤트 및 친구초대이벤트 진행으로 인한 이 사건 토큰 발행 및 지급행위를 중단하여야 한다.
   다. 위 각 의무를 위반할 경위 위반일 1일당 신청금액을 지급하라.

[판결 요지]

1. 이 사건 게임은 채권자들이 이 사건 계약으로 이 사건 저작물의 이용을 허락한 범위인 모바일 게임으로 개발되었다.

2. 채무자가 발행한 가상화폐인 이 사건 토큰은 이 사건 게임을 포함하여 위** 플랫폼 기반 게임에서 공통으로 사용될 수 있는 결제수단으로, 이 사건 저작물을 이용하여 발행된 것이 아니다. 즉, 이 사건 토큰은 이 사건 저작물을 이용하여 개발된 이 사건 게임에 결제수단으로 추가되었을 뿐 이 사건 저작물과의 직접적인 이용관계는 없다.

3. 이와 같이 이 사건 저작물과의 직접적인 이용관계가 없는 이 사건 토큰을 이 사건 게임의 결제수단으로 도입한 것은, 이 사건 저작물을 어떻게 이용하여 이 사건 게임을 개발할 것인지의 문제가 아니라, 이 사건 저작물을 이용하여 개발한 이 사건 게임의 흥행을 위해 이용자에게 어떠한 보상을 제공할 것인지를 선택한 결과로 볼 수 있다. 이러한 선택 사항을 저작물 이용허락 계약인 이 사건 계약에서 정해져야 하는 저작물의 이용 방법 및 조건에 관한 사항으로 단정하기는 어렵고, 따라서 이 사건 계약에서 가상화폐 도입에 관하여 정해지지 않았다는 이유로 그에 관한 결정권이 이 사건 저작물의 저작권자인 채권자들에게 당연히 유보된 것으로 볼 수는 없다.

4. 이 사건 계약은 채무자가 게임 출시 전에 채권자 측의 사전 검수를 획득하여야 한다고 정하였으나 이 사건 계약의 법적 성질과 내용, 문언과 맥락, 체결 경위와 관련 거래 관행 등에 비추어 볼 때, 이 사건 저작물의 구체적인 이용 방법 및 조건에 관한 사항이 아닌 게임의 결제수단 부분까지 채권자 측의 사전 검수를 받아야 한다는 내용으로 해석하기에는 무리가 있다.

5. 채권자들이 제출한 자료만으로는 이 사건 계약에 따른 이용허락의 범위에 가상화폐를 결합한 P2E 게임이 제외되는 것으로 해석하지 않는다면 대가관계에 중대한 불균형이 있다거나, 가상화폐인 이 사건 토큰을 결합한 P2E 게임을 전제로 하였을 경우 당사자들이 이 사건 계약과는 다른 내용으로 약정하였으리라고 예상된다는 점이 충분히 소명되었다고 보기 어렵다.

6. 이 사건 게임의 활성화를 위한 이벤트를 홍보한 것으로 보이고 이 사건 토큰 자체를 홍보한 것으로 보이지는 않으므로 이 사건 계약의 이용허락 범위를 넘어 이 사건 저작물을 이 사건 토큰 홍보에 사용하였다고 볼 수 없다.

해설

이 사건 가처분신청에 대해 원고들이 항고하여 항고심 계속중이다. 이 사건 판결에 대한 해설 역시 집필자의 개인적 의견에 불과하다는 점을 밝혀둔다.

Ⅰ. 저작권 침해금지가처분

1. 이 사건 게임은 만화의 저작자의 이용허락을 받고 이 사건 저작물을 이용하여 모바일 게임으로 개발되었다. 원고들은 저작권자인 자신들이 이용허락을 한 범위를 초과하여 이 사건 게임이 만들었고, 홍보되고 있다고 주장하면서 저작권에 기한 금지청구권을 피보

전권리로 하여 채무자의 침해행위의 금지를 구하고 있다. 이는 저작권을 침해하거나 침해할 우려가 있는 자에게 본안판결에서 명할 침해금지의 부작위의무를 미리 부과하는 점에서 임시의 지위를 정하기 위한 가처분에 속하며, 가처분에서 명하는 부작위의무가 본안소송에서 명할 부작위의무와 내용상 일치하는 이른바 만족적 가처분에 속한다.

2. 저작권 등 지적재산권 침해금지가처분은 소송목적의 값을 산출할 수 없는 재산권상의 소에 해당하므로 합의관할이고, 토지관할의 경우 본안의 관할법원 또는 다툼의 대상이 있는 곳을 관할하는 지방법원이다. 실무상 침해행위가 실제로 이루어지는 곳의 특별재판적을 인정할 수 있는가가 다투어지고 있는데 불법행위지의 특별재판적 규정은 적용될 수 없다는 견해가 지배적이고, 불법행위를 원인으로 한 손해배상청구의 소는 지식재산권침해금지가처분의 본안소송에 해당하지 않는다고 본다.

3. 피보전권리와 보전의 필요성

만족적 가처분의 특성에 비추어 본안소송에서 충분한 증거조사를 거쳤으면 금지청구나 손해배상청구가 인용될 수 있는 사안임에도 피보전권리나 보전의 필요성에 관한 소명이 부족하다는 이유로 가처분신청이 기각되는 경우가 있다. 만족적 가처분의 경우 보전의 필요성을 인정하는 데는 신중할 필요가 있고, 피보전권리에 대해서도 다른 가처분신청과 달리 고도의 소명을 요구하고 있다.

Ⅱ. 이 사건에서의 적용

1. 피보전권리

가. 저작권자인 원고들은 피고가 만든 이 사건 게임에서 가상자산인 이 사건 토큰을 사용하도록 하는 것은 저작권자의 이용허락을 넘는 행위로서 저작권 침해행위라고 주장하고 있다. 따라서 피고가 이 사건 토큰을 발행하여 이 사건 게임에서 사용하도록 하는 것이 저작권 침해행위가 되는지, 즉 이용허락 범위를 넘는 것인지에 대해 살펴본다.

나. 이 사건에서 원고들과 피고는 이 사건 저작물을 활용하여 이 사건 게임을 만드는 것에 대해서 이용허락계약을 하였다. 저작권의 보호대상은 인간의 사상이나 감정을 말, 문자, 음, 색 등으로 구체적으로 외부에 표현한 창작적인 표현 형식이다. 따라서 이 사건 게임 중 일부가 저작권자의 이용허락 넘는 행위로서 저작권을 침해하였다고 보기 위해서는 이 사건 게임의 내용이나 표현형식이 저작권자가 이용을 허락한 범위를 초과한다는 점이 입증되어야 할 것이다. 이 사건 결정에서도 이 사건 토큰은 이 사건 게임을 포함하여 위** 플랫폼 기반 게임에서 공통으로 사용될 수 있는 결제수단으로, 이 사건 저작물을 이용하여 발행

된 것이 아니고, 이 사건 저작물과의 직접적인 이용관계는 없다는 점을 지적하고 있다.

다. 물론 계약자유의 원칙상 저작권자로서는 자신의 저작물을 이용하여 2차 저작물인 이 사건 게임을 제작하는데 있어 가상자산을 결제수단으로 하는 경우 저작권이용허락을 하지 않도록 계약을 할 수는 있다. 그러나 가상자산을 통해 2차 저작물인 이 사건 게임 내에서 사용한다는 이유만으로 저작권침해라고 할 수는 없다. 이 사건 결정에서도 같은 취지로 다음과 같이 판시하고 있다.

이와 같이 이 사건 저작물과의 직접적인 이용관계가 없는 이 사건 토큰을 이 사건 게임의 결제수단으로 도입한 것은, 이 사건 저작물을 어떻게 이용하여 이 사건 게임을 개발할 것인지의 문제가 아니라, 이 사건 저작물을 이용하여 개발한 이 사건 게임의 흥행을 위해 이용자에게 어떠한 보상을 제공할 것인지를 선택한 결과로 볼 수 있다. 이러한 선택 사항을 저작물 이용허락 계약인 이 사건 계약에서 정해져야 하는 저작물의 이용 방법 및 조건에 관한 사항으로 단정하기는 어렵고, 따라서 이 사건 계약에서 가상화폐 도입에 관하여 정해지지 않았다는 이유로 그에 관한 결정권이 이 사건 저작물의 저작권자인 채권자들에게 당연히 유보된 것으로 볼 수는 없다.

라. 이 사건 가처분은 만족적 가처분에 해당하므로 저작권 침해의 피보전권리에 대해 고도의 소명이 필요한데 이 사건에서는 원고들의 소명만으로는 피보전권리를 인정하기 어렵다고 판시하고 있다.

마. 한편, 이 사건 게임의 명칭 뒤에 글로벌이라는 기재가 붙어 있는데 이 사건 계약 당시 게임명칭에 대해 저작권자인 원고들이 알았다면 이 사건 게임은 한국에서 출시하지 않을 수도 있음을 알 수 있었다고 볼 것이다. 만일 게임명칭에 대해 알지 못한 경우 저작권자인 원고들은 이 사건 게임이 당연히 한국에서 발매되리라고 기대할 수 있었고, 한국에서의 게임발매와 한국외 외국에서의 게임발매에 대해서 각 저작권이용료에 차이가 분명하다면 이 사건 게임에 가상자산인 이 사건 토큰이 사용되도록 하고 그로 인하여 이 사건 게임이 외국에서만 발매되는 경우 저작권자인 원고들이 국외용으로 제작하는 이 사건 게임에 대해 저작권 이용허락을 하지 아니할 가능성은 존재한다.

이 사건 계약 당시 이 사건 게임명칭에 대해 원고들이 알고 있었는지 혹은 이 사건 게임이 국내에서 발매할 것인지, 국외에서 발매할 것인지에 대한 논의가 있었는지 추가로 조사해보는 것도 좋을 것이다. 다만 이러한 논의가 전혀 없었다고 한다면 원고들이 이 사건 게임에 가상자산을 사용한다고 알았더라면 이 사건 계약을 하지 않았다거나 저작권 이용료 등 이 사건 계약의 핵심적 내용을 달리 정하였을 것이라고 인정하기는 쉽지 않을 것으로 보인다.

2. 보전의 필요성

이 사건 결정에서는 원고들의 피보전권리를 소명부족으로 인정하고 있지 아니하여 나아가 보전의 필요성이 있는지에 대해서는 판단하지 아니하였다.

> 앞서 본 바와 같이 이 사건 토큰을 이 사건 게임에서 사용하도록 하는 것이 저작권자의 사상이나 감정의 표현을 훼손하는 것이라고 보기 어려워 저작권침해행위를 방지할 급박한 필요성이 인정되기도 쉽지 않을 것 같다. 이 사건 토큰을 이용한 거래에 대해서는 블록체인에 명확하게 기재되므로 피고가 이 사건 토큰을 이용함으로써 얻은 수익도 명확하게 추정가능하다. 만일 이 사건 토큰을 이 사건 게임에서 사용하도록 하는 것이 저작권침해행위에 해당한다면 원고들은 이러한 저작권침해행위에 대해 금전적으로 손해배상을 받을 수 있고, 금전적 손해배상으로 전보가 어려운 손해가 발생한다는 점에 대해서도 소명이 없다.

3. 이 사건 토큰을 이 사건 게임의 초기 가입유저에게 배분하는 행위 역시 이 사건 이용허락계약에 그와 관련한 명확한 기재가 없는 이상 저작권침해행위라고 보기 어렵다. 이 사건 결정에서도 '채권자들이 제출한 자료만으로는 이 사건 계약에 따른 이용허락의 범위에 가상화폐를 결합한 P2E 게임이 제외되는 것으로 해석하지 않는다면 대가관계에 중대한 불균형이 있다거나, 가상화폐인 이 사건 토큰을 결합한 P2E 게임을 전제로 하였을 경우 당사자들이 이 사건 계약과는 다른 내용으로 약정하였으리라고 예상된다는 점이 충분히 소명되었다고 보기 어렵다.'고 판시하였는데 이 사건 게임에서 이 사건 토큰을 사용하도록 한 것이 저작권이용료의 큰 하락을 가져오지는 않았고 오히려 이 사건 게임의 매출액이 크게 상승하여 저작권이용료 역시 상승하였다는 것이 판시 이유의 근거로 사용되었다.

Ⅲ. 결론

1. 2차 저작물인 게임 등에 가상자산을 사용하도록 한 것만으로는 저작권침해행위라고 보기 어렵다.

2. 저작권자가 2차 저작물을 만드는 자에게 저작물이용허락을 하는 경우 2차 저작물에서 가상자산을 사용하도록 하지 않도록 하려면 명확하게 2차 저작물 이용에 있어 가상자산을 사용할 수 없도록 하여야 한다고 계약에 명시적으로 기재할 필요가 있고, 이러한 기재가 없는 이상 가상자산의 사용만으로 저작권위배행위라고 할 수 없다.

3. 가상자산은 보다 진보된 결제수단으로 인터넷을 통해 보다 쉽게 국제간 결제가 가

능하도록 할 수 있다. 2차 저작물을 생성하는데 가상자산을 결제수단으로 사용하지 못하게 하는 계약 역시 가능하기는 하지만 그러한 계약으로 저작권자에게 어떠한 경제적 이득이 있다고 보기 어렵다. 가상자산을 이용한 게임이 2022. 7. 현재 한국에서 허용되고 있지 아니하므로 국내에서의 이 사건 게임에 대한 매출이 발생하지 않을 수는 있지만 가상자산을 이용함으로써 국외에서 얻을 수 있는 게임매출과 가상자산을 이용하지 아니하고 국내에서 전통적인 방식으로 게임을 출시함으로써 얻을 수 있는 게임매출 사이에서 어느 쪽이 더 크다고 인정할 합리적인 근거는 현재 존재하지 않는다.

제8장

기타

[89] 가상자산 관련 기사의 저작물 여부

—서울중앙지방법원 2022. 4. 29. 선고 2021가단5132908 판결—

[사실 개요]

1. 원고는 "A"라는 매체를 운영하면서, IT, 블록체인, 가상 자산 관련 뉴스를 보도하는 전문 매체 회사이고, 피고는 소프트웨어 개발 및 판매, 온라인 정보제공업 등을 영위하는 회사로서, 2018. 3.부터 'B' 인터넷 사이트(이하 'B사이트'라고 한다) 및 'B' 어플리케이션을 운영하고 있는데, 위 'B'는 각종 가상자산(코인) 관련 게시판 운영, 가상자산 관련 뉴스 및 공시 게재, 각종 시세조회 등 가상자산과 관련한 종합적인 서비스를 제공하는 플랫폼이다.
2. 원고 회사의 마케팅 팀장 C는 2018. 11. 중순 피고에게 피고의 위 B사이트에 원고의 뉴스를 게재하고 원고의 로고, 이미지 사용 및 상품 소개, 판매 중개의 내용을 포함한 양해각서(MOU)를 작성하자는 취지의 업무제휴협약(이하 '이 사건 협약'이라고 한다) 체결을 제안하였다.
3. 이에 피고는 2019. 3. 19. 원고의 요구사항을 반영하여 원고에게 뉴스 공식계정을 부여하고, 원고 회사의 공식계정 담당자인 D 본부장은 피고에게 메신저를 통해 공식계정으로 등록할 이메일을 전달하였고, 피고는 위 이메일과 해당 아이디로, 원고가 알려준 URL 주소에서 검색 엔진 로봇을 이용하여 실시간으로 기사 제목, 내용, 최근 기사를 수집하는 크롤링 서비스를 개시하였다.
4. 원고 회사의 D 본부장은 2019. 3. 19. 피고 회사 담당자에게 메신저를 통하여 '계정이 만들어지면 저희가 직접 기사를 올려야 하나요?'라고 질문하였고, 피고 회사 담당자는 '기사 올리는 건 RSS형태로 저희가 크롤링해 자동으로 올라갈 예정입니다. C 팀장님께 말씀드렸는데, 블록○○○(원고)에서 저희가 자동으로 크롤링해 봇으로 게시할 예정입니다'라고 답하였다.
5. 피고 회사 담당자는 2019. 3. 20. 원고 회사의 D 본부장에게 메신저를 통하여 '… 만들어드린 계정으로 뉴스 크롤링 작업될 것 같습니다. 뉴스크롤링 이외에 게시글 작성 관련해서는 계정이용에 편의상 가이드 공유드립니다. 저희 프로젝트 마케팅 패키지에 들어가는 공식계정 가이드라 다소 맞지 않는 부분도 많은데 감안하셔서 참고해주세요'라고 안내하였고, D는 '제 메일로 가이드 라인 주셨죠. 혹시 제가 카페에 먼저 가입한 뒤에 진행하면 될까요?'라고 물었다.
6. 피고는 2019. 2. 3.부터 2021. 5. 21.경까지 위 B사이트에 원고가 작성한 12,997건의 기사(이하 '이 사건 기사'라고 한다)를 그대로 복제하여 게시하였고, 현재까지도 게시하고 있다.
7. 원고는 2021. 4. 30. 피고에게 '발신자: 블록체인○○○협회 회장사 주식회사 블록체인, 수신자: 피고'로 되고 '피고가 위 협회 소속 원고, E, 블록F 등 3개 회사의 기사를 무단으로 도용하였으므로 총액 574억 8,570만 원 손해배상을 청구한다'는 내용이 포함된 이메일(이하 '이 사건 이메일'이라고 한다)을 보냈다.
8. 이와 관련하여 원고는, 피고를 상대로 '피고는 원고로부터 어떠한 동의나 허락을 받지 아니하고 무단으로 이 사건 기사를 복제, 배포하여 원고의 이 사건 기사에 대한 저작권을 침해하였다. 한국언론진흥재

단 뉴스저작물 사용료 징수규정 제9조 제1항에 따르면, 이용자가 요청하는 뉴스저작물을 "상업용 온라인 이용"에 복제, 배포하고자 하는 경우 기사 1건당 30만 원으로 사용료를 책정하고 있고, 원고가 한국언론진흥재단과 기사에 관한 신탁관리 계약을 체결하지는 않았으나, 위 규정은 원고와 동일한 언론사들이 통상적으로 징수하는 사용료에 대한 것이므로, 피고는 원고에게 이를 기준으로 하여 산정한 손해배상금 605,100,000원(= 30만 원 x 2,017개)을 지급할 의무가 있다고 할 것이다. 따라서 원고는 그 일부인 100,000,000원과 이에 대한 지연손해금을 청구한다.'고 주장하면서 이 사건 소를 제기하였다.

[판결 요지]

1. 이 사건 기사의 대부분은 그 내용에 비추어볼 때 단순히 사실을 전달하는데 그치는 것이 아니라, 기사의 내용인 사실을 기초로 하여 그에 대한 작성자의 비판, 예상, 전망 등이 표현되어 있고, 그 길이와 내용에 비추어 볼 때 이를 작성한 기자가 자료 분석, 인터뷰 등의 다양한 방법으로 수집한 소재 중 자신의 일정한 관점과 판단기준에 근거해 소재를 선택하고, 이를 배열한 후 독자의 이해를 돕기 위한 어투, 어휘를 선택하여 표현하였다고 할 것이어서, 이에는 작성자의 창조적 개성이 드러나 있다고 할 것이므로 이는 저작권법의 보호대상이 되는 저작물이라고 할 것이다.

2. 위 인정사실과 피고가 2년여 동안 이 사건 기사를 위 B사이트에 게재하였음에도 원고가 2021. 4. 30. 이 사건 이메일을 발송할 때까지 아무런 이의를 제기하지 아니하였던 것으로 보이는 점, 원고는 위 B사이트에 이 사건 기사가 게재됨으로써 원고 회사의 이름, 기사가 노출되어 신뢰성 있는 정보를 제공하는 업체라는 이미지와 홍보 효과를 누리고, 마케팅 활동도 확대하는 등 광고 효과를 누렸던 것으로 보이는 점 등의 사정을 종합하여 보면, 원고와 피고는 2018. 11. 중순경부터 2019. 3. 19.까지 사이의 어느 시점에 이 사건 협약을 체결하였다고 봄이 상당하므로, 피고는 이 사건 협약에 따라 위 B사이트에 이 사건 기사를 게재할 권리가 있었다고 할 것이다. 따라서 피고가 원고의 이 사건 기사에 대한 저작권을 침해하였다는 원고의 주장은 결국 받아들일 수 없게 되었으므로, 원고의 나머지 주장은 나아가 살필 필요가 없다.

(항소 없이 확정됨)

해설

Ⅰ. 대상판결의 의의 및 쟁점

보도기사는 원래 공공의 이익을 위한 목적으로 게재되는 것으로 이를 자유롭게 읽을 수 있지만 어디까지나 이를 작성한 주체인 언론기관의 시간과 자본을 투여하여 생산한 결과물로서 금전적 가치를 가지고 있고 해당 언론기관은 이에 대한 권리를 갖게 된다. 저작권법은 인간의 사상 또는 감정을 표현한 창작물을 저작물이라고 정의내리면서,[1] 소설·시·논문·강연·연설·각본 그 밖의 어문저작물을 저작물로 예시내리고 있다.[2] 대상판결은 가상자산 관련 뉴스의 저작물 해당 여부 등에 대해 판단한 판례로서, 그 외에도 그 저작물의 게재에 대하여 원고가 동의하였는지 여부 등이 문제되었다.

Ⅱ. 대상판결의 분석

1. 판시 기사의 저작물 해당 여부

저작권법 제7조에 의하면 사실의 전달에 불과한 시사보도의 경우 저작권법의 보호대상이 되는 저작물에서 제외하고 있는데, 이는 원래 저작권법의 보호대상이 되는 것은 외부로 표현된 창작적인 표현 형식일 뿐 그 표현의 내용이 된 사상이나 사실 자체가 아니고, 시사보도는 여러 가지 정보를 정확하고 신속하게 전달하기 위하여 간결하고 정형적인 표현을 사용하는 것이 보통이어서 창작적인 요소가 개입될 여지가 적다는 점 등을 고려하여, 독창적이고 개성 있는 표현 수준에 이르지 않고 단순히 '사실의 전달에 불과한 시사보도'의 정도에 그친 것은 저작권법에 의한 보호대상에서 제외한 것이라고 한다.[3]

대상판결은 기사의 내용인 사실을 기초로 하여 그에 대한 작성자의 비판, 예상, 전망 등이 표현되어 있고, 기자가 자료 분석, 인터뷰 등의 다양한 방법으로 수집한 소재 중 자신의 일정한 관점과 판단기준에 근거해 소재를 선택하고, 이를 배열한 후 독자의 이해를 돕기 위한 어투, 어휘를 선택하여 표현하였다고 할 것이어서, 이에는 작성자의 창조적 개성이 드러나 있다고 할 것이므로 저작권법의 보호대상이 되는 저작물이라고 하였다. 이 사건에서 대상판결은 여기서 문제된 가상자산 관련 기사 12,997건에 대하여 모두 분별한 후 창작적인 요소와 독창적인 표현이 얼마나 있는지 일일이 살펴보지 않고 포괄적으로 살펴보고 해당 가상자산 기사가 저작물에 해당한다고 보았다.

원래는 각각의 게재된 기사마다 그 기사의 내용, 작성 경위, 독창적 표현과 어휘, 그 연결관계 또는 정보로서의 가치 등을 고려하여 사실의 전달에 불과한 부분과 그 사실보도의 정도를 넘어선 부분을 가려내어 저작물 해당성을 구체적으로 살펴보아야 할 것인데 현실적으로 이를 일일이 모두 판단하는 것은 불가능하기 때문에 위와 같이 판시한 것으로 보인다.

---

1) 저작권법 제2조 제1호.
2) 저작권법 제4조 제1항 제1호.
3) 대법원 2009. 5. 28. 선고 2007다354 판결, 대법원 2006. 9. 14. 선고 2004도5350 판결.

2. 피고의 게재에 원고의 동의가 있는지 여부

설령 판시 기사가 저작권법상 저작물로서 보호 대상이 된다고 하더라도 그 저작권을 가진 자가 동의가 있다면 제3자가 이를 게재할 수 있을 것이고 대상판결에서도 피고는 이를 주장하였다.

대상판결에서 원고 측 직원이 먼저 피고에게 피고의 사이트에서 원고의 뉴스를 게재하자는 취지의 업무제휴협약 체결을 제안한 점, 피고가 원고의 요구사항을 반영하여 원고에게 뉴스 공식계정을 부여하고 원고가 알려준 인터넷 주소에서 검색 엔진 로봇을 이용하여 실시간으로 기사 제목, 내용, 최근 기사를 수집하는 크롤링 서비스를 개시한 점, 그 밖에 원고와 피고 측 직원들의 대화 내용 등을 근거로 하여 피고는 피고의 사이트에 위 기사들을 게재할 권리가 있다고 판시하였다. 대상판결은 이와 관련하여 원고와 피고는 2018. 11. 중순경부터 2019. 3. 19.까지 사이의 어느 시점에 이 사건 협약을 체결하였다고 보았는데 이는 원고와 피고가 문서상으로 약정을 체결한 것이 아니라 서로 뉴스 공식계정과 기사 검색용 인터넷 주소를 부여하는 등 마치 약정이 체결된 것을 전제로 업무를 하였기 때문에 묵시적으로 이 사건 협약을 체결한 것으로 본 것이다.

Ⅲ. 대상판결의 평가

가상자산의 가치가 상승하고 관련 산업이 발달할수록 가상자산 관련 뉴스를 보도하는 미디어의 숫자도 많아지고 기사도 증가할 것이다. 대상판결은 가상자산 관련 기사의 저작물성을 다룬 거의 최초의 판결로서, 가상자산 산업의 발달 양상, 이에 대한 언론기관의 반응 등 사회적 흐름을 인지할 수 있는 판례라고 할 수 있다. 이와 관련하여 대상판결은 가상자산 보도기사에 대하여 사실의 전달에 그치지 않고 정보로서의 가치를 인정하여 저작권법의 보호대상인 저작물에 해당함을 인정하였다.

다만 대상판결은 그 저작물에 해당하는 구체적인 근거로서 각각의 기사의 보도 내용, 양상, 정보적 보호가치, 독창적 표현 내용들을 살피지 않았는데 보통의 기사 저작물성이 문제된 사건의 경우 이를 구체적으로 살핀다는 점에서 다소 예외적인 판례라고 보인다. 그러나 이는 대상판결의 기사가 12,000개를 상회하였다는 점에서 어쩔 수 없는 측면이 있어 보이고 해당 가상자산 관련 기사를 저작물로 인정하였다는 사회적 의미는 인정될 수 있을 것이다.

판례색인

[대법원]

[고등법원]

[지방법원]

[헌법재판소]

공저자 약력

이정엽

서울중앙지방법원, 서울고등법원, 대전지방법원(법인회생파산 담당), 서울북부지방법원, 의정부지방법원(신청합의사건, 형사합의사건 담당), 광주지방법원, 서울회생법원(법인회생파산 담당) 근무

블록체인법학회 창립 및 현 회장, 인공지능법학회 창립멤버 겸 초대 부회장, 블록체인학회 부회장

KISA, 저작권위원회 자문위원

KISA, 포스텍, 형사·법무정책연구원, 서울고등법원 판사 대상 가상자산 강연(2022), 서울중앙지방법원 형사부 판사 대상 가상자산 형사문제 강의(2022), 기타 강연 다수

주요저서

블록체이니즘 선언(2020)

특정금융정보법 주해(공저)(2022)

가상자산 판례백선 민사·신청편(공저)(2023)

가상자산 판례백선 형사·행정편(공저, 근간)

이석준

춘천지방법원(2014. 2), 수원지방법원(2018. 2), 서울회생법원(2012. 2~) 근무

사법연수원 정보화연수 강의(가상자산 민사 분쟁 현황, 2022. 5)

한국저작권위원회 NFT 세미나 토론등

주요저서

가상자산 판례백선 민사·신청편(공저)(2023)

김성인

서울고등법원 재판연구원

법무법인 이제

수원지방법원, 서울회생법원 근무

현 창원지방법원 밀양지원 판사

주요저서

가상자산 판례백선 민사·신청편(공저)(2023)

가상자산 판례백선 — 민사·신청편 —

초판발행 2023년 3월 16일
중판발행 2024년 8월 29일

지은이 이정엽·이석준·김성인
펴낸이 안종만·안상준

편 집 이승현
기획/마케팅 장규식
표지디자인 BENSTORY
제 작 고철민·김원표

펴낸곳 (주) 박영사
서울특별시 금천구 가산디지털2로 53, 210호(가산동, 한라시그마밸리)
등록 1959. 3. 11. 제300-1959-1호(倫)
전 화 02)733-6771
f a x 02)736-4818
e-mail pys@pybook.co.kr
homepage www.pybook.co.kr
ISBN 979-11-303-4381-5 93360

정 가 39,000원